宋代名人传

岳洋 著

《誓碑》的故事（代序言）

赵宋王朝历经 320 年（960—1279），从赵匡胤陈桥驿兵变黄袍加身、率众入宫逼到后周太后和八岁的恭帝柴宗训的一纸"禅位诏书"登上皇帝宝座，到南宋丞相陆秀夫背着九岁的小皇帝赵昺投海。中间，金人打到汴京，宋徽宗禅位投降，金人打开宫门，大肆掳掠，押上徽、钦二帝和后妃宫眷大臣等，满载抢来的金银财宝北上"献捷"，统治全国的大宋王朝即告灭亡，这一百六十八年史称"北宋"（960—1127）；康王赵构（宋高宗）率众南下，由建康（南京）到杭州（作了"行在"后改称临安）定都，统治着江南半壁江山，以续"大统"，这一百五十二年史称"南宋"（1127—1279）。

经过金人的洗劫，宫廷门户洞开，皇权的一切神圣、威严、尊贵、隐秘全都荡然无存。这时，人们发现，在太庙寝殿的夹室里，有一座石碑，高七尺，阔四尺余，上镌三行誓词——一云："柴氏子孙，有罪不得加刑，纵犯谋逆，止于狱内赐尽，不得市曹行戮，亦不得连坐支属。"一云："不得杀士大夫及上书言事人。"一云："子孙有渝此誓者，天必殛之。"这个碑就是《誓碑》。

在"靖康"之前，不用说京城的老百姓，就连宗族和大臣们都不知道它的存在。远在赵匡胤即位的第三年，秘密地镌刻了这座碑，叫做《誓碑》，立在太庙的夹室里，用销金黄幔帐遮盖着，门上上着锁，封闭得非常严密。赵匡胤敕令主管官员，从此以后，按时节进行的大祭或者新天子即位的时候，行完拜谒祖先的大礼，就要奏请皇帝到夹室中恭读《誓碑》的文字。而这时，其他大臣等都要在远处站着，只留一个不识字的小太监跟随。皇帝到了碑前，先行大礼，然后跪着默诵，完毕再行礼退出。从赵匡胤开始，以后历届皇帝都是这么做，一直到"靖康"之变。

立这个碑的动机、目的是什么？赵匡胤没有明白宣示，但也不是羚羊挂角——无迹可求。如后周的宰相范质，在"夺权队"军官的仗刀怒喝之下，只得向赵匡胤行了叩拜之礼臣服。而且在入宋后当着个有职无权的"留用宰相"，一直谨小慎微地努力工作着，赵匡胤一次评论他时说："范质这个人什么都好，就差一死（以谢后周柴氏）了。"他在说这话时，心中该不会忘记，他和范质一样——都是后周世宗钦定的、向即将咽气的世宗表过忠心的、辅佐小皇帝的"顾命大臣"，范质如果该死，他呢？大概《誓碑》就是赵匡胤给自己的不无愧怍的灵魂的一个慰藉吧。

宋王朝结束了五代十国的分裂局面，基本上实现了国土的统一。朝廷在经济、政治、文化各方面，都采取了一些重要措施促进发展，特别是科举取士的制度，获得了良好的充实与完善。在相对和平、宽松的大环境里，科学技术、文学艺术取得了多方面的可喜成就，涌现出了大批优秀的人才，发明家、科学家、哲学家、医生、词人、画家、书法家等等，他们的代表可以昂首挺胸地和自己的前朝后代以至地球上的顶尖人物比肩而立。

水灾、旱灾、虫灾经常大面积突发，大的殃及人口上百万，大大地锻炼了执政官员和老百姓，人们因时因地制宜，创造出很多简便而行之有效的抗灾赈灾办法，地方大员能随时总结经验上报朝廷，朝廷纳入国家的赈灾政策加以推广，严惩贪污赈灾粮款的官吏（直至立地处决），重视"火线"检验和发现管理人才，把灾区官吏的迁升贬黜和现实表现结合起来，根据制度和现实情况，一般是地方上报，由朝廷决定升黜赏罚，急需黜陟的，方面大员或知府决定了朝廷也认可。

在国家防务军力使用方面，宋王朝从始至终是"积极安内，消极攘外"的。

对内，由苛政官贪吏虐引发的农民起义，朝廷镇压起来决不手软，宋太宗、徽宗两个皇帝都曾违背朝廷"不准宦官干政"的规定，派出自己最亲信的大宦官并授以调度全国武装力量的大权,作镇压义军的总指挥,高宗还"御驾亲征"过。俘获的全部杀掉,对已放下武器的民众,也成万成万地屠杀,有时甚至"屠村",连从未拿过武器的老弱妇孺也不放过,抓到的义军首领,则用宋朝最残酷的刑法——"寸磔"。

在"攘外"方面,赵宋王朝就"先天不足"了。《誓碑》不能保祐赵匡胤高枕无忧,他深感"黄袍加身"是把"双刃剑"——既帮他过分顺利地夺得了国家大权,又能启发他的臣下"如法炮制"来夺赵氏的大权。在"恐夺权症"的思想指导下,他采取了一些措施:两次"杯酒释兵权";朝廷枢密使(国防部长)用文官不用武将;实行"更戍法"使"将无常兵"。这样,军备松弛,国防力量成了"软肋",一有战警就"抓瞎",仗着消灭几个独立王国攫取来的钱财成立的"小金库",多次对待入侵的辽、金、元"花钱买平安",钱花没了就"花土地买平安",然后就逃跑,就投降,就亡国!军队与人民的抗敌卫国战争,还是波澜壮阔不可遏止的,但由于"恐夺权症"作祟,外敌一旦被打疼了,一挥舞"议和"的橄榄枝,皇帝与亲近的"同病相怜"的文臣,便下令停火撤军,"主和"的文臣操纵着"言官"随意调离、降职、贬职、罢黜以至谮杀坚持抗战的将领以至文官。

朝廷对外政策路线是错误的,但广大人民的爱国传统是牢固的,在国难当头之际,官兵依靠广大民众的支持参与,奋勇抗战,用胜利、用热血和生命给历史添上了可歌可泣的辉煌篇章。

赵匡胤在晚年曾预言,像朝廷这样和和平平放开手脚花大钱的日子,顶多能支撑百十年,他说对了。宋神宗时财政状况已极度拮据,专信、重用王安石进行大规模的经济改革——变法,是当时情势的迫切需要。变法是利国利民的,推动社会进步的,必然将遭到上层的死力反对,当时的有识之士——包括王安石本人,就预见到它的悲剧命运。二十来年起起伏伏的变法以失败告终,但变法者的精神,千百年来一直鼓舞着探索国家前进道路的先驱们。

人类在前进中创造着书写着自己的历史,以人为鉴、以史为鉴,会使我们的现实生活更美好、更充实,使我们的后人读到更加丰富多彩的历史。

岳 洋

2011 年 7 月

目录

政治军事界

赵匡胤(宋太祖)

以兵变得天下的开国皇帝

赵匡胤(927—976),宋太祖,宋王朝的建立者,在位十七年。涿郡(今河北涿县)人,出身于官僚世家,高祖赵朓(tiǎo)是唐朝幽都令,曾祖赵珽是唐御史中丞,祖父赵敬是唐涿州刺史,父亲赵弘殷是后唐检校司徒。

后唐天成二年(927年)二月十六日,赵匡胤诞生于洛阳夹马营。传说他出生时,住室红光缭绕,异香终月不散,因此取名为"香孩儿"。长成后,体貌伟岸,器量豁达,有识之士都认为他出息不凡。他投身行伍后,在大大小小的战斗中,由士兵一级一级地往上攀登,到后周世宗时,已升到了殿前都点检——朝廷近卫军的最高统帅。周世宗死后,七岁的恭帝即位,加授赵匡胤宋州(今河南商丘)节度使,进封开国侯。主少国疑,赵匡胤渐渐成了军界中众望所归的人物。

后周显德七年(960年)正月初一,大臣们正在给小皇帝"贺正旦"(拜年),忽然接到镇、定两州(今河北正定一带)的警报:辽国和北汉国联兵南侵。宰臣们以皇帝诏令派赵匡胤统率宿卫部队北上御敌。正月初二,先头部队出发;正月初三,赵匡胤大队主力出动。官员们在芳林园为他饯行时,翰林学士承旨陶谷意味深长地说:"待回来后,就不能这样揖让共饮了。"军中善于观察星象的苗训,也对赵匡胤的亲吏楚昭辅说:"我看到太阳底下还有一个太阳,黑光荡漾,这是天命啊!"京城里也传出"拥戴点检当天子"的流言。晚上,部队驻在陈桥驿,将士们计议道:"皇帝年幼无知,我们出死力破敌,却终归要受权臣们摆布,不如先拥戴点检当天子,然后再北征。"他们去找赵匡胤的弟弟赵匡义,大家计议好,分头行事,并通知了殿前都指挥使石守信、殿前都虞侯王审琦等知己大将,做好准备。

正月初五黎明,全副武装的将官们,敲着赵匡胤的门喊道:"我们没有主宰,愿意拥戴点检当天子!"赵匡胤从睡梦中惊醒,还没来得及应承,人们就把象征皇帝身份的黄袍披到了他身上,一起拜倒在地,山呼"万岁"。接着把他扶上马,拥着他走向宫廷。赵匡胤要求他们不得冒犯太后和小皇帝,不可侵犯大臣们,不可动府库,大家一概遵命,直奔皇宫夺权。

兵变队伍到了朝中,赵匡胤脱下黄袍,流着眼泪对范质等大臣说:"世宗待我恩情深厚,现在受六军逼迫,到了这个地步,真惭愧对不起天地鬼神!你们说,我该怎么办呀?"散指挥使都虞侯罗彦瓌(guī)按剑厉声说:"我们没有主宰,一定要推戴点检当天子!"宰相王溥降阶向赵匡胤拜了下去,范质只得跟着下拜。

经过一上午的紧张准备,五日下午便演了一出"禅代"戏——赵匡胤拜受了周帝的禅位诏书,穿上了正宗的黄袍,登上了皇帝宝座。他因自己原是宋州节度使,便定国号为"宋",定都开封——汴京。

为了巩固皇权、扩大统治领域,赵匡胤问计于谋士赵普,制定了向大将们夺兵权和消灭十国的战略计划。

建隆二年(961年)七月,赵匡胤召请参加兵变并手握重兵的石守信、高怀德、王审琦、张令铎饮酒,喝到兴浓时,他说:"没有你们的努力,我到不了今天这样。可是,当天子实在艰难,真不如当节度使快活,现在我没有一夜能高枕而卧啊!"大家请问原因,他说:"这个位子谁不想得到呀!你们固然没有异心,你们的部下若有贪图富贵的,一旦把黄袍加到你们身上,能由得了你们吗?"将领们吓得叩头说:"臣等愚不及此,陛下可怜我们,给指示一条生路吧!"赵匡胤说:"人生如白驹过隙,所追求的,不过是多积些钱财,自己享受安乐,并使子孙不受穷罢了。你们何不辞去兵权,到边境或外地去当节度使,买下些好地,建下些房子,为子孙后代立下永久的基业;再置些歌儿舞女,每日饮酒作乐,以娱天年。我们可以结为儿女亲家,这样君臣无猜,上下相安,不是很好吗?"将军们叩谢道:"陛下如此关怀我们,为我们想得这么周到,真是恩同再造啊!"

第二天上朝时,这几位大将都以身体有病为由,要求免职。赵匡胤一律准奏,给了丰厚的赏赐,打发他们到外地当节度使去了。

开宝二年(969年)十月,一天,赵匡胤在后苑召请几个老节度使饮酒,席间说:"你们都是老将了,长期掌管一个藩镇,为王事操劳,我真过意不去啊!"凤翔节度使王彦超心领神会,急忙推说自己身体不好,要求归养田园。而安远、护国、定国、保大四镇的节度使不明所以,竟争先恐后地夸耀起自己所经历的战阵艰辛来,赵匡胤不耐烦地说:"那都是前朝的事了,有什么值得提的呢!"第二天,参加这次御宴的节度使全被免职,而"荣升"为各种名目的京职"上将军"。

经过两次释兵权,内忧解除了,赵匡胤把矛头指向了"十国"中的独立王国。首先率军亲征太原的北汉国。久攻不下,消耗极大;决晋祠水灌城,也未能奏效。赵匡胤派惠璘去激说国主刘钧决战,刘钧回道:"我的兵力不及你的十分之一,我并不想和你争夺天下,只求保住祖宗的祭祀罢了。"赵匡胤无奈,只好撤军。

乾德二年,赵匡胤派王全斌等率步、骑兵六万进讨后蜀国。钱行时,赵匡胤说:"凡攻克城寨,只登记武器和粮草,把钱和布帛都分给将士们。我想要的只是那片土地。"打了六十六天,后蜀国主孟昶投降。被押送京城后,住进了专门为他建造的豪华馆舍,封为秦国公。第七天,孟昶暴卒,他母亲也绝食而死。孟昶的妃子花蕊夫人,是知名度极高的美人,被赵匡胤接入宫中。

开宝三年(970年)秋,赵匡胤派兵攻打南汉国。国主刘铱(chǎng)是个暴君,将士怨愤,抵抗力差,宋军节节胜利。第二年二月,刘铱投降,被安置在京城里,封为"恩赦侯"。

接着,赵匡胤又把矛头指向了南唐国。南唐不乏有识的军政大臣,但国主李煜酷爱作诗填词,笃信佛教。赵匡胤便派了一个能言善辩的人打进去,终日和李煜谈佛法长生。李煜着了迷,赞之为"一佛出世",整天只谈佛法,不管国事。社稷大臣林仁肇是宋的劲敌,赵匡胤用反间计除掉了他。此后,李煜答应向宋进贡,并把国号"南唐"改为"江南",但就是不"纳土"。

赵匡胤遂派曹彬、潘美率兵出讨,要求尽力迫降,不可伤害李煜一家性命。兵临金陵城下,李煜派徐铉去要求赵匡胤退兵,赵匡胤按剑说:"不须多言!江南亦有何罪,天下一家,卧榻之侧,岂容他人酣睡乎!"李煜在城破后才投降,赵匡胤封他为"违命侯"。

至此,长江以南只剩了吴越国。国主钱俶(chù)对宋室一向恭顺,唯命是从,赵匡胤对他采取了笼络的政策。

在加强君权、统一国土的同时,赵匡胤在政治、经济、文化各方面都有所建树。

立国之初,赵匡胤便狠抓廉政,严惩贪赃枉法的官吏。从朝官到州县,犯有贪赃受贿罪的,一律贬官;严重的,撤职,勒令赔偿,直至判处死刑。如商河县令李瑶,因贪赃被杖毙;宰相赵普因倒卖木材等被贬官;兵部郎中兼泰州税官曹非躬,派人运送货物到江南两浙贩卖,被杀头。一次,赵匡胤叫官员们坦白自己的不法行为,慑于他的精明威严,官员们都老实交待了自己的问题。枢密副使沈义伦说自己曾买过别人的木材为母亲建佛堂,赵匡胤笑道:"你绝不是一个超越规矩的人。"并指出沈家的房子低狭简陋,派中使为他建造了新府第。官吏们越发对皇帝的英明又佩服又惧怕,只得约束自己,尽量不贪赃枉法。

赵匡胤还抓了植树造林治理黄河的事。当时,黄河经常泛滥,他下令禁止百姓砍伐桑、枣类树木当柴烧;并诏令沿黄河、汴河州县主管官员,每年要督促百姓在河堤上种植榆树、柳树,以防河流决口。乾德五年正月,为了防汛,他诏令鲁、豫沿河十七州的长官兼任本州的"河堤使",后来又令各州加设专职的河堤判官一人。对重灾区,调发粮米赈济。朝廷曾多次因水、旱、虫灾而减免赋税。

在刑律方面,赵匡胤对老百姓较为宽缓,曾几次减缩死刑律条,即位七年中,赦免死刑犯四千一百零八人。诏令监狱夏天要五天一检查,清洗刑具,对病囚要供给药物,罪小的释放。

他制定了"更戍法",定期轮换禁军和戍边部队,将领也经常调动,使军队不长期固定在一个地点,军官没有固定的"嫡系"部属,从而避免形成区域性的军事割据。

赵匡胤还亲抓科举取士。开宝元年,翰林学士陶谷的儿子陶邴中了进士第六名,赵匡胤恐成绩不实,又派中书省对陶邴进行复试才确定。并下诏:凡是官宦子弟考中进士的,一律要经中书省复试核实。开宝六年,进士徐士廉等击登闻鼓告主考官、翰林学士李昉徇私舞弊,赵匡胤令贡院报上终场落第者的名单,共三百六十人,他亲自召见,并从中挑选了一百九十五人,与考中的三十八人一起重考,由他主持殿试,共录取了一百二十七人。李昉等人因徇私而被罢官。

赵匡胤十分注意爱惜民力物力。平蜀后，他下诏废除了那里的"嫁妆税"；平南汉后，禁止百姓从事采珠业，以防止溺死。有些地方用铜铁铸造佛像，都有禁令制止。诏令除了对天、地的重大祭礼外，一般祭礼原先用牛的，一律用羊或猪代替。这些措施，减轻了百姓的负担，很受百姓欢迎。

　　赵匡胤生活俭朴。他经常穿洗过的衣服，寝殿的帘子是棉布的，还经常拿自己穿过的麻布衣服赐给近臣。有一次其弟赵光义说他"服用太草率"，他严肃地问："你不记得夹马营中的日子了吗？"——那是父亲死后的一段艰难的日子。一次家人闲坐，公主问："父皇当天子这么些年了，还不用黄金装饰一下肩舆吗？"他笑道："我富有四海，就是将宫殿全部用金银装饰，也办得到。但我是为百姓理财，哪敢随便用？我如果只追求奉养自己，老百姓依靠谁呢？"

　　军人出身的赵匡胤，酷爱射猎，性格豪爽，不拘小节，当了皇帝后，不得不有所收敛。一次，召翰林学士窦仪起草圣旨，窦仪在殿外望见皇帝身着便装，赤脚而坐，便止步不前，赵匡胤只得冠带齐整地接见他。记下旨意后，窦仪奏道："陛下统治天下，应该在礼仪上作出榜样来。"此后赵匡胤对近臣也一律冠带相见。

　　一次下朝后，赵匡胤在后苑中拿弹弓打鸟雀玩，一个官员说有急事求见。赵匡胤立即召见了他，不料他奏的竟是一件极平常的事。赵匡胤斥责他，他说："臣以为比弹雀还是急的。"赵匡胤恼怒了，举起他象征帝王权力的"柱斧"捣他的嘴，捣落了两颗牙齿。那官员把牙齿拣起来揣到怀里。赵匡胤骂道："你还想告我吗？"他说："臣不能告陛下，但史官会记下这件事的。"赵匡胤"转怒为喜"，赏了他金、帛。可是回到便殿，长时间闷闷不乐，他对左右说："当皇帝真不容易呀，为了指头动弹一下的痛快，就得被史官记上一笔。"

　　开宝八年，赵匡胤到京城近郊狩猎，在追一只兔子时，马失前蹄，把他掀了下来。他一怒抽出佩刀把马刺死了，既而又后悔道："我身为皇帝，随便出来打猎，何必怪罪马呢！"从此以后他再没打猎。

　　第二年春天，赵匡胤到安陵给父母扫墓，祭罢登上阙台，冲着西北方向奋力射出了一支鸣镝，指点着对左右说："我死后就葬在那里！"这年十月，赵匡胤病逝。终年五十岁，在位十七年。

　　赵匡胤是五代乱世之后的第一位太平天子，治国平天下功绩显著。为了巩固赵氏统治权，他采取的一系列重文轻武的方针策略，对宋王朝"积弱积贫"局面的形成，产生了深远的影响。

赵炅（宋太宗）

烛影斧声中即位的皇帝

赵炅（jiǒng）（939—997），宋太宗，宋朝第二任皇帝，原名赵匡义，其兄赵匡胤当了皇帝后，为了避讳，赐改为赵光义。他即位后，又自改名赵炅。在位二十三年。

赵炅原任禁军内殿祗候供奉官都知，陈桥兵变的前夕，他正和赵普在房中谈论什么，将领们持刀冲进来叫喊要立点检赵匡胤当天子。赵炅从容笑道："异性作君主，虽说是天命，实在也是人心所向。你们如果能严格整饬自己的军队，不抢劫百姓，使京城人心安定，四方自然平静无事，你们也就能保住富贵了。"大家承诺，于是一起策划兵变夺权的细节。大事临头，指挥若定，这时的赵炅二十二岁。

赵匡胤即位后，赵炅连升睦州防御使，大内都点检，中书令，开封府尹，晋王。御驾亲征北汉时，他任京城留守。赵炅任京兆尹十五年，使京城各项事业都振兴发达。

赵匡胤对这个弟弟呵护备至：弟弟住处地势高，他亲自督促往上抽水；弟弟在宫中喝得大醉，他亲自扶送上马；一次弟弟病得不省人事，赵匡胤亲自为他艾灸达六个时辰。他还对近臣说："晋王龙行虎步，必为太平天子，福德非吾所及也。"但对那个规定赵炅该当第二任皇帝的"金匮之盟",赵匡胤却一直讳莫如深。

开宝九年(976 年)十月,赵匡胤病危,壬子日傍晚召赵炅入宫,兄弟俩一直谈到半夜,别人只遥望到寝殿中烛影摇晃,赵炅欲前不前的样子,后来又听到赵匡胤的柱斧坠地的声音,就见赵炅退出来了。谁也不知道这兄弟之间究竟发生了什么事,史书上用闪烁其词的八个字记下了两兄弟的最后一晤:"烛影斧声,千古之谜。"

第二天四鼓,赵匡胤驾崩。皇后令大宦官王继恩去传赵匡胤的次子赵德芳来抢权,王继恩却按他自己的想法传来了赵炅。皇后吓愣了,连忙呼"官家",说:"我母子的性命都交给官家了!"赵炅顺利地得到了皇后的承认,只说了句"共保富贵,勿忧也",便登上了帝位。

他的朝臣班子:宰相薛居正加左仆射,沈伦(即沈义伦)加右仆射,参知政事卢多逊任中书侍郎、平章事,枢密院使曹彬加同平章事,楚昭辅任枢密使。皇室贵胄:皇弟赵廷美(即光美)为开封府尹兼中书令,封齐王;赵匡胤的长子德昭为永兴军节度使兼侍中,封武功郡王;次子德芳为山南西道节度使、同平章事。赵炅的儿子最大的才十五岁,只封王,无官职。

赵炅的文治武功是多方面的。

首先是迫使吴越王钱俶纳土。太平兴国三年(978 年)春,钱俶入觐,为了讨好朝廷,他几乎将府库中的财宝全部拿去进贡,但仍被扣留了。为了争取回去,钱俶又下令把国中的军用物资全部登记上献,并要求废掉国号和他的"天下兵马大元帅"职务,只求回到故地去。但朝廷一直不表态。这时平海节度使陈洪进改变了宋初不受节制的态度,把自己节度的漳、泉两州十四个县向朝廷"献"了"土"。钱俶一看,皇帝志在"得土",不得不上表献了自己驰骋了几十年的十三州一郡的八十六个县的土地。从此,赵炅对他一直很客气,但他的爵衔却越来越小:由淮海国王而南汉国王,而武胜军节度使,而南阳国王,而许王,而邓王。

黄河以北的问题,赵炅明白必须用武力解决。他积极地调兵遣将,亲抓军事训练,太平兴国二年秋,在京城南郊举行了绵亘二十里的盛大阅兵式,次年又登上讲武台观看飞山军人发机石射连弩的演习。他还从各军中挑选了几百名勇士,教他们舞剑,把剑扔到空中,跳起来用左手或右手都能接住,几百人舞起来很是壮观。有一次契丹的使者来修贡,赵炅在便殿赐宴,让他欣赏"剑舞",使者吓得不敢正视。后来亲征太原,巡城时都令这支剑队作前导,边舞剑边前进,以震慑敌军。

太平兴国四年二月,赵炅御驾亲征北汉国。外围顺利解决,官军团团围住太原城,展开了大规模的攻坚战。赵炅志在必得,经常顶盔披甲查看营垒、器械,慰问部队,亲自为负伤的将士敷药包扎。有人谏太危险,他说:"将士们在敌人锋镝下争先恐后地效命,我哪能忍心坐视呢!"这话在军中传开,大家勇气倍增,争相冒死登城。五月四日,赵炅巡视城南,号召道:"明天是端阳节,我们要到城里开饭!"并亲手草诏北汉主刘继元投降。

第二天夜间,北汉主派人上降表。赵炅受降,命人把刘继元一家人送往京城安置。赵炅把这次北征的行宫命名为"平晋寺",并作了《平晋记》命人雕刻立碑,以志北伐的成功。这一战役,赵炅还喜得他心仪已久的一位名将杨业——后世妇孺皆知的"杨家将"的第一代大将。

六月,赵炅由太原移兵伐辽。此前部队已征战四个月,未休整,也未升赏,官兵有厌战情绪,但都不敢提。攻取的目标是辽人占领的幽蓟一带,宋军大本营扎在辽的"南京"(今北京一带)城南,驻跸宝光寺。开始,取得了一些小的胜利,但围攻南京时,遇到了劲敌。宋师围困严密,辽将耶律学古则由外围掘地道把军队带到了城里。耶律沙率军驰援,被宋军打跑。耶律休格援军来时改变了战术,夜晚从小径突进,士卒每人手持两支火炬,喊声震天,显得援军挺多。城中的耶律学古不失时机地鸣鼓呼应,大开城门列阵对敌,前后夹击,宋师大败。赵炅仓皇坐驴车南逃,辎重财物弃失不计其数。

雍熙三年(986年)正月,赵炅又派曹彬、潘美、杨业率军北伐,由王侁(shēn)监军。曹彬一支军大败;王侁嫉妒杨业,一意孤行,盲目逼迫杨业违心地冒险,结果吃了败仗,牺牲了杨业和他率领的队伍。赵炅又痛又怒,遂把潘美降了三级,把王侁除名发配金州。

淳化五年(994年)正月,四川王小波、李顺起义,轰动川陕,震慑朝廷。赵炅派大宦官王继恩为总指挥,调动几十万大军前往镇压,诏令:"大军所到之处,贼军敢抵抗的,当即屠戮;对那些偶然胁从而肯归顺的,要释放安抚。"但正史在记的,就有"斩首五千"、"斩首二万"、"斩首三千"、"斩首三万",而其中多数人已经放下了武器。五月二十五日,李顺等八位义军首领被凌迟处死,六月十日才下诏"赦李顺胁从诖误"!

在文治方面,赵炅继承了太祖轻徭薄赋、省刑、廉政的传统。他曾亲自提审狱中犯人决断:汴河有个主管粮食的官员,因侵吞漕运军士口粮,被他判处砍掉双手、沿河游街示众三天,然后斩首。为节制大理寺、刑部舞文弄墨枉断官司,钦命在禁中置刑院,掌握复审或纠正偏差。有时派出参常官到各地巡察刑事工作,在各路设置提点刑狱官职,以减少冤案错案。

赵炅还禁除了不少伤生害民的陈规陋习和迷信劣行。如禁止增设寺观,禁止川、陕、岭南、湖南等地区杀活人祭鬼神,禁止僧人置妻孥,禁止大官僚家中蓄养"宦官",禁止各地向朝廷献禽兽,令将五坊鹰犬全部放生,罢端州岁贡端砚,罢诸州榷酤(官府专卖酒类),节制狩猎,限制僧尼队伍扩大等等,甚受百姓欢迎。

赵炅不善于抓经济,导致了他"坐吃山空"。例如他批准设立了榷商局(由官府专卖专利),大量出卖官库中的香药、宝货,提高价格,容许商人贩卖,一年由此得利三十万贯。又如拿出一部分国库银钱,与赵匡胤设置的"封椿库"合并,名为"景福内库",变成了皇宫中的小金库。"封椿库"本是宋太祖准备用于收回石晋割赂契丹的幽蓟两州的,现在全成了皇宫内的"私房钱"。赵炅特别解说,这样做是考虑到管理财务的官吏如不善节约,预防日后用度紧了,宫中用钱再向百姓加收,并声明:"朕决不用这些钱来奉养自己!"但皇帝私设"小金库"这个做法本身,就是经济管理上的大错,也是国库财力枯竭的先兆。

赵炅亲抓科举取士,大量重用新进人才。即位第二年,他便亲自选定考试班子,并到讲武堂进行面试,录取了吕蒙正(宋朝第一名状元出身的宰相)等五百名考生为进士,每人赐了绿袍、鞾笏,并赐宴、赐诗。诏令安排这些人担任将作监丞、大理寺理事、诸州通判等职,有的送吏部优先候选。像这样大规模地任用新人,是太祖朝没有过的。吕蒙正等赴任前,皇帝特别关照:"到了任上,遇到难以处理的事,要及时派专骑上奏!"并赐钱二十万整治行装。

太平兴国八年,赵炅在琼林苑赏赐新科进士宴饮。由此形成了一个制度,成了及第进士的一种殊荣,谓之"琼林宴"。

在考试制度和方法上,赵炅也不断地进行改革。雍熙二年(985年)曾下诏:取士应防滥,各专业要定出计划、限额;加强监考,考生分科隔坐,作弊者斥出科场;考试官员亲属应考者,要另组织人员监考。这年录取了四百九十七人,发榜时唱名,赐进士及第——这是以后唱名发榜的开端。

赵炅还重视培养外语人才和开展中外文化交流。太平兴国七年,诏令设置译经院,并亲临指导,令人把禁中梵文藏书全部集中起来,让西方僧人天息灾把没有汉文译本的翻译出来。第二年又诏令选童子五十人,至译经院跟西僧学习梵文、梵学。

赵炅对修史、文化典籍的整理、印刷也很关心,成绩显著的给予赏赐或升官。他积极提倡大臣到观书阁读书,有去读书的,他便下旨赐宴,有时还赐三馆学生同吃。像这样提倡鼓励大臣看书学习的皇帝,历史上实不多见。

赵炅性格坦率、随和,与臣属的关系较宽松。尽管也有因个人喜怒恩怨产生赏罚失当的事,但不像太祖那样爱用心计、对权大的文臣武将过分地"警惕"。他不仅作战时能冒矢石,奋勇当先,平时在紧要关头,也能身先臣属。淳化二年六月,汴水决口淹了浚仪县一带,他凌晨便坐步辇前往检查,车驾深入泥淖督促治河,亲王、近臣都只得跋涉泥泞中随驾。治河的士卒、百姓大受鼓舞,结果还不到当天日落,被冲毁的堤岸便屹立如初了。

赵炅很注意修身养性,他说:"人君应当恬澹无欲,不要让嗜好表现出来——这样奸佞小人就无孔可入了。朕没有别的爱好,只爱读书,读到古今的成败,好的跟着学,不好的注意改正,如此而已。"他读书能持之以恒,自定每天读三卷《太平御览》,假如因事耽误了,第二天一定要补上。宰相宋琪说这样太劳累,他说:"开卷有益,朕不以为苦也。""开卷有益"的典故,就是由此来的。

赵炅还爱好写诗和书法。他常常写诗赐给大臣们,也好即兴赋诗:科举取士写诗,刑政改革写诗,游猎写诗,巡幸写诗。淳化三年,心爱的二皇子元僖死了,他悲泣达旦,写了《思亡子诗》抒殇子之痛。赵炅的书法很好,能写几种字体,也爱"赐墨"给大臣们。翰林学士苏易简续《翰林志》两卷上献,他赐诗二首,苏易简请示想把诗刻在石上,他慷慨地用真、草、行三种字体写了,指示拓印了"遍赐群臣",并题了《玉堂之署》的匾额。

晚年,在君权继承问题上,赵炅陷入了两难的境地。太祖未立嗣君,临终又没有遗旨,他自己这个皇帝,当得就不够"名正言顺"。后来赵普向他揭示了"金匮之盟"的秘密,使他得到了心灵上的解脱,但赵炅却又不敢把这个"盟"公之于众,因为在"下一个皇帝由谁来当"这个问题上,"盟"又不符合他的意愿了。

他想把帝位传给自己的儿子,于是把三弟廷美和哥哥的长子德昭视为眼中钉。太平兴国四年秋,赵炅亲征幽州,德昭从征。一天夜里,遭遇了敌人,赵炅腿部负伤,差一点当了俘虏。一时发现皇帝不见了,有人计议另立皇帝,他事后知道,便耿耿于怀。回朝后,他一直不升赏攻克太原有功的将士,下面意见很大,德昭向他启奏,他竟怒气冲冲地说:"等你当了皇帝再赏他们也不晚!"德昭见叔父疑忌自己,回宫后用水果刀自杀了。不久,德昭的弟弟、二十岁的德芳也突然死亡。廷美预感到自己生命的危机,吓得坐卧不宁。赵炅与赵普计议,把廷美一贬再贬,迫害致死。至道元年八月,赵炅把自己的第三个儿子元侃立为皇太子,赐名赵恒。

至道三年(997年)二月初六,赵炅病重,三月癸巳日,驾崩于万岁殿,终年五十八岁。

谁为他的死哀痛?大儿子赵元佐和他政见不同,疯了;二子元僖是他最喜爱的,先他而逝了;三子元侃正忙着接权、理丧等大事。这时真正为他的死痛不欲生的,竟是一只小狗。淳化年间,合州进贡了这只"桃花犬"。它个子极小,终日在皇帝身边转悠,皇帝上朝时,它先吠几声,人们便静了下来,是名副其实的"狗仗人势"的"天下第一犬"。自从太宗病倒,它就不吃食,太宗死后,它"号呼涕泣"瘦得剩了一把骨头。直到新皇帝向它"下谕"给先帝奉陵,它才"摇尾饮食如故"。诏令专造一个大铁笼,铺上白褥子,让桃花犬坐在里边,安排在送殡的仪仗队里。出殡的那天,路人看到这情景,为这只义犬流下了眼泪。

赵恒（宋真宗）

治国无能花钱有胆的皇帝

赵恒（968—1022），宋朝第三任皇帝，庙号真宗，在位二十五年。

赵恒原名赵德昌，后改名赵元休、赵元侃，立为皇太子后，被赐名赵恒。他的宝座，从某种意义上讲，可以说是拣来的。大哥赵元佐，本是父皇理想的继承人，但由于不满父亲对叔父的迫害，气疯了。二哥赵元僖当了五年的开封府尹（在宋朝，皇帝子弟安排当京兆尹，具有皇储的意义），二十七岁时患急症猝死。赵炅死前的十九个月，才召回贬到青州的宰相寇准，与他秘议建立储君的事，寇准说为天下择君的大事，不能与宦官、妇人商量，也不能和近臣商量，只能皇帝亲选能负天下之望的人。赵炅俯首良久，问道："元侃可乎？"寇准不无保留地答道："知子莫若父，圣虑既以为可，愿即决定。"赵炅共有九个儿子，老大疯，老二死，老三赵恒成了"新老大"，其他儿子皆无所建树，赵炅"不得已而求其次"。

至道三年（997年）三月，赵炅驾崩，赵恒即帝位。

赵恒在位二十五年，除日常朝政外，主要搞了三大活动：北征，东封，西祀。

北征两次。第一次，咸平二年（999年）辽师南侵，王继英、柳开上言皇帝北巡。车驾于咸平二年十一月自京师出发,三年正月初一跸驻大名府,正月十六日从大名府回返。他巡视到以下情况,却一筹莫展:镇、定、高阳的总统帅傅潜,统兵数万,却坐视辽人虏掠人口财产而不管;定州守将范廷召向傅潜要了一万军队,与高阳关守将康保裔约好第二天联合出战,夜里却领兵跑了;康保裔孤军深陷重围,兵尽矢绝,力尽被执;辽军南趋德州、无棣,打过黄河,一直抢掠到齐(今山东济南)、淄(今山东淄博),满载而归。官员们强烈要求处死傅潜,赵恒只把他夺官流放房州。

辽师南下后,赵恒派贝、冀两州副将王荣带五千人追击,王荣待辽兵去远后,才在黄河岸上转游了一阵子,回来"报捷"。范廷召也遣人报捷,说在莫州"夺回所掠老幼及鞍马兵仗无算"。赵恒给他们升了官,并作了《喜捷诗》,群臣称贺,"得胜回朝"。

第二次北征在景德元年(1004年)。闰九月,辽师在太后与国主督率下大举南侵,前线告急文书一日五至。宰相寇准力排"南幸"的众议,促使赵恒北上澶州督师抗战。十一月车驾北巡,到了澶州,赵恒却想跸驻河南南城而不过河北上。寇准、高琼坚持请求,指挥卫士辇夫把皇帝拥到了北城。赵恒登上城楼,大军山呼万岁,声震数十里,士气倍增。眼看全胜在望,这时被俘降辽的宋将王继忠极力为辽方活动"议和",赵恒与当权的怯辽怯战的大臣竟同意了,派出曹利用去辽方谈判。临行前,曹请示每年可给辽多少金帛,赵恒答:"必不得已,虽百万亦可。"寇准暗地警告曹:"虽然有旨可给百万,但你如果超过了三十万,回来我就杀了你!"最后曹以三十万两白银成约而归。

入见时,皇帝正吃着饭,叫内使先问个数目。曹只把三个手指往脸上一按,内使回报说:"三个手指放到脸上,难道不是三百万吗?"赵恒失声道:"太多了!"接着又说,"只要能使事情了结,也行啊!"后来召对时,一听曹利用说定了三十万,赵恒竟觉得讨了便宜,厚赏了曹利用。在民心、士气处于优势的情况下,签订了丧权辱国的"澶渊之盟",这就是真宗赵恒第二次北征的结果。

赵恒回朝后,一直闷闷不乐,参政王钦若便怂恿皇帝"封禅"以"镇服四海"。宰相王旦不赞成。一天,皇帝请王旦喝酒,临走时,赐他一个酒樽说:"这酒好极了,带回家去和妻子儿女一同喝吧!"王旦带回家一看,里面装的竟是珍珠,此后便不好意思对"封禅"持异议了。

赵恒煞费苦心地为东封泰山大造舆论。一天,他忽然说梦见天神赐他天书,并按梦中所示到左承天门上找到了。于是王旦等五次上表请皇帝东封泰山。赵恒又派人把"梦"告诉王钦若,在泰山上做了手脚。大中祥符元年(1008年)四月,派出大臣"打前站",并向友邻国家打了招呼。十月初四,车驾出发,十月二十日到达乾封(泰安)奉高宫,二十一日登泰山,二十七日离开泰山。为表示虔诚而吃了几天素斋的皇帝下令恢复"常膳",并向王旦以下的大臣慰劳陪同吃素之苦。心直口快的大将马知节说:"吃蔬菜的只陛下一人,臣等私下里没断了吃肉!"弄得大家都十分尴尬。十一月二十日御驾回到京城,往返一个半月,荒废朝政,劳民伤财。

东封有一项极大的"遗泽"——由丁谓设计建造一所规模宏大的用以存放"天书"等符瑞的"玉清昭应宫"。单是毁良田取土壤奠基,每天就得用工役好几万人。木材非梗即楠,都需长途搬运,再加其他建材、军民劳力等等,耗资巨大。这个宫建了七年才完成,是一个庞大的建筑群,包括两千六百一十个区。皇帝并诏令各地都建"天庆观",地方上建的规模大的也都包括数百个区。期间朝臣进谏、地方官为民叫苦,赵恒都无动于衷。

大中祥符四年正月二十三日,赵恒又西祀汾阴后土。路经中牟县、郑州、巩县、洛阳、新安县、渑池县,出潼关,渡黄河、宝鼎县,在宝鼎县进行了大型祭祀活动后,又赴河中府、华阴县、阌乡县、湖城县、新安县、巩县、汜水县、虎牢关、荥阳县、郑州,四月初一才回到京城。这一声势浩大的"出游",从准备到"礼毕",共用土木民工三百九十余万人,担任运输任务的军役上万人,至于"旅费",单河北转运使李士衡就"献钱帛三十万"!国库民财都被挥霍殆尽,三司几乎年年向小金库"内藏府"借钱,少则钱十万,五十万,多则一次白银十万两。这个小金库原是太祖留为解决北方领土之用、太宗留作国库困难时宫中特需的,现在竟被赵恒大方地用于买苟安、崇神道、搞"旅游"了。

赵恒的为政和为人,优劣毕现:即位之初,他非常勤勉,天一亮便至前殿听大臣奏事,辰时回宫吃早饭;饭后或到后殿过问各司事务,或巡视禁军操练,直到中午,下午休息;晚饭后召对儒臣,经常谈到半夜才回宫。他裁汰冗吏十九万五千八百零二人,节省了开支,可惜没抓到底,到本朝末期,冗吏更多了,例如朝中负责唱呼引导臣属谒见皇帝的"传达"小官阁门祗候,前两朝仅用三五个人,而到真宗朝末期,竟增加到几百人。

赵恒为人宽和,处理某些事情能通情达理。他听说科考人员要被解衣搜身,以防"夹带",便下禁令说:"这太有失取士的体统了,免了吧!"听说进士的录取严格公道,录取了一些平民出身的人才,便夸奖说:"这样能使贫寒没有依靠的人找到出路,不过也难为主考的人们了——徇情有伤公道,拒绝推荐请托又招来怨谤。"有一次,赵恒赐群臣在后苑赏花饮酒,阁门使报告说有人在礼节仪态上懈怠,有失体统,他说:"叫他们来饮酒,再要求他们礼节周全,就有些强人所难了,给他们提醒一下算啦!"

软弱、糊涂、动摇、妥协和易于受人操纵,是赵恒的致命弱点。他任用王钦若、丁谓等"五鬼"把持朝政,专任宠信他们,不光在东封、西祀这些大事上听他们摆布,就是大臣任命去留、日常政务,也都受他们操纵,所以,尽管朝中文臣武将人才济济,却不能人尽其才,以致搞得国事一团糟。他听任王、丁把寇准这样的社稷大臣一贬再贬,待到病危时,才想起一年多没见到寇准了,向左右问起,人们都不敢说出实情。宫内的事,一任皇后刘氏纵横,李氏为他生了个继大统的儿子(宋仁宗),却没有按"母以子贵"的惯例立为皇后,甚至连个"贵妃"、"妃"都没有封。这些赵恒有直接责任。

乾兴元年二月戊午日,赵恒驾崩于延庆殿,享年五十五岁。

赵顼(宋神宗)

实行变法的皇帝

　　赵顼(xū)(1048—1085),北宋任用王安石实行变法的皇帝,庙号神宗,在位十八年。

　　赵顼生于宋仁宗庆历八年,是宋英宗赵曙的长子,母亲皇后高氏。原名赵仲铖(zhēn),十六岁随父亲入居庆宁宫。赵顼学习勤奋,善于思考,读起书来,有时连吃饭都会忘记。他作风严谨,衣冠端正,即使是暑天,也不搁扇子。入宫那年封淮阳郡王,改名赵顼。十七岁进封颖王,十九岁立为皇太子,二十岁即皇帝位。

　　赵顼立为皇太子时,宋英宗已病得不能说话,但还能写字,治平三年(1066年)十二月二十二日,在宰相韩琦的敦请下,宋英宗分两次手书了"立大王为皇太子"、"颖王顼"的诏书。赵顼在年仅三十五岁的父皇病榻前谢辞,没有辞掉。诏令明年正月十九日举行皇太子册封大典。正月初八日,宋英宗驾崩,韩琦便扶持赵顼即了帝位。即位前,他吩咐舍人说:"小心给我看守房子,有了合适的嗣君,我还要回来。"即位后,赵顼对大臣们都称呼官职,而不直呼其名。有的大臣觉得不安,他说:"不光对你们,朕在宫中称呼小臣们也是如此。"

赵顼不墨守旧章,敢于改革。在对待山陵(皇帝坟墓)费的开支标准上,他下诏给执政大臣说,国家连遭大丧,公、私财力困竭,应该减削冗费,节省开支。

宋朝有颁赐先帝遗物的传统:皇帝死后,宫中向大臣、内侍、近支宗亲颁赐皇帝"遗物"以"作纪念"。颁赐的范围、数量,没有具体标准;皇帝的遗物,极少是不值钱的。于是人们不光看作一种恩宠,也看作一项实惠的"福利"。赵顼即位后颁赐得少了,他对执政大臣说:"仁宗统治天下四十多年,宫中富饶,所以颁赐的遗物特别优厚。先帝统治天下只有四年,确实难和仁宗时相比,所以颁赐的遗物比嘉祐时减少三分之二。"大臣们心悦诚服。

按礼,赵顼该为天子守丧,但大臣们一再上书恳请"从权听政",只对一些大事和当务之急,及时加以裁决,其他的可由大臣、各有关部门去办。于是,英宗死后一个月,赵顼便"御延和殿视事",挑起了国家的重担。尊皇太后曹氏为太皇太后;尊皇后高氏为皇太后;立安国夫人何氏为皇后;百官进官一等;优赏诸军。这些"例行公事",办起来很容易。不容易的是这个国家的财力已降到低谷。从赵匡胤黄袍加身,到赵顼即位,宋王朝已经历时一百零八年,"百年之积,惟存空簿"。支付官员进级、赏赐军队的钱,都很困难。而且从治平四年到熙宁元年——赵顼登位的前两年,黄河以北地区发大水,连续地震,波及京师,朝廷须拿出大批钱粮赈济灾民。三司使韩绛、翰林学士承旨张方平向皇帝建议:落实各州县官吏人数和财政收支的确切数目;对待各种开支,"不以小啬为无益而弗为,不以小费为无伤而不节"。知谏院赵抃指出,以往浪费最严重的是五个方面的开支:宫掖;宗室;官滥;兵冗;土木之事。韩绛又上言:伤害农事的弊病,没有比差役法更严重的了。

赵顼对宰臣们说:"天下大事弊病太多了,不能不进行改革。"文彦博说:"如同琴瑟的音不谐调,一定要解下弦来另换一根。"

这些大臣都是宋仁宗时就在朝的"三朝元老",但是对眼下面临的财政难题,却没有一个人能提出一条且实可行的措施。

赵顼心中明白,这帮老臣们都是前朝礼遇重用的,他们如果有什么富国利民的解数早就使出来了,何必等到今天? 走出低谷的路,只能由他自己去闯。

赵顼即位后下的第一道改革弊政的诏书是:天下官吏凡知道差役法的利害并有办法减少或免除弊端的,都可以奏报朝廷。

赵顼找到了实行改革的助手——王安石。王安石与韩绛、韩维、吕公著都是好朋友。赵顼在藩邸（即位前的王府）时，韩维任掌书记，见解受到赵顼称赞时，他往往说："这是我的朋友王安石的观点。"后来韩维任太子庶子，又向赵顼推荐王安石。于是赵顼很想见到王安石。

赵顼即位后，便任命王安石为江宁知府，几个月后，又把他召到朝中任翰林学士兼侍讲。熙宁元年四月，特召王安石入对，问他治国应该先抓什么，王安石答道："择术为先。"——即先制定相应的政策措施。王安石认为皇帝应该效法尧、舜，尧、舜之道"至简而不烦，至要而不迂，至易而不难"，只是后世学者理解不全面，才认为高不可攀。赵顼又问王安石："祖宗守天下，能百年无大变，粗致太平，以何道也？"王安石写了长篇奏书作答，指出太祖的独到英明，用人处事指挥自如，一切以安民为宗旨；太宗"承之以聪武"；真宗"守之以谦仁"；仁宗、英宗也"无有逸德"。他不敢当着皇帝批评他的祖宗，只能这么说。而说到本朝积久因循传下来的弊端，就太多了：官吏没有考核制度，君子、小人都在朝；以诗赋取士，任用了却不一定会治事；监司、郡守、大将多不是优选出来的；官场中靠私交攀附的能得高职，独立认真办事的则受排挤压制；农民受差役之害；官府不关心水利建设；士卒疲老而缺乏训练；不称职的大将久拥重兵；宿卫人员中不乏无赖之徒；宗族缺乏教育和选拔使用；理财无方，所以"虽俭约而民不富，虽勤忧而国不强"。万幸没有尧、汤时代那种大的水旱变故，所以一百多年才过来了。

第二天，赵顼召见王安石，问他解决各种弊病的对策。王安石答道："一时很难说完全，希望陛下能倡导讲学，通过讲学摆出问题、研讨解决的途径，措施自然就出来了。"

赵顼同意讲学谈改革，却又迫不及待。熙宁二年（1069年）正月，赵顼下诏令户部、太府寺对内藏诸库进行全面检查，编制财产档案。这是宋朝立国以来第一次普查库存钱财。

熙宁二年二月，赵顼排除了唐介、孙固的反对，任命王安石为右谏议大夫、参知政事，接着又设立了"制置三司条例司"，掌管经划邦国大计、探讨变法，命陈升之与王安石负责。王安石向神宗推荐了吕惠卿，吕惠卿被任命为条例司检详文字，一般建议章奏，都由吕惠卿执笔。时人称王安石为"孔子"，称吕惠卿为"颜子"。后来检详文字的职务又增加了苏轼的弟弟苏辙。

谏议大夫司马光不同意变法，请求外任，宰相富弼也几次上书、辩论，都没有阻住赵顼变法的决心。他变法的愿望非常迫切，诏令三司判官、诸路监司及内外官员详细上报财政状况。条例司成立不到一个月，赵顼就催问王安石,制置条例定得怎么样了。王安石的政治理想是改革弊政,但他比皇帝对现实看得更深,想得更远,头脑更冷静,他说:"制定条例大体上有点儿头绪了。但是要想理财创收,就要使用这方面能力强的人。这样,天下人只看见朝廷任用能办事的人,却看不见任用贤德的人;只看见朝廷把理财当作急务,而对礼义教化抓得不全面,恐怕社会风气由此坏下去,那种弊端也是难以承受的。陛下该深切体会国情,分出先后缓急。"

赵顼虽认为王安石言之有理,但他却等不及了,他不能等大臣们统一认识后再进行变革——他知道"那一天"是等不来的。富弼、司马光等人主张维持现状,反对采取任何新的改革措施。要改革,就得不顾这些人的反对。

赵顼开始了变革的行动,从熙宁二年至熙宁六年,先后立淮、浙、江、湖六路均输法,立常平给敛法,立青苗法,立保甲法,行免役法,立京东、河北盗贼重法,更贡举法,立太学生三舍法,行市易法,行保马法,定方田均税法,置两浙和籴仓,立敛散法,收免行钱,成立军器监以改良兵器等等。这些新法,涉及农、商、教育、军事、治安诸多方面,一实施便受到朝廷内外官吏的顽强抵制,如亳州知府富弼,就公然宣布他的治下不实行新法,他的副职徐公衮公然下文书给各县,不执行朝廷的政令,为新法的推行大设障碍。而拥护和贯彻新法的官员,则有的是"挂羊头卖狗肉",变相加重了对百姓的搜刮,搞得怨声载道。

对新法的制定执行,朝臣中拥护的少,反对的多。面对这些障碍,赵顼态度很坚决,对大臣中抱不合作态度的,仁至义尽地挽留,留不住便放外任,言官也罢了一批。熙宁四年,曾专门下诏查惩阻挠贯彻青苗法的官吏。

但对反对新法的大官,赵顼还是太软弱。一次枢密使文彦博指责变法,赵顼说,访询京畿百姓,大多都说免役法好。文彦博蛮横地说:"祖宗法令制度都有,根本没有必要另立法度以丧失人心!"王安石反驳说:"法令制度具在,就应该财用充足,国家强盛。现在却不是这样,还说什么法令制度俱在!"富弼操纵着全州抵制新法,这是"反朝廷"的"大逆"之罪,该杀头,但朝廷只把他调知汝州,也不追究他的僚属。

熙宁六年秋,王韶收复西北熙、河、洮、岷、叠、宕等州,喜报到京,赵顼在紫宸殿接受群臣祝贺,当场解下所系玉带赐给王安石,说:"当初大家都反对在渭源堡筑城防羌,只有卿坚持。不是卿辅助朕下决心,是成不了这个大功的。"赵顼赐玉带还有一个原因:王韶也是个改革家,"市易法"最初就是王韶在边地创造的,报到朝中后,由王安石加以修改而推广的。

但是，赵顼后来改革的信心却开始动摇了。熙宁七年三月，赵顼对王安石产生了一系列怀疑：士大夫们反对免行钱的很多，置官司（专管变法的）多了费钱，兵比庆历年间少为什么财用不足，现在税收比古时的十收一多，为什么收入反而少了。王安石毫不动摇，他说，皇帝在嫉谗说、难壬人（谄佞小人）方面不如尧、舜，既然为了国用不足而变法理财，就只有不受左右小人迷惑才能有所作为，古代的税收，实际上也绝不只是十抽一。

从熙宁六年七月至七年三月，连续大旱，赵顼令韩维起草"罪己诏"。四月天仍未下雨，他便想把受人非议的新法废掉。

这时郑侠也出来反对变法，他是王安石提拔起来的，因不愿与王安石合作，被安排任安上门（京城城门之一）监。因天大旱，京都流入灾民很多，郑侠画了一张《流民图》，描绘了灾民的种种惨相，把这些归咎于变法，要求废除新法，并且说如果按他的意见办了，十天不下雨就杀了他。

《流民图》画经过银台司送到赵顼手中，他看了以后长吁短叹，回到宫内一夜没睡好。第二天，没与任何大臣商量，就下令开封停收免行钱、三司检查市场、司农开常平仓赈灾、青苗与免役两法暂缓实行、方田法与保甲法废除。想不到这一天竟真的下了雨。

第二天大臣们入朝祝贺，赵顼拿出《流民图》，责备他们不关心人民疾苦。众大臣这才知道废除新法的原因。吕惠卿、邓绾进言说："陛下几年以来废寝忘食地行此美政，天下人刚得到一些好处，怎可听信一个狂夫的话就全部废除了，这不是前功尽弃了吗！"说着都哭了起来。赵顼也有所悔悟，于是只暂罢了方田法，其他新法又继续实行。

"流民图事件"之后，王安石看到皇帝变法信念动摇，要求去职，皇帝再三挽留想改他为师傅，他不接受，要求州郡职务，于是罢相，以吏部尚书、观文殿大学士出知江宁府。根据王安石的提议，起任大名知府韩绛为宰相，吕惠卿任参政。韩、吕二人上任后，恪守"王安石路线"，认真贯彻新法，被反变法的官僚们叫作"传法沙门""护法善神"。

王安石罢相后，赵顼仍坚持变法，心里常念着王安石。

吕惠卿为人奸诈，他攀着王安石爬上高位后，深怕王安石复官，便于冬至郊祭时上奏，建议援大赦旧例把王安石升为节度使。赵顼问他："王安石并不是因犯了错误下去的，怎么用得上援赦复官？"吕惠卿无话可答。熙宁八年二月，赵顼任命王安石的幼弟王安上为右赞善大夫、权发遣度支判官。随后便恢复了王安石的宰相职务。

改革也还在继续：又恢复了庆历年间实行过的"户马法"；诏令京畿停止土木工程七年，以宽缓民力；对殿前马步军进行阵法训练；赈济润州、常州灾民；下诏裁减将作监（建筑营造部门）冗官；遣使赈鄜延、环庆两路饥荒；号召蝗灾地区百姓逮捕蝗虫向官府换粮食；淮东、江、浙减低米价；调发无仗可打的兵卒修葺都城；立"武举绝伦法"选拔军官。把实行新法与赈灾安民紧密地结合起来了。

但是反改革派并没有退让，赵顼受到的压力越来越大，皇亲国戚都通过太皇太后及皇太后来动摇他的改革信念，挑拨他与王安石的关系，朝内外的"三朝元老"们以对赵宋帝室的"忠诚"对他"软磨硬抗"，对这些人，赵顼无法采取断然措施。大臣中唯一志同道合的就是王安石，君臣二人携手在改革的道路上艰难地跋涉着。

熙宁八年十月初七日，天空出现了彗星，马上流言四起。赵顼避居便殿，减膳，下诏求直言，询问政事得失。王安石率同列上疏谏止，赵顼说："闻民间殊苦新法。"气得王安石"请病假"不上朝。十二天后彗星消失了，上言的人不多，赵顼要大家推荐人才，枢密直学士陈襄推荐了司马光、郑侠等三十三人，赵顼没起用他们，却又派人去慰问王安石。十一月下旬，王安石赴朝理事，赵顼对他更倚重了。

元丰十年正月，王安石以尚书左仆射、舒国公、集禧观使而退了休。其后，赵顼的大臣班子，是一个变法派与反变法派的混合体，各有起落。但改革还在进行着，如置籍田令（清查土地，解决大地主豪右隐瞒少报漏税的问题），把保甲法推广到长年居住在水上的船户，改革对蛮民的政策等等。

在一系列变法中，教育方面的改革异议较少，州县建立小学，朝廷直接领导太学，太学生分外舍生、内舍生、上舍生三等，由定期的考试选拔。外舍生两千人，考试优秀的升内舍生；内舍生三百人，考试好的升上舍生；上舍生一百人，优秀的可以直接授官。

元丰四年夏至五年冬，赵顼任命种谔、沈括为边帅，对西夏用兵，因草率轻敌，伤亡惨重，永乐城失陷，全军覆没，赵顼接到沈括、种谔的奏章，恸哭不止，批评大臣们不及时谏阻，同时表扬了进言"慎用兵"的三个人——吕公著、赵卨(qiè)、王安礼。从熙宁年间开边到永乐之役，宋方共损失官军、熟羌、保义六十万人，经济损失无法计数。赵顼深为后悔。

赵顼心中一直想着王安石。元丰六年八月，升任王安石的弟弟王安礼为尚书左丞。王安石晚年多病，元丰七年五月，赵顼特派中书舍人赵卞（王安石的女婿)到江宁府去探望。王安石把自己的住宅"半山园"献作禅寺,请求皇帝赐名,赵顼题名为"保宁禅院"。

赵顼重视借鉴历史经验。他与大臣们谈论政治得失,并常提及一些历史上的名君。司马光在洛阳领一班人编修《通志》,赵顼赐名《资治通鉴》,把自己府邸藏书数千册赐他们参考,并亲自为之作了序言。对司马光这个"持不同政见者",赵顼也做到了宽大为怀和人尽其才。

在家庭生活中,赵顼事两宫太后至孝,有时侍立终日,大寒大暑也如此,当了皇帝后也如此。这个长处又成了政治上的短处,一些皇亲国戚(有的也是朝臣)便通过两宫太后向他施加影响,阻挠变法。

赵顼对弟弟雍王赵颢、曹王赵頵(yūn)非常友爱,还一直让弟弟住在宫中,共享天伦之乐。他还妥善地处理了赵颢与妻子冯氏的矛盾。赵颢夫妻不和,冯氏独居后阁好几年。元丰二年春,赵颢宫中失火,冯氏听说,好心地派两个丫头去看看。赵颢的乳母一向与冯夫人不睦,便与两个嬖(bì)人(受宠幸的人)进谗言说:"火大概是夫人放的吧。"赵颢一听大怒,派知客审讯她们,两个丫头受不了拷打,诬服放火。赵颢向高太后哭诉,高太后告诉赵顼一定要杀了她们。赵顼知道他们一向不和,从容答道:"待查问落实了再说。"后来他派人审问清楚了,把记录给太后看了,把冯氏召到太皇太后宫中,老太后安慰了她。冯氏要求出宫削发为尼,赵顼命人护送她去瑶华宫,不让她削发穿僧衣,月钱增加了一倍,其他供应优厚,并安慰弟媳说:"待弟弟心情平静下来,再接你回来。"而把弟弟的乳母及两个嬖人治了罪。

赵顼对大臣们,不管持什么政见的,只要有德有才,都优容爱护。苏轼被言官诬告下狱,王安礼向皇帝为他求情,赵顼说:"朕本来并不打算深责他,只是为了尊重言官的职责,不久就为卿赦免了他。"又嘱咐王安礼说,"只是出去以后,不要泄露这个意思;苏轼得罪的人太多,恐怕言官因苏轼的事牵连陷害你啊!"老相文彦博等要求取消制置三司条例司,赵顼婉转地说:"等大家情绪平息了再罢吧!"东上阁门使李评干扰新法、朝事过多,王安石谏议罢了他,赵顼说这不全是他一个人的责任,没有马上处理。几天后王安石要求解职,赵顼语重心长地说:"大概是为李评的事吧?朕与卿这样互相理解,是近世以来所没有的。君臣名分只是个形式,但君臣的关系却比朋友的关系重要。如果朋友这样殷勤地请托你什么事,也该稍微迁就点了吧!朕与卿既为君臣,怎么不能为朕稍微委屈一点!"终于使王安石放弃了辞职的打算。赵顼对王安石兄弟父子特别优渥,尽管也罢过他们的官,但较之于其他大臣,哪怕是顾命大臣,更多了一层友谊和亲密感。

元丰八年(1085年)正月,赵顼病倒,二月下旬病情转危,不能言语,王珪请示立六皇子延安郡王赵傭为东宫、高氏皇太后权同听政,他微微点头表示认可。三月初五日驾崩,享年三十八岁。

赵顼为君十八年,总揽万机,忧思辛勤,有时太阳偏西了还来不及吃午饭。他谦冲务实,终身不受尊号。不顾个人享受,励精图治,谋求振兴国家。他的帝业、他的人生道路,为后人留下了宝贵的借鉴。

赵佶（宋徽宗）

宠道士玩花石的亡国之君

　　赵佶（jí，1082—1135），北宋道君皇帝徽宗，在位二十五年。宋神宗第十一子，母陈妃。元丰五年十月丁巳日，赵佶诞生于宫中，封宁国公。宋哲宗即位后，封端王，加司空，改昭德、彰信军节度使。后以弟承兄，继位大统。

　　赵佶是在争论声中登上皇帝宝座的。元丰三年（1100年）正月己卯日，二十五岁的宋哲宗赵煦驾崩，皇太后向氏哭着对宰臣们说："国家不幸，皇帝无子，大事得及早定下来。"宰相章惇厉声说："应该立先帝的同母弟简王似。"太后不以为然，婉转地说："老身没有儿子，诸王都是神宗的庶子。"章惇又说："按年长该立申王。"太后说："申王有病，不能立。先帝曾经说过，端王有福寿，而且仁厚孝顺，该立他。"章惇反对道："端王作风轻佻，不适合君临天下……"没等他把话说完，曾布喝道："章惇，听从太后的安排！"于是传太后懿旨，召端王赵佶入宫即了皇帝位。大臣们请太后权同处理军国大事，太后不接受，说皇帝已经成年了。这年赵佶十九岁。

　　赵佶一登帝位，宫苑中的珍禽异兽便渐渐地多了起来，言官江公望极力进谏玩物"非初政所宜"。赵佶口头上尊重言官，实际上拒谏，文过饰非。过了几天，赵佶告诉他说，已经把禽鸟都放了，只剩下一只白鹇，可能因蓄养时日久了,放它不走,挥动手杖驱赶它也赶不动,只好由它留下。赵佶并在杖头上刻下了"江公望"三字,表示自己要记住他的话。江公望很受感动。但赵佶以后的行动,证明皇帝"不宜"的事他并没少干。

当时人们随便议论皇帝几句,也得治罪。崇宁五年,已故枢密使安惇的长子安郊,升任福州转运判官,陛见退朝后,他对幕客说:"我观察皇上的容貌不合相法,可能会有搬迁的厄运。"那幕客把这话报告了朝廷,安郊被判以"指斥乘舆(攻击皇帝)罪"而处死。安郊的弟弟安邦也受株连被贬到涪州;已故的安惇成了逆臣之父,被追贬为单州团练副使。

言官陈禾因劾奏宦官童贯被贬官。宦官童贯恃宠弄权,贸然进攻西夏,造成惨重损失。大观三年,言官陈禾上朝弹劾童贯罪行,要求把他贬窜远方。还没读完奏章,赵佶就拂袖而起。陈禾上前拉住皇帝的衣襟,要求听他奏完,竟把衣襟拽破了。赵佶发火道:"正言扯碎朕的衣服了!"陈禾说:"陛下不惜碎了衣服,臣哪惜碎了头颅来报答陛下!让这些家伙享受富贵,陛下日后可要遭受危亡的灾祸啊!"赵佶说:"卿能如此,朕还有什么可忧虑的!"内侍请皇帝换下扯破的衣服,赵佶不换,说:"留着它表彰直臣的忠诚吧!"但是,第二天童贯等人围绕着皇帝说,国家正处在太平盛世,陈禾太狂妄,说的话太不吉利等等,赵佶马上把陈禾贬到信州兼酒税去了。

政和七年,御史王安中要求个别入对,从袖中取出弹劾蔡京的奏疏呈上,赵佶看了说:"你说的都符合事实。"王安中道:"臣一介书生,不自量力。蔡京老奸巨猾,一定会迫害臣。将臣窜逐远方,请让臣就此拜别陛下吧!"赵佶很受感动,安慰说:"不必如此,朕当为卿罢掉蔡京。"当时蔡京的长子蔡攸日夜出入禁中得知这消息,便带着蔡氏子弟哭着向皇帝磕头求饶,赵佶又犹豫不决了,说:"言官白纸黑字,都是事实,有什么办法呢!"蔡攸献计说:"陛下倘若怜悯小臣一家,只要把王安中调一个职位,这事不就不了了之了吗?"赵佶大发慈悲,答应了他们。这天半夜,王安中正在家中起草第三道奏疏,忽然听到有人敲门,并大声喊道:"皇上御批,任命中丞为翰林学士,明日上任!"王安中听了叹道:"我知道我的灾难就在这件事上啊!"

皇帝不纳谏,不保护言官,敢于进谏的还能有几个人呢!

赵佶还大搞崇道迷信活动。自大观初年到政和年间,十几年来,赵佶大力扶持道教,并且带头信道——为自己取了一个皇帝加道士的称号,叫"道君皇帝",权臣佞幸们,也都各有一个道教的职称。朝中豢养着一群方士、道士,待遇比拟于大臣,知名度大的有刘混康、虞仙姑、王老志、王仔昔及后来居上的林灵素等。政和七年,赵佶在上清宝箓宫举行了规模空前的道士盛会,出席的道士有二千多人,并授意林灵素编造了"清华帝君夜降宣和殿"的故事。

随着崇道迷信活动的发展,道观的兴建日盛。赵佶号令全国各地都必须建造与京城的"玉清和阳宫"相似的道观,劳民伤财。为了扩大道士人数,逼着和尚蓄发,以僧改道。京畿的老百姓"闻风而动",纷纷穿上道装,到庙里或集市上"结善缘",收入可观。

赵佶还大搞宫室建筑。在佞幸们的怂恿下,敕令修建了明堂、葆真宫,珠围翠绕的大型风景建筑群凤凰山——万岁山。另外还在皇宫后门外建了一条集贸易、游戏、赌博等于一体的商业街,这条街上白天不营业,每到夜晚上市,灯火辉煌,人们熙来攘往,吆五喝六,皇帝不出宫门,便能俯瞰欣赏到各种世俗的民间生活情趣。这条街成了赵佶一个人的"御用夜市"。

赵佶还从全国各地搜集花石,从朝廷到地方设立了"应奉局",派专职官员负责搜集和运送花石。奇花异石源源运往京城,多到需要编成船队或车队运送,一队为一组,也叫一"纲","花石纲"就是由此得名。一些热带、亚热带的植物,运到江北的京城,真是劳民伤财。仅一棵龙鳞薜荔,从南方运到汴京,就需花费一百万缗钱!

朝廷由搜罗为皇帝娱目的"花石",发展到搜刮各地土特产。地方上的"应奉局"借此大肆搜刮百姓财产。差役闯入百姓家中,见到什么祖传遗物,别致一点的家具、摆设都指定为"贡品",能拿走的拿走,一时拿不走的,责令物主保管,不得有失。贡品由娱目发展到"娱口",龙眼、荔枝、山珍、海味,都得当贡品,"异味珍苞,率以健步捷走,虽万里,用三四日即达,色香未变也"。这就大大地害苦了运输的百姓,被累死的,被责打而死的,生了病不给治延误死的,自缢死的,不绝于途。震撼朝廷的方腊起义,就是以"罢花石、诛朱勔"为口号发难的。有些贪官以采购花石为名,大肆贪污国库银钱。

赵佶还有一大爱好,就是没有节制、没有分寸的游乐。他的一个女儿嫁给了蔡京的儿子蔡鞗,蔡家鸡犬升天,连仆人、媵妾也都封官、封"夫人"。赵佶经常坐辇到蔡京家中玩乐。朝中专门设了"行幸局",为皇帝出游服务。如果赵佶夜间出游,第二天早朝时还没有回宫,行幸局便"传旨"说皇帝病了,不能上朝。开始做得很机密,大臣们都不知道;后来蔡京上"谢表",其中有"轻车小辇,七次幸临"的话,才传了开来。

赵佶荒废朝政,嬉游无度,却不许谏阻。宣和元年,秘书省正字曹辅上疏力谏,批评皇帝"玩安忽危,一至于此",竟遭到了送郴州编管的迫害。赵佶越来越荒唐,宣和五年十一月的一天夜里,他到宰相王黼和宦官梁师成家游玩喝酒,醉得不能说话,直到五鼓才由禁军接回宫中。当夜,各队禁军集中到教场上,唯恐发生变故。野史上说赵佶钻地道嫖娼宿妓,大概也不是无中生有吧!

被正史列入"奸臣"的宰相章惇于赵佶即位前曾说过"端王轻佻,不可以君临天下"的话,赵佶的表现,充分证明了章惇"即小见大"的识人之明和为国家百姓着想的原则性。章惇的被贬,大概与说了这句获罪于皇上的话也不无关系。

赵佶轻率地搞军事冒险,引火烧身,烧掉了自己的皇权。他平时根本不抓国防,不抓军队,却重用童贯为枢密,和边将王厚大搞军事赌博,对西夏用兵。其后,又联金攻辽,却又对金有所失约。金灭辽之后,借口问"失信"之罪大举攻宋。宣和七年(1125年)年底,金人一边向南打,一边迫宋投降。赵佶慌了神,他拒绝了李纲等抗战派的意见,准备把国家扔给二十五岁的大儿子赵桓,以便自己能随时逃跑。于是演了一出"内禅"丑剧。

十二月下旬己未日,赵佶下了"罪己诏",又把给事中吴敏提拔为门下侍郎,叫他辅佐皇太子。因为吴敏谈过"万一守者不固,则行者必不达"的看法,所以他要叫吴敏陪儿子固守,自己好顺利地逃跑。然后,他对蔡攸说:"我平日性格刚强,没想到金人竟敢如此!"忽然一口气憋了过去,掉到了御床下。大臣们急忙呼唤侍从把他扶起来,抬到宣和殿的东阁里,一会儿赵佶苏醒过来,要了纸笔,写下:"皇太子可即皇帝位,予以教主道君退处龙德宫。可呼吴敏来作诏。"吴敏奉命草诏,赵佶在纸后写道:"依此,甚慰怀。"

第二天,皇太子赵桓奉禅诏即位于福宁殿,他就是宋钦宗。

钦宗即位的第七天,为赵佶上了"教主道君太上皇帝"的尊号。"国无二君",赵佶只得出居龙德宫,宰臣们率百官来送行,"皆恸哭",不久,赵佶就留恋起即将失去的天堂了,但又不好意思反悔,便婉转地对大臣们说:"内侍们都说我的做法错了,反应很强烈!"内禅诏是他亲自硬下的,大家一时不知道说什么才好。吴敏说:"说做错了的是谁?可以斩一个人以儆其余!"赵佶的气又短了,掩饰说:"人又多又杂,记不得是谁了。"可是仍不甘心,又冲着"太上"二字发牢骚:"皇帝之上,岂容更有他称!"他太健忘:他搞"内禅"本身,不就是以唐玄宗这个"太上"作为榜样吗?

靖康元年(1126年)年底,宋钦宗赵桓向金国元帅完颜宗翰递送降表投降,北宋灭亡。靖康二年二月初六日,金主降诏把宋的徽、钦二帝废为"庶人",金兵打昏随行大臣李若水,硬把二帝拖去逼令换下原来的服装。第二天,"二帝"和诸皇子、皇孙、帝姬及有名号的老少皇后嫔妃,被掳北去,赵佶提出让自己去当人质让赵桓留下来"保宗社",金人不答应。三月二十七日,金帅完颜宗望退师,用牛车押着道君皇帝、宁德皇后及诸亲王嫔妃。四月初一,金帅完颜宗翰退师,押着宋钦宗、皇后、皇太子以及宫中所有能搬得动的财宝资料,如帝后冠服、礼器、法器、九鼎、八宝、浑天仪等等,由郑州北上。不久,在主战大臣们的拥戴下,康王赵构于南京即位,建立了南宋政权。赵佶走到真定时听到了这个消息,打发跟随他去的管干龙德和宣赞金人曹勋秘密潜回南方。他交给曹勋三件自己穿的内衣,在衣领上亲笔写了"可便即真,来救父母。"又嘱咐曹勋说:"如见到康王,可以告诉他:如果有澄清中原的好计策,要努力地实现它,而不要以我为念!"赵构的母亲韦贤妃也写了信捎上。赵构的妻子邢夫人,脱下金环来,派内侍交给曹勋说:"替我告诉大王,愿意像这个环一样,能够早日相见!"

奔波了五个多月,"二帝"被押送到中京(今内蒙大明城)。这时宗室等一千八百多人还滞留在燕京,金人"计口给粮,监视严密",病饿而死的很多。建炎二年七月,"二帝"又被押送到上京(今内蒙巴林左旗内)。八月丁丑日,金主命令他们二人穿"庶人素服"去朝拜金国的太祖庙,然后在乾元殿召见他们,封赵佶为"昏德公"、赵桓为"重昏侯"。十月,又把他们迁到韩州(今辽宁昌图)。

赵佶有一项"发明"——即把"公主"改称"帝姬"。皇帝父子当了战俘,"帝姬"自然成了战利品,建炎四年六月,"金主命以昏德公六女为宗妇"。七月,金人立汉奸刘豫为皇帝,国号大齐,建都大名府;将"二帝"迁往五国城(今黑龙江依兰县)。绍兴三年八月,赵佶的儿子赵樗,诬告其父昏德公谋反。金人听后,让他们父子对质,由于赵佶的女婿蔡鞗极力辩解没有其事,金主才"命诛樗及其婿刘彦文"。

赵佶、赵桓父子后来都死在金国。

绍兴五年四月甲子日,赵佶死于五国城。丙寅日,金主遣使致祭及赙赠。绍兴七年二月,南宋朝廷才得到关于道君皇帝和宁德皇后相继逝世的消息,于是谥为"圣文仁德显孝皇帝",庙号"徽宗"。

赵佶在政治上昏庸无能,但在艺术方面却有精深的造诣。他喜吹弹,善诗词,工花鸟、山水、人物,擅楷书、草书。他即位后大力提倡文艺,创立书学、画学，组织编撰《宣和书谱》《宣和画谱》等书，对中国书画艺术发展起了重要的推动作用。他在书法上创造出独树一帜、瘦挺爽利的"瘦金体"；绘画以精工逼真著称，代表作有《芙蓉锦鸡图》《瑞鹤图》《柳鸦图》等。

绍兴二十六年，宋钦宗赵桓死在了金国。他只当了一年两个月的皇帝，却当了三十年的俘虏。

杜太后

"金匮之盟"的"盟主"

杜太后(? —961),宋太祖赵匡胤的母亲,安喜人。

杜母范氏共生了五个儿子、三个女儿。杜太后是老大,成年后嫁给了后唐检校司徒、岳州防御使赵弘殷。她生了五个儿子,活了三个——赵匡胤、赵匡义、赵匡美。杜氏从小帮助母亲理家,是一个精明能干而又善于思考的人,加上赵氏这个官僚世家的濡染,她对丈夫的仕途及三个儿子的出路,始终非常关心。

杜太后在历史上有独特的名气,这主要不是由于她是两个皇帝的母亲,而是由于她定下的那个保证赵氏"立君以长"的兄弟相传的"金匮之盟"。

后周恭帝元年(960年),陈桥驿兵变,赵匡胤黄袍加身当上了皇帝,派人向母亲报告喜讯,她听了平静地说:"我儿子一向胸怀大志,现在果然如愿以偿了。"

宋太祖赵匡胤"登极"后,尊母亲为皇太后,把她请到大殿上,向她行参拜大礼,大臣们也都按班行礼致贺。不料这时本该满面春风的杜太后,竟忧心忡忡。一个近臣问道:"古来母以子贵,现在点检当了天子,太后还有什么不喜欢的呢?"杜太后轻轻地叹了一声道:"自古以来为君难啊!天子身居百官万民之上,治理得好,这个地位的确是尊贵的;要是治理不得法,就会像驾驭马车失去控制一样危险,恐怕想平平安安地当个普通老百姓也是不可能的,这就是我的忧虑啊!"赵匡胤听了,恭敬地下拜说:"孩儿一定牢牢记住母亲的教诲。"

杜太后经常参与国家大事的决策,也很重视辅臣的作用。宋朝第一任宰相赵普,原来在赵匡胤手下任书记,杜太后后来一直亲热地称呼他"书记",表示承认他是自己儿子的老同事、老部下,并嘱托他:"国家刚刚建立,我儿子没经历过这么大的事情,赵书记可得多多地尽心啊!"赵普激动得答道:"请太后放心,我一定谨遵太后的指教去做! 不是点检当上天子,哪有我赵普的今天啊!"

三个儿子中,杜太后特别喜欢赵光义(因哥哥当了皇帝,改"匡"为"光"),他每次因公外出,太后都嘱咐他:"你一定要和赵书记在一起啊!"

太祖建隆二年(961年),杜太后病倒了,弥留之际,叫赵匡胤召赵普入宫,当着赵普的面问赵匡胤:"孩子,你自己知道你得天下的原因吗?"赵匡胤呜咽着说不出话来。太后严肃地说:"我正要和你谈国家大计呢,你怎么只知道哭啊! ——你自己知道你得天下的原因吗?"赵匡胤忍住悲痛回答道:"这都是祖先和父亲母亲积的德啊!"太后吃力地摇了摇头:"你说的不对。主要原因是后周柴氏让一个七岁的小孩子坐天下,官员们怕朝廷大权落在个别权臣手里,影响自己的前途命运,不信赖他们。天下这么大,能立年长成熟的人当天子,是国家社会的福气。你和光义都是我亲生的,你身后要把皇帝位传给他;兄弟传下去,到下一代再从年长的为君。"赵匡胤叩头哭着答应说:"不敢不按照太后指教的做!"

太后又对赵普说:"你也一同记住我的话,不要违背了。"赵普跪下答应,在太后病榻前把这事写成"誓书",末尾注上"臣普记",放到一个金匣子里,叫掌管机要物品的宫人妥为保存,这就是历史上有名的"金匮之盟"。

杜太后放心地咽下了最后一口气,死后谥号"昭宪"。

赵匡胤死后,赵光义继任了皇帝,但不是由于实行了"金匮之盟"。这个"盟",赵匡义即位以后,才听说并见到它。

李宸妃

宋仁宗的生母

　　李宸妃（987—1032），杭州人，祖父李延嗣，任钱氏吴越国的金华县主簿，父亲李仁德，终职是左班殿值。李氏初入宫时，是刘修仪的侍儿，平日举止庄重，沉默寡言，真宗让她"司寝"，有了身孕。一次随皇帝登临砌台游玩，她头上的玉钗落了下来，心里很不高兴。真宗帝暗自在心中占卜：如果玉钗完好无损，该生个男孩子。待侍从捡起玉钗来呈上，一点也没摔坏，真宗非常欢欣。后来李氏果然生了个儿子，就是后来的宋仁宗赵祯。李氏生子后，被封为崇阳县君；以后又进她为"才人""婉仪"。儿子仁宗即位后，根本不知道这段渊源，封她为"顺容"，从守永定陵。

　　而卖艺女子出身的刘修仪却青云直上，她先是被封为"德妃"，大中祥符四年（1012 年）赵祯三岁时，她便立为皇后了。她当上皇后的"资本"之一，就是攥紧了赵祯这张王牌。赵祯一出生，她便要来据为己子，交给杨淑妃扶养，不让李氏沾边。从仁宗即位到李宸妃去世，足足十年，李宸妃一直默默地处在先朝众嫔御中参加各种礼仪活动，自己丝毫也不显示"龙母"的神态。后宫的人们，有的虽然心中为她抱屈，但慑于刘氏的威风，谁也不敢多说话。

　　仁宗明道元年（1032 年）二月，李氏病危，就在她封为宸妃那天，心怀着委屈与不平离开了人世，只有四十六岁。宰相吕夷简上朝奏事，说了一句

"听说有位宫嫔亡故了",和仁宗一同听政的刘太后冷冷地说:"宫中的事宰相也想干预吗?"拉起仁宗起身走了。一会儿,她又独自回来坐在帘内,召吕夷简来问:"一个宫人死了,相公管那么多干吗?"吕夷简说:"臣身居宰相的地位,内外大事没有不应该管的。"太后怒道:"相公想离间我母子吗?"吕夷简回答说:"太后不为刘家的利益考虑,臣就不敢说话了;如果还想到刘家,办丧礼就应该从厚。"太后有所觉悟,连忙问:"死的是李宸妃,该怎么办呢?"吕夷简建议在皇仪殿治丧,用一品礼殡在洪福寺。

吕夷简私下里关照太监罗崇勋说:"宸妃入殓时要用皇后服饰,棺内要用水银浸放遗体。"听说有诏凿开皇宫的城墙出丧,吕夷简急忙要求入对。太后知道他的用心,派罗崇勋问他,吕夷简答道:"从墙上凿洞出殡,不合礼仪,灵柩应该出西华门。"太后派罗崇勋责备他,吕夷简说:"臣位居宰相,这事按理应该在朝廷上争论。太后不答应,臣决不退下。"罗崇勋往返三次,太后仍不肯答应。吕夷简郑重地对罗崇勋说:"宸妃生育了皇帝,如果丧事不成礼,异日一定要有人承担罪责,不要嫌我今天没提醒!"罗崇勋听了很害怕,跑回去报告了,太后才勉强同意按吕夷简的意见为李宸妃办丧事。

第二年三月,刘太后死后,仁宗的叔父荆王赵元俨才告诉仁宗,他的生母是李宸妃。仁宗听了哭得死去活来,追尊宸妃为皇太后,改葬在永定陵。有人说太后死于非命,丧不成礼,仁宗也有些怀疑。后来换棺木的时候,仁宗派李太后的弟弟李用和去检视,李用和一看,姐姐的容貌像活着时一样,服饰是皇后的规格。他向真宗回报后,真宗感慨地说:"人言哪可信啊?"其实这都是吕夷简冒险力争来的,而他们根本不知道个中原委。后来仁宗听信郭皇后的挑拨,把吕夷简作为"刘太后党"贬了官,实在对不起这位为他立了大德的精明宰相。

在封建时代,母以子贵是"春秋大义",但李宸妃论地位、论荣宠都无法与刘氏"据理力争",不能责备她软弱。容让的性格才使她没给自己招来杀身之祸,而且总算亲眼看到自己亲生的儿子平安地长大,并且当上了皇帝,一颗母亲的心,得到了相对的平衡。有权对历史负责的,应该是宋真宗和刘氏。其实刘氏也为自己留了一点余地——在李氏临死的那天上午,把她封为"宸妃"。"宸"是北斗星,借喻皇帝,封李氏为"宸妃",就表示承认李氏是生了一个皇帝的人。这在刘氏本人来说,可以减少李氏临终前对她的怨恨,对别人——特别是对宋仁宗——表示她自己主动地揭示了这个秘密,免得在她死后,她本人及她的母族遭到报复。从夺儿子当皇后到"宸妃"之封,刘氏的城府真够深的。

赵元佐

敢于违抗父皇的叛逆皇子

　　赵元佐(962—1027),宋太宗赵炅的长子。原名赵德崇,自幼聪慧机敏,貌相酷似父亲,太宗对他特别钟爱。十三岁那年,他跟随父皇到京城近郊狩猎,一只兔子被追逐得跑到车前,太宗令他射,他一箭便射中了,当时有契丹使者在场观猎,看了后也很惊叹他的箭术。年长后,随太宗出征过北汉国和辽国,官拜检校太傅、同中书门下平章事,封卫王;继而又迁居东宫,改赐名元佐,加检校太尉,进封楚王。

　　楚王赵元佐对父亲太宗即帝位以后皇室家族成员命运的突变极为关心。太宗即位后第四年,太祖的长子赵德昭,受了太宗的斥骂后,用水果刀割喉自杀;第六年,太祖年仅二十岁的次子赵德芳,突然暴死;第九年,太祖、太宗的弟弟秦王赵廷美,死在贬谪地涪陵。赵元佐在叔父遭贬的过程中,多次向父皇说好话营救,太宗不听。他请问叔父的罪名,太宗很生气,不再喜欢他。听到赵廷美的死讯后,赵元佐疯狂了。

　　从此他不按时上朝,也不按时向父皇问安,一反常态地做些荒谬的事。例如:身边的侍从稍有过失,他就亲自将他们砍伤或杀死;有时仆人、属吏走在庭院里,他会用箭射他们。太宗严厉地训诲他,他也无所改变。入秋后病势转重，太宗十分焦虑；进入九月后，才略有好转。

宋太宗为长子疾病好转而欢欣，下诏在九月九日重阳节这一天，在副宰相李昉的府第，赐近臣宴饮，并召集诸王子在苑中宴饮射箭。因元佐疾病刚好转，没叫他参加。傍晚，陈王元佑等去看望元佐，元佐对他们说："你们都和父皇一起饮酒射箭而我没能参加，我这是被父皇抛弃了啊！"他越想越生气，到了半夜，把媵妾们关闭在宫中，放火焚烧了东宫，直到天明，火焰还没熄灭。

太宗估计这火是元佐放的，令人把他捉了送到中书省，派御史审问他。元佐供认不讳。太宗派人内都知王仁睿向元佐传达旨意说："你身为亲王，富贵到极点了，为什么这样地凶狠荒唐呢！国家有法典制度，我不敢徇私情，父子的情分就从此断绝了。"元佐没回答什么。

陈王元佑等弟兄们和宰相近臣们，都哭号着为元佐求情，宋太宗流着眼泪说："我每次读书的时候，看到前代帝王的子孙有不听管教的，总扼腕愤恨，哪里想到我自己的家中竟出了这样的事！"于是下令把楚王赵元佐废为庶人，安置到均州（在今川鄂交界处）。

元佐走了七天，宰相宋琪等率领百官伏阙上表，请求把赵元佐留在京师，宋太宗不准。大臣们三次上表苦求，太宗才答应。元佐走到黄山，又被召了回来，安置在南宫，派专人"监护"，不得与外界通信息。元佐府中的官吏们为没有辅佐好皇子来请罪，宋太宗说："朕的教育训诲他尚且不听从，哪里是你们能够帮助引导得了的呢！"

至道三年（997年）三月，宋太宗驾崩，皇太子元侃即位，改名赵恒，就是宋真宗。六月，真宗任皇兄元佐为左金吾卫上将军，恢复了他的楚王封号，允许他在宫中养病，不必上朝站班。真宗还表示要去看看元佐，元佐却以疾病为理由，坚决辞谢，说："即使来了，我也不敢相见。"一直到宋真宗死，这一母所生的兄弟俩二十五年没有见面。

宋仁宗天圣五年（1027年），赵元佐凄凉地离开人世。追封为齐王——后改为潞王，谥恭宪。"宪"是"博闻多能"的意思；"恭"的含义就复杂了；"既过能改""执事坚固""蔽亲之缺"……从谥号上看，仁宗还是认为他这位伯父并不"疯"，而是非常正直的。

魏国大长公主

平民式的"第一小姐"

　　魏国大长公主(? —1051)是宋太宗的第八个女儿,宋真宗的妹妹,宋仁宗的姑母。在宋朝的"公主"中,她的德行、学识都是出类拔萃的。

　　她少年时在宫中,有一次太宗打开贮藏珍宝的库房,让女儿们任意选取自己喜欢的东西,只有她什么也没拿。这件事给太宗中下了极深的印象,特别地钟爱她。

　　长成后,她下嫁给李遵勖,这时她的公公李继昌已经病故了,公主"过门"后没有行拜见公公的大礼,她便选定公公生日的一天补行结婚应该行的参拜大礼。太宗听说女儿如此知礼识体,很受感动,派人送去衣服、宝带、器币等赞助女儿作寿礼。

　　宋真宗继立的皇后刘氏是卖艺的出身,是宋仁宗的养母——李妃生下儿子仁宗后,刘氏硬要了去叫杨妃保育,而自己当"嫡母",仁宗即位时十四岁,她以太后的身份执政十来年,在一些做法上超过礼制,如穿着皇帝的服装一直到死等等。刘氏是公主的三嫂,对这位"小姑",她敬畏三分,有时也向公主询问一些政事,而公主往往借这种机会,援引祖宗旧典故例,对她进行讽谏。

刘太后自己不规矩，也希望以知礼闻名的魏国大长公主有所"超制"，但公主不听她的。按老规矩，命妇入宫觐见，都应该把头发束成髻，刘太后叫大长公主用镶嵌着珍珠的丝带束发，并赐金龙小冠让她戴，大长公主推辞了。一天，刘太后又命令大长公主入宫要佩戴她赐的珍珠丝带和金龙小冠，但刘太后的生日那天，大长公主进宫祝寿，仍然只梳着一般朝廷命妇所梳的那种发髻，刘氏对她也无可奈何。

大长公主在夫家，谨守妇道。李遵勖死后，她为丈夫守丧，几年缞(cuī)麻不离身。除服以后，也不再穿华丽的衣服。仁宗皇帝很敬重这位姑母，有一次在宫中宴会，他见姑母衣着寒素，便亲自为姑母戴花。大长公主辞谢说："我早已发誓不再戴花打扮了。"她经常告诫儿子们，要以忠义约束自己，不要依仗母亲是公主而做不该做的事招来后悔。对待丈夫的媵妾生的孩子，也像对待亲生的孩子一样，一视同仁。

大长公主晚年患了眼疾，仁宗派内侍常太医给她诊治，为她祭鬼神祈祷消灾。有一次仁宗去探望她，她让人搀扶着接驾。皇帝请她先坐了，命人在她西边给自己设御座，大长公主坚持辞谢。皇帝只好把御座移得面向东南，就势用舌头为大长公主舐目，人们都感动得流下泪来。仁宗悲痛地说："先帝兄弟姊妹共十四人，如今只剩下姑母一人了，怎么竟得了这个病啊！"并对从臣们说，"大长公主的病，如果能够移到朕的身上就好了。"他又询问大长公主的子孙们有什么要求，大长公主说："哪能因着母亲生病而要求赏赐呢！"给她送来三千两白银，她也辞谢退回。

魏国大长公主的眼疾没治好，她双目失明了。但白天总还要按时起床，衣着整齐地凭几坐着，澹泊度日。她嘱咐儿子们说："按照你父亲的遗命，他的枢中没有放任何金玉宝器，只有几套四时穿的衣服。我死了以后，也必须按这样做。"

大长公主病危的信息报到朝中，皇帝立即命驾前往，走到路上，又接到公主病故的报告，皇帝立刻换了衣服，赶到灵前祭奠致哀。追封她为齐国大长公主，谥献穆，御制挽辞，并为墓碑书写了碑题——"褒亲崇德之碑"。

王彦昇

撕吃活人耳朵的将军

王彦昇(917—974),宋初将领。字光烈,蜀人,移居洛阳。初为后唐内宫侍卫,后周时升为"散员都指挥使"。他力气大,作战勇敢,善于击剑,号称"王剑儿"。

王彦昇是陈桥兵变的参与者。赵匡胤黄袍加身后与众将回京城夺皇帝权时,王彦昇是这支大军先头部队的指挥员。当时值早朝后官员们还没退朝,就传来兵变的消息。这时天平节度使、同平章事、侍卫马步军副都指挥使韩通,急忙从宫中奔出,想回去率众抵抗,和王彦昇的部队走了个对头。王彦昇可能看出了他的意图,驱马追赶他,赶到他的家中,打将起来,王彦昇杀了韩通,并杀死了他的妻子儿女。赵匡胤并没因他违犯了原来的誓约(不得侵凌朝贵)而治他的罪,反而封他做了大宋王朝的铁骑左厢都指挥使。

宰相王溥是留用官员,一向谨小慎微。一天夜里,王彦昇突然来到了他家,王溥吓了一大跳。就座后,王彦昇说:"我巡查警卫部队,到了这里,很困乏,想到你家来讨杯酒吃。"其实王溥看得出,他是想以"功臣"的身分来敲点儿钱用,但他假装不明白,只摆上酒菜让王彦昇吃了一顿。第二天,王溥将这事向新皇帝报告了。赵匡胤刚即位,正需要笼络前朝的大臣们支持他,于是将王彦昇调出京城,任唐州(今河南唐河)团练使。开宝二年(969年)改原州(今甘肃镇原、宁夏固原一带)防御使。西北地区其他民族的人有犯汉人法令的,王彦昇不按刑法治他们,而是举行宴会召集属僚饮酒,拉来犯法的人,用手揪下耳朵来,放在嘴里大吃大嚼,边吃边喝酒。被撕掉耳朵的人,血流满身,又疼又怕,两腿打哆嗦,也不敢挣扎。五年内,他共吃了几百个活人的耳朵!恶名传扬出去,吓得西方的民族不敢侵犯边塞。

开宝七年(774年),王彦昇因病代还,不久死去,终年五十八岁。

潘 美

战略战术灵活多变的大将

潘美（921—987），宋初将领。字仲询，大名（今河北大名）人，行伍出身。年轻时就抱负不凡，认为大动荡大战乱的时代，正是大丈夫立功名取富贵的大好时势，碌碌无为是可耻的。

后周世宗时，潘美因战功出任陕州（今河南三门峡）监军，由西上阁门副使改引进使。在宋朝，他连事太祖、太宗两朝，参加指挥了平李重进、攻取南汉国、攻取后蜀国、攻取北汉国、伐辽等重大战役，官职升到节度使，宣徽北院使，最后伐辽时，跟着监军王侁打了大败仗，致使名将杨业牺牲，被贬三级，第二年后又改并州（今山西太原）通判，加同平章事。

潘美和赵匡胤素有交情，赵匡胤黄袍加身在众将簇拥下赴宫廷夺权时，派潘美先行一步，到宫中去向朝廷重臣宣谕此事。

陕州驻将袁彦，为人凶悍嗜杀，进行战备时，赵匡胤怕他也来个兵变，便派潘美去给他当监军，对他进行控制，必要时搞掉他。潘美不带护卫随从，单人独骑去见袁彦，向他分析形势，讲天下大一统的趋势，讲赵匡胤的"天命所归"，劝他拥护赵匡胤。袁彦听了他的话，进京朝拜赵匡胤，表示了"臣"的身分。赵匡胤高兴地说："潘美不杀袁彦，而说服他来朝见我，正符合我的心意啊!"

潘美能根据敌情采取灵活的战术。在攻南汉的时候,汉都统李承渥率领十万大军御敌,还训练了"大象阵":每个大象上,骑着十几名手执兵器的兵士,列阵作战的时候,把"象军"排在前列,显得特别威风。官军初次见了,都有些紧张。潘美下令把军中的弓弩手集中起来,对阵时用劲弩攒射大象,大象受到刺激,惊得往回跑,把背上的士卒都甩了下来,连踢踏加冲击,汉军大乱。潘美乘势指挥军队进击,一举攻下了汉都韶州(今广东韶关),李承渥只身逃脱,刺史辛延渥、谏议大夫邹文远都被活捉。

在距离韶州八十里地的栅口一带,南汉郭崇岳军据水设阵,潘美和随军转运使王明研究说:"他们的寨栅是用竹子编的,如果用篝火焚烧,一定会大乱,借此两面夹击,是最好的办法。"于是二人分头部署士卒每人带两只火炬,抄小道接近汉军的寨栅。入夜,上万支火炬一齐点燃进攻,恰好遇上大风天,官军趁火势呐喊攻击,南汉军大败,守将郭崇岳战死。

潘美的副手王明也善于用计,先发制人。在攻贺州(在湖南境内)时,南汉守城的主将武彦柔在出战时被擒杀,枭首给城中人看,劝他们献城,城内仍然坚守。王明向潘美建议道:"主将死了还坚守,这说明他们在等待援军。援军一来,我们会腹背受敌的,应该加紧攻城!"其他将领想不出"加紧"的办法,王明便率领着他为大军护送辎重的百十名士卒和几千名丁夫,锹镢畚箕一齐出动,填塞了护城河,大军直抵城门。城中人大惧,开门投降。

太宗雍熙三年,潘美北进伐辽,以少胜多,一气攻下云(今山西大同)、朔、寰(今山西朔县)、应(今山西应县)四个州,太宗诏令部队抓紧把四州百姓内迁。还未开始迁移,寰州被夺回,敌人来势凶猛。在商议对策时,杨业主张避开辽军主力,先移民。监军王侁主张出战,讥讽杨业"有他志",激杨业出战,自己却率领大部队跑了。而潘美在决策时,缄口不表态,又跟着王侁撤走了接应杨业的军队,致使杨业孤军奋战,因无援军而被俘牺牲。潘美因此被降官三级。

雍熙四年(987年),潘美去世,终年六十七岁。赠中书令,谥武惠。

在宋朝初年的将领中,潘美不失为一位讲究策略、战术多变的大将。

杨 业

北宋"杨家将"第一代大将

杨业(？—986)，历史上著名的"杨家将"的第一代大将。并州太原人，父亲杨信是后汉麟州（今陕西神木西北）刺史。

杨业性格倜傥豪侠，擅长骑马射箭，特别爱好打猎，每次打猎获取的猎物都比别人多。他曾经和伙伴们说："将来我要是当将军带兵打仗，也能像用鹰犬捕捉野鸡兔子那么容易！"

杨业二十岁时在刘崇部下，作战果敢骁勇，屡立战功，人们称赞他为"无敌"将军，升为建雄军（今山西临汾）节度使。

宋太宗久闻他的大名，很想得到这员良将。攻打太原的时候，北汉国主刘继元投降了，杨业兀自据城苦战。直到刘继元奉宋太宗之命去招降他，他才向北方拜了两拜，大恸一场，脱下盔甲，来参见新主子。太宗很高兴，授他为右领军卫大将军，班师后又授他郑州刺史。考虑到他擅长边防战，又调他任代州（今山西代县）兼三交（太原一带）驻泊兵马都部署，起行的时候，皇帝赏赐给他很优厚的财宝。

一次，契丹部队侵入雁门，杨业统率着部下数千骑兵绕小道到雁门关北口，从敌人背后发起攻击，杀得契丹大败，他因功加升云州观察使。从此以后，契丹人只要望见杨业的旌麾，就赶紧遁走。

宋王室派出去的戍边大将，有的居功骄傲吃老本，有的畏敌如虎，杨业保卫边疆的赫赫战绩，使他们丢脸、被动，于是都忌妒他，有的上书皇帝，说他的坏话。宋太宗看了后概不过问，把这些告密信都密封起来派人送给杨业，向杨业表示了对他的信任与恩宠。

雍熙三年，官军大举北征，由忠武军（今河南许昌）节度使潘美任云（今山西大同）应（今山西应县）路行营部署，命杨业任他的副将。同时命西上阁门使、蔚州（今河北蔚县）刺史王侁和军器库使、顺州（今两广一带）团练使刘文裕担任监军。北征大军一气攻下了云、应、寰（今山西朔县马邑）、朔（今山西朔县）四州。不久太宗下诏把这四州的百姓迁往内地，命令潘美的部队保护内迁。当时契丹国母萧太后亲征，领兵十几万，又夺回了寰州。在这种形势下"移民"，实在太危险，但"圣旨"必须执行，于是杨业与潘美、王侁、刘文裕计议道："现在辽兵人多气盛，不可和他们正面接战。再说目前朝廷只命令我们内迁几个州的百姓，我们从代州领兵出大石路（今山西繁峙），先派人秘密通知云、朔两州的守将，待大军离开代州的时候，让云州的民众先出动。我们驻扎在应州，契丹一定来争，这时让朔州的百姓出动，进入石碣谷。同时派一千强弩手埋伏在谷口，再用步兵在中路接应断后，这样三州的百姓就万无一失了。"

监军王侁反对说："你统率着好几万精兵却这样地胆小怕事！应该直奔雁门北的大平原，并且应该大张旗鼓地行军！"监军刘文裕也赞成王侁的意见。杨业坚决反对。王侁讥讽说："杨将军一向号称无敌，现在见到敌人却兜圈子不敢接战，莫非是有别的打算吗？"王侁的讥讽使杨业感到刺痛、憋气，他一时失去了大将应有的沉着和镇定，愤慨地说："我们现在是带兵打仗的，我不是个人怕死，只是因眼下形势对我军不利，如果打硬仗，只能叫士兵白白地送死，不会立功的！现在你竟拿怕死指责我，我就给你们当个带头人！"

出发的时候，杨业流着泪对态度暧昧的主帅潘美说："这一仗一定不利。我是太原的降将，本来该死的。皇上不杀我，却叫我掌握兵权当统帅。这次我不是放着敌人不打，而是想瞅准有利的战机，立功报国。现在王侁既然以逃避敌人来责备我，我就先你们一步死在敌人手里！"他指着陈家谷口说："你们在这里布置步兵和弓弩手，作为左右翼来支援我；待到我引敌到这里，就射住追敌，再出步兵夹击敌人，接应我们。如果不这么做，我们将无一生还!"

分手后,潘美和王侁领着部下在谷口布了阵。从寅时等到巳时不见有什么动静,他们以为契丹败逃了,王侁想和杨业争功,于是指挥部队撤离谷口,潘美竟听之任之。当他们向西南走出二十来里时,听说杨业打了败仗,也不回去救援,反而指挥部队赶紧退走了。

杨业率领着残部且战且走,从中午打到日落,好不容易退到陈家谷口。一看竟没有一兵一卒来接应,杨业不由得捶胸大哭,只得率领将士们又杀入敌阵,儿子延玉和士兵们全部牺牲了,杨业浑身几十处创伤,又亲手杀死百十个敌军,最后因战马负伤不能走动,被敌人擒住了。

杨业长叹道:"皇上待我恩遇优厚,我只想能打退敌军、捍卫边疆,报答皇帝,结果受到奸臣的逼迫,打了败仗,我还有什么脸活下去呢?"他拒绝进食,加上身负重伤,三天便牺牲了。

杨业被俘前,部队还剩一百多人时,他对他们说:"你们都有父母妻子,不必和我一起牺牲,应该活着回去,也可以向皇帝报告战场真相。"壮士们感动得哭了起来,但谁也不肯走。淄川刺史王贵,一气杀死几十个敌人,壮烈牺牲,其他将士也都力战至死。

一支骁勇善战的常胜军,却被刚愎自用的政客逼迫走上失败的道路,以致全军覆没!

杨业虽没有多少书本知识,但他忠烈武勇,有军事天才,善用智谋。进行战斗训练时,他能和士卒同甘共苦。严冬里,别人都穿毛毡衣服,而他在露天里处理军务,却只穿着丝绵袄,也不用火堆火盆,侍者冻得腿脚不灵,摔倒在地,而杨业神色平和,没有怕冷的样子。他治理地方,政策措施简明易行,对部下宽厚有恩。这些优秀的性格品德,使他赢得了将士的拥戴,使他的部队形成了一个坚强的战斗集体。

杨业带出了一个良好的门风,他的儿子杨延昭等和孙子杨文广以及女眷们,都是能征惯战的边关将领。这个边关将领世家,威镇西北,作出了特殊的贡献和牺牲,千百年来,"杨家将"一直受到人民的肯定和赞扬。

赵　普

半部《论语》治天下的首任宰相

赵普(922—992),宋初大臣。字则平,幽州蓟人。父亲赵迥因避兵祸,举族辗转至洛阳定居。

赵匡胤任后周宋州节度使时,赵普在他部下任掌书记。陈桥兵变的前夜,他与赵匡义曾密谋策划。赵匡胤当上了皇帝后,他因推戴有功,升官为右谏议大夫、枢密直学士。乾德二年,宋太祖赵匡胤罢免了原先留用的后周宰相范质、王溥、魏仁浦,升任赵普为门下侍郎、平章事、集贤殿大学士。实际上,赵匡胤一当上皇帝,赵普做的就是宰相的工作。沿用前朝宰相,只是为了稳住上层。

宋太祖对赵普十分信任倚重,用他当了十来年的独任宰相。

赵普性格深沉,胸有丘壑,处事刚毅果断,有时也敢"犯君颜色"。一次赵普向太祖荐一个人担任某个官职,太祖不用。第二天赵普又奏这件事,太祖仍然不用。第三天赵普还奏这事,太祖生气了,把奏折撕碎摔到地上,赵普跪下把那些碎片拾了起来,回家后又把它粘补起来,下次上朝仍拿去上奏。太祖被他感动了,终于按他的奏请任用了那人。

还有一次,准备提拔一批官员,有一个人太祖一向厌恶他,不想提他的官。赵普为这事奏请，太祖发火道："朕偏偏不提拔他，你能怎么办！"赵普说："施刑用来惩戒恶人，行赏用来奖励功臣，这是自古以来通行的大道理。况且，刑赏是天下的刑赏，不是陛下的刑赏，哪能根据喜怒来定呢！"太祖大怒，起身离去，赵普紧跟其后。太祖进宫去了，赵普就站在宫门外，久久不离开。太祖终于答应了他的请求。

赵普处事，往往独断专行。他在自己理事的房间里放置一个大瓦壶，朝廷内外上奏的表、疏，只要他本人不想办的，就扔到大壶里烧掉。大臣们因此对他不满，有时也向太祖告发他，弄得他很狼狈。

当时朝廷禁止私人贩卖秦、陇一带的木材，赵普竟派遣亲信官吏到那里买木材，用大竹筏从水上运到京城建宅第。他的下属借机在京城里卖高价，并且假托替赵普卖的。这事被三司使赵玭查出，报告了太祖，太祖大怒，要撤掉赵普，幸亏王溥替他说好话，赵普才保住了宰相职位。

赵普为了扩建自己的住宅，私自用别的空地换了官中的菜园地，还经营旅馆赚钱。翰林学士卢多逊在召对时，向太祖告发了赵普这些犯上的、不光彩的行径。适逢雷有邻击"登闻鼓"告发几个官员，有纳贿求官的，有授外官不就任的，都和赵普的包庇有关，太祖大怒，下令御史府审问，都予以治罪；而对赵普，先命参知政事为副相，分掉他一部分权力，继而令他出任河阳（今河南孟县）三城节度使，虽还"同平章事"，但在朝内已没有实权了。

太祖死后，太宗继位，赵普先入朝任太子少保，又升为太子太保，有人告发秦王赵廷美，"将有阴谋窃发"，太宗要整秦王，向赵普问计，赵普说他愿意有一个重要的职位，来查清这件事。退朝以后，他又赶紧上书太宗，解释自己参与了"金匮之盟"，言辞恳切。太宗看了"盟"，相信他，并否定了原先别人说赵普不拥护他的话，满怀感激和歉意地对赵普说："人谁没有犯过错误呢，朕不到五十，已经知道四十九年错了。"于是用赵普为司徒兼侍中。

赵普支持太宗将廷美一贬再贬，并以勾结廷美的罪名整垮了卢多逊。按说赵普该恩宠日隆了，可是不然，在朝廷待了两年，太宗又让六十二岁的赵普出任武胜军节度使。太宗为他饯行，并作诗送他，赵普捧着诗流下泪来，说："陛下赐给臣的诗，臣要刻在石上，将来和臣的朽骨一同埋到九泉之下！"

赵普身任外职，仍努力表现，效忠太宗。雍熙三年，大军十万出讨幽燕，没有结果，也不让班师，赵普上表太宗，建议班师。太宗遂把他改调为山南东道节度使。赵普要求入觐，见到太宗，他激动得"呜咽流涕"。太宗的儿子陈王赵元僖上表为赵普说情,赵普又当上了宰相。

淳化三年春,赵普因老病三次上表要求退休,太宗批准,拜太师,封魏国公,享受宰相供俸。太宗还派特使赐诏慰问。这年七月,赵普去世,享年七十一岁。

赵普很注意按皇帝的要求提高自己以自保。他读书极少,也不好学,由书吏因偶然的机遇爬到了宰相的高位,太祖指示他要读些书,他也不大重视。后来一件小事向他敲了警钟。太祖改年号时,指令不同于既有的年号,于是改为"乾德",后来乾德四年平了西蜀国,太祖发现召入宫中的蜀宫人有面镜子上铸着"乾德四年铸",却并不是新的。太祖拿给宰相赵普等人看,都回答不出。又召学士窦仪问,窦仪回奏说:"这一定是蜀地的东西。以往蜀王衍用过这个年号。"太祖叹息道:"宰相还是该用读书人啊!"从此更重视有学问的大臣。这件事大大震慑了赵普,他开始重视读书了,每天下了朝回家就钻到书房里闭门读书,不准别人干扰。他死后,家人到书房去,只看到一部《论语》,这事后来传扬出去,人们评论他是"半部论语治天下"的宰相。

郭 进

雇工出身的将军

　　郭进（922—979），北宋初将领。深州（今河北深县）博野人，家中贫寒，在钜鹿一个富户家当雇工。他力气大，性情豪爽，爱好喝酒、赌博，结交侠义人物。后来那家的年轻人想杀掉他，郭进便出走太原投奔刘知远（后来的后汉高祖），因他能征战，善用奇兵，多次创立战功，二十几岁就当上了刺史。

　　郭进先后当过六个州的刺史，在战争频仍的大动荡时期，他的政绩也具有鲜明的时代烙印。

　　当登州刺史的时候，各类土匪打劫百姓的现象很严重，弄得人心惶惶。他亲自率领部队肃清了土匪，上千名下层官吏和老百姓到朝廷为他请立"屏盗碑"，朝廷赐准。这时他只有二十九岁。

　　任卫州刺史时，卫、赵、刑、洺四州（都在河北省南部）间山岚河岔遍布，多亡命之徒，常出动抢掠，和官府的巡捕打"游击战"，历届官府都治不了。郭进到任后，深入调查，几个月的时间就肃清了匪患。郡民又为他申请立碑歌功颂德。郭进还注意美化环境，在城墙的周围种植柳树，在护城河壕沟中种植荷花、蒲苇，他调走了以后，老百姓常说："这都是郭公种下的呀！"话语中包含着真挚的眷念。

郭进富有军事政治才干，轻财仗义。但对下严苛多杀，士卒中小有违犯军令军纪的，也要处死，在家中对待仆婢也是这样。归宋后，宋太祖了解他这一特点，当郭进驻西山时，太祖对派往西山的守卫部队告诫说："你们要严格地遵守法令。如果出了错，我尚可以饶恕你们，而郭进就要杀你们了！"

不过，郭进也能运用权威驾驭人引导人改正错误。他部下有一个小头目曾经向皇帝诬告郭进有不法行为，皇帝派人把那人送给郭进，叫郭进杀了他。当时适逢北汉来侵犯，郭进对诬告他的小校说："你敢告我，确实有胆气。现在我赦你的罪，你如果能杀退敌军，我就向朝廷推荐你升官。"那人踊跃地奔赴战场，结果打了大胜仗。郭进派人把他送到朝廷，请求皇帝赏他官职。宋太祖训斥小校说："你诬害我的忠良大将，这点儿功只可以赎罪罢了。"命人把他打发了回去。郭进再次奏请说："如果臣说话失信于部下，以后就不能用人了。"宋太祖这才准奏。

郭进四十九岁那年，宋太祖诏示有关部门为他建造新的宅第，并说一律要用筒瓦。主管的官回奏说："过去一向只有亲王和公主才能用筒瓦。"宋太祖大怒道："郭进守卫治理西山地区十几年，使我没有北顾之忧，他在我眼里难道还不如儿女们吗？赶紧去督促施工，不要说废话啦！"

在连年战争的时代，郭进比一般文武官员对老百姓有一种特殊的吸引力。开宝九年，宋太祖派他征河东（今山西永济），他打了大胜仗，还招徕了山后各州三万七千多口人。宋太宗继位后，任命郭进为云州观察使、邢州通判兼西山巡检，并赐京城道德坊第一区的宅第给他。

太平兴国四年，御驾亲征太原，郭进首战告双捷：大破进犯的契丹；攻破西龙门砦，俘获极多。当时大将田钦祚担任石岭监军，职务在郭进之上。田氏干了些不法之事以攫取私利，郭进大不以为然，虽然无权禁止他，但批评常流露在言谈话语中，田钦祚不思改过，对郭进打击报复，郭进吃不下这种窝囊气，自缢而死，终年五十八岁。

田钦祚掩盖事实真相，向朝廷奏报郭进"暴卒"。宋太宗很痛惜，追赠郭进为安国军节度使，派中使护葬。后来太宗知道了真相，把田钦祚罢掉内职出官当房州团练使。

郭进的成长与成功，说明了"时势造英雄"的道理。他穷人出身，不像一些文官武将那样出身"仕宦世家""书香门第"，他没吃到一口"祖宗恩荫"的现成饭，全仗自己的奋斗，如果他不一怒轻生，还会留下更多的战功和可喜的政绩。

曹 彬

战功大、杀戮少的"宋良将第一"

曹彬(931—999),北宋初年大将。字国华,真定灵寿(属河北正定)人,父曹芸,官至成德军节度都知兵马使。

曹彬周岁生日的时候,父母在席上摆列了许多器物和玩具,让他抓。曹彬左手抓取干戈,右手去拿俎豆(祭祀时用来盛供物的礼器),一会儿又抓了一方印,其他的连看都不看。长大后,他气质淳厚,行事端直,后汉时从军当牙将,后周时任河中都监,待人谦恭有礼。官员们集会时,他端坐终席,目不旁视,老将军们夸他是很有定力的"大器"。

周世宗显德三年(956年),二十六岁的曹彬奉命出使吴越国,完成使命返回时,吴越国送给他个人的礼物,他一概不接受。这是以往没有的事,吴越人很不过意,便用轻舟载上礼物追赶他,一再要求他收下,他说:"看来我再不接受,倒似乎是沽名钓誉了。"便接受了礼物并一一登记下来,回去后全部送到官府里。周世宗执意要他留下,曹彬才作为赏赐拜领了,但又全部分送给了亲友,自己一个钱也不留。

宋朝初建时,曹彬与大将王全斌、郭进一起领兵,在河东(今山西永济)、辽州(今山西昔阳)打了几个大胜仗。

乾德二年伐蜀,曹彬担任刘光毅部的都监。各路将领都要"屠城",打到哪里杀到哪里,只有曹彬约束部队,严禁滥杀,所以所到之处受到的抵抗最小,部队进军顺利。消息传到京城,宋太祖下诏褒奖了他。

两川平定以后,王全斌等将领日夜饮酒作乐,大力搜刮财物,部队军纪很坏。曹彬多次提议班师,那些将领们根本不听,结果导致了蜀人拥戴全师雄叛乱,一下子发展到十万人,最后还是曹彬与刘光毅率领军队把叛乱平息了下去。部队班师时,将领们都带回了很多玉帛女子等,而曹彬的行李包裹中只有图牒、书籍、被子、衣服。宋太祖知道后,把王全斌等都送去受审查,说曹彬清介廉谨,授予他宣徽南院使、义成军节度使。曹彬入觐推辞,说大家都被治罪,唯独自己受奖赏,不大好。宋太祖说:"你有大功,却不以功臣自居;如果你有点滴小错误,王仁赡等人能不说吗?惩恶劝善是国家的规定,不必谦让。"

开宝七年七月,北宋开始了讨伐江南国的战役,主要将领有曹彬、李汉琼、田钦祚、潘美等。他们按照宋太祖的部署,水陆并进,第二年八月,已形成了对金陵的包围。在长期包围中,曹彬一直延缓兴师攻城,希望李煜能主动归顺。十一月,曹彬又一次派人晓谕李煜:"战事发展到今天这样,是可怜一城中的老百姓;如果能主动归顺,实为上策。"李煜仍然拒守,宋军只得猛烈攻城。在金陵即将攻破的时候,曹彬突然病倒,不能参与指挥,将领们闻讯跑来探望,曹彬对大家说:"我的病不是药能够治好的;各位须真心诚意地发誓,破城的时候,不妄杀一个人,我的病才能好。"将领们答应了他,并焚香庄严宣誓。第二天,曹彬的"病"就好了。第三天,宋军攻下了金陵城,果然没有妄杀一人。

李煜领着一百多名官员到宋军营门请罪,曹彬以接待宾客的礼仪接待了他们,并给以抚慰,让他回宫收拾行李随官军去汴京,还特地把李煜叫到一边嘱咐说:"到了京城以后,供应要按一定的制度,肯定是有限的;你这次回去,能带的财物尽量多带上些,等地方官府派人登记造册以后,就一点也不能动了。"李煜感激地领着大臣们回去了。部下问曹彬:"让他自己回去,万一发生不测,怎么办呢?"曹彬笑道:"你尽管放心,李煜一向懦弱,不果断,他既然已经投降了,绝对不会再自杀的。"李煜君臣就这样仰仗曹彬保全下来。曹彬得胜回朝,见宋太祖复命,道:"奉皇上命令到江南办事回来。"人们说他谦虚恭谨,不爱夸耀自己的功劳。太祖赏赐他钱二十万缗,提升他为枢密使、检校太尉、忠武军节度使。宋太宗即位后,又加同平章事。在后来攻打太原期间,曹彬两次被贬官:一次是受人诬告;一次是受建功急切的部将所逼迫,冒然出师,打了个大败仗。曹彬没为自己辩解一句。

宋真宗即位后,恢复了他的检校太师、同平章事和枢密使之职。咸平二年,曹彬病倒了,宋真宗到府邸去探望,并亲手给他调药,赏赐白银一万两。问到他对"后事"的意见,他说:"我自己没有什么可说的。我七个儿子中璨和玮较有出息,如果可以举荐自己亲人的话,他俩都能够担任将军。"这年六月曹彬病逝,终年六十九岁。宋真宗亲临吊唁,大恸。赠中书令,追封济阳郡王,谥"武惠"。八月下诏,曹彬和赵普配飨太祖太庙庭。

曹彬一生廉洁,攻下两个独立王国,自己丝毫无所取。位极人臣,却从来不摆架子:在路上遇到比自己位低的士大夫,也指使自己的马车让路;本部下级将领来请奏,他也穿戴好官服才接见。他的薪俸,平时都散给宗族的人们,自己不留积蓄。他从来不说别人的错误,平蜀回来,太祖问他官吏们的好坏,他回答:"军事以外的事情,不是我该闻问的。"太祖坚持让他谈,他才说:"随军转运使沈伦廉洁谨慎,是个可以重用的人。"

曹彬对部属,既约束严明,又宽厚有恩。部队驻徐州的时候,属下一个小吏犯了错误,判定该受杖刑,可是当时他不执行,过了一年后才执行。部下莫名其妙,曹彬解释说:"当时我听说他刚结婚,如果打了他,他父母一定会怪新媳妇是个不吉利的人,会朝夕埋怨她,打骂她,让她过不下去。所以我推迟了对他的处罚,这同样保证了军法的严肃性。"部下都很受感动。跟着这么好的将军,谁还不愿意效命呢?史官评论说,曹彬仁恕清慎,能保功名,守法度,是"宋良将第一"。

吕 端

"大事不糊涂"的宰相

吕端（935—1000），北宋名臣。字易直，幽州安次人。父亲吕琦，任后晋兵部侍郎。哥哥吕余庆，开宝年间官至参知政事。吕端自幼颖悟好学，宋太祖时，吕端任成都知府，为政清廉简易，深受百姓拥戴。

太宗即位后，御弟秦王赵廷美任开封府尹，吕端任开封府判官，他是最先预见到赵廷美悲剧命运的人。太宗征太原时，想留廷美任京城留守，吕端向赵廷美建议说："皇上栉风沐雨地伸张吊民伐罪的大义，您是皇弟又身居要职，应该随从出征；如果主持留守事宜，就不大合适了。"赵廷美恍然领悟，接受了他的意见，要求跟太宗出征，免除了太宗的疑忌。

有一次，吕端出使高丽国，海上突然起了台风，把船桨都打断了，船上的人们惊恐极了，可是吕端仍闲静地坐着看书，像日常在书房里一样。他的镇定鼓舞了大家。

许王赵元僖任开封府尹时，吕端又被任命为判官，后来元僖得暴病而死，吕端被安上了个"裨赞无状"——辅佐得不好——的罪名，被贬了官。那些被贬的人们集中在考课院，接受皇帝的垂询，其他被召对的人，都哭着哀求，丑态百出。只有吕端平静地奏道："臣在秦王官邸时，因属僚违禁贩卖木材的事被贬过,后又蒙陛下提拔使用。这次许王暴薨,臣辅佐无状,陛下又不深责,臣觉得很侥幸,如果能到颍州当个副使,臣就心满意足了。"太宗道:"朕当然了解你。"不久吕端就复了官,任枢密直学士,过了一个月,又升任参知政事。

当时赵普在中书省,他曾经说:"我观察吕公奏事,得到赞许时也不欢喜,遇到挫折时也不害怕,情绪不表现在言辞上,真是台辅之器呀!"一年后,左谏议大夫寇准也拜参知政事,吕端要求把自己的位置排在这位比自己小二十六岁的新同僚之下,太宗不肯,封吕端为左谏议大夫,位在寇准之上。太宗在便殿单独召见吕端时,谈话时间都很长,两年后又提升他为户部侍郎、平章事。

吕端的哥哥吕蒙正任宰相时,太宗就想用吕端任宰相,有人说:"吕端为人糊涂。"太宗反驳说:"吕端小事糊涂,大事不糊涂。"在后苑宴饮时,太宗作了《钓鱼诗》,其中有这么两句:"欲饵金钩深未达,磻溪须问钓鱼人。"表达了重用吕端的意图。几天后,就免除了吕余庆的宰相职务,而命吕端为宰相,当时同列大官奏事常有争议辩论,只有吕端极少高谈阔论。一天,宫中送出皇帝手谕,上面写着:"自今中书事必经吕端详酌,乃得奏闻。"吕端更加谦让不敢当。

太宗于至道三年二月生病,不再视朝,只在便殿处理政事。吕端每天领皇太子元侃问候起居。后来太宗病重了,大宦官王继恩忌惮太子英明,私下与副宰相李昌龄、殿前都指挥使李继勋、知制诰胡旦谋立长期生病的楚王元佐。三月底,太宗病危,吕端入宫问疾,见太子不在帝侧,怀疑有变故,赶紧在笏上写了"大渐"(即病危)二字,派亲信属员催促太子速到皇帝身边伺候。待太宗驾崩,王继恩报告李皇后,到中书省召吕端,计议立嗣问题。吕端早已洞察他们的阴谋,骗他说太宗生前写有遗诏,叫他到书阁去找。王继恩一入书阁,吕端便将他锁在里面,派人看守住他,自己急忙赶入宫中。李皇后逆着他说:"宫车晏驾了,继承人立长子,是符合常情的。"吕端说:"先帝立皇太子,正是为了这一天,哪能容许有别的打算!"皇后无话可说。

皇太子——真宗皇帝即位的时候,垂帘引见群臣,吕端站在殿下不拜,要求卷起帘子来,自己登到殿上仔细看清楚模样后,才退回到殿下,率领群臣下拜,山呼万岁。

王继恩等四人相继遭贬,被抄家。真宗下诏,朝廷内外的官员们曾和王继恩结交有书信往来的,一律不问罪。体现了真宗与吕端为政的宽厚。

宋真宗即位后,对吕端特别倚重和尊敬,大臣们入对时,他只对吕端一人肃然拱揖,从来不叫吕端的名字。吕端身材特别魁梧,宫廷台阶两旁的斜石比较陡,真宗专门命匠人修整得适合吕端的上下。军国大事、方针政策,真宗大多在便殿召对吕端决策。咸平元年吕端官加右仆射,监修国史。第二年夏天吕端病了,皇帝下诏免去他日常参拜的礼节,让他只在中书省视事。吕端多次上疏要求免职,直到十月,才以太子太保免宰相职。他请病假三百天,有关部门提出按制度应该免发俸禄,真宗诏令照发,并亲自到他家中去探望,慰问。咸平三年(1000年)吕端病故,享年六十六岁,谥"正惠"。

吕端平素为人器量大,宽厚容人,言谈诙谐,心胸开阔。在仕途上,虽几经挫退,从不以得失为怀,活得很洒脱。他爱交朋友,轻财好施,而对自己的家事不闻不问,以致入少出多,弄得家中十分拮据。他的四个儿子吕藩、吕荀、吕蔚、吕蔼虽于他死后都赐了小官职,但也不大景气,因兄弟们相继办婚事,无钱可用,便把吕端为他们留下的唯一遗产相府居第典当了出去。真宗知道了这事,令人从内府拿出五百万缗钱赎了回来赐还他们,并另外赏赐金帛,供他们偿还宿债,派专人帮他们安排处理家庭事务。吕端灵魂有知,也该喜出望外了。

史书所载吕端事迹不多,但他干什么都很出色。当了两年副宰相,到了六十岁,才当上了正宰相,为相时间虽短,但有力地解决了一次帝室的承继问题,消灭了一次于国于民不利的未遂宫廷政变。有一副对联道:"诸葛一生唯谨慎,吕端大事不糊涂。"对吕端的褒奖,既引用了宋太宗的话,也体现了历史的公道。

王继恩

干预两朝帝位的大宦官

王继恩(? —999),北宋初年的宦官头目。开宝九年(976 年)十月,赵匡胤病重,派王继恩到建隆观布置作法事祈祷。他看到皇帝身体难以康复,便在心中琢磨起皇权继承人的人选。

当时按杜太后临终嘱咐的"金匮之盟",帝位应该传给赵光义。赵匡胤虽平时也对侍臣说过"御弟龙行虎步,他日必为太平天子"一类的话,却从来未提过那个只有他和宰相赵普知道的"盟"。他生前既未按"盟"公开确立赵光义为继承人;也未背"盟"公开确立自己的长子赵德昭为皇位继承人。王继恩也不知道那个盟。

当赵匡胤在万岁殿驾崩时,皇后喜欢次子赵德芳,派宦官王继恩传德芳进宫。而王继恩却按自己的意图去传晋王赵光义入宫。赵光义大惊,不无犹豫地说:"我得和家人商量一下。"王继恩催促道:"快点走吧,时间一久就被别人抢先了!"当时天下着大雪,他们徒步跑到了宫中。

皇后闻听王继恩回来,迎着问道:"德芳来了吗?"王继恩答道:"晋王来了。"话音刚落,赵光义闯了进来,皇后惊得不知所措,竟自称呼他为"官家",大宋第二任皇帝就这样定了下来,就是宋太宗。

王继恩因"拥立"有功，当上了昭宣使、河州团练使。王小波—李顺农民起义震动了朝廷，太宗特命王继恩为西川招安使，率兵入川镇压，一切军中事务的措置，都由王继恩决断，不必向朝廷请示。王继恩率军到了四川，对农民义军大杀出手，仅攻克成都一役，便残忍地"斩首三万"！

王继恩因镇压农民起义有"功"，被晋封为宣政使、顺州防御使。中书省见太宗喜欢他，便建议要他当宣徽使。太宗说："我不想叫宦官干预政事。宣徽使是执政的开端，只能授给他别的官职。"这话说得符合原则，但他却忘了自己正是这个大宦官"干预政事"才当上皇帝的。

王继恩在成都居"功"恣肆，终日饮酒作乐，军队整天索粮要草，地方官府很厌烦他们。淳化五年九月，枢密直学士张咏被派到益州，他一面给王继恩的军队解决粮草问题，一面也进行约束。张咏故意用钱支付草料，王继恩怒道："难道马能吃钱吗？"张咏回道："你光关着城门作乐；如果开门出战，还愁马没有吃的吗？——我已经把这里的情况上奏了！"王继恩才不敢再说什么了。王继恩帐下士兵恃势抢掠百姓的财物，属吏向张咏反映，张咏秘密地指示他们说："以后只要抓到就绑起来扔到井里去，用不着带到官府里来。"属吏按他的指示做了，王继恩也不敢找他算账，部队于是收敛了许多。

宋太宗驾崩后，身任宣政使的王继恩报告皇后召宰相吕端进宫商议立谁为新帝。

宋太宗一共九个儿子，长子赵元佐因反对父皇迫害亲叔父，气疯了，长期养病。至道元年太宗立寿王赵元侃为皇太子，改名赵恒，这是人所共知的。而王继恩见太子很精明，便与副宰相李昌龄等人背地计议立楚王赵元佐。宋太宗死后，他以皇后的名义召吕端入宫，就是要胁迫吕端，用吕端的宰相身分来办理这件事。吕端早已洞悉他的奸谋，见他来宣召，便把他骗到书阁里锁了起来，独自去见皇后，据理而争，坚持立了太子赵恒，这就是宋真宗。

宋真宗即位后，王继恩等几个搞"未遂政变"的人都被贬逐。抄王继恩的家时，抄出了很多蜀地帝王享用的器物。宋真宗还算宽厚，下诏说："朝廷内外，曾经和王继恩结交通信的大小官员，概不问罪。"两年以后，王继恩死在了贬所。

在整个宋朝的宦官队伍中，王继恩是第一个也是唯一的一个干预皇帝权位的宦官。

范旻

用医药破除迷信的好知府

范旻(936—981),北宋初年知府。字贵参,大名府人。出身于官僚世家,父亲范质,在后晋、后汉、后周朝都是大官,是周世宗的顾命大臣,陈桥兵变后归宋,被留用作宰相。乾德二年范质病危,宋太祖多次到府第去探望他,见其家中连像样的茶具酒具都没有,便派人给他送去一些用品,并问他:"你身为宰相,何必这样艰苦呢?"范质答道:"臣一向在中书省,家中没有官员来往;能在一起喝酒吃饭的,都是贫贱时的亲戚,哪里用得着讲究的器皿?一直这样,习惯了,就没买高档器皿,倒不是经济力量达不到。"太祖听了感慨良深,后来还拿范质"居第之外不殖私产"的事讽刺过宰相赵普等人。

范质廉介自持,尽管太祖对他很好,但他却多次推荐赵普。他对周王朝有一种摆脱不了的负罪感,临终嘱咐儿子范旻说,死后不要请封谥号,不要刻墓碑;由后晋到后唐到后周,他没有"事二主"的愧感,而独感事宋有愧于后周,因他承诺过当好顾命大臣。

范旻是范质的长子,十岁时便能写出不错的文章,成年后逐步升官到著作佐郎。宋朝初年,二十几岁的范旻,先后被任命为度支员外郎、判大理正事,开封县知县。

开宝四年十月,南汉国灭后,范旻出任邕州知州,他上表申奏前国主刘铱搜刮民脂民膏的十几条苛捐杂税,宋太祖都下令蠲除了。当地老百姓很迷信,祭鬼神之风大行,他们根本不懂医药知识,生了病不治疗,只知杀鸡杀猪、烧香叩头求鬼神保祐。范旻到任后,一面下令禁止滥杀禽畜,一面拿出自己的薪俸,买来药材,亲手调和配制成药品,无偿地赠送给生病的老百姓。早先被治好的人们,宣传开去,艰难拮据的老百姓,能一文不花就治好了病,谁还舍得杀自己的猪和鸡呢? 一传十,十传百,人们纷纷来向知府求药,被范旻治好病的人数以千计,官民关系空前地融洽与亲密了。

　　原来南汉的邕州知州邓存忠不愿意降宋,带了两万土人来夺城,围攻州城七十多天,范旻多次领兵出城作战,箭射中胸膛,他仍坚持指挥战斗。邓军围而不退,范旻伤势很厉害,便部署坚壁固守,同时秘密派人向广州求援,先后派出十五批信使,才到达广州,援兵来后,邓存忠解围而去。范旻的伤老不见好,太祖下诏用轿子把他抬到京城治疗。范旻伤治好后,升迁镇州(今河北正定)通判、库部员外郎,赐钱二百万缗。

　　开宝九年,范旻知淮南(今江苏扬州)转运事务,太祖嘱咐说:"朕把一方重任交给卿了,所有解除民膜、应军需之急,你完全可以就地处理,不必一一请示。"范旻未辜负皇帝的信赖和依重,每年向京师供应大米一百万担以上。

　　宋太宗即位后,范旻任水部郎中。吴越王钱俶献地投降后,太宗命他代管两浙各州的军事,他免除了钱俶定的一些繁苛的赋税徭役。太宗亲征太原,范旻上书要求随征,被召回任右谏议大夫、三司副使,判行在三司,兼吏部选事,班师后加封给事中。后来,有走私木材的官员向他求情,让官家买下贩运来的一批竹木材料,他却不过情面,做主买下。此事被王仁赡告发了,太宗一怒之下把他贬为房州(今湖北房县)司户,后来又量刑移贬唐州(今河南唐河)。太平兴国六年四十六岁的范旻死在贬谪地,他留下了作品集二十卷和《邕管记》三卷。

　　后来他的儿子范贻孙上书,太宗又下诏恢复了他的旧职——但他自己却无从知道了。

　　范旻二十多年的政治生涯,总的看来,是一位勤政爱民、能力强、政绩好的好官,因是"降官之子",加上乃父遗风,无形中多了几分谨慎,这使他虽不如老老少少的新贵活得潇洒,却也能造福一方,官运亨通。后期竟然被动地犯了"官倒"罪,实在令人感到意外而为之惋惜。

贾 琏

冒死带头救活盐井的好州官

贾琏(生卒年不详),后蜀官员,他曾冒死救活了一口盐井。

蜀地陵州有一口盐井,叫"陵井"。后蜀国置监官督管出盐的事,每年能提炼八十万斤井盐。后蜀国广政二十三年(960年),这口盐井的井口突然崩塌了一大部分,井中冒上来一种类似烟雾的毒气,从此以后,炼盐工人凡下去掏盐的,都被毒死在井中。渐渐地没有人敢下井了,盐井逐渐堵塞,周围大片地区,吃盐成了老百姓的一个最大的难题。

入宋后,通判真定的贾琏,提出重新开掘这口盐井的建议,刺史王奇反对说,开浚盐井会冒犯井里的"龙"。贾琏不以为然,亲自组织人力开浚,但民工们到了井边都踯躅不前,怕被"龙"吃了。贾琏拿起工具第一个冒险跳到井中干了起来,见没有什么危险,才再招呼民工下井。民工们被感动了,便都鼓足勇气跳下井去和他一起干。这样干了一年多,终于重新找到了盐井的泉脉,它又可以产盐了。开始一天只能提炼三百斤盐,后来逐渐地增加到一天产盐三千六百斤,一年炼盐一百多万斤,超过了原来的产量。

太祖乾德五年(967年)四月,贾琏上表奏明了救活陵井的经过,皇帝很赞赏他造福一方的功德,任命他当了这个州的知府。后来贾琏死在任上,这个州的老百姓都供奉了他的画像,逢年过节祭祀他。

贾琏像一面明镜,照出了芸芸禄蠹的渺小。

张 咏

独当一面的好知府

张咏(946—1015),宋太宗、真宗朝知府。山东鄄城人,原任虞部郎中。一天,宋太宗写了"向敏中"与"张咏"两个名字,交给宰相说:"这两个人是名臣,朕将重用他们。"淳化四年七月,命向敏中、张咏同知通进、银台司,阅读章奏文件以审查决定出入,不久,一同升任枢密直学士。

当时大宦官王继恩挂衔镇压四川农民起义,义军首领李顺虽被捕遇害,但余部仍怒火不熄,而王继恩却坐在成都府里作威作福。为督促和约束王继恩,太宗任命张咏为益州知州,赋予他直接处置一切大事的权力。张咏在入川的路上,看到为入川部队运送粮食的陕西百姓络绎不绝,非常辛苦;得知城内驻军三万人,口粮已不足半月之需了。张咏访知,老百姓一向因盐价太贵,买不起盐,而家中大都还有余粮,于是便降低盐价,让百姓用粮食换盐。不到一个月的时间,便为军队换得几十万斛好大米。

王继恩终日宴饮,不思"讨贼",形势严重。部队到官府支领马匹的草料,张咏故意只发给钱。王继恩冲他发火道:"难道马能吃钱吗?"张咏从容回答:"草场被烧光了,粮草是从民间取来的,你只知闭门大吃大喝,粮草从哪里出呢?如果开门击贼,还愁马吃不上草料吗?——这里的情况,我已经报告皇上了。"王继恩不敢再争辩了,只好配合其他部队出兵。

王继恩曾命人送去三十多个"贼",请张咏治罪,张咏把他们全都放了。王继恩找张咏质问,张咏说:"原先李顺胁迫百姓为寇,现在我又把贼变成老百姓,有什么不好呢?"

王继恩帐下的士卒,仗势抢掠百姓的财物,有人告到了张咏处,张咏秘密地指示自己的属员差役说:"如果抓到这样的,就用绳子绑起来扔到井里去,不用送到我这里来。"属吏按他的吩咐办了,王继恩也不敢追究。他军中那些骄横不规矩的人,都吓得老实了。

王继恩分兵四出,张咏算计了一下,军粮可够两年用的,便上奏皇帝,免掉陕西方面的粮食输送。太宗见到奏章欢喜地说:"有这个人,还有什么问题不能解决的?朕不用发愁了!"

至道三年,西川戍卒刘旴叛变,一下子带起来好几千人。招安使上官正自己不动,却飞书传只有三百士卒的益州铃辖马知节赴成都议事。马知节见情势危急,让信使回去传信,自己带上三百士兵直接追击刘旴去了。上官正仍坐在成都不想动弹,张咏用大道理激他出战,并为他举行了宴会饯行。酒喝到兴浓处,张咏举杯对将校们说:"诸位的亲人们都住在东边,平时蒙受国家的厚恩,无以为报,这次出征,正该抓紧消灭贼众,不要让他们逃掉。如果旷日持久地拖延下去,这里就是大家的葬身之地!"这样一说,上官正与部下都奋力出战,配合马知节,大获全胜。班师的时候,张咏到郊外迎接慰劳,从府库里拿出金帛赏赐部队,将士们心悦诚服。

宋真宗即位后,张咏任御史中丞。咸平二年,张咏任工部侍郎,出知杭州。杭州正值连年歉收,老百姓大多贩卖私盐以维持生计,官府捕捉关押了好几百名"盐贩子"。张咏到任后,作为专案突击审理,较为宽容地适当惩罚了他们,便都释放了。属官们疑虑地问:"不重重地绳之以法,恐怕就没法禁止他们了吧?"张咏耐心地解释道:"钱塘十万来户人家,吃不饱饭的有十分之八九,如果不让他们贩盐自救,一旦饿急了蜂起为盗,那祸患就更深了。待到秋后收成好转,自然会执行原来的律法。"

杭州有一家百姓,告他的姐夫侵吞自己的财产,其姐夫申辩说:"岳父去世的时候,内弟才三岁,所以岳父留下遗书,叫我掌握家中资产,说日后把十分之三的财产给儿子,十分之七的财产给女婿。"张咏验看了遗书,然后倒了一杯酒,奠洒在地上,说道:"你的岳父,真是个聪明人啊!因为儿子年龄太小,不得不这样托付你;如果当时说以十分之七的家产给儿子,以十分之三的家产给女婿,那么这个孩子早就死在你手里了。"判决十分之七的遗产归儿子,十分之三归女婿。百姓都叹服他断决得合情合理。

当初张咏离开益州赴朝廷时,听说接自己任的人是牛冕,便说:"牛冕这人不是安抚民众的材料。"果然,牛冕上任一年后,由于对军队的粮饷处理失当,戍卒赵延顺等造了反。大年初一官吏们正集中在知府衙门里"恭贺新禧",听到兵变的消息,一个个吓得东奔西窜,知州牛冕与转运使张适缒城远遁。此事导致朝廷大动干戈,直到四月才平息,牛冕被削掉官职流放儋州。

咸平三年,皇帝又把知永兴军(今陕西西安)的张咏加刑部侍郎,充枢密直学士,派任益州知府。百姓听说张咏回来了,都欢欣鼓舞,奔走相告。

张咏任满,西川转运使黄观上奏说,益州的官吏将校士庶民众一致挽留张咏连任,皇帝下诏褒扬,又特派大臣巡抚川西,向张咏传达圣旨说:"有卿在这地方,朕就没有西顾之忧了。"但"秋满"后一般要调或升的,宰相王旦提出以任中正代张咏,别的官员认为不合适。皇帝问王旦的想法,王旦说:"除了任中正,无人能遵守好张咏立下的规矩,别人去,一定会妄加变更的。"于是提升任中正为工部郎中,派知益州。任在益州五年,谨遵张咏立下的一切规章制度,不繁琐生事,深受官吏、百姓欢迎。

张咏入朝任吏部侍郎判检院。一个月以后,张咏称身体不好,要求到地方上去,遂被派到昇州(今南京市)任知州。不久入内供奉官郑志诚从茅山办事回朝,报告说,走到昇州的时候,看到成群的黄雀在空中飞翔盘旋,遮天蔽日,有的飞落到地上,并听到空中有水流的声音。真宗听了,惊诧地说:"这是反常现象,而州官竟没上奏,什么原因呢?"又取出占卜的书,对王旦等人说:"这都是劳民过度的征兆,如果地方官了解百姓的疾苦,采取预防措施,就能免除大祸。现在有张咏在哪里,我就不用操心了。"原先昇州城内常闹火灾,张咏查访到是几个亡命之徒干的,下令逮捕了他们,打断腿然后斩首示众,火灾从此绝迹。

大中祥符三年,张咏又"秋满",昇州民众上报挽留,朝廷又加授工部尚书,令连任,并赐诏表扬。

后来张咏头上生了一个疮,疼痛难忍,情绪常有波动,对下级要求峻急,稍不如意,就詈骂他们,人们渐渐对他有些非议了。他多次要求到西洛去,后来改知陈州。

大中祥符八年,张咏死在陈州任上。赠左仆射,谥"忠定"。他一生讲究气节,注重然诺,见义勇为,担任地方官能因人、因地、因时制宜地采取一些利国利民的措施,恩威并用,治下的百姓既不敢为非作歹,又不感到他严明得受不了。听到他去世的消息,成都的百姓立了庙祭祀他。

真宗曾称道张咏才堪任将帅,只是被疾病限制住了。张咏临终上奏疏,其中有这样的话:"不当造宫观,竭天下之财,伤民生之命。此皆贼臣丁谓狂妄迷惑陛下,乞斩谓头置国门以谢天下,然后斩咏头置丁氏之门以谢谓。"可见其气节与正直。

张咏还常说:"作臣子的,廉洁了不嫌贫穷,勤劳了不叫苦累,办事尽心不说自己肯出大力,处事公正不夸耀自己能力强:这样的人才能够当好大臣。"他自己就是这种实干家。

张咏评人论己都不卑不亢,他曾经对别人说:"我们这一榜人才最多:谨慎持重威望高,没有比过李文靖(宰相李沆)的;胸怀深沉有涵养,能镇服天下,没有比上王公(宰相王旦)的;敢面犯君颜争论是非曲直,从容有风采,没有比上寇公(宰相寇准)的;至于在地方上独当一面的,我本人就不敢推辞了。"他把自己与同年的三位宰相相提并论是公道的,二十多年来,他在成都、杭州、西安、南京、淮阳这些当时的名城重镇担任最高长官,或一任,或连任,政绩、政德、政声都极佳,真是难能可贵。按当时的官场风气,都以入朝为荣,"下放"为耻,唯独张咏愿干地方官,并"乐此不疲"。从遗疏中看出,他认清了皇帝的无能和朝廷"五鬼"的猖獗,所以自己宁肯在地方上为国为民多办些实事,也不愿意在朝中周旋于人妖之间耗费生命,张咏的为政,见地抱负,确实不在他称道的三位同年之下。

马知节

能军善政爱民的州官

　　马知节(955—1019),宋太宗、真宗朝州官。字子元,幽州人。父亲马全义是宋太祖时的一员骁将,征李筠、征李重进都立过战功,死时才三十八岁。太宗时,马知节因父荫补供奉官,十八岁起,任彭州(今四川彭县)、潭州(今湖南长沙)、博州(今山东聊城)等地监军。他以严明律众,部下像对待老将军一样地敬畏他。在潭州期间,太守何承矩以文雅饰吏治,马知节很钦佩他,于是自己折节读书。知识为他质朴豪放的性格增添了不少潇洒,也提高了他作为一个军事将领的素质。

　　在博州任上,在没有战争的形势下,他仍以战斗的节奏督率军民,修缮城垒,整备武器,储蓄粮草,官吏百姓责怪他多事,他也毫不动摇。不久契丹进犯,见戒备严整,不战而退。大家这才佩服他的先见之明。

　　马知节知定远军(今陕西西乡)时,朝廷原计划调河南十三个州的民工为之运粮饷。转运使樊知古来找他商讨措施,马知节说:"这里军队少,粮食多,把囤积的粮食簸去霉变的,还能得到十分之六七的好粮。"樊知古按他说的做了,结果整理出了五十万斛好粮食,分发给各路驻军,节省了河南的粮食和劳力。

当时边区百姓有不少移居内地躲避外寇的，戍卒中有人偷盗避难妇女的首饰，军官知道后，以打军棍惩罚他们。马知节说："这不行！人民为逃外患而来寻求保护，反而遭到内地寇盗，如果这样的行为可以饶恕，今后如何约束部队呢！"命人将劫贼拉出杀掉。以儆效尤。

知梓州（今四川三台）的时候，马知节与大宦官王继恩一起镇压王小波—李顺起义，由于王继恩的恃势专权，才没使他欠下农民更多的血债，但战后他也被提拔为益州钤辖，加益、汉九州都巡检使，迁内园使。

至道三年西川戍卒刘旰率众叛乱，招安使上官正飞书召马知节回成都计议对策。马知节说："贼人已有两千多了，一放松更加麻烦，不如急击，还能打垮他们。"他当机立断，直接率领手下仅有的三百士兵，与刘旰部接战，初捷后又紧追不舍，上官正受其影响，也率大部队赶到，在方井镇围歼了叛军。马知节成功地运用了"先发制人""兵贵神速"的战略思想。

真宗咸平初年，马知节领登州刺史，知秦州（今甘肃天水）。州内本来扣留着羌酋的支属二十个人，已经过了两纪（十二年为一纪；换一个皇帝为一纪），马知节得知这一情况后，对他们进行了教育，然后全部遣送回去。这支羌人很受感动，后来一直没再骚扰边塞。

秦州境内有个银矿，经过长年的开采，矿源日趋枯竭，而朝廷仍然按原来的"定额"征收，马知节奏请按实情蠲免，上奏三次，终于被批准了。

宋灭西蜀国以来，把蜀地看作大仓库，每年都要由水道运出大批物资供应朝廷。一向都是征用富户的船运货，出了事故责令赔偿，因船只沉没承担赔偿的富户越来越多，颇以为苦。马知节迁知益州兼本路转运使后，建议改为按政区路段由军士从事运输，使蜀地百姓缓了一口气。

在任知延州（今陕西延安）兼鄜延驻泊部署时，一次，有边寇来犯，时值上元节，马知节下令张灯结彩，大开关门，终宵宴乐，边寇望见这番景象，疑惧城中有埋伏，便退去了。

真宗在澶州时，王超拥数十万重兵不动，马知节派人送信去责备他，他才出兵，但说没有桥大军渡河有困难。这时马知节早已派人丈量好河面，备下了架桥材料，王超一提出困难，马知节立即组织人力一夜便架起了桥，王超再也不敢耍赖了，只好老老实实地进军。

马知节为人心直口快，最讨厌两面派作风。景德年间，马知节升为枢密副使。澶渊之盟后，皇帝和朝臣们都以为"天下太平"了，不搞战备，大讲符瑞天书，自欺欺人地大搞迷信活动，马知节却仍常提战备御敌的事。当时王钦若任枢密使，在皇帝面前很得宠，马知节很鄙视他的为人，经常当着皇帝的面戳穿他的假象，使他下不来台。有一次真宗皇帝写了诗赐给近臣，王旦指出用错了一个韵，王钦若说："皇帝的诗能按礼部的要求改吗？"王旦便没再提，而王钦若却私下里告诉了真宗。真宗后来向大臣们提出纠正这个错韵，并表扬说："幸亏王钦若给我提出来，要不然传出去真要闹笑话了。"王旦默然无语，马知节却打抱不平说："是王旦先发现提出来的，王钦若当时还说陛下的诗不应该改呢！"王钦若无话可说。

真宗东封泰山时，为了表示敬神礼佛的虔诚，带着文臣武将们吃了几天素斋，车驾离开奉符县（今山东泰安）驻跸太平驿时，才恢复"常膳"。皇帝为宰相王旦以下的众大臣陪他"久食蔬"表示慰问，王旦等纷纷拜谢皇帝的关怀。马知节却朗声说道："吃蔬菜的只有陛下一人，臣等一路上没断了吃肉！"真宗甚感意外，问王旦："马知节说的是不是事实？"一向在朝臣中被奉为正人君子、忠厚长者的王旦十分尴尬，跪下叩头回答："的确是马知节说的那样。"

宋真宗时常感慨将帅乏人的问题，马知节就选将、边备、蓄马等谈过一些积极的建议，但皇帝只是听听而已，并未采用。大中祥符七年，在对一位边将的升赏上，王钦若、陈尧叟、马知节有所争论，真宗把他们三人都罢了官，陈、王二人仍任朝官，马知节意见正确竟罢得最惨——出知潞州。过了三年，又升他知枢密院事。过了半年，马知节因病奏请免职，罢为彰德军留后、知贝州兼部署。临行前求见皇帝，真宗看他身体瘦弱得很，关照他只住在节镇上就行。彰德军的人民听说他要去，上党、大名两县的人争着到京城去迎接他。不久马知节因病重回到京城，又不久辞世，享年六十五岁。他临终嘱咐儿子们：辞谢朝廷办理丧事。朝廷赠侍中，谥"正惠"，录用他的四名子孙做官。在有功大臣的身后事方面，皇帝对待马知节这样"推恩"是很薄情的。

马知节通晓军事方略，又颇涉猎文艺，能诗能文，交游的都是名士，治地方抑豪强，恤孤弱，性格刚直敢说话，从不自卑自屈。在武人中，像他这样的是凤毛麟角。

杨延昭

边关大将"杨六郎"

　　杨延昭(958—1014),北宋初年名将。本名杨延朗,并州太原人,将门之后。父亲杨业是"杨家将"的第一代大将,他是第二代"杨家将"的代表人物,驻守边关二十多年,契丹人望而生畏,称他为"杨六郎"。

　　杨延昭从小沉默寡言,和小朋友们游玩,喜欢模仿军事战阵,杨业曾经说:"这个孩子最像我了。"待他渐大些,杨业每次出征,都带上他历练。太平兴国年间,杨业率兵攻取应、朔两州,杨延昭担任军中的先锋,在朔州城下,流矢射穿了他的胳臂,他犹自奋勇作战。

　　杨延昭历任景州(今河北阜城一带)知府,江、淮南都巡检使,崇仪使知定远军,保州(今河北保定)缘边都巡检使,加如京使。

　　咸平二年冬天,辽军进攻遂城,城域不大,几乎没有什么险阻和军事设施,军队和老百姓都很恐惧。杨延昭一方面组织丁壮护守城池,一方面思索退敌之策。他传令人们打来水,把水浇注到城墙外面,待天亮辽兵来攻城时,见漫城墙结了一层厚厚的坚冰,无法登城,只好怏怏而去。杨延昭没有陶醉于这次天假其便的侥幸成功,他利用"冰冻"争取时间,加强了遂城的军事防御设施和守备力量的训练,其后辽兵多次来攻打,都没有捞到便宜,当时被称为"铁遂城"。

宋真宗北巡,跸驻大名府。镇、定、高阳三关路行营都部署傅潜坐拥数万重兵,眼看着辽军南侵掳掠而不动,杨延昭与杨嗣、石普多次要求发兵出战,傅潜不听。后来傅潜因此被撤职贬窜房州,真宗把杨延昭召到行在,询问守边策略,非常喜欢他,曾对大臣们说:"延昭的父亲杨业,是前朝的名将,延昭带兵保护边塞,大有其父风范,实在值得嘉奖啊!"厚厚地赏赐了他。

一次辽军南侵,杨延昭运用"游击战术",把宋军调到辽军的北部,从身后掩杀,且战且退,以牵制敌人南下。退到西山,宋军伏兵杀出,辽军正面、侧面同时受敌,败得很惨。杨延昭捉获了辽军指挥官,斩首后用匣子把头送到真宗行在献捷,被提升为莫州团练使。

杨延昭偶尔也打过败仗。咸平五年,辽师侵犯保州,他与杨嗣带兵驰援,被辽人抢了先机,队伍还没站稳脚,就受到袭击,损失很大。朝廷派李继宣、王汀替回他们,宰臣要治罪,真宗说:"他们一向以勇敢出名,以观后效吧!"赦免了他们。第二年辽人南侵,李继宣按兵不动,被撤了职,又恢复了杨延昭的官职。

景德元年,辽师南侵空前猖狂,杨延昭上言说:"现在契丹屯驻澶渊,距离他们北方的地盘有一千里,人马疲乏,他们剽掠的财物,全部在马背上,虽然军队人数挺多,还是很容易打败的。建议部署各路军马,把守住关隘要路,一定能够歼灭他们,就是失去的幽、易各州领土,也能一举夺回来。"他的见地高屋建瓴,反映了广大人民和守边军队的愿望,但奏疏上去后却石沉大海。身在抗敌前线的杨延昭,当时还不知道"议和"正在半秘密半公开地进行着。不过他并不对自己的奏疏抱很大希望,他有自己的"对策"——边奏边战。在没有上面命令的情况下,带兵打入辽境,攻破了古城,俘获极多。

"澶渊之盟"后,朝廷选用守边大臣,任命杨延昭为高阳关副都部署。杨延昭不大通晓吏治,一些具体事务往往派给小校周正处理,常受周正的欺骗,周正做了坏事,常连累他。幸亏皇帝还算明白,下令把周正斥回部队,只提醒杨延昭注意选择用人。

大中祥符七年,为保卫祖国边疆奋战了二十多年的杨延昭,死在自己的边防任上,享年五十七岁。杨延昭从来无暇过问家庭事务,他英勇善战,会用计谋,所以常打胜仗。他得到的赏赐,全部分给了部下的军官和士卒。他不讲究虚荣气派,出入行动就像一个下级军官一样;军中号令严明,他能以身作则,和士卒同甘共苦;和敌人接战时,他奋勇当先;取得胜利向朝廷报功时,他全推让给部下,所以将士们都乐于跟他冲锋陷阵。皇帝听到他去世的消息,也为之惋惜,派出中使治丧,护送他的灵枢回故乡安葬。灵枢经过的地方,沿途人民都痛哭流涕地祭悼他。他死后,儿子、部下、门客,多被朝廷量才录用。

寇 准

把皇帝推向战争前线的宰相

　　寇准(961—1023)，宋太宗、真宗朝宰相。字平仲，华州下邽(今陕西华阴)人。十九岁中进士，授大理评事，知归州巴东、大名府成安县。他任知县时，每当该交赋税或出徭役的时候，都写上自己的姓名籍贯，张贴到县衙门外，老百姓看了后便没有敢迟交拖延的。他在县衙大院内种下两棵柏树，过了三十多年他死后，人们叫这两棵树为"莱公柏"(寇准曾被封为"莱国公")。

　　寇准步步高升，由县官而州官、而京官，太宗端拱二年，年方二十八岁的寇准便官拜虞部郎中、枢密直学士。一次在殿中奏事，意见不一致，气得太宗站了起来，寇准拉着他的衣服请他坐下，直到皇帝同意他的意见他才退下去。太宗很喜欢他这股执著劲儿，夸奖说："朕得到寇准，就如同唐太宗得到了魏征呀！"后来又升他为左谏议大夫、枢密副使、改同知院事。

　　淳化四年，寇准和张逊在太宗面前奏事，常争执不休，张逊便做了些手脚，太宗一怒之下，把两人都贬了出去，寇准出任青州知府。走后太宗又想念他了，便问左右道："寇准在青州还快活吗？"有人回答说："他得了这么个好地方，该不至于苦恼吧！"几天后太宗又重复这句话，左右揣测皇帝有重新起用他的心思，便说："陛下一直想念着寇准，听说寇准到了青州终日纵酒，不知是否也在怀念陛下呢?"

至道元年,寇准被召回拜参知政事。入见时,正值宋太宗脚痛,一边拉起裤腿让寇准看他的脚,一边说:"你怎么才来啊?"寇准说:"臣不见召,不能到京城里来。"太宗问他应该把神器传给哪个儿子,寇准回答:"陛下是为天下人选择君主,和妇人、宦官商量是不恰当的,和近臣商量也不合适。希望陛下能选择符合天下人愿望的。"太宗低头沉思了很久,屏退其他人,问道:"元侃合适吗?"寇准答道:"知子莫若父,圣上既然认为合适,就决定下来吧。"

于是赵元侃被立为皇太子,任开封府尹,改封寿王。寿王朝拜宗庙回宫时,京城的人们都挤在大街上看,有的人欢喜得跳起来,赞叹说:"真是少年天子呀!"宋太宗听说后又不痛快了,召见寇准说:"人心都倾向太子,把我往哪里摆呢!"寇准下拜祝贺道:"这正是社稷的幸福呀!"太宗到底想通了,到后宫向皇后妃嫔们说了,大家都表示祝贺,太宗又高兴起来,请寇准喝酒,尽醉而罢。

真宗景德元年,寇准拜平章事,兼三司使、兵部侍郎。闰九月,辽国主与太后率大军南侵,告急文书一夕五至,寇准都压着不报,饮酒时谈笑自如。第二天,同僚们报告了皇帝,真宗大吃一惊,急问寇准,寇准说:"主上要解决这个问题,只用五天的时间就够了。"于是请御驾幸澶州(今河南濮阳),同列官员听了很吃惊,想退走,被寇准阻住。真宗面有难色,也想入内,寇准挽留道:"陛下一入内,臣等见不到,大事就完了! ——请不要回宫,起驾吧!"真宗只好留下商讨亲征事宜。参知政事王钦若请幸金陵,金署枢密院事陈尧叟请幸成都,他们事先都个别向皇帝建议过,皇帝提出商议,均被寇准驳了。王钦若被派去镇守大名。

十一月,车驾北巡,大队停驻韦城(河南滑县东),听说辽军继续南侵,大臣们怕死,又怂恿真宗"幸金陵"。真宗又动摇了,召寇准来问南巡怎么样,寇准慷慨陈词:"群臣怯懦无知,见识和一个乡下老妪没有区别!现在敌人骑兵迫近,四方人心惶惶,陛下只能进一尺,不可退一寸。河北战场上广大将士,日夜盼望銮驾到达,那会士气增长百倍!如果回辇数步,就会万众瓦解,敌人就会在身后乘胜紧追,那时想蹲在金陵也办不到了。"宋真宗犹豫不决。寇准出来,见到殿前都指挥使高琼,问道:"太尉受国家大恩,想怎样报答?"高琼说:"我是个军人,愿效死!"寇准再入对,高琼随他而入,寇准说:

"陛下如对臣的话不以为然,可以问问高琼。"高琼仰首上奏道:"寇准说得对。随驾的军士,父母妻子都在京城里,他们一定不肯抛弃亲人南奔,半道上就会逃跑掉的。恳请陛下速幸澶州,臣等愿效死力,破契丹不难!"寇准接着说:"机不可失,赶快起驾吧!"当时王应昌带着御辇器械随侍身旁,皇帝回头看看他,王应昌说:"陛下亲自率领将士奉天伐罪,一定所向披靡;如果徘徊不前,恐怕敌人的气焰会更加嚣张。"主逃派们不敢再言语。真宗这才下了决心。凌晨行军太冷,侍从为皇帝加貂裘棉帽,真宗不用,说:"臣下都暴露在寒冷之中,朕哪能安心单独享用这些!"车驾到了澶州,皇帝想以南城驿站为行宫,不想再前进。寇准请求道:"陛下不过河,军心民心会更紧张,敌人的气焰也还没受到打击,不宜于扬威决胜。各地区听说主上亲征,纷纷派出援军,正是前进的好时机。"高琼也极力请求。金署枢密院事冯拯呵斥高琼,高琼愤慨地说:"你凭文章爬到两府的高位,现在敌人铁骑如此嚣张,你还责备我无礼,你讲究礼,为什么不作一首诗吓退敌人呢?"边说边指挥卫士推辇北进。到了浮桥上,辇停了下来,高琼气得敲打着辇夫的脊背说:"还不快走,已经到了这一步,还疑忌什么!"真宗也命辇前进。皇帝登上北城楼,排列好黄龙旗等全部仪仗,部队见了,高呼万岁的声音传出几十里远,军威大振,士气高亢。皇帝也受到鼓舞,观看了营垒部署,召见李继隆等守将们,给以安慰鼓励,赏赐部队酒食缗钱。

宋军士气高涨,又有后备力量增援,正该推开阵势决一死战,给辽一个致命的打击,但不幸又横生枝节——宋将王继忠战斗中被俘,辽方对他很好,于是他就致力于搞调和,站在辽的立场,提出了很多苛刻的条件。更不幸的是,真宗求和心切,派出曹利用谈条件。曹利用答应每年给辽绢二十万匹、银十万两。辽方还提出:大宋皇帝须称辽太后为"叔母",不许宋在北疆公开地或变相地修防御设施,辽撤兵时不许在后面袭击——这些都要立约并起誓。真宗居然都接受了,还嘱咐曹利用说:"必不得已时,就是一年百万也行啊!"寇准一看仗打不下去了,私下把曹利用叫到自己帐篷中,警告他说:"虽然皇上许你答应一百万,但是你去谈判如果超过三十万,回来我就杀了你!"曹利用知道寇准说到就能做到,定那个丧权辱国的"澶渊之盟"时,只好控制在三十万。

驻扎在澶州的日子,寇准每天晚上都和杨亿饮酒作歌、玩笑喧哗,皇帝派人去看了,高兴地说:"寇准这样,我还有什么可忧愁的呢!"当时人们都把他比拟作东晋"镇朝野"的谢安。事情过后,寇准为自己这一段有些"违旨"的做法向皇帝赔礼说:"如果臣当时全按诏令办,事情不能解决得这么快呀!"皇帝笑了,表示了对他的谅解。

景德三年,因王钦若就澶渊之行向皇帝进谗言,寇准被罢为刑部尚书、知陕州。成都知府张咏听说寇准入相时曾评论道:"寇公是个奇才,只可惜学识智术不足啊!"这次寇准遭贬,正值张咏回京,寇准把他送到郊外,恳切地问道:"你给我点什么指教呢?"张咏语重心长地说:"《霍光传》不可不读。"寇准当时不明白他这话的用意,回家取出来读,读到"不学无术"处笑道:"这就是张公要指点我的!"

大中祥符元年冬,命户部尚书寇准知天雄军(今河北大名)兼驻泊都部署。辽国来使经过大名时,讥诮寇准道:"相公威高望重,为什么不在中书省呢?"寇准不卑不亢地答道:"主上因朝廷无事,北方是国家锁钥重镇,非我不能当此重任!"大中祥符八年,任寇准为武胜军节度使、同平章事。

天禧四年寇准又被罢为太子太傅、莱国公。这次既有他自己的过失,也有别人的报复迫害:寇准曾单独向真宗进言,把位传给皇太子,以巩固万世基业;丁谓是奸佞之徒,不能用他辅佐少主。后来寇准喝醉了酒把这话泄露了出去,丁谓极不安。刘皇后的本家人在蜀地横行不法,夺老百姓的盐井,被寇准治了罪,而真宗晚年因病语言不清,政事多由刘皇后决定,刘后和丁谓串通一气,便贬了寇准。这次罢了朝官,又连贬了三次,真情都瞒着皇帝。丁谓决心要把寇准置于死地,乾兴元年又把他从道州司马贬为雷州司户参军。这是有宋以来,宰相贬得最低最惨的。但是,寇准对丁谓,却能以德报怨。丁谓迫害寇准,京师颇有人不平,当时流传着这样一首歌谣:"欲得天下宁,当拔眼中钉;欲得天下好,莫如召寇老。"说来也巧,不过半年,丁谓被贬为崖州司户参军,儿子们也被削职、抄家。丁谓"上任"经过寇准贬谪地雷州时,寇准派人在境上迎着送给他一只蒸羊。丁谓要求见寇准,寇准拒绝了。寇准风闻家僮商议欲寻丁谓为主公报仇,便关上大门发些钱让他们赌博玩,不得出门。估计丁谓走远了,才让开门。

第二年的秋天,六十三岁的寇准死在雷州。五天后,"提升"他为衡州司马的通知才下到贬所。他妻子宋氏要求归葬西京,被批准了。灵车经过荆南公安县,沿途百姓都设酒食祭奠他,折了竹枝插到地上,挂上纸钱焚烧。一个月以后奇迹出现了——那些被折断而烧烤过的竹枝竟然都冒出了笋芽！人们便为他立了一个庙,叫做"竹林寇公祠"。

寇准是位社稷大臣,在决定国家命运的重要历史关头,他能够力排众议,扭转危局;为了国家社稷,他敢于"冒犯天威",而不顾忌时过境迁之后皇帝会怎样对待他。寇准性格上的弱点是,他有一股一般士大夫的狂傲劲,有了功劳,在皇帝及同列面前不知放谦虚一点,说话有时"得理不饶人","君子"不计较他,"小人"则耿耿于怀:这是寇准遭受毁灭性打击的内因。

宋仁宗景祐二年,死了十二年的寇准才被追赐谥号"忠愍"。

王钦若

在黄鹤楼上出生的"鬼"宰相

王钦若（962—1025），宋真宗朝宰相。字定国，临江军新喻（今江西新余）人。父亲王仲华跟随祖父住在鄂州官任上。一天，江水暴涨，全家人仓促搬到黄鹤楼上避水，王钦若就诞生在黄鹤楼上。

王钦若一踏上仕途，就表现出不凡的才干，但入相以后，却干了许多坏事。

宋太宗北伐太原时，十八岁的王钦若赶到行在献了《平晋赋论》。其后中进士，历任亳州防御推官，秘书郎监庐州税，太常丞、判三司理欠平由司，参知政事，宰相。

在亳州任上，一年长期阴雨，百姓远路到官府交租，管仓库的官怕湿度大不易存放，不敢收，而仓中的存粮又快提取光了。王钦若命一律收下，同时奏请不按年次"入新出陈"，而先向外支付湿谷，朝廷准奏，结果一举三得：既保证了官仓出入平衡，又防止了粮食霉变，还方便了百姓。宋太宗赐手诏表扬了他，也记住了他的名字。

有一年，因旱灾，开封府减免下属十七个县的民租，有官员反映放免太宽，不符合实情，太宗诏令各州派专人复查上报。亳州派王钦若复查太康、咸平二县,他复查得全面、深入,如实上报,抗疏说:"田地确实大旱,原先开封府令免七分,现在要求全部放免。"宋太宗夸他官位虽小,敢替百姓说理,是当大臣的材料。

王钦若调到朝中三司后,度支判官对他说:"从五代到现在,各地百姓拖欠的租税一直未理清,老百姓被催逼得受不了,我想要报告皇帝免除掉。"王钦若听了,组织属员连夜统计出来,第二天便上奏皇帝,宋太宗大惊道:"难道先帝毫不了解这些情况吗?"王钦若的回答很得体:"先帝肯定了解,可能是想留给陛下收服人心吧!"皇帝听了很高兴,当天就下诏放免各地百姓逋欠一千余万缗、释放各地在押囚犯三千多人。

宋真宗即位后,王钦若升任参知政事。景德元年冬,辽兵南侵,一下子打到了定州,还有继续南下之势。王钦若是江南人,极力私下怂恿皇帝幸江南躲避。寇准力排众议,促成了皇帝北幸澶州督率抗金战争;后来皇帝决心议和,寇准又背着皇帝逼令谈判使臣曹利用控制给辽的银钱不得超过三十万,为国家大大节省了钱财。皇帝明白,如果真听了王钦若的建议逃往江南,后果将不堪设想。所以回朝后,对寇准特别倚重。王钦若要往上爬,要专权专宠,便见缝插针地在皇帝面前说寇准等大臣的坏话。他捣鬼有术,善于针对皇帝的心理进行挑拨,所以往往能收到理想的效果。一天散朝后,寇准先退,宋真宗目送着他走出去。王钦若特意留下,问道:"陛下敬畏寇准,是认为他对社稷有功吗?"皇帝说是。王钦若又问:"澶渊之役,陛下不以为是耻辱,反以为寇准为国家立了大功,是为什么呢?"宋真宗诧异地反问他:"难道这能算是耻辱吗?""怎么不算?"王钦若答道,"敌兵临城下订盟,《春秋》认为是可耻的事。现在陛下以万乘之尊幸临澶渊,结盟而回,这不就是城下之盟吗?是何等的耻辱啊!"皇帝"和平凯旋"的兴头被一扫而光。王钦若又进一步挑拨说:"陛下听说过赌博的事吗?赌博的人输钱快要输光的时候,就把剩下的钱都下上,叫做孤注一掷。陛下这次的澶渊之行,就是作了寇准的'孤注'了,真是太冒险了!"为此,宋真宗对寇准有了成见。

高琼是第一个支持寇准把皇帝"推"上抗辽前线的,王钦若对他也恨之入骨。景德三年高琼病危,宋真宗要亲临探望,王钦若阻挠说:"高琼虽然长期统率禁军,但是没有破敌的大功劳。车驾幸临,是对有功勋的大臣表示特殊的关怀,对高琼这么做,恐怕不能显示这种精神吧?"皇帝便作罢了。

参政赵安仁身居显贵,却生活俭朴。他的嗜好是读书,自己的俸禄,大部分用来买书了。他学识渊博,特别是对近代的制度沿革、人物、掌故,都记得很清楚,他的学识,也引起了王钦若的嫉妒。以前皇帝想立刘氏为皇后,征求宰臣的意见,赵安仁曾说刘德妃出身寒门,不如沈才人出身相门(故相沈义伦的孙女)。当时皇帝虽不高兴,但认为他的意见不无道理。这事王钦若知道。有一次宋真宗和王钦若闲谈,议论到大臣中谁最忠厚,王钦若故意说:"臣看再没有比得过赵安仁的了。"皇帝问他有什么根据,王钦若答道:"赵安仁受到已故宰相沈义伦的知遇之恩,至今念念不忘,老想着报答他。"皇帝听了一下子联想到"立后"问题,后来便罢了赵安仁的副相,派他去修史。

宰相王旦想推荐翰林学士李宗谔当参政,先和王钦若通气,王钦若唯唯应诺。但王钦若知道李宗谔家中很穷,俸禄不够办婚事的,王旦曾多次借钱给他。王钦若先去对皇帝说:"李宗谔欠了王旦很多的钱。王旦想引荐李宗谔当参政,可能是为了他得到赏赐好还自己的债吧?"恰巧第二天王旦提出李宗谔作副相人选,皇帝一听以为让王钦若猜对了,把脸一板,回绝了王旦。第二年,李宗谔便病故了。

王钦若在皇帝面前极力讨好。他除了怂恿皇帝东封泰山、西祀后土、大建宫观,大大地劳民伤财,以取宠自固外,即使一件小事,也不放弃贪人之功以为己有的机会去讨好皇帝。如有一天下了雪,皇帝写了首《喜雪诗》颁赐近臣,王旦说有一个韵用错了,该告诉皇帝,王钦若说:"天子的诗,哪能用礼部的规格校正呢!"王旦便没提。而王钦若竟偷偷跑去献殷勤。后来皇帝对大臣们说了这个错韵,并表扬说:"如果不是王钦若指出来,就要传为笑柄了。"心直口快的马知节,一向厌恶王钦若的鬼祟奸诈,当场说明了发现错韵的来龙去脉。皇帝因正喜欢王钦若,也没有怪他"欺君"。

欺君压臣的大事,王钦若也敢干。他每次奏事,怀中都藏着好几个奏折,揣摩着皇帝的心思,然后只拿出一两个奏请。退朝后,他要办的事就都说是准奏了的,以堵别人之口。时间久了,大臣们都看穿了他这套把戏,有一次他奏完事,马知节当场戳穿他说:"你怀里藏的那几个奏折为什么不全都拿出来!"但皇帝仍未追究。

后来,从州官提升为枢密使的马知节,又被罢为地方官。这大概与王钦若不无关系。

王钦若在朝二十多年,权力越大,祸国殃民、谗害正直大臣的坏事干得越多。他身材矮小,脖子上还长了个瘤子,人们不齿他的为人,给他起了个"瘿相"的绰号。王钦若和丁谓(相)、陈彭年(刑部侍郎、参政)、林特(三司使)、刘承珪(御史中丞)五人,形成了一股势力,互相勾结尽办坏事,被时人称之为朝中"五鬼"。

"大鬼"王钦若受贿遭贬,又被"二鬼"丁谓"黑吃黑"。天禧三年,王钦若被告发受贿,被贬出知杭州。后来皇帝想让他回朝,而这时皇帝已经病得说话都困难了,丁谓便压着不办,只把他调判河南府。两年后王钦若病重,多次上表请求回京治病,丁谓都压下了,而私下派人去对王钦若传话说:"皇上几次提到你,很想见你一面。你上了表就直接回来,皇上不会见怪的。"王钦若归心似箭,听到这口信,叫他儿子王从益给府里送了个移文,便坐轿回京了。丁谓却对皇帝说:"王钦若擅自离开官位回来,太没有人臣的礼节了!"皇帝派御史到他家中去问罪。王钦若明白上了当,只得"惶恐伏罪"。第五天,他便被进一步降贬出去,儿子也降官一级。丁谓是王钦若挤下别人升到相位的,王钦若没想到他对自己这个大恩人也会落井下石。

宋仁宗即位后,刘太后同听政,她记着在"立后"问题上王钦若捣鬼罢掉参政赵安仁为她出了一口气的好处,于是在罢掉丁谓之后,又贬出新宰相冯拯,擢升王钦若为宰相。王钦若虽官复原职,但朝中形势已起了变化,中书省的大臣们都不大听他的,时常据理力争,他驾驭不灵了。

复官第三年,王钦若病卒,终年六十四岁。刘太后亲临祭奠哭泣,赠太师、中书令,谥"文穆",派官员监护治丧。王钦若的亲属和亲信,有二十多人"推恩"当官或升官。

王钦若著述颇丰,他信道,著述主要是道学、历史方面的,有《卤簿记》《彤管懿范》《天书仪制》《圣祖事迹》《翊圣真君传》《五岳广闻记》《列宿万灵朝真图》《罗天大醮仪》等。

王钦若为政初期,做了一些有益于人民的事,表现出精明、干练、当机立断诸多优点;但入相后,却尽干错事坏事。宋仁宗对王曾说过:"王钦若虽长年在朝内参政,但朕观他的为人,实在是个奸邪之徒。"王曾也说王钦若奸佞、邪恶、阴险、狡诈。正是这些性格上的弱点,阻碍了他聪明才干的发挥,或者说使他把聪明才干用歪了。

丁 谓

集才干和奸佞于一身的宰相

　　丁谓（962—1033），宋真宗、仁宗两朝宰相。字谓之，又字公言，苏州人，宋太宗淳化三年进士。历任大理评事、饶州通判、转运使、三司户部判官、工部员外郎、安抚使、枢密直学士、节度使、刑部尚书、工部尚书、兵部尚书、吏部尚书、参知政事，同中书门下平章事，封晋国公。宋仁宗赵祯即位后，加进司徒兼侍中。

　　丁谓精于吏治，办事干练，成绩是多方面的。

　　丁谓在担任夔州路转运使时，对当时一般汉人官吏认为"化外之民"的洞溪夷民，采用招抚的策略，使夷民既受其惠，又服其威。任职期满后，部落夷民们请求朝廷让他连任，他在那里一共干了五年。

　　真宗景德元年，丁谓任郓州知州兼郓、齐、濮三州安抚使，和张齐贤一同提举转运及兵马，并负责六个州的土地测量和地图绘制。不久，辽兵大举南侵，河北的百姓纷纷过黄河逃难。杨刘渡口集聚了大批的难民，而船工竞相哄抬船价，故意拖延着不摆渡。丁谓闻听汇报赶到渡口一看，形势严重而紧迫，可是眼下对这些船工，既不该杀他们——他们没犯死罪，也不能抓他们——正需要他们干活，怎么办呢？丁谓马上想出了一个"吓"的办法：他命人从监狱中提来几个已经判了死刑尚未执行的人,假说他们是哄抬船价拒绝摆渡的船工,在河岸上斩首示众。船工们看了,都怕被治罪,立即行动起来,以"合理的高价",把河北岸的人全渡到了河南。

丁谓又赶到河南,把沿河的军队和百姓搭配着摆布开,令人们敲击着刁斗,摇旗呐喊,呼喊声传出一百多里地去。南侵的辽兵听了,以为河南岸有大队官军驻防,便退走了。

在监造玉清照应宫的施工中,丁谓灵活地运用了运筹学,在京城内打井、挖河,综合解决了民工吃水、建筑用水、就近用土、材料水上运输以及最后的垃圾处理这一系列的实际问题。这个包括二千六百一十区观宇的大建筑群,设计时估算要十五年才能完成,丁谓在主持施工中,贯彻了"多劳多得"和适当奖励的原则,结果只用了七年的时间便完成了。例如画墙时,他提倡工匠们夜以继日,谁画完一面墙壁,便发给两支蜡烛。他说话算数,完工以后,对完成任务好的军校和工匠,分几个等次发放了赏钱,受赏的有九百多人。为数虽小,在当时也算较为难得了。

丁谓升到朝中任职后,努力奉迎皇帝、讨好上司,爬上了相位。

丁谓以三司使兼任修玉清昭应宫使,他初步设计的规模太大,大臣们都认为耗资太巨,不合适。皇帝召问他,他说皇帝"富有天下",建在宫城的"乾"地,便于祈福生儿子。这两句话,一句吹,一句拍,真宗便高兴地接受了,并作为"朕意"说给宰相王旦。于是大臣们都不敢再提反对意见了——谁敢叫皇帝断子绝孙呢?

丁谓知道皇帝崇神信道,有一次便报告说,他看到天书阁望柱那里直直地向上升起一千多条"气",有青、紫、白、黄几种颜色,"气"中吐出一些银丝般的白光,顶上覆盖着白云,一会儿白云又变成了五彩云等等。真宗自然宁可信其有,于是作了《瑞应诗》赐给大臣们,还叫他们唱和。

枢密王钦若很得皇帝宠信,丁谓和他臭味相投,王钦若在皇帝面前说坏话,罢掉了原参政赵安仁,不提用王旦推荐的李宗谔,而把丁谓提升为参知政事。王、丁二人与刘承珪、陈彭年、林特,五人经常秘密联系,形迹诡异,被称作朝中"五鬼"。

天禧元年,宰相王旦死;二年,宰相王钦若罢职;三年,寇准任宰相,丁谓任参政。丁谓在中书府,对待寇准非常巴结,有一次,大臣们会餐,寇准的胡须上沾了菜汤,丁谓赶紧起身,过去为他轻轻地擦拭。寇准笑道:"参政是国家的大臣,怎么能为长官拂胡须呢!"丁谓被他说得十分尴尬,由此产生了把寇准搞掉的念头。

丁谓自知搞掉寇准很不容易，便拉拢寇准的"反对派"来办这件事。第一个拉的是曹利用。寇、曹二人任正副枢密使，寇准看不起曹利用，每议事意见不合，寇准往往说："你是个武夫，哪懂这些大道理呀！"曹利用恨上了寇准，丁谓一拉就成了。第二个拉的是钱惟演，钱惟演的妹妹是刘皇后前夫刘美的妻子，刘家的人在四川霸占百姓的盐井，真宗想看刘氏的面子免予治罪，寇准反对，坚持治了罪，所以钱惟演、刘皇后也都恨寇准。当时皇帝病得说话口齿不清，政事多取决于刘后，他们几人便串通一气了。天禧四年，寇准被罢为莱国公，继贬为道州司马，雷州司户参军。丁谓想整死寇准，去道州传旨的中使，根据丁谓的指点，用锦囊盛着一把剑，挂在马前，到了道州驿站，州吏出迎，中使回避不见，问他来干什么也不说。这可能是制造一个"赐死"的气氛逼寇准自杀。大家都很担心，寇准却很平静，派人去告诉中使："朝廷若赐我死，我得见到敕书。"中使只得把贬往雷州的敕书交出来。丁谓"吓"死寇准的阴谋未能得逞。

镇、定两州都部署、大将曹玮，是曹彬的儿子，很好的边帅，丁谓因怀疑他不听自己调遣，也罢了他的兵权。

宰相王钦若因贪污罪被真宗贬知河南府，他多次上表要求回京师治病，没有回音。对这个把自己提到相位上的人，丁谓也落井下石，施用诡计，使王钦若进一步降贬。

乾兴元年，宋真宗病卒，刘太后与新皇帝同听政，丁谓与宦官头目雷允恭互为表里，权力更大了。他以宰相身份任先帝山陵使（修墓负责人），雷允恭任山陵都监。雷允恭不听司天监的话，独断专行，墓穴挖错了地方，被杖死，抄家。这件事丁谓本来有直接责任，又加上参政王曾在太后面前挑拨，便罢了他的相。丁谓罢相的另一个原因，是由于他得罪了刘太后：有一次丁谓休假，刘太后令内侍传旨给中书府：皇帝常睡得晚起得晚，太后想单独上朝接受群臣礼拜。宰臣们不敢决定，请出丁谓来研究，丁谓认为不应该这么做，并责备他们当时为什么不明朗地表态。丁谓被罢后，朝廷抄雷允恭的家，又牵连抄出丁、雷来往的罪证及丁谓与女道士刘德妙勾结哄骗皇帝的事，丁谓又被贬为崖州司户参军。抄丁家时，抄出四方赂送的财物不可胜数。仁宗道明二年，丁谓被特许致仕，他于这年死去，终年七十二岁。

丁谓的撰写能力不错，自己写的有《景德会计录》，与人合撰的有《大中祥符封禅记》。

李允则

在"和平"的帷幕后巧妙备战的边官

李允则(? —1028),宋真宗朝边官,字垂范。他在宋王朝上层集团对外"和平"的气氛笼罩下,悄悄地、坚韧不拔地进行着北疆的战备抗敌活动,二十多年中,取得了优异的治绩。

真宗任命李允则出任潭州知府之前,召见他说:"我听毕士安说过你的家庭身世,现在把湖南托付给你了。"李允则初到潭州(今湖南长沙)上任时,那里刚发生了一场大火灾,百姓没有房屋住,冻死了不少人。他下令把官竹借给百姓建屋,到春天时偿还。这样使人民不致离乡背井地逃灾,也不耽误官用。宋太祖时,潘美平定湖南后,规定了一些苛捐杂税,例如:每一间房屋要上交三尺绢,叫做"屋税";营田户用官家的牛,每头牛每年要交米四斛,牛死后还得交税,叫做"枯骨税",如此等等。李允则上任后全部奏请蠲除。

上任一年遇到饥馑,李允则下令先用官仓的粮食赈灾,随后再上奏朝廷,以免饿死人。转运使不同意,李允则说:"等申奏批复,要一个多月,饥饿的人可等不及啊!"坚持"先用后奏"。第二年又闹饥荒,他还坚持这么做,转运使坚决反对,李允则拿自己的家产作抵押,才得以打开官仓贱卖给百姓粮食。同时还从饥民中招募了一万名兵丁,既扩充了军队,又减轻了赈灾的负担。咸平三年任满时，百姓列出了他的治绩，到安抚使处挽留他。使臣上奏后，皇帝下诏褒奖了他。召回京城后，一连入对三次，皇帝高兴地说："毕士安看人不错啊！"李允则离任后，还为潭洲的岳麓书院争取到一部分国子监保存的经书。

李允则任沧州知府时，一到任就巡视地理环境，部署疏浚浮阳湖，修葺营垒、官舍，还在城内布置秘密地掘井，人们都认为他"生事扰民"，怨声传到朝廷里。皇帝召他进京询问。恰在这时，辽兵来犯，城外老老少少都进城避难，吃水却未发生紧张；而且还能制造大冰块代替炮石打击敌人。敌人看防御严谨，解围而去。情况报到朝廷，皇帝对李允则说："刚才还有人说你打井修缮营垒是扰民呢，现在才知道你很懂得防御之道啊！"于是转升李允则西上阁门使和镇州、定州、高阳三路行营兵马都监，押大镇东面；诏令各路军事措置，必须报李允则审查后再执行。

景德二年，李允则任雄州知府，第二年又兼任安抚使。在雄州一住十四年，"澶渊之盟"规定"罢兵"——停止一切军事行动，宋真宗认真守约，而辽方却没有和平诚意，他们要求北撤时宋军不得追击，真宗下了特诏，宋军方面遵旨照办。可是辽军后撤时，却对沿途的军队进行突然袭击，烧杀抢掠无恶不作。李允则一到任，先抓了城墙壁垒的修缮。辽人看到后，以"违誓约"找到宋朝廷，宋真宗下诏追究，李允则奏道："刚刚通好不抓紧修整，日后还敢动吗？"皇帝略有所悟，遂不再制止。

雄州城北原有一个瓮城，李允则计划把它和大城连在一起，便先在附近建了一座"东岳祠"，用一百两黄金制作了高贵的供祭器皿，设置了乐队，吹吹打打，居民竞相前来礼拜，捐献金银。过了些日子，他暗中撤去金银，扬言有强盗从北方来偷走了，多次送文件给辽的边界官员，要求"追捕偷盗法器之人"。同时，又沿北界筑墙，造舆论说为了保护祠庙。辽人没有怀疑。李允则见墙修得差不多时，又下令突击做关门，修城楼。疏浚壕沟，筑起月堤，一下子把原先的瓮城扩大进来，和大城构成一个完整的防御体系。等辽人琢磨过来，木已成舟了。

当地居民多用茅草覆盖屋顶，辽军入侵时，一烧就绵延一大片。李允则一面部署采伐西山木材大建仓廪、营房，一方面教给居民用陶土烧制砖瓦，用砖瓦盖房屋，修建里间的门，设置贸易摊点、店铺。城上全部用砖，用沟壕环绕着城墙，沟沿岸种上苎麻、榆树、柳树，这样既能增加经济收入，又能阻挡敌人的骑兵。他还扩大了原来驻军修的屯田，架桥引水，作石梁，列堤道，与附近的安肃、广信、顺安三军连成一体。每年按时办"禊"(xì,春、秋二季在水边举行祭祀活动以清除"妖邪")事,召集界河的战船竞渡,辽人也都来参观,而这实际上是在进行水上军事训练。

州北原来设有陷马坑,城上有望楼,能看十里远,自从"和谈"以后,没有人敢登上去——怕辽人说"有军事野心"。李允则到任后,察看了地形,下令说:"既然南北讲和了,还要这些干什么? 拆!"于是城楼被拆掉,陷马坑也被填平,划分给各路驻军作菜园,打水井,疏沟渠,列畦垄,筑短垣,纵横交错,再种植上荆棘,一派"大生产"的祥和繁荣景象,可是对北方的骑兵来说,险阻更多,简直是"八卦阵"了。还修建了各种作坊,把佛塔迁移到北墙界上,登上去可以瞭望三十里远,功效远远超过瞭望楼,"我佛慈悲"也为战备作了贡献。他又下令统辖的各个地区,有空闲荒地的一律要种榆树,年复一年,塞下榆林在望,收到了备战、备荒、积材、防沙等多方面的效益。

北地原先不大过上元节,李允则却布置大过特过上元节,张灯火,结彩山,演戏奏乐,让老百姓尽情游乐。有一次上元节,热闹了一夜,第二天便侦察到辽人想借机进城窥察我方动静的情报。李允则和同僚在郊外暗中守候着,一会儿,果然有一个紫衣人骑着毛驴来了,他们也装作游客跟他一起进了城,到驿馆落脚,彼此一句话也不说,只叫女奴们围绕在他周围招待他吃喝,还把他的毛驴拴在庑下,便于他随时溜之大吉。这人"酒足饭饱"后遁去。原来他就是辽国的南京统军,此行无收获却暴露了辽方的军事野心。几天后消息传来,这人被治了罪。

有一次,李允则正在与部属饮酒,忽然有人报告军火库失火,李允则仍与人们宴饮不停。一会儿又传来火被扑灭的消息,李允则漫不经心地说:"把烧掉的废物埋掉了吧!"一面秘密地派人带着檄文到瀛州(今河北河间)去,教他们用茶叶箱笼运送武器铠甲,不到十天,便如数完成了。辽人庆幸宋人的武器库失火,宋朝廷也信以为真,枢密院下文件追究,李允则回复说:"贮存兵器的地方,防火非常严格,正举行着宴会却起了火,一定是坏人干的,离开宴席救火,怕会发生不可预测的后果。"

有一天,一个老百姓到府里申诉,说一个辽人入境,把他打伤后跑掉了。李允则给那人两千钱治伤,却不追究辽人的事。一月以后,辽方来人问询这事,宋方以"没有此事"回答了他们。原来入内打人的辽人是个间谍,他想以打伤人作为验证,证明他确已进入宋境,以便回去领"辛苦费",辽方一查问没有这回事,当官的便认为他撒谎,而把他杀掉了。

对辽方边界的内情,李允则却了如指掌。曾有士卒逃到北方去,李允则派人送信去请辽方遣还,辽方推诿说不知道他们落脚在什么地方,李允则一口说出在某地点,辽人害怕他的"神通",立即把逃卒送回。李允则依法杀了逃兵,以后再没有敢逃跑的了。

李允则身为一方的军政首脑,从不摆威风,不讲究派头,有时出门走走,遇到可以交谈的百姓,便坐下攀谈起来,因而他洞悉民间社会情况,盗窃案一发生,便能准确地抓到犯人,搞上几次,游民无赖们便不愿意自找苦吃了。

这么大的官,身上竟没有多余的衣服,一顿饭从来不许有第二样荤菜,个人也从不积蓄财产,在宋真宗时代的边臣、朝臣中,这样全能全德的官员实在太稀罕了。

吕夷简

忠于皇室顾全大局的宰相

吕夷简(978—1044),宋仁宗朝宰相。字坦夫,寿州(今安徽寿县)人,宰相吕蒙正的侄子。吕蒙正病危时,宋真宗亲幸吕府看望,问他:"你的几个儿子谁可以大用呢?"吕蒙正答道:"臣的儿子们不过是猪狗罢了;臣的侄子夷简,却是个宰相人才。"到了仁宗一朝,吕夷简果然作了二十来年的宰相。

真宗时期,吕夷简任滨州知州时,上书要求免除河北地区的农器税,皇帝便下诏把各地区的农具税都免了。并逐步提拔他为提点两浙路刑狱,祠部员外郎,刑部员外郎兼侍御史知杂事,并夸他"有为国爱民之心"。天禧四年,兵部员外郎、知制诰吕夷简以刑部员外郎权知开封府。他处理问题严肃明辨,政声不错;真宗把他的姓名写到屏风上,准备重用。

宋仁宗即位后,吕夷简任给事中、参知政事,开始了宰相的生涯,第七年当上了正宰相。在任期的前一段,他颇办了几件漂亮事。

明道元年八月,一天夜里大内失火,第二天百官来上早朝,见宫门未开,要求见皇帝。仁宗登上拱宸门,百官在楼下隔帘遥望,一齐叩拜,而宰相吕夷简却站着不拜,皇帝问他原故,他回奏说:"宫廷有了这样大的变故,臣子愿意一睹圣颜。"皇帝命人卷起帘子来,他看清楚了,才倒身下拜。

仁宗赵祯的生母李氏,原是刘妃的侍女。赵祯一出生,刘妃便抢走交杨美人抚养,赵祯三岁时,刘氏被封为皇后。赵祯当上皇帝时,才十三岁,刘氏陪着他一起听政,对他关怀备至;而李氏只能站在一般嫔嫱的队伍里,默默地看着亲生的儿子,心中咀嚼着痛苦和幸福。她在四十六岁那年病重了,当天上午被封为"宸妃",下午便含恨离开了人间。第二天,吕夷简奏事后提到了这件事,刘太后急忙带着赵祯走了,然后她自己单独回来在帘内听奏,并给吕夷简扣了一顶"欲离间我母子"的大帽子,吕夷简说:"我这是为刘家的长远利益着想!"刘氏只得答应按吕的建议在皇仪殿治丧,用一品礼殡于洪福寺。吕夷简特别指示内侍罗崇勋说:"宸妃要穿皇后的衣服,棺内要用水银浸泡遗体。"

后来有人按刘氏的意图说这个月不吉利,应该从宫墙上凿个洞运出李宸妃遗体。吕夷简闻讯后立即求见太后,刘氏不接见他,只让罗崇勋来回传话。吕夷简提出灵车应出西华门,太后让内侍斥责他:"哪里想到你竟然这样!"吕夷简针锋相对地答道:"臣备位宰相,按理这事应该在朝廷上争论。太后不答应,我绝不退下。"罗崇勋往返三次,太后还是不同意。吕夷简正色说道:"宸妃诞育了皇上,如果她的丧葬不合礼仪,将来一定要有人承担罪责,到那时可不要埋怨我今天没提醒你们!"罗崇勋听后害怕了,跑回去传给太后,太后不得不答应吕夷简的要求。

第二年刘太后死后,仁宗的叔父荆王赵元俨才告诉他生母是宸妃,也有人说宸妃死于非命,丧不成礼。仁宗痛不欲生,追封宸妃为庄懿皇太后,在换棺椁时,派宸妃的弟弟李用和去检视,李回报说容貌像活着时一样,服饰也齐全,合标准。仁宗才说:"人们的传言哪可相信啊!"对刘家的人更加优厚。在这件事上,吕夷简一点也没标榜自己的功劳。

仁宗"亲政"后,和吕夷简商议要罢掉夏竦、张耆等太后重用的几个大臣,不料第二天早朝时,宣读的第一个被罢人竟是吕夷简。吕夷简大感意外。原来仁宗回宫后把这事告诉了郭皇后,郭说:"难道吕夷简就不阿附太后吗?只是他机灵,善于应变罢了。"仁宗听了,便把吕也列入罢官名单中去。半年后才又恢复了吕夷简的宰相职务。这期间吕夷简已打听清楚是郭皇后说了他的坏话,他完全可以说出为李宸妃争取厚葬的事打动皇上,但他没那样做。

大理评事刘涣,上疏刘太后还政给皇帝,刘氏大怒,主"议"要把他撤职黥面发配白州。不久刘太后病重,吕夷简故意拖着这事不办。太后死后,刘涣为自己辩解,吕夷简也替他说话,皇帝遂任命他为右正言,并对吕夷简说:"以前枢密院极力要流放他,全靠你保护了他。"夷简说:"刘涣不大接近皇上,敢大胆说话;臣等如果说到还政的问题,太后就会疑心出于陛下的授意,那样便母子不相安了。"仁宗很欣赏他的忠心。

真宗听信王钦若、丁谓等的谗言,把寇准贬下去知永兴军,有一个被寇准判处黥面发配湖南的人,经过京城时上书说了寇准许多坏话,但吕夷简却说:"寇准治下严峻,这人是想中伤他;应该不责问寇准,而把这人流放到更远的地方去。"皇帝听从了他的意见。

宰相张知白病故后,皇帝向老臣们征询宰相人选,宰相王曾推荐吕夷简;枢密使曹利用推荐张士逊。刘太后因张士逊位在吕夷简之上,想用他,而王曾说辅相应该择才不择位,太后便答应用吕。吕夷简在奏事时,说张士逊跟皇帝时间长,品德也好,建议先用张。太后遂用了张士逊,但很赞赏吕夷简的谦让。不久张士逊因受曹利用牵连罢了相,便又提用了吕夷简。

但在另一些事情上,吕夷简的作为、气量却与宰相的身分极不相称了。

郭皇后与尚、杨二美人争宠,有次在皇帝面前对骂起来,郭皇后去打尚氏,误打在遮挡她的皇帝的脸上,皇帝一怒之下要废掉郭皇后,这要在台臣间讨论,大臣们一下子分成了两伙:"主废派"与"反废派"。主废的只有吕夷简和个别官员,但皇帝想废,这面的力量就大了。反废派的朝臣是绝大多数,有范仲淹、孔道辅等,他们据理力争,但最后还是废了,并因此贬了范、孔的官。人们都认为吕夷简是报复郭皇后。他这次不光为自己出了一口气,还被封为申国公。

不久,吕夷简因和王曾争权,互相揭发错误,被贬为镇安节度使知许州,三年后才又复了宰相职务。

枢密副使任布,议事时有几次冒犯了吕夷简的尊严。吕夷简知道他的大儿子任逊狂傲少心计,便私下许他当谏官,要他多上书言事以"创造条件"。任逊便积极地上书,攻击执政官们殆遍,批评父亲任布毫无才能。任布见到这些奏疏,藏了起来。吕夷简又唆使他继续上书,批评藏匿奏疏的人。这次皇帝自然知道了,追问到任布,任布请罪说:"臣的儿子从小有精神病,语言荒谬,臣恐怕有辱朝廷,所以看到后不敢公之于众。"任布因此被贬知河阳县。任逊满怀希望地等着当谏官,不料吕夷简轻而易举地找了个理由就把他贬黜出京去了。

富弼多次出使辽国谈判,最后签约时,吕夷简传旨说皇帝要他起草国书和条约,国书两份,誓约三份。富弼起完草稿先走一步,让朝中誊好后连副本随后送到。夜里,中使带着五封文件及副本,赶到武强交给了富弼。走到乐寿时,富弼心想,誓约中内容,都是与辽方商定了的,万一改了什么,就失信于对方了。打开一看,果然被删掉一些重要内容,他知道这是吕夷简的阴谋,急忙骑马跑回京城面见皇帝,说:"执政这么做,是要置臣于死地的。臣死不足惜,国家的事怎么办?"皇帝急召吕夷简等人来问,吕夷简看了一下,轻描淡写地说:"哦,是错了,该改过来。"又叫王拱宸按原草稿重写。富弼当场责骂了吕夷简。

吕夷简长年在朝廷,出入进退都很讲究礼仪,不失分寸。有一次朝见皇帝,竟少拜了一次,传出去后,人们幸灾乐祸地说他失礼了,张纮说:"这是天夺走了他的魂,他快要死了!"过了十来天,他果然得了风眩症。皇帝很照顾他,允许他病好后,可隔三五天去一次中书府,并剪下自己的髭须赐给他,手诏说:"古人说髭须配药可以治这种病,现在朕剪了赐给你。"吕夷简很受感动。

吕夷简患病后多次要求免职,皇帝不忍心。孙沔上书说他"多忌","黜忠言,废直道",把他比作汉的张禹、唐的李林甫,认为他早该靠边站了。吕夷简知道后对人说:"元规(孙沔的字)的话如同良药针石,很遗憾我晚听到十年啊!"人们听了认为他很有器量。其实他只是"人之将死,其言也善"而已。五年以内,因直抒己见或仗义执言被他不止一次罢官的参政、枢密就有一大批。

庆历三年秋,吕夷简授太尉,致仕,但还让他参加朔、望及其他大的朝会。谏官欧阳修上书反对,才免除了他在朝中的一切职权。第二年秋天,吕夷简寿终正寝,享年六十七岁。赠太师、中书令,谥"文靖"。仁宗哭着说:"到哪里去找像夷简这样忧公忘身的人呢!"并为他的墓碑题了"怀忠碑"三个大字。

但欧阳修却说他应在"五鬼""三尸"(道教认为人体内有作祟的三尸神:上尸青姑,伐人眼;中尸白姑,伐人五脏;下尸血姑,伐人胃命)之数,也就是说可以和真宗朝中的王钦若、丁谓等相"媲美"。

庞　籍

谏君对人处事勇于秉公的大臣

庞籍(988—1063)，宋仁宗朝大臣。字醇之，单州成武(今山东单县)人，宋真宗朝进士。庞籍为官五十来年，中间三次降罢，又三次起复，经历丰富。由州县属官到守令，先后任秀、汝、同、延、郓、永兴、并、青、定、临江十个州军的长官，转运使、招讨使、安抚使、节度使等方面长官，刑部详复官、殿中侍御史、刑部员外郎、判大理寺、左谏议大夫、工部侍郎、枢密副使、参知政事、枢密使、同中书门下平章事(宰相)、监修国史、昭文馆大学士、观文殿大学士等朝中要职：总的看来，是个敢说、敢干、敢负责的好官，深得宋仁宗的信赖。

刘太后死后，宋仁宗独立亲政，刚被提拔为殿中侍御史的庞籍便上奏：把象征帝权受制的"垂帘"设施焚烧掉。并进谏用人要"辨邪正"，采纳公论，不让执政大臣专权。孔道辅曾评论说："言官大都好观察宰相的意图说话，只有庞籍可称得上是天子的御史。"

皇帝成人后，后宫都想自媚以进，于是大行珠玉雕饰。庞籍进言道："现在蝗螟灾情严重，老百姓快要愁苦死了，陛下怎么能不作节俭的楷模，珍惜国库财富来救百姓的急难呢?"仁宗采纳了他的意见。

庞籍任开封府判官时，皇帝宠幸的尚美人派内侍传旨，免去工人的市租。庞籍一句话顶了回去："太祖至今，还没有过美人向官府下达旨令的事。"并把这事向皇帝进谏。仁宗因此杖责了"传旨"的内侍，批评了尚美人，并且下诏主管部门："今后宫中传出什么旨令，都不用接受。"

庞籍因弹劾范讽被贬，任陕西都转运使，看到前方将士的艰难困苦，对比京城朝中的现象，很为之不平，又上言道："连年虫灾旱灾，臣认为皇帝和宫中的费用，应该按照先朝的标准。现在西部边疆的将士们，长年驻守，力战重伤的，才能立功受赏；而朝中宦官、医官、药官，没有功劳时也能享受到丰厚的赏赐，所以天下人指目，称他们为'三官'。如能稍为裁减一下对'三官'的赏赐，而多用于奖励有战功的人，平定侵略就不在话下了。"

赵元昊围攻塞门寨，鄜延副都部署赵振，带领军队七千八百人，坐在延州城内按兵不救，寨中守军只有千把人，多次告急，从正月打到五月，赵振才派出百十个人"增援"，这个寨子最后被赵元昊夺去了。庞籍以"畏懦"劾奏了赵振，朝廷贬了赵的官。

庞籍知延州时，眼看着十多万守兵，却几乎没有什么壁垒寨堡，因而常受侵扰。他观察了地势地形，发现金明西北的浑州川土地平坦而肥沃，川尾的桥子谷，是敌军出入的隘口，他派部将狄青在谷旁筑了一个"招安寨"。凭借这个防御设施，一万人能抵御好几万敌人。再招募百姓耕植，余粮支援军队。又派出部队夺回几处被侵占的要地，建设成一个包括十一处堡寨的大的防御体系，大大提高了防御效应。皇帝降诏表扬了他们。

庞籍能知人善任。平定侬智高之役选派将领时，庞籍推荐了狄青。右正言韩绛说，狄青是武人，不可以独当大任。皇帝问庞籍，庞籍却说："正因为狄青出身行伍，如果派上个文臣当副手，他一定会受到限制，号令不专一，不如不派。"皇帝听了他的意见，给了狄青以独立指挥权，后来事实证明这样做是正确的。

当上宰相的庞籍，晚年因外甥犯错误被贬了官。原来齐州学究皇甫渊，因"获贼"立功，依法该得赏钱，他上书愿意用赏钱换个官做。道士赵清贶，是庞籍的外甥，他骗皇甫渊说，自己可以找舅父庞籍给他办这件事，便和堂吏分受了皇甫渊的贿赂却没有办。皇甫渊抱着幻想多次到待漏院去要官当，庞籍勒令他回齐州。有个小吏向庞籍报告了赵清贶等受贿的事，庞籍下令把他捕送开封府。赵清贶和堂吏被判贪赃罪刺配岭南，结果走到许州死了。谏官韩绛便错误地弹劾庞籍"示意开封府杖杀赵清贶以灭口"，还说这件事应送枢密府，中书不应自己处理。于是庞籍因外甥的胡闹被贬了官。

至和二年,仁宗四十六岁了,尚没有儿子,到"九皇女"出生,还不死心,处江湖之远而忧其君的庞籍,上密疏,劝仁宗在宗族子弟中选一个理想的立为太子,使大臣们安心。

　　庞籍由郓州调知并州,路过京师,入宫拜见皇帝,当时皇帝新用了文彦博和富弼为宰相,心中很高兴,问他对二人的看法,庞籍说二人都是朝官中的高才,符合天下人的愿望。皇帝评论说:"文彦博私心多;至于富弼,万口一词,都说是贤相啊!"庞籍听了,向皇帝说:"以前臣在中书府,很了解文彦博的为人,他没大有私心,只是不满他的人进行诋毁罢了;况且以前他曾因被讪谤而出外任,这次回来,会更加谨慎的。富弼以前任枢密副使,管的事情少,得罪士大夫也就少,大家赞扬他,也是希冀他提拔使用自己。富弼如果以陛下的爵禄为自己树恩,就不是忠臣,算什么贤能? 如果他一切秉公处理,那么以往赞扬他的,又一定会有人诋毁他,陛下要深入明察啊! 陛下既选了他们,就要信任和长期地使用他们。如果因某一个人进言便提拔他,不久又因某一个人挑拨便怀疑他,臣恐怕在太平环境中就难以达到大治了。"这话对皇帝以后专任这二人,起了长远的作用。

　　庞籍在公务中出了问题,能独当责任而保护别人。一次司马光建议在麟州筑堡垒,庞籍赞同,立即传檄施工。后因失败,皇帝下诏御史台查问,庞籍隐瞒了司马光的事,自己承担了遭贬的后果。司马光于心不安,三次上表要求处罚自己,朝廷没再"补罚"。

　　庞籍干了六年外任,已经七十三岁了,奉召回京后,便要求退休,执政说:"你现在还很硬朗,皇帝也对你很好,为什么非要退下来不可呢?"庞籍答道:"待到身子骨不行了,皇上讨厌了,然后再辞官,那能算是知足吗?"他回到家中躺着不上朝,一连上表七次,才被批准以观文殿大学士、户部侍郎、太子太保致仕。

　　庞籍长于吏治,御下严峭,军中犯法的,他用刑极狠,有的活活打死,有的断、斩、刳、磔,所以士卒都唯命是听。他当地方官时,能使老百姓得到实惠,比较受欢迎。人们评论,他当宰相的政绩不如当地方官的政绩。

　　嘉祐三年,庞籍去世,享年七十六岁。当时正值皇帝病危,只由朝廷派人吊唁抚恤,赠司空兼侍中,谥"庄敏"。二十几天以后仁宗驾崩。庞籍比宋仁宗大二十几岁,他在朝中的政治生涯,基本上与宋仁宗同步。

范仲淹

"先天下之忧而忧"的知府

范仲淹(989—1052),北宋大臣。字希文,祖上邠州(今陕西彬县)人,后来迁居到苏州吴县落户。他两岁丧父,母亲带着他改嫁给长山(今山东邹平县)一个姓朱的,他被改姓名为朱说。范仲淹从小品德好,有理想,长大以后,知道了自己的身世,哭着拜别了母亲,到应天府(今河南商丘)投在名师戚同文门下学习。他夜以继日地苦学,冬天疲困了,就用冷水洗洗脸,提提精神再学下去;没有钱饱餐,就喝稀粥充饥,苦苦地坚持着,终于在大中祥符八年考取了进士,被任命为一个州府中掌管狱讼的属官。于是他把母亲接出来奉养,恢复了本姓,改名为范仲淹。

范仲淹一生,仕途坎坷不平,但职务大都在"知府级"以上,不管受重用还是被贬抑,他都生活得充实而潇洒,一向我行我素地以天下为己任,干出好政绩。在朝中,他任过秘阁校理,太常博士,右司谏,礼部员外郎、郎中,天章阁待制,吏部员外郎,龙图阁直学士,户部员外郎,参知政事;作为朝中派出官员,任过转运使、安抚使、经略安抚招讨使等;当地方官他历任河南、山西、陕西、甘肃、浙江、江苏十多个州的知府。在黄河两岸、大江南北洒下了勤政的汗水。

范仲淹经常上书言事。各方面的国家大事,他只要想到该言的,便及时直言,进谏,他因进谏几次被贬官,如:上言太后应还政给真宗皇帝,反对新太后再亲政,上言反对废郭皇后;上言批评国防政策等等。每次因进谏被贬官,他在"下面"仍然照谏不误。

有劣行的人,对范仲淹又怕又恨。昭宣使、入内都知阎文应,专横恣肆,好多事情都假传圣旨交两府办理,宰臣们都不敢违背他,怕他在皇帝面前给说坏话。传说郭后的暴死,就是阎文应下的毒。阎文应听到范仲淹要劾奏他的罪行,吓得连饭都吃不下了,把家事交待给自己的大儿子,说:"我如果胜不了,就一定没有命了。"皇帝终于接受了范仲淹的谏言,把阎文应流放岭南,阎文应死在了赴贬所的路上。

范仲淹经常批评宰相吕夷简,他的遭贬,与吕夷简不无关系。有一次在研究官员职务时,吕夷简说过范仲淹可以越级提拔的话,皇帝也批准了,并把这情况告诉了范仲淹,希望他能消释对吕夷简的不满。范仲淹叩头答道:"臣所议论的都是国家大事,对夷简私人哪有什么怀恨不满啊!"

范仲淹利国惠民的政绩很多。明通二年,江、淮灾情严重,在范仲淹两次积极进谏下,皇帝派他去"安抚"。范仲淹所到之处,开仓廪放赈济,并奏请免除庐、舒两州的"折役茶"和江东的"丁口盐"钱。他看到好些饥民吃"乌昧草"维持生命,便把这种草采了一些带回朝中献给皇帝,建议传给六宫贵戚们看看,以煞奢侈风。

康定元年,范仲淹以陕西都转运使兼延州知府,首先抓了边防军的调配使用。他把属下的一万八千名边兵,分为一名将领统帅三千人,各自进行教练,有敌情轮换出击,改变了过去上阵一窝蜂、疲于应付的被动局面。其他各路也都学习他的部署,与原来同样多的兵员,但用起来顿觉从容主动了。夏人相互告诫说:"千万不要打延州的算盘啊,这个小范老子腹中自有数万甲兵,可不像大范老子那么好欺侮啊!"("大范"指的是范雍)

庆历元年,范仲淹知庆州(今甘肃庆阳)兼管环庆路部署司事。李元昊谋反时,拉上了环庆路六百名酋长给他作向导,后来他们虽然都自首了,但心中都嘀咕着"往哪边倒"的问题。范仲淹到任后,向他们宣布了皇帝安抚的旨意,分发了犒赏,巡视了部落人马,然后和他们立了三项条约:"一、以往的仇化解了,今后如有人再私下报仇,伤人的,罚一百只羊、两匹马;杀人的斩首偿命。二、有债务纠纷的,可以告官处理,如私自捉人绑人,罚五十头羊、一匹马。三、贼人大举入侵时,一律保卫自己的本寨,官府供应粮食。"各部羌人都心悦诚服地接受了这些条款,愿意与朝廷合作。

庆州西北的马铺寨,正当后桥川口,深在贼区的腹地。范仲淹一看应该筑城据守,估计贼人一定会来争夺这个地方,便密派他的儿子范纯祐和番将赵明先占据那里,自己带兵后发,走到路上才进行筑城动员,工具器材早备下了,十天便把城筑好了,皇帝赐名"大顺"。李贼发觉后,派出三万骑兵来争夺,转而又逃跑了。范仲淹下令不得追击,后来查明敌人果然有伏兵,这三万骑兵只是"诱饵"。有了大顺城后,敌方的"白豹""金汤"两个寨子的军队都不大敢出来侵扰了。

范仲淹因被吕夷简等诬为"朋党",贬为邓州知州,任满后调知荆南,官民众人拦住使者要求让他连任,范仲淹自己也愿意留在邓州,皇帝答应了。

皇祐二年,六十二岁的范仲淹,因两浙大灾,被任命知杭州兼领两浙西路兵马钤辖,他的赈灾方法颇与众不同,他针对江浙人喜欢赛船和爱作佛事的特点,采取了两大措施。一是大兴土木,把各佛寺的主持人召来指示说:"灾荒年工价最便宜,你们可以把寺庙翻新或扩建一下。"他们真的办了起来。官府也翻修仓库和吏役宿舍,用官仓的粮食代工钱。另一项措施是游玩:他发动人们举行划船比赛,从春到夏,自己也每天都坐船到湖上去转转,"与民同乐"。就这样,富裕的搞建筑、游乐都要出米出钱,而穷人则干工、划船、卖小吃,都能挣到钱或粮食。官府、寺院、富户三方面每天的付出,能养活几万人,而自己也各有所得。饥民们在知府的安排下,用自己的劳动换来粮食,安然地度过了大荒年。范仲淹创造的这条度荒经验,被朝廷肯定并推广开去。

范仲淹有时也为别人说情,但很讲究原则。如凤翔知府滕宗谅(即滕子京)和并、代副部署张亢,都因被弹劾为"用公款"而下到邠州起诉处置。范仲淹知道他们不是贪婪之徒,只是因官做得太清,调动时缺钱,临时借用,滕是借了公用,而且都还清了。皇帝接受了他的分析,把他们轻降了一点。第二年滕宗谅调知岳州,其后范仲淹应他之约,写了那篇千百年来脍炙人口也鼓舞人心的《岳阳楼记》。

皇祐四年,知颍州、资政殿学士、户部侍郎范仲淹,调动时走到徐州竟病故,享年六十四岁。皇帝赠兵部尚书,谥"文正",并派使臣慰问他的亲属。安葬后,宋仁宗亲自为他的墓碑题了"褒贤之碑"。

范仲淹从小胸怀大志,始终以"先天下之忧而忧,后天下之乐而乐"为座右铭。他事母至孝,因母亲在世时家中很贫穷,母亲去世后他即使富贵了,生活也很俭朴，没有宾客时，从不吃两样荤菜，妻子儿女衣食仅能自给。但他乐善好施，在乡里置了"义庄"，以赡养族中贫困的人。

他任杭州知府时，子弟们知道他有退志，提出在洛阳给他建个"别墅"以娱天年。范仲淹说："一个人只要有了道义之乐，连形骸都可以不放在心上，更何况是居室呢！我都六十多了，盖房舍、建园圃，等谁去住呢！况且洛阳士大夫园林相望，主人们都玩不过来，谁能挡住我去玩呢，何必一定自己有了才快活呢！"

范仲淹任职过的邠、庆二州，汉民和羌民都画了他的像，立了生祠敬奉他，听到他病故的消息，好几百名羌族的首领到"生祠"里像哭父母一样地痛哭，为他斋戒三天才离去。范仲淹在西北各族人民心中播下了民族和睦的种子。

范仲淹的文章、诗、词都写得很好，水平不愧于同时代的著名文人。他重视人才培养，也提倡和实地办过教育，只可惜在这方面他无法投入更多的时间和精力。

明 镐

用地道战镇压起义军的安抚使

　　明镐(989—1048),宋仁宗朝大臣。字化基,密州安丘人,宋真宗朝进士。最初在蕲州担任幕僚,知州邓余庆贪暴不法,明镐能尽力主持正道。任益州通判时,被升为参知政事的薛奎带到京中,以"有文学,沉鸷能断大事"推荐给皇帝,宋仁宗任命他作开封府推官。其后担任过转运使,知州,镇压河北王则起义的安抚使,参知政事。

　　明镐能严以律己,不投机取巧。担任益州路转运使时,陵州知州楚应机贪污受贿,后来罪行败露,有人建议明镐抢先上奏朝廷,明镐谢绝道:"我宁可因失于查处获罪,怎么能欺骗朝廷呢!"他因此被降为同州知州而不后悔。

　　庆历二年,五十四岁的明镐知并州兼河东经略安抚沿边招讨使,当时边官中有好多到军中"镀金"的纨绔子弟,明镐恐怕他们在关键时刻贻误军机,但又不好公然驱逐他们,就找了几个不称职又常犯错误的人来,打军棍惩罚他们。杀鸡儆猴,把他们都吓得溜回了内地。明镐立即上奏朝廷,挑选能力强、有守边经验的人替代他们。军中原来有一部分随着部队流动的"军妓",军法没有明文规定是否容许这种人存在,明镐不愿意她们留在军中,但也不想因此得罪军官们,便采取了"无为而治"的策略。军官们常为争夺娼妓而争风吃醋,明镐也不处罚他们,有一个人因此杀了一个娼妓,明镐也不治他的罪。娼妓们感到不如以前"受保护",便都自行离去了。

庆历七年河北贝州王则举行起义,民众积极拥护,一下子形成了一个独立王国的气势。任天章阁待制权知开封府尹的明镐,被派作河北体量安抚使,作前往镇压的总指挥(后来又派出参知政事文彦博,明镐便算副总指挥了,但决策的还是他)。贝州城墙高峻,难以攀登,明镐便决定修筑一个"距闉"(yìn),估算修得与城墙等高,以便向城中瞭望和射箭,要用两万个工修一个月。后来即将修成时,被义军用火攻烧掉了,大火着了三天三夜还没熄灭,明镐失败。

军校刘遵献计在城北佯攻掩护,而由城南掘地道进袭。明镐采纳了这个建议,城南城北两头加紧进行。在城中义军精锐正积极对付攻城的官军时,城南官军由地道突出,杀散义军、引进官兵,扑灭了这一起义。官军进城后杀人放火,义军多是老百姓,都死保住村舍抗战,不被杀死的,也都和自己的家同归于"烬"。王则被槛车送到京城"寸磔",即凌迟处死。这是最残忍的一种死刑,自宋朝建立以来只用了两次,第一次是宋太宗时处治农民义军首领李顺。

明镐因为朝廷立了这一大"功",升为端明殿学士、权三司使,参知政事。

庆历八年,明镐因背上的大疽复发恶化死去,卒年六十岁。死前皇帝去探望过他,死后赠礼部尚书,谥"文烈"。

狄 青

士兵出身的枢密使

狄青(？—1057)，宋仁宗朝名将。字汉臣，汾州西河人。善骑射，从军，当一名小校。仁宗宝元二年，西北赵元昊反，侵犯保安军(今陕西志丹县)，在反击战中，狄青战功最多，连升四级，任右班殿直，继而任泾州都监。四年中，狄青参加了大大小小二十五次战斗，被流矢射中过八次。每次上阵，他都披散着头发，戴着铜面具，出入于敌阵的千军万马之中，所向披靡，没有敢抵挡他的。

原陕西经略判官尹洙，知道狄青的军事素质好，便把他推荐给副使韩琦和范仲淹，郑重地说："这是个良将的材料啊！"韩、范二人见了他，也认为是个奇才，都对他很优厚。有一天，范仲淹拿了一本《左氏春秋》交给狄青，开导他说："当将军如不知道历史，只能是匹夫之勇啊！"狄青听了，虚心地折节读书，通晓了古往今来将帅们的用兵之术，边学边实用，他的知名度越来越大。随着不断立战功，他的官职也由鄜延都监升为泾原都监兼知原州，本路经略安抚招讨副使，并、代二州部署，彰化节度使兼知兖州。

皇祐四年，狄青被提升为枢密副使。御史中丞王举正、左司谏贾黯、御史韩贽反对，认为用兵伍出身的人当"国防部长"是大宋没有过的事，但皇帝还是坚持任命他。原来狄青当小校时,曾经犯过死罪,当时的安抚使范雍赦免了他。

狄青的脸上一直留有边防军士兵在脸上刺字的印迹。有一次,皇帝特别指示他敷药把脸上的黑字除掉,狄青指着自己的脸回奏道:"陛下按功劳提拔了臣,而不管臣的出身门第。臣所以有今天,也是由于这张被刺字的脸,愿意留着它来鼓励部队的人多立战功,请原谅臣不奉诏除掉它。"皇帝遂由他自便。

这年广西的侬智高大造其反。侬氏是"蛮"人,其先人在唐代就内附了,彼此相安无事。到了宋代,侬智高与交趾(今越南)有很大矛盾,他向宋朝廷进贡土特产,要求内属,朝廷拒绝了他。以后他又贡金上书请求,仍没得到答复。于是他造了反。先攻下邕州(今广西南宁),建立"大南国",自称"仁惠皇帝",接着攻下岭南大片州县,杀了不少文武官员,老百姓也遭了殃。进而打到广东、湖南一带,而官军由于长年处于"和平"环境,训练、战备都很差,节节败溃。这时朝廷才大感不安,认真研究对策:要么把邕桂等岭南七州的节度使封侬智高作,要么坚决镇压。结果采取了后者。

宰相庞籍推荐了枢密副使狄青率兵平反。狄青自己也上表请战。皇帝召见时,狄青说:"臣是行伍出身,不征战杀伐无以报效国家。希望能得到几百名边防军骑兵,再加上一部分禁军,臣将用绳子拴着贼人的脖颈拉到阙下来!"皇帝很赞赏他的豪情壮志,任命他为宣徽南院使、荆湖南、北路宣抚使、提举广南东、西路经制盗贼事。

皇帝对狄青特别信任和关怀:第一,不派内侍"监军",让狄青放开手脚全面指挥;第二,给他空名宣头、劄子各一百通,金袄子、金银带各二百,让他及时自主地奖赏立功将士;第三,在垂拱殿赐宴饯行,并指示保证狄青的人身安全——身边使用的人一定要亲信可靠,饮食卧起都要谨防敌人暗算。赐宴的第二天,又赐手诏给狄青,对瓦解敌人、处理被裹胁民众、抚慰受扰害百姓等等,进行了政策性的指示。

出讨的还有桂州(在湖南省)方面的孙沔和余靖,他们与狄青的关系是各自指挥、互相配合。交趾国君李德政多次派人送文书给宋朝廷,表示愿意出兵"会讨"侬智高,因朝廷原先无"进讨"打算,便未作答复。现在面对这个问题如何答复,产生了两种对立的意见。桂州知府余靖奏道:"交趾多次请求出兵会讨,看来他们很有诚心。用他们,即使不能灭贼,也可以使他们加深矛盾。"而狄青却奏道:"李德政声言带五万步兵、一千骑兵赴援,还不一定准成为事实。况且,借外兵来除内寇,对我们不利。一个侬智高蹂躏两广,竟无力讨伐,需要借蛮夷的兵力,假如蛮夷贪利忘义,趁机要挟作乱,又用什么力量制服他们呢?请不要用交趾的军队,并且传檄给余靖不要和交趾的使者来往。"大臣们都认为狄青有政治远见,皇帝便下诏移文交趾制止出兵。

第二年正月,狄青会合孙沔、余靖的部队由桂州进驻宾州(今广西宾阳)。因原先的守官轻敌致死,士气大受挫折,所以狄青特别申诫说:"不要轻率地与贼人接战,一定要听从我的指挥!"

大概是唯恐狄青多得了战功,余靖竟在狄青尚未到达时怂恿桂州兵马钤辖陈曙出战。陈曙想争功,便带上八千步卒出击敌人,结果在昆仑关前被打得大败,陈曙和部下殿直袁用等都逃了回来。狄青说:"号令不统一,是打败仗的原因。"他在大堂上召集将领们开会,他请就坐的陈曙站起来,又把袁用等三十二人召来,详细审问了打败仗的过程,然后下令把陈曙等押出军门斩首。孙沔、余靖二人相顾愕然。余靖向狄青下拜说:"陈曙违犯了军纪,也是我节制不好的错误啊!"狄青说:"你是文臣,军旅的事情不是你的专长。"将领们都吓得瑟瑟发抖。这天是正月初八日。

狄青按兵不动,下令准备十天的口粮。将领们摸不透他的意图,敌人的谍报也回说他不会马上进军。不料,第二天他突然下令进军,部队一昼夜过了昆仑关。元宵节到了,狄青下令大张灯烛,第一夜宴将佐,第二夜宴从属军官,第三夜大享军校。第一夜,他和将领们饮酒玩乐到天亮。第二夜,刚交二鼓,狄青忽然说身体不好,起身入内,过了好长时间,又传话请孙沔主持宴会,向大家劝酒,说他吃点儿药一会儿就出来。天亮了,他还不出来,大家也不敢散去。忽然有士兵骑马来报捷,说三鼓时已经夺下了昆仑关。原来敌人认为狄青这夜还在继续宴乐,没有戒备。这夜恰巧有大风雨,狄青攻其不备,夺下了昆仑关,并布好了阵势,准备还击敌人的反扑。正月十七日,敌人倾全力与官兵决战。在狄青的指挥下,激战一昼夜,大获全胜,侬智高放火烧城逃跑,由合江入大理国去了。后被大理杀掉,把头颅送往汴京。

当打扫战场时,部下发现一具穿着金龙衣服的尸体,认为是侬智高,想作战果上报朝廷。狄青不同意,说:"怎么知道不是假的呢?宁可失掉侬智高,也不能因贪功欺骗朝廷啊!"

狄青执行军法,也有灵活的时候。接战之初,先锋张玉和左将贾逵、右将孙节率兵出战,一交手便打得很激烈。孙节牺牲了,贾逵在狄青未下达命令时,率领部队抢上一个山头,刚刚立住脚,敌人又冲了上来,贾逵和张玉往下冲杀，狄青指挥骑兵从敌后杀出，前后夹击，使这一次战斗转败为胜。战斗结束后，贾逵到帐下请治不令而行之罪，狄青拍着他的肩说："违犯军令打了胜仗，这是权宜之计，有什么罪呢！"不但没有杀他，还给他记了功。

战前，狄青下令准备长刀大斧，大家虽依令而办，心中却认为"根本用不上"。直到交战时，才发现敌军用的盾特别大，阵地坚固，矢石都攻不动，全赖长刀巨斧接战厮杀。这才叹服狄青军事常识的丰富。

狄青有个好帮手，就是孙沔，他夜里和狄青一道分析军情，谋划对策，而白天则由狄青一人发号施令。孙沔着重处理些战俘、百姓等问题，以全面贯彻圣旨。

这次"讨侬"战役，狄青领命后于十月中旬进军，次年正月十八日大获全胜；而最后一次大决战，只用了两夜一天。

班师回朝后，宋仁宗要提拔狄青担任枢密使、同平章事，庞籍力争不可，便作罢了。只赐给狄青一套高级住宅——敦教坊第一区，他的两个儿子狄谘、狄诿因从军立了战功，也与其他官员一样升了官。后来皇帝认为功厚而赏薄，才又提升狄青为枢密使。

狄青先后在枢密府四年，便被罢掉枢密使，加同平章事，出判陈州。他没有犯任何错误，只是由于庞籍、富弼、文彦博、欧阳修、吴奎、吕景初等一大帮宰相、谏官的反对，他们是"对事不对人"，这是"太祖遗风"，自从赵匡胤"释兵权"开始，宋王朝就不用会带兵的人当枢密使，唯恐出现第二个"皇袍加身"的人夺了赵家的天下。这种态度无可厚非。可笑的是堂堂股肱大臣们为罢掉狄青所找的"理由"：一、狄青每出入，崇敬他的"京城小民"往往围观，有时竟堵塞了道路；二、狄青家养的一只狗，头上生出了一只角来，有时还发出奇怪的光；三、京师发大水（官民住宅地势低的，都到各寺庙避水），狄青把家人迁到大相国寺，在"殿"上起居；四、皇帝从正月闹病，人们更特别注目狄青。

狄青出判陈州的第二年，便去世了。仁宗在禁中为他致哀，赠中书令，谥"武襄"。

狄青平素为人少言语，作风严谨，处事作战都善于捕捉有利时机。部队行动前，先整顿组织，申明赏罚，行军作战都和士卒同甘共苦，即使有敌军冲犯，部伍也无人敢无令而动，所以经常出战必胜。狄青总爱把功劳推给将佐，如和孙沔共事，他出了谋，打了胜仗，其余的事便交给孙沔全权处理，让孙沔也有些"功劳"，开始相处，孙沔只是佩服他的勇谋，一个战役下来，孙沔更佩服他的为人，认为自己不如狄青风格高。

狄青为人重情义，朴实耿介。尹洙为遭贬的范仲淹说了几句公道话，被诬为"朋党"，一贬再贬，四十七岁便死在贬所。狄青只与他在西北时共事过，却在尹洙死后一直悉心周济他的亲属。曾经有人拿狄仁杰的画像给狄青，启发狄青认他这个"远祖"，以光耀门庭，狄青谢绝道："我只是一时遭际好，哪敢自附为梁公后代！"

包 拯

妇孺皆知的清官"包公"

包拯(999—1062),北宋著名清官。字希仁,庐州合肥人。他是千百年来中华大地妇孺皆知的人物,他清正廉洁,善于理断大案、要案及各种疑难杂案;在戏剧舞台上,他是"包青天""包黑子""包龙图",是封建时代人民理想的"清官"的化身。生活中的包拯与舞台上的"包公",经历、职务等自然有所不同,不过他确实称得上是政德、政绩、政声兼优的好官。

包拯中进士后,授建昌县知县(今江西永修),因父母年迈,不愿出行,辞官在家奉养;父母亡故后,他结庐守墓尽礼,在乡里父老的劝勉下,才出来作官,改任天长县(今安徽天长)知县。有一天,一个人来告状,说他的牛被人偷偷割掉了舌头。包拯听了指示道:"你回家去,把牛杀了,卖牛肉。"那人照办了。不久,有一个人来告状,揭发那人擅自私杀耕牛。包拯道:"你为什么割了人家的牛舌反而来告人家呢?"这人惊恐万状,低头认罪。

包拯升殿中丞,知端州(今广东肇庆)。这里是著名的文房四宝之一的"端砚"产地,往届的知州都是打着向朝廷进贡的旗号,加额搜刮,用来巴结层层权贵;包拯到任后,只要求制作出进贡用的数额,待他任期满了离任的时候,一块"端砚"也没带走。

仁宗庆历五年，监察御史包拯作为"贺正旦使"出使辽国，辽馆伴（对方接待使者的官员）诘问包拯："你们雄州最近新开了一个便门，是想诱纳北人或刺探我们的情况吗？"包拯理直气壮地答道："要想刺探北方的情况，自有正门可用，何必要用便门？我朝难道问过涿州开城门的事吗？"辽人馆伴无言以对。包拯回朝后，详细地报告了辽的军事设施，兵器、粮草的储备等情况，尖锐地指出：辽打着"西讨"的幌子搞的这一切，实在是为了"南征"，不能对他们抱"和平"的幻想，要加强北方的战备。对河北边帅的人选，特别强调"畏懦不胜任者，亦乞速赐移易"。

　　仁宗皇祐二年，包拯任知谏院时，查处了一起"冒充皇子案"。有一个医生家的孩子，叫冷青，自称是皇帝的儿子，说他母亲在皇宫中曾得皇帝临幸，怀孕以后出宫生了他。在京城的大街上，他信口说来，走到哪里都引来一大群人围观。翰林学士、权知开封府钱明逸派人把他抓进官府，冷青一上大堂就呵斥道："钱明逸，怎么不站起来！"钱明逸连忙从座位上站了起来。后来认为冷青疯傻，又把他送到汝州看管起来。翰林学士赵槩说："冷青说的如果不假，就不该赶走；如果是假的，就应该杀头。"宋仁宗派赵槩与包拯去处理这个案子。包、赵终于查清了实情：冷青的母亲王氏在皇宫中干过杂活，出嫁给民医冷绪，先生了一个女孩，然后生了儿子冷青。冷青游荡到庐山，多次和别人说自己是皇帝的儿子。当时皇帝正膝下无男，和尚全大道认为奇货可居，便把冷青带到京城里，打算进宫向皇帝"献子"。最后判决：冷青、全大道罪属大逆不道，处以死刑。知府钱明逸被降派到蔡州。

　　包拯出知过池州、江宁，嘉祐元年，又以龙图阁学士、右司郎中权知开封府。他立政刚严，名字家喻户晓，贵戚、宦官倚势为非作歹的，一看他来上任，都注意收敛自己的不法形迹。衙门有条不成文的规矩，起诉的人不能直接入府门，衙役坐在大门口，先收看牒状，叫做"牌司"。一"牌司"，诉讼人就得"意思意思"，"意思"不起的，状子就难见"青天大老爷"。包拯到任后，革除了这一陋习，下令大开正门，自己坐在大堂上，一眼可以看到大街上，诉讼人可以径直进府陈述曲直，差役们再不敢欺侮他们了。当时京中正闹大水，人们反映由于中官、豪族建筑花园亭榭，跨着惠民河，造成河道淤塞，积水难泄。包拯下令把这类跨河的私家建筑全部拆掉。有的人拿着伪造的房地产权证明找他"说理"，他一一审验，凡搞清是假证明的，不仅驳回，而且上奏皇帝予以处治。

　　嘉祐三年，包拯升为右谏议大夫、权御史中丞。一次应对，他问皇上：

"现在东宫的位子还空着,大臣们多次为这事进言,臣不了解,圣上为什么长期下不了决心呢?"皇帝问他:"卿想立谁呢?"包拯答道:"臣是为宗庙的万世基业着想啊,陛下问臣想立谁,这是怀疑臣了。臣将要向七十岁奔了,又没有儿子,不是为自己的以后谋福利的人啊!"皇帝听了高兴起来,便说:"这事以后慢慢地研究吧!"包拯又就朝臣、内侍俸禄高、权力过大,官吏使用制度,宗室子弟的培养教育等等谈了一些建设性的意见,大都被采纳了。

京城富户刘保衡开酒场,因欠官府的曲钱一百多万,而三司使一再派人催缴,他只好卖了家中的房产抵债,而买他的房子的人就是三司使张方平。御史中丞包拯弹劾张方平贱买治下富民的邸舍,不应该身居大位。张方平被降为端明殿学士,出知陈州。

不论任京官还是地方官,包拯都关心国家大计,他经常进谏的,多是边防、用人、民生等大问题,所以朝廷也经常把一些经理财政、抚恤人民的大事交给他办,如陕西转运使,河北四路转运使,赈灾、发放负欠、制定盐法、主考等等,他都完成得圆满,使朝廷或百姓得到好处。

仁宗嘉祐七年,六十四岁的包拯带着枢密副使、给事中的头衔辞世了,赠礼部尚书,谥"孝肃"。包拯性情严肃峭直,处事刚毅果决,人们难得看到他的笑容,所以把他的笑比作"黄河清"。违法乱纪的人,不敢对他有任何"意思",他任开封府尹时,京城里流传着这样一句话:"关节打不到——有阎王老包。"老包断案虽然精明、公道,但很厌恶俗吏的苛刻,在作处理时,力求忠恕、德威并用。他一心为公,日常生活中,没有私人书信往来,亲戚朋友们有什么事求他关照,他一概拒绝。包拯生活上非常节俭,尽管官大俸禄多,吃穿用都和当老百姓时一样。

他死后十年,青唐蕃人俞龙珂率领十二万人口归附大宋,要求说:"一向听说包中丞是朝廷的忠臣,请赐我姓包吧!"神宗皇帝答应了他,赐姓名为"包顺"。这件事反映了包拯在当时的声望就很高。

富弼

能外交善赈灾的大臣

　　富弼（1006—1085），北宋大臣。字彦国，河南（今河南洛阳）人。宋仁宗天圣八年进士，历任将作监丞，长水知县，太子中允、直集贤院，开封府推官，知谏院等，一直升到枢密使，宰相。他曾多次出使辽国，完成外交任务；也被罢朝官出任过地方官。在高官队伍里，他是辞掉皇帝升赏最多的一个。

　　富弼当言官进谏，很重视国防、外事。他曾上疏陈述对"西"边赵元昊反叛问题应采取多方面的策略。宝元二年春正月初一（按"外交惯例"，宋、辽互派使臣"贺正旦"，礼仪规格是举行盛大宴会，用音乐），这天正逢日食，知谏院富弼便建议免除宴会和音乐，只在使馆里招待辽使酒饭。参政宋庠不同意，富弼解释道："万一契丹对我们的使臣罢宴乐，我们就又吃亏又落下笑柄了。"宋庠不听，仍然举行宴乐。后来听说契丹对宋使臣罢了宴乐，宋仁宗又后悔了。富弼又提出，边事关系到国家安危，不应由枢密专管而宰相不参与。皇帝征求宰相的意见，张士逊等说："恐怕枢密院认为臣等侵夺他们的权力。"富弼指出这是宰相逃避责任的话。皇帝终于接受了富弼的建议，指示往后处理重大边事，枢密要与宰相一同研究。延州驻军与来犯的赵元昊交战，监军的中官黄德和打了败仗逃回，怕治罪，便花钱收买人打假报告，把带兵驰援力战被俘死节的刘平诬告为"率兵降贼"。朝廷偏听偏信，派禁兵包围了刘平的家。这时战报也传到了朝中，贾昌朝、任布都替刘平说话，富弼也力奏说："听说刘平带兵赴援，一天也不停留，是因奸臣不救他，才打了败仗，被捕后大骂贼人，绝食而死。他的亲属不仅不应杀掉，还该受到抚恤。"皇帝下令撤除了对刘平家的包围，赐给刘平和石元孙家绢五百匹，钱五百贯，布五百端。黄德和因诬告判斩，枭首延州城下。

富弼出使辽国，极力维护国家的主权和尊严。当时辽使来宋，富弼任"接伴使"。辽使提出割地、联姻、增岁赂币三大问题，皇帝授富弼礼部员外郎、枢密直学士，派他去辽谈判，富弼说："国家有急难，唯君命是从，这是为臣的职分，为什么要因此赠官爵呢？"他坚决拒绝了赠官。到了辽国以后，对方在谈判桌上、打猎路上、私下闲聊时，都提出了领土、联姻、增金帛三个问题，富弼据理驳回了前两项；至于金帛一项，富弼出国前，有旨增到二十万，所以按旨答应下来。但辽主又提出要用"献"，富弼反对；辽又提出用"纳"，富弼也拒绝了。辽主说："我自己派使臣与南朝商量去！"富弼回到雄州，派人飞奏："彼求'献'、'纳'二字，臣以死拒之，其气折矣，不可复许。"最后朝廷竟用枢密使晏殊的意见接受了"纳"字。

富弼以国家利益为重，不计嫌隙，不顾家庭。富弼平素在朝中议事，多次顶撞宰相吕夷简，吕夷简推荐他使辽，是因"外事无小事"，想找个罪名整治富弼。一看谈判没出漏洞，又在条约上做手脚，删掉朝廷答应辽方的内容，想让富弼背出卖国家利益的黑锅，富弼发觉后，当着皇帝的面戳穿并斥责了他。富弼看出吕夷简居心叵测，心中不无愤慨，可是一旦受命朝廷，便国而忘家了。第一次奉使赴辽，一个女儿死了；第二次奉使赴辽，又一个儿子出世了，他都没有回家看看。有时接到家信，不启封便烧掉，他说："看了只能扰乱人的心绪啊！"这说明他不是对亲人们没有感情，只是觉得难以两全罢了。

富弼使辽回来，授翰林学士，他坚辞不拜，激动地说："增金币与辽和，非臣本志……愿陛下益修武备，无忘国耻！"任命他为枢密副使，他仍坚辞不受。当时正值赵元昊的使者陛辞，群臣都在紫宸殿外按班次排队，皇帝一定要等富弼到副枢密的位次上才就坐，并派宰相告诉他："这是朝廷专门任命，而不是因为你使辽的原故呀！"富弼不得已才去"就班"。

庆历三年，陕西、河南一带盗警频传，他这个副"国防部长"没有"新官上任三把火"地去镇压，而是上书皇帝，指出产生"盗贼"的原因："用兵以来，物力穷困,朝廷不能存恤,遂使为盗","长吏不才及赃滥老病"。建议选换得力的官员以缓解这些矛盾。

富弼任枢密副使,范仲淹任参政,他们有所改革,被指为"朋党"。他们不愿意在朝中"拆滥污",要求到地方上做些实际的事。

富弼在山东郓州政声颇佳。皇帝派中使到山东视察"盗贼"问题,中使竟撒谎说:"盗贼不值得忧虑,而兖州的杜衍、郓州的富弼,山东人特别地拥戴他们,这才是最值得忧虑的事呢!"仁宗听了,想把二人迁调到淮南去,参知政事吴育说:"盗贼不值得忧虑,但是小人瞅机会倾害大臣,却不是国家的福分。"皇帝听了这话,就没调动他们。富弼任满后调知青州。

皇祐元年,河北大水灾,流民不断地涌入京东路地区。富弼没有像以往的官员们那样"设棚施粥"赈灾,而是在自己治下选了五个丰收的州,动员老百姓捐献粮食达十五万斛,再加上官仓里的粮食,存放在原地;同时在各州腾出十来万处公、私房舍,安排灾民们分散居住进去,取水用柴都较为方便。又把各地寄居等待补缺的闲散官吏动员起来,发给他们"临时工资",派他们深入到灾民居住的地方,重点地救济老、弱、病人。并下令:山林陂泽所生养的,能维持生命的,任流民取用,主人不得禁止。他和"临时官员"们约好,一一记下他们的事迹,上报朝廷,使他们日后能得到赏赐和任用。每五天一次派人送酒肉饭食慰劳他们,这些官吏深为感动干得非常卖力。死了的流民,修了一个大墓,合葬在一起,叫做"丛冢",富弼亲自写了祭文,率领活着的人们祭奠他们。灾民们感动极了,同心同德地渡过了最严重的关头,陆续恢复了元气。待到他们返回家园时,富弼又按路程远近发给了口粮。这次大的赈灾战役,存活了五十多万人,还招募了一万多名士兵。宋仁宗知道后十分高兴,派遣使臣慰劳富弼,升他任礼部侍郎。富弼说:"救灾是地方官的职分。"坚辞不受。

富弼创立的这种救灾做法,既简便又周到,多方面地调动社会上的积极因素,解决了特大困难,官吏和百姓都受到了锻炼。后来这种做法被推广到各受灾地区,流传下去。

富弼五十岁时,任宣徽南院使,知并州。因母亲年迈,多次要求辞官,皇帝不准。五十五岁时,因母死,离官守丧。当年起复他任礼部尚书、平章事、昭文馆大学士、监修国史,富弼都以居丧辞掉了。皇帝派人叫了他五次,他都没应召。除丧后,出任枢密使、礼部尚书、同平章事。六十岁时,他又屡次上章以病告退,英宗看挽留不住他,才放了他的外任,以镇海节度使、同平章事、判河阳。他身在河阳,仍关心着朝政,上疏提醒皇帝要注意鉴别"君子"和"小人",严防小人乱政。

富弼由河阳调知汝州,进宫拜见皇帝。因脚生病,让肩舆抬到殿门,新即位的神宗特地到内东门小殿接见他,叫他儿子绍庭扶着进去,不让他行叩拜礼。神宗愿意有所作为,向富弼问治国、安边之道。富弼说:"使宇内安定是第一要着。"神宗要留他任集禧观使,富弼力辞。不到一年,神宗又以集禧观使把他召回,任命他为尚书左仆射兼门下侍郎、平章事,王安石是他的副手。当时王安石正开始变法,富弼反对变法,认为是"小人"的无事生非,极力谏阻。因和王安石政见不和,富弼常称病不到中书府办公,要求辞相位。辞章上了几十次,神宗才答应他免除宰相职务放外任,临别时皇帝问谁可以代他任宰相,他说文彦博行,皇帝"默然良久",问他:"王安石怎么样?"富弼"亦默然"。老臣少君就这样不愉快地分了手。

富弼出知亳州,后因病蒙诏准在西京养病,因阻挠青苗法的贯彻,落掉使相,以左仆射迁知汝州。到汝州两个月,富弼就上书说:"臣不懂新法,不可以治郡,愿意回洛阳养病。"获准退休。他虽家居,对朝廷大事还是知无不言,神宗对他的关怀礼遇也没减退。王安石要进行什么改革,皇帝不同意时,便说:"这样办,富弼的'老臣无以告诉,但仰屋窃叹'的手疏马上就会送来了。"

富弼致仕在家,上疏主要有两大内容:一是提醒皇帝不用谀佞小人;一是要求停止实行王安石变法。元丰六年,守司徒、开府仪同三司韩国公富弼去世,享年八十岁。谥"文忠"。他的确忠于皇帝,从致仕到去世十二年,一直把朝廷的事放在心上,人们评论他是"贤相"。

富弼为人谦恭,生活作风俭朴,待人接物讲究礼貌,和别人交谈,即使对年少的、地位低微的人,也非常尊重对方,不把欢喜或是恼怒表现在脸上,可以称得上"君子"风范。他的政绩最辉煌之点是河北赈灾;提到朝廷后,无所建树;坚持反对王安石变法,而且错误地把王安石划入"小人"范畴,在他虽属于"认识问题",却因此把自己的晚年送进"内外交困"的境地。

文彦博

历任将相五十年的长寿大官

文彦博(1006—1097),北宋大臣。字宽夫,汾州介休人。进士及第,任翼城县令,绛州通判,后升入朝中任监察御史,殿中侍御史。历仁、英、神、哲四代,为相,也放过外任。

康定元年,鄜延都监、内使黄德和诬告鄜延、环庆副都部署刘平"率部投敌"。这是灭族的大罪,刘平家二百多口人被关押起来。皇帝令文彦博到河中府审理这个大案,继而又派出天章阁待制庞籍协同审断。文彦博进行了多方面的调查询问,弄清了真相:黄德和在夏人进攻时,先率部逃跑,刘平派儿子刘宜孙去留他,宜孙拉住黄德和的马辔拜求他,黄德和不听,连刘宜孙也带走了。这造成整个战局的被动,最后刘平与副将石元孙被夏赵元昊的军队团团包围,奋战力尽被擒,痛骂敌人,绝食而死。黄德和怕朝廷追究罪责,恶人先告状制造了这个冤案。最后判决:腰斩黄德和,把头送到延州城下示众;刘平的家人王信,受黄德和的贿赂,作伪证诬告主人,杖杀;刘平的家属无罪释放。朝廷赠刘平忠武军节度使兼侍中,石元孙为忠正军节度使兼太傅,并赐刘平家信陵坊宅第,录其子弟为官。

庆历七年,四十二岁的文彦博升任参知政事。第二年,文彦博以副相兼河北安抚使，与明镐一起镇压了贝州的王则起义，又升为礼部侍郎、平章事。

殿中侍御史里行唐介奏劾文彦博：知益州的时候，令人作夹金线的锦缎献给后宫，因此当上副相；贝州平王则是明镐出的力，文叨光升了宰相；超格给张贵妃的伯父张尧佐提官；除授的官员，多数未经公议，有的是私人关系。皇帝为"因贵妃得执政"的说法极为恼火，而当时文彦博在场，唐介当着皇帝质问他："如果有这样的事，你就不应该隐瞒！"文彦博不说别的，光"拜谢不已"。皇帝更愤怒了，令人把唐介送御史台去治罪，文彦博又拜道："言事是台官的职责，请求不要治他的罪。"唐介因此罢为英州别驾，文彦博也被罢为吏部尚书、观文殿大学士、知许州，他只当了三年宰相。四年后又被召回朝，与富弼同任宰相。

嘉祐元年正月初一，宋仁宗因前一天晚上赤着脚站在雪地里"祷天"，受寒大病，神经有些错乱，辽使来贺正旦，文彦博主持作了很好的安排。初六日，文彦博与两府官员在殿阁中待了好长时间，宫中仍没有消息。他命人召来入内副都知史志聪问询皇帝的健康起居，史志聪以"宫禁中的事情不敢外泄"作答，文彦博愤怒地斥责他道："皇上得了暴病，只有你们这些人能进入禁中，不让宰相知道天子的情况，你们是想干什么？——从今以后，皇上病情有一点点增减，都必须及时报告！"并且命人带史志聪到中书府去取了军令状。从此以后，禁中的事情宰相没有不知道的。

初七日，皇帝突然大喊大叫着从宫中跑了出来，于是文彦博等按宫人的建议为宋仁宗作法事消灾。文彦博一边与富弼和两府官员商定，在皇帝生病期间，该办的国家大事由两府议定，以诏令下达；一边安排在大庆殿设醮祈福，昼夜焚香，在殿西廊下设幄幕，供两府官员值班住宿。史志聪等内使说："按惯例，两府的人不能在殿中留宿。"文彦博驳道："现在哪里是讲究惯例的时刻？"坚持留宿值班。直到正月十五，皇帝的精神状态才清醒一些，但仍不能说话，辅臣请示报告，只能点头表示同意。文彦博率同朝臣们度过了他一生中最艰难最受考验的十五天。

仁宗病愈后，文彦博与富弼研究建议立嗣君的问题，由知谏院范镇等积极提出。欧阳修、范镇、吕景初、刘敞等都上言罢掉狄青的枢密使，吕景初多次和文彦博提这事，文彦博一直不同意，说狄青"忠谨"，不会干篡位夺权的事。御史吕景初说："狄青虽然忠，但众心怎么办呢？"又对文彦博说，"大臣应该为朝廷着想，可不该照顾老乡情分啊！"——狄青与文彦博的籍贯都居汾州——这个帽子可够大的，文彦博没敢再坚持。狄青被加同平章事，出判陈州。

言官吴中复要求召罢放外任的包拯和唐介回朝，文彦博向皇帝说："唐介以前当御史，提意见多能说中臣的缺点错误，虽然其中有些风闻不实的，但当时责贬得也太重些了，就请按照吴中复上奏的使用他吧！"于是皇帝命起复包拯为刑部郎中、知江宁府，唐介为户部员外郎。这件事反映了文彦博有"宰相肚子"。

皇帝生病的时候，枢密使贾昌朝暗地勾结右班副都知武继隆，唆使两名司天官在大庆殿两府官员聚集的地方，拿着状纸大声喊道："国家不应该在北方凿河，招致了圣上身体不安。"文彦博知道他们的用心，只是没有法子治他们。过了几天，这两个人又提出该请皇后一同听政，其实也是武继隆教唆的。史志聪等把这二人的状纸送给文彦博，文彦博把他们叫来训斥道："天地的变异，是你们的职分所该说的？为什么竟干预国家大事！你们的罪过该灭族！"两个家伙吓得脸色都变了，文彦博又说："我看你们又狂又蠢，不忍心治你们的罪，从今以后不得再犯，否则，定不宽恕！"文彦博把他们的状纸毁掉了，没给同列的官员们看，事情就这样化解了。否则被御史台的官老爷们认真纠治起来，内侍、贾昌朝、皇后等人都牵引出来，皇帝在宫内卧病，后果实在难以设想。后来派天官确定六塔在京师的方位，文彦博又派了这两个人。武继隆要求留下他们另派别人，文彦博说："不用。他们哪里敢胡说八道，先前是有人教唆他们！"武继隆吓得不敢应声。文彦博这一手"敲山镇虎"干得很漂亮。

嘉祐三年，河北都转运使李参被讼"朋邪"，他曾派小吏给文彦博送过《河图》。文彦博受牵连不自安，几次求退，宋仁宗竟糊里糊涂地答应了，把他罢为河阳三城节度使、同平章事、判河南府，终宋仁宗之世未被召回，一直干了六年地方官。

治平二年，宋英宗把文彦博召回朝中任枢密使。皇帝向他道谢说："朕坐在这个位子上是卿的努力啊！"文彦博回答道："陛下登极，是先帝的圣意，皇太后的协助赞同，臣哪里参与来？"英宗说："我了解开始倡议立嗣的详细情况，卿确实对朕有恩德。"文彦博逊避不敢当。

种谔攻下了绥州，这是按神宗皇帝命令干的，当时大臣们反对的不少，包括文彦博、富弼。此后夏人以开会谈判为由，诱杀了知保安军杨定等。朝廷打算西讨，又有些人建议放弃绥州以平息争端。延州知府郭逵上言道："贼人已经杀了我们的大官，我们再放弃绥州，太示弱了。况且嵬名山带全族来归附,该把他们安置到哪里?"皇帝派韩琦知永兴军兼陕西路经略安抚使。韩琦到了永兴后,上奏支持郭逵的意见,并说夏国主谅祚刚死,他儿子秉常年幼,敌方有这样的变故,"尤非弃绥之时"。而文彦博与富弼觉得中途改变主意太丢脸,仍然按他们的初衷下令督促放弃绥州。韩琦反对弃绥的条陈不断地送来。神宗很重视,特派中使持手诏去永兴向韩琦详细地询问利害得失,最后下诏不放弃绥州。文、富在这个问题上,就不是"国"字当头了。

神宗用王安石实行变法,文彦博与王安石在修治漳河、建武胜城和实行新法各方面,经常顶牛。皇帝好几次派中使把坚持求放外任的文彦博叫来安慰,让中使把他"押赴枢密院"去上班,他还是坚持外任,最后只好授他守司徒兼侍中、河东节度使、判河阳。他出任后,像"通好北敌"这样的大事,皇帝仍赐诏让他陈述意见。

元丰三年,七十五岁的文彦博封太尉,加河东、永兴军节度使,封潞国公。三年后以太师、开府仪同三司致仕。入觐时皇帝在垂拱殿置酒接待。

王安石致仕后,司马光、范纯仁建议新上台的哲宗皇帝起用文彦博,于是皇帝下诏用轿子抬着文彦博赴阙,行李由河南府水运。八十一岁的文彦博被特授太师、平章军国事。因年迈,照顾他一月两赴经筵,六日一入朝,就便到都堂和辅臣议事;如遇军国要事,可随时入朝,参与决策。还让他儿子搀扶他上殿入对,皇帝赐给他儿子紫金章服,让这位老臣高兴、放心。第二年文彦博又要求致仕,诏令十日一朝参,一月一赴经筵。直到八十五岁那年,他才以太师、开府仪同三司、护国军、山南西道节度使第二次致仕,宋哲宗在玉津园为他举行了盛大的欢送宴会。

太皇太后死后,大贬"反变法派",文彦博由"太师"贬为"太子少保"。二月里遭贬,五月寿终正寝,享年九十二岁。他是宋朝大官中两次退休的第一人,连事四朝,任将相五十年,平时像个"循吏",关键时候能"镇朝野"。他性格温和,又熟谙朝廷官场的纷纭复杂,为政简缓,对人宽容。

赵抃

铁面御史、因人而治的好知府

　　赵抃(1008—1084)，北宋大臣。字阅道，衢州西安人。进士及第，历任武安军节度推官，崇安、海陵、江原三县知县。通判泗州时，濠州守官没有按规定的标准给士卒发放粮饷，引起下面不满，传闻要哗变，吓得守官每天不到日落便紧关大门不敢出来。转运使紧急通知令赵抃前去代替他处理问题，赵抃到任后，像平时一样地从容，使事情平息了下去。后来由翰林学士曾公亮推荐，赵抃被提到朝中任殿中侍御史。

　　赵抃任御史，弹劾起来不避权贵宠幸，人们给了他一个美称——"铁面御史"。

　　权三司使、翰林学士杨察，在任上受到内侍和皇城司的掣肘，内侍杨永德在皇帝面前说他的坏话，他要求调动，皇帝竟真调了他。赵抃上言道："如果杨察有罪，就该治他的罪；如果他没有错误，就不该调动。"要求追回重新任命。

　　宰相陈执中家，把女奴迎儿捶挞致死：一种说法是陈执中亲自把她活活打死的；一种说法是陈执中的嬖妾阿张把她虐杀的。赵抃上言道："这两种情况中不管属哪一种，陈执中都不能推卸罪责。不能正家的人还能治天下吗?"皇帝命给事中崔峄审理陈执中放纵嬖妾虐杀婢女的案子,崔峄颇袒护陈执中,被调知庆州。赵抃又上言列举了陈执中八大罪状,说每一条罪状都够上罢官的条件。在第七条中,列举了陈执中迫害婢女的三条人命案:十三岁的迎儿,经常受捶打,最后按嬖妾阿张的话,在寒冬里把迎儿剥掉衣服,绑起手脚,断绝饮食,活活冻饿而死的。丫头海棠是被阿张打骂胁迫自缢死的。另一名女使被剪成光头,用棍子毒打,自缢而死。三条人命,不出一个月!平时的罪孽,可想而知。赵抃强烈呼吁:"愿陛下为社稷生灵计,正执中之罪,早赐降黜!"但皇帝没作出反应。知谏院范镇上书为陈执中辩护,说"为一婢子令宰相下狱,国体亦似未便。"赵抃又上言,针对范镇的"妄行营救",要求皇帝"开日月之明,判忠邪之路,取公议,立大法"。皇帝仍未作出表示。陈执中自从至和元年十二月被弹劾,便在家"待罪",后来感到皇帝不想治他,到二年四月"复入中书府视事"!

陈执中"上班"的第七天,赵抃的奏章又送到了皇帝面前。这次他开门见山地执问皇帝:"不知陛下以臣言为是邪,为非邪?执中之罪为有邪,为无邪?陛下若以执中为非,即乞罢免相位,以从公议。若以臣为非,亦乞窜臣远方,以诫后来。"皇帝竟还是不表态。拖了一个月,孙抃、郭申锡、毋湜、范师道、赵抃这五位御史要求集体面奏皇帝,皇帝一个一个地分别召对了孙抃、郭申锡、赵抃三人,他们的要求相同——罢掉陈执中。欧阳修因谏罢陈执中不被采纳,要求放外任,孙抃也要求出外任以躲避陈执中的打击报复。赵抃又上谏皇帝:罢免陈执中以挽留他们。皇帝最后留下了他们,把陈执中罢为镇海节度使、同平章事,判亳州。

赵抃与他正直的同僚们总算胜利了,这一次"滚雪球"的弹劾战持续了半年。

仁宗大病初愈后,赵抃上疏建议他及早立嗣。

宰相刘沆用人不讲究原则,又最怕言官,于是定了"御史干满三年给任知州"的制度,赵抃曾经批评过刘沆,又想躲避范镇的报复,便要求放外任,出知睦州。中丞张昇等上言,刘沆是挟私派御史出外官,要求留下赵抃和另一个御史范师道。没有回响。

几年后,赵抃被召回朝中任右司谏。枢密副使陈升之,交结宦官,行为奸邪。赵抃与唐介、吕海、范师道上了二十几道奏章弹劾他,终于把他拉下马来。但他们也被出了官,赵抃出知虔州。

虔州这地方不好治理,赵抃在分寸掌握上严而不苛。他召集各县县令,宣告说："大的规章制度当然要执行,但你们还要发挥自己的积极性和长处,根据自己县的特点想办法治理好,而不一定处处死搬条例。"县令们听了觉得很称心,都努力钻研治县之道,多次出现了监狱里空无一人的良好社会秩序。以往在岭南当官的,死在任上,归丧、亲属回故乡都很困难。赵抃了解到这一点,便设法造了百十只船,移文告诉各州郡:"当官的人家,有无力回老家的,可以由虔州解决。"消息传出,不断有人来要求帮助,赵抃都给他们船,并计算路程发给盘缠。

英宗治平元年,赵抃被任命为河北都转运使,下去按察府库和劾奏治州县招兵不足的问题。他先上奏申请,把招兵时限延到年底,让壮劳力可以度过夏收秋收,皇帝批准了。他把因招兵不足该治罪的八百多官吏解放了,教给他们如何逐步地去完成任务。当时任魏州节度使的是老宰相贾昌朝,听说赵抃要检查府库,觉得面子上不大好看,派人和赵抃说:"以往来的监察官员,从来不看我的府库。"赵抃说:"如果不先看大名府的,别的州郡都不服气,我的任务也不好完成呀!"照查不误。贾昌朝因此很厌烦赵抃,后来看到他使好几百官吏免于贬窜的命运,并且召足了兵员,才由衷地佩服他而自愧弗如。

在同一个地方,处理同类的案件,赵抃用的方法也前后不同。从河北调知成都府,这里流行迷信不法活动。他以前出使来此,把官府逮来的人,为首的处死,其他的都刺字流放。第二次来到又遇到这种案情,他问囚犯们:"我如果放你们出去,你们能各务正业吗?"囚犯们都叩头保证,要求自新。赵抃只处罚了为首的,其余全部释放了。这些人心悦诚服地回家各就其业。宋英宗听了高兴地说:"赵抃治成都,采取的措施很温和呀!"

成都知府任满,赵抃被调回朝中任知谏院,拜见皇帝时,英宗说:"听说卿去四川时,只带着一琴一鹤,为政简易,真是美事呀!"一般知成都回来的人,都不再当谏官,而到中书省或枢密府当大官,赵抃不被"重用",官员们不理解。皇帝说:"我是依靠他敢说话呀。如果想大用谁,何必一定在省、府呢!"赵抃上言关于皇帝的自身修养,被贬的一些好官员应该召回,各方面应该控制浪费等等,皇帝采纳了不少。

英宗治平四年,赵抃任参知政事。神宗熙宁三年,因对推行青苗法用人不当提出批评,他被罢相,以资政殿大学士、知成都府。以往知蜀州未派过"相"级官员,神宗特地召见了他。他提出"便宜从事"的要求,当天就登程赴任。这是他第三次来成都,在治道上,他考虑得十分细致周到,而采取措施力求简捷便民,他自己有劳有逸,百姓和军队也都晏然自得。剑州有个叫李孝忠的人,聚众二百多人,私自制作了符牒,剃度老百姓当和尚。有人告发李某想造反,案子报到府里,赵抃未下令逮捕审讯,只以"私行剃度罪"惩处了李孝忠,其他人该不追问。

从成都调知越州(今浙江绍兴),赵抃到任时,正值两浙旱蝗灾荒,米价踊贵,百姓饿死的达十之五六。各州县一般都在大路口张贴着严禁增长米价的榜文,唯独赵抃在大路口贴出告示,说有米的人可以任意增价粜米。结果,各州的米商纷纷到越州来"赚钱",市场上米多了,米价反而贱了,没有再饿死人。

越州任满,赵抃又调知杭州,以太子少保致仕。朝廷任命他的儿子赵岏提举两浙常平,以便奉养。赵岏陪着他漫游名山大川,度过了一个潇洒的晚年,七十七岁去世。赠太子少师,谥"清献"。

赵抃和易长厚,气貌清逸,生平不蓄积产业,不养歌儿舞女。他嫁出兄弟们的女儿十几个,其他孤女二十几个,周济贫困的人更是不可胜数。白天做的事,他夜晚一定要穿戴好衣冠,在露天地里焚香默默地报告"天",不能向天报告的事,就不敢做。赵抃晚年学道颇有所得,临终时与儿子赵岏诀别,言词气息毫不紊乱,说完"遗嘱",安然而逝。宰相韩琦说:"赵抃真是世人的表率楷模啊!"

韩 琦

政绩辉煌的英、神两朝顾命大臣

　　韩琦(1008—1075),北宋大臣。字稚圭,相州安阳人。仁宗明道元年举进士第二名,发榜唱到他的名字时,太史奏报太阳底下出现了五色的云朵,左右都表示祝贺。授官太常丞,直集贤院。历任开封府推官、三司度支判官、右司谏、知制诰、安抚使、枢密副使、资政殿学士、观文殿学士、工部尚书、三司使、枢密使、宰相,封魏国公……也被罢出知过地方州府。他是英宗、神宗两朝的顾命大臣。

　　韩琦任右司谏,上言的内容有:加强边备问题;禁止臣下专权;反对在宫中设道场做法事;大官滥用权力提拔子弟、亲信,应交御史台审查(他是第一个提出这个问题的言官);禁中应节省开支等等。

　　韩琦任陕西经略安抚副使时,属下打了败仗,他被罢知秦州,几个月后又复为起居舍人。庆历三年,陕西大饥,韩琦为宣抚使,对因饥荒起事的张海、郭邈山部,连招抚带镇压地平息了下去。他不是单纯赈灾,而是进行综合治理:开仓赈荒,使蒲、华、同三州二百五十四万人得到赈济;蠲免了老百姓交纳不出的赋税;审察官吏的能力,该升的升,该降的降;把戍边部队中年老体弱无实战能力的人,精减掉一万二千多名,放还家园。别州的官、民都称道他的这些做法。

韩琦知定州时,明镐统帅诸路军队镇压了王则的起义,其中定州的军队埋怨恩赏不够,口出怨言,有的并鼓动闹事。韩琦怕一乱刚平,一乱又起,便查清带头闹事的,拉出军门斩首;而对战死的,则抚恤其家庭,使孤儿寡母衣食有着落。部队的情绪很快稳定下来,他又传授给偏将们方、圆、锐三种阵法,天天演练,使定州军队的精劲居河朔之冠。京师调发戍守保州的"龙猛卒",行军路上,有的偷窃别人的衣服鞋子,有的吃饭不付钱,韩琦把他们都扣下,说:"保州在前线,也曾经有过叛乱的人,哪能让骄兵戍守呢?"把他们替换下来,补上训练有素的几百人去。被扣留下的人,不到一个月,也被他训练好了,没有犯法的。大灾年,韩琦组织放赈,救济了几百万人。皇帝发诏书褒奖了他。

韩琦以武康节度使知并州,前并州知府李昭亮兴办的事情,不是迫切的,韩琦便免除了。走马承受廖浩然,依仗自己是宦官,向皇帝诬告李昭亮,而自己却猖狂地干些不法的事。韩琦上奏皇帝调廖浩然回去,皇帝诏令韩琦,让韩琦在当地用鞭子抽打廖浩然,以煞他的淫威。一次韩琦生病,上奏要求派太医齐士明给治病。翰林医官上言说,齐士明是给皇上诊御脉的,不能派。皇帝却立即派内侍护送齐士明去并州为韩琦治病。

韩琦因病要求改知故乡相州。在这里他发动搞军垦,并在民间招募弓箭手居住,结果招来四千户人家,把九千六百顷被荒弃了近百年的沃土又恢复成了良田。

韩琦干了十三年的地方官,又被召回朝廷任工部尚书、三司使,接着又改任枢密使。五十一岁那年,韩琦被任为宰相,三年后又加封仪国公。在宋仁宗的晚年,他辅佐仁宗选定了皇位继承人。嘉祐七年末,皇帝幸龙图阁、天章阁,召辅臣、近使、皇子、宗亲、大将等人员观看祖宗御书,又幸宝文阁,写了飞白体的字,分赐给从臣们。御制《观书诗》,韩琦等大臣作诗奉和。然后在群玉殿举行了宴会。诏令学士王珪作序,刻在石上,留作纪念。三天后,仁宗又召群臣到天章阁观瑞物,在群玉殿宴饮,并作了简单的讲话:"天下长期太平无事,今天这个宴乐,我和大家共同享受,希望大家要尽醉,不要客气。"并特地把宰相韩琦叫到御榻前,专门赐给他一杯酒。群臣沾恩尽醉,一直喝到日落西山。皇帝把禁中的花、金盘、香药等分赐给大家。这是他极少有过的、也是最后的与臣下同乐。

第二年三月的最末一天,当了四十年太平皇帝的宋仁宗赵祯驾崩。他生了十一个皇女,没有皇子,直到晚年才在韩琦等大臣的敦促下立了宗族的赵宗实为皇子,改名赵曙。赵曙在大臣们的扶持下即了帝位,即宋英宗。

英宗想亮阴(天子居丧叫"亮阴",也写作谅阴,谅闇,梁闇)三年,由韩琦摄政,大臣们极力劝止。英宗从入嗣到继统,一直别别扭扭的,和太后关系特别紧张。自己也常闹病,但又讨厌吃药。有一次,韩琦亲自端着药杯请皇帝服药,皇帝只喝了一点就把药杯一推,药洒出来弄脏了韩琦的官服。太后赶紧取出衣服赐给韩琦,韩琦逊谢不敢当,太后说:"相公也很不容易啊!"

皇帝与太后关系不和谐,两宫的下人们又火上浇油地进行挑拨,越来越紧张。太后和皇帝分别向韩琦诉说对方待自己不好,韩琦等大臣便分别劝说,见了太后劝"慈",见了皇帝劝"孝"。这成了韩琦"顾命"任务的重要项目之一。

另一项重要任务就是立嗣。英宗三年时病重。一次韩琦等问安退出,大皇子颍王赵顼跟出门来,忧形于色,看着韩琦问:"怎么办呢?"韩琦说:"希望大王白天夜晚都不要离开皇上。"颍王答道:"这是为人子者应该做到的。"韩琦说:"不是为了这一点啊!"大皇子领悟了他的话,进宫去了。

英宗自从这次发病,就不会说话了,但能写字,指示什么,都是用笔写在纸上。治平三年十二月二十二日,英宗病重,大臣们来探问,韩琦奏道:"陛下长期不视朝,朝内外都很忧虑,应该早立皇太子使大家安心。"皇帝点了点头,韩琦送上纸笔,皇帝写道:"立大王为皇太子。"韩琦又奏道:"一定是颍王了,麻烦圣上再写下名字来。"皇帝又在后头注上"颍王顼"三字。由翰林学士起草制书,第二天宣布立皇子颍王顼为皇太子。

当时英宗写完"御札",流下了眼泪。大臣们退出来以后,文彦博对韩琦说:"你看到皇上的表情了吗?人到了这一步,即使是亲父子,也不能无动于衷啊!"韩琦说:"国家的头等大事,就该这么办,有什么法子呢!"他长长地叹了一口气,总算又完成了一次"顾命"的任务。第二年正月初八日,英宗驾崩,他在位前后共五年。韩琦等扶持皇太子赵顼登了极,他就是后来专任王安石实行变法的宋神宗。

宰臣韩琦兼任了为英宗修墓的"山陵使"。

韩琦接连三代任宰相,有人说他"专权"。后来皇帝召王安石为翰林学士——这是曾公亮为了分散韩琦的权力而积极推荐的。韩琦多次上书称病,要求辞去宰相职务,神宗挽留不住,只好按张方平的建议——"宠以两镇节钺,且虚府以示复用"——授他镇安、武胜两军节度使、守司徒、检校太师兼侍中、判相州。神宗熙宁三年,韩琦上疏陈说青苗法的弊端,要求罢行。皇帝嘉许他的忠诚,王安石却烦他多事,韩琦要求解除自己河北安抚使的职务,只负责大名府一个路,王安石正想限制他,便答应了。熙宁七年,他又上疏请皇帝注意国防、用人等大事。皇帝并召对他谈过守边的事。

熙宁八年六月下旬的一天晚上,一颗大星陨落在相州的治所,马棚里的马都受惊了,第二天,司徒兼侍中、太师、魏国公、判相州韩琦去世。皇帝在苑中为他举哀,放声大恸。赠韩琦尚书令,谥"忠献",配飨英宗太庙。调发两河的士卒为他修坟墓,宋神宗亲自为他撰写了墓志铭,碑题是用篆字书写的:"两朝顾命定策元勋之碑"。

韩琦的胆识与气量都好,喜怒不形于色。人们论起来,都说他的敦厚持重像周勃,处理事务像姚崇。他身历三代、两定国君,别人认为他位高主疑,他仍然该怎么干就怎么干,别人问他有没有身家性命的后顾之忧,他慷慨地说:"这是什么话!为臣就应该尽力事君,生死如一。至于成或败,那是天意,怎么能顾虑什么事情可能办不成,就在该办的时候停止不办呢!"韩琦平素很重视发现和提拔人才,只要舆论认为有才能的,即使自己不喜欢其为人,也一视同仁地使用他。他与富弼齐名,号称贤相,"富韩"并论。

韩琦性格朴实忠厚,家中没有财产积蓄。早年和晚年,韩琦两度巡抚河北,声震辽国。儿子韩忠彦到辽国出使,辽国主听说他的长像很似父亲,便令人给他画了像,以示对韩琦的敬仰。

韩琦于宋英宗治平元年接受了编修《仁宗实录》的任务,到神宗熙宁二年完成上献,这是他留给历史的一项文字成果。

王安石

伟大的改革家

　　王安石(1021—1086)，北宋大改革家。字介甫，抚州临川(今江西抚州)
人。宋仁宗庆历二年进士。父亲王益，官至都官员外郎。王安石天资聪颖，
好读书，往往一经过目，终身不忘。他文思敏捷，写起文章来"动笔如飞"，好
像并不用心，但写成以后，读到的人都佩服他文笔的精妙。进士及第后任淮
南判官、鄞县县令、舒州通判、群牧判官、知常州，提点江东刑狱。

　　王安石任鄞县县令时，他设计督率修筑堤堰，开导陂塘，使水陆交通、灌
溉、渔业多方面得到方便或收获。春荒时，把官仓的谷借给民众，夏收后，民
众按规定加上"利息"把粮食还给官仓。既方便了百姓，官仓也能够以陈易
新，避免了粮食霉变。

　　按朝廷惯例，地方官员任满后，就可以献文求试朝中馆阁职务，一般人
都不会放过这种机会，唯独王安石不干。文彦博赞赏他的才能，向仁宗推荐
过，不久召试他馆职，他不参加。秀才曾巩和他是文友，拿他的文章给欧阳
修看过，欧阳修认为很好，为他宣传，推荐他任谏官，他以祖母年高推辞。后
来经欧阳修动员，三十八岁的王安石才入朝任度支判官。

　　王安石一接"印"就动了真格的。他要实现自己的政治理想，必须由皇

帝作主,所以,他立即上了名扬后世的"万言书",主张国君之于人才,应该"教之,养之,取之,任之有其道",指出"财力日以困穷","风俗日以衰坏"的弊病是由于"不知法度","治财无其道"。他预料到,即使皇帝能接受,也必然大有人反对,所以向皇帝奏道:"臣之所称,流俗之所不讲,今之议者以谓迂阔而熟烂者也,惟陛下留神而察之!"仁宗没有作出及时反应。第二年诏令直集贤院,王安石上表辞了八九次,最后才接受。下一年又命他同修起居注,他又以入馆才几个月而馆中先进的甚多而坚决推辞。过了些日子,又叫他和司马光同修起居注,司马光辞了五次便接受了,王安石仍不接受。最后有旨令阁门吏拿着任命书到三司去交给他本人,王安石躲到厕所里不出来,那人只好把任命书放在他桌子上回去了,王安石又派人追上交还给他。上章辞了八九次,才不得不接受。他不是谦虚或摆架子,而是因为他想干的不是这种事。

当时面对西、北两大劲敌,骑兵很重要,但"马政"一直没搞好,朝廷派翰林学士吴奎、户部副使吴中复、度支判官王安石、右正言王陶,共同相度牧马问题的利害得失上奏。他们二十天内便作出了报告,又根据欧阳修的奏疏作了充实,贯彻下去。敏感的人们认为这是变法的前奏。

第二年王安石升知制诰,这次他没有推辞。史官曾用揶揄的笔调说:"自是遂不复辞官矣!"一年后又加官同勾当三班院。王安石纠察在京刑狱,见到这样一件案子:一个年轻人搞到一只善斗的鹌鹑,他的伙伴想要,他不给,那人倚仗平时关系较亲密,就抢走了,他赶上去杀了他,夺回鹌鹑。开封府判了他死罪。王安石驳回说:"按刑律,公开拿、偷偷地拿都是盗,这个人不给,那个人硬拿走,就是盗。追着殴打是捕盗。虽然打死了,也不该判死罪。"他以这理由弹劾开封府的官员判断案子与刑律不符;府里的官吏不接受他这个结论。官司打到刑审、大理寺,都认为开封府断得正确。诏令免治王安石审理错误的罪过。按惯例,被免治者得到阙门谢恩,王安石不去,说:"我没有罪。"

英宗驾崩,神宗登极,任命王安石知江宁府,接着又擢升为翰林学士。皇上想重用他,征求大臣们的意见,众说不一:曾公亮说他"真辅相之才";吴奎说他"所为迂阔,万一用之,必紊乱纲纪";韩维说他"知道守正,不为利动";韩琦说他"为翰林学士则有余,处辅弼之地则不可";唐介说他"好学而泥古,议论迂阔;若使为政,恐多变更";孙固说他"文行甚高,处侍从献纳之职可矣,宰相自有度,安石狷狭少容"。——反对他的人都怕王安石"变"。

宋神宗于熙宁二年二月任命王安石为右谏议大夫、参知政事,他有自己的思考和选择。他曾问王安石,治国应该先抓什么事,王安石答:"择术"——选择好的治国方法。皇帝又问他,大宋太平百年,用的什么方法呢?王安石退而上书,肯定了太祖的全面奠基,太宗的武功;对于百年之后的"本朝",他着重说了弊端:皇帝局限在宫中,不了解社会;取士用人没有明确的客观标准;官场风气坏;农、兵、宗室各方面积累的问题很多。最后鼓励皇帝说:"大有为之时,正在今日。"——反映了他变革现实的理想和迎战困难的勇气。第二天,皇帝说:"昨日看了你的奏章,其中列举到的弊端,可能你都已经筹划过了,你就详细谈谈改治的措施吧!"

　　王安石很理解这位二十一岁的皇帝的"紧迫感"。赵匡胤在临终那年预言:"不出百年,天下民力殚矣。"从他说这话到"现在"已是九十三年,不幸言中,财政危机日益加剧。解决这个问题,确实是头等大事和当务之急,但从地方官干到朝廷辅政大臣的王安石,比皇帝更知道积重难返的严峻现实,他想把皇帝的变革愿望纳入自己的思维轨道,便字斟句酌地说:"这,一下子很难说详细;陛下可以举办讲学活动,进行系统的、全面的探索。"神宗接受了,在其后大臣们"侍读""侍讲"时,皇帝就向他们提如何战胜灾荒、如何理财、如何富民等问题,司马光讲关键是用官吏得其人,而不谈制度、法术的变革。这时有苏辙上言革除"害财"的三项:冗官,冗兵,冗费。神宗召对王安石,任命他为制置三司条例司检详文字——负责为三司制定改革措施。

　　任命的第十天,性急的皇帝就问王安石:"条例制定的怎么样了?""书面文字已大体上有个轮廓了,"王安石慎重地说,"但是,现在要理财,就必须使用有这方面能力的人——有能力的人不一定有贤德威望。这样,天下人只看到朝廷重视有能力的人,而看不到朝廷重视有德望的人;只看见朝廷努力地理财创收,而对礼义教化的事业抓得不周到;恐怕社会风气因此而变得更坏,那后果将难以承担。陛下要仔细考虑根据国情确定先后缓急啊!"皇帝点头赞同他的分析,决心变法。

　　皇帝对王安石越来越信任,大臣中反对他的人却越来越多。中书、枢密两府和御史台的官员们,看到皇帝一心重用王安石进行改革,自己无力"挽狂澜",有的要求放外任,有的因反对变法被皇帝罢黜或王安石提名皇帝批准罢黜,一共有二十多人;被起用的"新秀",相当这些人数的一半。起而又罢、罢而复起的也都有几个。

　　从熙宁二年讨论青苗法,到熙宁七年王安石第一次罢相,六年间朝廷颁布实行了保甲法、市易法、均输法、免役法、保马法、方田均税法；还有贯彻这些法规的辅助性法令条例，如更役法、收免行钱、置两浙和籴仓等。被罢的有陕西交子法、手实法。关于取士方面，新立了太学生三舍法和武举绝伦法。其中青苗法、方田法都是前朝有的官员在局部地区取得成功经验的。但是绝大部分朝臣，不管有没有实践过的，只要一讨论"变"法，就坚决反对，理由是"扰民"。然而，皇帝坚决要变法，熙宁四年三月，下诏察治贯彻新法不称职的官员。出镇一方的富弼就因阻挠青苗法的贯彻，丢了"使相"头衔。

开封府尹韩维反映：实行保甲法，乡民有些惊扰，甚至有人截指断腕逃避当"民兵"。皇帝拿这事问王安石，王安石说："即使真有，也不足为怪。如果只由着民情办事，何必要君主和官吏呢！"他劝皇帝认准新法的优越性，不要动摇。熙宁五年，司天监灵台郎尤瑛上言："天久阴，星无度，宜罢免王安石。"皇帝令人送到中书府，王安石看了要求辞职。皇帝下诏把尤瑛刺配英州牢城，第二天王安石才出来上班。

从熙宁六年七月到七年四月，大旱无雨，反对新法的人们，把天旱归咎于实行新法触怒了"天"，宋神宗忧虑嗟叹，想把人们反对呼声高的新法罢掉。王安石说自然灾害圣主也难免遇到，可以尽人事努力补救，神宗说："朕所怕的正是人事尽得不够啊！现在免役钱收得太多，从近臣到后族，没有不说它坏的。"——这一条新法度能直接使近臣、外戚掉几根汗毛，皇帝就被他们吵嚷得动摇了。

光州司法参军郑侠，是王安石提拔起来的，任期满后赴京想谋个差使，见到王安石，说他对新法不满，按照他反映的情况，王安石下令减免了一部分免行钱，安排他监安上门。他把在安上门见到的逃荒灾民的种种惨状作成长卷图画，叫《流民图》，附上奏疏献给皇帝，要求罢除新法。神宗看了好几遍，又袖回宫中看，夜里难过得睡不着觉，第二天下令：开封府体放免行钱；司农发常平仓；三衙详报熙河用兵的事；各路上报农民流亡的情况；青苗、免役两法缓行；方田、保甲二法罢掉。共十八件事。民间欢呼相告。——救灾荒是宋朝的"经常工作"，和变法与否无关，不知为什么皇帝和王安石原先没有下力气抓抓，别的大臣也都不管。

吕惠卿、邓绾听说罢新法，向皇帝哭着进谏道："几年来，陛下废寝忘食地实行变法，天下人刚得到了些好处，一日之间听信狂夫的话，罢废殆尽，岂不太可惜了吗？"于是皇帝又"转"过来，只暂罢方田法。可是后宫里却翻了天：太皇太后坚执"祖宗法度，不宜轻改"，力争罢除青苗法、免役法，叫孙子把王安石放外任以"保全"他；皇太后也说王安石"乱天下"；皇弟赵颢也劝哥哥听太皇太后的话。皇帝在亲人们面前直说新法是"利民"的，"群臣唯王安石为国家当事"，并向弟弟发了脾气。但他还是动摇了。王安石看出他的动摇，再三要辞去相任。皇帝一再挽留，像他坚决变法时挽留司马光那样给王安石一个"师傅"性质的官职，王安石不干，只要求一个便郡，结果以吏部尚书、观文殿大学士、知江宁府。皇帝按他的建议，任韩绛为宰相，吕惠卿辅佐他。这二人一直坚持贯彻新法，恨得反变法派给他们送了外号：叫韩绛"传法沙门"，叫吕惠卿"护法善神"。

熙宁六年四月王安石被罢，韩绛与吕惠卿矛盾多，便秘密谏议皇帝召回王安石。七年二月皇帝派中使持诏书赴江宁召王安石，史书上褒中有贬地评说："安石不辞，倍道而进，七日至京师。"回朝后加官尚书左仆射兼门下侍郎。

吕惠卿是攀着王安石爬上去的，却一直在皇帝面前说他的坏话。王安石复官以后，皇帝对他的信任不那么专了，说民间很受新法之苦。王安石便请了病假。神宗感觉到少了肱股，又派使臣去慰问他，王安石才又起身视事。吕惠卿又上书告王安石搞小动作，皇帝拿状子给王安石看，他说自己没干，回到家问儿子王雱，王雱说他参与了搜集材料告发吕惠卿的事，王安石批评了儿子。王雱生了个毒疮，已病了一年多，生了这一场气后，毒疮溃烂死去了。神宗搞清真相后，把与吕惠卿勾结以排挤王安石的邓绾、练亨甫都罢了官。但丧子的伤心，同僚倾轧的烦心，皇帝对变法动摇的寒心，使王安石决心离开朝廷。于是熙宁九年十月，又罢为镇南军节度使、同平章事、判江宁府。第三年，王安石又进封尚书左仆射、舒国公、集禧观使。一年后又为特进，改封荆国公。这时王安石已六十岁了，这都只是些"荣誉职称"罢了，他已经失去了变法的权力。

六十四岁时，王安石病重，皇帝打发王安石的女婿蔡卞到江宁去看望他。

元丰八年神宗驾崩，他二十岁当皇帝，死时才三十八岁，史官肯定了他"励精图治"的精神，却说他实行新法"天下骚然"，"帝终不觉悟，方废逐元老，摈斥谏士，行之不疑，祖宗之良法美意，变坏几尽，驯至靖康之祸"。宋神宗是宋朝第六代皇帝，是六个皇帝与三个干政的太后之中被史官评价最低、贬得最狠的一位。时人、史官对皇帝都能如此，对王安石就更不在话下了。

哲宗元祐元年，大病中的王安石，听到弟弟王安礼带来司马光当宰相的消息,只说了一句话:"司马十二丈当了宰相了!"开始听说朝廷改变他制订的新法,他觉得是意料中事,尚能冷静地处之,后来听说罢掉免役法,恢复差役法,他愕然失声地道:"竟连这个也罢掉了吗?"过了良久又说,"这法是绝对不能罢掉的!"

这年四月上旬,王安石带着新法失败的沉重遗憾去世了,享年六十六岁。他比司马光早死了四个月,当时正大罢新法,仁宗的母亲、新一代太皇太后听政,没按当时的习惯做法给他"赠"和"谥",直到太皇太后升了天,哲宗独立执政,才追赠王安石为太傅,谥"文",配享神宗庙庭。

王安石一生好学,不慕权贵,生活上非常节俭,不修边幅,衣服油垢,脸不洗,也能上大街,会朋友。他意志力很强,认准了要干的事情,毫不妥协,对皇帝也不让半步。他当官就是为了实现变法的理想,一见皇帝对变法有所动摇,他便不客气地辞官。列宁曾说,王安石是中国十一世纪的改革家,他有新的进步的政策,但没有准备好贯彻这些政策的干部。这个中肯的评论,与八百多年前王安石开始改革的忧虑多么一致啊!这是重要的历史教训。但是王安石还是伟大的改革家,他虽然失败了,也是失败的英雄!

王安石的口才和文笔都很精强,他撰写了对《诗经》《尚书》《国礼》的训解,编为《三经新义》,曾在神、哲两朝两度作为科试的重要内容之一。后来又编撰了为以上三书改正错别字的材料。还写了词典式《字说》二十四卷,《诗关雎解义》等。最有特色的是他的日记《日录》七十卷,特别详细记录了他入朝参政以后的见闻与活动,他与大官们的来往、矛盾等等。后来朝廷修史把这书要去作参考。

王安礼

精于治道、为民作主的好官

王安礼(生卒不详),北宋大臣。字和甫,抚州临川人,进士及第,是王安石的弟弟。初入仕在河东府唐介手下做事。熙宁年间,鄜延路在啰兀筑城,宣抚使韩绛通知河东出四万民工背运粮食,当时的统帅吕公弼准备照办,王安礼劝阻道:"民工不懂作战的事,如果驱赶他们深入,不被外寇消灭,也会冻死饿死,最好不要派出去!"吕公弼听了他的,河东路没派民工。其他路派出的民工,只要遇到敌寇的,都被歼灭了。吕公弼听到这些不幸的消息,握着王安礼的手说:"四万人的性命被保全下来,多么偶然啊!果真能积阴德的话,咱们共享吧!"

吕公弼向朝廷推荐了王安礼,神宗召见了他,想破格提拔大用,他因哥哥安石任宰相,辞谢回避,于是授任著作佐郎、崇文院校书。过了些日子,皇帝又召见,并赐坐,有关人员说八品官没有赐坐的,皇帝特命他坐着谈话,以示恩宠。后又升任直集贤院,出知润州,湖州,召回京城任开封府推官。有一次他随府尹入朝奏事,退下后,皇帝又单独留下他咨询天下大事,对他的见解十分欣赏,升任直舍人院、同修起居注。

元丰二年,因反对新法已经在贬任湖州知府的苏轼,又被言官们抓住诗文书信往来等事弹劾，诬告他搞小动作，"讥讽朝政"，被下到御史狱。当时皇帝被御史们煽动得很恼火，一时没有人敢进谏。王安礼利用修起居注的方便和"王安石的弟弟"这种特殊身分，找了一个机会个别进谏道："自古以来，宽容大度的国君，不为了言论不当治人的罪。苏轼本来就是因才学好被重用的，现在如果因错误言辞治他的罪，恐怕后世会认为这是不能容纳有才能的人，希望陛下能不给他刑事处罚。"神宗皇帝大度地说："朕本心也不想严厉地惩治他，只是为了让言官们觉得说了不白说罢了，不久就为了你赦免他。"接着又对王安礼说："出去后，千万不要泄漏这个消息。苏轼以前得罪的人太多，恐怕言官们再因着苏轼的问题害你呀！"王安礼感激地答应着退下。

苏轼刚下狱的时候，王安礼在值班室里遇见御史李定，打听过苏轼的情况，李定警告他说："苏轼和金陵丞相论事合不来，你千万不要营救他，否则人们会把你作为他的同党来对待！"王安礼告别皇帝回舍人院，路上遇到谏官张璪，张璪问："你果然营救苏轼了吗？为什么有诏催问这个案子呢？"王安礼没有回答他。后来果然有诏对苏轼免予刑事处分，只贬授检校水部员外郎、黄州团练副使。

王安礼升知制诰，翰林学士，以翰林学士知开封府。凡事情报上来，他都立即决断处理。以往诉讼，因案情一时弄不清楚没有具结的，具结了没有宣判处理的，一共有几万人。王安礼上任后一一审理决断，不到三个月，三狱院及畿、赤等十九个邑，关押的人都处理完了，一时狱空。大布告贴在开封府门前，辽国的使臣看到了，赞叹他是奇才。神宗听了欢喜地说："古代，秦的内史廖，实行文治教化，使由余的阴谋不能得逞，现在王安礼勤于吏治，惊动了异国邻邦，无愧于古人啊！"特地将他擢升一级。

皇帝几次丧子，太史上言说，百姓的坟墓距京城太近，对朝廷的宗嗣繁衍不利。皇帝便下诏让这些人家另选坟地迁葬。几十万座坟墓，牵动多少人家，一时群情汹汹，惊恐忧惧。王安礼举周文王的例子上谏说："没听到说有迁移别人的坟墓使子孙繁衍旺盛的先例。"这事才作罢。

当时治安巡逻人员收到不少匿名信，告发有人谋为不轨，牵涉百余户人家。皇帝派人送给王安礼说："要抓紧破案！"王安礼查验被指控的，大体相同。最后一封信上加了三个人，其中有一个姓薛的，王安礼高兴地说："我找到犯罪的人了。"传来薛某问道："你平素可有合不来的人吗？"薛某答道："有个人拿着笔来卖，我没买他的，他很丧气地走了，看那样子似乎有些恨我。"王安礼派人把那人捕来审讯，果然是他干的，于是把他枭首示众，而没有多逮捕一个人。京城的人都把王安礼视若神明。

宗室赵令骓,用几十万钱买了一个妾,过了好长时间,把那个妾赶走,并到开封府起诉,要求代为追回买妾的钱来。王安礼传那个妾来,一看脸都被火烧烙得不成样子了,便上奏皇帝说:"那妾之所以值几十万钱,是因了她美丽的姿容,现在烧坏了她的脸,就不能再卖了,这和施用炮烙的刑罚有什么不同!"建议不给他追回买妾的钱,并从严处罚他,让别人引以为戒。皇帝下诏按他的意见判决,并取消了赵令骓的宗室供给。

后宫定造的油箔,有契约三年以内损坏的,要按原价退钱。才用了一年,有的就坏了,中使把油箔拿到开封府大堂上,要求按契约追回钱来,口气非常强硬。王安礼从容地说:"难道不是放的地方不合适,日晒雨淋、干湿不匀弄坏的吗? 如果是这样,老百姓将永远得不到卖箔的钱了,这个契约不中用。"到底没给追钱。

判了这两个案子,大大震动了宗室和宦官,平时依势作恶的,都吓得夹起尾巴来了。

元丰五年,王安礼拜尚书右丞。宦官李宪曾因夏人进犯时率先逃跑,继而诬告刘平"投敌",被弹劾处死,是皇帝保下了他的脑袋。他想政治上翻翻身,这时又提出来伐夏。皇帝可能有点心动,拿这事询问辅臣们,宰相王珪竟迎合说:"以前伐夏愁的是财用不足,朝廷现在捐钱钞五百万缗,用来供应军队食用绰绰有余。"王安礼驳道:"钞不能吃,一定要换成钱,再把钱换成粮草,现在离计划出征的时间只有两个月,怎么能准备好?"皇帝说:"李宪认为已经有了准备,他一个宦官都能这样,你们难道竟没有意思吗? 唐朝平定淮、蔡,只有裴度的意见和皇帝相同,今天出战要求竟不是出于公卿,而是出自阉寺,朕很替你们感到难为情!"安礼奏道:"淮西,只是三个州罢了,有裴度这样的谋臣,李光颜、李愬这样的将军,但还是调动了全国各地的兵力,攻打了一年才平定的。现在,夏的强盛不是淮、蔡能比的,李宪的才能无法与裴度匹敌,将领中没有李光颜、李愬这样的人,臣是怕无法实现陛下的愿望啊!"

王安礼还有知人之明。皇帝派徐禧去西北督率在永乐筑城防夏,王安礼说:"徐禧志大才疏,必误国事。"皇帝还是任命了他。元丰五年九月,夏人倾三十万众来攻永乐城,高永能建议趁夏人未落脚成阵,出兵打他个措手不及。徐禧引古书说:"你懂得什么? 王师不攻打没有列成阵势的军队。"他派一万人到阵城下,自己坐在谯门上,执着黄旗说:"都看我的旗进退!"敌军进逼城下,官军将士都害怕了,有人建议,军心动摇了,不如先收兵入城,徐禧说："你身为大将，怎么见了敌人不打就想退？"夏人骑铁马渡河，有军官说："这是铁鹞子，应该在他们渡到河中时打，才有希望；一到了陆地上，那锋芒就无法抵挡了。"徐禧仍然不听。最后，据沈括、种谔上奏："永乐城陷，汉、蕃官二百三十人，兵万二千三百余人皆没。"皇帝看了奏疏难过得吃不下饭，第二天早朝，对着大臣们痛哭说："安礼每每劝朕勿用兵，少置狱，就是为了这个啊！"

御史张汝贤弹奏王珪、王安礼为子侄谋官职，皇帝因这个有条例允许，未作处理。王安礼知道后，面奏要求治张汝贤的罪，张又上奏安礼在湘州、润州时有狎妓行为。皇帝因前一个弹奏罢黜了张汝贤，对于后一个弹奏，他问王安礼："卿果如此，何以复临百官？"其实这类事在"百官"中不罕见，但王安礼不能和皇帝说这个话，便请求说："以往，因哥哥安石卧病，臣曾经要求知江宁，现在还是愿意到那里去。"于是以端明殿学士知江宁府。在江宁，他为哥哥王安石送了终。

神宗驾崩，哲宗即位，加王安礼资政殿学士，又连续知扬州、青州、蔡州，后来又受到言官的弹奏，罢掉资政殿学士，知舒州。绍圣初年，恢复了学士职衔，知永兴军，第二年知太原府，病死在任上，终年六十二岁。赠右银青光禄大夫。他做到了"鞠躬尽瘁，死而后已"，连一天"致仕"的悠游生活都没过上！

王安礼体形魁梧，仪表风度颇佳，处理政务案件，精明决断，效率高，效果好，他也很以经纶世务之才自许。晚年患风痹症，腿脚不灵便，躺卧在帐中处理政务，手下的官吏没有敢欺瞒他的。他不擅长"文"，没有文人的浮夸习气，也没有官场中那种"政客"作风，他是个地地道道的办实事解决实际问题的好官。

王安礼与哥哥安石、弟弟安国同任京官时，"各自为政""互不干涉"，他与同僚之间也极少私人来往。这样少了很多是非，变法派、反变法派都没怎么优宠他或难为他，神宗、哲宗两个皇帝也都喜欢他，对他很客气，优容。以他的身分，做到这样也算难能可贵了。他做人的准则和他的办事态度一样，端直论理，该挺身执言的时候决不回避，为了救苏轼，他两次受到言官们的"抓小辫子"，被罢官。富弼退休后，有一次富弼有疏来了，皇帝说："他说朕左右小人太多了。"章惇说："他怎么不说出来谁是'小人'，'小'在哪里？"王安礼向皇帝说："富弼说得很正确。"散朝以后，章惇埋怨他道："右丞对皇上说的话不对呀！"王安礼答道："我们这些人，今天说'诚如圣谕'，明天说'圣学非臣所及'怎么能不算小人呢！"噎得章惇一句话也答不上来。

章 惇

维护新法、反对赵佶为君的宰相

    章惇（1035—1105），北宋大臣。字子厚，建州浦城（今福建建瓯）人，从父亲章俞移居苏州。

    章惇性格豪俊，博学，文章也写得好。第一次应试，登进士第，名次在侄子章衡之下，他嫌丢面子，扔下录取通知书走了。第二次应试，登进士甲科，调任商洛县令。

    有一次，章惇和苏轼同游南山，来到了仙游潭，这个潭下临万仞绝壁，上面搭一条横木，就算是"桥"。章惇揖让苏轼往绝壁上题字，苏轼摇摇头不敢过去写。章惇如履平地一般地踏着横木走过去，整理了一下衣服，垂下绳索，抓住绳索，挽着树枝，用漆墨蘸着笔，在绝壁上写下了"苏轼、章惇来"五个大字，然后从容地回到原地，神色一点不变。苏轼拍着他的脊背说："你日后一定能杀人。"章惇问："为什么呢？"苏轼答道："能判决自己生死的人，就能够杀人。"章惇哈哈大笑。

    宋代规矩，地方官任期达到一定年限，可以入京赴试馆职，宋神宗即位之初，章惇任雄武节度推官满届，赴朝应试馆职，考了个"诗赋中等"，授著作佐郎。

熙宁年间，神宗重用王安石实行新法，大多数上层的官吏都"不合作"，这时李承之向王安石推荐了章惇。王安石说："听说他随随便便的，德行不怎么强啊！"李承之说："但是他的才能可以用啊！你如果和他交谈交谈，一定会喜欢他的。"于是王安石接见了他。章惇本来就善于辞令，又会揣摩对方心理努力迎合，王安石果然喜欢上他了，遂留在麾下重用。

熙宁四年，朝廷派章惇到夔州路调查"讨夷"问题。五年，又遣中书检正官章惇察访荆湖北路，经制"蛮事"。当时这一带的"蛮夷"兄弟民族，江北有二十个州，世代受彭氏统治，江南十三个州，其中舒氏统治四个州，田氏统治四个州，向氏统治五个州：本来自宋太祖以来，他们就表示了内附，隶属辰州，入贡。到了神宗朝，因峒酋对他们剥削搜刮得厉害，他们受不了双重负担，希望进一步"明确关系"得到朝廷一点保护，"靠一头"。章惇一来经制，他们又第二次"相继纳土，愿为王民"，章惇顺水行舟，指点他们修建了些城堡寨栅，算是朝廷支持他们加强防御力量以抗"峒蛮"。在这期间，章惇结识了南川知县张商英，并把他荐给了王安石。

四个月后，章惇又招降了梅山峒峒蛮，入籍峒民一万四千八百多户，田地二十六万四百余亩，规定了税额，一年向朝廷纳税一次。章惇还指导他们修筑了武阳、开陕两座城池，设置新化县，隶属邵州管辖。

湖北懿州蛮田元猛桀骜难制，把章惇派去招降的李资杀了，章惇便进兵懿州，于是南江州峒蛮便全"平"了。

熙宁七年九月，三司判官宋迪，派人给自己熬药，结果失火烧了三司的房屋共一千八十楹，文件资料几乎烧光，大火烧了六个时辰。当时知制诰章惇判军器监，看到火起便连忙率领本监的役兵前往扑救，皇帝注意到他，向左右问了姓名，第二天，夺了宋迪的官，罢了三司使韩绛，升章惇任三司使。

熙宁八年吕惠卿罢参知政事，言官邓绾又上言说："与惠卿同恶相济无如惇。"当时的章惇尚没大干坏事，因三司是推行新法的主管部门，自然有"官愤"，于是章惇被罢掉三司使，出知湖州。

湖北下溪州刺史彭师晏，依靠州内峒蛮的力量闹独立，章惇授计湖北提点刑狱李平，用釜底抽薪的方法，一一个别地做工作，于是五支峒蛮的领袖"各以其地归版籍"，彭师晏成了没有立锥之地的光杆司令，便老老实实地投降了朝廷。诏授彭师晏礼宾副使，并对他属下六十四人授了官职。章惇做了一件"和平统一"的好事。

章惇由湖州又移知杭州，又入朝为翰林学士，元丰三年，任参知政事。

四年，又罢知蔡州，陈州，定州，五年，又召为门下侍郎。

哲宗赵煦即位后，太皇太后垂帘权同听政，章惇知枢密院事。太皇太后提名任命范纯仁、唐淑问、朱光庭、苏辙、范祖禹五人为谏官，她问大臣们："这五个人如何？"章惇说："按照惯例，谏官都要两制以上奏举，然后由宰臣进拟。现在名单由宫中提出，臣不知陛下如何了解他们，莫非是左右侍从推荐的？这个门可不能够开。"太皇太后说："都是大臣们推荐的，不是左右的人提的。"章惇说："大臣们应该摆到桌面上公开讨论评议，为什么密荐呢？"于是素称光明正大的宰臣们只好公开说明"暗荐"的理由：吕公著说他和范祖禹是儿女亲家，韩缜和司马光说他们和范纯仁是亲戚。为了"避嫌"不好明着提。章惇说："台谏官的任务就是纠正或约束执政的错误的，依照惯例，执政一上任，他的亲戚或他举荐的人在台谏任上的，都要调任其他职务。现在还应该按旧例办事，不能违背祖宗之法呀！"这话对反对变法的君子们，是一个很好的回敬。司马光坚持说："纯仁、祖禹任谏官，的确符合大家的愿望，不应该因着我的关系阻碍了贤者的进身之路，宁可我避开。"——哪有宰相避谏官的原则？章惇耐心地说："缜、光、公著三位肯定不至于有私心，但如果开了这个头，他日遇有奸臣执政，再援这个例呢？请把纯仁和祖禹改授别的官职吧！同时让两制以上奏举台谏人选。"

章惇在这个问题上，观点在理，态度平和，与人为善，态度言词比司马光相当年当谏官的时候，温和、礼貌得多了。最后大家只得接受了他的建议，范纯仁任天章阁待制，范祖禹任著作佐郎。言官王岩叟却就此上书太皇太后说："风闻章惇在帘前问陛下御批谏官的事，言词轻慢无礼，竟然问陛下根据什么提出的名单，这简直是不让主上有权威啊，应该狠狠地罢黜他！"

章惇对恢复差役法持异议，言官刘挚上言："知枢密院章惇，一向没有才能，没有德行……他并不是不知道这法对还是不对，他是宁负朝廷，也不肯负王安石呀！"实质是司马光和吕公著尽罢新法，而变法派的章惇能"窥伺得失"，并用戏谑的话语"刁难"司马光，影响到司马光们"甩开膀子大干"，于是言官轮番上奏，到底把章惇的枢密职务奏了下来，以正议大夫知汝州去了。

太皇太后驾崩，哲宗独立执政，绍圣元年复了一批被罢的官，章惇被起复为资政殿学士、提举洞霄宫，接着又升任尚书左仆射兼门下侍郎。在赴京的路上，陈瓘问他执政以后先抓什么事，他说要先追究司马光的奸邪、罢新法之罪——这时司马光已死了八年。陈瓘也指出司马光的错误，但是劝章惇要宽容，持平。但章惇这时为新法、为自己出气的情绪一点也不弱于司马光重新上台后拿新法出气的情绪。他把在贬的吕大防、刘挚、苏辙又降了格,给范纯仁降官一级。又要把司马光与吕公著"发冢、斫棺、暴尸",皇帝没同意。但却诏令对二人追回赠谥,毁掉立的碑,并把王岩叟、吕大防、苏辙、刘挚一贬再贬。

章惇整人,多用蔡卞的主意,二人嘀咕妥了,由章惇在公开场合说出,而蔡卞在一旁保持缄默,好像与己无关。长此以往,人们便看透了,说是"蔡卞心,章惇口"。

内侍郝随刚成气候,便想废掉孟皇后,而把皇帝宠幸的刘婕好扶正。章惇协助郝随实现了第一步——废孟后,过了些日子,哲宗才想明白这事,后悔地说:"章惇坏了我的名节啦!"

《神宗实录》原本是根据起居注并参考了王安石个人的《日录》编写成的,由蔡确负责;司马光罢新法时,认为原来的这本歪曲了历史,组织人重修,由范祖禹负责;司马光死后,太皇太后又死,哲宗肯定新法,章惇又认为司马光令人修的实录歪曲了历史,他又组织人重修。所以,《神宗实录》实际上"录"了三种版本:第一种,原本;第二种,太皇太后、司马光治下的"修订本";第三种,哲宗、章惇治下的"修订本的修订本"。每个编者都认为自己最尊重历史,到底哪一本是"历史的真面目"呢?恐怕得让"历史"自己来回答了。

蹇序臣与安惇上奏审理元祐年间变法、党争等案件,该改正、该惩罚的重新作出判断。哲宗本来对这事不感兴趣,蔡卞却极力动员章惇促成这件事,章惇敲敲边鼓,皇帝便点了头,结果因"翻案",在不同程度上受到不幸的,牵连到七八百人之多。曾布对皇帝说:"章惇、蔡卞做得太过分了。人们都说,章惇什么事情都听蔡卞鼓动,一旦某事受到大家的反对,蔡卞又反过来说自己本来就不以为然。章惇竟很怕蔡氏兄弟,听说最近想和蔡京弥合矛盾,蔡京还不买他的账呢!"

元符二年,六十五岁的章惇突然提出要求致仕,他的家人已经先搬离官邸了,他自己径直住到和尚庙里。皇帝不接受他的奏章,并派人去阻拦家属和行李的运输队。过了二十几天,又给他进官五等,是官员一次中进级最多的。

这年八月,章惇等进上《新修敕令式》,他读给皇帝听,其中有元丰年间没有的,引用了元祐年间的,哲宗问:"元祐也有可取的吗?"章惇回奏:"取其中好的有用的。"

孟皇后被废后,中宫位子空着,刘贤妃生了个儿子,哲宗正无嗣,特别喜欢,又有宰相章惇与内侍郝随的怂恿,于是元符二年九月八日,册立刘氏为皇后。这时章惇单独任相,掌握着朝政大权,腰杆更硬了。

元符三年正月己卯日,哲宗驾崩。他是神宗的第七子,儿子夭折了,皇太后向氏哭着和宰臣们商议从他的弟兄们之中选立嗣君。章惇厉声道:"应该立皇上的母弟简王似。"太后婉转地说自己无子,皇子们都是神宗的庶子。章惇又说:"按立嗣以长,申王该立。"太后说:"申王有病,不适合当皇帝。先帝曾说过端王有福寿,而且仁孝,该立他。"章惇谏道:"端王为人轻佻,不可以君临天下。"曾布叱责他说:"章惇,听太后的安排!"于是立了端王赵佶——他就是后来的宋徽宗。历史充分地证明:章惇对赵佶的判断是绝对正确的。但"历史"总是"马后炮",它管不着"现实",在现实中,原来就有"官愤"、又反对拥立赵佶的章惇可就要倒霉了。

按职务传统,章惇先被任命为哲宗山陵使,四天后,特进,封申国公。三月里,徽宗和曾布说:"蔡京等都贬出去了,只剩了章惇几个人还没除掉。"曾布心领神会,说:"言官们只要稍为动动嘴,这几个人还能待得下去吗?"于是言官们纷纷仗义执言。八月初八日,哲宗安葬于永泰陵。在运棺木时,可能路没修好,灵车在露天里过了一夜。章惇任言官的朋友陈瓘便以这条罪状上言罢他。

章惇早知可去不可留,五次上表要求罢掉政务,有诏答复不批准,他自动地住到和尚庙里。徽宗一看火候行了,对辅臣们说:"朕这样对待章惇,体面、礼貌不算不周到了;他既然申请越州,就给他吧!"并且说,"关于罢他的理由,朕不提定策(章惇反对立他当皇帝)的事,只用'扈从灵驾不称职'先罢了他,别的问题待有人论奏时,另行发遣。"于是章惇罢为特进,出知越州。这事离"先帝奉安"正好一个月。十月,又因有人"论奏",把章惇贬为武昌军节度副使,潭州安置。第二年二月,又贬为"雷州司户参军,员外置",就贬到底了,他来到了苏辙被他贬谪的地方。后来朝廷又宽大他为舒州团练副使、湖州安置。崇宁四年,章惇死在湖州,享年七十一岁。

据说章惇死后,群妾们忙着分争遗产,尸体停了好几天没有入殓,也无人看守,被老鼠吃掉了一个手指头。这对受过他迫害的人,是一个小小的还债,对他的政敌们来说,更大快其心。

章惇的妻子张氏,非常贤惠。当章惇第一次遭贬、在贬所接到哲宗起用他的通知时,张氏正病势垂危,她叮嘱丈夫说:"你做了宰相,千万不要报复打击迫害过自己的人啊!"妻子死后章惇很痛惜,一直怀念着她,但对她的临终嘱咐却没有照办。

　　章惇的聪明才识高人几等,处理事情从容、利落。他有四个儿子,都登了进士科第,但只有小儿子章援曾干过校书郎,其余三个都由吏部发到州县里担任官职,没有一个能"光宗耀祖"的,他也从来没为自己的亲戚谋过一官半职。在这点上,他比大忠臣司马光、范纯仁都廉洁;但他被史家列为"奸臣",所以他的"不肯以官爵私所亲",也被认为"穷凶稔恶",不通人情。但正因如此,章惇的四个儿子才都没有受到父亲的牵连。

郑　侠

用一张图画打倒王安石的人

郑侠(1041—1119)，反对王安石变法的名人。福清（今福建福清）人。由王安石推荐，任光州司法参军，期满后到了京城。当时正推行新法，条件合适便可以升任京官。王安石想用他，他以不熟新法推辞了，问他的见闻，他说："青苗、免役、保甲、市易这几件事，在我心中不是区区小事。"王安石没答复他什么。他离去后就没再求见，只是几次写信给王安石，谈新法不好。过了很久，安排他监京城安上门的治安。王安石曾派儿子王雱、门客黎东美来看望他，让他或搞推行新法，或到修经局任检讨。郑侠说："果真要提拔我的话，把我提出的利民便物的建议执行一二件，使我被提拔了心中不惭愧，不是很好吗？"不久，有诏小商小贩免征税，负担重的商人减征十分之七，算是接受了他一部分意见。

从熙宁六年秋天到七年四月，大旱不雨，东北的流民扶老携幼，塞满了道路。人们骨瘦如柴，衣不蔽体，向市民买麻籹和面或米煮粥吃，有的竟吃草根、树皮，还有的身戴着刑具，背着瓦、扛着木头去卖了交偿官府的租税……郑侠把这些见闻画了一张《流民图》，写上奏疏，说是"密急"，用马递送到银台司（掌管抄录天下章奏案牍事目进呈皇帝的部门），奏疏中说新法是“竭泽而渔”，要求“一切罢去”，他说皇帝身边的宰臣“皆贪猥近利”，旱灾也是变法造成的。

皇帝看了奏疏和《流民图》，“长吁数四”，袖入宫中，一夜没睡好。第二天，连罢带缓地把新法几乎废光，还亲自抓了开仓赈灾的事，一共作了十八项“变法的变法”，“民间欢叫相贺”；为皇帝的迫切革新运筹效力的王安石也被罢了相。由韩绛升任宰相，吕惠卿任参政。

老天爷仿佛和郑侠一条心，果然下了大雨，解除了旱情。郑侠一时成了“新闻人物”。可是又连续下雹，发大水，一淹两个县。可巧任命韩、吕那天，京城里又刮起了特大的风，风里夹着土，落到炕席上有一寸多厚。郑侠又上疏论时政得失、民间疾苦，共五千字，其中有“国忠已诛，贵妃未戮”，“今日之事，何以异此”的话，吕惠卿看了大怒，报告皇帝应该重罚他，于是勒令停职，押送汀州去“编管”（编入该地户籍，并由地方官吏加以管束）。

郑侠在去汀州的道上，又被吕惠卿派去的人逮回，从他的行李中搜出御史台官吏杨忠信暗中送给他的《名臣谏疏》，亲友书信，特别有谈到新法的，吕惠卿都按名字一一追治。他要处死郑侠，神宗说：“郑侠说这些，并不是为了他自身的利益，忠诚可嘉，哪能深治他！”诏令把郑侠移英州编管。郑侠到了英州，住在一座快要倒塌的庙里，英州人都很同情他，帮他盖了新房子，定居下来，把孩子送来跟他求学。在这个画地为牢的地方，他居然获得了自由和尊重，吕惠卿鞭长莫及。

哲宗元祐元年，由言官孙升、苏辙上言，诏令郑侠恢复自由，并除掉罪名，由吏部备注旧官，以待录用。

后来哲宗又令蹇序辰和安惇二人复审元祐年间陈述的和神宗朝不一致的政治案件，把职位、姓名列出上报。其中有一条是：郑侠上书讪谤朝政及王安国诽毁王安石等罪名，元祐初年处理得不恰当；王斻、王旊进状，其中说到他们的父亲王安国的冤案还未纠正。于是有诏：“郑侠除名勒停，依旧送英州编管，永不量移。王斻罢京东转运判官，差监衡州盐酒税，王旊监江宁府粮料院。”

此后，郑侠只能和“旧党”的人们同呼吸、共命运了。徽宗崇宁元年九月，蔡京打着维护新法的幌子，把一些反对新法——甚至只对新法持某些异议——而在哲宗元祐年间被太皇太后和司马光复了官或新提拔的人，都列入了“元祐党人”一派，把他们的名字在端礼门刻石“示众”，一共定了一百二十个人，其中就有郑侠，而且规定他们之间不许在同一个州居住，后来又规定了很多戒律,如他们的亲属不得进京城,父亲、子弟不得做京官——又进而规定子弟根本不准为官等等。崇宁三年六月,在动工刻石之前,这个"党"又被扩大到三百零九人,郑侠在名次上相当靠前。

大观二年六月,有诏赦九十五人出籍,其中没有郑侠。郑侠死于徽宗宣和元年。后来南宋高宗解除"元祐党人"的"党籍",并录用他们的子孙当官,但这只能安慰郑侠的灵魂了。

蔡 京

"六贼"之首的奸相

　　蔡京(1047—1126),北宋大臣。字元长,兴化仙游(今福建仙游)人。宋神宗熙宁三年进士,历任钱塘县尉,舒州推官,起居郎,出使辽国回来,拜起居舍人。他的弟弟蔡卞已经任舍人,他又改任龙图阁待制,知开封府。从神宗朝历徽、钦,三代元老,四次入相,与弟弟蔡卞、儿子蔡攸等把持朝政半个世纪,蔡京和王黼、童贯、梁师成、李彦、朱勔六人,被时人称为"六贼",是蔡京为其他"五贼"创造了得以猖獗的土壤和气候,所以蔡京当仁不让地被时人称为"六贼之首"。

　　元丰二年,蔡京参加了《国子监敕式令》和《学令》两个取士条例的制定。六年,任起居郎,对起居郎与舍人的工作分工上书建议,被神宗采纳。八年,神宗病危,邢恕、蔡确、章惇与宰相王珪在立嗣问题上有矛盾,他们商定立延安郡王赵煦(即后来的哲宗),怕敌不过王珪,便约了担任开封府尹的蔡京,在议储的那天率领武士在外庭应变,嘱咐说:"若有异议者,当以壮士入斩之!"蔡京照办了。因为他们有备,终于达到了目的。二十天后神宗驾崩,他们拥立的哲宗上台。蔡京第一次参与朝廷的政治赌博,便成为赢家。

　　元祐元年,太皇太后与十岁的哲宗一同听政,起用司马光,司马光扬眉吐气地大罢新法,开封府尹蔡京坚决贯彻,用五天的时间在所属县区罢掉了免役法,征集了一千多人服役,以示差役法的恢复。并及时地跑到朝廷里去向司马光汇报"政绩",欢喜得司马光表扬他说:"如果人人都像你这么能干,何愁旧法实行不通呢!"后来吕大防奏蔡京心怀邪念,败坏旧法的贯彻,罢朝职,以龙图阁待制知郓州,知永兴军,知成都府。太皇太后崩后,哲宗亲政,召回蔡京,授以龙图阁直学士权户部尚书。绍圣二年,蔡京升任户部尚书,要求恢复青苗法。这时蔡京还没成大气候,监察御史常安民上奏说:"蔡京奸足以惑众,辩足以饰非,巧足以移动人主之视听,力足以颠倒天下之是非,内结宦寺,外连台谏,合党缔交,以图柄任。陛下不早逐之,他日悔将安及!"这话对蔡京的能量和危险性,预见得相当准确。但皇帝没认识到,未把他的提醒放在心上。这年蔡下任了宰相,蔡京由户部调翰林学士兼侍读、修国史。三年,任翰林学士承旨,他新修了《太学敕令式》上奏。

绍圣四年录取进士六百零九人,第二名叫方天若,在策论中说:"元祐大臣当一切诛杀,子弟当禁锢,资产当籍没。"他是蔡京的门人。由此可听到蔡京"磨刀霍霍"的声音了。

蔡确死在贬所,儿子蔡渭很不服气,在上告文彦博的儿子文及甫给邢恕的信中,谈了奸臣"大逆不道之谋"。诏令蔡京和权吏部侍郎安惇在同文馆审问这个案子。蔡京借此制造冤案,把信中暗指某官员的话,说成暗指皇帝,文及甫软弱,蔡京一逼一诱,叫他说什么都能达到目的。但都找不到证据,蔡京便建议增加了一个褰序臣、一名内侍省使臣协理审问。没有证据,也可以罗织罪名"定案",结果大贬了一批大臣:梁焘、刘挚、刘奉世、刘当时、程颐、李清臣。哲宗说他遵从祖宗遗志,不杀大臣,把刘挚等放掉算了。但蔡京和安惇"极力锻炼(用刑)不少置",七天以内梁焘和刘挚分别死在贬所。

新法、旧法之争,开始是着眼于"法"。王安石罢反变法的人的官,颇有点"踢开绊脚石,彻底闹变法"的劲头,及至后来变法以失败告终,神宗死后,旧党整新党,哲宗亲政后新党整旧党,以至以后一些小人彼此的翻云覆雨,就没有什么"法"的实质了,不管新法还是旧法,都成了可以成批地整倒一些人、树起一些人的敲门砖。蔡京是新旧两党中把这块敲门砖的作用发挥得最充分的人。哲宗不仅没追究两位大臣的死,而且按蔡京所奏下诏:梁焘不许归葬,家属令昭州居住;刘、梁的儿子们一律勒定,永不收叙,并要在指定的地点居住。由"同文馆案"出发,扩大引申,株连受害的有七八百人。

宋徽宗即位后,起用了一部分元祐大臣,蔡京以端明殿学士兼龙图阁学士、知太原府。不到一个月，又恢复了他的翰林学士承旨。过了六个月，又以蔡京为端明殿学士、知永兴军，一个月以后又知江宁府。几天后，听御史陈次升的意见，又诏令蔡京落职，提举杭州洞霄宫。一个月后，又恢复蔡京的龙图阁直学士，知定州。敏感的蔡京从起起落落中得到结论：言官们仗义执言，但皇帝还是喜欢他的；而在这二者身后，大臣们新、旧、中三种人都不喜爱他。

崇宁元年，蔡京升为端明殿学士、知大名府，又回朝任翰林学士承旨，兼修国史，升尚书左丞。御史邹浩曾因哲宗立皇后的事进谏过，徽宗表扬了他。问他谏草呢，他说烧掉了。蔡京一上台便整邹浩，手段是把邹浩的笔迹弄来，叫他的党羽模仿，然后按他的授意，把这份奏章写成邹浩的语气，而措辞侮谩，挑拨宫中关系。徽宗就凭这份伪"邹浩奏章"，大怒之下把邹浩贬为衡州别驾，永州安置。蔡京还使其党羽模仿元符皇后的笔迹和语气，替她写了"谢表"。于是徽宗毫不怀疑地认为自己贬邹浩贬对了。这年七月，蔡京又升为尚书右仆射兼中书侍郎。

蔡京重视教育事业。州、县普遍设立学校，详细规定了一级一级的教育经费供应和考试办法。在京城南郊营建学舍一千一百七十二楹，容纳各地太学生名额上舍二百人，内舍六百人，外舍三千人。广、川、福建入京赴贡举考试的，地方上要从"学钱"中为他们提供路费伙食费。这是一件各派没有争议的大好事。他还制定了《州县学敕令格式》，刻版印刷颁布。这也是他办的一件好事。

不过他干的坏事远远多于好事。

在宦官郝随的示意下，第二次废了哲宗的孟皇后。

蔡京把元祐"旧"臣拟出一百一十七人的名单，定为"奸党"，由御书刻石于端礼门，并且把石刻翻印，颁于天下。

崇宁二年，正月，蔡京把任伯雨、陈瓘等十四名言官，分别贬窜到各远恶州郡。其中有个张庭坚，本是蔡京知成都时的老部下，蔡京入相后，拉拢他为自己效力，他不干，蔡京一怒之下把他也"编管"了。

蔡京升为尚书左仆射兼门下侍郎，官虽大，但对贬下去的人，仍不放心，安排人继续监视汇报，找到一点借口，便进一步迫害之。如诗人黄庭坚，已被贬为管勾玉龙观的闲职，后来湖北转运判官陈举劾奏他撰写的《荆南承天院碑》"语涉讪谤"，又被"除名勒停，送宜州编管"。

二年七月，蔡京进官二等，蔡卞以下进官二等。三年正月，蔡京的大儿子蔡攸,也赐进士出身。五月,进蔡京守司空,封嘉国公,蔡卞等也各进三级。三年六月,在为"元祐奸党"人名刻石时,蔡京又把名单扩大为三百零九人,皇帝也同意,"颁至州县,令皆刻石"。在端礼门刻石,找的石工是长安人安民,他推辞说:"我是个愚陋的老百姓,不知道立碑的目的。但是像司马相公,海内都称他正直,现在说他奸邪,我真不忍心刻啊!"府官恼火了,要治他的罪。安民无奈地哭道:"被差遣不敢推辞,要求在碑末不要刻上我安民的名字,我怕被后世人怪罪呀!"

蔡卞因哥哥蔡京比自己入朝晚,自己却当不上宰相,心中不满,二人议事常不合。崇宁四年正月,蔡京要用童贯为陕西制置使,蔡卞反对用宦官,蔡京当着皇帝骂蔡卞,蔡卞辞职,出知河南府。徽宗渐渐发现了蔡京一些问题,蔡京与赵挺之两个宰相常互相攻击,赵挺之求去,徽宗留用了他,于崇宁五年二月,把蔡京罢为开府仪同三司、中太一宫使。赵挺之还不放心,又叫御史刘逵出头进谏罢掉蔡京"悖理虐民"的措施。而蔡京的党徒们在蔡京的授意下,紧抓住皇帝,说蔡京的一切改革都是秉上旨干的,皇帝又倾向了蔡京,于是罢了刘逵,恢复了蔡京的宰相职务。

复官后的蔡京,更加专横跋扈。南方地方官妄动干戈侵袭夷民,打了败仗,招致反击,杀了刺史,蔡京隐瞒不报。太庙斋郎方轸劲奏蔡京"睥睨社稷,内怀不道",假传圣旨等罪,以及"使子攸日以花石禽鸟为献,使陛下不知天下治乱","请斩京以安天下"。昏庸的徽宗竟把这奏疏给蔡京看了,蔡京要求把方轸下狱,皇帝又同意了,于是方轸被贬窜岭南。

大观二年正月,蔡京由太尉进为太师。五月又赐蔡京玉带。宋神宗赐王安石玉带,他只有礼有节地系了三天。蔡京可不客气,受赐以后整天服用。皇帝还特诏他一子一孙补官。

薛昂、余深、林摅,长期依附蔡京,他们全家都要避蔡京的私讳,谁不注意说出个"京"字的音来,就要加以打骂责罚。薛昂自己一次失误,说了个"京",立即当着家人自己搧自己的嘴巴。蔡京也高价地回报了他们:林摅、余深当了中书侍郎,薛昂当了尚书左丞。

由于御史石公弼、张克公几十次上章劲奏蔡京,大观三年六月,蔡京被罢为中太一宫使,只享受宰相的物质待遇。十一月,进封楚国公,致仕,朔、望上朝,并负责《哲宗实录》的撰修。这时蔡京六十三岁。在他"致仕"的同时,长子蔡攸授枢密直学士,次子蔡儵除直秘阁。

大观四年四月,蔡京进所修的《哲宗实录》,五月被贬"降授太子少保,依旧致仕,在外任便居住"。亲信们也受连累,余深罢知青州,薛昂罢为祐神观使。政和元年,六月蔡京复为太子少师,八月复为太子太师。二年二月,特复太师,楚国公,赐第京师。三月,徽宗诏蔡京到阙,朝见,引对,许依旧服玉带。四月,皇帝在太清楼赐蔡京宴,并作了记。蔡京也上了记,内容详记了宫室服饰玩器的盛状。五月,又让蔡京"以太师身分三日一至都堂议事,以尚书省令厅为治所,仍押敕剳"。基本上复了职。蔡京的亲信余深又当上了门下侍郎。户部尚书陈显,在召对时说复用蔡京,士民失望。徽宗一怒把他贬知越州。陈显厌倦了官场,回故乡四明隐居去了。

蔡京进封鲁国公,他召来内侍童贯等,计划新建扩建宫室,让皇帝恣情娱乐。

政和六年,皇帝在蔡京府邸赐宴,蔡京乘机上奏,说前一段身体不好要求卸任,蒙恩适当照顾,现在"筋力尚可勉强,伏望许臣日奉朝请",徽宗照准,他就全面地复了职。皇帝去建隆观,竟顺便到赐给蔡京的新宅第去坐坐。七年,进封蔡京为陈鲁国公,他辞而不拜,于是又提他的亲属二人当官。近几年,徽宗大力征收奇花异石从东南运往京师,京中由蔡攸负责,浙江是朱勔,其他各地也要各献所有,搞得民不聊生,蔡京还煽动说:"陛下没有声色犬马的供奉,只喜欢点山林竹石,这都是人们不要的东西。"

蔡京买住皇帝的心,更是一手遮天。中书侍郎侯蒙,因蔡京不喜欢被罢了官。御史王安中奏劾蔡京,皇帝说:"当为卿罢京。"蔡攸知道以后,"尽率子弟见帝,泣且拜",皇帝便把王安中调离言官职务。御史黄葆光劾蔡京,被用别的借口贬昭州安置。

重和元年,茂德帝姬(公主)下嫁蔡京的儿子蔡鯈,蔡京又成了显赫的皇亲。此后皇帝或顺道,或专程,常到蔡京家坐坐玩玩。蔡攸妻子出入禁中,儿子蔡絛任殿中监,恩宠超过了蔡京。在玩权术方面,蔡攸更"青胜于蓝",六亲不认。他认为弟弟蔡絛能干,父亲也喜欢,便以"轻狂"的罪名怂恿皇帝废了他好几年。他想挤下父亲来自己当宰相,一天,回家看父亲,刚坐下便起来抓住父亲的手脖子捏巴了一阵,说:"大人脉势缓慢,身上有什么不舒服吗?"蔡京说:"什么也没有。"儿子离开后,蔡京对客人说:"这小子想说我有病好罢掉我的官呢!"几天后,皇帝让蔡京第二次致仕的诏令果然下来了。

宣和六年,在朱勔的怂恿下,徽宗又一次起用蔡京,这是他第四次、也是最后一次入相,年七十八岁,眼睛已看不见字了,也不能跪拜了,仍领三省事,五日一赴朝堂,至都堂治事。实际上一切由儿子蔡絛代笔。蔡絛与内兄韩椅,虐肆为奸,顺我者留,逆我者罢,没有一天不罢逐朝官。不到四个月,被蔡攸和李邦彦告倒,蔡絛提举明道宫,蔡京被迫致仕。徽宗命童贯和蔡攸去向蔡京索"谢表",蔡京置酒招待他们,流着眼泪说:"皇上为什么不让我再干几年:可能有人说我的坏话。"又说,"我老了该去了,只是不忍心马上辞,因主上的深恩还没报答,这种心情,二公是理解的。"他急得对儿子攸也称起"公"来,身边的人都偷偷地笑他。而蔡攸丝毫不为所动,蔡京只好交了谢表,依前太师、鲁国公、致仕。

蔡攸太自信了,皮之不存,毛将焉附?蔡京一下来,劾奏他父子的就多了。钦宗靖康元年三月,蔡京责授崇信军节度副使,德安府安置;"子攸前去省侍"。蔡攸可以天天为父亲摸脉查体了!四月,移衡州安置,又,蔡京移韶州安置,蔡攸责受节度副使、永州安置。七月,蔡京移儋州安置,蔡攸移雷州安置。贬到底了。八十岁的蔡京,走到潭州便死了。子孙二十三人,分别被贬窜到远恶地区,而且遇大赦也不在"照顾范围"。蔡京加于"元祐奸党"的一切待遇,他和他的子孙、亲信都"享受"到了。

赵 遹

用"火猴战术"镇压夷民起义的将军

赵遹(yù)(生卒不详),北宋将军。开封人。宋徽宗大观初年,赵遹以发运司勾当公事担任梓州路转运司判官。泸州、戎州的夷人"纳土"以后,赵遹奉命在那里建立了纯州县,官加直秘阁,又升转运副使,授龙图阁直学士,转运正使。

政和五年,赵遹派出使臣和表示归顺的晏州夷民一千多人及另一部分"贼首"卜漏等十几人,在一起"刺猫牲、鸡血,和酒饮誓,称一心归宋,更不作过"。并以朝廷的名义给了他们一些银子,安抚他们安居乐业。分兵修复了梅岭堡,增筑了一些防御设施,以备不测。后来他看到这些人"出没剽掠",而且还有发展的势头,便报告朝廷请讨。朝廷任他为泸南招讨统制使,派出六名军官分带三路军队共七千人,听赵遹节制。加上本路军队以及各种大小地方武装力量,共有三万五百四十人。

赵遹和各路军马约好在晏州的"轮缚大囤"会集。这地方高山崛起数百仞,周围四十余里,卜漏以这里为根据地,各囤逃亡的人都集中在这里,共同对付官兵。卜漏的人由山顶上向下砸石头,打得进攻的官军粉身碎骨;而官军在地上用强弓仰射,却连一半距离都射不到。包围了数日,只能望山兴叹,谁也想不出"破山"的法子来。

泸州都巡检使种友直,山西人,是将门之后,处事沉着,思考问题周密;黔州巡检田祐恭,原来是夷民土丁的药箭手,步履轻捷,熟悉这一带地形山势。赵遹便带上这二人,绕山骑马踏勘地形,发现在山体弯曲的地方,崖壁尤其陡峭,敌方可能认为难以攀登,没有设人防守。赵遹回到中军,调动部队在正面大张旗鼓地佯攻,同时派二人率领部分人员,进到山弯处,一是寻找登山秘径;二是捕捉猿猴。两天后便捉到几十只猴子。赵遹把自己的计谋说给种友直,传令全军:准备好云梯,一旦山头火起,便发起全面进攻。

种友直按赵遹的计策,用麻绳做成火炬,浇上蜡油,绑在猴子背上。夜晚,先派几个人登上崖顶,系好几十个绳梯垂下来;两千名士兵口中衔枚、带着猴子攀援而上。第一遍鸡叫时,队伍已全部登上山顶。到达夷人寨栅附近,便点燃了火炬、放出猴子。夷人的庐舍都是茅竹搭盖成的,火猴所到之处,立即引发燃烧起来。夷人一看烧了"家",连忙奔呼扑救,猴子们吓得乱窜乱蹦,火越燃越广,夷军一边灭火,一边和官军接战。赵遹在山下看到山头火起,便下令各路军士击鼓登山。前后夹击,夷军大乱,卜漏和其他酋长们突围遁走,被种友直率领的五千步骑兵追到山后全部抓获。夷人被杀死、烧死和转战中坠崖而死的有好几千人。

这次大镇压,一共"平"了两个州八个县,三十多座军事城防,在要害地点建设了新的寨堡,环绕轮缚大囤开拓了两千多里土地,赵遹划分了田亩区域,招募附近的人耕种,并进行军事训练,类似西北边疆的"弓箭社",称作"胜兵"。赵遹因给朝廷效了大劳,被提拔为龙图阁直学士,知熙州。他说身体不好,要求一个掌管祭祀的闲职,未获批准。入对以后,赐上舍出身,拜兵部尚书。他与枢密童贯有隙,极力要求放外任,皇帝命他以提举醴泉观兼详定一司敕令。第二年出知成德军,拜延康殿学士;他的儿子赵永裔也赐上舍出身、秘书省校书郎。

后来赵遹调知熙州,各蕃落的百姓听说他来当官,都奔走相告说:"我们的父母官来了,朝廷真不想打仗了!"积极地开展农业生产,一时间耕牛的价格都抬高了。

几个月以后,赵遹因病申请致仕,安排提举嵩山崇福宫。后来又被起用知中山、顺昌、应昌府。金人举兵侵伐大宋后,朝廷又召赵遹赴阙任职,但不久他便去世了。

种师道

种氏第三代边关大将

　　种师道(1051—1126),北宋抗金名将。字彝叔,洛阳人。曾叔祖父,是颇受宋真宗青睐的隐士种放。种放在准备彻底归隐、向真宗皇帝告别时,提出要求安排他哥哥的儿子种世衡一个官职,皇帝答应了他。由此,种氏改变了家风,种世衡及其儿子种古、种谔、种谊,孙子种朴、种师道、种师中,祖孙三代,都是宋朝西部的边关大将,经历了仁、英、神、哲、徽、钦六代,战功累累,声震敌国。(《水浒》中的"延安经略府"、"老种经略公"和"小种经略公"指的就是种世衡和种师道)

　　种师道少年时跟张载读书,成年后,以祖荫补三班奉职,历任熙州推官、权知同谷县,通判原州,提举秦凤常平仓。在讨论"役法"时,因忤了蔡京的主张,被改任庄宅使、知顺德军,蔡京还给他加上诋毁"先烈"的罪名,把他打入"元祐党人",罢了官,一搁就是十年。

　　起复后,种师道以武功大夫、忠州刺史、泾原都钤辖知怀德军。有一次,和夏人议定边界线,夏使焦彦坚一定要划回"故地"去,种师道驳斥他说:"如果说'故地',应该按汉、唐时的疆界标准划,那样,你们的疆土就更狭小了。"焦彦坚无话可说。

宦官童贯领枢密院,到西部去抖威风,官员们都想巴结他,成群结队地向他行跪拜礼,种师道却只"长揖而已"。召到京城后,皇帝向他咨询边防的事情,他扼其要回答说:"主动出击很难取胜;他们来打我们,就容易对付了。轻举妄动挑起争端,不是明智的做法。"他是看透了童贯狂妄的野心,才这么说的。童贯提出把内地的弓箭手调到边疆去,皇帝征询种师道的意见,他说:"如果这么做,支援边疆的效果还没见到,内地就已受到极大的干扰了。"徽宗认为他的见解很精辟,赏赐了他袭衣、金带,任他提举凤翔路弓箭手。当时西北五路都配置了加强防御的官员,皇帝很为自己善于选拔人才而高兴,对他说:"卿是朕亲自提拔的呀!"童贯更加不高兴了,种师道因此没敢拜领这个职务,他已经六十多岁了,极力拜辞,最后授了个"提举崇福宫"的闲职。

种师道出知西安州时,一次,夏人入侵定边,筑了佛口城,他率领军队去平掉这座城堡。队伍到达后,口渴得要命,种师道用手一指山的西麓说:"那个地方该有水。"派工兵去寻找,果然发现了满谷的清泉。

种师道任知渭州时,督率诸道兵在席苇平筑城,刚刚动土,敌军也到了,坚守葫芦河。种师道把一部分队伍在河边摆开,列出准备决战的架势,另派出三支队伍,一支骚扰,一支绕到敌后掩袭,一支从中间突入,杀得敌人大败,缴获了上万只骆驼、牛、马,终于把城筑起来,并安排部队守卫。

有诏令种师道统率陕西、河东等七路军队攻打臧底城,要求十天拿下来。部队进逼城下,他见敌人的守备非常牢固,不是旦夕能攻得下来的,过了几天,士气有些懈怠,有的下级军官竟坐在胡床上休息。种师道立刻下令将其斩首,并陈尸军门,大声宣布道:"今天拿不下城来,就这么办!"大家吓得两腿发抖,攻击令一下,都呐喊着奋力登城,一鼓作气攻破了城,只用了八天的时间。宋徽宗高兴地进升他任侍卫亲军马军副都指挥使、应道军承宣使。

宣和四年,童贯要趁女真攻辽的机会攻取燕京,种师道认为乘人之危不大好,后遗症也太大,童贯不听分兵两路进击,结果打了败仗。辽使也来责问"射一时之利,弃百年之好"。童贯无话对答,便迁怒于种师道,诬告种师道"助贼",于是种师道被责授右卫将军,致仕。这时他已经七十二岁了。

三年后,金人南侵,京师吃紧,种师道又被起用任河东、河北路制置使。当时他正住在南山豹林谷"养老",一接到诏书,立即动身,并邀姚平仲带上他的七千名步、骑军士一同赴京。走到洛阳,听说金帅完颜宗望的部队已经在京城外驻扎下来了，有的将领就提出，敌人的气焰正盛，最好驻在汜水看看形势。种师道向大家分析说："我们人数少，如果拖下来，真情暴露了更难办；如果现在大张旗鼓地前进，他们怎么会摸清我们的虚实！京城的人们知道我们来了，也会更加振作，还怕敌人吗？走！"于是沿途张贴标语，宣传种少保统率百万西兵前来，就要渡过汴水直捣金营了。金兵听了，吓得赶紧把寨栅往北挪，约束游动骑兵，只守住牟驼冈，增修防御工事。

临危登极的钦宗皇帝高兴极了，开了安上门，并派李纲欢迎慰劳他们。这时形势又发展到"议和"了，钦宗问他："当前这形势，你看该怎么办呢？"种师道说："金人不懂兵法，哪有孤军深入敌人境内而能胜利归去的呢！"皇帝说："可是现在已经讲和了呀！"种师道回答："臣只知以军旅之事为陛下服务，别的事情不敢过问。"于是皇帝授种师道检校少傅、同知枢密院、京畿两河宣抚使，姚平仲授都统制。

种师道有病，皇帝照顾他不用下拜，可以坐轿子入朝。有一次金使臣王汭正在放肆地对待宋朝君臣，一望见种师道，便赶忙按礼仪跪下叩头，钦宗转头向种师道笑笑说："他这是看到卿的缘故啊！"

有一次，金兵擅自闯入宋师偏将马忠的驻地，马忠抓住六个金兵杀掉了。金人为此来说理，种师道教训说：越界就是入侵，就该杀；如因事要过来，要有标志。种师道发给了他们"界旗"，叫他带回去由金方节制使用。后来金人也没使用"界旗"——因为没有敢再过界的人了。

当时宰相李邦彦怂恿皇帝向金割三镇——太原、河间、中山——以求和，种师道坚决反对，他的意见是"拖"，在条件上讨价还价，金人一时攻不下中山、真定，待到京城地区勤王部队陆续来的多了，便可把金军"挤"在河北两镇和京城之间，把他们打败以后，还可以追击而歼灭之。可惜李纲不听他的，而听了姚平仲的。

姚平仲急于建功，要求夜里去金营劫寨，活抓金帅完颜宗望，救回康王赵构。结果走漏了消息，金人作了准备，姚平仲大败而归。种师道又提出第二天夜里再分路出击——这是敌人意料不到的。可是宰臣李邦彦等不敢采用。

皇帝本人也没有什么战略打算，把希望寄托在姚平仲劫寨胜利的侥幸上，一旦失败，又怕金人责备"破坏议和"，便把李纲罢了官，下诏不许动用武力，种师道也就成了摆设。

李纲罢官的第三天，太学生陈东等数百人伏阙上书，宣德门前自发聚集了好几万军人和老百姓,击烂了登闻鼓,口号声震天响,迫使皇帝给李纲"现场复官"。群众还要求见种师道,皇帝只得下诏催种师道入城稳定人心。种师道坐着车进城后,示威的人们掀开车帘看见果然是他,便互相传告说:"果我公也!"才陆续散去。

原来枢密蔡懋禁止守城军队发矢石反击攻城的金军,将士们都窝着一肚子火。李纲起用后,下令杀敌多的重赏,于是人人奋勇争先,一下子把金将宗望打怕了,他已经唬到了割让河北三镇的诏书,又有肃王作人质,便不等到"赔款"索够数就撤军走了。

从姚平仲劫营,到金人撤兵,只经历了九天!种师道提出,金人本没有"信用",可以在他们半济黄河时发兵袭击。宋钦宗不允许。种师道力争说:"他们日后必定是中国的祸患!"御史吕好问也说:"金人得了大便宜,更加轻视我们,秋冬一定会倾国来侵,应当迅速抓御敌的战备工作。"皇帝也不重视。

金兵撤走不到十天,种师道便被罢为中太一宫使。御史许翰力争,皇帝硬说他老了,不能用了,并允许许翰和他见见面。许翰在殿门外见到种师道,他沉默不语。许翰恳切地说:"现在国家有急难,皇上准许我来请教疑难,希望您不因为我是书生就不愿意赐教。"种师道说:"我众敌寡,仗在我们的土地上打,我们只要分兵结营,控守住险要之地,使敌人没有一条通畅的运输线,打持久战,就能够破敌。"许翰心悦诚服地向他致谢。

许翰又上奏,说种师道智虑未衰,完全可以任用。两个月以后,朝廷又起用了他,加太尉、同知枢密院事、河北河东两路宣抚使,可是他手中一个兵也没有了。

太原方面,金兵还没解围。种师道的弟弟种师中,奉诏进军,收复了寿阳、榆次等县,驻扎真定。刚当上枢密的许翰,错信了金人将撤的情报,一次次派人督促种师中出战,并以"逗挠(拖延贻误)"责备他,种师中只好约定姚古、张灏分头进兵,连辎重、赏功的财物都没来得及带。与金人五战而三胜,姚、张二人听传说金帅宗翰要打过来,只顾自保实力,不敢进兵支援种师中。种师中孤军奋战,断了粮草,战士立功得不到赏赐,有的便离去了,最后身边只剩了百十名壮士。金人集中全力猛攻,种师中身受四处重伤,力战牺牲。金人乘胜击溃了姚古(姚平仲之父)的军队。

种师道病重求退,八月又起复他为两河宣抚使。这时他已病势垂危,勉力起行。走到河阳,侦得敌人要大举进犯的情报,急忙上疏皇帝幸长安以躲避金军的锋芒。那些议和派们，反而认为他胆怯怕敌，派范讷去把他替了回来。种师道回到京城，已经病得不能入朝参见皇帝了，不久，便带着满腔遗憾与世长辞，享年七十六岁。皇帝亲临祭奠，放声大恸。赠种师道开府仪同三司。宋高宗建炎年间，加赠少保，谥"忠宪"。

靖康元年十一月——种师道死后一个月，金人攻下了汴京，钦宗捶胸大哭道："我没有采纳种师道的意见，才到了这一步啊！"

童　贯

当上枢密使的大宦官

　　童贯(? —1126),宋徽宗朝宦官。原来是大宦官李宪手下的一名小"阉竖",性情乖巧,善于察言观色、揣摩主子的意图,把事情办到主子的心上。

　　宋徽宗即位后,在杭州设立了明金局,派童贯任入内供奉官,主持这个局,为他搜罗奇珍异玩。童去江浙一带为皇帝访求书画和奇巧玩意儿时,蔡京正丢了江宁知府的帽子,在杭州提举洞霄宫,蔡京挽留童贯在杭州住了几个月,日日夜夜地陪着童贯吃喝游乐。童贯为了报答他,几乎天天派人往宫中送蔡京作的画,从屏幛以至扇带,还有他搜罗到的奇异珍玩。而且每次都有附奏,说明是蔡京作的或弄到上献的,并说了蔡京许多好话,使皇帝对蔡京有了良好的印象。蔡京入朝后,一直和童贯互为表里,左右皇帝,把持朝政。

　　崇宁二年,西北边将王厚上书,要求朝廷派官员指导协调关系,并及时向朝廷请示报告。徽宗便派出童贯"往来勾当",并命令"本路经略、安抚、都总管司,公共协力济办"。童贯到达熙州以后,先冠冕堂皇地"传语劳军"以明确身分,接着便商议出兵扩张,从五月出兵到六月"收复湟州",向蕃羌各城池寨栅大举进攻,双方伤亡都很大,但汉人战术多变,终究胜利了。在攻打巴金城（安川堡）时，宋军吃亏不小，城破以后，王厚竟把已经归顺或放下武器的"诛强悍首领数百人"！

王厚因此役擢升威州团练使，知熙州；童贯升入内皇城使、果州刺史，依前熙河兰湟路勾当公事，就连朝中入贺的百官也升了官。在熙河兰湟专门设立了"措置边事司"，由王厚任"措置边事"，童贯任"同措置"。

崇宁三年，三四月，童贯、王厚又调集大军，灭了青唐羌。于是王厚官升武胜军留后，熙河兰湟经略安抚使，兼知熙州；童贯为景福殿使、襄州观察使，依旧勾当内东门司。

崇宁四年，童贯任熙河兰湟秦凤路经略安抚制置使。大观二年，又加升节度使。这年五月，童贯派部队攻取谿哥城，其实当时城中只住着王子臧征扑哥等二十八个人，官军一去，他们立即出城迎降。边官夸大了"战果"报到朝廷，诏令把俘虏臧征扑哥送到京师，授正任团练使、邓州黔辖。童贯又因这些假功升任检校司空、奉宁军节度使。

童贯的权力直线上升，与宦官黄经臣、中丞卢航表里为奸，右正言陈禾劾奏他们恃宠弄权，要求把他们"窜之远方"。童贯他们知道后，"相率前诉"，结果由卢航反奏陈禾"狂妄"，把陈禾贬去监信州酒税。

童贯因"军功"爬得高了，认为北方的辽国也可以图谋，于是要求出使辽国觇察虚实。徽宗便派端明殿学士郑允中任贺生辰使，由童贯任副使，于政和元年出使辽国。当时有的大臣提出异议："用宦官充任国使，岂不显得国家没人吗？"宋徽宗反驳说："辽人听说童贯大破羌人，所以要求见他；让他去就便观测一下辽国的形势，是个好办法呀！"到达以后，辽国君臣知道他是个阉臣，公然嘲笑道："南朝就是用这样的人才啊！"不过辽主当时正纵情声色娱乐，贪图南国的玉帛珍玩，而童贯赠送他的礼品，从罕见的高档珍宝以至浙江的髹漆用具，使辽主得到极大的满足，他回赠童贯的礼物，也相当可观。

政和二年，童贯进封为太尉，总领西部六路的兵权；四年，西边有急，诏令童贯为陕西经略使出兵讨伐。五年二月，永兴、鄜延、环庆、秦凤、泾原、河西各置经略安抚使，由童贯总领，西部的兵权便全在童贯的手中了。这年九月，王厚和刘仲武率领四个路的兵力攻打夏国，结果大败，丧失了一万多人马、三名大将。王厚怕被治罪，便重重贿赂童贯。童贯遂把这情况隐匿下来，不向朝廷报告。

政和六年正月，童贯任陕西、河北宣抚使；九月，又任开府仪同三司；七年三月，童贯领枢密院。这个大宦官一时权倾朝野。六月，又加检校太傅。

重和元年八月,加太保。宣和元年三月,童贯命令熙河经略使刘法攻取朔方,刘法不想出兵,童贯强令他出兵。结果被夏军三路合围,大战七个时辰,丧师十万,刘法在逃跑时坠崖,足部骨折,被追兵赶上把头割下领赏去了。童贯隐瞒失败的实情向朝廷"报捷",又加太傅、封泾国公。实际上,他与蔡京把持着朝政,所以当时人们用"公相"称呼蔡京,用"媪相"称呼童贯,以表达对二人专权的不满。

宣和二年,江南方腊起义,发运使向朝廷告急,皇帝派童贯任江、淮、荆、浙宣抚使,率领禁军及秦、晋蕃汉兵十五万进讨,并且嘱咐说:"如有紧急情况,即以御笔行之。"童贯到了吴地,见老百姓受"花石纲"扰害极重,人们反映,这是"贼"不能很快讨平的主要原因。童贯叫属下董耘以皇帝的口气写了"罪己诏"公布,免除了苏、杭造作局及御前纲运木石采色等物;朱勔父子弟侄也被罢了官,"吴民大悦"。童贯正是利用这一点,和义军争夺群众。

后来皇帝看了"罪己诏",又不高兴了。方腊义军被镇压下去以后,"六贼"之一的王黼对皇帝说:"其实方腊的起事,是因盐茶法;童贯却胡言乱语,把过错归咎于陛下。"宋徽宗一听更恼火了,下诏恢复"应奉局",命王黼和梁师成主持,朱勔从"替罪羊"恢复到原先的"哈巴狗"。童贯对皇帝道:"东南的百姓饭锅子还没坐稳,就又搞这一套了!"皇帝恼怒,他没敢再说。

镇压了江南的方腊后,王黼又怂恿皇帝伐辽。于是,宣和四年春,又任命童贯为河北、河东路宣抚使,蔡攸为副使,带兵十五万"巡北边以应金"。历史证明:"联金击辽"的作法给宋王朝招来致命的打击。当时金人实力极强,经过了一些战斗后,第二年春天,童贯、蔡攸进入燕山府,只得到一座空城,人、财都被金人抢走了。童贯报了"捷",王黼上表称贺。班师后,皇帝已不喜欢童贯了,便令他"依前太师、神霄宫使,致仕"。

童贯致仕后,一直想着北边的事,并派人去探察情况。这态度使皇帝有些"不过意",于是又援神宗遗训,于宣和七年七月封童贯为广阳郡王。九月,又起任童贯为宣抚使,去和金人谈判交割云中地的问题。

童贯到了河北,形势大变,金人渝盟南侵,对宋使说:"我国如果认为贵朝可怕,就不长驱进军了。文牒即将送到,你会看见的。不如快派童大王来,把河北、河东土地割给我们,以大河为国界,以保存宋的宗社,这才是你们真正的报国呀!"童贯听到这种回报,又愁又气,就和参谋宇文虚中商议回朝请示。太原知府张孝纯极力挽留他们,以稳定人心、利于抗战守土,他却逃回了京城。

金人南侵，宋徽宗禅位南逃，钦宗即位。御史弹奏童贯"玩兵纵敌"于前，逃跑于后，童贯被责以左卫上将军致仕。待到把"道君皇帝"迎回朝，才把跟着逃跑又跟着回来的童贯责授昭化军节度副使、郴州安置，继而又移永州安置，移吉阳军安置。靖康元年七月，诏斩童贯。九月壬午日，"枭童贯首于都市"。他是在贬所被处死，头颅用匣子装送京城，才枭首示众的。

　　童贯是宋朝宦官中掌握兵权最久、爬到枢密位子上的第一人，也是唯一的人。在他以前，宦官拥有兵权的如王继恩、李宪，只升到安抚使、节度使。在宋徽宗当政时期，童贯是朝中"六贼"中名列第三的人物，一时权倾朝野，在有些事情上实际影响甚至超过了皇帝。曾经有人弹劾他的不法罪行，皇帝派方劭去调查，结果，方劭的一动一息都掌握在童贯手里，他反过来诬告方劭，把他贬窜远方，不久方劭就不明不白地死了。

　　童贯有些不同于一般阉臣的特点。他体貌魁梧，腮下还长着十几根胡须，皮骨像钢铁一般的结实，看上去颇有阳刚之气，而不像一般阉人那样"男不男，女不女"的。他也不像一般宦官那样只满足于领赏受贿，他有度量，能疏财为人，后宫里，嫔妃以下，他广泛送礼结纳，因此皇帝周围的妇人、宦寺，不断地向皇帝说他的好话。凡皇帝想到的、没想到的，凡是享用的东西，童贯都能给他弄来。宫中上下又都称赞童贯，皇帝便越来越多地给予他宦官所不应该拥有的大权，特权。他的恩宠与日俱增，再有蔡京父子的"相辅相成"，那么，一些州郡守牧、辅弼大臣出自"童门"，也就不足为奇了。就是这样一个特殊人物，带着十五万军队南讨方腊，宋徽宗还叮咛"如有急，当以御笔行之"。在镇压了方腊之后，童贯没有"拥兵自立"，也算对皇帝"够意思"了。

朱 勔

靠承办"花石纲"发迹的佞幸

朱勔(miǎn,? —1126),宋徽宗朝佞幸。苏州人。父亲朱冲,是个猾黠、工于心计的人,少时家中贫寒,为人佣工,因强悍不服管理,被主人用鞭子抽打而出走。在外地,他赚了钱,并得到医药秘籍,回到苏州开药店,很快成了名医,求医者云集,家道越来越富裕。于是他修建了花园,广泛地结交朋友,名闻遐迩。

蔡京贬职杭州的时候,到苏州去玩,想在那里修建一座大寺庙,这要用一大笔钱。和尚指点蔡京说,要结这么大的善缘,非找朱冲帮忙不可。蔡京找到郡守,郡守叫来朱冲,朱冲听清了蔡京的意图,表示他愿意一人承担。几天后,朱冲请蔡京到寺里去商定建筑规模,蔡京到那里一看,空荡荡的寺院里已经堆满了几千根高大的木材!蔡京大吃一惊,心下暗自佩服朱冲的办事能力。

一年后,蔡京被召回朝廷,就带上了朱冲的儿子朱勔,并托童贯把他父子二人的名字都列入军籍中,补上官职。

宋徽宗对奇花异石大感兴趣,蔡京便示意朱勔告诉朱冲,秘密地从浙中搜求珍异进贡。第一次,朱冲贡进三棵黄杨,皇帝非常喜欢,以后每年增加一点儿品种,进贡三次。后来逐步升级,到了崇宁年间,一队一队的舳舻在淮河、汴水上往来不绝,号称"花石纲"。在苏州设置了应奉局,由朱勔负责为皇帝搜求和发运"花石"。

"上求材,臣残木;上求鱼,臣干谷。"确实如此,"花石纲"的搜求和地方官的主动进贡,愈演愈烈,江南的苏州、二广、二浙、海南、湖湘、福建、四川,山东的登、莱、淄、沂,总之"王土"之内的一切奇异土特产品,可以供人主享受的,都纳入了"花石纲"运送京师。官府中层层下达任务,层层巴结,骚扰害苦了广大平民百姓。

老百姓遭遇到"进贡"的,倾家荡产还在其次,累死、饿死、冻死、摔死、淹死以及因熬受不了责罚自杀而死的,远远超过宋代其他徭役的危害。奸相蔡京还火上加油地说:"陛下一点犬马声色的享受也没有,只喜欢点山林竹石,这在一般人都是些废弃不取的东西啊!"

京城和苏州两头,由蔡攸和朱勔分别负责,他们向下要"白伸手",但却向皇帝假托采购"花石",从内府库中一次几十万几百万地往外支取银两,于是蔡攸、朱勔大大地发了家。朱勔也提升为"防御使",东南地区的好些刺史、郡守,都出在他的门下。

后来,巨大的风景区建筑群"万岁山"修成,形势、布局的峻奇奥妙自不必说,单凭把四方的花石布置上很多,就是任何一地的名胜也没法比拟的。朱勔又"锦上添花",运来一块巨型的太湖石。这块大石头有四十尺高,用大舰装着,上千名役夫拉纤,所过州县,凿河、断桥、毁堰、拆闸,经历好几个月的时间才运到京城。其时正值童贯"收复"了金人攻下、抢空又弃之而去的燕地,宋徽宗认为这石头来得吉利,便赐名为"昭功庆成神运石"。

方腊发动农民起义,就是以"诛朱勔"为号召,一时江东席卷风从,攻城陷郡。宋徽宗派童贯出兵镇压,罢了"花石纲",罢了朱勔父子的官,动摇了方腊的军心,使镇压迅速成功。

杀了方腊以后,在王黼的挑拨下,宋徽宗又怀念起那些源源不断的奇花异石,全然不顾金人入侵的严重形势,又下诏恢复了应奉局,复了朱勔父子的官。朱勔父子比以前更加神气蛮横,从直秘阁到殿学士诸官职,凡"朱门"的都能够捞得到,而得罪他父子的转身就会丢掉乌纱帽。朱氏在苏州的府邸,由搞花石到兼营政治交易,时人称之为"东南小朝廷"。宋徽宗把朱勔留在身边,报告情况、传达上旨,像一个大宦官,进见时连宫嫔都不回避。朱勔历任随州观察使,庆远军承宣使,"太湖石"运到后,又升为宁远军节度使、醴泉观使。朱氏一门都当上显官,就连他们的仆人、车夫有的也"至金紫"。

金人南侵,宋徽宗禅位给钦宗,自己准备南逃。朱勔为了保存自己,"仓卒拥上皇南巡",并打算让宋徽宗住在自己苏州家中。机关算得妙,却来不及了。靖康元年正月,宋钦宗把朱勔"放归故里";三月又下诏把朱勔"安置广南,籍没其财产"。御史们不断上言,四月里,随着蔡京、童贯的进一步责贬,朱勔也"移韶州羁管,子汝贤、侄汝楫等并各州居住"。因走"六贼"的门子得官的,一概罢黜。接着又有诏把朱勔移置循州,他的子孙被分送湖南。七月蔡京死在押送的路上,童贯有诏斩首。九月,皇帝以手剖赐蔡攸死,蔡攸和朱勔亦分别在贬所伏诛。

朱勔也在徽宗朝的"六贼"之列。

梁师成

附庸风雅的"隐相"宦官

梁师成（？—1126），宋徽宗朝宦官。字守道，头脑聪明，能书能文。最初在贾详的书艺局干活，贾详死后，他分配到睿思殿文字外库，主管出外传达上旨。后来得宠于宋徽宗，大观三年应进士试，他是宋朝的宦官中唯一一个参加并考中进士的人，其后官运亨通，恃宠弄权，属于宋徽宗朝"六贼"之一。

梁师成先后出任晋州观察使，兴德军留后，建立明堂时，他任都监，拜节度使、加太中一宫和神霄宫使，出任过护国、镇东、河东三镇的节度使，后在朝中升少保，拜太尉、开府仪同三司，管辖着百十个职局，时人称之为"隐相"。梁师成原先在殿中负责抄写皇帝的旨令下发，他选择了一些书法好的书吏，叫他们模仿皇帝的笔迹，达到"以假乱真"的程度，在外臣看起来，有的假"诏"和御笔简直分不出来，这为他的弄权捣鬼创造了条件。他的文采并不怎么样，但能老着脸皮攀高枝，说自己是苏轼生的，在皇帝面前提到苏轼，都称"先臣"（我死去的爹）。不管苏轼是否有过这么一个神秘的儿子，他对苏轼可确乎尽了"孝道"。当时蔡京大整"元祐党人"，苏轼的文章书信都被禁止在社会上流传，梁师成向皇帝申诉说："先臣有什么大不了的罪啊？"从此对苏文的禁锢就无形中解除了。

梁师成以书画专家自任，四方的文人名士，他知道的，尽力设法招致门下，在宫外的住宅中，陈设了很多名人书画卷轴，广泛邀请宾客前来欣赏、品评、题记，其中有他中意的人，他就帮他当官、升官，就是参政、侍从这么大的官，他也能办得到。"六贼"之一的王黼，对梁师成"父事之"，称梁师成为"府恩先生"，最后爬上了宰相的坐椅。就是蔡京父子，也得向他谄媚讨好。所以时人都称他为"隐相"。

镇压了方腊以后，宋徽宗受王黼挑拨，厌弃了代他下"罪己诏"的童贯，重新恢复了为皇帝的享受进行搜刮的应奉局，派王黼和梁师成来主管这个局。

梁师成是打着"供奉"皇帝的旗号鱼肉人民、欺压官吏的奸臣佞宦的保护伞。宦官李彦与王黼表里为奸，在汝州设了局子，大力搜刮京东、京西两路的民脂民膏以供奉朝中，并借此大面积侵霸和兼并土地，被抓来运送的农民，田园荒芜了，人畜在路上饮食要自己负责，有的力竭饿死，有的就在车辕上自缢而死，一株龙鳞薜荔，运到宫中费用超过百万缗钱。有些官吏和他们狼狈为奸的，或得肥缺，或扶摇直上，否则，就要倒霉。颍昌兵马铃辖范寥，不为他们提供和运送竹子，便被诬告勒停。李彦无论到了哪个官府，都昂然坐在大堂的正座上，监司、郡守不敢非议。有人向皇帝报告李彦的无礼傲慢，梁师成反驳道："天子派出的人，地位再低微，次序也在诸侯之上，这算什么过错呢！"吓得那人不敢再说什么了。

宣和四年正月，梁师成任开府仪同三司。金国使者高庆裔来宋谈判，宋徽宗令梁师成代赐御宴，用的器具都是禁中的。宣和五年七月，梁师成加少保。十一月的一天，皇帝到宰相王黼家欣赏芝草，又通过便门，到了一墙之隔的梁师成家，在两家喝醉了，话都说不出来，深夜开了龙德宫复道的小门回宫，宫里禁卫戒备了一夜，天亮后皇帝还不能起身视朝。六年七月，王黼上言得到方士的璇玑玉衡之书（天文书籍），可用来观察"七政"，诏令设置"玑衡所"，由王黼和梁师成主持这件事。

七年十二月，金人大举进犯，京城难保，徽宗自命教主道君皇帝，下诏禅位给太子，自己准备向南逃命。皇太子赵桓即位的第五天，太学生陈东等伏阙上书，要求诛杀蔡京、王黼、童贯、梁师成、李彦、朱勔六贼。第七天，徽宗被尊为太上皇帝，与太上皇后迁出至龙德宫居住，大臣们都来哭着送行。宋徽宗流着泪说："内侍们都说这个做法错了。"宰相吴敏说："是谁说的？杀掉一个,以镇住其他人!"上皇又说:"人多嘴杂,记不清是谁了。"一会儿却个别地和宰相李邦彦说:"是梁师成。"

梁师成曾经保护过新任皇帝宋钦宗。原先郓王赵楷宠盛时有觊觎东宫的野心,王黼也想帮他夺皇太子的位,是梁师成尽上力,才使赵桓的皇太子位被保了下来。所以钦宗赵桓即位后,内外老佞幸们都跟着徽宗出逃,他留了下来。太学生陈东、布衣张炳交章劾奏他表里为奸,有异志。尽管这样,皇帝还是不忍心处死他。梁师成敏感到自己的危机,把自己置于皇帝贴身宦官的地位,睡觉、吃饭都不离开皇帝,皇帝上厕所,他也在外面伺候着。这样过了一些日子。皇帝命梁师成和郑望之带上宣和殿的珠玉器玩出使金国,并暗中吩咐郑望之:到中书府告诉宰相,梁师成去办手续,就把他扣下。待到扣下以后,才下诏宣布他的罪状,贬彰化军节度副使,由开封府吏押送前往。走到八角镇,依旨缢死了他,并诏令抄了他的家。

宗 泽

抗金常胜、复国无权的老将军

宗泽（1059—1128），北宋抗金名将。字汝霖，婺州义乌人。母亲刘氏，一天夜晚梦见大大雷电，电光笼罩着全身，第二天生下了宗泽。宗泽自幼心怀大志，性格豪爽，宋哲宗元祐六年，登进士第。在廷对的时候，他透彻地论析时弊，主考官嫌他太直率，出榜时把他放在甲科的最后一名。

宗泽是"国而忘家"的好官。绍圣年间，宗泽调任大名府馆陶县尉，当时吕惠卿正被贬知大名府。有一次吕惠卿传檄给宗泽和县令视察大河防汛设施，通知到达时，适逢宗泽的大儿子夭折，他忍痛按通知要求，立即动身上了河。吕惠卿后来听说这件事，赞叹道："这真是为国而忘家的好官呀！"

当时朝廷大开御河，隆冬时节，役夫饥寒交迫，有的冻死在路上，而监工的宦官仍严加督责。宗泽上书指出"徒苦民而工未易集"，建议过了冬天开春再干，得到上司允准。吕惠卿想调他到自己手下，他推辞了。

宗泽刚调任衢州龙游县令时，那里还没有读书求仕的设施和风气。宗泽筹建了庠序，请上教师，召年轻人入学学习经书，从此以后，每次科举取士，这个县都有考中的人。

宗泽任地方官，敢于为民请命，对上头的无理搜刮敢于抵制。一次朝廷下来使者征购牛黄,任掖县知事的宗泽说:"在疫疠流行的时候,牛饮食了那毒素,才能结成黄;现在气候和顺,哪里来的牛黄呢!"使者生了气,说要上告他,宗泽说:"就是我一个人说的,你告我去吧!"使者果然告了他,朝廷竟因此给他扣了个对建神霄宫不虔敬的罪名,把他除名编管。但他却为一县百姓免除了一项"牛黄灾难",否则又将搞得鸡犬不宁。

靖康元年,中丞陈过庭等举荐宗泽任"和议使",去和金人谈判。宗泽接受了,临行时说:"这一去就不能活着回来了。"人们问原故,他说:"敌人能承认错误撤退军队,那是最好的了;否则,我怎么能在金人的朝廷上卑躬屈节地有辱使命呢!"这情况反映上去,钦宗皇帝和求和的大臣们怕他砸了和议的锅,便改派了别人,而派他出知磁州(今河北磁县)。

金人刚攻陷了太原,磁州也因此受到战争洗劫,当时被朝廷任命河北河东两路的官员,往往托故不去上任,宗泽对这些官僚们很看不起,慷慨地说:"吃着国家的俸禄而逃避国家的灾难,是不应该的!"他单人独骑带上十几名羸弱的士卒就走马上任了。劫后的磁州,人民逃迁了不少,宗泽一来上任,民情又振作起来,消息传出,外逃的陆续回来了。他发动民众修缮城墙,疏浚隍池,招募义勇,修治防御器械,作坚守的长远打算,并上奏:"邢、洺、磁、赵、相五州,各蓄精兵二万,敌攻一郡,则四郡皆应,是一郡之兵,常有十万人也。"钦宗嘉许,授以河北都总管。

金人攻破真定后,引兵向南谋取庆源,恐怕宗泽出兵从背后袭击,便派出数千骑兵直攻磁州城,宗泽擐甲登城,命令壮士用神臂弓射杀敌人,敌人一退逃,宗泽便率领守军出城追击,结果斩首数百级,缴获了大批的羊、马、金、帛,宗泽把这些战利品全部分赏给军士们,自己一点也不留。

金人马不停蹄地南侵,宋钦宗还抱着议和的幻想,并派康王赵构出使金宗望军营去"议和"。靖康元年十一月初,康王入宫辞别皇帝兄长,钦宗赐给他玉带。十一月下旬,到达磁州,宗泽迎接叩拜,谏阻说:"肃王一去不返,现在金人又玩弄花言巧语骗大王去议和,他们的军队已经打过来了,再去还有什么可谈的!请大王不要去了。"这时金国完颜宗望的部队,常在磁州一带游弋,探查康王的行踪。相州知州汪伯彦也派人送帛书给康王,请康王赴相州。康王便于夜间由一条秘密小路回到了相州。

金人继续南侵,京师危急。钦宗写了密诏封在腊丸中,令人招募秦仔、刘定等四名敢死之士,带上蜡丸诏书到相州见康王。诏书中任命康王赵构任河北兵马大元帅,陈遘为元帅,宗泽、汪伯彦为副元帅,要求他们调动河北的全部兵马迅速入卫京师,任命官员、决定事宜都由康王便宜行事。康王呜咽着读完诏书,军民都很激动感奋。

康王把大元帅府设在相州,一共只有一万士兵,分五路渡河。宗泽率领自己本部两千人马,奋力与金人作战,一连攻破三十几座寨栅,踏着冰过了河。见到康王便要求驰援京师。这时钦宗又派人送来蜡丸诏书,说金人正准备议和,叫他们停止前进。汪伯彦等都相信,只有宗泽说这是敌人的缓兵之计,应该紧急驰援京师。别人都害怕,怂恿康王先派出宗泽。宗泽出发后,他们大队便开赴东平,于是宗泽和大元帅府也就脱钩了。

从大名到开德,宗泽一路和金人打了十三仗,都胜利了。他一面发信请康王会师京城,一面联络其他各路军队,继续孤军往前闯。走到卫南,先头部队报告前面有敌营,他指挥部队一直冲杀过去。继而转战向东,敌人增加了兵力,周围都是金人的营垒,部将王孝忠牺牲了,宗泽动员部属说:"现在前进、后退都是死,我们必须死里求生!"将士们都很激昂,以一当百,杀死敌人数千名,迫使金人放弃营寨退兵数十里。战士们正想饱餐一顿欢庆胜利,宗泽却下达了迅速撤出营地的命令。

金人不甘认输,想趁宗泽军队胜利后心理上麻痹的机会,夜晚劫营,结果扑了个空。金人又一次感到宗泽用兵的神奇。在金人没有预料到的情况下,宗泽又派部队过河,进行了一次胜利的奔袭战。

靖康二年四月,宗泽闻听金人俘虏徽、钦二帝北上,立即率领部下经滑州、黎阳,到达大名,想过河堵住金人的归路把二帝夺回来。但其他各路军队一个来"勤王"的也没有,他孤掌难鸣,只好作罢。

金人立张邦昌为帝,伪国号"楚"。宗泽上书大元帅府讨逆。

康王赵构在南京即帝位,宗泽入见,慷慨陈述复兴大计,热泪横流。当时李纲也正入对,听了他的议论,非常敬重。皇帝本想把宗泽留在朝中,由于黄潜善等人的阻挠,最后授他以龙图阁学士、知襄阳府。后来经宰相李纲一再建议,又调知开封府。开封已成为一座"没有皇帝的京城",宗泽靠着自己的威望,很快使城中恢复了正常的生活秩序。他的远大理想,是发展有一定实力的武装力量,把高宗从南京接回来;进而加强国防实力,救回被金人掳去的徽、钦二帝和宗亲们。

宗泽的武装力量来源于人民以至朝廷眼中的"匪""寇"等,好多草头王为他的爱国精神所感动,都愿听他号令,共赴国难。

王善是河东巨寇,拥众七十万,兵车万乘,想入据京城。宗泽单人独骑到王善营中,劝他道:"现在朝廷正处在危难之际,如果国家有像你这样的一两个人,还怕敌人侵略吗?现在正是你立功的时候,不要错过啊!"他说着落下了眼泪,王善也被感动哭了,遂向他投降。

外号叫"没角牛"的杨进,拥兵三十万,王再兴、王贵、王大郎三人,各拥兵数万,他们往来于京西、淮南、黄河南北,扰害不小,宗泽派人分头说服,晓以大义,招降了他们。

寿春人丁进,聚众数万人,自号"丁一箭",建炎元年十一月,他围攻寿春城,包围了二十五天没攻下来,解围而去。后来也归顺了,封为阁门宣赞舍人、京城外巡。二年一月,他把队伍带到京城近郊,去参见京城留守宗泽。将士们怀疑他的诚意,负责侍卫的官员要布置甲士暗中保护宗泽,宗泽说:"我们应该披心以诚相待,精诚所至,木石都能感动,何况是人呢!"丁进来到以后,宗泽像对待老部下一样,亲热地慰问他。丁进很受感动,请宗泽去视察他的部队。第二天宗泽去慰问了部队。丁进队伍中有怀二心想捣乱的,丁进亲自抓来杀了。后来丁进的部队,一直是保卫汴京的一支生力军。

到建炎二年三月,宗泽可以调动的部队,超过了一百万人,存粮也足够半年用的,于是他在多次上书以后,又一次上书请皇帝还京掌国。但高宗只派人送诏鼓励了他们一番却不回来。

宗泽处理部下犯错误问题,很有原则。

岳飞是宗泽部下的秉义郎,一次犯了错误,该处以军法,宗泽一见到他,眼睛就一亮,说:"这是个将材啊!"正值金人侵略汜水,宗泽给了岳飞五百名骑兵,叫他去立功赎罪。岳飞大败金兵,回来后宗泽免了他的罪并升他为统制。岳飞的出名便是由这件事开始的。

金将粘罕占据西京和宗泽相持,宗泽派部将李景良、闫中立、郭俊民领兵赴郑州。中途遭遇到金人,大战一场,闫中立牺牲,郭俊民降金,李景良逃跑。宗泽逮住李景良,数说道:"没有打胜仗,还可以原谅;私自逃跑,是眼中没有主将。"把他杀了。后来郭俊民和一个姓史的金将及燕人何仲祖等拿着金营的信来招降宗泽。宗泽数说郭俊民道:"你打了败仗死了,还可以当个忠义鬼;现在却替金人来诱降,还有什么脸面来见我!"下令把他处斩,又对那个金将说:"我受命守土,以死相许。你身为金的将领,不敢和我拼个死活,竟想来诱降我!"把他也宰了。何仲祖是被他们胁迫来的,宗泽释放了他。

宗泽在磁州任上,因公离开时,把州里的公事托付给兵马钤辖李侃,而统制赵世隆竟把李侃杀了。后来赵世隆与弟弟世兴带着三万兵来投宗泽，部属们说赵有诈，宗泽说："世隆原来就是我部下的将校，哪能呢!"他们来到以后，宗泽责备赵世隆说："河北沦陷了，难道我们宋朝上下级的名分也沦陷了吗?"下令斩了他。这时赵世兴正带着刀就站在一旁，他们的部队正露着兵刃都站在庭下。宗泽温和地对赵世兴说："你哥哥犯了国法，该处死。你如能奋发立功，就可以洗掉这个耻辱。"赵世兴感动得哭了。金人侵犯滑州时，宗泽派赵世兴率兵赴救，世兴从金兵背后突然杀出，打得金人败逃而去。

防御性的、进攻性的仗，宗泽指挥打了不少，凡他亲自指挥的，没打过一次败仗，这大大震慑了金人，都称他"宗爷爷"。汴京成了金人不敢进犯、也确实有足够实力能防守的钢铁都城，可惜皇帝不愿意回来!

宗泽与汴京军民翘首盼望着皇帝回来。从高宗即位到宗泽去世，正好十四个月。除去仅有的一次"面君"机会请求回京外，宗泽在这十四个月中，二十多次上书请宋高宗回朝廷汴京领导抗金以雪国耻。皇帝及宰臣汪伯彦、黄潜善却顾虑重重，有时置之不理，有时下诏表扬几句，只有建炎二年五月下诏答复他"择日还京"，这是因为他们听到了一个传言——河外兵马都元帅、皇弟信王赵榛要入京，他们也深知入京、抗金才是众望所归，所以借宗泽奏请之机，下诏答复，和皇弟"抢椅子"。

不管出于什么动机，只要皇帝肯回京，全国的人都高兴，遗憾的是他们光动嘴而不动身。

宗泽心中明白，皇帝自己没有决心，议和派们又拖后腿，"车驾返京"的希望非常渺茫，但他这个东京留守、开封府尹无力再等下去了，他望皇帝来归望穿了眼睛，忧愤成疾，背上长了个大疽，他倒下了。杨进等将领们到卧榻前问候，宗泽奋力坐起来说："我本来没有病，只是因二帝蒙尘，忧虑愤懑积压得到了这个地步;大家能够奋力为我歼灭敌人，成就主上恢复国土的大志，我死了也不遗憾了!"将领们都哭了起来，一致表示尽力去做。大家退出后，宗泽长长叹息了一声，吟诵道："出师未捷身先死，长使英雄泪沾襟!"他有着与诸葛亮同样的终生遗憾——都奉着一个"亲小人"的扶不起来的天子。

建炎二年七月初一日，风雨交加，天昏地暗，奄奄一息的宗泽，用全部生命力大喊了三声"过河"，便与世长辞了。享年七十岁。从发病到辞世，没有一句话提及家务事。听到他去世的消息，"都人为之号恸，朝野无贤愚，皆相吊出涕。"他留有遗表，由儿子宗颖送到南京"行在"(皇帝出宫后的临时驻所），最后几句是："嘱臣之子，记臣之言，力请銮舆，亟还京阙，大震雷霆之怒，出民水火之中……"讣闻传到行在，只诏赠观文殿学士，谥"忠简"。

宗泽一生，自奉很薄。遭贬的那几年，有时连粥都吃不饱，他仍然吟啸自如。晚年俸禄多了些，他的生活水平也没有什么大的提高。经常说："君父正卧薪尝胆，臣子怎么能安居美食呢！"他个人应得的俸禄及赏赐，往往分赠给贫困的亲友以至素不相识的人，他先先后后抚养的遗孤，有一百多人。在京城百姓的心目中，宗泽这个京兆尹真是名副其实的"父母官"。

宗泽平素对他招抚来的义士豪杰"土"队伍，和他原先统帅的"正宗"官军，一视同仁，赏罚公道。他的推心置腹、用则不疑的赤诚，更令人倾倒佩服。所以大家都乐于受他指挥，肯效死力。他们也知道，"朝廷命官"中，没有几个人会像宗泽这样对待他们，所以，宗泽去世的几天内，告别他的遗体后离去的将士就有十分之五。京城里的有识之士很为此忧虑，便联名上书偏安的朝廷，说宗泽的儿子宣教郎宗颖，在军营中很得士卒的心，请求让他担任宗泽留下的职务。结果朝中却任命了吴充，而以宗颖任直秘阁、留守判官。吴充带着宰臣们两项嘱咐上任："继前官之美"；"深戒妄作，以正前官之失"。他本来就无志于恢复大业，为了"正失"有功，把宗泽以往的传统做法都改变了，于是，以往宗泽联络结交的两河豪杰，都不再听他的号令了。

金人听到宗泽逝世的消息，马上又准备向南进军了。

张叔夜

危亡关头的枢密使

张叔夜(1065—1127)，北宋末年大将。字嵇仲。祖父张耆官至侍中，叔夜从小喜欢谈论军事，以祖荫任兰州录事参军。

兰州在西北边境线上，平时依仗黄河的天险，每年的冬天黄河结了冰，边防部队便进入了紧张的战备阶段，戍卒们几个月不敢脱下铠甲，极其寒苦。张叔夜说："这不是个好办法。不找要地防守，一旦敌人过了河，我们不就完了？"他察勘到一个叫天都的地方，是五条大道的交口，羌人入侵，往往先在这里集结。他根据地理形势制定了攻取的方案，终于攻下了这个地方，建为西安州，羌人从哪条路上进犯，都会在这里受到阻击，由此为兰州方向杜绝了羌患。

后来他升任襄城、陈留的知县，献上自己写的文章，又先后升任舒州、海州、泰州、知州。宋徽宗大观年间，任库部员外郎、开封府少尹。他又一次献文，召试制诰，赐进士出身，迁右司员外郎。

有一次张叔夜出使辽国，在宴饮射箭时，他一箭中的。辽人很惊诧，要看看他的弓，他只拿在手中让他们看，说没有使者交出武器的先例。事情虽小，却表现了不容摆布的国使尊严。

淮南宋江等三十六人起事，"转掠十郡"，官军不敢碰他们。张叔夜受蔡京排挤，由礼部侍郎改徽猷阁待制，第二次出知海州，正好遇上了宋江谋反。他招募了一千名壮士，事先作好部署，宋江的人马来到海边，劫夺了十几只大船，装载上抢掠来的东西，正准备从海道运走，这时张叔夜埋伏下的轻装士兵从码头杀了出来，宋江的部下被粘住后，张叔夜埋伏的另一部分人便扑向大船放火。宋江一看财物被烧，人马遭伏兵杀伤，副将被捉，只得投降。

平了宋江，张叔夜加直学士、知济南府。当时山东地区"群盗猝至"，张叔夜估计官兵力抵不行，便布置僚属用"拖"的办法，先把旧的"赦贼文"找出来四处宣传，又在谯门上举行宴会，显得轻松悠闲，"盗寇"们狐疑不决，天黑了还没有决定是不是攻城。张叔夜埋伏下的五千士卒突然发起袭击，"盗奔溃，追斩数千级"。张叔夜因平"盗"有功，进龙图阁直学士、知青州。

靖康元年，金人南侵，钦宗赐手诏令张叔夜入卫京师，于是他自己率领中军、大儿伯奋率领前军、二儿仲熊率领后军，共三万军马，一路与金人转战前进，十一月底到达汴京。部队驻扎在玉津园，钦宗登南薰门检阅，看到将士们虽然经历了长途行军作战，仍然军容严整，铠甲光明，非常欢喜，进张叔夜延康殿学士，又进资政殿学士。入对时，张叔夜说金人气焰太盛，建议皇帝像唐明皇避安禄山那样先出京躲一阵子，皇帝没有表态。

金人围攻京城，闰十一月初三日，宋钦宗披甲登城鼓舞士气，拿御膳分赐士卒，大家感激涕零。金人攻打通津门时，几百名敢死之士缒城御敌，焚烧了敌人五架炮车、两辆鹅车。初五日皇帝骑着马在泥淖中行进到宣化门，老百姓看到都感动得落泪。战斗越来越激烈，初九日，张叔夜金书枢密院事，带兵入城。十二日，皇帝幸安肃门，走到朝阳门时，金人的箭射到驾前的旗下。皇帝派三百余人缒城出战，他们下去击杀了好几百敌人，又缒城而上，当场以战士升为军官的就有好几十人。

张叔夜听说城南的金人用飞石打城上的楼橹，便和范琼分领麾下士兵袭击敌营，企图烧毁金人的炮车，结果士卒望见金人远处的铁骑，奔窜起来，自相践踏和溺死在护城河中的竟有好几千人。双方用尽了一切攻击的手段，战争进行得越来越惨烈。

二十五日，郭京和张叔夜坐在城楼上指挥，大开宣化门出师攻击金军。金人分四路而来，郭京的部队败逃，郭京对张叔夜说："我得亲自下去指挥。"他下去后引着余部南逃了。金人杀入城中，宦官黄经自焚而死。统制何庆言、陈克礼，中书舍人高振，力战而死，家人也都被杀。京城攻破，钦宗大哭道:"朕不听种师道的话,才到了这一步啊!"

二十七日,钦宗派何㮚(lì)和济王赵栩去金营"议和"。钦宗听说金人要掳上皇北上,他要到青城要求金人让他代替。钦宗三十日赴青城,十二月初二日从青城回来。这期间,京城里的人们,从宣德楼一直排到南薰门,站立在泥雪中等待着皇帝回来。皇帝见到迎接的人们,掩面大哭说:"宰相害了我们父子了!"所谓"宰相"包含的人太多,忠、奸都有,实际上应该指蔡京"六贼"、白时中、李邦彦、张邦昌等。

靖康二年二月初七日,金人押解着二帝、后妃、宗亲等等,载着索赔的大批财宝北归。

京城中没有跟随徽、钦二帝"北狩"的文臣武将,按金人的布置产生了一个伪政权,立张邦昌为帝。孙傅和张叔夜拒绝"投票",金人遂把他二人也抓到了军营里,把他们也举家北迁。

张叔夜在北去的路上,只喝点汤水,到达白沟时,赶车的人说:"过了界河了!"他猛地坐起来,仰天大呼,第二天(五月十六日)扼喉自杀,卒年六十三岁。后来宋高宗知道这消息,遥拜他为观文殿大学士,醴泉观使。

郭 永

痛骂金帅宁死不降的好官

郭永(1076—1128),北宋爱国名臣。大名府元城人。身高七尺,须髯飘
曳若神。年轻时就表现出刚明勇决的性格,成年后以祖荫任丹州司法参军。
丹州太守是个军人,干坏事谋私利毫无顾忌,郭永几次依据法律制度和他作
斗争。太守大怒,倚仗权位想压制郭永,郭永不吃那一套;他又假说好话要
推荐郭永到朝中做官。后来太守想改变有关他的案情的措辞,郭永争不过
他,用袖子把准备上报的材料甩给太守,拂衣而出。

郭永调任清河县丞,大谷知县。大谷属太原府,太原的守帅,一般都是
官位高的大臣,他们每举行一次宴会,费钱千金,都是令各下属县供给,向大
谷县搜刮得又多又频繁。郭永为此写信给幕府说:"县里收入的,都是人民
的膏脂血汗,用来提供官府的酒菜费合理吗? 如果这意见不被接受,我这个
县令就只好投文劾奏朝廷并辞职了。"太原府遂不敢逼迫大谷县出钱供应酒
肉应酬费了。

县中有一个水潭,能生出云雨来,天旱的时候,巫婆神汉们便利用向它
"祈雨"以讹诈百姓的钱财。郭永把巫人捉来,用杖刑惩罚了一番,令他在太
阳地里站着挨晒。雨竟即刻落了下来。县里的人把这事刻碑留作纪念。这

件事虽然有极大的偶然性,却收到了破除迷信的效果。

太原府派出几批士卒,到各个下属县里去刺探长短,美其名曰"警盗"。这些家伙到处游逛,骚扰百姓和基层官府,人们深受其害,但基层官吏怕他们回府里说坏话,没有人敢惹。郭永调查清楚来大谷县的"警盗"的罪行,抓起来戴上刑具送回府中。府里一见,只好把派到各县去的"警盗"都收了回来。由此,部使者和州郡下达什么文件,都要反复地推敲,不敢贸然下达了。

有人劝郭永说:"现在就是这么个社会风气,大家都随波逐流,你何必为自己招致灾祸呢!"郭永答道:"我只知道按我的志向行事,哪里还顾及别的呢!"大谷县的人民却满意,认为这个地方自从设立县官以来,没有能比得上郭永的。

燕山起兵后,郭永被任命为该路的转运判官。当时郭药师任边防守将,仗着朝廷的倚重和恩宠,强暴恣肆,部下经常强"买"百姓的东西不付钱,并且随意殴打人。朝廷派出的安抚使王安中不敢过问。郭永向王安中指出,现在不处治,将来更难控制,要求由自己去见他,责备他,他如果不听,就把他部下罪大恶极的抓来公开地凌迟处死。王安中同意了。

郭永见到郭药师,开口问道:"朝廷对不起将军吗?"郭药师愕然:"为什么这样说呢?"郭永说:"将军归附朝廷以来,皇上对将军推心置腹,对将军的礼遇没有一点不周到的,可是将军没有尺寸的功劳来报答皇上。现在朝廷仍然很倚重将军,可是你竟然纵容部下戕害百姓而不加禁止。平常时期尚且如此,到形势紧急时又能什么样呢?"郭药师虽然说了几句表示歉意的话,却毫无惭怍自责的神情。郭永回来对王安中说:"日后破坏边防搞乱部队的,一定是这个人!"不久,王安中被蔡京罢掉,郭永也被调任河北西路提举常平仓。

这时,金人大举入侵,目标是汴京。路过的城邑,都想一一拿下,以扫除后顾之忧。当时正值天寒,护城河都结了冰,失去了防御效能,金人很顺利地踏冰登城,攻下了一些城镇。这时郭永正在大名,立即宣布放开在护城河中捕鱼的禁令,老百姓高兴得整天去城壕中捕鱼,冰便结不成了,金人只好望河兴叹,无可奈何地离去。

京城沦陷后,郭永以河东路提点刑狱驻大名府。河北转运副使兼权大名府尹张益谦想逃遁,郭永劝阻说:"这个北门是用来遮蔽梁、宋的,金人得逞了,就会放心地席卷南下,朝廷(在扬州的高宗)就危险了。即使军力敌不过金人,也要死守,慢慢挫伤敌人的锐气,等待外援!"他自己日夜登城指挥守卫，并招募壮士夜间缒城带帛书给朝廷送情报求援。

金人驱赶着东平、济南的俘虏到城下喊话："有两郡已经投降了！投降的享受富贵，不投降的城破后一律杀死！"张益谦和转运判官裴亿听后，颇为动摇。郭永却说："这正是我们尽节的时候！"他到城上去勉励将士们："大家努力坚持，朝廷的部队就要打过来了！"将士们被他感动得哭泣着进行战斗。

建炎二年十二月中甲子日，大雾弥漫，金人和降将刘豫，用炮车发射断碑残石攻城，把楼橹都打坏了，将士们仍执盾坚守，许多人被巨石打碎了头颅。最后，敌人终于攻进城来。郭永安然地坐在城楼上，有人想搀扶他离开，儿子们围绕着他哭，求他回家，他坦然地说："我们世受国恩，应当以死相报。可倾巢之下，岂有完卵？你们又能上哪里去呢！这就是我们的归宿，怕什么！"

张益谦和裴亿领着一部分人"迎降"，金帅宗翰入城后问："为什么城破了才投降？"他们回答因郭永反对。宗翰命带郭永。郭永正好衣冠，向南方拜了几拜，然后换上便服才去见他。宗翰问："阻挠投降的是谁？"郭永说："不肯投降的是我，还问什么呢！"宗翰知道他的为人，想收用他，便用富贵引诱他投降。郭永瞋目骂敌，宗翰令翻译警告他，他以手戟指宗翰骂道："我恨不得把你剁成肉酱以报效国家！你为什么还不赶快杀了我？我死了以后，要率领那些忠义的鬼魂来消灭你们这些家伙！"当时被逮捕的大名抗金官民，都以手加额，流下泪来。宗翰令人砍断郭永指着骂他的手，然后杀害了他和他全家人。

事情报到朝廷，赠资政殿大学士，谥"勇节"。

郭永酷爱读书，博古通今，并爱写文章，但从不自我宣传。每读到古人立名节的事迹，往往终日掩卷沉思，尤其景慕唐代颜真卿的为人。杜充出镇大名府，名声很响亮，郭永策划了几条防御措施，给杜充参考。过了几天问他有什么意见，杜充说："我还没来得及看呢！"郭永批评他说："有志而无才，爱好虚名而抛弃实际，骄矜自用却求好名声：这样的人担当大任，很少有不跌跤的，你们能够治理好国家吗？"说得杜充很难为情（这家伙后来投敌当了汉奸）。

原先郭永听到"二帝北狩"的凶讯，当时哭倒在地，好几天不吃饭，后来听到康王赵构大元帅府抗战的檄书，才开始吃东西，投入抗敌斗争。他被害时五十三岁。

陈 东

因上书言国是被杀头的太学生

陈东(1086—1127),宋徽宗朝太学生。镇江丹阳人。

宣和七年十二月,金兵大举南侵,都城汴京危急,徽宗下诏"内禅",自己以"教主道君皇帝"出居龙德宫。钦宗即位的第五天,太学生陈东等伏阙上书,要求诛杀蔡京、王黼、童贯、梁师成、李彦、朱勔六贼。奏书指出,"今日"恶劣形势的形成,是由于蔡京坏乱于前,梁师成阴谋于内,李彦结怨于西北,朱勔结怨于东南,王黼、童贯又从而结怨于二国,败祖宗之盟,失中国之信,开创边隙,使天下危如丝发。要求擒杀六贼,"传首四方,以谢天下"。皇帝虽没接纳他们的要求,但"六贼"的臭名却由此昭著,受到舆论的挞伐。

陈东听说太上皇宋徽宗去了亳州,蔡京、朱勔父子、童贯等统率着两万人的军队护从,便又于靖康元年正月初六日上书,指出此行的潜在危险性:他们渡江以后,如果假借太上皇的名义一号召,"群恶响应",再搞出一个"朝廷"来,就难以对付了。应该"速追数贼,悉正典刑"。这次上书触到了宋钦宗的"切身利害",于是开始了对"六贼"的消灭。

当年宋太祖赵匡胤曾为本朝立下"不诛杀大臣"的规矩,于是靖康元年正月二十五日,开封府上奏:故太傅王黼,行至雍丘县辅固村,为盗所杀(实际上是开封府派武士刺杀的）。

陈东大有"追穷寇"的精神，正月二十八日又上书，说太上皇到了南京（今河南商丘），本不想再走了，又被蔡、朱、童挟持渡淮河奔江浙，他们还把太上皇帝的随驾护卫赶了回来，有的卫士拉住船大哭，童贯下令他的亲兵用箭射，共射死射伤一百多人。陈东指出他们反心已很明显，而"隐相"梁师成还留在朝中不加责罪，正是群贼的内援。宋钦宗也感到该"快刀斩乱麻"，于第二天下诏宣布梁师成朋附王黼的罪行，责授彰化军节度副使，派遣使臣押赴贬所。梁师成走到八角镇，便接到了赐死诏书。

二月初一，李纲统率行营将士出战，大力杀伤金人；而姚平仲率领部队夜里去金营劫寨，因走露了消息，打了败仗。老将种师道提出，初二夜里再分路出击，出奇制胜。宰相李邦彦等怕得要死，不同意，而且说假话吓唬皇帝，说西路来勤王的军队和行营的人都被金人歼灭了。吓得宋钦宗下诏不许再出兵，并罢了李纲的尚书右丞和亲征行营使。结果经枢密院核实，行营司只损失一百余人，西兵及勤王部队几万人才损失一千多人。宋钦宗可能觉得对不起李纲，初三晚上赐手诏慰问李纲，赐他白银五百两、钱五十万，并令宰相吴敏传话给李纲，还会再用他。李纲也知道皇帝的"苦衷"，只好委曲求全地"感泣以谢"。

但是京城危在旦夕，公众需要迅速果决的实际行动。初五日这天，太学生陈东率领诸生数百人到宣德门下伏阙上书，强烈要求起用李纲，重用种师道抗敌，罢黜李邦彦、张邦昌等投降派。

在宣读奏章送达皇帝等待答复的时候，京城里的百姓和军人不约而同地陆续往宣德门前集中，一会儿工夫就聚拢了好几万人。这时正值李邦彦退朝回家，群众数落他的罪行，谩骂地，喊着要揍他，吓得他急忙驱车逃窜，才逃掉了一场好打。

皇帝令宦官出来传旨，说答应太学生们的奏请。人们听了正想散去，有人喊道："怎么知道这不是说着欺骗我们的呢？我们一定要亲眼看到李右丞、种宣抚真正被起用了才散去！"宰相吴敏又出来传话说："李纲用兵失利，不得已罢免了他，待到金人稍微退却，就复他的官。"大家还是不肯散去，使劲地敲打登闻鼓，把鼓面都砸烂了，气冲牛斗，声震大地。开封府尹王时雍来到，冲着诸生吹胡子瞪眼地说："你们要挟天子还行吗？还不赶快退去！"他清楚，太学生们是这场群众运动的自然领袖，把他们轰走就"群龙无首"了。太学生反击道："用忠义的精神要挟天子，不比用奸佞的诡计要挟天子强得多吗?"说着赶上前就要揍他,王时雍赶紧缩着脖子逃掉了。

殿前指挥官看群情越来越激愤,怕发生变故,便劝皇帝勉强答应群众的要求。皇帝叫耿南仲向群众宣布说:"已经有圣旨传宣李纲了!"宦官朱拱之去宣李纲入朝,群众平时恨透了宦官们,这时把这种仇恨集中到了朱拱之身上,嫌他行动怠慢,竟把他"脔而磔之"——零刀割死了,并且一下子杀了几十个宦官。李纲被传来,进宫见皇帝,哭拜在地,请求处死。皇帝当即起复他任尚书右丞、京城四壁守御使。李纲坚决辞谢,皇帝不答应,并催促他赶快出去向群众说明。

群众还要求见种师道,皇帝又赶紧下诏令种师道入城稳定群众情绪。种师道坐着车进城,人们掀开车帘看清楚了,才说:"果真是我们的老帅呀!"

于是人群才陆续散去。

这时是宋王朝历史的第一百六十七年,也是"北宋"的最末一年,在北宋的历史上,这次伏阙上书,是北宋第一次也是唯一一次由京城的太学生带头形成的、规模最大的爱国群众运动,它迫使皇帝"现场复官",起用爱国抗金的文臣武将,以群众的胜利载入史册。由于情势不利和力量对比的悬殊,宋钦宗忍了这口气,没有对"犯上"的群众施行镇压和报复——或者说他没有来得及进行报复,投降派也没有来得及报复。两个月以后,宋钦宗赵桓便丢下国家去为他老爹太上皇徽宗尽孝,作了金国的俘虏。

但是,一年以后,陈东还是为这件事付出了头颅。

宋高宗赵构刚即位时,用李纲、黄潜善为相。用一个抗金派、一个投降派共同掌握国家大权,反映了赵构"想抗金没决心、想投降不甘心"的矛盾心理。但"平衡"只能是暂时的,李纲只当了七十五天的宰相,便被黄潜善颠覆得罢了官。

对于陈东,因名声很响亮,宋高宗也有些欣赏,便把他召到行在。但并没封他什么官,所以他仍然只是一名"太学生"。这时陈东又上言,说李纲不能离开朝廷,而黄潜善、汪伯彦这样的人则不该用作宰相;并要求皇帝还都汴京,治兵亲征,迎回二帝。措辞直截了当,切中要害。黄潜善早已怀恨在心,在琢磨找个什么理由除掉他。陈东已上书三次,尽管皇帝没采纳,黄潜善可是又恨又怕。他终于等来了一个机会:进士欧阳澈上书,抨击掌权的大臣们,其中有的话涉及到宫室宴乐的事,黄潜善私下向皇帝挑拨杀掉欧阳澈,皇帝点了头。他又顺便捎带上一句,说把终日聒噪的陈东一起杀掉算了,昏庸的宋高宗竟也点了头。

宋高宗建炎元年八月二十五日，"斩太学生陈东、抚州进士欧阳澈于市"。

陈东开始根本不认识李纲，以后认识了，也毫无私人交情，他前后两次为李纲被罢官上书，完全是为了国家的利益和命运，皇帝竟然下令杀了他。陈东被押赴刑场的路上，路人都为他叹息流泪，他仅仅四十二岁！

后来金人继续南侵，宋高宗被那些逃难专家们"保"着，席不暇暖地到处逃避，直到建炎三年二月，才在杭州初步定居，在群众舆论要求下把黄潜善、汪伯彦罢了官，任用叶梦得、张澂为相，这时才想起了陈东来，他对叶梦得等人说："以前杀陈东他们，出于仓卒之间，况且是因着进言治人家的罪（宋朝传统不杀言事者），朕感到很后悔。现在正降诏要求官民上言，应该令朝野都知道这个意思。"于是下诏："陈东、欧阳澈，并赠承事郎，官有服亲一人，令所居州县存恤其家。"

宋高宗亲讨叛军苗傅，建炎三年五月四日跸驻镇江府。翰林学士滕康请求皇帝派有司祭陈东墓，高宗御笔令守臣致祭，并"厚恤其家"。

建炎四年十二月，继张邦昌之后，被金人立为第二个伪皇帝的汉奸刘豫，为争夺民心，在归德府为陈东和欧阳澈立了庙，并封陈东为"安义侯"，封欧阳澈为"全节侯"。这实在大大地亵渎了两位爱国志士的灵魂。

赵 构

消极"攘外"积极"安内"的南宋第一君

赵构(1107—1187),南宋第一个皇帝,庙号高宗,在位三十六年。赵构生于大观元年五月乙巳日,母亲韦氏是才人,生子后进为婕妤、贤妃。赵构少时资质颖悟,博学强记,读书时每天背诵一千字以上;长成后,挽弓能达到一石五斗的力度。十五岁进封康王,十六岁加冠,到宫外藩邸居住。

赵构一登上政治舞台,命运就和北方的金国联系在一起。

靖康元年正月,金兵打到汴京城下,而各地勤王部队甚少。宋方派出使臣到金营求和,金人乘机提出了苛刻的条件:一、出金银、绢帛、马驼驴骡犒军;二、割让太原、中山、河间三镇的领土;三、用宰相、亲王作质以保证信用。当时在京的亲王有肃王赵枢和康王赵构,皇帝退朝后,赵构入见,毅然请行。宋钦宗立即任命他为"军前计议使",带张邦昌、高世则动身。赵构一行到金营后,金帅完颜宗望嫌他不是皇帝的同母胞弟,指名要肃王赵枢作质。赵枢去后,赵构一行被退回。

靖康元年十一月,金人进一步勒逼,要划黄河而治,把黄河以北的土地,尽归金国。金使傲慢无礼。赵构又一次奉使金营。走到磁州,守臣宗泽迎谒,劝阻北上;百姓也都头顶着香盆,要求康王留下来领导抗金。相州知州汪伯彦也恳切地致信邀请他去。于是赵构决定不再去金营出使，而由一条秘密的小道奔赴相州。到达相州时，赵构见到戎装到河上去迎接他的汪伯彦，感动地许愿说："日后见到皇上，我首先推荐你任京兆尹！"

闰十一月戊申日，赵构在相州接待了朝廷派出的敢死之士秦仔。秦仔见到康王后，从挽着的顶发中取出一个蜡丸，郑重地交给他。赵构打开一看，是皇帝的诏书，任命他为河北兵马大元帅，陈遘为元帅，宗泽、汪伯彦为副元帅，令他迅速率军队入京勤王。至于元帅府将官的任命，大事的决定，来不及请旨的，授他全权处理。

二十岁的康王赵构，呜咽着读了诏书，在相州建立了大元帅府，组织起一万人的军队，分五路向汴京进发，一路不时与金军交战，边打边进。

途中，又接到蜡丸诏书，说金人攻城攻不动，又进行议和谈判了，令赵构停止前进，就近驻扎。宗泽说，不能上敌人的当，大军应该直趋澶渊；汪伯彦、耿南仲则要求"遵旨"：赵构委决不下，令宗泽自带三千人马驰援京师，他和汪伯彦、耿南仲及张俊、苗傅、杨沂中、田师中等率领主力去东平（今山东东平）。

靖康二年春，"议和"实现：金人押解着徽、钦二帝、两宫有名号的后妃及在京城的帝室宗族、皇亲国戚北归；京城里宫中、民间的财物被洗劫一空；张邦昌被立为"大楚"皇帝。其时康王赵构率领着响应勤王号召陆续汇集起来的八万军队，驻在济州（今山东钜野一带）。

张邦昌在舆论的压力下，一面迎请元祐皇后回宫垂帘听政，一面派人把传国玉玺"大宋受命之宝"给赵构送去，并"劝进"。官员们也都上书劝进，元祐皇后也有手诏督促。于是康王赵构于靖康二年五月初一日在南京应天府即皇帝位。他就是南宋第一个皇帝宋高宗。黄潜善任中书侍郎，汪伯彦任枢密。

即位第十天，赵构下了一道"施政纲领"性的诏书：朕将严格遵从祖宗旧制，不用个人手笔废除朝廷的政令，不用宦官掌兵权；容受直言；斥去奢侈浮靡的东西；不是立军功的，没有特殊的恩赏；不是为了战备，不劳民出工役。如果群臣按旧习阿谀逢迎，隐瞒过失，大臣压制贤才，或出谋划策不符合实际，台谏官员揭发问题说话不公正，朕一定要惩罚，绝不宽恕。

由此看出，赵构对父亲赵佶在位时的一系列错误、弊政深恶痛绝，决心励精图治。但在其后三十六年的统治中，做得最好的只有两点：一是斥去奢侈浮靡的东西；一是不用宦官掌兵权。

赵构的南宋政权,不积极领导抗金战争,无视国人抗金复土的热望,一味妥协退逃,个人保命。

赵构在南京,收到父亲赵佶由金国送出的秘信,要求他"来救父母",口信嘱咐他"如果有澄清中原的好计策,要努力全部地实现它,而不要以父母为念"。他感动得哭了。但是,京城留守兼开封府尹宗泽,在黄河两岸联络了几十万义军,修缮了京城宫殿,跑到南都去请他,并多次上表恳请他回銮领导全国的抗金战争,赵构却连回汴京的金銮殿上去坐一下的勇气都没有。

宗泽联络的义军王彦、岳飞等等都在与金人搏战,黄河两岸抗金烈火遍地燃烧,而全国军民希望所系的"中兴之主"赵构,却在黄潜善、汪伯彦的撺掇下登舟南逃。建炎元年(1127年)十一月,逃到扬州驻了下来,扬州成了赵构的第二行在。

被赵构抛弃了的大宋国土上,抗金的官兵、义军、民兵,实力极大,后备无穷,人心同仇敌忾,但是失去了朝廷的统一指挥调度,形成了军自为战、人自为战的无政府状态,使金人得以集中优势兵力,攻城略地,势如破竹。

而这时的赵构,却坐在扬州的行宫里,神闲气定地向大臣们表白自己:"朕每次退朝回来,即使押班以下的人来奏事,也把衣冠整理好了,再坐着听,从来不和他们亲近。也不喜欢和女人久处,大多时间是坐在殿旁的小书房里,静静地思索军国大事,或者批阅奏章。宫人来奏事,朕都是到书房外吩咐了再进来。每天都是这样。"他的"政绩"有两条:一是让宰臣每人举荐两个有才能的人;一是决定了皇宫定居之地,把临时朝廷——行在——定在杭州(因此后来的杭州又名"临安",给南宋当了一百四十七年的首都),派人护送后宫人员先动身。

建炎三年二月,金兵进逼扬州,赵构一听到内侍报告,急忙戴盔披甲骑马跑出宫门逃命,只有五六个侍从来得及骑马相随。走到街上,市民们都用手指点着说:"官家逃跑了!"搞得人心惶惶,上上下下都忙着外逃。军民都争着出城,城门洞里挤死踩死了不少人。赵构在扬子桥上小停,一个卫士"出语不逊",赵构抽出剑来就把他杀死了——这是他第一次亲手杀人。一阵"长跑"从扬州跑到京口,又经常州、无锡、临平镇,辗转到了杭州,才停下脚步。

建炎三年四月到十月,赵构调集前线主力部队亲征把他一度赶下台的苗傅、刘正彦,在这期间,金帅完颜宗翰、宗辅又攻下了好几个州,因天热暂时回燕云去了,赵构"虑其再至,复遣使议和"。十月上旬,赵构带着"安内"

的大胜利和"议和"的新希望回到了临安,而这时金人已经消完夏,大起燕云河朔的兵力南侵,打过了长江。这时,赵构不仅不"亲征",甚至连个"告全国同胞书"一类的抗战诏书也没发表,便逃往越州(今浙江绍兴)。金人顺利地长驱直进,十一月二十七日破建康,十二月二十一日屠洪州,二十四日破越州……一直把赵构赶下了大海。建炎三年的除夕和四年的元旦,"大风,御舟碇海中",赵构的"朝廷"是躲在海上过的年。

绍兴元年正月,赵构回到临安,他又要"议和"。二年初下令,不许侵犯刘豫的伪齐边界,否则不管是谁,都要绳之以法。但是金人和刘豫都不买他的账,联合大举南侵。四年十月,赵构在主战派的推动下,罢了秦桧,起用了赵鼎、张浚,溯江而上,亲征金、刘的联军。给金人打击最沉重的,是陕西战场上的吴玠、吴璘兄弟和江淮战场上的岳飞这两支部队。五年一月,金国主死了,金丞相、元帅回去奔丧,赵构的亲征便以胜利告终,顺利地回到临安,普遍升赏了将领们及扈从官吏。

绍兴七年,赵构又起用秦桧为相,从此以后,一心搞议和。十二年八月,终于用大片领土、大批财宝向金人换回了他父亲赵佶的棺材和他母亲韦氏的性命。他满足了,夜侍慈宁宫,陪着母亲说话。他对军民毫无愧憾,说自己"兼爱南北之民",二十五年,秦桧死了,他怕人们追究秦桧的罪行而导致抗战,特地下诏说:"讲和出自朕的本意,秦桧只是帮助实现而已,哪能因他的存亡而变动呢!"诏书警告说:"如敢妄议,当置重典。"

二十九年冬,金国贺正旦使施宜生一行来宋,趁随从不在身边时,向宋馆伴使张焘打隐语说:"今天北风很猛!"又拿起几案上的笔敲着说:"笔来(必来)!"张焘秘奏皇帝早做准备,赵构漠然置之,并令兵部尚书张焘致仕。金主完颜亮却比他敏感,把出使回去的施宜生治了泄密罪,扔到开水锅里活活煮死了。三十一年春,金主又派使臣来,说要带万把人到淮南打猎,以体现"自古有之"的"帝王巡狩"。五月,金使来给赵构贺生辰,顺便说了一句"赵桓已经死了"(其实宋钦宗赵桓已死于绍兴二十六年,韦太后回来后的十几年,赵构再也没有派人去探望、接济过他这个大哥),听金使说大哥死了,赵构到屏风后去哭了。第四天,他态度明朗地令宰相陈康伯召集重要将领议会:不是讨论和与守的问题,而是讨论如何打仗。十月,赵构发表了亲征的诏书——这是他当皇帝三十五年以来第一次、也是唯一一次发表的抗金诏书。

完颜亮尽管背着蒙古威胁和内部政变两个大包袱,还是率大军汹汹南侵了。宋方由于皇帝下诏亲征,宋军士气高昂,步调一致,后勤供应也有所改善,义军、百姓也不失时机地投入战斗,被金裹胁迫降的也纷纷起义,陆地、山头、江河湖海都沸腾起来了,形成了古典式的立体的人民战争,不料正打得火热,金军兵变,杀了完颜亮,派人来"议和",赵构马上又"戒诸将勿杀"。但各地军民仍然各自为战地和北撤的金兵拼杀,收复着失去的土地。

在抗金问题上,几十年来赵构基本上是软弱消极被动的,把他一身一家的利益,摆在了国家、人民利益之上,过远远地大于功。在"安内"上,赵构却毫不手软。

建炎三年三月,赵构刚刚跑到杭州,便被苗傅发动政变赶下了龙墩。

苗傅将门出身,是赵构兵马大元帅府的将领,南逃路上,任扈从统制官。他发动兵变的理由是:赵构把御营使司都统制王渊一下子提拔到兼知枢密院事,苗傅与诸将不满;宦官专横,走水路时任意射鸭取乐,激起军民同愤,到了杭州观赏江潮时,宦官们的帐篷公然遮住了道路,将士们痛骂。尤其是宦官头子康履,因是赵构潜邸旧人,狗仗人势,作威作福,公愤最大。三月初五日,苗傅、刘正彦派兵包围了康履的家,没捉到康履,便把没有胡须的男人都杀了,又袭杀了王渊,接着包围了皇宫。赵构登上城楼,苗傅等山呼拜舞毕,指责皇帝升赏不公,并要求交出宦官头子康履等。赵构口头上封苗傅、刘正彦为正、副御营统制使,命令退兵。将士们高喊道:"我们要想升官,只须给宦官送两匹好马就行了,何必如此!"赵构舍不得黄履,回头问大臣们怎么办,时希孟说:"宦官们为非作歹到了顶点,不除掉后患无穷。"叶宗谔说:"陛下何必舍不得一个黄履?就用他稳定三军吧!"赵构不得已,令御营中军统制官吴湛搜捕黄履交给了苗傅,当即枭首示众。

苗傅又提出要赵构退位,由隆祐太后垂帘辅佐三岁的皇太子即位听政。赵构只得发布了禅位诏书,二十三岁便当了"上皇"。"天下太平了!"天真的军士们喧呼着退出城去。

宰相朱胜非由苗傅的幕僚口中了解到"二将忠有余而学不足",于是一场勤王复辟的活动在悄悄地进行着,苗傅一方却毫无警惕。

四月初一日,在张漫、韩世忠等人的努力下,赵构又复辟了。韩世忠前来见驾,赵构握着他的手大哭,同时悄悄说:"吴湛帮助叛逆最卖力了,能先除掉他吗?"韩世忠诱捕了吴湛。赵构诏令把这个奉他的命令搜捕康履的人枭首示众。

四月二十日,赵构从杭州出发跸驻建康府亲征苗傅、刘正彦。七月上旬,韩世忠把苗傅、刘正彦逮到建康府。赵构诏令把他们凌迟处死以后又枭首示众。十月,赵构在出征半年之后,带着报仇雪恨的"安内"胜利回到了临安。

绍兴三年,赵构调集抗金前线主力部队,镇压了杨么(杨太)起义。绍兴三年夏,鼎州的杨么起义,自立为"大圣天王",义军一下子发展到数万人,由陆地连着长江、洞庭湖。赵构诏令潭、鼎、荆三州军队联合进讨,其时被罢相出任江西安抚使的赵鼎,上言要求派抗金战绩最大的岳飞军屯驻襄阳、岳阳一带。赵构赐诏道:等到岳飞平定了湖广、江西的盗贼你再"听旨"吧!同时,对前线抗金部队下令:不是奉朝廷的命令不得进兵。

赵构亲自调兵遣将,任命王瓒为荆南府、潭、鼎、澧、岳、鄂诸州制置使,韩世忠、刘光世、岳飞等江淮抗金大将都受他节制。王瓒按以往"讨贼"的做法,请朝廷发给"招安"金字牌——如果对方接受招安,朝廷给首领个官职,矛盾便和平解决——备用,赵构赐诏说:"杨么跳梁江湖,罪恶贯盈,故命讨之,何招安为!"最后是深明韬略的岳飞,用计用兵把这支义军镇压了下去。

赵构的战略思想,不是抗金复土,以雪国耻,而是妥协、退逃、投降,因此在文臣武将的使用上,也就表现了多用、常用投降派,少用、罢用抗战派,以至迫害、杀害抗战的官将。

赵构即位后的前几年,重用而信赖的妥协投降派大臣有黄潜善、汪伯彦、杜充等;后来又专信、重用秦桧二十多年,搞议和,发扬"孝心",对金屈膝称臣。

赵构即位后,朝臣大将中,抗金爱国的是多数,起初,他尚动摇于抗战和妥协之间,一定都杭州,他宣布任李纲为宰相,其次才是黄潜善参政、汪伯彦枢密,这个做法反映了他"亦抗亦降"的矛盾心理。宗泽到南京行在请他回銮汴京,他不敢回去,但想把宗泽留在朝中,后来因受黄潜善、汪伯彦阻挠,他又不留了,可能心中有愧,便对宗泽"优诏答之",并赐了袭衣、金腰带。李纲任相不久,因议事观点不合,赵构又听信黄潜善、汪伯彦挑拨,把李纲罢任宫观闲职。后来又算李纲的老账,把李纲在前朝抗金战争中同意姚仲平劫金营而失败说成"误国之罪",贬到福建去,并规定永不起复,不援例大赦。宰相赵鼎也被贬窜,而且被迫害致死。秦桧唆使言官乱咬,赵构一听就信,贬谪迫害了大批抗战爱国的大臣,把执政大臣和言官变成了清一色的投降派。

赵构的不敢谈抗战恢复,心中还有一个"鬼"。他即位后,一直坚持每月的初一、十五两次向北方遥拜徽、钦二帝,宋徽宗死后,他仍然按时遥拜宋钦宗。一次御史廖刚提醒他说:"当兄长为君时,应当作国君事奉他;当自己为君时,应当作兄长事奉他……如果远在万里之外,一向尊之为君,待到他回来时,却不把君位还给他,恐怕天下人就有所非议了。"赵构恍然大悟,此后便只在禁中向钦宗"用家人礼遥拜"。而且后来凡有上书谈抗金复国、接回渊圣皇帝(这是赵构即位后给赵桓的封号)的,赵构都有些反感。

绍兴十一年,给事中范同出主意,用明升暗降的做法夺掉江淮战场上三大帅的兵权,以扫除"议和"障碍。秦桧一上奏,赵构马上下诏把韩世忠、岳飞、张俊调回朝中(对岳飞是一日下十二道金牌调回的),任命为正、副枢密使,赵构还像哄小孩子似地说:"你们过去只带兵一方,权力小;现在权力大了,一个完颜宗弼哪里够打的呢!"赵构心中自然明白,这样一调,战场上还有几个人在打。接着,秦桧拉上张俊,制造假案杀害了岳飞父子。赵构不疑不问。继而是绍兴十二年八月的投降式的称臣议和、母子团圆、大大封赏秦桧这个"议和的头等功臣",并"爱屋及乌"封赏了秦桧的妻子、儿媳,三个孙子最大的才九岁,一律赠三品官服。秦桧被封为建康郡王,死后谥"忠献"。赵构虽于秦桧死后也受舆论逼迫罢黜了几个秦记奴才,但参政沈该、万俟卨,枢密汤思退以及一部分言官,还都是秦桧的人。

赵构唯一的儿子——被苗傅立为皇帝的那个皇子夭折后,三十多年没再有子。岳飞曾就立储君的事秘谏过,赵构说:"你现在在外地带着重兵,这话就不是你该说的了。"以后迫害岳飞时,他还没有忘记这次不愉快的"入对"。直到绍兴三十年,当了三十四年皇帝、已经五十四岁了的赵构,才把领入宫中"抚养"了三十年的普安郡王赵瑗(赵匡胤的第七代孙)立为皇子,改赐名玮,进封建王。三十二年五月末,赵构下诏立皇子玮为皇太子,又改赐名眘(shèn),六月初九日皇太子册立,初十赵构下禅位诏,十一日行内禅大礼,皇太子赵眘即帝位,就是孝宗。赵构以太上皇身分退居德寿宫,在位共三十六年。

宋孝宗淳熙十四年(1187 年)十月辛末日,当了二十五年太上皇的赵构在德寿宫寿终正寝,享年八十一岁。

在赵宋王朝十八个皇帝中,赵构有几个"之最":一、年寿最高;二、当太上皇的时间最长——在整个封建社会的所有"太上皇"中他也数得上"最"了;三、个人生活享受水平最低;四、逃跑避难最多,因而用过的"行在"也最多;五、使用奸臣时间最长,信任最专;六、忠良爱国的文臣武将受调、罢、贬、窜、酷刑、杀害的最多,由此而给国家造成的损害也最大。亲信们赞他是"中兴之主",他为国家和人民"兴"过什么?

宇文虚中

身在金国心在宋的外交官

宇文虚中(1079—1146),著名外交官。字叔通,成都华阳人。宋徽宗大观三年,登进士第,由州县官吏入朝,历任起居舍人,国史编修,同知贡举,中书舍人。

宣和七年,金人灭掉辽国,准备向南侵宋,派出使臣打着"逮住了辽国天祚帝耶律延禧前来报喜"的幌子,来觇视宋国的虚实、朝廷的态度,徽宗派宇文虚中任馆伴使负责接待。这是宇文虚中踏上外交里程的第一步。但是实权操在童贯的手中。

七年底,叛辽投宋的燕山守将郭药师,以他号称的三十万人马又叛宋降金。于是金帅完颜宗望便用他作"向导"大举伐宋,河北地区朔、武、代、忻诸州,在六七天内相继失陷,金人进逼中山府、保州。宋徽宋赵佶不谋抵抗,却让宇文虚中给他起草了"罪己诏",为把国家的担子卸给儿子、自己逃跑作舆论准备,宇文虚中当时可能还看不透这一点,当他把"罪己诏"的草稿拿给皇帝看时,宋徽宗说:"可以一一付诸施行,朕今天决不吝惜改正错误!"宇文虚中竟感动得"再拜泣下"。

宇文虚中以往曾经上书,指出朝廷对辽、金外交上决策失误,北方主帅任用匪人,将有自取侮辱、引火烧身之祸,也多次进谏加强边防实力,都不被采纳。现在眼看京城吃紧了,又派他当"内交官"——手持檄文到陕西召熙河经略使姚古和秦凤经略使种师道率领本路兵马驰援京师。他慨然上路,并动员来了种师道和姚古的儿子姚平仲。

金人打到京城外围,暂时约兵"和谈",宋钦宗和李纲又错误地同意姚平仲夜劫金营。结果,姚平仲被金人杀得大败,金帅宗望还派使者来问"破坏议和"之罪。宋钦宗又惹不起了,想派使臣去解释:劫营不是朝廷的意思,朝廷还准备治主谋者的罪呢。派谁去呢? 大臣们都不愿意去,只好再找宇文虚中。虚中由陕西回京的路上,听说京师吃紧,骑马奔回,并沿途动员和收集散兵游勇,一共组织起两万人马,任李邈率领着,驻扎在汴河。闻听朝廷召他,缒城入朝,接受了出使金营的任务。四五天以后,宇文虚中从金营回朝,并带回了"劫营"以前去谈判的康王赵构和宰相张邦昌。

过了一个月,宇文虚中被罢掉刚刚提升的金书枢密院事,任青州知州,原因是言官弹劾他的"议和之罪"。其实他只是为宋钦宗"跑腿",但皇帝永远是正确的,他只能自认晦气。建炎元年,李纲当了宰相,贬了七名"主和误国"的"靖康大臣",宇文虚中又与宰相李邦彦、吴敏相提并论地被贬为中大夫、提举亳州明道宫,韶州安置。

建炎二年七月,朝廷又起用他以资政殿大学士充"祈请使"赴金,走到汴京,正值东京留守宗泽病危,他便留下来暂时代理留守。过了一段时间才赴金国。不久,朝廷又派出一批通问使,第二年,金人打发两批人回宋,宇文虚中拒绝说:"我奉命来请二帝回国;二帝没走,我不能回去!"独自留了下来。

宇文虚中多才多艺,金人给他官爵,他就干。他的官越干越大,由翰林学士而知制诰兼太常卿,而河内郡开国公,因撰写金太祖《圣德神功碑》,又进为金紫光禄大夫,金人平素都称他为"国师"。后去的外交官洪皓有一次在上京见到他,很鄙视他的"叛国求荣"。其实,他身在金营心在宋,他留金、仕金,都有很深的用意。

金人每次计划南侵,宇文虚中都积极地帮助他们分析后果,而这些后果往往是:劳民,费财,远涉江南荒地,得到了也无以充实国家的财物⋯⋯他从金人口中听到,辽地的志士们很仇视灭了他们国家的金人,宇文虚中便秘密地和他们结交。

听说金人要侵伐四川,宇文虚中冒险从云中秘密地派出使者相偶,送信给宋的宣抚处置使张浚,并带上他珍藏的宋高宗赐他的御封亲笔签名作为信物,在两旁用小字写了类似道家符箓的隐语:"善持正教,有进无退。魔力已衰,坚忍可对。虚受忠言,宁殒无悔。"

他没有向朝廷提任何个人要求。

他给自己家中亲人的信是这样写的:"我遭到了胁迫在这里做官,值得自慰的是保全了固有的操守。我只坚持一个大节:决不辜负国家。我们来时的一百个人,现在活着的只有十二三个人了。如果有来出使的人,可以从家中带几千串钱来,再带点别的东西。昨天有人从东北来,说我们的太上皇帝也需要茶叶、药品等物,我这里却没有可以满足他需要的东西,非常遗憾,很对不起他。"信中没有一句话问及家中私事。虚中的妻子黎氏上奏请示,得到允许给他捎点东西,家中准备了绢、帛、茶、药等物,送到下一批通问使潘致尧家托他捎去,可是晚了,潘致尧已经动身上路了。

外交官王伦由金帅派回来送信,说到宇文虚中在金国名义上当官、实际上守节不屈,朝廷进一步了解了他,打听到他的儿子宇文师瑗在闽中任右朝奉,奉养着母亲,朝廷便加任他福建路转运判官,并指示地方官吏照顾他的家庭。通问使潘致尧赴金时,带的财物分三类:一类是接济二帝两宫的;一类是"意思"金国有关的文官武将的,是"买路钱";一类是赏赐被扣留的大宋外交人员的,为数极少。给宇文虚中的在第二类中,数量是给完颜宗翰的二分之一——黄金一百两,白银五百两。这个做法,表面上似乎是因他在金人面前吃得开,笼络他,实质上是一个鼓励,并多给他点"活动费"。

王伦回国时,宇文虚中曾经托他奏告朝廷:如果金人来接他的家属,就说都在战争中死掉了,但朝廷竟没有做到这一点。绍兴十二年,金帅兀术派人来接宇文虚中的家属,高宗不作任何保护,立即派内侍到福建去接人。宇文虚中的女婿赵恬和他家庭的人商议,想留下宇文师瑗一个儿子继承宗嗣,但福州守官程迈不允许,于是只好全家起行。宇文师瑗让赵恬带着全家人夜里坐船从海上走,自己单身赴行在;程迈派了两个官带人到海上把他们截了回来,并报告了朝廷;朝廷便把宇文师瑗和赵恬都罢了官。宇文师瑗到了行在后,恳切上疏要求留一个儿子在国内继承香烟,秦桧不允许。黎夫人要求把朝廷赐给的田地变卖成钱带上,朝廷因此赐了一百两黄金,把他全家打发到金国去了。

宇文虚中在金国,官至礼部尚书兼承旨。他从感情上厌恶金人,恃才傲物,时常在语言文字上讪谤他们。金的达官贵人们对他又愤恨又嫉妒,却奈何不了他。绍兴十六年,有人告他谋反,金主下令对他进行审讯治罪,结果什么也没问出来，就罗织"反迹"，说他家中有很多汉文图书，这就是反金的证据。宇文虚中反驳说："我知道你们要想把我置于死地。但是南来的士大夫，谁家没有这类书籍，这能叫谋反吗？"金人被他诘住，但还是把他杀害了。

宇文虚中在金国待了十九年，被杀时六十八岁。

关于宇文虚中的死因，有的史书上还有另一种说法，说他联络了不少东北的抗金志士，和高士谈（宋人，任金翰林学士）计谋在郊祭的时候劫杀金主。事先用蜡丸信和行在联络，想来个里应外合，被秦桧拒绝。后来事情泄露，他父子被金人判罪处死，全家人也被连坐，没留下一个活口。

南宋行在，对宇文虚中的死没作出任何反应。是他们不照顾宇文虚中的要求，把他全家一个不留地推上家族灭绝的死路的。

李 纲

指挥京城保卫战的抗金名臣

李纲(1083—1140),抗金名臣,南宋第一任宰相。字伯纪,邵武(今福建邵武)人,从祖父开始移居无锡。父亲李夔官至龙图阁待制。

李纲于政和二年登进士第,升任至监察御史,因上书言事得罪权贵,改任比部员外郎,起居郎。

宣和七年,金人打到京城根了,李纲任太常少卿,经吴敏推荐,宋徽宗召见他询问国计。李纲上了"御戎五策",并对吴敏说,皇帝这时只有传位给太子,才便于号召天下豪杰起来抗金,他认为宋徽宗应该做得比唐玄宗更主动。第二天,他又刺破自己的胳臂,蘸着鲜血写了请皇帝让位太子领导抗金的奏疏。提这种意见,皇帝龙颜一怒就要问斩,但这时宋徽宗正想撂挑子,不仅没怪罪李纲,并且采纳了,真的下了"内禅诏",比唐玄宗还主动。

宋钦宗即位后,召见李纲,二人谈论了一些对敌的原则、策略,李纲被授兵部侍郎。

当时宰臣白时中、李邦彦等都想奉着皇帝南逃,李纲要求入对,极力陈说应该以抗战团结民心,坚持固守,等待勤王之师来到,配合歼敌。皇帝授他以尚书右丞,让他负责"留守"。自靖康元年正月初五到初八,皇帝亲自登上城楼观察敌情、指导防御部署。初七这天,金人以几十艘火船顺流下来攻击宣泽门,李纲挑选了两千名敢死之士,用长钩钩住船,从城上扔大石头砸。这时"花石"也派上了用场,把蔡京家的假山搬到河中,阻挡敌船前进,就在水中斩获了好几百金兵。但金军还是往城下进迫,形势逼人。攻者、守者都相当艰难,于是双方又派出了议和使者会晤。金人提的条件是:"欲割大河为界、副以犒军金帛。"宋方不答应,金使要求派亲王、宰相到金营谈判。宋钦宗看看宰臣们,没有表态的。李纲要求去,皇帝却不派他,派了枢密李梲。大家散去后,李纲留下来问为什么不让他去,皇帝说:"卿性刚,不可以往。"李纲力争失败。李梲去了金营,条件满足不了金人的野心,实质为投降的"议和"便告中断。

初九,金人一方面继续和宋使讨价还价,一方面组织了第二次攻城的战斗。李纲这天正在和皇帝谈话,外面报告金人急攻通天门、景阳门一带,皇帝派李纲指挥反击,自己带上一千名善射的禁兵驰援。这时敌人已渡过了濠沟,正爬云梯攻城,禁兵射手一阵子急射,金兵纷纷落入护城河。原先守城的将士们也积极配合,对近攻的敌人,用手砲垒木打;对远一些的,用神臂弓射;再远一些的,用床子弩坐砲打。金人伤亡甚众。李纲又挑选几百名勇士缒城而下,烧毁了敌人几十架云梯,还砍回了"酋首"脑袋数十颗。

敌军改从陈桥、封丘、卫州等门急攻,射上城墙的箭像刺猬毛那样的密集。李纲移兵反击。皇帝派内侍带上他亲笔写的慰问信到城上慰问部队,并送来内库的酒、银碗、彩绢等,颁赏将士们,一时城上欢呼声振天,士气倍增。

从清晨杀到傍晚,毙敌数千名,打退了这一次进攻。宋军方面,除一般伤亡外,牺牲了节度使何灌。京畿的几个小县城,也使金人受到了顽强的抵抗和意想不到的杀伤。于是,金帅完颜宗望又开始了"议和"。胃口也小了一点:金五百万两,银五千万两,牛马万匹,衣表缎百万匹,割太原、中山、河阳三镇地,并宰相、亲王为质。

皇帝准备接受议和,于是下诏"借"私家金银,"有敢隐庇转藏者,并行军法",连娼妓、优伶家也都抄了,一共搜刮到黄金二十万两,白银四百万两,中书府也早拟好了给"三镇"长官把领土移交金人的诏令,并派康王赵构带尚书左丞张邦昌和亲卫大夫高世则去作人质。李纲力谏,皇帝不听,李纲硬扣下了给三镇帅臣的诏令不发。

这时各地勤王部队陆续到达,著名的西北边将种师道、姚平仲等也来了,宋军已集到二十多万,而金兵只有六万人。种师道的用兵见解比李纲更高明,但李纲与宰臣们不听。李纲支持姚平仲夜劫金营,因消息走露而失败。金人反来谴责"失信",宋钦宗遂罢了李纲,种师道与他的军队也被闲搁起来。二月初五日,太学生陈东率领百余人伏阙上书,带动了好几万市民、兵士,迫使皇帝复了李纲的官,并表示要重用种师道抗战。

李纲建议在金人渡河时追歼他们,皇帝同意了;部队疲于奔命,到邢州、赵州之间追上了金人。这时,那些拿着国土和人民的生命搞政治赌博的宰臣们又挑唆皇帝下诏追回他们;皇帝下了诏,将士们无不扼腕愤慨。

投降的许诺换来了"和平",换来了赵佶夫妇回京,父子团圆。六月,李纲受命以知枢密院事任河北、河东路宣抚使,援太原。他辞职说:"臣是个书生,实在不懂军事。在京城被围的情势下,不得已为陛下料理军事。现在出任一方统帅,恐怕误了国家的大事。"宋钦宗不准。他因病要求致仕,也不准。给了他一万二千人的军队,他申请银、绢、钱各百万,只给了他二十万。因物质准备不足,李纲要求推迟行期,结果多次下诏催促,"御批"还给他扣上了"迁延拒命"的大帽子。李纲临出发前入辞,宋钦宗安慰他说:"卿为朕巡边,很快就能回朝的。"李纲不以为然。他明白自己的出任是"以愚直不容于朝",他只要求皇帝给他放开手脚抓抗战的权力,说如果再不能有所作为,他便辞职。皇帝当时深受感动。

八月里,李纲正在怀州练兵备战,朝廷突然降诏裁减他的部队。他抗命不成,便名减实不减地把部队分成三路,距离太原城五驿,约好一同进兵。但朝廷又向各支部队专下诏令,把李纲架空,结果三路步调不一致,被金兵分别打败。李纲上疏提意见不被理睬;要求免职,被调回朝廷,加上"专主战议,丧师费财"的罪名,出知扬州。这个任命下达的第八天,他又被宣布罢官,提举洞霄宫。十月初一,又被贬为保静军节度副使,安置建昌军。

闰十一月,金人又来攻汴京城,京都人民非常愤慨,枢密唐恪跟着皇帝巡城,差一点儿挨了揍,东壁统制官辛亢宗也被群众杀了。宋钦宗只好命驿站飞驰召李纲回来,以资政殿学士领开封府。但因投降派占着绝对优势,打了一阵子京城被金人攻破,又"议和",赵佶、赵桓父子都作了金人的俘虏。

康王赵构在南京即了帝位,是南宋的第一任皇帝高宗。李纲被任命为正宰相。他明知妥协派们都反对他,但他贬起投降派来毫不手软。所以,只当了七十五天的宰相,李纲又被罢为观文殿大学士、提举洞霄宫了。一年多以后,他又被责授单州团练副使,万安军安置(在今广东)。建炎三年二月,偏安江南的赵构被金兵追打得辗转逃难,好歹在杭州安下身来,降"德音"大赦犯人,士大夫流徙者都让回来。唯独不准李纲回来,这是听了汉奸宰相黄潜善的建议:"罪纲以谢金"!十一月,才有诏说李纲虽"罪在不赦",但这期间"恩赦"了好几次了,所以对李纲也"特许自便"。他走到琼州又回来,在福州住下。

绍兴二年,担任福建、江西、荆湖路宣抚副使的韩世忠,"平贼"打到这里,认为建州的老百姓"附贼",有屠城的意思。李纲向韩世忠求情说:"建州的百姓大多数是无辜的。"于是韩世忠按政策区别对待,老百姓绝大多数存活下来。韩世忠班师的时候,父老表示要为他立生祠用香火祭祀,韩世忠说:"使你们活下来的人是李相公。"不久,李纲被起复为观文殿学士,荆湖、广南路宣抚使,兼知潭州。

李纲受命后,到了潭州,作了些惩治贪官污吏、免除苛税的事,同时积极投入了收捕"湖寇"的军事行动。随着"胜利",他有了一支七千人的军队,并"拘集沿江渔户",抓上三千人的壮丁,于是他有了一万人的军队,上言朝廷"合兵讨荡"。朝廷下诏几路会兵,都由李纲节制。毫无理由,过了半个月,又把李纲罢了。

李纲虽身处逆境,却不以个人出路为念,一直系心国事。他在贬所还上言朝廷:在金、伪军队大举南侵时,后方必定空虚,应该派得力的大将率领部队去捣刘豫的老窝。可惜高宗虽欣赏他的忠诚和英明,并"降诏奖谕",却没有采纳实施他的建议。后来由于张浚和赵鼎多次提到李纲的忠贞和才气,绍兴五年才又起用他为江西路安抚制置大使,兼知洪州。干了两年,他看皇帝安心蹲在杭州"临安",投降派秦桧权势炽热,觉得自己无能为力,便连续上章再求宫观闲职。李纲鉴于在靖康年间受到的诬蔑,这次把自己在任两年的积蓄钱粮等账目都详细地上报朝廷,然后怀着复杂的心情提举临安府洞霄宫去了。

三年后,五十八岁的李纲死在福州。原来李纲的弟弟李经前几天亡故,李纲很悲伤。上元节这天,他去哭弟弟,因伤心过度暴卒。朝廷赠少师,并把他的另一个弟弟李维由浙东调到福州、令官府协助办理丧事。

王 伦

宁死不投降的"官五代"外交官

　　王伦(1084—1144),南宋初年外交官。字正道,莘县人,是宋太宗、真宗
两朝宰相王旦的弟弟王勖(xù)的玄孙。王伦家中贫穷,是个"无业游民",经
常往来于汴京、洛阳之间,好打抱不平,讲"哥们义气",曾经多次犯法,但却
没治过罪。

　　靖康二年,汴京城被金人攻破,钦宗登上宣德门,京城人们喧呼不已,朝
廷官员无人出来控制局势,皇帝也无能为力。这时王伦走到皇帝身边,说:
"臣能弹压。"皇帝病急乱投医,也不问他的身分来历,解下身上佩的夏国宝
剑赐给了他。王伦又说:"臣没有官职,怎么能使大家听从呢?"宋钦宗便在
一张纸片上写了"王伦可除兵部侍郎",赐给了他。

　　王伦一手提宝剑,一手攥着"任命书"下了城楼,找到几个哥们儿,分头
宣谕"圣旨",很快使群众情绪稳定了下来。

　　事情过后,宋钦宗没有让王伦担任兵部侍郎,因为在群情激昂时一筹莫
展的宰相何㮚认为王伦只是个"小人",不能一下子提得太高,提出给他补个
修职郎,实际上也不用他,只是挂个空名。

　　建炎元年,高宗想派人去探问被金人掳走的徽、钦二帝,王伦又主动上

书,表示愿意在国家有难时尽力,要求出使敌国,问候二圣起居。朝廷正苦无人选,便提升他为朝奉郎,假刑部侍郎,充大金通问使;以进士朱弁为修武郎,任副使。建炎二年五月,王伦和朱弁过了黄河到达云中,被完颜宗翰扣留。后来朝廷又派出洪皓和龚璹,也被扣留。建炎四年,洪、龚二人也被送到云中。他们听一个叫陈忠的商人说,被掳的两宫人员囚禁在黄龙府,便给了陈忠一些钱,托他到黄龙府去暗通朝廷的信息,两宫才知道了高宗即位、朝廷南迁等重大国情变化。

绍兴二年八月,完颜宗翰派人到云中,告诉王伦他们:现已息兵议和,叫王伦带上宗翰给高宗的信回去。被扣留的使臣朱弁、洪皓等人都写了家信托王伦带给自己的亲人。王伦回到临安,宋高宗召见了他,感念他一去五年,奉使称职,特迁升他为右朝奉大夫、充右文殿撰修、主管万寿观。并派出使臣为两宫送去财物接济使用,对被扣留使臣,也各有所赐。

绍兴三年十二月,金国使臣李永寿、王翊到达行在,朝廷命王伦负责接待并和他们谈判——王伦这个自荐的外交官,算是得到了朝廷的正式认可。王翊和王伦在云中就很熟,王伦和他"叙旧",他却傲慢无礼。诏赐他们被褥等物,并传旨不用拜谢。王伦说:"皇上赞许你们远道而来,特派我进行慰问,这是不同一般的恩荣,还是该拜谢为好。"他们听了他的话才拜谢了。

绍兴七年九月,徽猷阁待制王伦奉命再次出使金国,路经伪齐,刘豫安排他住在鸿庆宫,拖延着不让他动身,并向王伦要国书看。王伦说:"国书只能当面交给大金皇帝本人。"刘豫又套问王伦这次出使的任务,王伦回答他:商量接回徽宗的灵柩。刘豫不相信,继续刁难王伦。过了十多天,金人迎接宋使的官员来后,王伦才随他们一同北上。王伦在涿州见到完颜昌和完颜宗弼,详细说了刘豫营谋私利和民怨沸腾的情况,并说这次出使也受到他的刁难,煽动金国二帅说:"这个人能够狠心地背叛本朝,将来一旦得志,就不能背叛上国吗?"完颜氏正想废掉刘豫,听了王伦的话,很感顺耳。两个月后,刘豫便被金人废为蜀王,押赴北上看管。

十二月下旬,王伦和高公绘从金国回来,报告说金人允许迎回徽宗的梓宫和高宗的生母太后——韦妃,并答应还给宋国河南诸州。高宗听了大喜,以王伦为徽猷阁直学士、提举醴泉观,充大金国迎奉梓宫使;高公绘为右朝奉大夫,充副使。

八年四月,王伦再次出使金国,在祁州见到了金帅完颜昌。完颜昌派人送王伦去见金国主。金人又派乌陵阿思谋和石庆充和王伦一路到宋国来谈判。于是,王伦又被任命为接待金使的馆伴使。王伦建议:思谋是宣和年间宋金海上通好时金方的代表,很倾向友好,他曾结识马扩将军,这次来到几次打听马扩的消息,最好把马将军召到行在来,以利议和谈判。朝廷照办了。

七月,王伦任"迎奉梓宫使",陈括任副使。听说金使来议和,朝野反映都很强烈,有的言官上言说都是王伦叫他们来的,"不斩王伦,国之存亡未可知也"。王伦托病要求在外宫观,皇帝不许。其实皇帝、秦桧都想牺牲国家利益,又不肯在国人面前承担骂名;想叫王伦当"替罪羊"。秦桧的狗头军师、谏官句龙如渊对王伦说:"你当使臣,沟通两国的友好关系,一切事情都应该在敌营中反复讨论商定,哪有和对方的使臣到这里以后再论条件的!"王伦哭道:"我冒着万死一生的大险,为这事往来敌国四次,你今天竟这样责备我!"秦桧说:"他只是激你督促金使交国书罢了。"王伦说:"这样的事我应该尽力。"后来秦桧到宾馆见金使张通古受了"国书"。

九年正月,龙图阁学士、提举醴泉观王伦,赐同进士出身,除端明殿学士、同签枢密院事,充迎奉梓棺、奉还两宫、交割地界使;蓝公传为副使。六月二十七日动身赴金国,七月十一日到达中山府被金人逮捕拘留。

原来想把大宋江山全部吞掉的完颜宗弼向金主密谋说:"把黄河以南的土地割给宋,那是完颜昌和宗磐的阴谋,他们一定想勾结南朝作乱。现在南朝的使者已经到了汴京,绝对不能让他们过界来!"王伦有个旧吏,在完颜宗弼帐下当差,听了这消息,秘密地跑来告诉王伦。王伦急把这情况报告了朝廷,要求早作防备,并请示行止。秦桧不听,催促王伦赶快过界。结果王伦一行一到中山府便被拘留了。

这年八月,完颜宗弼杀了完颜昌,金国内讧又一次平息。十月,王伦在御林见到了金主,他述说了宋帝的意图,金主不作任何答复,命丞相责备他说:"你只知道有元帅,哪里知道有上国呢!"又把他拘押起来。

十年,宗弼又攻取河南土地。十二年,宋方付出了高昂的代价,换回了赵佶的棺材和赵构的母亲韦氏。其他被金国扣留的宋国使臣如朱弁、洪皓等,议和后也都被放回了,只有王伦一个人还被扣留着。赵构母子团圆,父亲"入土为安",正享受"天伦之乐",哪里还能想着浪子王伦呢?

王伦被金人一扣六年。

绍兴十四年正月,金人要任命王伦为河间、平、滦三路都转运使,王伦说:"我是奉使命而来的,不是来投降的。大宋的臣子,哪能接受大金的爵禄呢!"金国执政派人催逼,王伦坚决抗拒。金官恼怒,派人去缢杀王伦。王伦听说金人要处死他,穿戴好原来的冠带衣履,面向南再拜恸哭说:"先臣文正公以直道任过两朝的辅相,是天下共知的。现在臣奉使命来而被扣留,他们要以伪官职来玷污我,我不敢舍不得一死以有辱使命啊!"遂被杀害。当时河间地震,下了三天冰雹,人们传说天地也哀痛他死得悲壮。

凶讯传到行在,诏赐通议大夫,赐其家金千两、帛千匹,但未援例授他儿子官职。王伦的儿子王述和侄子王遵,秘密潜入金国,在河间访到了他的遗体,运了回来,官府出钱给他办了丧事。后来又给了他一个谥号:"愍节"。

宋高宗后来和大臣们谈到王伦,曾说:"王伦行事虽然在细节上不注意,但在紧要关头却能以死殉节,这也是难能可贵的啊!"是的,不用说一些自认为有教养的"正宗"大官,就连他这个要爹娘不要国家民族的皇帝,在关键时刻不是也不如一个"痞子"王伦吗?

朱弁

被扣留十六年不屈服的外交官

　　朱弁（？—1144），南宋初年外交官。字少章，徽州婺源人。少年时颖悟好学，加冠后，入太学学习，晁说之见到他写的诗文，认为很有才分，便把他带到新郑，把自己的侄女嫁给他。新郑地处汴京和洛阳之间，文化遗产和古人遗风多，朱弁见闻日益增长。靖康之难后，他的家庭也随着北宋王朝一起被金人毁灭了，他只好回到了江南。

　　建炎二年，朱弁作为王伦的副手，出使金营，五月渡过黄河到了云中，被金帅完颜宗翰扣留下，一扣就是十六年。

　　绍兴二年，金帅完颜宗翰叫扣留的宋使中回去一人给高宗送信，宇文虚中建议王伦与朱弁二人回去一个。朱弁说："我怀着必死的决心来的，让正使受国书回报天子吧！"王伦走前，朱弁要求说："古人出使以节为信物，我们没有节只有印；把印给我留下吧，我能抱着使节的大印死去，也是不朽的。"王伦拿出印来郑重地交给朱弁，他郑重地接过来揣在怀里。

　　金人逼迫他到伪齐刘豫治下做官，朱弁以死抗拒。他说刘豫是国贼，坚决不去。金人断绝他的粮食供应，他发誓饿死也不去，金人只好"致礼如初"。过了些日子，又逼他做官。他深知自己的生命操在金人手中，便写了诀别信交给后来而被扣的使者洪皓,信中说:"杀害使者,这不是小事情,被我们遭遇上了,也是天命。我们都要舍生全义啊!"

一天,朱弁准备了被扣留的人们难得一尝的酒饭,把大家请来共享。酒至半酣,他说:"我已找到近郊某个寺庙的土地,如果一旦结束生命报答祖国,麻烦大家把我埋在那个地方,立碑写上'有宋通问副使朱公之墓',我就含笑九泉了。"大家都哭得抬不起头来,他却谈笑自若,说:"这是自古以来为人臣者应该走的路,大家难过什么呢!"这事传了开去,金人知道不能使他屈服,再也没来打搅他。

王伦回到行在,汇报了被扣使臣们大都守节不屈,高宗因此任命朱弁的儿子朱林为官,并赏赐了他家银两绢帛。不久朝廷又派出一批通问使,给两宫送财物,给金人文官武将送礼物,同时"赐金"给朱弁等被扣人员,以示关怀。

绍兴五年四月,太上皇宋徽宗在黑龙江五国城归天的消息传来,被软禁在燕山的兵部侍郎司马朴和朱弁商量为上皇举哀服丧。朱弁提出是否须先请示金人,司马朴说:"不。我们为人臣子,听说君父去世,自然应该表达自己的哀痛,这还用请示谁吗?再说,如果请示了不被允许,难道就不追悼了吗?"朱弁很以为然。于是他们率领被软禁的官员和士卒,披麻戴孝,朝夕痛哭。金人不无感动,没有干预。朱弁作了祭文《送大行文》,读来催人泪下,其中有这样的句子:"节上之旄尽落,口中之舌徒存。叹马角之未生,魂消雪窖;攀龙髯而莫逮,泪洒冰天。"

绍兴七年,王伦上奏说,他的副手朱弁出使金国十年了,请求朝廷照顾他的家庭。才诏赐朱弁家湖州田五顷;并令各地州郡对出使在外的官员亲属,进行慰问抚恤,这才对十一名外交官员的家中"各赐钱三百缗"。

这年冬天,朱弁派同去的李发回来报告:完颜宗翰等人相继死亡,金主追求享乐等,希望朝廷趁机恢复中原,秦桧说:"陛下只要积德,自然有中兴的时候。"宋高宗说来春再努力吧。

绍兴十四年,"和平"实现,金主得了大宋的土地、财物和政治便宜,死了太子,一喜一悲,大赦天下。洪皓、张邵、朱弁被赦回宋国;同时还"赦"回崔纵、郭元迈、张宇发、林冲之四个人的灵柩;还有四人死去无法迁葬;其余的除宇文虚中和被扣留的王伦之外,都或被迫或自愿地在金国当了官。

宋高宗分别召见了张邵和朱弁。张、朱二人都用奏疏,详细报告了出使人员从大官到小卒、已故的和健在的人们的可歌可泣的事迹,要求朝廷表彰他们,或抚恤他们的亲属。但这些奏疏如石沉大海。就是对朱弁和张邵本人,皇帝也没有像召见洪皓时那种热情。朱弁十六年来官职未动,按常规该升好几级,但秦桧只给他升了个"奉议郎"。

第二年,朱弁于行在逝世,他总算"叶落归根"了!

朱弁是南宋初年出使金国的外交官中唯一的文学家。他的文章有陆贽的文风,援引证据精深广博,曲尽事理。作诗爱模仿李商隐。在金国时,达官贵人们知道他很有学问,都派子弟跟他学习。朱弁借机向他们宣传邻邦应友好相处而不应侵伐的道理。他的著作很多:《聘游集》四十二卷,写了他出使金国被拘留十六年中的经历见闻,是丰富而宝贵的历史资料,从大使到从卒、和尚、烈女的事迹都收入作品,"以劝来者";另有《书解》十卷,《曲洧旧闻》三卷,《续骫骳说》一卷,《杂书》一卷,《风月堂诗话》三卷,《新郑旧诗》一卷,《南归诗文》一卷。

张 俊

出尔反尔、个人实力第一的大将

张俊(1086—1154),南宋高宗朝大将。字伯英,凤翔府成纪(今陕西凤翔)人。少年时爱好骑马射箭,以才气自负,"盗"伍出身,以后从征南蛮、西夏、河朔及山东"群寇",进升武德郎。

靖康元年,在种师中军中,张俊与金兵作战,一次缴获战马上千匹。金人围汴京,张俊率领部队随信德守官梁扬祖勤王。康王赵构任兵马大元帅后,见张俊英武,提任他为元帅府后军统制。建炎元年,随宋高宗到东平府,讨"剧贼李昱"有功,官升贵州防御使,御营使司中军统制。

建炎二年六月,张俊错杀了身任秀州知州的宗室赵叔近。原来御营都统制王渊,是张俊的上司,他在京师狎妓,曾被赵叔近查处,一直怀恨在心。张俊赴秀州时,向王渊辞行,王渊说:"赵叔近在那里当知州呢!"张俊心领神会。他带兵到了秀州,知州赵叔近以对待太守之礼到城北沈氏园迎接他。张俊一到就逼令赵叔近"置对",赵叔近刚拿起笔来,张俊的人一拥上前,砍断了他的右臂,赵叔近大呼:"我是宗室!"话未落头也被砍掉了。赵叔近的儿子朝奉郎赵交之,也被诬告"受贼所献玩好"降六官,勒停。过了十几年,王渊死后,这个冤案才翻了过来。

建炎三年二月,张俊率领部队八千人赴吴县防守,不久就升为武宁军承宣使、带御器械、秦凤路马步军副总管、御营前军统制、捧日天武四厢都指挥使。

三月,苗傅搞政变,迫使宋高宗退位,张俊找张浚问救驾之计,二人见面后大哭一场,计议了对策,由张浚负责联络各路军队,秘密作勤王的准备。后来张俊参加了支持高宗复辟的军事行动和清除范琼的军事行动,继而接受了护送皇帝的任务。

金人攻破行在临安,继续向南侵略,张俊带兵离开越州,驻到明州。他到达明州的第三天,越州便因寡不敌众向金人递了降书。张俊的部队在明州,与"土匪"无异,毫无约束地掳掠骚扰百姓;打着"清野"的旗号抢劫放火,环城三十里的百姓都遭了殃。

金人来攻打明州,张俊率部力战,牺牲了两名将军;后来借助李质、刘洪道分头以水兵来支援,才打败了金兵。四年正月,张俊与知州刘洪道又指挥部队和金人打了一仗,彼此伤亡相当。金人不习水乡作战,向北撤走。张俊急令收兵赴台州而去。士人迎住刘洪道的马头,要求他留下领导保卫家园,刘洪道佯作慷慨地说:"我曾经多次克敌制胜,你们不必有顾虑!"可第二天夜里他竟换上便服带人逃跑了,而且过河拆桥,搞得数千名老百姓哀号震天。刘洪道溜走的第三天,金人攻破了明州。

绍兴元年三月,张俊任江淮招讨使讨伐李成。李成的部将马进驻扎在筠州,张俊采纳杨沂中的作战方案,打了胜仗,俘虏了八千人,马进逃脱。因第二天还要进行战斗,张俊怕被俘的人再背叛,竟命令部将陈思恭于夜间将八千人全部杀死!

利州观察使、湖东马步军副总管孔彦舟,驻在鄂州,船多粮富,张俊恐怕他盘踞要地更有发展,于是便奏请朝廷"大用"他,孔彦舟被升任蕲黄镇抚使兼知黄州。拱卫大夫、相州防御使、新任舒蕲镇抚使张用,在瑞昌有五万军队,张俊把他弄到自己部下当统制官,"吃"了他的五万人。张俊接受了收捕盘据南昌的李允文的密旨后,考虑到李的实力强,想"以计取"。他找到李允文的好友汪若海去说降,汪若海说:"如果我劝他来了,少保你杀了他,我不就成了出卖朋友的人了吗?"张俊答道:"我以百口(全家人)保他。"李允文被汪若海说动了,带领部队来投降;张俊吞并了他的部队,派统制王伟把李允文和李的参谋官滕膺送到行在去。李允文到了行在,便被下到大理寺狱中,定了"拥兵跋扈,擅权专杀"的罪名被"赐死"。张俊的"百口担保"无声无影。

绍兴五年正月，因金人退兵，韩世忠、刘光世、张俊相继入觐，张俊被封开府仪同三司、江南东路宣抚使，置司建康府。三人各赐了银、帛三千匹两，亲属封官、女亲凤冠霞帔，刘、张的妻子也享受"内中俸"，吃了官粮。

岳飞比韩世忠小十四岁，比张俊小十七岁，比这二人踏入仕途晚。但是岳飞"安内"与"攘外"的实际战果却比他们多，而且没打过败仗，部队纪律又好，官职上相差无几，而威望却比他们高。韩世忠和张俊心中"不平"。大敌当前，岳飞从全局出发，屈己下人，主动向他们表示尊敬和友好。岳飞的文笔很好，多次主动给他们写信，他们都不回信。岳飞破了太湖的杨么以后，对张、韩二人各赠送了一艘楼船和大批的战守器械。韩世忠接到这些礼物，消除了对岳飞的成见，但张俊却更嫉妒他了。

刘豫的伪楚军驻守淮阳，金帅完颜宗弼与他有约：受围一日举一堆烽火。韩世忠围攻淮扬，待到城中举六堆烽火时，完颜宗弼驰援来了。韩世忠向江东宣抚使张俊乞援，张俊不出兵，韩只好撤围走了。

六年十月，伪楚将刘麟叫乡兵换上金兵服装，驻在庐州的刘光世和驻在泗州的张俊，吓得不待交战便要求朝廷增派兵力。有些大臣也要求把驻防合肥的岳飞撤防东调。只有宰相张浚反对，他分析金人疲惫，不可能短时间去而复来，一定是刘豫军因怕官军而伪装的，分别派人给张俊、刘光世送信，说："贼众之兵，以逆犯顺，若不剿除，何以立国，平日亦安用养兵为？今日之事，有进击，无退保！"张浚又派自己部下杨沂中到泗州去配合张俊拒敌。刘光世、张俊一直很消极，由于杨沂中和刘光世部将王德的善战，终于打了胜仗，张俊却因而加升少保及镇洮、崇信、奉宁三军节度使，张浚提议罢掉刘光世，皇帝让他问宰相赵鼎，赵鼎反对，没罢成；而对张俊的升赏，张浚却没提异议，他知道宋高宗对张俊特别垂青。

七年秋，张俊带部队回到行在，不想再回淮西驻防，朝廷只好改派了刘锜。但他仍牢牢抓住兵权不放。八年六月，枢密副使王庶巡抚淮西，在军队的兵力部署上，作了调整。张俊看出朝廷嫌各大将兵权太重，想分他们的权势，便派管理行在财务的刘时去威胁王庶说："底下偏裨将校的调动，好像还不是应该急着办的事；先考虑好了自己的进退出处就行了，你还不知道在朝廷能蹲几天呢！"王庶对刘时说："你替我告诉张俊，不论自己的位子稳不稳，只要在位一天，就干一天的事情！"张俊听了，很不高兴。十一月王庶受秦桧排挤罢了官。

十年六月，张俊由少保升少师，封济国公。刘光世罢官后，张俊把王德弄到自己麾下任都统制,王德智勇兼备,出谋攻克了亳州,张俊部队声威大震。

十一年三月,金人包围濠州,其时张俊、杨沂中、刘锜都在庐州,决策由张俊说了算。濠州告急,他不发兵,反而准备退兵。后来听逃难的百姓说金人过淮河走了,去濠州的道路也通了,第二天他召集大家喝酒,在饭桌上对刘锜说:"你带的是步兵,作战时间又太久了,先取道采石矶回太平州吧;我和杨太尉去趟濠州,在淮河上炫耀一下兵力,以安抚百姓,然后我从宣化回金陵,他从瓜洲回临安:这样部队在路上打柴做饭互不妨碍。"刘锜只好领命而去。

张、杨二军向濠州方向走了几里地,又听到谍报金人正急攻濠州。张俊茫然失色,便又派人快马叫刘锜回来。张、杨、刘三军走到离濠州六十里处,听说城被攻破,只好鼎足安营驻扎下来。张俊派出好几批人去侦察,回来都说城中没有金人,他派人通知刘锜:"用不着你的军队上前了。"而令杨沂中、王德带领两千骑兵前往濠州"立功"去。六十里的路程,两千骑兵从四更天动身,中午才到濠州城西岭上;还没列定阵势,城上便燃起了烽烟,金人埋伏的一万多名装甲骑兵从两面迂回杀出。杨、王败退,金人穷追不舍,死伤惨重。韩世忠带兵赶来打了一仗,第二天金人才北归。

张俊回到建康,和韩世忠升任枢密使,岳飞任副使。这是明升暗降地夺兵权。张俊这时已附和秦桧主张议和,便主动提出交出兵权——把军队交给御前营。张俊到楚州视察部队,中军统制王胜率领部队全副装备起来,吓得张俊问道:"为什么都穿着铠甲?"王胜答道:"枢使来检阅部队,不敢不这样啊!"张俊叫他卸掉铠甲参见,并下令毁掉城池,以防金人占领,把居民迁移到镇江府,老百姓都不愿意,又不敢违抗,只好哭着离开被毁的家园。

张俊因第一个交出兵权,进封太傅,广国公,赐玉带。他又建议把长期带兵的将领调离军队担任州郡官职,高宗和秦桧当然同意。

十一年九月,秦桧受金兀朮密令要害死岳飞,指使王贵诬告岳飞部将张宪谋反;张俊积极配合,把张宪逮捕下狱。然后,由张俊告发张宪开始,秦桧一手指挥逮捕、陷害、虐杀了岳飞父子。

秦桧搞"议和",可以争取的大将只有张俊,所以私下和他约好条件:议和后,罢掉诸将的兵权,交给张俊独揽。待到目的达到,看张俊干了一年多枢密还没有离去的意思,便指令御史"论其罪",尽管宋高宗相保,张俊也知道秦桧的手段之厉害,赶紧主动要求辞去枢密的职务,改任镇洮、宁武、泰宁军节度使，充醴泉观使，奉朝请，进封清河郡王。

张俊交出兵权，过了十二年赋闲的日子，六十九岁时在行在寿终正寝。宋高宗虽没表示悲痛，却说："自从张通古（金使臣）来谈判，张俊极为出力，他与韩世忠等不同，恩数应该尽量优厚一些。"赐他貂冠、朝服、刀剑，命内使护葬。

张俊常被作为"抗金"将令与岳飞、韩世忠相提并论；但观其行，他实在低劣多多，是个"另类"。

洪 皓

被扣十五年、被贬十三年的爱国外交官

洪皓(1088—1155),南宋初年外交官。字光弼,番禺人。自少年时便慷慨激昂,有经略四方的大志。政和五年登进士第,当时的宰相王黼、佞臣朱勔都想把女儿嫁给他,被他谢绝了。

宣和年间,洪皓任秀州司录,遭逢大水灾,他主动向郡守申请了承担拯救灾荒的任务,把官仓里的粮食减价卖给百姓。前来购粮的百姓拥挤不堪,洪皓为防止有人钻空子多买,便用青旗、白旗给他们排队,在手上用颜色染上标志,加以区分,号令严明,赈济的面很广。浙东运输的"米纲"(运米的车队或船队)经过秀州城下,洪皓建议郡守截留一部分赈灾,郡守不同意,洪皓说:"我愿拿自己一人的生命换取州里十万人的生命!"尽管郡守没同意截纲米,但百姓都被洪皓的牺牲精神深深地感动了,送他一个美称:"洪佛子"。后来秀州驻军叛变,打家劫舍,抢掠郡民,只有洪皓的家,他们不忍心骚扰,每走过他的门前,都说:"这是洪佛子的家。"

建炎三年五月,朝廷物色出使金国的人,张浚推荐了洪皓,他奉召时还穿着丧服呢,宰相吕颐浩现把自己的头巾、衣服脱给他换上去见皇帝。宋高宗说自己以"国步艰难、两宫远狩"为忧。洪皓宽慰说:"天道好还,金人安能久居中土!"皇帝口头给他升官五级,以徽猷阁待制、假礼部尚书、充大金通问使,龚璹任副使。皇帝致金帅的信称:"宋康王构谨致书元帅阁下:愿用正朔,比于藩臣。"让洪皓和宰臣们商讨一下国书的内容和措辞;洪皓提出对以上的话有所修改,吕颐浩不乐意,于是未兑现"晋五官"的圣旨,就打发他上了路。

六月,洪皓一行到达了淮南。当时社会上军队种类多,秩序乱,洪皓请李成用兵护送他们。李成正忙着搞内耗打楚州,不愿出兵送他。洪皓只好回来,上疏皇帝,反映李成等军阀有野心,应该警惕和稳住他们。吕颐浩怪洪皓不先报告他便直接上奏皇帝,对皇帝说洪皓故意地拖延行期,无事生非,把洪皓降了两级。洪皓"背着处分"由滁阳改道北上。一到了太原,便被金人扣住了。

建炎四年十二月,洪皓、龚璹一行才被放行到达云中,金帅没让他们执行使命,就把他们和前二年来出使的王伦、朱弁弄到一起拘管起来。接着完颜宗翰通知他们,要把他们分配到伪齐帝刘豫的治下做官。洪皓极力推辞,说不应该这么对待大宋使臣。宗翰大为恼怒,命令士兵把他拉下去,执剑交叉加在他脖子上,洪皓毫不动摇。完颜宗翰身旁一个贵人赞叹说:"这是忠臣啊!"向剑士使眼色制止动手,跪下向宗翰替他求情,宗翰的怒气才消了一点,把洪皓"流递"到冷山。金的"流递"相当于宋朝的"流窜编管"。

从云中走了六十天才到达冷山,这地方名副其实的"冷",四月草木才发芽,八月又开始下雪了。这里只有百十户人家,都是"穴居",是监军陈王完颜希尹(悟室)的部族。希尹叫洪皓教他的八个儿子读汉书,却不给洪皓以"老师"的待遇。洪皓有时两年得不到一点供应,夏天还穿着厚粗布衣服,大雪天柴草烧尽,就烧马粪做饭。完颜希尹锐意南侵,有人献"入蜀策",他拿来找洪皓解说分析,洪皓极力驳斥说行不通,并多次向希尹抗议:"我是为两国间的事来出使的,你们不当使者接待我,却把我搞到这里来教小孩子,这是自古以来对待使臣所没有的做法。"希尹有时不放声,有时急了眼,就发火说:"你做和事官,还这么嘴硬,你以为我不能杀你吗?"洪皓从容答道:"我自知活不成,只是你们国家得承担杀害使臣的坏名声;你可以把我投到水里去,就说是我自己失足落水好了。"希尹没杀他。

绍兴二年,离开宋土四年了,完颜宗翰从扣留的使臣中指定王伦一人回去给宋高宗送信,洪皓才得以托他给自己的亲人捎去一封家信。

绍兴五年,被金人囚禁在黑龙江五国城的徽宗皇帝在贫病孤独中悲惨地死去。当时被软禁在冷山的洪皓听到这个不幸的消息后,向着徽宗葬身的东北方向大哭,哭得眼里流出血来。他自己行动受限制,便派随从人员沈珍前往燕山,在开泰寺建道场遥祭宋徽宗,洪皓亲自写了祭文《功德疏》,最后两句是:"遗民失望而痛心,孤臣久絷而呕血。"有的金人读了,也掉下了眼泪。

绍兴七年,南宋皇帝诏令各郡抚恤出使被扣留的官员的家庭,洪皓家得到了"赐钱三百缗"。

完颜希尹与洪皓接触久了,很佩服他的学识和为人。绍兴十年春天,他对洪皓说:"你性情耿介,从来不诳骗我,我和你一起到燕京,派你回去传达议和的事吧!"他带着洪皓离开冷山,沿途经过金人戍卒的帐篷,守将听说他是大宋的洪尚书,都争相请他喝酒吃饭。因正在进行的谈判不顺利,洪皓没有走得成。

十一年六月,洪皓把费了极大周折才得到的皇太后(韦妃)的书信,派遣布衣李微送到行在。高宗看了大喜,说:"已经二十年不知道太后的信息了。即使派出一百批使臣,也不如这一封信啊!"赐给李微一个官职。

这年年底,洪皓由燕山派人到行在送密奏,反映金军厌战情绪很浓,难以持久;说朝廷不知其虚实,卑词厚礼还达不成协议,真不如乘胜追击,复故土,报世仇;还说金人最怕岳飞,张浚也名动北方,并问候李纲、赵鼎。洪皓哪里知道,李纲已死去快两年了,岳飞刚刚被"赐死",张浚和赵鼎也早被罢了官。当时皇帝和秦桧最感兴趣而不遗余力、不惜代价争取的是投降——屈辱的"议和"。

洪皓留在燕京,生活上比冷山好了一点,但政治上更难受。金主要用他为翰林学士,他极力推辞;后来他去找金宰相韩昉,说自己愿到真定或大名养老。韩昉分析他是想逃归南方,气得改任他中京副留守,又降为承德郎、留守判官,并多次催逼他"就职",洪皓始终没去。

议和成功后,金国太子病死,金主"悲喜交集",下诏大赦,允许他们回国。自从宋室南迁,派出多少批使臣,光"正副大使级"官员就将近三十名,但现在活着被允许回到行在的,只有洪皓、张邵和朱弁三个人了!

十三年八月戊戌日,洪皓到达行在的当天,高宗在内殿召见了他,慰勉他说:"卿不忘君,虽苏武不能过。"赏赐他内库金币、鞍马,黄金三百两,帛五百匹,还有象牙、香绵、酒、茶等等,非常丰厚。第二天到慈宁殿拜见太后,太后命人撤掉帘子和他谈话。

洪皓不了解秦桧，认为他是宰相，应该和他谈"大事"，拜见帝后以后，便和秦桧谈国事，如敌人怕张浚，不该不起用他；行在的宫殿、太庙都盖得太豪华，难道不想回中原了等等。秦桧很烦他，一次便别有用心地对他的儿子秘书省正宗洪适说："你父亲确实忠贞、有气节，也很受主上眷顾。但是，官职如同读书一样，太快了最后没有味道，应该像黄钟、大吕一样啊！"

　　洪皓被任命出知饶州，这当然有原因。金人来取被留在那里做官的人们的家属，皇帝下诏全部给他们。洪皓上言反对，还出主意说，如果怕金人说对和平没有诚意，可以针锋相对，坚持等渊圣皇帝（钦宗）和皇族成员都回来，再送这些家属过去。洪皓还提出应该要回王伦等人。他这些意见完全符合国家的利益和尊严，但这正触动了宋高宗赵构那根最敏感的神经。有一次，洪皓在和秦桧交谈时，忽然想起归来时曾受人之托问候秦桧的事，热情地对秦桧说："你还记得完颜昌军中的实纳吧？我来的时候，他特地托我问候你呢！"秦桧一听，登时脸色大变。这是他在大宋领土上的最大隐秘，洪皓哪里知道呢！

　　秦桧不知道洪皓到底了解多少关于他和金人不可告人的关系，又不敢向洪皓问，总觉得洪皓对他是个威胁，便唆使言官李文会诬奏洪皓如下罪状：一、他原在朱勔的女婿属下任职，恐怕朱勔治罪了自己受影响，才要求出使的；二、他不是逃回来的，只是议和后被放回来的；三、他贪恋朝中高位，也不要求回家探望母亲。秦桧拿这奏章给皇帝看，又添油加醋一番，宋高宗马上得出洪皓"事君"有"二心"的结论，把他贬往饶州。

　　跟随太后从北边回来的白谔，公开议论不重用洪皓是错误的，秦桧罗织罪名，把他刺配万安军。接着言官又诬告洪皓和白谔是刎颈之交，二人常互相吹捧，欺骗舆论。于是十四年六月罢了洪皓的知州，贬他去看庙——提举江州太平观。

　　饶州通判李勤，因和知州王洋、通判陈之渊二人有矛盾，向朝廷打小报告说：洪皓说过一些欺世盗名的假话，而王、陈听了不斗争也不上报。秦桧的言官便根据这个上书，说洪皓迷惑群众，"动摇国是"。因此，洪皓又受到进一步的迫害——责授濠州团练副使，英州安置。

　　绍兴二十五年十月己未日，六十八岁的洪皓带着"左朝奉郎、主管台州崇道观"的头衔，含恨死在南雄州。他被金人扣留了十五年，回国时已经五十六岁了；接着是十三年的贬谪生活，一直到把他送入坟墓——这大概是他在金国时做梦也想不到的吧！可能他唯一不遗憾的，就是把尸骨埋在了自己的国土上。

洪皓去世的第二天夜里,秦桧也断了气。

秦桧死后一个月,朝廷恢复洪皓为敷文阁直学士。他的儿子起居舍人洪遵上言称对他复职不够,绍兴二十八年又复到徽猷阁直学士,不久,又御赐了一个"忠宣"的谥号。洪皓如九泉有知,对这些"善后"不知会"谢恩"还是会摇头。

黄潜善

谮杀大学生陈东的奸相

黄潜善（? —1129），南宋大臣。字茂和，邵武（今福建邵武）人，宋徽宗朝进士，宣和年间任右司郎中。

宣和六年闰三月，河东、陕西大地震，波及京师，皇宫里的门都摇动发出声音来。山陵和峡谷都变换了位置。朝廷派黄潜善去视察灾情，他回来后只笼统地说地震了，却未详细报告震情、灾情。皇帝放心了，也不下诏赈灾，还把黄潜善提升为户部侍郎。

靖康二年，康王赵构统帅勤王兵马驻在济州一带，当时任高阳关路安抚使的黄潜善和属下带了几千名士兵投到康王麾下。赵构即帝位后，以黄潜善任中书侍郎、与在相州挽留住赵构不去金营的汪伯彦，同知枢密院。建炎元年五月，赵构恐怕黄、汪二人威望差，又任命李纲为正宰相。黄、汪二人认为自己对皇帝有功，该当宰相，便处处与李纲作对，并迫害他。

三天后，黄潜善和汪伯彦又兼任了正、副御营使，二人于编制之外，各置亲兵一千人。这些亲兵的待遇比一般禁军的高，人们意见很大，他们却不在乎。

黄潜善等主张议和，金人要割蒲、解两州，他连忙指示刑部，高宗即位下赦书时,就不要写这几个地方了——是金人的了。宗泽是抗金的骨干大臣,皇帝想留他在身边出谋划策,黄潜善却把他调出去担任襄阳知府。

中兴之主定都哪里?李纲、宗泽主张定都汴京,便于发动和领导全国的抗金斗争;黄潜善、汪伯彦却主张驾幸东南,朝中士大夫也附和他们,把本来就没有多大抗金勇气的宋高宗往江南推。

李纲向朝廷推荐张所、傅亮,授命他们发动河朔义军、民兵、百姓起来抗击金人,不到十天,他们便招募了两万人。黄潜善很嫉妒,派河北经制使马忠前去节制马军,分他们的权。

经制使翁彦国,受旨监督修葺江宁府的城池宫殿,两浙转运判官吴昉作他的助手。有人击登闻鼓,控告翁彦国横征暴敛。黄潜善、汪伯彦听说翁彦国的女儿是李纲弟弟李维的妻子,赶紧向皇帝打小报告,企图株连李纲。不久翁彦国死了,皇帝心里明白,国库已被金人掏空,不向百姓"敛"拿什么修宫殿?所以没有追治翁彦国的罪过。黄、汪不解恨,把吴昉罢了官撵去看庙。

"朝廷安在哪里"的争论一直进行着,李纲豁出官爵力争,说君子、小人不能并用,"疑则当勿用,用则当勿疑",皇帝只"慰勉"李纲,却抛不开黄、汪:任命李纲为尚书左仆射兼门下侍郎,黄潜善为尚书右仆射兼中书侍郎。

秉义郎岳飞上书,论黄潜善、汪伯彦不图恢复国土的罪过,被斥为"越职言事",罢了官。

八月十八日,当了七十五天宰相的李纲被罢官,这自然是黄、汪的胜利。二人进一步奏请皇帝,把李纲实行的朝政建设、抗金部署等一切措施也都"罢"了。

太学生陈东,在靖康年间伏阙上书而轰动京师,闻名全国,高宗欣赏他的胆识,把他召到行在。陈东一入朝,就上疏说李纲不应罢掉,黄、汪不能重用等等,连上三疏。黄潜善怀恨在心。这时又有一个叫欧阳澈的进士,上书批评权臣,也涉及宫室燕乐等事情,黄潜善给欧阳澈扣上了一个"指斥乘舆"——攻击皇帝的罪名,先向皇帝密奏杀欧阳澈,皇帝点了头,他又提出把陈东一起杀掉,皇帝也点了头:黄潜善一举杀掉了两个最敢说话的读书人。朝中形成了黄、汪专权的局面,他们决定奉高宗往东南跑,并派人在江宁府做准备。

黄潜善的哥哥黄潜厚,任户部侍郎。给事中刘珏上奏,说这种做法,只有蔡京当宰相的时候干过;黄潜善既任宰相,他哥哥应调整别的职务以回避。朝中不得不把黄潜厚改为延康殿学士、提举醴泉观、同提举措置户部财用——实际上是名调实不调。右谏议大夫卫肤敏也上书言事十几次,黄潜善又怕又恨。但他们提的意见事事在理,没有该贬的道理,黄潜善便把他们调离了言官的位置。

建炎二年一月,金人攻掠陕西、京东各州郡,山东"群盗"蜂起,黄、汪隐瞒下地方上的疏奏,不向皇帝报告。真定府马军张遇,聚众为盗,攻陷城池,打到镇江,距离"行在"只有六十里地,这样大的事,他们也瞒着皇帝。入内内侍省押班邵成章,上疏逐条揭发黄、汪的罪行,并传告黄潜善,叫他知道自己的罪过。皇帝竟嫌邵成章不守本职,妄论大臣,下诏把他除名送南雄州编管。黄潜善更有恃无恐了。

随着两河抗金人民战争的迅猛发展,到二年五月,京城留守宗泽上疏二十多次,恳请宋高宗还京,黄潜善极力阻挠破坏,宗泽忧愤成疾,七月病逝。御史许景衡和尚书张悫的死,也和黄潜善的压制迫害分不开。

黄潜善一味奉着皇帝往南跑,极大地削弱以至破坏了抗金战争,待到三年二月十三日跑到杭州时,真、楚、通、泰诸州以南的州郡非破即降,金人火烧了扬州城,全城只有几千人活了下来。皇帝下了"罪己诏",并大赦了各地区死罪以下的各种囚犯,士大夫流放、编管的可以自由地回来,唯独对李纲,不容许援例受赦。黄潜善说,这么做是为了向金人表示道歉!

在皇帝下诏罪己并求直言的背景下,御史中丞张澂上疏,劾奏了黄潜善、汪伯彦二十大罪状,开始皇帝不作答复,张澂又把这些罪状报尚书省,黄、汪才提出辞职。二月二十日,二人被罢相,黄出知江宁府,汪出知洪州府,两个奸相至此才天各一方。过了五天,又把他们撤了官职,打发去看庙——"奉祠"。五月,苗傅兵变皇帝复辟以后,谏官袁植上书,指出黄、汪二人的罪恶不在王黼、蔡攸之下,他们当了不到一年的宰相,就失掉几乎三分之二的国土,迫害了多少人,要求把他们"斩之都市",于是黄潜善又被降贬为江州团练副使、英州安置。

六月十四日,皇帝下手诏自责:一、没有明确的治国大计;二、缺乏戡平战乱的才能;三、没有使人民安居乐业的德行;四、没有控制、使用大臣的能力。他说得很对,但是并不打算改正,二十日便把袁植的言官罢掉了,嫌他"导朕以杀人"。

对黄潜善来说,最大的遗憾是他不多久就死去了,否则,他也会像后来的汪伯彦一样被起用。昏庸的君主,是奸邪佞幸的"保护伞"。

杜 充

丢掉长江防线投金的"降奴"

杜充(？—1140)，南宋初年叛臣。字公美，相州人。哲宗绍圣年间，登进士第，曾任孝功郎，光禄寺少卿，沧州知州，靖康初年，加集英殿修撰、知沧州府。

杜充喜好功名，短于谋略，性情残忍好杀戮。当时金人大举南侵，沧州城内来了不少逃难的燕人，杜充唯恐其中有人会作为金人的内应，便下令把州内的燕人一个不留地全杀光。

高宗建炎元年，杜充任北京留守兼河北东路制置使，宗泽逝世后，他升任枢密直学士，开封府尹、东京留守。朝廷告诫他：要镇守国土，安抚军民，对国事鞠躬尽瘁，以继承宗泽的美德；严格警惕任意胡来，以纠正以前官吏的失误。但是杜充对国家的恢复事业不感兴趣，把宗泽的做法完全推翻了，几天的时间，将士们便离去了十分之五；原来宗泽联络的两河豪杰也不听他的，有的又去为盗，由抗金力量变为害民力量。如荣州防御使杨进叛变，率领几万人在汝州、洛阳之间横行，杜充也管不了，京西北路安抚使、河南知府因此战死。

建炎二年十一月，杜充听说金人要打过来了，便下令决黄河引入清河以阻遏金兵。

杜充不抗金,却热衷于搞内耗。京城统制官张用,原先接受了宗泽的招安,宗泽死后他自动离去;杜充接宗泽任后,又招安他参加抗金,张用也接受了,屯驻在京城南面的南御园。有好几万人。杜充见京城周围各路受招安的义军,张用的实力最强,便想吞并他。三年正月十五这天,张用的部队进城背粮,杜充对他们发动了突然袭击,并且号令各路军队帮他打仗。张用发觉后,约束部队进行抵抗;同受招安的义军将领王善反对杜充的不义之举,也率领自己的部队来接应张用,把杜充杀得大败。

张用和王善二军,来到淮宁府一带,杜充又派马皋带官军去攻打他们,结果官军又大败。王善还要攻打淮宁府,张用劝阻说:"我们来这里,只是因为没有粮食吃了。怎么可以攻打国家的郡县!"王善不听他的,他只好与王善分手去蔡州,临走时说:"咱们兄弟的情义是永恒的,今后不要断了书信往来。"杜充处事,远不如一个"强盗"头目。三年夏,杜充奉调赴行在任御前营副使,他说自己中风了,请病假,皇上知道他不满意,破格提升他同知枢密院事、右仆射、并同平章事兼御营使,他的"中风"才好了。

因金人南犯,"行在"又从建康往临安迁移。杜充以尚书右仆射兼任江、淮宣抚使,统领行营十几万军队防守建康,宋高宗竟把中书府的大印留给了他,连韩世忠、刘光世这些大将也要受他节制。刘光世上书言"六不可"受杜充节制,宋高宗大怒,下诏催促他过江。杜充蹲在南京,拿不出一条御敌制胜的策略,整天以诛杀为能事,有识之士都为江浙的安全担忧。

三年十一月,金人进逼长江,杜充不会用兵,却自作主张,调部队去打攻乌江的李成,只拿六万兵放在长江南岸,他自己却在府里闭门不出。岳飞当时只是一个统制官,指挥权力太小,他哭着要求杜充出来指挥部队,杜充不听。待到金人突破长江防线打过江南,他才派人到突破口驰援。结果是长江防线崩溃,金人破建康,破广德军,破临安府,屠洪州,破越州……。宋高宗不得不离开第二行在临安,到处逃难。

杜充本人由真州向北逃跑,完颜宗弼派人来说,他如果投降,可以封给他中原的土地,像对待张邦昌那样。杜充便带着身边的人马投降了金人。真州知州向子忞向行在报告了这件事,宋高宗听了,一连好几天吃不下饭。还留恋地宣布把杜充罢为观文殿大学士、提举江州太平观。

杜充到了云中,金帅完颜宗翰瞧不起他的为人,对他很冷漠,直到建炎四年十月,才任命他为相州知州。绍兴二年九月,杜充的孙子从江南逃回老家,杜充没有向金人报告,擅自留他住下。节度使向金人告发他"阴通江南",于是他被捉到元帅府拷问。完颜宗翰问他:"你想回江南吗?"杜充谄媚地说:"元帅敢回江南,监军敢回江南,只有我不敢回江南啊!"金国的元帅们听了,相视而笑,拘留了他一年多才释放。经过审查,金人对他的投降已深信不疑,遂任命他为三司使,后来又改任签书枢密院事。

绍兴九年七月,金国统治集团内部,发生了一场未遂政变,完颜氏五个"王"被杀。左副元帅鲁国王完颜昌,也是觊觎大位的人物之一,金国主因他是自己祖父辈的人,灭辽、侵宋都立了大功,所以没有治罪而把他释放了,派他到燕京出任行台左丞相。任杜充为行台右丞相,以萧宝、耶律晖为行台平章事。完颜昌一听与杜充为伍,大怒道:"我是开国元勋啊,犯了什么罪,和降奴为伍!"

绍兴十年,杜充死在金国"行台右丞相"任上。

杜充卑微,残忍,实在不足道。值得思索的是:赵构为什么把长江防线的指挥大权交给这么一个"降奴",弄得"一着不慎,全盘皆输"?

韩世忠

南宋抗金名将

韩世忠(1089—1151),南宋名将。字良臣,陕西延安人。他风骨伟岸,目光如电,勇鸷超常人,嗜酒任侠,不受任何约束。家中很贫穷,几乎没有什么经济来源。有一个看相的人,说他日后能够官至三公,韩世忠认为那人戏耍自己,把他狠狠地揍了一顿。十八岁应招募入伍,在与西夏的战争中屡立战功,升任勇副尉。

宣和二年,二十三岁的韩世忠作为王渊部下的偏将,到浙江镇压方腊起义。他打了一次漂亮的伏击战,王渊把自己随身所带的银器都奖给了他,并与他结为好友。当时朝廷降诏:谁能得到方腊的头,可授予两镇节度使的官职。当时方腊已逃回青溪帮源洞,山谷中地形复杂,部队分头寻找。韩世忠找到一个农妇,向她打听清了进洞的路径,只身持戈打入主洞,杀了好几十个人,终于捉住了方腊。不料,他押着方腊刚一出洞,便被领兵守在洞口的忠州防御使辛兴宗夺走,向朝廷献俘请赏去了。韩世忠没有争夺。

后来,韩世忠在与金人及河北"盗贼"的作战中,都立了战功,建炎元年升任定国军承选使。两个月后,张浚劾奏韩世忠的部队纪律差,他又被降为观察使。

建炎二年，宋高宗跸驻扬州，韩世忠带领部队护从。土武装张遇接受招抚，带两万人来降，部队停在扬子桥下，兵不解甲，城中人都很害怕。韩世忠自带几百骑兵，到张遇军中宣传大义，张遇表示愿意听他号令。王渊奏请任张遇为阁门宣赞舍人。结果刘彦煽动部队捣乱。韩世忠把刘彦逮住，在扬子桥上凌迟处死；又抓了二十九个小校送交王渊杀掉，收编了一万人。

两个月后，韩世忠与翟进、丁进约定出兵，袭击河南府的金人，结果因丁进的军队迟到，韩世忠部大败，他本人身上落满了箭，幸亏张遇率领部下力战，才把韩世忠抢救出来。建炎三年正月，韩世忠受到金帅完颜宗翰的大军攻击，损失惨重，张遇奋战牺牲。韩世忠逃到海上，部队溃散。

三年三月，韩世忠被起复为捧日天武四厢都指挥使、御营使司专一提举一行事务都巡检使。三月，苗傅、刘正彦拥兵政变，逼宋高宗禅位，叫太后垂帘与三岁的皇太子同听政。张浚秘密串连韩世忠、刘光世出兵勤王，苗、刘被赶出京城，高宗步行到宫门，握住韩世忠的手恸哭一场，小声对韩世忠说："吴湛（御营中军统制官）帮助叛逆苗傅最积极了，他至今还留在朕的肘腋之间，能先除掉他吗？"韩世忠说："这太容易了。"吴湛心中有鬼，戒备森严。韩世忠去看他，拉着手和他说话，折断了他的中指，拉着他往外走。他的卫兵想动手，韩世忠按剑喝斥，卫兵吓得呆住了。吴湛问斩。

高宗复辟后，亲征苗傅；御营左军都统制韩世忠任江浙制置使，皇帝用巨觥斟酒为他饯行。韩世忠在浦城与苗、刘遭遇，率先冲锋陷阵，和刘正彦杀了个面对面；刘正彦一看是韩世忠，吓得从马上坠落下来，韩世忠伸手活捉，打了个大胜仗。苗傅扔下军队与爱将张政逃亡到建阳县，张政出卖了苗傅。南剑州同巡检吕熙把他送给福建提点刑狱林杞，林、吕杀了张政，报上自己的功劳，把苗傅送交韩世忠押解到行在。七月，苗傅、刘正彦寸磔于建康市。韩世忠升检校少保、武胜、昭庆两军节度使；皇帝又赐他金盒，并书写了"忠勇"二字作为他军旗的标志。他的妻子梁红玉封护国夫人，从宫中支取俸禄。这种荣宠，以前的大将还没有人享过。

金人大举南侵，韩世忠估计敌人不可能长期深入，便把自己的前军、中军、后军分驻在通惠镇、江湾、海口，大造战舰，准备迎敌。

四年三月，韩世忠在镇江地区把金帅完颜宗弼的军队截杀了一阵。双方互派使者，约定了会战的日期。韩世忠分析金人可能到龙王庙这个制高点观察宋军，便布置部将苏德率领二百人埋伏在庙中，另遣二百人埋伏在庙下，听到江中的战鼓声后，庙下的兵先杀入，庙中的兵再杀出。果然，金人有五骑奔向龙王庙,庙中的伏兵不等鼓响便杀了出来,金人扬鞭急驰,只被宋军逮住了两个;其中有一个穿红袍骑白马的,从马上坠落下来,又跳上马去逃跑了,通过审讯俘虏得知,这个人就是金国侵宋的统帅完颜宗弼。

双方交战,梁夫人亲自执桴击鼓,金人无法渡江。完颜宗弼派人来说,以退还抢掠的财物作交换借道,韩世忠不答应;金使又来说再加一些名马,他仍然不答应。金人只好去找驻在淮东的完颜昌帮忙。韩世忠以八千人对宗弼的十万大军,完颜宗弼的人马放小舟强渡,被他海舰上的士兵用大铁钩俘虏。完颜宗弼坚持要求借道,韩世忠说:"这不难,只要迎还两宫,恢复国土,我回去报告圣主,很可以成全你!"完颜宗弼要求韩世忠上岸谈判,韩世忠只带着两骑上岸,见面后宗弼劝他投降,他射了宗弼一箭就骑马跑了,可惜没射中。相持了几天,有人为金军出谋,由芦荡凿一条长渠,引来正上涨的江水,出渠入江,就可居于韩世忠的上游了。完颜宗弼照办,一夜办成了这件事。又有人教完颜宗弼用火箭射宋军海舰的篙篷。金人一夜造足了火箭,第二天顺流而下,发动了火攻。韩军是"海军陆战队",家属、马匹、辎重全都在海舰上,部队纪律性又不强,大舰一着火,船上的人乱将起来,金人乘势驾舟追杀。韩军虽勇于拼杀,但船着了火,又众寡悬殊,团练使孙世询和防御使严永吉牺牲,韩世忠率领余军由瓜步山弃舰登陆赴镇江聚集部队。完颜宗弼渡过长江北逃。

四年九月,三省官员报告,除了隆祐皇太后的供俸,别的都不能保证,韩世忠夫妇的薪俸欠了不少。高宗说:"朕所委任的将帅,要特别照顾。"并对大臣们说,"昨天韩世忠送来一匹马,高五尺一寸,说不是人臣所敢骑的。朕说九重之中,还没有出入过,用它干什么!卿自己留待作战用吧!"

绍兴三年三月,因剿灭"贼寇"刘忠部有功,韩世忠进升开府仪同三司、充淮南东路宣抚使,泗州置司,并赏广马七纲,军士甲千副,激赏银帛三万匹两,又出钱百万缗,米二十八万斛,为半年的需用。刘光世驻扎镇江,韩、刘两军换防地,韩世忠的军队到了镇江城外,奸细进城焚烧府库;刘光世捉住审问,都说是韩世忠派遣的,刘光世向朝廷告他。江东统制官王德说:"韩公来这里,只和我一个人有矛盾,我要一个人去见见他。"部下不同意,有的叫他带骑兵警卫,王德不听,独自去了。韩世忠见了大惊道:"你真是个轰轰烈烈的大丈夫。以前有些小的隔阂,彼此都不必放在心上了。"他请王德喝酒,尽欢分手。

刘光世率领部队撤防时,韩世忠竟派了一千多人从背后进行袭击,劫走了他六十多名甲士。这件事反映了韩世忠多少带些"匪气"。

绍兴四年十月，韩世忠驻兵扬州，朝廷派魏良臣、王绘出使金营，他拿出"流星庚牌"给魏、王二人看，说他已奉命调往镇江防守，让二人吃了饭赶紧走。到了金营，金将问到韩世忠驻地，王绘说回镇江了。金将又问是不是用计赚他们，王绘回答说："用兵的事我们就不知道了。将在外，君命有所不受，他会不会回来，我们无从得知。"于是金人判断韩世忠退了，便大举前进。其实韩世忠看魏、王走远了，便下令迎着金人的方向进军，驻到大仪镇，分兵五路埋伏下来。金人果然来了，进入伏击圈后，鼓声一响，韩世忠的军队手持长斧闯入敌军，上砍人胸，下砍马足。金人的刀、弓都失去了作用，人马陷在泥淖中，死伤不少，金将托卜嘉被活捉。由于韩世忠讲究了战术，这场伏击战打得很漂亮。

五年三月，因"议和"，金人退出江北淮南之间的地区。大臣们都认为应该好好经营这片国土，但都不敢自己去干。韩世忠自告奋勇带上他的部队和亲属去了。皇帝派中使送去银盒、茶叶、药品，并亲笔写了慰问信。

韩军到达山阳县，这里劫后之余，凋残破败，韩世忠披荆斩棘，与将士们同劳动，建立军府营房。夫人梁红玉亲自织苇箔盖屋。有临敌怯懦的将士，韩世忠便送给他巾帼，设音乐、举行大会，把那人打扮成女人以羞辱他。军营建好了，部队安定下来，韩世忠又招抚逃亡的人民，帮他们恢复家园，支持发展商业、工业，使山阳又恢复了重镇的面貌。

岳飞移防潭州，秋毫无犯，乡民出于对军队的爱护，主动赠送酒食的，军中一律按价付钱，一路颂声载道。韩世忠这次移防淮甸，行军路上行伍整肃，纪律空前的好，和岳家军一样，受到朝廷"纪律严明"的传谕表彰。韩军大受鼓舞。

绍兴六年二月，韩世忠奉命出击进犯到淮阳的刘豫伪军。扎下阵后，韩的部将统制官呼延通上前叫阵，金将叶赫贝勒出阵，二人都是猛将，打了一阵子，长兵器失手，便用手格斗，逐渐远离阵地，滚到了一个坎里，双方军队都找不到他们了，过了一大阵，呼延通腋下插着叶赫的匕首流着血，卡着叶赫的脖子，把他押回自己的阵地。

韩世忠勒马在高地上观战，金兵团团包围了他，他按辔不动。一会儿，命令跟从的战士："看我的马头的方向，冲！"奋戈一跃，突围而出，乘着锐气指挥军队掩杀一阵，金人退守淮阳，韩军包围了淮阳城。敌军在城中坚守，韩军人数少，求援张俊，张俊不理睬，他只好撤兵。

走在路上，遭遇了金军，韩世忠勒阵面向敌人，并派一个小校到金阵前大呼道："那个穿着锦袍、骑着骢马立在阵前的人，就是韩将军！"部将们埋怨他这种做法太冒险，韩世忠说："不这样怎么能吸引敌人？"敌我接近了，韩世忠只带几名骑兵出阵挑战，一连杀死金军两个领战的小头目，将领们乘胜挥兵掩杀过去，敌军败逃了。

这时，韩世忠的官衔是少保和京东、淮东宣抚处置使兼节制镇江府，呼延通等也都升了官。韩世忠渡江北上后的一段战绩，被人们评论为"中兴武功第一"。

六年四月，皇帝对韩世忠又赐号"杨武翊运功臣"，加横海·武宁·安化军节度使。

八年冬，金人大兵压境迫降，秦桧在朝内积极响应，反投降的大臣一一被罢了官。韩世忠上书皇帝要"熟计，不可轻易许诺"，大不了再打起来，自己愿意承担"兵势最重去处"，他要求赴行在面奏，高宗没让他去。他明白了朝廷只让他当"爪牙"，而不给他发言权，但还继续上书，说如非议和不可，条件上应力争少付出，否则金人就达到了"不战而屈人之兵"的目的，宋国麻烦就大了。皇帝赐手诏答复他：自己委屈求和，有很多"不得已"，希望韩世忠谅解他，并"保护来使"。韩世忠又上奏，要求把议和派们的意见、条件和他本人反议和的奏章都存放好，接受历史的检验。他斩钉截铁地表示："如果日后事实证明我说的都是废话，可把我重重治罪，以儆戒其他狂妄的人们。"

从西北打到江南，从两湖打到海边，经历了三十二年的"安内""攘外"的战争生活，到了"知天命"之年，韩世忠才臻于成熟，成为具有清醒的政治头脑和一定的军事素养的大将。

韩世忠"防人之心"还是太少。九年正月，宋高宗命给金使张通古一千两黄金，作为接回两宫人员之用。韩世忠计划伏兵洪泽镇，诈扮红巾军劫持张通古，以破坏议和。不料韩的部将郝抃向地方官告了密，他们改道走了。韩世忠大怒，追捉郝抃处死，郝抃弃家逃到了岳飞军中。

永州防御使呼延通，因挟私愤，想杀韩世忠，没有杀成。韩世忠知道后，因呼延通和淮阴统制崔德明有矛盾，他便叫来呼延通，把他降到崔德明部下去当兵。十年十二月，韩世忠生日这天，部将们都来祝寿，呼延通也从淮阴骑马赶来。韩世忠一见到他，便扭头到里边去了，不再出来；呼延通伏在地上哭，大家动员他走了。崔德明回到淮阴，又处罚呼延通擅离军营的错误，令人打了他几十军棍。呼延通心中很难受，便投运河自杀了。这件事给韩世忠抹了黑。

十一年三月，金将兀术（完颜宗弼）围攻濠州，韩世忠、张俊、岳飞都奉命驰援。兀术撤兵后，秦桧密奏皇帝，召三人"论功行赏"，明升暗降夺兵权。结果：韩、张任枢密使，岳任副枢密。韩世忠仍然坚持反对投降，上书极谏，力陈秦桧误国，于是年十月被罢官，进封福国公，充醴泉观使。

为防秦桧的进一步迫害，韩世忠罢官后便杜门谢客，绝口不谈军事。有时骑着毛驴，带上一二小僮提着酒壶，到西湖游玩，原来的部将们，难得见到他一面。

十二年八月二十一日，韩世忠参加了欢迎皇太后的队伍。太后在金国，就听到韩世忠的大名，这时特地召到帝前对话慰问。此后常对韩氏夫妇有所馈赐。十月，进封韩世忠为谭国公。十三年正月，韩世忠补交上了他的私田和上赐田地积年未交的租税，二月被进封为咸安郡王。尽管宋高宗让他"五日一朝"，但他已失去一切实权。如果再往"左"走一步，他就有可能是第二个岳飞；如果像张俊一样地"向右转"，秦桧可能再给他点儿权，他又不屑为之：他以小农的"知足"心理，过着高级的绅士生活。每逢年节，他显贵起来的部下登门拜访，一路节钺相望，他都尽量辞谢。晚年信起了佛法，还起了一个"清凉居士"的雅号。这种生活方式，帮助他避过了秦桧的进一步迫害。

绍兴二十一年八月壬申日，韩世忠死在皇帝赐给自己的宅第里，享年六十三岁。皇帝要去祭奠他，秦桧派人威胁他的家属不许接受，他家人便向皇帝辞谢了。朝廷追封他通义郡王，儿子韩彦直、彦朴、彦质、彦古都进官二级。

韩世忠在军事上有不少的改革和突破。用穿洞练习射术，用跳涧练习骑术，都是"玩命"的硬功夫。用强弓杀敌，用斧头闯阵，都是他的创举。他还因实战需要，创制了猨猊盔、连锁甲。岳飞最后一次执行军事任务时，才发现韩世忠的军队统共只有三万人，不由赞叹他的英勇。

秦 桧

遗臭万年的汉奸宰相

秦桧（1090—1155），宋高宗朝奸相。字会之，江宁人。政和五年进士，历任密州教授，太学学士，职方员外郎等职。

靖康二年二月，金人押着徽、钦二帝北上，把张邦昌立为伪皇帝，还要走"民意拥护"的形式。王时雍带头签名，百官跟着签的不少。御史马伸拉秦桧反对，秦桧犹豫不决，待到马伸、吴约写出声明，要求立赵氏为嗣君，言官们都签了名，秦桧最后才勉强签上了自己的名字。

金人动身时，除原先和二帝一同被带走的孙傅、张叔夜、何㮚等，又带上秦桧和三十名太学生、十名博士等，并带上了何、孙、张、秦等的家属。

宋徽宗致信金人求和，秦桧有所参与，所以到了金国以后，金主命他在完颜昌军中任执事。建炎四年十月，完颜昌南下侵宋，用秦桧参谋军事。秦桧带上家属随行。后来完颜昌又让他任随军转运使；这个职务行动自由性很大，在完颜昌攻破楚州的第三天，秦桧和妻子王氏、砚童兴儿、御史台街司翁顺和亲信高益恭等，坐着小舟到达了涟水军丁禩的防地。

丁禩的巡逻部队捉到这只船，要杀秦桧，秦桧道："我是御史中丞秦桧呀！"这些兵都是农民，不懂得他说的是什么，认为他是金人的奸细，上来凌辱他。秦桧见这些人无知无识，便喊道："你们这里头有作官的人吗?"大家把酒监王安道找来，叫他辨认。王也不认识秦，可是想救他，便假装熟识，向他作揖问候道："中丞辛苦了!"土卒们便放过了他。第二天，秦桧拜见了丁禩，丁禩和部将们请他喝酒，派参议王安道、冯由义护送他上船从海路赴行在。

秦桧到达行在以后，撒谎说自己是杀了监视自己的金人，夺船逃回来的。朝臣们大都怀疑，只有当年坚决主张割三镇给金人的范宗尹、李回二人，一向和秦桧友好，极力说他忠诚可靠。

宋高宗召见秦桧，和他谈国家大事，秦桧说："要想天下无事，应该（维持现状）南方过南方的，北方过北方的。"于是建议讲和，并要求宋高宗主动写信给打到长江北岸的完颜昌求和。宋高宗原先对金人是"且守且和"，并曾在文官们议和时，叮嘱武将们立足于防御抵抗。自从听了秦桧的话，便一心致力于议和了，还说："秦桧的忠诚超过一般人，朕得到他，喜得睡不着觉呢!"提升秦桧任礼部尚书，赐银二百两、帛二百匹。给完颜昌的国书，也让秦桧起草。

绍兴元年二月十四日，秦桧当上了参知政事。他知道有些大臣不相信他，不得不花费力气"证明"自己在金国时没有叛国行为。他讲青州观察使李邈被金人扣留了三年，金人派他知沧州，他笑而不答；金人下"髡发令"——剃光头，李邈谩骂金人，金人用刑具打得他满口流血，他就以血口喷金人。第二天，他自动剃掉头发去当和尚，金人要处死他，他南向跪拜，然后端坐受戮。秦桧生动地描述了李邈的壮烈不屈，朝庭追赠李邈为昭化军节度使，谥"忠壮"。秦桧又说与他一起扈从二圣的何㮚、陈过庭、张叔夜都身死异域，"游魂无归"，要求皇帝对他们追赠官职、抚恤亲属。于是三人被追赠开府仪同三司，并各有十个子孙被录用为官。秦桧就这样地迷惑了皇帝及怀疑他的人。

五月，秦桧迫不及待地要求给他的哥哥秦彬、养子秦熺官职，都获恩准。

宰相范宗尹平庸无能，被免职以后，位置一直空着。秦桧说："我有两个策略，可以耸动天下。"有人问他："你为什么不说出来呢?"他说："现在没有宰相，无法实行呀!"皇帝听到这话以后，于八月提升他为尚书右仆射、同中书门下平章事兼知枢密院事。吕颐浩拜少保、尚书左仆射、同中书门下平章事兼知枢密院事。吕颐浩主要在外地抓军队，朝中大权就落到了秦桧手中。

好景不长，只过了三个月，秦桧便被罢为观文殿学士、提举江州太平观。

原来吕颐浩把已罢宰相朱胜非经皇帝复了官，放在朝中分秦桧的权。这时正值王伦出使归来，谈了金人上层内部矛盾严重、大将后继乏人、士卒连年作战疲弊等弱点和被扣使臣们对朝廷抱的抗金复国的热望，于是御史黄龟年劾奏秦桧"专主和议""植党专权"。吕颐浩与参政权邦彦也极言秦桧之奸；兵部侍郎綦崇礼入对，拿出秦桧所献的"耸动天下"的"二策"竟是这么两条：把河北人还给金；把中原人还给刘豫。宋高宗也火了，说："秦桧说南人归南，北人归北，朕是北人，将归到哪里！"于是贬了秦桧，并让在朝堂张榜公布，"终不复用"。

绍兴四年十月，魏良臣、王绘出使金营，完颜昌派萧揭禄、李聿兴任馆伴使接待他们。在谈话中萧揭禄特别打听了秦桧的情况，并对宋使说："秦中丞原在我部做事，是个非常好的人。"魏、王两使臣回到行在报告了出使的经过，以及关于秦桧在金军中"非常好"的表现，竟没有引起皇帝和宰臣们的警惕。绍兴六年宋高宗亲征伪齐刘豫，竟任命秦桧知绍兴府兼侍读、行宫留守，这为他提供了在空虚的后方笼络和培植党羽的大好机会。

七年春，秦桧又升任枢密使，渐渐暴露出了老毛病。八年三月，秦桧又恢复了他七年前的官职——尚书右仆射、同中书门下平章事兼枢密使。

秦桧有了权，极力劝皇帝委屈议和，主张重用秦桧的宰相赵鼎反对议和，秦桧便和御史萧振等人联络起来排挤他。八年十月，把赵鼎罢知绍兴府。秦桧又去找礼部侍郎兼侍讲张九成，试探地问他："你帮我一起把这事办成，怎么样？"张九成婉言拒绝。后来秦桧又拿议和的事问他，张九成决绝地说："没有自己不正能正别人的人。"秦桧把他也罢了。

秦桧屈己议和的主张尽管说动了皇帝，但大臣们反对的太多，贯彻不动。他正在为难之际，中书舍人兼侍讲学士句龙如渊献计说："相公为什么不挑选人作台官（言官），让台官把那些反对你的人都弹劾掉，相公不就可以随心所欲了吗？"秦桧恍然大悟，马上把他提升为御史中丞。句龙如渊这个坏主意，秦桧一直采用到死，用它打击、杀害了许多爱国的文臣武将和忠义之士。

枢密院编修胡铨上书劾奏秦桧及参政孙近搞议和是投降误国，要求杀了他们。皇帝也怕遭历史唾骂，便和秦桧谈心，说只是想接回母亲。秦桧假惺惺地说自己威望浅，要求皇帝杀了自己，以满足胡铨等的要求。皇帝上了圈套，便说小吏妄诋权柄大臣，该贬。于是秦桧起草诏书，责备胡铨狂妄上书、并散发了很多副本，用心是在鼓动群众以劫持朝廷，判除名勒停，送昭州编管。当时胡铨的妾临产，要求生下孩子再走，秦桧不允许，要临安府派差役给他戴上刑具，强行押走。

秦桧与句龙如渊也怕在历史上留下把柄，便想把屈从金人条件的责任推给负责接待金使的王伦。王伦只答应催促金使递交国书。金使张通古要求皇帝到使馆去向他受国书，秦桧知道，众目睽睽下，宋高宗受不了这个屈辱，便以天子谅阴（居丧）为借口，自己去代受。张通古又提出要有百官仪仗等礼数，秦桧下令三省、枢密院的属吏穿上朝服骑着马作为他这个"代皇帝"的前导和随从。路上观看的人们，对秦桧屈辱国体的做法，都摇头表示愤慨。

可是金人胃口太大了，连称臣纳土的条件也嫌太低，扣下了宋使臣王伦，完颜宗弼休整以后又领兵打了过来。宋高宗又想抗战，给各路大帅下诏督促，并出高价奖赏能捉到金兀术的人。御史王次翁，怕秦桧因提倡议和被治罪，上奏说，如果因事情小有变化就换宰相，容易引起党派之争。多一事不如少一事的宋高宗很以为然，因此，反投降的正义舆论也没动摇了秦桧的宰相宝座。

皇帝一允许"打"，憋着一口窝囊气的广大江淮将士大显身手，岳飞的部队直当完颜宗弼的主力。绍兴十年七月初七日，岳飞军破了完颜宗弼的王牌军"拐子马"；十二日，岳飞部将杨再兴三人率领三百骑兵杀敌两千多人，有三位战将壮烈牺牲；十三日，岳飞军大败金帅宗弼于河南朱仙镇，打得宗弼退守汴京。

秦桧明白，抗金一胜利，他就是历史的罪人，连皇帝也会抛弃他，所以他想抛弃淮河以北的土地，保持朝廷"偏安"的处境以保自己，便指使言官上书班师。他知道岳飞会坚决反对，就用了"孤立政策"，以守卫朝廷为借口，先调回杨沂中，又调回刘锜，最后只剩下岳飞，调而不动，秦桧便一天下十二道金字牌调他。这个做法是历史上没有先例的。在那种时代，多少在外立功的武将，都抵挡不住权奸假借皇帝命令的约束，尽管自古有"将在外，君命有所不受，以利国家"的讲究，但也有不少武将死在"不受"上，而武将们最怕的是"拥兵自重""图谋不轨"这些伤害自己"忠君"形象的罪名，这也是岳飞悲剧之所在。

金国内讧，国主把左右丞相都杀了，完颜宗弼在前方，屡屡在岳飞手下大败，和其他路宋军作战，也没捞到便宜，他又需要议和了。完颜宗弼了解秦桧身在宋营心在金，便去信训斥他："你整天要求讲和，可是岳飞就要打过黄河以北了！一定要杀了岳飞，才能讲和！"

这时岳飞已经当了枢密副使——兵权没有了，秦桧指使言官万俟卨捏造了一系列罪状，要求罢岳飞的官。宋高宗看了万俟卨的奏疏，竟对大臣们说："岳飞的用意在于笼络部下以获得赞扬和拥护，朕还依靠他干什么呢！"十一年八月把岳飞罢为武胜、定国军节度使、充万寿观使。然后秦桧又勾结张俊诬告岳飞的部将张宪谋反，再拉扯上岳云、岳飞。一面把他们弄到大理寺狱中，刑讯逼供，一面抄了岳飞的家，把所有能证明岳飞忠君爱国的公、私文字都毁掉了。韩世忠找秦桧说理，责问岳云是否和张宪有"谋反"的书信往来和实际行动，秦桧竟答以"莫须有"——不一定非有不可！由杨沂中监斩，公开杀了张宪和岳云。岳飞在狱中坚持和那些迫害自己的刀笔吏们——万俟卨、何铸、周三畏——进行说理斗争，秦桧怕夜长梦多，写了个纸条给狱卒，岳飞便在狱中被"赐死"了。所有为岳飞说公道话的宗室、言官、法官，都受到了秦桧降、贬、流放、编管等政治迫害。

秦桧任相十九年，为了促使皇帝"屈己求和"及保住他的议和"成果"，大批地贬黜甚至杀害抗金的文官武将。宰相、枢密使、各部侍郎、御史、高级将领，都难以幸免，除岳飞外，如赵鼎、朱胜非、王庶、郑刚中、解潜、魏矼、张浚、刘子羽、李光、吕颐浩、胡铨、李显忠等等，其中大部分被二贬、三贬，最后死在贬所。采取的手段，一般是指使走狗言官劾奏，他拿给皇帝过目，然后顺着皇帝的话"画龙点睛"，以售其奸。

秦桧把他最恨的三个人——赵鼎、胡铨、刘光的名字，写在皇帝御笔题字的"一德格天之阁"上，时常派人打探他们在贬所的动静，瞅空子继续迫害。在秦桧的影响下，沿途官吏及差办人员，往往对被贬官员进行凌辱或勒索，只有雷州守臣王趯很正直，他大该看到贬来的大官中冤案太多了，往往主动为他们提供方便。李光被贬去后，和他成了好朋友，有一次到他家去玩，住了下来。走狗们的小报告马上打到了临安秦桧的耳朵里。秦桧下令把李光押送贬所，一路备受侮辱，同时把王趯下到大理寺审判。程瑀给李光缣帛，潘良贵送李光团茶，胡寅、许忻、张焘、贺允中、吴元美和在贬的李光通信，都被降官三级或二级。

牛皋、邵隆两位将军，在"和平"以后，还经常在"边境"（原大宋领土）上出击金人，完颜宗弼为此派使臣来找过，秦桧便派人在他们喝酒时下毒把他们鸩杀了。

秦桧还用"狡兔死，走狗烹"的手段对付一些曾经帮助他迫害抗金大臣的人。如他要杀害岳飞，自己在军队中没有"关系"，便拉笼名义上也是抗金大将、实际上战果极少而着重于扩大实力、又嫉妒岳飞战功的张俊，说将来把岳、韩的兵都交给他带，张俊动了心，亲自出马造伪证诬告岳飞，待到谋杀岳飞一年多后，秦桧又唆使言官把张俊奏罢。连对万俟卨、李文会那样的走狗言官也贬得远远的，然后再提拔新的，即使对亲信的人，他也不愿意他们了解他太多的秽行。

秦桧始终如一地搞"宋金亲善"，但他对自己和金人的"亲"，却向国人讳莫如深，因为这一点如果被抖落出来，他的"忠"便被推翻了。十三年，因"议和"成功，被金人扣留了十六年的使臣洪皓得以回国。临走前，完颜昌军中的官员实纳说秦桧曾在这军中共过事，托洪皓给他捎好。洪皓听了以后并没有特别怀疑，更不知道秦桧归国后撒谎说自己是杀了监视的金人跑回来的。回国后他见到秦桧，说到替实纳捎好的事，秦桧脸色骤变。洪皓本该留在朝中当官；秦桧先指使御史李文会诬告他，放他下去知饶州，又指使御史詹大方诬告他，把他贬去提举江州太平观，继而改台州崇道观，直到死在贬所。

十五年，金使来贺皇帝生辰，皇帝赐其礼物金使要求宋朝的接伴使和他一起向北（金）方叩头后才接受，说这是金国的"礼"，接伴使针锋相对，以宋国接待金使惯用的礼仪驳绝了他。金使提出抗议，吓得秦桧连忙指使御史汪勃奏劾接伴使陈康伯"酬对辱国"，罢知泉州，副使钱恺降为舒州团练使。

谏官、御史的任务是实事求是地对皇帝的言行提出批评建议劝阻，或对大官的言行进行弹劾，而在秦桧当政时，竟成了他达到个人野心的工具。在历史上的权奸队伍里，秦桧大概是最会利用言官的特殊职能来搞阴谋的一员了。"借刀杀人"，是秦桧奸诈的一大特点。

对待老百姓，秦桧也施行特务统治。他有一支特殊的队伍——"察事卒"，他派出好几百名察事卒，终日在街市上游荡，听到市人中谁评说秦桧奸恶，立即逮捕，送到大理寺去刑讯致死。

对皇帝，秦桧也敢用特务手段。他收买了御医王继先和宋高宗身边的内侍，于是皇帝的一动一静，甚至心情变化，秦桧都能及时掌握，"对症下药"地迎合皇帝。取得了皇帝的信任，自己便可为所欲为。

秦桧贪污，索贿，讨"赏"，不遗余力地搜刮财物。刘光世死后，园宅赐给了他。张俊死后，家中把府第献给朝廷，秦桧也据为己有。凡任命的文官武将，照例要向他献纳珠宝和几万贯钱，才能上任。官吏贪污害民，百姓向朝廷告发,秦桧包庇他们,他们向秦桧"致谢",搞得各地贪污横行,民不聊生。每年秦桧过生日,州县官都要送钱送土特产祝寿。秦桧的家财,是南宋小朝廷"左藏府库"的好几倍。

秦桧平日出入,本来不讲究警卫,以显示"和民众打成一片"。二十年正月,秦桧走在街上,受到军校施全的劫持。随从逮住施全,秦桧审问他,他慷慨地说:"全国人都把金当作仇敌,只有你偏偏要媚事金人,因此我就要杀你!"几天以后,施全被押到闹市公开寸磔。从此以后,秦桧出门都加带五十名手持长棍的警卫人员。

皇帝被秦桧"架空"起来,接触不到别的大臣,只有听秦桧的。而且在"议和"问题上,只有秦桧和他有共同语言,所以更是专信专任。十二年,"议和"成功,太后回国,皇帝归功于秦桧,封他为秦、魏两国公。十五年六月,皇帝驾幸秦桧的新府第,封秦桧妻子王氏为韩国夫人,子媳曹氏为和义郡夫人,孙子埙、堪、坦都赐三品服,其时的秦埙只有九岁!

秦桧很注意"造福子孙"。养子秦熺参加科举考试,根据他的授意,排在第一名,安排他任秘书少监兼领修国史。秦禧把诏书、奏章中揭发指斥秦桧的内容,或篡改、或焚毁,官职很快地升为观文殿大学士,知枢密院事。二十二年,孙子秦埙应试,秦桧又指使主考官汤思退把秦埙排在第一名,后来皇帝读他的策论,感觉没有什么"新鲜感",便把他排到了第三名。任实录院撰修。秦桧当宰相,而儿子、孙子同任史馆职务,这在宋朝是违规的,这正说明秦桧怕"历史"。

二十四年,施钜出使金国贺正旦,金主派人问他:"秦桧当什么官?多大年纪?"又派人说:"我听说秦桧很贤能,所以问问他。"金国主认为贤能的人,称"臣"的宋皇帝还敢说不好吗?金人和秦桧之间"配合默契"得恰到好处。

二十五年冬,秦桧衰老疾病,日甚一日,他坏事干尽,富贵已极,唯恐死后报应落到子孙头顶上,他抓紧做两件大事:一件要求皇帝让他父子一同致仕,孙子们也都改派外地宫观闲职——他知道子孙绝对保不住"贵"了,只期望他们在他死后还能"富"下去;另一件,抓紧迫害主战大臣,赵鼎已被他迫害得死在贬所,他又指使言官诬告赵鼎的儿子赵汾,把赵汾捉到大理寺狱中,拷打得体无完肤,逼迫赵汾诬告被贬的张浚、李光、胡寅"谋大逆",由此株连他想除掉的仁人志士共五十三人。这个假案刚报上去,秦桧就病得手不能写字了,这些人才得以幸免于难。

十月乙未日,宋高宗到秦桧家中探问,秦桧已不会说话了,光不停地流泪,皇帝也掉了眼泪,并解下自己的红手帕赐给秦桧揩泪。秦熺问皇帝由谁继任宰相,皇帝说:"这件事你不应该参与。"本来高宗舍不得秦熺致仕的,从秦桧家回朝,才下令起草批准他父子一同致仕的要求。秦熺自我感觉良好,夜里还派他儿子秦埙和几个亲信奏请他当宰相呢!

丙申夜,六十六岁的秦桧在府邸中寿终正寝。他给皇帝的遗表说:"希望陛下更加巩固和邻国的友好关系,深思宗庙社稷的大计,对国家大事的变动要谨慎,千万要防止被邪党钻了空子。"意思是叫赵构对金人投降孝顺到底。宋高宗可能听了顺耳,赐给秦桧一个"忠献"的谥号。

百足之虫,死而不僵。秦桧死后,张浚、李光、陈康伯在一定程度上复了官,于是秦桧体系的沈该、万俟卨两个新参政和新枢密汤思退急急上言说,讲和完全出于圣心,而不是听了大臣的意见,现在应公开下诏说明这一点,以免远人(金人)疑惑。赵构立即下诏,说议和是自己决定的,只有那些无知之辈才误认为是出于秦桧意图;要求大家要努力巩固"和平"成果,如敢妄加非议,定当处以重典,等等;秦桧的阴魂未散,还附在"龙体"上。

宋孝宗掌权以后,秦桧的旧班底才在朝廷的最高层中失去位置。宁宗开禧二年,秦桧死去五十年以后,朝廷追夺了他的王爵,改谥号为"谬丑"。但过了两年,史弥远当政,又奏请恢复了秦桧的王爵和"忠献"的赠谥。大概史某人需要"以昨天的卑鄙行为来为今天的卑鄙行为进行辩护"(马克思语)。

宋史把张邦昌、刘豫列为"叛臣",把秦桧列为"奸臣"。观其行,秦桧实属骨子里的叛臣,明面上的奸臣,是"双料"的大坏蛋。

吴 玠

把住四川大门的抗金名将

　　吴玠(1093—1139),南宋初年抗金名将。字晋卿,德顺军陇干(今甘肃静宁)人。性情沉静刚毅,有志节,善读书,懂兵法,擅长骑马射箭,未成年便投入泾原驻军曲端部下。曲端军队的主要成分是流民和溃卒,经过训练,有了良好的风纪,如道不拾遗,对过路人有困难的供给粮草等,但实战经验少,军事素质较差。

　　建炎二年,吴玠在这支军队中任第十三副将、秉义郎。四月,金人游骑来攻打泾原,曲端命令吴玠在清谿岭拒敌。临上阵时,三百牙兵溃散,吴玠率领余下的部队,打退了金兵。接着又趁金人后方空虚,绕到敌后,攻下了华州;袭击叛贼史斌,并捉获了他。吴玠因功升右武大夫、忠州刺史。

　　四年,敌帅索洛和完颜杲进攻陕西,曲端派吴玠等迎敌,他自己却拥重兵屯驻邠州,名之曰"声援"。第一次战斗,吴玠军打败了金人;第二次战斗,吴玠军失利,曲端"声"而不"援",带兵退到泾原去了。事后,曲端竟劾奏吴玠不听节制,把他罢为武显大夫,知怀德军。宣抚处置张浚,知道吴玠的为人,不久又提升他为秦凤路副总管兼知凤翔府。

　　吴玠来到刚刚遭受战火浩劫的凤翔,号召避难的人们返回家园,设法使百姓安住下来。吴玠边治郡、边招兵。两年前在青谿岭战斗时逃跑的牙兵，有些也来应招。吴玠询问清楚，凡是前年逃跑的，都拉出去杀了。其他士卒看了吓得双腿发抖，在以后的战斗中，都努力效死，再没有擅自逃跑的了。

张浚罢了曲端的官，提升吴玠权任永兴军路经略公事。吴玠拿下了永兴军，因功又升为忠州防御使。当时有人建议吴玠移驻汉中以保卫巴蜀。吴玠道："敌人打不败我们，哪敢轻易进兵？我们重兵坚壁防御，下瞰雍州大地，敌人很怕我们乘虚从后面袭击他，这就是保蜀的良策啊！"将领们很佩服他的决策。

当时吴玠驻在泾原，军粮紧张。凤翔人民感念他帮助自己重建了家园，联络起来夜间背粮背草去接济他们。吴玠为人民的热心所感动，赏赐银帛超过粮草的价值，军民关系非常融洽。金人知道这情况后，派兵潜伏在渭南，截杀送粮群众，并且命令居民伍伍相保，犯了的要牵连治罪。但金人越严禁，老百姓越冒险送，一直坚持了好几年。

绍兴元年，吴玠和弟弟统领官吴璘，率领几千名散卒驻守和尚原。这时朝廷音讯隔绝，军中储备匮乏，将领们因家属多留在敌后，斗志不高。一天夜里，幕客陈远猷来报告，说有人谋划劫持他弟兄往北去。吴玠立即招集将领开会，用忠义的精神勉励大家，歃血立誓，同心同德地加强战备。五月，金人以数万名骑兵分两道来犯，吴玠仅凭几千步卒分兵两路御敌，将士们以一当十，勇猛拼杀，使敌人两路军队始终没合到一起。四战四捷，部队也以战养战，在物资上得到了补充。张浚按朝廷升赏惯例，升吴玠为明州观察使，吴璘为武德大夫、康州团练使，赐了金带，提升为秦凤路兵马都钤辖。

金人自起兵以来，灭辽、侵宋几乎一帆风顺。这一次在装备和人数上都占绝对优势，却被吴玠打败了，非常气恼。完颜宗弼发誓要挽回这个面子。这年十月，宗弼在宝鸡地段造浮桥，跨过渭河，结成"连珠营"，十几万人的军队能够攻守相望，彼此支援。吴玠兵很少，而且多是步兵，只占着地势高的优势，他号令部队准备强弓劲弩和足够的箭镐。金军大张旗鼓地向和尚原进逼，待到敌人进入射程，吴玠一声令下，千矢齐发，密如急雨。这就是吴玠发明的战术"驻队矢"——分队轮射，歇人不歇箭，循环不断，金兵被迫后退。吴玠再出奇兵从侧面攻击，截断敌人的粮道。这样打了三天，金兵疲困，暂时撤退，在路上又撞上了吴玠的伏兵，被杀得大乱。吴玠又于夜里发动攻击，杀伤敌人和缴获军需品都以万计。完颜宗弼身中两箭，指挥大旗也被宋军缴获。宗弼回了燕山，由完颜杲任陕西经略使，屯驻凤翔府，和吴玠相持。

这一仗打完,吴玠升任镇西军节度使,吴璘升康州团练使、泾原路马步军副总管。

绍兴三年二月,完颜杲攻下金州,兴元知府刘子羽害怕了,一面派田晟把守饶风关,一面派人骑快马召吴玠。吴玠要去,陈远猷不同意,说应各守其地,老远跑了去,如果打了败仗,后果难以设想。吴玠不听,还是带兵去了,部队一日一夜骑马跑三百里。吴玠只有几千人,加上洋州的一万三千义军,同守饶风关。

吴玠到关后,派人给完颜杲送去柑橘,说:"大军远来,送点柑橘给你们止渴。今天决战,各人忠于自己的职责。"完颜杲大惊,以杖击地说:"吴玠呀,你怎么来得这么快呀!"双方展开激战。金人穿着重铠甲登山仰攻,宋守军弓弩齐发,大石摧压,打了六天六夜,金兵尸积如山,仍然不退。有一个小校犯了错误,吴玠要杀他,他跑去投降金人,告密说郭仲荀防守的地方虽险,但是兵少而弱。于是金人由蝉溪岭绕到关背后,夜里用轻兵袭取了郭仲荀的山寨,居高临下攻击吴玠守军。宋军退却,吴玠制止不住,又坚持打了六天,饶风关被攻破,吴玠只好收拾残兵转移阵地。

朝廷为了奖励他累年的战功,吴玠加检校少保。张浚调回朝中后,川陕地区由宣抚制置副使王似、庐法原主持,这二人威信低,吴玠不把他们放在眼里。宋高宗知道后,分赐三人玺书,并提醒吴玠注意团结。

四年三月,完颜宗弼又到了川陕前线。他派人用"择善地百里而王之"的条件说降吴玠,遭到拒绝。血战继续进行。完颜宗弼依仗人马多,与将军韩常分为东西两阵,向宋军进攻。宋军长时间抵抗以后,退守二道关隘。金人穿着两重铠甲鱼贯而上,吴璘督率放箭,矢下如雨,前头的被射死,后头的踏着死尸上,吴玠用上弓箭手,长刀大斧队,于壬子夜间,兵分数路由壁垒中杀出,敌将韩常被射瞎左眼,连夜带兵逃走。吴玠预先埋伏下的军队,在河池截住敌人又杀了一阵。

仙人关依旧巍然屹立,飘着宋军的大旗。金人这次是倾国出动,决意入蜀的,这一战役失败后,便退回到凤翔,分配甲士种田,作长期居留的打算。不过从此再也没有敢图谋四川。

四月,朝廷授吴玠定国军节度使、川陕宣抚副使。皇帝特赐他自己服用过的战袍、铠甲,兵器,并赐他御笔信:"朕恨阻远,不得拊卿之背也!"

朝廷追究刘子羽丢失饶风关的错误,把他贬为单州团练副使、白州(今海南岛)安置,吴玠上书说:"刘子羽多年从军,也有些忠诚和功劳。他父亲刘鞈,靖康年间在京城死节;他现在虽然有错误,但到那种遥远、荒凉、毒雾熏蒸的地方,老母在家中很难活下去。臣真怕刘子羽死在海南,失去了自新的机会,违背了陛下恩及功臣子孙的美意,特恳求圣恩,允许臣交回节度使、宣抚副使的官职,为刘子羽赎罪,安置他近一些,给他一个自新的机会。"经过三省审理,参考刘子羽以往的功绩,改为恢复右朝散大夫、提举江州太平观。第二天,皇帝下诏表扬了吴玠的风节和义气;士大夫们也赞扬吴玠的义气,而叹服刘子羽善于识别人才(吴玠是刘子羽发现并推荐给张浚的)。

吴玠是个胸怀战争全局的战略家,官大功高后,他仍然能以全局为重,适时地在战争的舞台上演好配角。四年十一月,岳飞攻取襄阳,朝廷命吴玠牵制金兵。吴玠派部将从仪带兵深入敌伪地区找敌人打仗,打了个胜仗。五年二月,吴玠听说金人入侵淮南,他便主动部署牵制敌人兵力。他派吴璘、杨政从天水出兵攻下了秦州。金监军完颜杲听说秦州被围,调诸路兵马驰援,又被杨政打败。使淮南战场上宋军的压力有所减轻。

吴玠因部队长期粮食供应困难,便把兴元、洋、凤、成、岷五郡的官庄屯田号召百姓耕种,并调戍兵修治了废堰,以保证灌溉。百姓渐渐复业,军粮没了后顾之忧。

绍兴九年,金人在西北、淮南战场上都没捞到便宜,又开始"议和"。宋高宗也不想再打了。为了表彰吴玠十来年在西北战场的抗敌功劳,皇帝授他特进、开府仪同三司,迁四川宣抚使,陕阶、成等州都受他节制,派内侍带着御笔信赐给他,不料内侍到达时吴玠已病势垂危,由人搀扶着勉强起来接旨。皇帝听了很着急,一方面下令当地守臣为吴玠物色良医,一方面派出御医前往探视。御医还没到达,吴玠就病逝于标志着他的战功的制高点的仙人关,年仅四十七岁。

高宗一直没见过这位为国家建立了殊勋的大将,对他的死非常难过,下诏辍朝两天,赠少师,家中赐帛千匹、钱三十万。

吴玠平素不讲求个人的仪表和威严,当了宣抚副使以后,仍像原来一样地简朴平易。他经常背着手外出漫步,和战士们站着谈话。幕客提醒他说:"离大敌太近,怎么知道会没有刺客来;万一发生意外,岂不辜负了朝廷委任的用心,使军民失望吗!"吴玠说:"我无法顾忌这么多,国家不嫌我没有才能,让我任宣抚使,我唯恐军民中有冤有苦受到守门官吏的阻挡没有办法直接向我诉说!"

吴玠爱民爱兵。他驻在哪里,便使哪里的百姓安居乐业;他多次裁汰冗员,以减轻人民的负担。八年七月,他走到利州大安军,上千名饥饿的妇女儿儿童拥到他马前诉苦。吴玠心中难受极了,发恨说:"我要先杀了勾光祖(利州路转运副使),然后自己去朝廷请罪!"后来在四川制置使胡世将的帮助下,粮食问题得到解决。但他仍不能容忍这些草菅人命的官吏,胡世将离开利州后,吴玠还是杀了几个漕运官吏。有时部队缺粮,吴玠就拿出自己家中的钱向百姓买粮救急。他对部将和士卒,要求严格而颇有恩德,所以大家都愿意跟着他拼杀。

吴玠后来颇嗜女色,又爱吃丹药,所以正当壮年便咯血死去,实在可惜。

吴玠死后,谥号"武安",有诏在仙人关立"忠烈庙",他的灵魂受到川、陕人民的祭祀。

赵　立

赵立

光复徐州、死保楚州的抗金英雄

赵立(1094—1130),南宋高宗朝抗金英雄。徐州张益村人。行伍出身,勇敢能战,靖康初年,升武卫都虞候。

建炎三年,金人攻击徐州,王复据守,命赵立督战。赵立身中六箭,犹自英勇奋战,王复感动得哭着斟酒慰劳他。徐州城陷落以后,王复全家死难,只活下了一个事先送出去的儿子王佾。城破以后,赵立还在坚持巷战,后夺门而出,被金人打昏在城外。半夜下了一场小雨,他被雨淋得苏醒过来。他杀了守城的金兵,进入城中,找到王复的尸体,哭着用手扒了个坑埋葬了他。

赵立秘密地串联乡民,为光复徐州作准备。金人北归的时候,赵立率领残兵民勇拦击,截断敌人的归路,缴获了数以千计的船只金帛,军威重新大振。他联络了四乡能拿得起武器的百姓,组成了一支庞大的民兵队伍,赖以光复了徐州。朝廷得到消息,诏授赵立忠翊郎、权知徐州。赵立奏请朝廷为王复立了庙,每逢年节或出师作战的时候,一定率领大家拜祭祈祷说:"大人是为朝廷死节的,一定会在冥冥之中保祐我们这些遗民啊!"他用这个做法,把乡亲们的心联系在一起。

赵立升任右武大夫、忠州刺史知徐州。朝廷因金人大举南侵,诏令诸路兵马驰援行在。赵立鉴于徐州城孤、粮乏,不利于坚守,便带上亲兵、禁兵、民兵共三万人,南下勤王。当时楚州(今江苏淮安一带)缺州官,宣抚使杜充便令赵立赴任。

赵立行至临淮,接到杜充的命令,日夜兼程赶到了龟山。当时金国左监军完颜昌正率领部队急攻楚州,赵立边与金军打着边前进。走到淮阴,和敌人主力遭遇,有人说山阳去不成了,不如回到彭城。赵立咬牙切齿地说:"正想和金人拼杀,为什么说去不成!"下命令说:"向回走的杀头!"自己率众扑入敌军,且战且行。从早上打到太阳落山,在敌阵中出入,一共进行了七次战斗,最后终于以数千人却敌入城。他的后军孟城、张庆领着部下渡过淮河向北逃了。入城的时候,赵立中了金军的流矢,箭从口中射入,射透了腮,他无法说话,只能用手指挥战斗,直到战斗结束部队休息时,大家才给他把口中的箭拔了出来。楚州通判州事、直秘阁贾敦诗原想献城投降,现在再也不敢吱声了。

建炎四年正月,朝廷正式任命赵立为徐州观察使、泗州涟水军镇抚使兼知楚州。当时金将完颜昌率领好几万人攻打楚州城,重点放在城的南壁,他自己挂帅攻打。金人用炮击毁三座望楼,想从这个缺口登城。赵立一边指挥反击,一边指挥改进防御设施。他令人先杀槐树当"鹿角"栏住突破口,然后修了一个"月城"把它围起来,月城中布上柴草,再往里设个大熔炉。敌人由月城中蹒跚进入,守城战士就舀熔炉中的铁汁浇泼他们,烧死了好几百金人,这个打法是金人见所未见的,他们吓得停止了进攻,退守孙邨大寨,而经常以数百游骑在楚州城外围巡逻,专门劫掠出来找粮打柴的人。城中的人无法外出,粮草日益紧张。

到了八月中旬,扬州、承州相继沦陷,楚州的处境更加孤危,赵立派人向朝中告急。枢密赵鼎派神武右军都统制张俊赴援,张俊拒绝。赵鼎向高宗力陈楚州对江南朝廷的战略重要性,愿意奉陪张俊去,但连皇帝也差遣不动张俊。当时像这种被赵鼎谴责为"养寇自便"的朝廷命官和草莽将军为数不少。皇帝只好又命令浙西安抚大使刘光世督帅淮南各镇驰援楚州,结果刘光世的前军将领王德只到了承州,便以部下不肯听命为借口停住;扬州郭仲威在天长按兵观望。当然积极的也有:如东海李彦先,第一个率领部队到达了淮河边上,但受到金军的强力阻遏,无法通过;高邮的薛庆,带兵到了扬州,和金人交战被执牺牲。岳飞听命驰援前进到三墅,但他的兵员太少,只能起点牵掣敌人的作用,远不能解围城之急。

九月上旬,楚州已经被完颜昌包围了一百多天。赵立孤军无援,想一拼了之。一天,他只带上六名骑兵出了城,冲着敌阵大呼道:"我就是楚州镇抚使!你们的首领、骁将,有种的出来打呀!"这时金寨中有二人骑马绕到他身后偷袭,赵立头也不回,待到敌人的枪从左右刺到,他回手抓住两枪一带,把两个金兵拽下马来,他夺了两匹马,带回城中。没等他进城,金寨中飞出五十余骑来追他,赵立勒马大喝一声,金兵纷纷退避,他和六名部下顺利地返回城中。第二天,金人列了三队人马邀赵立出战,赵立兵分三路出城迎敌。一接战,敌人放出埋伏的大队骑兵,对他们切割包围,赵立奋身突击,口中大声呼喝着,手中的长棍左右挥击,金人落马者不计其数。最后赵立被流矢射中,才奋力突围杀回。

金人知道城中内无粮草,外无救兵,准备大举攻城。九月十五日,完颜昌指挥金兵一边填塞壕沟,一边用云梯登城。赵立沉着地鼓励将士说:"你们沉着应战,不用跟着我,我到城上去看看,一准让他们一匹马一辆车也回不去!"他还没登上东城门,就被敌人的飞石打破了头,身边将士急忙抢救,赵立拼尽最后的力气说:"我再也不能为国家杀敌人了!赶紧把我抬到三圣庙中去,扬言我生了病要进行祈祷,叫敌人摸不清我们的虚实……"说到这里便牺牲了。城中军民听到这个噩耗,禁不住失声恸哭。将领们忍悲含泪推举参议官程括权任镇抚使,领导大家守城。

完颜昌的间谍刺探到赵立阵亡,却怀疑他假装死亡以诱惑金人,仍不敢冒然突进,还是以"围"为主。不久,城中防御松懈,徐州人多溃围离去。一个投敌的小子建议从防守薄弱的北城墙进攻,完颜昌采纳了这个汉奸的意见,于建炎四年九月二十八日攻破了楚州城。

赵立的亲人,在徐州第一次被攻破时都遇害了,他单身率领部队来到楚州,自己不识字,后来找到一个识字的姑娘,为他读军中的文件,写点东西,这姑娘便成了他的"秘书",兼着料理他的生活。楚州城破的时候,她也牺牲了。赵立天性忠义,善于骑马射箭,容貌伟壮,不喜欢声色财货。他每月的俸禄,自己只领取一半,另一半"充公",平时和士卒同甘共苦。每次战斗,他都披甲戴胄,一马当先,发现谁退逃,便大喝一声疾驰过去揪住杀掉;大家既怕他、又佩服他,都乐于跟着他一同拼杀。赵立一提起金人,就恨得咬牙切齿,经常告诫士卒,要以消灭入侵的金人为己任。他没有什么"俘虏政策",不管逮着金人的军官还是小兵,他一律凌迟示众,从来不像别的将军那样向朝廷"献馘"报功。所以金兵听到他的名字就害怕。

汉奸刘豫想讨好金主子,曾派赵立的一个熟人送信劝他投降,赵立不启封,就把那信用油布包起来在市上烧了,发誓说:"我解决了这里的金贼,一定要去消灭刘豫!"

城被久困,军民生活一天比一天困窘,赵立在夜间焚香朝东南方向叩拜,哭着说:"誓死守城,决不敢有负国家!"他命令部下击鼓,说:"如果援兵来了,听到我们的鼓声,就会用鼓声响应的!"城中多么需要外援,战士们用有限的宝贵体力含着希望的眼泪敲鼓,可是敲了四十多天,一直到城破,也没敲来一个援兵。

赵立能够清醒地面对残酷的现实,在战斗的余暇,他经常勉励战士们:万一不幸城破,我们也要和敌人巷战决死!赵立牺牲后第十四天,城被攻破,城中军民能站得起来的,都投入了惨烈的巷战。只有号称"千人敌"的首领万五、石琦、蔚亨带着一部分民兵冲杀出城,他们要像赵立第一次冲杀出徐州一样,活下来为乡亲们报仇!

自金人大举南侵,所过名城大都,只要虚张声势一吓唬,当官的便出降,城池得来像探囊取物一样。只有冀州坚守超过两年,濮州城破后巷战,敌我死亡相当,使金人受到震慑。而楚州赵立的保卫战,影响又出其上,他与陕西张俊对金人的反包围遥相呼应,大大阻挠和消耗了敌人兵力。宋高宗赞叹:"赵立坚守孤城,虽古名将无以踰之!"评论家认为:赵立的功劳,比唐朝的张巡、许远,也有过之而无不及。

凶讯传到行在,皇帝辍朝两天悼念他,追赠他奉国军节度使、开府仪同三司,谥"忠烈"。他牺牲的时候,只有三十七岁,后来人们在谯楼下找到了他那两颊带着箭伤的遗体,官府为他办了丧事,又为他立了祠庙,庙名是"显忠"。

刘 锜

善于用计以少胜多的抗金名将

刘锜(1098—1162),南宋抗金名将。字信叔,德顺军(今甘肃静宁)人,泸州军节度使刘仲武的第九子。他仪表美逸,像个文雅书生,说起话来却声如洪钟。

刘锜的射箭技术颇高,有一次跟着父亲出征,营门口的水斛满了,他一箭射中,拔下箭后,水从箭眼里流了出来,他又射了一箭,恰好堵住了那个箭眼。其后,在他四十多年的军旅生涯中,弓箭一直是他及他的部队的重要御敌武器。

宋高宗即位后,录用功臣后裔,刘锜受召见,升阁门宣赞舍人,岷州知州、陇右都护。他和夏人交手,屡战屡胜,威名远扬,据说夏人吓唬啼哭的小孩子时,总好说:"别哭了,刘都护来了!"

绍兴三年,任宣抚司统制;五年,由陕川调任江南东路马步军副总管;六年,统率宿卫亲军,提出把禁军分为前、后、左、右、中军、游奕六个军,每军一千人,由两名将军统领,提高了行军、作战的效能;七年,任淮南西路制置副使,他注意部队的发展壮大,一次入对奏道,淮北军队(刘豫控制的)反正的不少,估计合肥一年内就能招到四五万人;八年,他又奉命带着自己统领的军队戍守镇江;九年任神龙卫四厢都指挥使。

十年二月,刘锜出任东京副留守,并兼任着节制御前军马。他能够带去的军队,只有一万七千名王彦的"八字军",临动身,又由禁军中要上三千,一共二万人。出防人员的家属全部带上,计划军队驻扎在汴京,家属都住在顺昌(今安徽阜阳)。五月,刘锜刚到顺昌,知府陈规便送来谍报,说金人背盟,完颜宗弼已占领了汴京。刘锜便与陈规商量:"我身边只有一万八千人,而且有一半是后勤部队;一气赶了两千多里路,马上出战有困难,再退回去,可能被金人从后头赶上掩袭。情势很紧迫,只要城中有粮食,最好是一同守城。"陈规说有好几万斛大米,挽留他共同守城,于是二人决定固守顺昌府。刘锜派出联络人员,急驰来路,督促走在后头的部队和老幼辎重。大队人马四鼓到达城下,天亮时得到情报,敌人骑兵已进入陈州,距离顺昌只有三百里路。于是刘锜指挥凿沉了渡船;把军队和城外的数千户居民全安置在城内,把城外的民房全烧掉,使金兵无处住宿;部署了侦察、向导等一系列军民联防措施。他把自己的家属安排在一个寺庙里,拿柴草把门塞起来,指示守门的士兵说:"如果战斗失败,你就烧死我的家人,不要让他们落到敌人手里受侮辱!"军士们看他下了死守的决心,也都感奋起来,男子修治战守的设备、器械,妇女就替他们磨砺刀剑,大家互相鼓励道:"平时有的人欺侮我们八字军,今天我们要为国家破敌立功,让他们好好看看!"

金人包围了顺昌府,放出游骑到城下侦察。刘锜在城下埋伏的兵士捉了两个金兵千户,经审讯得知,金将韩常在白龙涡下寨,距离这里只有三十里地,刘锜便于夜间派出一千多人袭击了他们。接着完颜褒和龙虎大王率领三万人来攻城。这里的城墙本来很简陋,刘锜来到后,在城墙上加修了一道叫"羊马垣"的短墙,垣上设有门(实际上是"洞"),金人放箭时,守军伏在垣后,箭从垣顶落到城墙上或城中,射不到人;敌人登城时,宋军却可以从垣门或垣上射他们。刘锜指挥士卒们用"破敌弓""神臂弓""强弩"三种箭射杀敌人,命中率很高;金军中箭溃退,刘锜又指挥步兵追截突杀,金兵掉到河里淹死的不少。韩常急忙派出银牌使者骑快马到东京向完颜宗弼告急。

金兵包围顺昌的第四天,把大寨移到距城二十里的拐李村。刘锜派骁将阎充带上五百名锐卒,由当地人做向导,夜间去劫寨。杀了金寨将领。金人被迫退兵十五里。刘锜又动员了一百名勇士,口中衔着用竹子做的哨子,直捣金营。当夜雷电大作,刘锜巧借天时传令用电光作信号——有闪电时,就突上前悄声砍杀,没有闪电时,便伏下不动。宋军用哨声联络,时聚时散,金人感到神秘惶恐,后来竟自相残杀起来,弃尸遍野,退到老婆湾。

完颜宗弼带大军赶到,刘锜派曹成夹杂在刘锜派出的巡逻队中,在接近金兵时,故意坠落马下,被金兵捉去。完颜宗弼亲自审问,问到主帅是怎样一个人时,曹成按刘锜吩咐的回答说:"他是一个边帅的儿子,喜欢声色犬马,朝廷因两国交好,派他出任东京留守,他自己只是图个安逸罢了。"完颜宗弼大喜道:"我可以踏上这座城了!"于是下令轻装前进,连攻城用的"鹅车"、炮具等都不带。

十几万金军分攻东西两城门,宗弼自己率领三千"铁浮屠"(戴重盔甲,三人一组用牛皮条拴在一起),左右翼用"长胜军"拐子马,往来指挥接应。刘锜决定集中力量打宗弼。他先派人到颍水上游和草中放毒,告诫部下,渴死也不准在颍水喝水或饮马。当时是闰六月的大暑天,金军远来疲惫,昼夜不解甲,人马饥渴,饮食水草后大都病倒,搞得人困马乏。宋军神闲气定,在"羊马垣"的掩护下,轮流值班休息。金人生长在北方,怕热,早晨天气凉快,刘锜按兵不动。到未申时刻,便派几百人出西门挑战;金兵刚被吸引,他接着派出几千人从南门出战,戒令只杀不喊,只用短兵器杀敌。将士们深入到敌军中,使金人的弓箭失去了效能,宋军的刀斧却大起了作用,有的动手搏击,和敌人一同坠入护城河中,这一仗杀敌五千多名。

完颜宗弼把大寨移到城西,并掘了壕堑自卫,想长期围困宋军。可巧天下起了大雨,平地上雨水有一尺多深,刘锜又派兵袭劫,金军坚持不下去,只好撤走。到了泰和县,完颜宗弼窝囊得躺了两天,到了陈州,他把将领们用鞭子抽了一顿,分派人守归德、许州、陈州,自己回汴京去了。刘锜想进军追击,结果被秦桧"诏"了回来。当时出使在金的洪皓,由燕山送到行在的密奏中说:"顺昌战役,使敌人震惊丧魄,他们把燕京的珍宝,都席卷运往北方的老窝去了,打算战不过我们时,便放弃燕京以南的土地。官军急急班师,自己断送了取得胜利的机会,实在可惜啊!"

刘锜出征前,皇帝赐给他一千五百个"空名告身",命他在战斗中随时填写升奖立了战功的将佐;他一个也没用,原封缴回,说不如朝廷亲自发给他们光荣。他报上材料,朝廷批准,并对阵亡将士的亲属,给了优厚的抚恤;对犯有错误的军官,杖责之后罚去当兵。朝廷赐的银两帛,他全部赏给了部下。

十一年正月,淮北宣抚判官刘锜,率领部队援淮西。庐州知府陈规病故,防御设施只有一圈城墙,官吏军民散乱出逃,只有关师古带着两千人守城。刘锜巡城一匝,看到无法防守,便带领两支军队往南去。第二天,金兵进入庐州,派出轻骑追击刘锜。刘锜叫大部队和关师古军先走,自带精兵断后,面对着西方列阵待敌。追兵望见刘锜的帅旗,逡巡不敢向前,相持到日暮,各自散去。

刘锜组织部队结阵前行,共赴东关,依山傍水下寨,阻遏金人前进。金人以庐州为据点,有时派兵到无为军、和州境内剽掠,但一直不敢挺进长江,怕刘锜从身后掩袭。二月丁亥日,刘锜与杨沂中、王德、田师中、张子盖各路官军协同作战,在柘皋镇大败了金兵。

张俊是大将中最自私最嫉妒的人。一次他与刘锜、杨沂中协同出战,他听信了假情报,认为金兵已撤走,想和杨抢个虚功,便对刘锜说:"你是步兵,已打了好久了,先回去吧,我们打完濠州再走。"不料中了金人的埋伏。又派人去追刘锜支援,刘锜以大局为重,回兵救应他们。张俊竟以怨报德,在一天晚上派小股部队去刘锜寨中放火劫寨,被抓获十六人。刘锜把这十六个人全砍了头挂在枪尖上示众。第二天,张俊竟厚着脸皮发火说:"我是宣抚,你只是个判官,怎么能杀我的人?"刘锜不软不硬地说:"我只是杀了劫寨的贼,真不知道竟是宣抚的部队!"张俊要赖说:"回来的士兵说,他们并没有劫寨。"竟叫来一个士兵和刘锜对质。刘锜严肃地说:"我是朝廷任命的将帅,有错你该到朝廷去告我,岂能叫我和士卒对质?"给张俊作了个揖上马扬长而去。

回朝后,张俊诬告刘锜"作战不利",秦桧正想把抗金大将打下去,于是罢了刘锜的兵权,派他出知荆南府。刘锜在江陵六年,发动百姓治了水患,开了数千亩肥田,让流民自由耕种居住,把地方建设得逐步繁荣起来。十七年秋,竟又被朝廷免职提举江州太平观。

秦桧死后好几年,朝廷才起用了他。绍兴三十年春,任命他为太尉、知荆南府兼本府驻劄御前诸军都统制,十一月,调驻镇江府。三十一年夏,金国主完颜亮统率六十万大军南侵。自从顺昌保卫战之后,刘锜扬名金国,完颜亮认为他是自己的克星,下令国内不准提他的名,否则"罪不赦"。这次金人倾国来侵,赵构不想再走父兄的老路,想抗战,任命刘锜为淮南、江南、浙西制置使,节制诸路军马。刘锜这时已经六十四岁了,而且大病缠身。

八月,刘锜率领部队由镇江赴扬州。南宋多少年都不讲究军礼军容了,刘锜特地建立了大将旗鼓,军容整肃,士气高昂,十分气派。他已病得不能骑马了,战士们用牛皮穿织竹椅抬着他走,镇江城中的百姓顶香欢送他们,满城香烟缭绕。到了扬州，刘锜病得饭都不能下咽，只能喝一点稀粥。皇帝派中使带御医去为他治病，他说："我本来没有病，是愁的。金人打过来了，至今朝廷还没决定用兵。待到敌人打近了，再叫我抵挡，失去了制敌的先机，后果哪堪设想！"中使回奏以后，皇帝才下诏"躬行天讨"，刘锜才得以向西进军，一天走一舍（三十里路）。尽管皇帝知道刘锜病重，但因金人怕他，所以仍命他兼任京东、河北东路招讨使。

但他的指挥却不灵。首先，大将王权不听节制，出兵拖拉，驻下来不务防御，金人还没打到，就弃城而逃。刘锜本军隔淮河和金人相持了几天，还没找出有力的制敌策略，便接到朝廷叫他"退保长江"的金牌调令。这时驻地清河口截获了一只上游漂下的小舟，舟上只有几袋子粮食。刘锜判断说："这是试探水势的"。一会儿下来了几百只舟，是金人的运输船，刘锜挑选会潜水的战士下河去凿沉了不少，然后他才撤军。

扬州失守后，长江天险快到敌我共有的时刻，十月赵构才"亲征"。

刘锜在瓜洲渡口，和金人打了四天，为了稳定军心，他派人把妻子孩子接到了前线。这时又受命去专守长江，他只好把自己的侄子、中军统制官刘汜留在瓜洲渡口防守，只给他留下一千五百人。病势垂危的刘锜，坐在肩舆上过了江。他病得实在不行了，怕影响战场上的指挥调度，要求卸任，于十一月底解职提举万寿宫。

三十二年二月十日，刘锜病逝于行在临安。当时他暂住都亭驿，金主亮被部下杀了，金人又提出"议和"。留守汤思退派人告诉刘锜，说这房子要用来接待金国使臣，叫他搬到别的院子里住，刘锜一生气，"呕血数升而卒"，终年六十五岁，诏赠开府仪同三司，后谥"武穆"。

刘锜慷慨深沉，有儒将风度。他善于在防御中主动进攻，夜战、近战，以少胜多，虽然受投降派压制，作战用兵的机会不多，但已令金人闻风丧胆。完颜亮曾经点着宋将的名字，问谁敢对付，点别的宋将，都马上有人答应，但点到刘锜，却没有出声的。完颜亮说："我自己对付他吧！"刘锜离扬州时，命人焚毁了城外的房子，用石灰把废墙都涂白了，写上"完颜亮死于此"的大黑字。完颜亮觉得不吉利，攻下扬州后也没敢住进去，而住到了龟山。最后他没死在宋人手里，却死在了自己人手中，但到底死在了大宋的国土上，以致人们高兴地说刘锜"通阴阳"。

吴璘

威镇金营的"吴家小帅"

吴璘(1102—1167),南宋抗金名将。字唐卿,德顺军陇干人,是吴玠的弟弟。他从小爱好骑马射箭,长大后一直在哥哥部下征战,积累战功,升任阁门宣赞舍人。

绍兴元年十月,金将完颜宗弼在宝鸡造浮桥,企图渡过渭河攻和尚原。秦凤路兵马都钤辖吴璘,哥哥吴玠统领着几千名步卒,阻击了宗弼数万名骑兵的冲击。这次阻击战,用的主要武器是弓箭。他们挑选出强劲的弓弩手,对进攻的敌军轮番发射,这种打法叫"驻队矢",一排人发箭、一排人搭箭,箭矢不停,繁密如雨,再配合以截断敌人粮道、出奇兵截击退却之敌等战术,打了三天三夜,俘获斩首及缴获盔甲武器以万计,虽小有牺牲,却"以战养战"改善了装备条件。金帅完颜宗弼中了两箭,仓皇逃命,帅旗也被缴获。吴璘因功升为康州团练使、泾原路马步军副总管。三年,又升任荣州防御使、知秦州,节制阶、文两州兵马。

四年春,吴璘又和哥哥一起指挥了著名的仙人关保卫战,打退了完颜宗弼的十万大军,也打掉了完颜宗弼一举入蜀的野心。在这一战役中,吴璘出了一个战略性的计谋——他当时驻守和尚原,写信给吴玠,分析"杀金坪"距和尚原远,前阵地形开阔散漫,容易受敌人骑兵的冲击,建议增修第二道关隘,利用地形高险、道路崎岖的优势,以阻击敌人。吴玠按他的意见办了。

吴璘率领自己的部队,行军七天七夜,赶到了仙人关,立即投入了保卫战。完颜宗弼这次带来十万大军,要报两箭之仇,决心入蜀,军纪很严整,打起来有进无退,前头的被箭射死射倒,后头的踏着往前攻。吴璘针锋相对,以刀划地,对将领们说:"死就死在这条线的前头,后退的斩首!"经过苦战,宋军退守刚修成的二道关隘。他们利用地形熟的优势对金兵进行夜间袭扰,弄得金兵白天黑夜都不得休息。壬子夜,宋军大部队出动,杀入金营,金兵惊得溃散,副帅韩常被宋军射伤左眼,连夜逃遁。另一路军队去劫横山的金营,斩首千余,金人退到河池时,又受到伏击。从此不敢再图谋入蜀。

这一仗打完后,吴璘升定国军承宣使、熙河兰廓路经略安抚使、知熙州。六年,朝廷新置行营两护军,吴璘任左护军统制。九年,升右护军都统制,不久又授秦凤路经略安抚使、兼知秦州。吴玠死后,皇帝说他忠于朝廷,功绩卓著,给予了优厚的抚恤和恩典,并提升吴璘为神龙卫四厢都指挥使,仍屯军内地,保卫蜀州。

吴璘和金人打了十几年的仗,对和和打打,边和边打,司空见惯,也摸透了皇帝和金人的脾性。金人在陕西、淮河战场上被重创,又祭起了"议和"的法宝,皇帝很感兴趣,秦桧积极撺掇。吴璘预见到潜在的危机,便向来河池视察的胡世将说,金人大军屯驻河中府,只隔着一座大庆桥,不用五天就能来到,而官军主力在陕西,关隘经大战后未及修茸,粮食运输也断了,真是危急存亡之秋。胡世将心中有了数,朝廷因议和想废掉仙人关防御时,他上奏反对。在他的支持下,吴璘把大军留在了阶、成两州把守山寨,只派几个偏将带一部分人去应付朝廷调驻秦州的命令。

十年,金人果然又败盟来攻,参谋官孙渥认为河池保不住,提出退保仙人原。吴璘厉声道:"说这种胆怯的话影响士气,该杀头!我愿以全家人口担保,一定要打退敌人!"胡世将也指着自己住的帐篷说:"我发誓宁死在这里也不离开!"孙渥被打发去守熙河,他对胡的部下说:"吴家小帅勇敢而有锐气,但是我看不出他的取胜之道。日后不要忘了我这句话!"这一战役打了一夏天,进行过多次中小型战斗,只有一次,部将田晟因敌众我寡、援军没有及时赶到打了败仗,其他的战斗都胜利了。吴璘升侍卫亲军步军部虞候。

十一年秋,吴璘在河池用新阵法训练部队:长枪队在前,坐着对敌,不得起立;第二队前面是最强弓箭手,后面是强弩手,跪着对敌;第三队是神臂弓手。对敌的时候,百步以内,神臂弓先发,七十步,强弓再发。阵前用"拒马"障碍,两翼用骑兵保护。九月戊申日,吴璘带兵到达秦州城下,杨政带兵入陇州界,直趋吴山和金人对阵。乙卯日通知敌军:明日决战。金人听了一笑置之,认为山下是平川,宋军一两万人只有少数骑兵,根本经不起铁骑的冲击。不料吴璘半夜里派出姚仲与王彦率领两队人马衔枚出发,涉过大河,爬上山岭,一直到达敌人的寨栅外,才发出信号。金军慌忙接战,交战三次,没分出胜负,有的大将提议平地上和金兵拼。吴璘喝斥道:"我们一退,就是败了。敌人已经溃乱了,不要怕!"他立马阵前指挥,将士们也殊死拼杀;金人大败,逃跑时又受到骑兵的追杀,共斩首六百三十,活抓七百多人。

吴璘很重视在实战中提高军官的素质。骑将杨万,膂力过人,活捉了金军一个千户,到吴璘处献俘。吴璘喝道:"杨万该杀头!战斗进行得正激烈,怎么能为了抓到个小头目就离开部队跑回来!"吓得杨万把那个千户扔到地上就拨马跑回队伍去了。骑将马广,率领的是王彦的"八字军",他看出敌人溃逃的苗头,超越军阵追逐挑杀,俘获人马数千,一万多敌兵缴械投降,吴璘把投降的释放了,听其自便。第二天论功行赏,只马广一人没赏,说他违犯了禁令。

出征前,吴璘派张士廉带兵由小道控制腊家城,不许放过一个敌人逃入城中。结果张士廉去晚了,敌帅呼珊和迪布禄逃回了城中。吴璘进兵包围了腊家城,猛力攻打。很遗憾,在即将攻破的时候,部队接到了朝廷从驿站传来的"班师令",功亏一篑!气得胡世将命利州判官郭游卿,从俘虏中查明女真人四百五十名斩首在嘉陵江岸,把尸体堆在一起作为"大观";其余的都抹成黑脸放回去,以打击敌人的气焰。

十二年"议和",多少人用鲜血和生命保卫过的和尚原,被秦桧划给了金人。三月,胡世将病死在仙人关上。六月,吴璘入觐,拜检校少师,改任阶、秦、岷、凤四州经略使,并赐给他汉中田地五十顷。二十一年拜少保。二十六年授开府仪同三司。

三十一年夏,"和平"了十八年以后,金主完颜亮撕毁和约南侵,吴璘被任命为四川宣抚使。九月,金西帅合喜扼住大散关,派游骑攻打凤州黄牛堡;守将李彦坚告急,六十岁的"吴家小帅"吴璘立即坐着肩舆上了杀金坪。在他的指挥下,杀退了合喜,扼守住大散关,深沟高垒,自然加人工,形成了很气派的防御体系。吴璘好整以暇地说:"金人打防御战,就更没有本事了!"

四川安抚制置使王刚中,奉旨到前线见吴璘,乘坐着蒙了兽皮的肩舆以躲避矢石,将士们都嗤之以鼻。

十月,吴璘传檄号召契丹、西夏、高丽、渤海、达勤达各国及国内河北、河东、陕西、京东、河南各路官吏军民,联合奋力讨伐金国。这个在政治上孤立敌人、调动一切积极因素打击的人的好做法,本该朝廷经常使用,却被他一个方面军的统帅采用了。朝廷又任命他兼了陕西、河东两路的招讨使,由少保升为少傅。

三十二年三月,吴璘抱病在仙人关指挥防御战,这时部将姚仲攻打德顺军,四十多天了还没攻下。吴璘撤换了他,派儿子吴挺节制军马,自己带兵奔赴德顺军。这里是他的故乡,他骑马来到城下,守城的人喊:"相公来了!"当地人在城上望着他,唏嘘嗟叹,都不忍心放箭射他;金人的"军心"便自然地乱了。吴璘从容地骑马一一察看城外的村落、沿河的地形,在黄河两岸部署了"夹河战地"。交战的前一天,当阵斩了一名军官,历数他的罪行,以警策激励其他的军官。

金人以逸待劳,第二天空壁出战,而宋军占了地利,以一当十,第一次战斗,以金人败退告终。第二天宋军再出师,金人坚壁不动。第八天,一个大风雪的日子,金人拔寨而去。吴璘进入城中,商店摊贩照常营业,父老乡亲们络绎不绝地拥到马前来拜见他。

金人围攻原州,吴璘赴凤翔督师。从四月打到五月,交战数十次,金兵增加到七万人,后来由于阵中的辎重队被金人冲溃,姚仲与第三、四、五阵死伤惨重,第六阵的姚志领着部队奋力杀退了金兵。这一战役,牺牲将官以上三十八人,队将七十三人,战士无数。吴璘要斩姚仲,被大家劝阻,最后把他下到河池狱中。

绍兴三十二年六月十一日,宋孝宗即位,赐手札给吴璘,命他兼任陕西、河东路招讨使。吴璘估计金人还会来夺德顺军,便带兵急驰而往,完颜悉烈等果然领着十几万大兵来攻。吴璘在东山筑堡据守,敌人极力来争,死伤虽重,却不肯放弃。就在这年底,朝廷竟下诏令吴璘班师。

部队尽管打得很苦,但都反对班师,大家劝阻吴璘:"将在军,主令有所不受。为什么要退呢!"吴璘深知,秦桧虽已死了八九年,但"阴魂不散",朝中投降派还掌大权。他只好说服大家:"主上新立,我握着重兵在远方,诏令下来,怎么敢违抗呢!"后来又有诏让吴璘"进退可从便宜",可惜太晚了!大亏已经吃到了——吴璘带兵放弃德顺回河池,金人乘其后追杀,牺牲了几十名部将，三万三千多战士，将士们连营痛哭，声震原野，哪次战役也没牺牲过这么多人！于是秦凤、熙河、永兴三路新收复的十三个州、三个军，又都被金人轻而易举地夺了回去。

乾道元年四月，吴璘至行在入觐。皇帝遣中使慰问，在便殿召见了他，还让他到德寿宫去朝拜上皇。宋高宗见了他，感慨地说："朕和你是老君老臣了，你可以常来看看我！"在行在期间，两宫慰问的使者不断，并叫皇子谒见他。拜太傅，封新安郡王，仍任宣抚使并兼知兴元府。待到起身回镇时，两宫赐宴饯行。吴璘到德寿宫向太上皇宋高宗辞行时，落了泪。高宗也感到惆怅，解下身上的配刀赐给吴璘，说："你以后想我的时候，可以看看它！"

吴璘回到汉中，修复了褒城的古堰，使数千顷田地旱涝保收。

吴璘病危的时候，喊幕客来为他记录遗表，只说了两句话："希望陛下不要放弃四川，不要轻易出兵。"而没有提及私事。

乾道三年四月，吴璘病逝于兴元府任上，终年六十六岁。孝宗为他辍朝两天，赠太师，追封信王。朝廷赙赠加等，太上皇赐银千两。

吴璘性格刚毅靖深，注重大节，对人对己在细节上都不苛求，读史传也重视了解大道理。他带兵恩威兼济，赏罚分明，所以大家都乐于效力。一到出师打仗，指挥起来威风凛凛，所以能常打胜仗。吴玠死后，他代哥哥为将镇守四川，二十多年，没让金兵插足蜀地一步，威望略次于他的哥哥吴玠。吴璘选拔将领，多根据战功；有人向他推荐军官，他从不轻信，总说："这不同于科举，不实地试一试，很难知道有多大才能。再说，也得让守边老将士有个盼头才对。"他带出来的将领，统统都有一定的知名度。

在南宋的大将中，像他们哥俩这样全功名全身而终的很少。

岳 飞

被秦桧害死在狱中的抗金名将

　　岳飞(1103—1142)，南宋抗金名将。字鹏举，相州汤阴(今河南安阳)
人。父亲岳和，是个非常厚道的农民，他家中衣食节俭，却常慷慨帮助饥饿
的人。人们借他的财物，还就收下，不还的从来不去催要。岳飞出生的时
候，有一只大鸟在他家房顶上盘旋飞鸣，于是父亲为他起字"鹏举"。还不满
月时，内黄河决口，洪水突然冲入村庄，母亲姚氏急忙抱着他坐到一个大瓮
中，大水把瓮冲走，又冲到了岸边，母子俩侥幸浪口生还。

　　岳飞很小的时候，就以气节之士自负，他平日沉默寡言，学习刻苦，特别
爱读《左氏春秋》和孙吴兵法。他天生大力，不到弱冠之年便能挽弓三百斤、
挽弩八石。他曾向周同学习射箭，能够左右开弓。周同去世后，每逢初一、
十五，岳飞都去给他上坟。父亲看着他的成长为人，欣慰地说："你将来做事
情，一定能做到为国家、为正义不惜牺牲的!"

　　宣和四年，爱国将领刘韐任镇、定两州宣抚使，他招募勇士时，岳飞应召
入伍。康王赵构在相州时，岳飞因刘浩认识了他，被任命为承信郎。后因战
功升秉义郎，归东京留守宗泽统辖，在开德、曹州作战，都立了大功。宗泽很
赏识他，说："你的智勇才艺，即使古代的良将也难以超过;但是你颇好野战，

这不是万全之计。"于是教给他读阵图研究阵战。岳飞说："列阵而后作战，是兵法的常规；运用的巧妙，就在于会动心计了。"宗泽很以为然。

宋高宗即位不久，岳飞上书言事，论奏参政黄潜善、汪伯彦，皇帝把汪伯彦视同恩人，于是岳飞以"越职言事"的罪名被夺掉官职。他到了河北招讨使张所那里，张所问他："你能打过多少人？"岳飞回答说："栾枝曳柴以败楚，莫敖采樵以致绞，都是用计谋取胜的。光勇敢是不足恃的，用兵首要的在于定计谋。"张所肃然起敬，说："你很不同于一般行伍中的人啊！"借补修武郎、阁门宣赞舍人，充中军统领。

建炎元年秋，岳飞任副将，与主将王彦一起率领部下七千人渡黄河，走到新乡，金兵太多，王彦不敢前进。岳飞自己率领部分军队和金人鏖战，深入中军夺来金人的帅旗任意挥舞，战士们为之振奋，一鼓作气攻下了新乡。王彦传檄文联络各郡县，金人认为他们是宋的大部队，用几万部队来包围攻击。敌我众寡悬殊，宋军装备又差，他们决定突围。岳飞单骑冲入敌阵，杀死了金人一个统帅，金兵稍稍退却。王彦与麾下几十骑也所向披靡，但敌人用轻骑紧追不舍，转战了几十里地，弓矢都快用完了，待到天黑才脱身。王彦收集散亡人员，只剩下了七百名。退守共县西山，大家都在脸上刺了"赤心报国"的字样。不久两河人民纷纷响应起义保国，绵亘数百里，形成了一支浩大的人民武装力量。

建炎三年，金人直逼长江。任江淮宣抚使的宰相杜充，把六万军队摆在江南岸，自己蹲在建康不出门，任统制官的岳飞，哭着要求他抓抓抗敌部署，他都不管。后来金人突过长江，宋师溃逃，有的失去粮秣供应，形成了抢劫扰害百姓的土匪，只有岳飞的军队纪律严明，从来不扰害百姓，并能尽力保护避难的人。

建炎四年，岳飞任淮南宣抚司右军统制，得到金人要从静安撤走的信息，率领部队狠狠截杀了一阵，屯驻到溧阳。后军统制刘经，自己不能打，却羡慕岳飞那支越战越强的军队，便想谋杀岳飞而吃掉他的军队。岳飞察觉后，诱杀了刘经。岳飞向行在献俘，宋高宗由几个金兵俘虏口中，打听到一些被虏二帝及宗族的信息。升任岳飞为通、泰镇抚使。绍兴元年，又改任神武右副军统制。

绍兴二年，岳飞在贺州地区与伪齐部曹成、杨再兴部大战，曹成拒守莫邪关。岳飞的军士郭进带旗手登上城去，杀了曹成的旗手，树起自己的军旗，曹兵大乱，宋军一举攻下了关。岳飞立即提拔郭进为秉义郎，并解下自己的金腰带赏给他。

杨再兴突入岳军第五将韩顺夫营中,韩顺夫正解鞍脱甲,让抢来的女人陪着他喝酒,被杨再兴砍断胳臂死去。岳飞大怒,责成其副将王某逮住杨再兴赎罪。杨再兴与赶来的张宪部交战,又杀死了岳飞的弟弟岳翻。宋军认定杨再兴穷追不舍,最后把杨再兴逼入一个深涧中,战士们想杀死他,他喊道:"你们不要杀我,可以带我去见岳公!"他让大家把他绑起来,表示"投降"。岳飞见了,为他松绑,教育他说:"你是个壮士,我不杀你,你要用忠义的精神报效国家。"杨再兴谢罪,岳飞遂留下他带兵。

绍兴三年正月,岳飞奉诏带领自己的部队赴行在。接着又受命到江西、湖广平"贼",取胜后,赴行在,又奉命率精兵万人守江州。一次岳飞带着养子岳云由江州到行在面圣,宋高宗赐他金带、武器、铠甲;岳云才十几岁,皇帝也赏赐了他战袍和武器,勉励他大了当一名将军。

绍兴四年夏,岳飞军连续攻下了伪齐军或"盗贼"占据的郢州、襄阳府、唐州、随州、邓州及信阳军。岳飞对部将知人善任,张宪攻随州,一个多月打不下来,部将牛皋要求带上三天的口粮前往,别的军官都嘲笑他,岳飞却让他去了。结果,带的粮食没吃完,便把随州知州王嵩活捉到襄阳府。

岳飞升任清远军节度使、湖北路荆襄、潭三州制置使,时年三十二岁,是宋王室南渡后最年轻的节镇大将。五年春,岳飞奉命讨"湖贼"杨太(即杨么),他的主力都是西北人,不会水战,他也不自馁,说:"战争哪有一定之规,只看怎么指挥罢了。"岳飞到了鼎州城外,扎下了水、陆营寨,先进行政治攻势——派人深入杨太军中招降。杨太部下黄佐来投降,岳飞孤身一人骑马去看望他的部队,拍着他的背说:"你懂得顺、逆的大道理,如果能够立功,封侯也不在话下,我想派你到湖里去,看对象能劝降的劝降,能逮捕的逮捕。"黄佐感动得掉下了掉泪,发誓豁上命干。当时参政席益认为岳飞"玩寇",想向朝廷奏他。张浚反对说:"岳将军是个又忠又孝的人,用兵心机深奥,怎么好随便说呢!"席益才没打岳飞的小报告。

张浚来到长沙,亲自到湖边观察过,认为难以攻取,岳飞送作战地图来和他商议,这时朝廷正诏张浚回去研究秋防计划,张浚就说:"这事到明年再说吧!"岳飞说:"作战计划已经制定了,都督能少留几天吗?八天就能够攻下来。"张浚不以为然:"有这么容易吗?"岳飞说:"王四厢用水师攻水寇就困难,我用水寇攻水寇就容易了。"原来他争取了杨太的主力杨钦归附朝廷,杨钦一投降,张浚立即授他为武略大夫,大大削弱了杨太的实力。继续进攻,打入主寨,杨太入水逃去,被牛皋抓上来杀了。

岳飞又用"骂"的战术消灭了杨太最后一支力量夏诚。原来夏诚的寨,三面临大江,背靠高峻的大山。官军从陆上进攻,他就入湖,从水上进攻,他就登岸。岳飞测量了夏诚大寨周围的水位,找了一处最浅的地方,选了二十名善骂的人,每夜到那里去"破口大骂",同时让部队从上游往水中扔草木。官军骂得很难听,"水寇"扔石头砸他们,自然形成了一层草木一层石头,"骂"了几天之后,这个地方竟能够骑马直逼敌寨了,岳飞率领官军长驱直入,抓住了夏诚,"果八日而湖寇悉平"。张浚赞叹道:"岳侯用兵真是神机妙算呀!"

五年,岳飞入觐,宋高宗授他镇宁、崇信军节度使,湖北路、荆襄潭州制置使,进封武昌郡开国侯。母亲姚氏封庆国夫人。第二年姚夫人在军营病故,岳飞请丧假,不等朝廷答复,便解官扶柩而去。皇帝知道后,说军情紧急,下诏起复他,而且不许拒绝。

七年二月八日,岳飞带亲兵到达行在,密奏请正建国公皇子之位,别人都不知道。皇帝第二天在内殿召对,说:"卿说这话虽是出于一片忠心,但是在朝外握有重兵,这事就不是你该过问的了。"岳飞退下以后,参谋官薛弼入对,皇帝和他说了刚才的情况,并嘱咐说:"岳飞好像不大高兴,你可以开导开导他。"后来言官陈公辅拿这事向皇帝进行挑拨,于是皇帝便命兵部侍郎张宗元为湖北、京西宣抚判官,到岳飞部队中监军。

八年冬,岳飞听说秦桧左右皇帝大搞投降活动,毅然上书:"金人不可信,和议不可恃,相臣谋国不臧,恐贻后人讥。"秦桧因此恨上了岳飞。九年正月,朝廷以惨重的代价换来了:一、迎回赵佶的棺材;二、迎回两宫妃嫔;三、黄河以南金人侵占地还宋。还特因"金人归河南地",命官员祭告天地宗庙社稷。岳飞为此上表说:"燕云的土地,唾手可夺回,向天地发誓,要叫金人稽首称臣!……这事值得忧虑而不值得庆祝,不适合论功行赏,免得被敌人嘲笑。"秦桧更恨他了。这年冬天岳飞赴行在入觐,皇帝没表示什么恩宠,而指示把他的部队移一万人到江西,"既省馈运,亦可弹压盗贼",这是变相削他的兵权。

十年五月,金国主诏元帅府复取宋河南、陕西的土地,和议书被撕毁了。六月,朝廷加岳飞少保,兼河南、河北诸路招讨使。

金元帅完颜宗弼最怕的宋将就是岳飞。他仗着人马多,想和岳飞"决战"。岳飞听了笑道:"金人这是黔驴技穷了。"偏不和他集中兵力搞大战,而把主力留在颖昌府，部署诸将分路出战；他自己则率领一支轻骑兵驻到郾城，每天出来向完颜宗弼挑战，并且辱骂他。完颜宗弼被骂火了，调动部队逼近郾城。岳飞先派长子岳云出战，斗了几十个回合，杀得金兵尸体遍地。完颜宗弼放出了他的王牌军——一万五千骑"拐子马"——人马都披重铠甲，三骑一组，用牛皮串连在一起。岳飞指挥步兵出战，手持麻扎刀闯入敌阵，不用抬头看，只砍马腿，一组中只砍坏了一匹马的腿，另外两匹也就不便于行动了。岳军发起反攻，统制官杨再兴单骑冲入敌阵，想活捉金兀术，虽然没捉到，身上好几处负伤，但坚持杀敌数百名。兀术大哭道："自从起兵以来，都是靠这马队取胜，现在全完啦！"

两河义军、人民纷纷起来，直接投入抗金战争，参加焚烧敌军辎重粮草、毁断河桥等使敌军活不下去、也难逃掉的决战行动。岳飞也上表朝廷，指出金人气馁想逃，宋方军民斗志正高，"时不再来，机难轻失"，提醒皇帝千万不要再中途打退堂鼓。

完颜宗弼决心最后一拼，"拐子马"被破的第五天，他把十二万军队集中到临颖和岳飞对阵。岳飞派遣杨再兴、王兰、高林率领三百骑兵由小商桥出击，他们杀敌两千多，但这三位将军都牺牲了。后来找到杨再兴的遗体火化时，从他的骨灰中拣出了二百来个金人射入的铁箭头！完颜宗弼夜里逃跑，岳军分路截杀追击，一直追杀到离汴京四十五里的朱仙镇。宗弼只好退到汴京城中。岳飞顺便通知地方官员派人前往修治了被金人挖掘糟蹋的诸先帝陵墓。

从破拐子马到大败完颜宗弼于朱仙镇，前后不过十来天的时间，战果辉煌，中原北方的人民纷纷起义响应。但是，七月二十日，岳飞突然奉诏班师。这真是一个晴天霹雳。

这个把月以来，岳飞在与金人奋战的同时，派部将梁兴到山西，联络两河豪杰起义讨金，所到之处，都奋起响应。各地百姓闻风配合，也暗地给义军输粮送草；金军部队里，也收到了招降的传单，军心不稳。岳飞信心十足，豪迈地对部将们说："直抵黄龙府，与诸君痛饮耳！"说到酒，岳飞从年轻时便"豪饮"，有一次在洪州，和江南兵马钤辖赵秉渊在一起喝酒，岳飞喝醉了，发起"酒疯"，竟几乎把赵秉渊打死，帅臣李回向皇帝告了他的状，绍兴三年入觐的时候，皇帝怕他因酒误事，便劝诫说："卿这个酒，日后打到了河朔再喝吧！"从那以后，岳飞便滴酒不沾了，但他并没忘了"酒"，在他心中，抗金彻底胜利之日，便是自己破戒"痛饮"之时。

但秦桧却不让他有这个痛饮的机会。秦桧心中也装着金人——他是要为金人效劳，他要把淮河以北的土地都送给金人，指令言官们上言班师。高宗忘了自己原来对岳飞说的话："中兴之事，一以委卿"；"进止之机，朕不中制"。他看不到自己的军队和人民的威力，怕金人怕得要死，而同意了班师。秦桧估计班师会受到岳飞的拒绝，便先把杨沂中、刘锜等一一调回，然后又说岳飞孤军，不可久留北方，再往回调岳飞。

岳飞在朱仙镇，一天收到十二道金字牌调令。——这样对待前方将帅，是有宋以来空前的，岳飞愤慨地哭道："十年之功，废于一旦！"百姓们看他要离去，都拦住马头哭诉说："我们头顶着香盆欢迎官军，送粮运草支援官军，金人都知道；现在你们一走，我们都活不成了！"岳飞也哭了起来，取出金牌给大家看，说："我不能擅自留下啊！"哭声一片，震动着中原大地。岳飞冒着抗命的危险，又停留五天，给愿意南迁的人民一个准备时间。结果"从而南者如市"，岳飞紧急上奏朝廷，建议用汉上六郡的闲田安置这些移民。

原来，完颜宗弼正要放弃汴京北归，突然冒出个"书生"叩马而谏："太子不必走，岳少保就要退兵了。"宗弼丧气地说："岳少保用五百骑兵打败我十万，京城百姓心中日日夜夜盼着他来，我依靠什么能守得住呢？"书生道："自古以来，没有权臣在内而大将能够立功于外的，岳少保将不免于难，何况立功呢！"完颜宗弼听了书生的话，留在了汴京。不久岳飞被强迫班师，他又夺回了被官军收复的州县，乘势反扑。秦桧却在这时，把前线著名将帅以皇帝的名义都召到了行在。

皇帝任命韩世忠、张俊为枢密使，岳飞为枢密副使，并像哄小孩子一样地说："过去朕给卿等一路宣抚，权太小；现在让你们在枢密府，权力甚大。只要共同一心，完颜宗弼算得了什么呢！"

不久，张俊、岳飞被派往楚州去察看军马，因二人意见不合，岳飞被调回。秦桧指令言官何铸、万俟卨、罗汝楫等反复上疏劾奏岳飞，诬告岳飞"贻误战机""妄自尊大"，岳飞不愿与他们共事，要求免职。绍兴十一年八月，被罢为武胜、定国军节度使，充万寿观使。

秦桧还不罢手，因他手里正握着完颜宗弼的信，信上说："汝朝夕以和请，而岳飞方为河北图，必杀飞，始可和。"秦桧利用军官之间的矛盾，指使王俊、王贵诬告岳飞部将张宪据襄阳谋反，攀扯上岳飞父子。先把张宪下狱，再以需要证词的借口把岳飞、岳云父子也下到大理寺狱中。

岳飞被捕时，坦然地笑道："皇天后土，可表此心！"何铸参加审问，岳飞裂开上衣叫他看脊梁，那里刺着"精忠报国"四个大字。后改由万俟卨审问，他先抄了岳飞的家，把一切公文、私信中能证明岳飞忠贞爱国、毫无罪过可言的材料，都销毁了。又逼使孙革等伪证岳飞受诏后逗留不进兵。大理寺丞李若朴、何彦猷力争岳飞不该判死罪，但众口铄金，积毁销骨，岳飞被"众证"了这样的"罪状"：一、曾经说自己和太祖皇帝都是三十岁任节度，这是攻击皇帝罪；二、金军侵略淮西，前后受皇帝亲札十三次，却不去接应，这是拥兵逗留，贻误军机罪。尽管岳飞说皆无其事，但因有"人证"而问成死罪。岳云、张宪二人被问成通信谋反，由殿前都指挥使杨沂中监斩于都市。岳飞一直不接受对他的"判决"，秦桧写了个小纸条给狱卒，岳飞被害死在狱中。他只活了三十九岁！部属于鹏等受牵连被罢官、编管的有六人。岳飞全家人被流放到岭南，当时天下人都知道这是个大冤案，但爱莫能助。

当时因反议和被罢了官的韩世忠质问秦桧，秦桧说："岳飞的儿子岳云和张宪沟通谋反的信件虽不大清楚，不过这件事也莫须有。"韩世忠怒道："'莫须有'三字何以服天下！"秦桧根本不听他的。光山军节度使、开府仪同三司、判大宗正事、齐安郡王赵士㒟，想上奏营救岳飞，被秦桧探知，捏造罪名，罢了他的官。

岳飞善于以少胜多，不打无准备之仗。每次战前，都召集部将们仔细地研究战略战术，所以他的部队是当时唯一的一支常胜军。一旦突然遭遇敌人，将领战士都能镇定不慌，迅速决策而行动。所以金人被打怕了，都称他为"岳爷爷"，说"撼山易，撼岳家军难"。这和军队的训练有素、纪律严明分不开。部队一驻防，他就督促将士们身穿重铠滑坡跳壕，有一次岳云骑马下陡坡时马摔倒了，竟挨了他的鞭子。一个战士拿了百姓一缕麻捆牲口草，立即处斩。战士们睡在街上，百姓不忍心，开门请他们进屋睡，没有敢的。他们的口号是："冻死不拆屋，饿死不掳掠。"但是岳飞很爱兵，战士生了病，他亲自配药服侍；将领们有远出戍守的，岳飞派妻子慰问他们的家属；作战牺牲了，他亲自哭祭，抚育战友们的孤儿，或者娶他们的女儿作儿媳妇。

岳飞事母至孝，母亲有陈病，他经常亲自调制药饵。母亲病故后，他悲痛得三天滴水不进。离开战场，他像一个儒雅的书生，但除了结发的妻子，他不要任何姬妾。吴玠将军出于友好，曾找了著名的美女送给他，岳飞说："皇上宵衣旰食，现在哪是大将享受安乐的时候呀！"把美女退了回去，吴玠更加佩服他了。皇帝也说过要给岳飞营造府第，岳飞辞谢道："敌人还没有消灭，要家干什么。"有人问岳飞天下什么时候太平，岳飞说："文臣不爱钱，武臣不惜死,天下就太平了。"朝廷每有犒赏,他都一文不留地分给将士们;每提升他的官职,他都说:"都是将士们肯效力,我有什么功劳!"他是将帅中最无嫉妒心的人。

岳飞好贤礼士,爱阅览经史,休息时爱唱歌、作投壶游戏,像一个文质彬彬的书生,但在大的是非问题上,争议起来义愤激昂,丝毫不妥协。他留给后人的,除了他的英名和遗憾之外,还有那首气贯长虹的词——《满江红》。

虞允文

长江采石口阻击战的文职指挥官

虞允文(1110—1174),南宋抗金名臣。字彬甫,隆州仁寿(今四川仁寿)人。父亲虞祺,是政和年间进士,官至太常博士、潼川路转运判官。允文六岁能背诵《九经》,七岁会作文章。因父亲的关系入官,事父母至孝,母亲死后,他早、晚两次到坟上哭泣。因父亲鳏居,身体不好,他七年不曾调动官职,在家中寸步不离左右。父亲去世后,他守完丧,才于绍兴二十三年应科举试,登进士第。这年他已经四十四岁了。

虞允文历任彭州通判、黎州、渠州知州。渠州土地硗瘠,百姓贫困,而官府在朝廷规定的正常赋税之外,又加科敛,流江地区的苛捐杂税特别严重。虞允文上奏朝廷,罢了苛税,为整个州的百姓节省了六万五千余缗钱。

秦桧死后,虞允文被召到朝中,历任左承议郎,秘书丞,礼部郎官。三十年十月,虞允文任贺正旦使出使金国。金人只知道他是文官,馆伴请他射箭玩,他一箭中的,令他们大吃一惊。他一路看到金人造船、运粮的很多,辞行的时候,完颜亮说:"我将要到洛阳去看花。"回朝后,他详细报告了自己的见闻,奏请朝廷加强淮、海地区的战备。

三十一年十月,金兵大举南侵,枢密叶义问赴江、淮督视军马,中书舍人兼直学士院虞允文参谋军事。叶义问军事常识极差,有一次读刘锜的捷报,内中有"金兵又添生兵"一句,他问身边的僚属:"'生兵'是什么东西?"人们都嘲笑他,送了他一个不雅的绰号——"兔园枢密"。跟这样的"首长"在一起,虞允文只好"人自为战"了。叶义问在镇江设立了行府,虞允文主动去见淮南、江南、浙西制置使刘锜,询问前线打败仗的原因。刘锜当时病势危重,行动不便,还有什么好说的呢?他说:"我该把制置和招讨两个印交还朝廷。"虞允文问他:"国事到了这个地步,你这印能往哪里交呢!"刘锜无言以对。

十一月,建康知府张焘,上任才十几天,一夜二更后虞允文来扣府门求见,说:"现在是什么形势,你还想睡安稳觉吗?"张焘说:"近日人们情绪汹汹,我再不镇之以静,人们就更不安了。你有什么见教?"虞允文说:"有情报说敌人明天要渡长江,约好要在玉麟堂吃早饭呢,你作何打算?"张焘表示要死守到底,虞允文也表示了同样的决心。

虞允文到东采石督师,离采石口十多里,便听到震天的鼓声,见官军十十五五地坐在路旁,问其原因,回答说:"王节使在淮西用鼓声传令,叫我们扔掉马匹渡江。我们都是骑士,现在没有马了,又不懂得步战,该怎么办呢!"随从的人劝虞允文回建康,说:"你的任务是劳军,又不是督战;这都是王权的罪过,何必代人受过呢!"虞允文不听,赶马直趋采石渡口,遥望江北敌人营落,后不见尾,而沿途王权的余兵,只有一万八千人,几百匹马。虞允文找来统制官张振、王琪、时俊、戴皋、盛新等,分析形势,他们表示愿意为国效死,只是无人指挥,虞允文说:"现在李显忠尚未到达,而敌人已开始渡江,我要豁出命去和大家戮力决战。现在这里有币帛九百万缗,还有一批节度使、承宣使、观察使的任命书,立了战功的立即发赏、授官!"大家都说:"既然有你作主,我们愿意为你和金人一拼死活!"虞允文部署步、骑兵在岸上列阵阻击;江上用"海鳅"船和战船载着将士们在中流截击敌人。

江风大作,完颜亮执着小红旗指挥船只由杨林渡口首尾相接地进了大江。将近采石渡,借地形隐蔽的宋军一下子"冒"出来。金兵大吃一惊,想退又退不回去。金兵刚到岸,宋军有的往后稍退。虞允文往来巡行,看到统制官时俊,便拍着他的背说:"你的胆略四方闻名,现在站在阵后,可就像个大姑娘了。"时俊说:"大人就在这里看着吧!"他呐喊着手挥双大刀杀奔江岸,战士们也相随奋起。"海鳅"在中流把金兵的战船冲为两部分,一面呐喊"王师胜利了!"一面冲撞拼杀。金人的舟多是拆了和州百姓的门板做的,像个箱子,平方底,周转不灵活,驾船的又不熟悉水道,船和人都埋葬在大江里。活着回去的士卒,成了完颜亮的出气筒,都被活活打死。

这就是著名的采石渡阻击战——南宋绍兴三十一年十一月八日,长江采石渡口,一个宋国的文职官员,临时号召组织起跑了主将的零散将士和民兵,指挥打垮了金国完颜亮统帅的渡江大军,捍卫了长江防线。

金兵退走后,虞允文一面下令宰牛设酒犒劳部队,一面上奏报捷,赏赐立功人员。夜间又布阵待敌。

李显忠到达采石口,虞允文把部队交代给他,自己向他要了一小部分军队赴镇江去见刘锜,报告战况,慰问病情。听到采石渡大捷,刘锜激动地握着虞允文的手说:"病何必问呢,朝廷养兵三十年,大功竟出于你这书生之手,真让我们这些带兵的人羞愧死了!"

十一月二十七日,金营兵变,完颜亮被杀,金人又派使臣来"议和",提的条件更狠:一、通书称叔侄(金叔宋侄);二、得唐、邓、海、泗四州;三、岁币银绢之数如旧;归叛臣及归正人(金国投宋的官、军、民)。宋孝宗让大家讨论,张浚、虞允文、胡铨、闾安中坚决反对,宰相汤思退却诬蔑他们"以利害不切于己,大言误国,以邀美名"。孝宗尽管也指责汤思退连秦桧都不如,但还是被他撺掇着接受了议和条件,只在第三、四条上讨价还价。

六月十九日,朝廷命虞允文放弃归他制置的、金人在议和条件中索要的唐、邓二州,虞允文拒不奉诏,七月二日朝廷硬把他召回改派了制置使。

十一月,太学生张观、宋鼎、葛用中等七十多人联名上书,劾论汤思退、王之望、尹穑三人的卖国罪行,要求"先正三贼之罪以明示天下"。这事触动了宋孝宗,不过他"大怒"之后还是把汤思退罢了,诏责永州居住。汤思退自知民愤太大,走到信州便"忧惧而死"。虞允文又被任命同签枢密院事。

自从采石口阻击战后,虞允文被调到朝中任职,从枢密到宰相,到罢了官去"奉祠",由于在"和"与"战"这个大是大非问题上的政见分歧,他在五六年的时间内"被起伏"了好几次,他一直坚守着自己"抗敌复国"的理想。

乾道三年(1167)六月,因吴璘逝世,皇帝任命虞允文以知枢密院事出任四川宣抚使,并亲笔写了九条注意事项赐给他。他去四川一个月后又奉诏回朝,几个月后又赴四川,太上皇赐他亲笔写的《圣主得贤臣颂》,孝宗并为之写了跋,陛辞的时候,孝宗又赐了他自己穿过的甲胄和战靴。

虞允文到了四川,努力贯彻"九戒"的精神,并把军事问题放在首要地位。他全面视察部队后,按身体壮弱分为三等:上等的编入战斗部队;中、下两等编入辎重部队。年纪很老很小的编外处置,而其中有立过功的,尽量给安排一个地方职务。原光兴、洋两州的义勇是"民兵",绍兴初年有七万多人,大散关战役中,部队不发给他们铠甲,而作战时却赶他们到"官军"前头冲锋,伤亡甚大;虞允文把他们落实整编了两万多人,命专人负责训练。还有金、洋、兴元归正(投降)的两万人,听说他搞整编改革,也来遮道诉缧系之苦,虞允文命政府分给他们官田,让他们安居乐业,并派他们利用各种关系到金军中作瓦解工作。

五年三月,皇帝又调他回朝任参政;八月,升尚书右仆射,并平章事兼枢密使、制国用使。他任相后,以用人为急务,把在职官员分三等登记编成"人事档案",叫做《材馆录》,他推荐提拔的人,大多不错。

在虞允文的几次提醒下,孝宗于乾道七年确立了皇太子,并定了一班大臣辅导他。

七年三月,太上皇后的妹丈、皇帝的姨父张说,经过活动当上了枢密。左司员外郎兼侍读张栻上疏切谏,并到朝堂当面责备虞允文说:"宦官任执政大臣,由蔡京、王黼开的头,外戚任执政大臣,就是相公你开的头了!"虞允文又惭愧又气愤,不过也无能为力。

八年二月,诏令改尚书左(右)仆射、同中书门下平章事为左(右)丞相,一扫有宋以来对丞相职务的称呼。改称后的第一个左丞相是虞允文,第一个右丞相是梁克家。

四月,御史萧之敏劾奏虞允文"擅权不公",虞允文辞丞相官,孝宗竟同意了。第二天,孝宗去德寿宫,上皇说:"采石渡战役时,萧之敏在哪里?不能罢掉虞允文呀!"于是孝宗又留下了虞允文,而让萧之敏提点江东刑狱。

八年九月,皇帝命宰臣挑选谏官。虞允文举了三个人:李彦颖、林光朝、王质。这三人都耿直开朗,有文学素养,是时人推重的。皇帝没用他们,而用了曾觌推荐的人。虞允文和梁克家力争无效,极力辞职。于是被放外任,以少保任武安军节度使、四川宣抚使,封雍国公,并赏赐了他家庙祭器。

虞允文入辞的时候,皇帝和他谈了出兵中原的事,约好不久将在河南会师。他提出日后朝内、地方出兵配合不和谐的顾虑,皇帝慷慨地说:"如果西部出兵而朕迟缓了,就是朕对不起卿;如果朕出动了而卿迟缓,就是卿对不起朕!"平时,皇帝不止一次和虞允文说过:"丙午之耻(隆兴元年十一月丙午日,孝宗接受了包括称金帝为"叔"的四项议和条件)当与丞相共雪之。"虞允文赴任的仪式很隆重:皇帝到正殿,亲自倒了一杯酒赐他;虞允文拜饮后,就在殿门口跨上马背,持节出发。

虞允文到四川有一年了,还没回报出兵的日期;皇帝派人持密诏去催促他,他回奏军需准备尚不充分,皇帝闷闷不乐。淳熙元年二月,又派出二人带着御札来催他,不料虞允文已于这月的癸酉日去世。可能是急病猝死,什么话也没来得及留下。终年六十五岁。

四年以后,孝宗幸白石大阅兵,看到川军比别的部队都年轻力壮,对辅臣们说:"这都是虞允文整编和扩大军队的功劳啊!"不久诏赠虞允文太傅,赐谥"忠肃"。

虞允文体形魁梧,身高六尺四寸,慷慨磊落,胸怀大志,语言有则,举止合度,出入将相近二十年,"孜孜忠勤无二"。他为相时间不长,无卓著政绩,在皇帝面前好说捧场话;唯抗金大节旗帜鲜明,他的名字和长江采石口阻击战一起彪炳史册。著作有《经筵春秋讲义》三卷、《奏议》二十二卷、《内外志》十五卷。另外与别人合编了《神宗、哲宗、徽宗、钦宗四朝会要》《太上皇玉牒》。

毕再遇

指挥倜傥的常胜将军

毕再遇（1148—1217），南宋抗金大将。字德卿，兖州人。宋宁宗开禧二年，平章军国事韩侂胄，发动了一次北伐战役，这次战役以宋的失败告终，韩侂胄也掉了脑袋。但在这一战役中，有一位屹立于江淮大地、令金兵望而生畏的常胜将军，他就是毕再遇。

毕再遇的父亲毕进，在高宗朝跟随岳飞护卫八陵，转战于江淮之间，积战功，官至武义大夫。毕再遇以父荫补官，隶属侍卫马司。他武艺超群，膂力过人，挽弓二石七斗，背挽一石八斗，走着射箭挽二石，骑马射箭挽一石五斗。孝宗曾召见过他，赐他战袍、金钱。

开禧二年，宁宗下诏北伐，以殿帅郭倪兼任山东、京、洛招抚使，武义大夫毕再遇，就在他的麾下。长年"和平"无仗可打，这时的毕再遇已经是五十九岁的人了。受命以后，跃跃欲试，在实战中，他以大无畏的气概和灵活多变的战术，一次次地挫败敌人，建立战功。

郭倪命令毕再遇和镇江都统陈孝庆去攻取泗州，他向郭倪要新刺的敢死军当前锋，郭倪给了他八十七个人。招抚司限定了进军的时间。金人闻听后，关闭了榷场（国营商场），堵塞了城门，严阵以待。毕再遇和陈孝庆计议道："用兵贵在出奇制胜，敌人既已知道了我们进军的日期，我们要先一日行动，以出其不意。"陈孝庆十分赞同。毕再遇让部下好好地吃了一顿，进行了一番忠义的思想发动，立即开拔。

王师进逼泗州城郊——泗州有东、西两座城，毕再遇下令把干戈、旗帜、舟楫都陈列在石匣下，作出要攻打西城的架势，而自己带领一支部队从陡山直奔东城的南角，率先登城杀敌，金军大败，从北门逃跑。西城还在坚守，毕再遇舞动大将旗帜呐喊道："我是大宋的毕将军，中原遗民赶快投降啊！"立即有淮平知县缒城来降，于是两城都平定了。

郭倪来慰劳部队，取出有皇帝签字的刺史牙牌授给毕再遇。毕再遇说："国家河南八十一州，现在拿下泗州两城，就得刺史的官职，以后再拿什么赏人呢！"他没有接受。

毕再遇奉命攻取徐州，走到虹地，遇到郭倬、李汝翼的部队有些人负了伤，说："宿州城下大水，我师不利，统制官田俊迈已经被敌人擒去了（其实是郭倬把他抓起来送给金兵以换取逃跑机会的）。"毕再遇督促部队疾奔灵壁，在这里遇到了驻军凤凰山的陈孝庆，他正准备退兵呢。毕再遇慷慨地说："你们虽然没攻下宿州来，但兵家胜败向来不是固定不变的，哪应该自挫锐气呢！我奉命攻取徐州，从这里假道，我是宁可死在灵壁的北门外，也不死在它的南门外的！"

正说着，郭倪要陈孝庆撤军的命令到了，毕再遇不能再留他，便说："郭、李部队败退，金人一定跟踪追击，我要抵御他们。"金兵果然以五千骑兵分两路赶来。毕再遇布置二十名敢死勇士守住灵壁北门，自己率领部队冲击敌阵，金人看到他骑着马直冲过来，大惊道："这不是毕将军嘛！"立即退逃。毕再遇手挥双刀，过水追击，杀死不少敌人，战衣都染红了，一口气往北追杀出三十里地。官军在他的带动下，越战越勇。有一个金将持着双铜跃马前来，毕将军用左刀格住他的铜，右刀劈向胁间，金将坠马而死。

其他几路军队都陆续从灵壁开走了，只有毕再遇一军未动。他估计他们走出去三十里多了，才放火烧灵壁。部将们问："怎么夜里没烧白天烧呢？"毕再遇答道："夜里放火，只能照见自己的虚实，白天放火，烟尘却能遮住敌人的视线。他们被打败了，不敢再靠近追赶，其他部队才能平安撤退。进军容易退军难啊！"

回到泗州后，毕再遇因功升左骁卫将军。郭倬在镇江被斩首。

毕再遇因凤凰山战功，授达州刺史，任镇江中军统制兼知盱眙军。

开禧二年冬,金人步骑兵数万、战船五百余艘渡过淮河,船泊在楚州、淮阴之间。宣抚司传檄毕再遇驰援楚州,而派段政、张贵暂代他守卫盱眙。

毕再遇派人侦察得知:金兵有七万人在楚州城下,三千人在淮阴护守粮站,在大清河里还泊着三千艘粮船。他判断说:"敌人比我们多十来倍,难以力敌,必须用计破他。"于是布置统领许俊带上人抄小道去淮阴,夜二鼓衔枚到达敌营,各带火种,分别潜入粮车间,埋伏在五十多个地方。待准备就序,事先约定的哨声一响,各处同时点火,敌人惊扰奔窜,二十三人作了俘虏,粮食被大火吞掉了。

毕再遇离开盱眙后,金人来攻打,段政、张贵等人吓得不战自溃,金人入据盱眙。毕再遇回军盱眙,赶跑了金人,升任镇江副都统制。

金兵由黄狗滩渡淮,涡口的守将望风逃遁,濠州、滁州、半安相继失守。毕再遇分析:楚州城坚兵多,而金军粮草已空,没有危险;六合县是要害,敌人一定会拼命来夺的。他便带兵奔赴六合。金人到达竹镇,离六合只有二十五里地了。毕再遇登上城楼,部署偃旗息鼓,在南土门埋伏兵力,弓弩手布列城上。敌军刚进到城濠边,城上万弩齐发,城中宋军突出冲杀,鼓声一发,城上旌旗都树了起来。金人以为城中伏兵很多,吓得大败而逃,宋军乘势追击,大获全胜。

金将完颜图拉等统率十万骑兵驻扎在程家桥、马鞍山,进兵把城重重包围起来,企图烧坝木、掘濠水攻城,毕再遇指挥战士用劲弩射退了敌人。敌人第二次进攻,来得更急。城中的箭用完了,形势岌岌可危。毕再遇从容不迫,令兵士们张起几个大伞在城上往来走动。金兵以为宋军的大官上城了,竞相用箭攒射,不长时间,楼墙上矢如猬毛,解了燃眉之急。

不久,金人又增兵围城,营帐绵亘三十多里。毕再遇故意在城楼上饮酒奏乐,好整以暇,而时不时地出奇兵揍他们一顿。金兵虽为数不少,声势浩大,但被弄得昼夜寝食不安,疲于应付,便退军了。他估计敌人可能会"杀回马枪",便自带部队夺下城东的新野桥,威胁敌军后背。敌人一看无咒可念了,只得老实退走。宋军追至滁州,适逢下大雪,乘胜满载而归。缴获了骡马一千五百三十多匹,鞍子六百副,一大批衣甲旗帜。六合城屹立淮上。

这时楚州已被包围了三个月,金兵列屯六十里地,就是啃不动。毕再遇从六合回来,派出一股股小分队分道出击,金人看攻取楚州的目的难以达到,解围去了。

毕再遇连升忠州团练使,镇江都统制兼权山东、京东招抚司事,骁卫大将军，兼知扬州、淮东安抚使。

战场是军人的"死地"，但对毕再遇来说，简直是"游乐场"，他指挥起来潇洒得很，一些看上去好似开玩笑的战术，都能帮他克敌制胜，如草人战、豆子战、羊鼓战。

金人好用"水柜"对付宋军，毕再遇便布置战士们像"做玩具"一样地绑扎了好几千草人，给"他们"穿戴上盔甲，让他们手持戈、矛、旗帜。俨然成行列阵，将黎明时，擂得鼓声震天。金人赶紧放出"水柜"迎敌；后来弄清了是假人，士气沮丧。就在这时，毕再遇指挥真兵出攻，金人大败。

他有一次引诱金人和自己打，却又打打退退，在四战四退后，看看天色晚了，下令把用香料煮好的豆子撒在地上，搏战一阵，再假装败走。金人乘"胜"追击，战马闻到豆香都寻找着吃，用鞭子抽也打不走；宋军回身反击，金兵被杀的不胜数计。

有一次和金人对垒，金兵日益增多，力量对比悬殊。毕再遇决定换个地方打打，便在一个夜晚拔营而去。但他在空营中留下了林立的旗帜，还留下一些战鼓，叫战士们把羊绑缚在战鼓上，前脚放在鼓面上，羊脚一动便击鼓有声。几天后，金人才察觉，但已经追之不及了，只得到几只快要饿死的瘦羊。

毕再遇带兵的能力很强，不仅能带好一般的朝廷官军，还能带好特殊的部队。扬州有二千五百名"北军"，有的人担心他们"不可靠"，毕再遇把他们分编到建康、镇江的各部队中，一个部队只分到几个人，即使不牢靠，也兴不起大浪来。"敢死军"本是乌合的亡命之徒，毕再遇让他们在战斗中发挥了硬冲死守的作用，完成了一些特殊任务。

毕再遇还是个军事装备改革家。他改造了一种"轻甲"，身长不过膝，披长不过肘，行军作战灵活轻便；兜鍪（头盔）也减轻了重量；马甲用兽皮制作；车牌换上木做的，并且在底下装上一个转轴，一个人就能推得动，并能擎得起来，使用起来非常方便。

嘉定元年，朝廷又一次与金"和好"，毕再遇多次上疏要求解甲归田。宁宗赐诏不准，授保康军承宣使，又降诏奖谕。不久，令他带职奏事，提举佑神观，后又提举太平兴国宫。十年，以武信军节度使致仕，当年去世，享年七十岁。赠太尉，太师，谥"忠毅"。

陈自强

攀附学生爬上相位的老师

陈自强（生卒年月不详），南宋丞相。字勉之，福州闽县人。他是韩侂胄的启蒙老师，利用这层师生关系，他为虎作伥，爬上了丞相的位子；也是由于这层关系，他又贬窜岭南，埋骨他乡。

陈自强是宋孝宗淳熙年间进士，经光宗朝，宁宗庆元年间，入临安等待新的任命。他是宰相韩侂胄的启蒙老师，很想走走这条路。

一天，韩侂胄在府邸中接见了陈自强。陈到达的时候，韩的从官们都已到齐了；韩侂胄在堂上设下褥垫，向陈自强拜了两拜，然后才招呼从属官吏入坐，徐徐地说："陈先生是老进士，被埋没了，很值得同情呀！"第二天上班后，这些从官们便交口推荐，于是授太学录，继而升博士，国子博士，秘书郎；入馆半年，升右正言，谏议大夫，御史中丞；入台不到一个月，便签书枢密院事。由选人——候补官员——到枢密，一共四年。又过了一年，升为参知政事兼知枢密院事，官位仅次于他的学生韩侂胄了。

韩侂胄想干的事情，宰执们心中不以为然的，也缄口不敢反对。而陈自强则是主动地迎合他，为他的胡作非为创造条件。过了两年，陈自强又高升右丞相，他印了一些空名的敕劄（官员任命书），瞒着三省送给韩侂胄，供他卖官鬻爵之用。

陈自强贪婪卑污。地方官送来的报告、书信，必须在信封上注明"某物若干并献"，他才肯拆阅；如果封面上没有"并"，就不开封。他还唆使自己的子弟亲戚引诱别人到他这里来"疏通关节"，请求升官办事都可以，但必须先议定价码才行，"不见兔子不撒鹰"。

他自然明白，这些"好处"都是韩侂胄给予他的，所以称韩为"师王"，对别人说："我只有一死以报师王啊！"有时也称"恩王"。人们认为，在"韩系"人物中，对韩侂胄的恃权专国，陈自强是"功劳"最大的人。

嘉泰四年三月，临安行宫起了一场大火灾，原因不明，身为丞相的陈自强，三次上疏，引罪避位，但有韩侂胄这么个好学生，结果当然是"诏不许"，继续当了下去。

事情过后，韩侂胄对大家说："丞相一生的积累全部被大火烧光了，咱们该多少给他点儿帮助。""带头"送钱一万缗。从朝中到各路州郡的官员们，正愁找不到门路巴结的人，立即纷纷来"帮助"丞相。陈自强来者不拒，不到几个月，就"集资"六十万缗，是他原有财产的一倍多。

陈自强欲壑难填，又挖空心思提出建立"国用司"，总管内外财赋。由他兼任国用使，掊克民财，搞得州郡骚动不安。

韩侂胄实际上早已是"第一丞相"，但名义上还不是，于是陈自强与御史邓友龙等上章奏请，宁宗便升韩"平章军国事"，站班位在丞相之上。韩侂胄一看国用司太肥了，便"当仁不让于师"，顶替了陈自强的"国用使"。把三省钤印都弄到自己府中，专设一套班子，成了有权向下发号施令的实际朝廷。

韩侂胄打击迫害的人太多了，自知"官愤"不小，便想建功立业以遮丑——北伐。陈自强配合默契。陈景俊出使金国贺正旦，归国前，金国主叫他回来告诉"宋帝"不得背盟发动战争。陈景俊归国后，报告了陈自强，陈自强怕这个消息影响官心士气，便嘱咐陈景俊，不要上奏。就这样，师生二人欺上瞒下，仓促地调兵遣将，怂恿宋宁宗下诏伐金。

仗打了一年，宋方节节败退。宋只得提出"议和"。派出的使者三次往返金营，带回的意见都有一条就是必须交出发动战争的主谋。

宁宗皇帝无可奈何，只得处死了韩侂胄。

韩侂胄一死，预谋其事的钱象祖，找到陈自强，从怀中掏出一张堂帖来递给他，说："有圣旨，丞相罢政了。"陈自强立刻上马离朝。第三天，陈自强便被贬"永州居住"。过了几个月，再贬为"雷州安置"，并被抄了家。最后死在了广州。

陈自强"一死以报师王"的话，竟成了谶语。

韩侂胄

一手遮天的双重外戚

韩侂胄(1151—1207),南宋外戚,权臣。字节夫,祖籍相州,本人出生在江南。他的曾祖父是北宋名相韩琦,母亲是宋高宗皇后的妹妹(宋高宗是他的姨父),宋宁宗的皇后韩氏,是他的侄孙女。在宋宁宗朝,他是"双重外戚",以外戚的身份左右朝政的,在宋史上他是唯一,总共把持朝政十二三年。

韩侂胄的父亲韩诚,官至宝宁军承宣使,他因父任入官,历任阁门祗侯,宣赞舍人,带御器械,以汝州防御使知阁门事。

太上皇孝宗驾崩后,皇帝光宗受皇后李氏和内使们煽惑,不出头治丧,丞相留正只好溜了,朝中主事的只剩下知枢密院赵汝愚。赵汝愚想请求太皇太后作主立嘉王赵扩为帝,以便主丧。而他不能主动去见老太后,使和徐谊商量,通过在阁门的蔡必胜去找他的同乡——知阁门事韩侂胄想办法。

韩侂胄虽是老太后的外甥,但按朝廷规矩他也不能进后宫大门,他又转托了知己内侍张宗尹,代他向老太后禀报赵汝愚的请求。韩侂胄在门口等了两天,还没有回音。正徘徊间,被内侍关礼看见了,问他有什么事,他叙说了赵汝愚的请求。关礼让他等着,自己便进去向老太后哭诉。老太后终于同意了，命关礼回复韩侂胄："明天早上，太皇太后在寿皇梓宫前垂帘引对。"韩侂胄回去向赵汝愚复了命。

经过一夜的紧张准备，第二天太皇太后顺利地在寿皇梓宫前召见百官、主持赵扩即帝位，就是后来的宋宁宗。

韩侂胄自感定策有功，想当个节度使，赵汝愚开导他说："我是宗臣，你是外戚，朝廷遇到这种不幸的事，咱们怎么好提功劳呢！"给韩侂胄加了个宜州观察使。韩侂胄大失所望，但当时也不好意思硬争。令他高兴的是，皇帝注意到他并喜欢他了。

临安知府徐谊提醒赵汝愚说："韩侂胄日后必是国家的一害，应该满足他的欲望，而叫他远离朝廷。"与知阁门刘弼也说："韩侂胄所追求的，不过就是个节度使，应该给他。"赵汝愚以自己"君子"的标准来看待韩侂胄，不听他们的。

但韩侂胄可不是君子，他积极谋划干预朝政，多次往部、堂里跑。左丞相留正令属吏告诉他："这不是知阁门事每天往来的地方。"韩侂胄忿恚地退了出去，后来竟挑唆皇帝出手诏把留正罢为建康知府。

赵汝愚很生气，韩侂胄来拜访，他也辞而不见。韩侂胄又思谋着如何除掉赵汝愚。知阁门事刘弼，因未参予"定策"，颇有失落感，便煽动韩侂胄说："赵丞相要独占定策大功，你不只得不到节度使，恐怕还免不了岭南、海南之行（被贬窜）呢！"韩侂胄又气又怕，刘弼便挑唆他用秦桧的手段——用言官扳倒自己想整的人。韩侂胄心领神会，不久，他的亲信同谋谢深甫被内批为御史中丞，刘德秀被批为监察御使。

右正言黄度，上书论奏韩侂胄之奸，被韩发觉，马上有"御批"命黄度出知平江府。黄度说："蔡京擅权，把天下搞乱了。现在韩侂胄假冒御笔，驱逐谏臣，这可不是国家的幸运啊！"他坚辞外官，争取了个"奉祠归养"，全身而退了。

朱熹忧虑韩侂胄搞乱朝政，致信赵汝愚，建议厚赏韩侂胄的定策之功，而不让他干预朝政，赵汝愚仍然认为不值得担忧。

但是朱熹认定了韩侂胄是朝廷大害。有一次侍讲经筵完毕，他乘机上了一道奏疏，说宁宗即位才三个月，进退宰臣、调动台谏官员都由皇帝一人独断，朝野之士怀疑可能是身边的官员窃用了皇帝的名义，很担心"主威下移"。韩侂胄看到后大怒，指使伶优扮成"大儒"的样子，作戏给皇帝看，他在一边乘机进谗言，说像朱熹这样的"迂阔"人物不可大用。宁宗竟听了他的，马上给朱熹写了个御批:"卿已经老耄了,恐怕再难站着讲课,已经授给你宫观职务了。"

赵汝愚在中书府看到御批,去为朱熹讲情,皇帝不听。过了两天,韩侂胄迫不及待,叫同党拿着封好的"内批"交给朱熹本人,朱熹只好"谢恩"看庙去了。另外,还有九个官员,或面奏、或上章留朱熹、论奏韩侂胄,宁宗不仅不听,还罢了中书舍人陈傅良和起居郎刘光祖。同时,韩侂胄却兼任了枢密院都承旨。

吏部侍郎兼侍讲彭龟年,上疏逐条揭发韩侂胄的错误,宁宗看了还不相信,说:"朕对韩侂胄托以肺腑,深信不疑,不会这样的。"结果,彭龟年出任郡职,韩侂胄官升一级。韩侂胄更有恃无恐了,并因此又罢了知枢密院事陈骙。

宁宗即位八个月,韩侂胄在扫清外围之后,便指使亲信"言官"罢了右丞相赵汝愚,而且一贬再贬,不到一年,韩侂胄的爪牙、衡州知州钱鍪便向朝廷报了赵汝愚"暴死"。为赵汝愚说公道话的人也都被打成"赵党"罢了官,有直学士院郑湜,兵部侍郎张颖,国子祭酒李祥,临安知府徐谊,国子博士杨简,太府寺丞吕祖俭等。

太学生六人——杨宏中、周端朝、张道、林(徐)仲麟、蒋傅、徐范——上书,指出小人以"朋党"大批地陷害君子,是靖康亡国的教训。疏奏上去后,诏令把这六人都遣送到离行在五百里以外的地方去"编管"。时人赞誉他们为"六君子"。

韩侂胄迫害正义人士的目标,又由官场转向儒林。平时受到清议——士林舆论——摈弃的士大夫,投靠了炙手可热的韩侂胄,把自己忌恨的人都视为"道学"人物,开出了名单,交给韩侂胄,供他陆续革退。他们再给"道学"扣上"伪学"的帽子,把想打击的人,指为"伪党",罢了博士孙元卿、袁燮,国子正陈武,斥退了司业汪逵。

韩侂胄重演蔡京打击"元祐党人"的故伎,把"伪学逆党"都"入籍",计有宰相四人,待制以上官员十三人,其他官员三十一人,武官三人,士八人:共五十九人。吏部侍郎黄由说天子不该用"党"来对待天下人,也被罢了官。

正的降,邪的升。临安知府赵师睪谄事韩侂胄,买了北方的珠宝,赠送给韩侂胄的妾们,妾们皆大欢喜,都向韩侂胄为他说好话,韩侂胄便把他提升为兵部侍郎兼知临安府。吏部尚书许及之巴结迎合韩侂胄,被提拔为枢密院事。

韩侂胄本人，官位是直线上升：加少傅，赐玉带，加少师，封平原郡王，加太师。天下人都知道他是"后族"，沾了侄孙女的大光。而正宗国戚——他的侄子、韩皇后的父亲、太尉韩同卿，看到叔父这样声势熏灼，忧惧"过盈则亏"，小心翼翼，从不干政，以至很多人都不知道他是现任皇后的父亲，直到庆元五年默默地死去，赠了个"太师"，人们才知道他是国丈。

庆元六年十一月，韩皇后崩，韩侂胄没了靠山。但也还有人巴结他，如起居郎王容，要求把"定策事迹"交付史馆写入历史，皇帝准奏了，韩侂胄自然乐意。

韩侂胄风光了八九年，自知"官愤"不小，便谋划采取点补救措施，以"免报复之祸"：追复赵汝愚资政殿学士，对健在的"伪党"徐谊、刘光祖等人"先后复官自便"。加封太师后，韩侂胄不仅想"全身而退"，甚至妄图"名垂青史"，于是开始笼络有影响的知名人士，想抓抓最得人心的大事——"恢复"，但由于上上下下已形成了他的私人统治体系，真正的有识之士都避之惟恐不及。

韩侂胄还得罪了新立的杨皇后。韩皇后在世时，杨贵妃和曹美人都有宠，杨贵妃涉猎经史，知古通今，性格机敏，会用权术，曹美人性格柔顺。韩后死后，韩侂胄力劝皇帝立曹美人为后，这次皇帝没听他的，立了杨。杨贵妃虽然最终当上了皇后，但对韩侂胄的投反对票一直耿耿于怀，这也更促使韩侂胄企图以"恢复大业"来巩固自己的权位。

邓友龙出使金国回来后，说金国饥馑连年，民不聊生，如果去攻打，会像"摧枯拉朽"那么容易取胜，并上书皇帝建议北伐。舆论造了起来，韩侂胄用人又加上了一条新标准——以是否拥护北伐来划线站队：派枢密许及之出镇建康、参政费士寅出镇兴元，他们不敢去，便都被罢了官；户部尚书李大性条陈利害，说"兵不宜轻举"，被贬出京；武学生华岳上书反对"用兵启边衅"，要求"斩韩侂胄、苏师旦、周筠以谢天下"，韩侂胄把他下到大理狱，判送建宁编管；毛自知应试对策，说应该"乘机以定中原"，韩侂胄把他擢为进士第一名。

这年七月，经陈自强、邓友龙等的请求，诏升韩侂胄平章军国事，立班在丞相上位，三日一朝，赴都堂治事。他立即把三省的印钤弄到自己家中，自置"机速房"，甚至假作"御笔"调遣黜陟将帅。但实际上"有权无威"，没有几个人肯听他的指挥。

仗打起来了，金人进行了认真的抵抗，宋又吃了败仗，招致天下怨谤。亲信李壁为韩侂胄出了个鬼点子——窜谪"怙势招权,使明公负谤"的亲信苏师旦以挡国人之责,于是苏师旦被罢官、抄家、韶州安置,当了替罪羊。

金人还在乘胜继续进攻,韩侂胄只好又向金求和。他问出使人选,有人推荐了方信孺。于是把方信孺召到行在,任命为国信所参议官,派他出使。方信孺请示道:"这次战争是由我方挑起来的,金人如果问主谋是谁,该用什么话回答?"韩侂胄眼露恐惶的神情,不敢回答。方信孺带上"国书"动身了。他三次往返金营,据理力争,金人用监禁、断水、断饭、杀头等手段威胁他,都被他战胜了。他的辩驳,维护了国家的尊严。

方信孺第二次从金营回来,韩侂胄问谈判的结果,他说:"敌人提了五项要求:一、割江、淮;二、增岁币;三、要回降宋的金人;四、付犒军银两;五、……我不敢说。"韩侂胄追问,方信孺才说:"他们想要太师您的头呢!"韩侂胄恼羞成怒,安上个"擅自作大臣私自送礼物给金将"的罪名,把他贬了下去。但"议和"还得进行,便又物色了老外交大使王伦的孙子王楠出使金营谈判,金人还是死咬着要"首谋"。

韩侂胄十几年来窃权整人,"官愤"太大,加上这次妄开边衅,怨声更高。礼部侍郎史弥远秘密建议除掉他。杨皇后一直就怀恨他,这次让皇子赵曮进言除掉他,皇帝还不忍。皇后在一旁帮腔,建议由她的哥哥杨次山从大臣中挑选人谋划此事,皇帝才点了头。于是,杨皇后通知杨次山,杨次山通知史弥远,史弥远通知钱象祖,钱象祖通知李壁,李壁怕时间一长走漏了消息,便命令主管殿前司公事夏震统领禁兵立即下手。

开禧三年十一月乙亥日,韩侂胄上朝,走到太庙前,被禁兵喝住,簇拥到玉津园侧杀死。史、钱二人上奏,皇帝还不太信,后来证实了,马上下诏向朝野宣布韩侂胄的罪状,并为此论功行赏,进升史弥远为礼部尚书,加夏震福州观察使。

韩侂胄把持朝政以来,宰执、侍从、台谏、藩帅,都出自他的门下。他曾在山上建了一个花园,下瞰太庙。他出入宫闱随随便便,全不理乎朝规礼制,宋孝宗思政的殿堂,他竟能躺在那里睡大觉。颜械草制,说他"清圣",易被撰答诏,说他是"元圣",余嘉请给他加"九锡",他都不客气地接受了。他的嬖妾都封为"郡国夫人",朝廷内宴时,"夫人"们都和宫眷杂坐在一起。后来皇帝的长辈们都"崩"了,他是皇后的叔爷爷,没有一个人敢挫他的锋芒。

杀了韩侂胄以后,朝廷罢黜了一些他的追随者,起复了一批受他打击迫害的官员。

王楠出使金营议和,金人坚持要韩侂胄的头。第二年三月,官方劈开韩侂胄的棺材,割下他的头颅,在淮河两岸"枭首示众",然后装入匣子送到金营去,用来换回这次"恢复"战之中被金人夺去的淮、陕土地。韩侂胄死有余辜,但这个做法,也大损国格。

吴　曦

背叛国家、背叛祖宗的"官三代"叛将

　　吴曦（1162—1207），南宋叛将。祖父是镇守川陕的抗金名将、信王吴
璘，父亲是利州路安抚使、太尉吴挺，而他本人却是受金人收买的叛国之贼。

　　吴曦以祖荫补右承奉郎，历任高州刺史，濠州团练使，建康军马都统制，
知兴州兼利州路安抚使，武宁军承宣使，太尉，昭信军节度使。他非常留恋
祖父、父亲镇守过的四川，嫌在朝廷当差不自由。宋宁宗即位后，吴曦厚厚
地贿赂韩侂胄，谋得了一个回蜀的职务——昭信军节度使兼知兴州。

　　吴玠、吴璘兄弟镇守四川时，深得士庶百姓拥戴，到吴挺一代，总的说也
不错。后来换上郭杲就差了，他苛剥军士，以致有些人饿得跑到黑谷去当了
强盗。蜀人怀念吴家，听到吴曦被任命为蜀帅，都伸长了脖子企盼他来就
职。

　　吴曦用大舰队载着辎重和自己的财物，上溯嘉陵江。到任后，首先为吴
璘建庙，仅大殿就费钱十万缗；又命令士卒背土筑高江边的地段，以山为墙，
建了一个广袤数里的大花园，每天用工几千人。士民非常失望。吴曦又向
朝中说壬大节的坏话，罢了他的副都统制，这样，蜀地的兵权集中在了吴曦
一人手中。

开禧二年,韩侂胄进行北伐的军事部署,西南地区,以同知枢密院事程松为四川宣抚使,吴曦为宣抚副使。程松的帅府衙门设在兴元以东,统率三万人;吴曦进屯河池西部,统率六万人,并有权节制财赋,按察弹劾计会漕司人员。

程松到任所,吴曦来看他,他想以执政大臣的姿态"接见"吴曦,要求吴"庭参"。吴曦听到这个消息,拨马而回。程松原用东、西军一千八百名作警卫,吴曦陆续给他抽走了一大半人,程松还无所醒悟。知大安军安丙,是吴挺的幕客,他向程松献了"十可忧"的建议,并特别谈到吴曦一定会误国,但程松一直不重视。

二年五月,吴曦萌生了据蜀叛国的念头,他和堂弟吴晛、亲信徐景望、赵富、朱胜之、董镇等人日夜地在一起密谋策划,想派人向金主求封。金人因尝过两代"吴家帅"的教训,也希望能离间他和朝廷的关系,起码拉拢他"保持中立"。金主于六月"赐诏"给吴曦,挑拨说,"威略震主者身危,功盖天下者不赏",并举了岳飞被害的例子;分析宋廷的形势是"赵扩昏孱,受制强臣";最后说,"若按兵闭境……则全蜀之地,卿所素有,当加封册",如果能帮着金打宋,那么吴曦夺到的土地,金主都封给他;最后金主表示自己说话算数——"天日在上,朕不食言"。

金主还指示他的"蜀汉安抚使"完颜纲瞅机会设法劝诱吴曦。吴曦的背叛,比金主想的要容易。金人攻湫池堡,破天水,肆掠关外四州,吴曦皆置之不问。

吴曦这个两代勋将之后,走上叛国道路时,自身也不无矛盾。几个月来,他神思恍惚,有时一夜跳起来好几次,睡梦中大声叱咤,有时张目四顾,有时整夜不能入睡,心中颇有些后悔,想维持现状算了。吴晛却比他死心塌地,给他打气说:"这种事难道中止就平安了吗?"

完颜纲进兵水洛,访到吴曦的同族人吴端,授予他水洛城巡检使的官职,并派人报信给吴曦,于是吴曦下了叛国的决心。但当时程松驻在兴元,他还不敢明目张胆地降金,便造假舆论,说他已经杖杀了接受金国官职的吴端,而暗地里却派人和完颜纲传递信息。后来金将攻入成州,吴曦自己烧了河池,退驻清野原。从此,金人便专心对付宋朝的官军而没有西顾之忧了。

吴曦叛国,广大将士尚不知情,对金作战仍然很努力。他退居鱼关后,招集忠义之士,给他们丰厚的赏赐,以笼络人心;但在抗金战争中,他却拆他们的台。兴元都统制毋思,率领重兵把守大散关,吴曦撤掉蟇关的防守部队,叫他们板牐绕出大散关后,大散关成了一个孤立的据点,毋思的部队被金人击溃。吴曦本人又率军"退守"兴州的置口。

举人陈国饬上书,揭发吴曦的反迹,宰相韩侂胄竟未放在心上。

完颜纲派张仔到置口见吴曦,吴曦说愿意叛宋投金,张仔要他把告身(作官的任命书)拿给自己带回去作信物,吴曦毫不犹豫地把那些身分与荣誉的证明全部让张仔带走,并献出阶州,以示投降的"诚意"。完颜纲以金国主的名义,派马良显带上诏书、金印,立吴曦为蜀王。吴曦秘密地接受了。

李好义在七方关打败了金兵,吴曦也不向朝廷报捷,回兴州了。这天夜里,兴州城天空赤红如血,红光照在大地上,如同白昼一般。第二天吴曦招集幕僚部属,告诉了人们他想投金,说现在东南失守了,皇帝到四明逃难了(其实没有),应该权变一些等等。王翼、杨骏之反对说:"这样,相公忠孝八十年的门户,便一朝扫地了!"吴曦说:"我的决心已经下了。"接着派遣兴州团练使部澄提举仙人关,派任辛奉表到金国去献上《蜀地图志》和《吴氏谱牒》——他把祖宗和国土一同出卖了。

金兵攻打凤州,程松向吴曦求援,吴曦假说将发三千骑兵给他,程松信以为真地在等待着。吴曦接受了金人的封赏,自称蜀王以后,便扬言说金人如得到阶、成、和、凤四州就可以讲和,示意程松撤走。程松正犹豫着,金兵大队人马就开过来了。老百姓各自东奔西逃,拥挤混乱,自相践踏死的不少。程松急急忙忙奔米仓山方向逃跑,由阆州顺流到了重庆,派人送信给吴曦,称他"蜀王",要求他给点儿路费。吴曦用匣子封好礼物,派人给他送去。程松老远望见,怀疑里头装着剑,是来"赐死"的,便急急奔逃。使者追上他,把礼匣交给他,竟是金珠宝玉。程松接受了这匣财宝,昼夜兼程地逃出了三峡,回身望着西方掩面哭泣道:"我现在才算保住头颅了!"

吴曦招降兴元府通判、权大安军事杨震仲,杨不投降,饮药自杀。

吴曦把兴州改为"行宫",改元,置百官,并派人去向他的伯母赵氏"报喜"。赵氏听了大怒,和他断绝了关系。叔母刘氏听到他叛国投敌,日夜号哭,骂不绝口。但吴曦忙着当"王"的劲头仍然很足,他派董镇到成都修建宫殿,派禄祁等戍守万州,泛舟嘉陵江下游,扬言要约金人夹攻襄阳。向四川各路下黄榜,改兴州为兴德府,召随军转运使安丙任丞相长史,总管政事。

吴晛向吴曦献策说,应该延用蜀地的知名人士,以笼络民心。吴曦以为然,但结果是:陈咸剃成光头,史次秦弄瞎了眼睛,李道传、邓性甫、杨泰之全部弃官走了。

韩侂胄听到吴曦公开投敌的消息，大吃一惊，立即给吴曦写信，允许他裂土封王。他又去找镇江知府宇文绍节问计，宇文绍节说："安丙一定能讨贼。"于是韩侂胄又秘密地送帛书给安丙，说："如果你能够除掉吴曦报效国家，就会破格升赏。"这封信还没送到安丙手中，吴曦的头颅就送到行在了。

原来监兴州合江仓杨巨源计划讨吴，暗地串联了吴的部将张林、朱邦宁及忠义之士朱福等，联络上安丙；另一股力量是兴州中军正将李好义、军士李贵、进士杨君玉等十几人。这两股力量联合起来，进行了周密的准备。

开禧三年二月乙亥日，天不亮，李好义便率领七十四人闯入"王宫"，当时宫门洞开，李好义边呼喊着边往里闯："奉朝廷的密诏，以安长史为宣抚，令我诛杀反贼，敢违抗的人灭族！"吴曦有卫兵一千多人，听说有诏，都丢下棍子走开了。杨巨源骑着马，手持他们自拟的"密诏"，闯进屋内。吴曦正想开窗逃跑，被李贵赶上杀了。

他们宣读了"诏书"，提着吴曦的头颅示了众，城中秩序很稳定，商店照常营业。

吴曦的同党们，也都被处了死刑。

安丙上疏朝廷，奏明事情的经过，用匣子盛了吴曦的头颅，以及他的违制法物、金人的诏和印等，派专人送到朝廷去。吴曦从僭立为王到伏诛，共四十一天。

吴曦的头送到临安，先献庙社，后枭之示众三天。诏令诛吴曦的妻、子，家属徙岭南，父亲吴挺夺官爵，吴璘一支的子孙都迁出四川居住，只保留吴璘的庙祀。吴玠一支子孙，不受任何牵连。

那个庆幸保住了脑袋的四川宣谕使程松，也被罢了官，贬窜"澧州安置"。

史弥远

工于搞政治投机的丞相

史弥远(1164—1233),南宋大臣。字同叔,明州鄞县人。于宋宁宗、理宗两朝,担任丞相二十六年。

父亲史浩,是高宗朝国子博士,入对时,提出确立皇子的建议,建王立为皇子后,他便成了建王府的教授。建王立为皇太子,受禅当上了皇帝(孝宗)后,史浩便成了一人之下的丞相。任相后,他第一个提出为赵鼎、李光、岳飞平反、复官、禄用子孙。后因与张浚政见不合,被罢相,一闲十三年,起复为右丞相后,他说:"蒙恩再用为相,我还是要尽量按公道办事。"史浩特别注重选拔人才,他从经筵告退的时候,从小官中推荐了江浙之士十五人——后来有九人当上大官、学者,如薛叔似、陆九渊、叶适等,其他六人虽不太显赫,也都是有一定知识和能力的良吏。更可贵的是他的胸怀,只要是他认为朝廷可用的人,他都秉公授他们以能够发挥才干的官职。史浩历高、孝、光三朝,活到八十九岁。追封越王,谥"定忠",配享孝宗庙庭。

史浩有四个儿子:弥大、弥正、弥远、弥坚。老三史弥远,在大节为人上,与父亲差别甚大,他着重借鉴的,是父亲拥立皇太子、定策新君的做法。

史弥远先以父荫十六岁时补官承事郎,二十四岁中进士。宋光宗即位后,他历任大理司直,太社令,太常寺主簿;宁宗即位后,他历任诸王宫大小学教授、枢密院编修官、太常丞、工部郎官、刑部郎官、宗正丞、池州知州、提举浙西常平仓、司封郎官兼国史编修、实录检讨官、秘书少监、起居郎兼资善堂直讲。从经历看,史弥远是一个才干全面的官员。宁宗即位初年,丞相京镗就曾经屏退左右推心置腹地对史弥远说:"你日后在功名和事业上都会远远地超过我,我愿意把子孙的前途托付给你。"

宋宁宗开禧二年,韩侂胄开始酝酿北伐,史弥远上疏陈述目下民力国势条件都不足,轻举妄动,会招致金人南侵。他的建议没被采纳。交兵后,宋方接连打败仗,都城震撼,派出使臣求和,金人不答应,坚持索要战争主谋。史弥远又通过皇子赵询密奏除掉韩侂胄。

韩侂胄被杀后,朝廷与金人讲了和,史弥远升任知枢密院事,一年内又兼任参知政事,升任右丞相。他利用言官打击罢黜不赞成吹捧他或和他意见不一致的官员,如袁燮、倪思等。

对没有得罪他但有才干的人,史弥远也因忌妒把人家除掉。奉议郎张镃,是张俊的孙子,史弥远想除掉韩侂胄时,张镃曾参加讨论,当议论如何对待韩侂胄时,张镃说:"杀了他就行了!"这正是史弥远需要通过别人的口讲出来的一句话,所以他向别人夸赞张镃:"真是将种呀!"但是他也由此认为这人将来可能对自己是一个威胁,于是过了四年,给张镃安上了一个"煽摇国本"的罪名,不露痕迹地把他除名,送象州编管。

宋宁宗立的太子死后,又选了一名太祖十五世孙立为皇子,改名赵竑,封祁国公。史弥远认为赵竑不合自己的心意,想废掉另立,便把物色嗣君的任务交给了他的启蒙老师余天锡。

余天锡为人老成、谨慎,受史弥远之托后,认真地留心这事。有一次,他坐船行至越州西门,遇上大雨,到一个姓全的保长家避雨。全保长知道他是丞相的门客,招待得非常讲究,吃饭时还有两个男孩侍立在一旁,问起来,保长说:"这是我的外孙,算命的人曾说这两个孩子将来会极为显贵。"余天锡问清楚了大的叫赵与莒,二的叫赵与芮,回到临安后便报告了史弥远。

史弥远让他去把孩子带来看看,全保长欢天喜地,卖了田为他们赶制衣冠,并邀集亲友欢送。史弥远很善于相人,一见之下,大感奇异,恐怕走露风声,连忙打发他们回去了。全保长很难为情,邻里们也在背地嘲笑他。

过了一年,史弥远又叫余天锡去召他们,全保长坚决不放行了。史弥远只好让余天锡向他点透:"这两个孩子,大的最贵了,应该送到他的父族家去抚养。"全保长才放行。

到了临安，赵与莒补秉义郎，赐名赵贵诚，这时他十七岁。过了两个月，赵贵诚又被立为沂靖惠王的后人。赵贵诚凝重寡言，洁修好学，每逢朝参待漏的时候，别人往往说说笑笑，只有他态度一直很严肃；他出入殿廷，态度举止都分寸合度，使人们一见到他，便会不自觉地严肃起来，史弥远更感到他不同一般。

赵竑酷好弹琴，史弥远买了一个琴技高超的美人，送给他。对她的家庭，也赏赐优厚，嘱咐这美人注意观察赵竑的动静，及时向他报告。这个美人聪慧解人，又颇知诗书，赵竑特别宠爱她，说起什么事来也不避讳她。这时杨皇后专政、史弥远擅权五六年了，宰执、侍从、台谏、藩镇，大官都是他们引荐的，权势熏灼，赵竑心中愤愤不平，曾经把杨、史的事写在几上，如："弥远当决配八千里。"宫内墙上有地图，赵竑曾指着琼州、厓州说："日后就把史弥远安置在这里！"美人把这些情况都向史弥远告了密。

赵竑还叫史弥远是"新恩"，意思日后不是"新州安置"，就是"恩州安置"。

史弥远听到这些信息，心中不由打鼓，嘉定十五年七月七日，史弥远借进献奇巧玩意的机会来觇试皇子赵竑对自己的态度。赵竑醉了，"拿不住"史弥远赠送的玩意，都摔到了地上。史弥远大为恐惧，日夜思谋着除掉赵竑。而赵竑对他却毫无警惕之心，仍一厢情愿地作着"安置"史弥远的美梦。东宫教授真德秀看出了些苗头，劝谏赵竑"孝慈母，敬大臣"，赵竑听不进去；真德秀谏了几次不被重视，便辞职离去了。

一天，史弥远在净慈寺为他父亲斋僧，叫着国子学录郑清之登上慧日阁，屏退左右，说道："皇子不能胜任国事，听说沂王后人很贤明，现在想选个讲官——你要好好地训导他，事情成功了，我这个座位就是你的座位啊！但是，话从我的口中出来，进入你的耳中，一旦泄漏出去，你我二人都要灭族的！"郑清之说："不敢。"

郑清之每天教赵贵诚作文章，又买来高宗的御书，让他学习临写。郑清之每次去史弥远处汇报，都带上贵诚的作业——诗、文、书法，并赞不绝口。一次史弥远问他："我听说皇侄的贤能已经成熟了，你看到底怎么样呢？"郑清之答道："这人的贤能，根本不是我能一一数说出来的，但是，可以用一句话概括他，就是'不凡'！"史弥远再三颔首。

史弥远瞅机会就向皇帝说赵竑的缺点，但是皇帝听了不放在心上。

十七年秋，宁宗病笃，史弥远宣布有诏把贵诚立为皇子，改名昀（yún），封成国公。五天后，宁宗驾崩，史弥远派杨皇后哥哥的儿子杨谷、杨石以废立的意见请示她，一夜往返七次，杨后才点了头。史弥远令人召来赵昀见皇后，杨后拊着他的背说："从现在起，你就是我的儿子了。"

史弥远把赵昀带到宁宗灵前举哀，然后带赵竑至灵前举哀。接着，令殿帅夏震把赵竑看守住，召集百官立班听取宣制，拥立赵昀即位——就是宋理宗。

赵竑被封为济王，出居湖州。

史弥远诈说赵竑有病，派门客秦天锡带着医生去湖州给他"治病"。秦天锡到了湖州，立逼着赵竑自缢而死，以"病故"回报朝廷。

魏了翁、洪咨夔相继上言济王的冤枉，真德秀并入见面奏，慷慨陈辞。理宗不认这个错，史弥远也恨上了他们。进士邓若水上言，直斥史弥远，要求"诛弥远之徒"；史弥远看了后，气得拿起笔来狠狠地乱抹了一顿。其后还不断有人为济王问题反复进谏，但理宗总以"朕待济王，可谓至矣"作答。而对史弥远，却优礼有加，在右丞相兼枢密使的基础上，又加太师，进封魏国公；史为了表示谦虚，连续"辞免"五次，才接受了。

史弥远认为该反击为济王喊冤的人们，便祭起了秦桧整人的一大法宝——用言官咬人：御史梁成大、莫泽、李知孝三人，紧密配合，把真德秀等一大批人劾奏得相继贬了出去，一时名人贤士排斥殆尽，人们把这三人叫做"三凶"。为了钳住人们为赵竑鸣冤的嘴，史弥远打着舆论的旗号，奏请把济王定为叛逆罪，追降为巴陵县公，比拟于赵光义之对待赵廷美。理宗也点头认可。

绍定三年，义军李全进兵扬州，行都震动，市民竞相逃避。史弥远无计可施，便称病不上班。理宗急了眼，赐诏说："朕尊礼元勋，不打算以朝请相烦，可以十天一次赴都堂治事。"当时各地报警很多，史弥远更觉得束手无策，便想"了却残生"。一天夜里，他起身穿好衣服，想投入院中的水池自溺，被他的妾发现拉住不放，才作罢。

绍定四年九月，丙戌日夜间，临安又一次大火灾，殿前副都指挥使冯樜，率领禁军专门护维史弥远的相府。大火延烧了太庙、三省、六部、御史台、秘书省、玉牒所，唯独史弥远府邸完好无损。一时三省六部只好在都亭驿和寺庙中办公，史弥远也不像其他宰相那样"引咎自责"。冯樜还奏告前军统制徐仪、统领马振远"救火不力"，有诏贬了他们。校书郎蒋重珍就此事上疏指出：人心"知有权势，不知有君父"；皇帝"保全功臣之道，可厚以富贵，不可久以权"。理宗有所感悟，但也无所措置。

一年后，史弥远要求罢归田里，诏不许。六年十月，朝廷调整班子，以史弥远为太师、左丞相，他告病要求解职，于是诏曰"弥远有定策大功，勤劳王室，宜加优礼"，授他保宁昭信两军节度使、充醴泉观使，封会稽郡王，二子、一婿、五孙都加官进级。过了八天，七十岁的史弥远寿终正寝。

史弥远为相二十六年，以建议诛杀韩侂胄向金求和登上宋宁宗的相位，又以废赵竑立赵昀继续坐宋理宗的相位。他打击了不少人，大事无所建树，在任期间三次"临安大火"，政治秩序、社会治安可想而知。

他死后，官愤滔天的"三凶"都被贬窜抄家，但理宗对史弥远，不管别人说什么，只记住他给自己带来的好处，除一直优待着他的子孙外，还以"公忠翊运，定策元勋"八字为史弥远题了碑文。

孟 珙

灭金抗蒙的大将

孟珙(1195—1246),南宋名将。字璞玉,随州枣阳(今湖北随县)人,历宁、理两朝,是南宋后期灭金、抗蒙的名将。他的四世祖孟安,是岳飞的部将。父亲孟宗政,是宁宗朝的枣阳知县;哥哥孟璟知鄂州;孟珙任荆湖制置使;弟弟孟瑛任岳阳知州。理宗朝提到边防将帅,习惯说"诸孟"如何如何。

孟珙初次参战,便表现出不凡的才识和勇气。嘉定十年,金人犯襄阳,驻扎在团山。孟宗政当时任赵方的部将,率兵抵抗。二十三岁的孟珙,估计敌人可能进犯樊城,便向父亲献计临河布阵阻击。阵布好后,金兵果然来了,在渡河时,宋伏兵发起攻击,消灭了一半敌人。

孟宗政奉命援救枣阳,临阵后父子失散,孟珙遥望敌骑包围之中有个穿素袍骑白马的人,知是父亲,指麾骑兵突入敌人阵中,把父亲接应出来。因功补进勇副尉。

孟宗政知枣阳县时,从唐、邓、蔡三州招募了两万名壮士,号称忠顺军,任命江海统率他们,他们不服管。改命制置司令孟珙代替江海,孟珙接任后,把他们按来源分成三支队伍,大家都很拥护。他还在枣阳创修了"平堰"和"通天槽",能灌溉上万顷田地,立了十庄、三辖,使军民分别屯住,边防粮食储备日益丰富了。又命忠顺军各在自家养马，由官府供给粮草，马匹繁殖更加旺盛了。

金将完颜讹可率领步骑兵二十万，分两路进攻枣阳，孟珙奉父命抄秘道袭击金兵，连破敌军十八座营寨，斩首千余级，并缴获了一大批军用物资，金人败退。这年他二十五岁，因在父亲手下，只升了个"下班祗应"——武官中最低的一级。两年后，入谒制置使赵方，赵方认为他是个将才，接连提升他光化县尉、武校尉、承信郎。

宋理宗即位前后，孟珙为父母守丧。起复后，大败金将武仙，招降了武仙的部将刘仪，在刘仪的帮助下，和武仙在形势复杂的山区阵地上周旋，招降了七万多人，缴获了大批财物，武仙仅带数人逃命而去。

金人进犯吕堰，孟珙指挥各寨出击，金兵前面是大河，后面是山险，只好弃掉辎重逃命，宋军俘获甚众。金人邓州太守移剌瑗派人送来投降信，献五县、二十二镇、马步军一万五千多，人口十二万多。孟珙入城受降，移剌瑗伏在阶下请死，孟珙给他换了衣冠，以宾礼相见。

端平元年（1234年），蒙古人约宋攻蔡州——金哀宗完颜守绪的行宫，最后一个据点。制置使找孟珙商议，孟珙只要了两万人马。蔡州孤城已经绝粮，宋、蒙约好，蒙由北、宋由南攻城，两军互不侵扰。孟珙率领的宋军先攻上了南城，大战城上，金将有二百多人投降，蔡州在沦亡的第一百零九年，南城墙上又飘扬起宋国的大旗。金人弃南门逃走，孟珙号召宋、蒙两军入城，经过巷战，金人不抵，金国主自缢而死，金帅完颜仲德赴水以殉，官员、军士随死的有五百多人。江海打进宫去，抓住金国参政张天纲讯问金主下落，张说："城危的时候，他拿着宝玉到小室中，用草结环，号哭着自缢了！"孟珙和蒙将塔齐尔共分了金主的骨殖及宝玉、法物等。

灭金后，孟珙由带御器械兼权主管侍卫军马行司公事任黄州驻劄。理宗召对，问他关于恢复大业的事，孟珙答以"宽民力，蓄人材，以俟机会"。问他对与蒙古议和的看法，他答道："臣是介胄之士，当言战，不当言和。"皇帝赏赉甚厚。

孟珙到达黄州后，增高了城墙，疏浚了护城河，加强军备，边民每天有几千人来投奔，他增盖了三万间房屋安排他们定居，并厚给财粮赈济。又在高阜处修建了齐安、镇淮两座大寨，安排部队居住，解决了军民杂处的不便。

蒙古在联宋灭金之后，铁蹄南践，打到长江边。孟珙奉命抗击，三年内，他三次大败蒙军，升为宁远军承宣使、带御器械、鄂州江陵府诸军都统制；他因三军的赏典没有颁布而上表辞谢。理宗赐诏说:"有功不赏,人们会怎么看朕? 三军的功劳,赶紧报上来。至于封赏的次序,自然是先从主帅开始,你辞谢什么呢?"不久,又升任他京西湖北路制置使兼知鄂州。在收复襄阳、樊城以后,他上奏分析这地方是朝廷的根本,百战而得之,应加强经营以护住元气,以十万军队分守;而不宜等敌人来攻了,再临时调人马增援。把蔡、息的降兵编为忠卫军,把襄、郢的降兵编为先锋军,分驻襄阳一带。

嘉熙三年,孟珙谍知蒙将塔尔海南下,号称八十万众。于是他申请了十万石军饷,部署了各州要隘、渡口、城防的军事力量,其中包括他知峡州的哥哥孟璟、驻松滋的弟弟孟瑛。蒙军的进兵方向、路线丝毫不出孟珙的预料,一交战,他预先布置的三道防线上的将士们各显神通;他又派出两小股军队,烧掉了敌人的造船木材场和囤粮,使他们后继乏力,打退了蒙军的进攻。朝廷封孟珙任四川安抚使兼知夔州,与名将余玠东西呼应。

孟珙很重视化敌为友,他多次败敌、夺地都借重于敌方的降兵降将,他对待他们,礼遇赏罚和自己的"嫡系"一视同仁。如:回人爱里八都鲁只带着一百名壮士和老少一百一十五人、二百六十匹马来归附,这几乎算不上战斗力,但孟珙也热情接受,给他改名叫艾忠孝,任命他为总辖,并上奏朝廷为他申请官职。所以凡投降他的人,都能心悦诚服地跟他干。

四川制置使陈隆之和副使彭大雅不和,二人各自上章朝廷说对方的不是、自己的正确。孟珙写信责备他们说:"国家大事都到了这个地步,同心协力尚且怕不能完成好任务,而两位竟进行私人间的斗争,岂不有愧于廉、蔺之风吗?"两人见信后,很感惭愧。

孟珙五十岁时,又受命兼知江陵府。他到任一看,好多河汉都淤积成沙滩,"敌一鸣鞭,即至城外"。他指挥修复内隘十一处,加设外隘十处,疏通河道,随地势高下,设"蓄泄柜",周围三百里,成了渺渺大海,共用土木工一百七十万个,因对国防、交通都有益处,所以老百姓不嫌苦累。

军队粮食没有储备,孟珙便大兴屯田事业,从秭归至汉口,建屯二十个、村庄一百七十个,开垦荒地、闲地十八万八千二百八十顷。他把屯田的始末和部队因此减领的官仓粮数,详细上奏,宋理宗降诏表扬了他。

孟珙原先在襄樊建起的守军,后来因王旻、李虎二人叛乱,这支镇北军溃散了。孟珙重新悬赏召募,蒙方来降的人很踊跃。蒙古行省(元代中书省派出机构,全国十一个,设丞相、平章等官)范用吉也派人来密通降款,并以他的官职告命(委任书)作为信物。孟珙请示朝廷接纳他,朝廷不许。孟珙叹道:"三十年收拾中原人心,竟有志不得伸啊!"因遗憾病情转重,郁郁而终。

淳祐六年九月初一日,一颗大星陨落在孟珙驻地境内,声如雷霆,第二天,大风掀掉屋顶,摧折树木,灭金抗蒙大帅孟珙,就在这轰轰烈烈的天变衬托下,把生命还给了宇宙!享年五十二岁。

理宗震悼辍朝,赙银、绢,赠太师,封吉国公,谥"忠襄",为他的祠庙题词"威爱"。

孟珙从跟随父亲建立战功,到独当一面的国之栋梁,他一贯忠君体国,爱抚士卒。军中议事,每遇争执不决时,他从容地说一两句话,大家便会信服接受。而建旗鼓、临将吏的时候,他总是神色凛然,不怒自威,没有一个人敢出声。在"业余"时间,他往往爱焚香扫地,凭几危坐,像一个世外人。镇守襄阳的时候,有一天他在汉水岸边漫步,遇到一个渔人,这人状貌奇伟,提着一条极大的鱼,见孟珙走来,避在道旁给他让路。孟珙有些好奇,一问,更奇了——这渔人的姓名、年龄,甚至出生的月日时辰,全都和自己的一样。心中大为诧异,便请他一同回府,想给他个官职。渔人辞谢道:"我与相公虽然年龄相同,但富贵贫贱各有定分。相公生在陆上,所以贵;我生在水上,轻浮,所以贱。我靠打鱼养活自己,就很满足了,如果有一天富贵起来,受不了,可能暴死呢。"他坚持不作官,告辞离去。看着他的背影,孟珙遗憾地说:"我不如他啊!"

在日常生活中,孟珙疏远财货女色,不爱美食。他经常钻研《易》,于六十四卦中各选四句,题名《警心易赞》。倾心佛学,自号"无庵居士"。

高斯得

敢 于 为 民 除 害 的 执 法 官

    高斯得(生卒不详),南宋末季敢于仗义执言、为民除害的好法官、史官。字不妄。父亲高稼,官到利州路提点刑狱、沔州知州。叔父高定子,是南宋著名的史官,官至端明殿学士、签书枢密院事兼参知政事。他们都是为官清正、有真才实学的人。高斯得继承了父亲与叔父二人的长处。

    高斯得于理宗绍定二年中进士,任利州路观察推官、史馆检阅文字等职务。端平二年,父亲战死在沔州任上,那里被蒙古兵占领了。高斯得当时在成都,日夜向着沔州的方向号泣。他父亲的僮仆从沔州来到成都,高斯得便和他一起赶到沔州,寻到父亲的遗体,运回来安葬,看到的人们,都被他的孝心感动得落泪。除服后,他仍为父亲的牺牲哀伤不已,对仕途进取毫无兴趣。

    当时,史官李心传负责编修南宋前四朝历史,召他去修史。高斯得分工写光、宁两帝的纪,升史馆校勘兼军器监主簿。

    史嵩之(史弥远的侄子)独相,贪污腐败,三学生(武学、京学、宗学)共一百九十五人,相继上谏,理宗不听,参政范钟指使临安府尹把他们全部削籍(开除学生籍)。四纪修成后,史嵩之把高斯得写的《宁宗纪》加以篡改,对理宗、济王妄加毁誉，而后向理宗进谗，说高斯得歪曲历史。高斯得与杜范极力上书辩诬，杜范在上报时就提到"奸人插入邪说"这层意思，但是书已经到了皇帝手中了，万幸李心传保存着高斯德撰书的草稿，并在书稿后注明"前史官高某撰"，高斯得才没受到陷害。

高斯得的叔父高定子，以礼部尚书负责写史工作，叔侄皆为史官，士林一时认为是美事。史嵩之诬陷不成，便说叔侄不能在一起，把高斯得调出去通判绍兴，通判台州。后来史嵩之丁父忧，杜范入为右丞相，又召回高斯得任太常博士，秘书郎。因他上言切直尖锐，受到朝臣们排挤，又出知岩州。

高斯得任地方官，一方面努力办有利于百姓的事，如上奏朝廷请得万担大米赈济受旱灾之困的百姓；另一方面，他敢于"硬碰硬"，弹劾在朝中有根子的虐害人民的地方官，敢于惩治地头蛇、财主恶霸。

任浙东提点刑狱时，他弹劾处州知州赵善瀚、台州知州沈塈等仗势欺压百姓的罪行，结果未得到回音，竟得到自己改任江西转运判官的调令。他知道自己触动了谁，却不退缩，又上章说："我劾奏赵善瀚等，没有回音，便猜想一定有他的同党在朝中蒙蔽圣聪，现在被调动，才知道估计对了。赵善瀚是御史周坦妻子的父亲，是赃官中的魁首，本来在圣世受到裁制，后来丞相郑清之和他有老交情，又授了他个州官。沈塈是签书枢密院事史宅之妻子家的党羽。监司按察地方官吏，朝廷不处理，便坏法乱纪了。臣弹劾不被采纳，反而被调动，如果贪图虚荣冒然拜领，那和世上顽钝无耻的人有什么区别！要求连臣一起罢掉，给别人一个教训。"

周坦没想到，自己是御史，竟受到别人弹奏，他一一恳请同列的言官们替他劾奏高斯得，大家认为不合适，没有"应邀"。周坦急了眼，便自己上章劾罢高斯德的官，不久周坦与他的岳父赵善瀚都被罢了官。

湖南攸县豪民陈衡老，派家丁送粮食资助强盗劫杀平民，高斯得调任湖广提点刑狱，人们听说他在浙东能为民除害，他一上任便纷纷来告发陈衡老。负责的官吏受了陈的贿赂，捂住不处理。高斯得揭出首吏的奸情，令人给他戴上刑具，下到狱中，然后审讯定罪，把他刺字发配。对陈衡老，追毁他的官资，抄查了他的家产，报到朝中。适逢附近几个县都闹水灾，陈衡老要求献出五万石米救灾以赎罪。

陈衡老的女婿吴自性活动能量不小。他先厚赂了皇帝身边的宦官，那宦官便向皇帝打黑报告，说高斯得将上献一百万缗钱，谋一个离京近的职务。理宗驳他道："高斯得是条硬汉子，哪会干这种事！"

吴自性还不死心,又诬告高斯得"盗拆官椟",高斯得向朝廷辩白,并交出一箱子书信,这些信都是吴自性与朝中省部的吏胥勾结干坏事的罪证。经高斯得建议,立案下到天府审理,索出贿银六万多两,判吴自性和省吏高铸等二十多人黥面发配。

　　高斯得调回朝中,任左司郎中兼侍立注修官。这时正值大片地区闹水灾,他上言要求立即停止新建寺庙的土木工程、召回因"忤旨"被贬的大臣、爱惜人才等,皇帝无动于衷。

　　省吏高铸,在吴自性案子中,被判为首恶,刺配广州,后来他花钱运动,免予刺配,便投到丁大全府里当奴才。丁大全升右丞相后,他这个奴才的级别也水涨船高,便唆使监察御史沈炎诬奏高斯得在福建任漕官时有贪污罪行。临安府尹顾岩也同恶相济,配合定假案上报。于是有诏把高斯得撤职,罚追"赃款"一百多万缗。安吉太守何梦然奉命"追赃",对高斯得欺凌侮辱。高斯得坚强不屈,据理反驳,结果他们什么也没捞到。

　　高斯得罢了官在家中,杜门不出,潜心撰写他分工的史书。

　　度宗即位后,召高斯得任中书舍人兼侍讲,他兢兢业业地讲解前代人心得失、治乱因果,盼望能提高这个酒色皇帝的素质,可惜皇帝虽认为他讲得好,却不能去实行。高斯得失望了,多次要求放外任,皇帝便令他以显文阁待制出任建宁知府。

　　度宗死后,四岁的恭帝即位,陈宜中任相,召回高斯得权兵部尚书。他又上书痛言国事,这时贾似道已罢,谢太后听政,升任他为翰林学士,接着又升任签书枢密院事。但这时"朝廷"都被元人打到海里避难去了,国事已不可收拾,高斯得不具备曹操那种"乱世英雄"的素质,三个月后,便被罢免了。

　　南宋末季,敢于和权奸及其走狗言官斗争的官员太少了,高斯得是佼佼者之一。

　　高斯得作品不少,传世的有《诗肤说》《仪礼合抄》《增损刊正杜佑通典》《徽宗长编》《孝宗系年要录》《耻堂文集》等。

余 玠

抗蒙治蜀的名将

　　余玠(? —1253),南宋理宗朝名将。字义夫,蕲州人,是南宋后期的抗蒙名将,镇守四川十三年,国防、内政都做出了优异的成绩。

　　余玠少年家贫,落魄市井,但他有追求功名的理想,曾经就读于白鹿洞书院。因带人入茶肆饮茶,闹起来打死了卖茶的老翁,避罪逃向襄淮地区。他作了长短句进呈淮东制置使赵葵,赵葵很赏识他,把他留在幕府中,陆续升到制置司参议官、工部郎官。

　　嘉熙三年,蒙古军在汴河大造船只,余玠率领宋军上溯淮河、进入汴河,打了几个胜仗,连升三级,授直华文阁、淮东提刑兼知淮安州、兼淮东制置司参谋官。

　　后来他打退了包围安丰的蒙军,升任淮东制置副使。入对时,他向理宗进言不要轻视武人,对文武人才应一视同仁。理宗说:“你人物议论都不寻常,可以独当一面。”升任他为工部侍郎、四川宣谕使,允许他重大事宜可以先行后奏。

　　近十六年中,四川先后授任宣抚使三人,制置使九人,副使四人,这些人有的老,有的任期短,有的平庸无能,有的贪赃枉法,有的残苛暴戾,有的遥领任命而不到职,有的爱生隙端而寡于谋略,监司、戎将各专号令,把四川搞得越来越糟。余玠到任后,大力革除弊政,认真遴选州县官员,在帅府旁边建了一座招贤馆,内部生活、办公设施,都与他本人的一样。宣布有才能之士,近的可直接到公府自荐,远的由所在官府以礼遣送。所有来见他的人,他都一一按礼接见,可用的分派官职,不适用的也给路费有礼地打发回去。

播州的冉琎、冉璞兄弟二人,有文才武略,隐居在蛮民中,前后守帅征召,他们都不应。这次听说余玠的贤名,哥俩一同前来参见。余玠也听人提到过他们,名片一投进去,立刻亲自接见,然后安置到招贤馆住下来,饮食供应特别优厚。过了几个月,这哥俩连一项建议都没提,余玠准备辞退他们,亲自主持举行宴会。在席上,人们纷纷争言自己的长处,冉家兄弟只是默默地饮酒吃菜,余玠有意地启发他们说话,他们始终沉默不语。余玠想,这是观察我待士的礼数啊,第二天便给他们换了馆舍,供应更优厚了,并安排人每天窥伺他们的举动。据汇报,这兄弟俩整天不说一句话,只是相对着蹲在地上,用白粉在地上画一些山川城池的图形,站起来便擦掉。

这样过了十天,二人来见余玠,屏退左右说:"我们兄弟受到明公的特殊礼遇,思谋着能发挥些作用。以现在的形势看,为西蜀的安全考虑,关键在于迁移合州城防吧?"余玠听了这话,不觉跳了起来,握住对方的手说:"这正是我的想法,只是还没有考虑出该怎么进行啊!"二人分析,入蜀的道口,没有比钓鱼山更险要的了,如果把合州防御体系的中心移到这个地方,守军只要有足够的粮食吃,远远胜过十万之师。余玠大喜,未和部属商议,便秘密上奏朝廷,要求破格重用他们。接着有诏下来:任命冉琎为承事郎,权发遣合州,冉璞为承务郎,权通判合州事;迁徙城防的事由兄弟二人全面负责。

命令一公布,全府哗然,认为不可行。余玠怒道:"筑城成功了,蜀地依靠它能够安全;如果不成功,我一个人领罪。大家不用操心了!"终于筑成了青居、大获、钓鱼、云顶、天生等十几座城防,都是凭借山势筑垒,星罗棋布,作为各郡的新的治所。又根据新的城防体系的布局,调整了戍守部队的配备。这样,指挥起来得心应手,屯兵聚粮,作长期坚守的打算,蜀民渐渐坚定了安土之心。

完成了这件大事,余玠觉得报答了皇帝的知遇之恩,亲自作了《经理四蜀图》进献宋理宗,说:"再给臣十年的时间治理,然后手捧四蜀之地还给朝廷,臣就可以归老山林了。"

利州都统王夔,一向残忍凶悍,外号"王夜叉"。他自汉州打了败仗回来，更桀骜不受节度，所过之处，对富户施用各种肉刑榨取财物，杀人不眨眼。副将、部将们的好战马，他强行据为己有，待到出战的时候，再高价卖给他们。朝廷也了解他这些劣行，但鞭长莫及。派来镇抚蜀地的统帅，稍不如他的意，他便百般刁难，使人无法有所作为。

余玠视察嘉定，王夔率领部下迎接，只带了二百名老弱残疾，余玠说："久闻都统部队精良，今天看到的，很不相称呀！"王夔傲慢地说："我的部队不是不精，所以不敢立即相见，是怕惊动了你的随从。"他一声号令，顷刻间，吼声如雷，江水沸腾，旗帜鲜明，吴玠舟中的人都吓得发抖，变了脸色，吴玠却神色自若，徐徐下令吏属为王夔的军队颁赏。王夔退下后说："儒者中竟也有这样的人！"

余玠想除掉王夔，又怕万一搞不好形成蜀地战乱，便找亲将杨成来计议。杨成认为，早除比晚除好；他虽有军力，却没有威信。于是余玠当夜召王夔议事，暗令杨成取代他的兵权。王夔一离开兵营，杨成就上任了，将士们愕然，他一宣布余帅的决策，大家立即向他表示欢迎祝贺。王夔一到，余玠便宣布了他的死刑，把他拉出去斩首了。杨成调查清了几个与王夔狼狈为奸的人，绳之以法。余玠向朝廷推荐杨成担任了文州刺史。

四年后，余玠升兵部尚书，依旧任四川安抚制置使兼知重庆府、四川总领、夔路转运使，两年后又加龙图阁学士。治理四川八年，敌人不敢进犯，粮食年年丰收，皇上下诏褒奖，给余玠进官二等。

淳祐十二年，蒙古兵进逼四川，余玠亲率部队于夜间开关力战，打退了他们。

戎州守帅要举姚世安代替自己。余玠早想改革军中举人自代的弊习，便带上三千人到云顶山下，派都统金某代姚世安，姚世安闭关不纳，并且说了一些难听的话。但他又怕余玠治他，便找他的好朋友、丞相谢方叔的子侄为他想办法对付余玠。谢方叔听了子侄们的话，向皇帝诬奏余玠"失利州士卒之心"，并暗地唆使姚世安搜集余玠的短处，报告给皇帝。宋理宗受他们迷惑，姚世安更仗势对抗余玠，余玠忧忧不乐。

余玠的奏疏，有时措辞不够恭谨，皇帝本来有些不高兴，参政徐清叟挑拨说："余玠不知事君之礼，陛下何不出其不意把他召回来。"皇帝不作声。徐清叟又说："陛下可能以为余玠手握大权，召他不来吧？臣估计他不敢不来。"于是下诏召他入都。

四川制置司报告余玠病重，诏加资政殿学士，恩数和执政大臣相同。不久,余玠在一个夜晚突然死亡。有人认为他是服药自杀的。皇帝为之辍朝,赠五官。

余玠治蜀共十一年,他治军旅、治财赋、接宾客,都有固定的官员负责,有一定的制度。修学养士,轻徭赋以宽民力,薄征税以通商贾。由于蜀地的安定富庶,朝廷罢了京湖的饷粮,撤了东南的卫戍。理宗即位二十多年来,蜀地的守帅没有能及得上他的。听到他暴死的消息,蜀人像失去父母一样地悲悼他。

有人惋惜他,长年掌大权,不避嫌疑,不能明智地急流勇退,遂受到谗害。

余玠有一个儿子,叫余如孙,取"生子当如孙仲谋"之意,遭到议论后,改名"师忠",官至大理寺丞,后来被贾似道杀害。

余玠死后五年,蒙古兵攻破了成都。

李庭芝

以身殉国的抗元名将

李庭芝(1219—1276),南宋抗元名将。字祥甫,祖上汴京人,南渡后定居随州(今湖北随县),是南宋末季的抗元名将。

李庭芝祖上,一连十二代聚族而居,号称"义门李氏"。李庭芝出生时,屋栋上长出一棵灵芝,人们认为很吉祥,便以"庭芝"作他的名字。庭芝自小聪明,读书一天能背诵几千字,智力胆识往往超过长辈。十八岁那年,他对父辈们说,随州太守王旻贪狠,民怨大,会导致暴乱,建议把家迁到德安避祸。长辈们听他的意见搬了家,王旻果然受部下挟持叛变,随州人民死伤不少。

嘉熙末年,江防紧急,李庭芝带上自己写的策论去谒见湖北帅臣孟珙,要求为国效力。孟珙善相人,夜里梦到有车骑来,说"李尚书来访",第二天李庭芝就到了。孟珙见他体貌雄伟,对儿子们说:"我相的人多了,没有超过李生的,他的名位一定会超过我的。"当时正值四川报警,孟珙便任命二十二岁的李庭芝权知施州建始县。

李庭芝到任后,训农治兵成绩优异。他从农民中挑选年轻力壮的,参与官军中受军事训练,经过一年的时间,老百姓都懂了一些战术,能跑马作战。

平时放下武器耕田,敌军来了则能拿起武器作战。王夔任蜀帅时,下令推广过他的做法。二十三岁离职考中进士,回到孟珙幕府中主管机宜文字。孟珙死前,上表举荐贾似道代替自己,并把李庭芝推荐给贾似道。李庭芝很感激孟珙的知遇之情,把他的灵柩护送回故乡安葬,弃官回家,为孟珙守丧三年。

后来贾似道镇守京湖,起复李庭芝任制置司参议,李庭芝很有战略头脑,经他提议,增加了一些防御设施:在清河五河口建栅,在淮南增建烽火台一百二十座,在荆山筑城防以护卫淮南,这些工事都适时地发挥了积极作用。

李庭芝戴孝大败蒙军,收复失地,镇守扬州。四十二岁那年,李庭芝丁母忧离职。其时正值暑天大旱,淮南守将不恤兵,部下渴死了好几万人。蒙古将李璮趁机进攻,夺去涟水三城,又渡淮攻下南城。朝中讨论选一个称职的扬州守臣,宋理宗说:"没有超过李庭芝的了。"于是李庭芝身带热孝出知扬州、主管两淮制置司事。他两次出兵打败了李璮,杀了他的部将厉元帅,平掉南城;第二年,在乔村大败李璮,破坏了东海、石圃等城防;第三年,打得李璮投了降,又破了蕲县,杀了蒙军守将。

李庭芝治扬州,刚上任时,扬州新遭战火,房屋成了灰烬。这个州靠盐业维生,而盐户多逃亡了。李庭芝宣布免掉百姓欠官府的捐税,并借钱给他们盖房子,房子建成后,又免掉借的钱,一年内,官民都能安居了。他又指导人们凿了一条四十里的河,直通盐场,疏浚了运河,免掉盐户欠债二百多万缗,于是盐户纷纷还家,盐业振兴,扬州又繁荣起来。

平山堂俯瞰扬州城,蒙兵来时,往往在山上筑望楼向城中发射"车弩",李庭芝在扬州城外筑了座"大城",把平山堂包括进来,招募了两万汴南的流民戍守。皇帝很高兴,给这支"民兵"赐名为"武锐军"。

李庭芝在城内大修学校,培养年青人学习诗书、礼仪和射箭等。郡中有水旱灾,就下令发官仓赈济,有时甚至搭上自己的财粮赈灾。扬州地区的人,对他亲敬如父母。刘槃从淮南入觐,皇帝问他淮上情况,他特别汇报李庭芝老成谨重,军民相亲,边尘不惊,百废俱兴。使李庭芝在原职务上,又加升兵部尚书。

度宗咸淳五年,蒙古兵围襄阳,入援的夏贵、范文虎先后大败而归。后来命李庭芝督师出援,范文虎致信贾似道吹牛并挑拨说:"我带上几万人一入襄阳就能成功,只要不受京阃(京湖制置大使李庭芝)节制,事成后功归恩相。"贾似道这时已嫉妒李庭芝了,便命范文虎任福州观察使,牵制李庭芝进兵。李庭芝调兵调不动,辞职又不获准,襄阳苦撑了五年,守将吕文焕最后接受了元世祖的召降。李庭芝因此被贬罢,住在京口。

蒙古忽必烈继位后,改国号为"大元"。元军进攻扬州,朝廷又起用李庭芝任两淮制置使。贾似道兵败芜湖,沿江州郡守臣,降的降,逃的逃,只有李庭芝的防区坚持固守,他每天调度苗再成在南,许文德在北,姜才、施忠在中,呼应战斗,经常拿出金帛牛酒犒赏将士,人们都愿意效死力战。朝廷也拿出督府金钱劳军,加李庭芝参知政事、知枢密院事。有个叫李虎的,持元人招降榜入扬州,李庭芝下令杀了他,焚了榜。总制张俊出战,带孟之缙的信回来招降,李庭芝烧了信,把张俊等五人枭首市中。

德祐元年冬,元丞相巴延(伯颜)进兵临安的同时派元帅阿珠攻扬州。阿珠长时间攻不下来,就筑起长围围困,城中很快断了粮源。第二年春天,每天饿死不少人,有的忍受不了饥饿,投水而死,有的倒在道上再也起不来,但是没有一个人投降。

朝廷降元后,李庭芝拒绝召降,血战到底,壮烈殉国。

宋恭帝德祐二年(1276年)二月,南宋降元。金太后与恭帝被元军押解北赴大都,一行人到达瓜洲时,李庭芝和姜才涕泣誓师,尽散金帛犒军,想夺回两宫人员。他们率领四万人夜捣瓜洲,激战三个时辰,还是被元军走脱了。驻守真州的苗再成计划夺驾,也没有成功。

临安刚破时,元帅阿珠派人持谢太后手诏令李庭芝投降,李庭芝登城答道:"我奉诏守城,没听说有诏叫我投降!"恭帝一行走到瓜洲时,谢太后又来诏说:"前些日子命卿投降,没有回信,是不是不理解我的意图,还想固守呢?现在我和皇帝都已经臣服了,卿还为谁守土呢?"李庭芝听了"宣谕"不答话,命令发弩射使者;一人被射死,其他的都吓跑了。阿珠又派人持元帝诏书来招降,李庭芝让开门放使者进来,斩了使者,烧了诏书。不久淮安、盱眙、泗州都因断粮投降。阿珠指挥元军在外围截杀给城中运粮的人们,城中民间官家的粮食都光了,最后部队把谷子和着牛皮、曲糵吃,有的士兵甚至自食其子,但仍然力战,不肯投降。

偏安福州的南宋朝廷来诏要李庭芝去,李庭芝安排制置副使朱焕守扬州,自己和姜才率七千人赴泰州,打算走海路。他一走,朱焕便打开城门投降了。

阿珠派兵追杀,李庭芝进入泰州。阿珠包围了泰州,并驱赶李庭芝的妻子到城下喊话招降。姜才背上痈疽发作,不能作战,泰州裨将孙贵等开北门放进了元兵。李庭芝投入莲花池中,水浅没淹死,与姜才一同被捕,二人坚决不投降,被杀害。扬州人民听到他们牺牲的消息,没有不痛哭的。

贾似道

专横跋扈的外戚、权奸

贾似道(1220 后—1275),南宋外戚、权臣。字师宪,台州人。历理、度、恭三朝,把持朝政近二十年,纵横捭阖,是个连皇帝都望之而生畏的权奸。其父贾涉,官至制置使。贾似道从小不务正业,落魄市井,游玩赌博。因父荫补官为嘉兴司仓。姐姐选入宫中后,得理宗宠幸,升为贵妃,皇帝"推恩"把他提升为太常丞,军器监。

贾似道倚仗有个皇帝姐夫,行为越发放荡不羁,白天到各家妓院游出逛进,夜晚在西湖上游乐不返。他的放荡连皇帝也知道了,有一天晚上,理宗凭高远眺西湖,望见灯火的繁密超过了平时,对身边人说:"这一定是贾似道啊。"次日一打听,果然不错。理宗命临安知府史岩之教训教训他,史却替他开脱说:"似道虽有些年轻人的坏习气,但这个材料还是可以大用的。"

不久,贾似道出知澧州,以后连升湖广总领,户部侍郎,以宝章阁直学士为沿江制置副使,知江州兼江西路安抚使,知江陵府兼京湖制置使、夔路策应使。淳祐十年,任端明殿学士、两淮制置大使、淮东安抚使、知扬州。这时的贾似道,刚三十岁出头。贾似道没有战功,只在宝祐元年"献所获良马",上了正史,而且"赐诏褒嘉,其将士增秩,赏赉有差"。第二年,又加升他同知枢密院事。

贾似道无能卫国，却很看重"地盘"。言官牟子才上奏，宋的防线东起吴、西至蜀，横贯近两万里，而两淮只有贾似道、李曾伯两帅，应该在合肥、江淮增设制置司，以加强国防。这确乎是具有战略眼光的积极建议，而贾似道听到竟勃然大怒道："他这是想要削减我的地盘呀！"

在"安内"方面，贾似道曾"调度兵将，攻剿旧海贼兵，生擒伪元帅宋赟，俘获尤重"，受到皇帝降诏嘉奖。

过了两年，贾似道又兼任参知政事，更加恃权横行，一个言官劾奏他的两个部将，他不仅不处置部将，反而坚持把那言官罢掉。丞相董槐拟任命孙子秀为淮东总领，外面传说贾似道向皇帝密奏不用孙，一次奏完事，董槐留下来问皇帝，皇帝说没有的事，最后到底换任了贾似道喜欢的陆垫。

宝祐六年(1258年)蒙军攻破成都后，兵分两路，一路攻陕北，一路顺江东下。贾似道以枢密使任京西、湖南、湖北、四川宣抚大使，并兼督都江西、二广人马，通融应援上流。元兵突破淮河、长江，进围鄂州，贾似道却于军中升为右丞相。

部队官兵都看不起这个"银样镴枪头"，在鄂州保卫战中，每逢见到贾似道出来"督战"，就嘲弄地问："戴高头巾的，有什么高招呀？"将军高达出战，一定要贾似道先出来慰问欢送，否则便按兵不动，并让军士们在贾似道门外喧哗不止。曹世雄、向士璧两将军，从来不向贾似道请示汇报，遇事都是和高达商量。贾似道恨得咬牙，向皇帝说高达的坏话，撺掇皇帝杀了他。皇帝尚明白高达是有大功而目前正有用的人，没听他的。报功时，他便颠倒事实，给讨好他的吕文德报头功，报高达第二。对刘、向两人，两年后，他都给加上"侵盗官钱"的罪名，一一害死，还拘捕了向士璧的妻妾，责令她们"还债"。

因鄂州兵力密集，而下游黄州也是军事要冲，丞相吴潜调贾似道带兵移驻黄州，令孙虎臣率七百精兵护送他。走到蓣草坪，哨马报告前面有蒙古兵，贾似道大惊，忙问左右："怎么办呢？"孙虎臣故意躲了起来，贾似道只得硬着头皮"迎战"。还没见到敌兵的面，他就仰天叹道："我这就要死了，可惜死得不够光明伟大呀！"及至敌军接近，原来是老弱兵众押着抢来的女子金帛往回走，带队的是江西降将储再兴。孙虎臣冲出来抓住了储再兴，护送贾似道进了黄州。

蒙古主在钓鱼山病死四个月又二十天后，进攻合州的军队解围奔丧去了，贾似道这个前敌指挥部竟没有得到情报。皇弟忽必烈要赶回去奔丧、夺权，还得防备身后的金人，无心再打宋了，但又怕宋军看破机关追打他们，便想和金军一样——采用军事讹诈手段"全身而退"，于是作出大进军的架势，扬言要直捣临安，其实是虚晃一枪开溜。但是贾似道可真害了怕，赶紧派宋京作大使去求和，开价说："北兵如果能回师，我们愿意割江为界，每年奉上银、绢各二十万。"蒙古代表赵璧装腔作势地说："大军到濮州的时候，如果提出这个条件，或许能接受，但现在已经过了长江了，说这话还有什么用呢！"他边说边四处张望，问："喂，你们的贾制置使现在在哪里呢？"这时他忽然看到自己军中旗帜摇晃（这是忽必烈和他约定的撤军信号），忙说："我先回去报告请示，过一天再答复你。"溜之大吉了。

忽必烈撤军后，贾似道向朝廷隐瞒了这次投降行动，只报告鄂州解围了，并把孙虎臣抓到的敌人殿后的兵卒带到临安"献俘"。皇帝下诏褒奖，加少傅，诏令贾似道回朝时百官到郊外迎接，如同仁宗朝迎接镇压王则起义得胜回朝的文彦博一样，并指出贾似道"再造王室"的丰功伟绩"不在赵普、文彦博之下"。

四十岁刚出头的贾似道，志得意满，除了日常必不可少的声色游乐之外，他的活动主要有三项：一、要挟皇帝，以巩固自己的宠幸，不断地扩大权势；二、打击迫害对自己不满的人；三、进行投降蒙古的活动。

贾似道要挟皇帝，态度蛮横，手段恶劣。朝廷在取消了官府强行低价收购百姓粮食的"和籴"之后，贾似道唆使他的走狗言官上书建议"买田"——把官员田产超过一定限额的部分，抽出三分之一，由朝廷"回买"来作为公田。这事实行起来，只有利于有田可卖的官，而不利于官府和农民。给事中徐经孙上疏条陈"买田"的八大害处，理宗降诏说先缓一缓。贾似道大怒，上疏要求离职，同时指示何梦然等三言官上章挽留他，并要求皇帝下诏安慰他。皇帝只好催他上班，并许他在浙西先"试点"，给诸路作出榜样再推广，他这才到朝视事。贾似道第一个拿出自己在浙西的一万亩"余田"让公家"买"；第二个卖田的是理宗的胞弟荣王赵与芮。朝野再没有敢发表反对意见的了。

理宗死后，赵与芮的儿子赵禥即位，是度宗。因贾似道支持理宗的选储意见，他才能当上皇帝，他很感激贾似道的"定策功"。贾似道每来朝，他一定答拜，称之为"师臣"，而不呼其名。朝臣都称呼贾似道为"周公"。安葬了理宗后，贾似道丢下公务径自回绍兴去了，而指令吕文德诈报蒙军急攻下沱,都中大臣吓得不知所措,皇帝与太后下手诏请他还朝,他才回来。后来人们才知道这是个假情报。

贾似道动辄以辞官要挟皇帝,有一次皇帝急眼了,竟至下拜挽留他。参政江万里抢身扶住皇帝说:"自古以来没有这样的君臣之礼!陛下不可下拜,似道不可再要求辞官!"贾似道当时不知怎么办好,下了殿,才举笏向江万里道谢:"不是你,我几乎成了千古罪人啊!"但此后他更忌恨江万里了。

此后,贾似道每五天乘湖船入朝一次,不到都堂办公,令吏属抱着文件到他府中呈他签署。他把大小政务都交给他的馆客廖莹中、堂吏翁应龙办,执政大臣们只有在文件末尾签字的份儿。

他虽然深居家中,但台谏官的弹劾、各司官员的任命、行都、京畿、漕运等一切事情,不向他请示报告,都不敢进行。端直之士,被罢斥殆尽。官吏只要纳贿多,便得到美差,贪污之风大行肆虐。前线打了败仗,隐瞒着不报告皇帝,地方官吏苛剥酷敛,民怨沸腾,没有人敢上言,谁说便罢黜谁。

渐渐地,贾似道见了皇帝也不行跪拜礼了,而每次他离去,皇帝却起身离座目送他出去。

贾似道在葛岭上筑起亭台楼榭,设"半闲堂",和帮闲的名士们聚会,并令人塑了自己的像摆在堂内。倡优、尼姑以至宫女,他喜欢的便弄来作妾,发迹前一起胡混的市井无赖,也叫到府里,和群妾一起赌博、斗蟋蟀。还建了一座"多宝阁"陈放珍宝玩器,他每天上去赏玩一次。听说抗金名将余玠有一条御赐的玉带,已经殉葬了,他竟派人去刨坟破棺取了来据为己有。

贾似道的别墅,无人敢靠近,一次一个妾的哥哥站在大门口准备进去,被他看见了,命人绑起来扔进火里活活烧死。他成月地不上朝,有一次去了,度宗问:"襄阳已被包围三年了,怎么办呢?"贾似道哄他说:"北兵早已退了,陛下从哪里听到这话的?"皇帝说刚刚听一个女嫔讲的,贾似道马上把那个女嫔处死了。此后,尽管前方一天天吃紧,没有人敢对皇帝说了。

明堂落成,举行典礼,贾似道任大礼使。将要回宫时,下起了大雨,贾似道估计皇帝得雨停后乘车回去。胡贵嫔的哥哥、带御器械胡显祖建议,按开禧年间旧例,不坐车改坐逍遥辇回宫。皇帝惴惴地问:"平章会不会不同意?"胡显祖哄他说:"平章已经同意了。"皇帝才敢乘辇回宫。后来贾似道为这事向皇帝大发雷霆:"臣是大礼使,陛下的举动却无权过问,免掉我的官吧!"度宗只得黜退胡显祖,哭着让胡贵妃到庵里去当尼姑,贾似道才回朝。此后,他更加专横恣肆了。

贾似道出入来去有绝对的自由,却从不上前线。但他多次一面上书要去前线巡视,一面指使走狗御史上书挽留他,结果当然是"去不成"。襄阳长期被围困,贾似道知而不理,拒守五年后,守将吕文焕接受了蒙元的招降。消息报到朝中,奸猾的贾似道竟冲皇帝说:"臣多次要求巡边,陛下不答应;如果早让臣去,该不至于到这一步吧!"

度宗驾崩了,这是个酒色皇帝。按宫中制度,陪皇帝过夜的嫔妾,第二天要到阁门谢恩,由官员登记下时日,度宗刚即位时,一日"谢恩"的竟有三十多人!他当了十年的皇帝,活到三十三岁。这正符合贾似道的需要。贾似道主持立了四岁的皇子赵显为帝,是为恭帝,由宋理宗的谢皇后——太皇太后临朝听政。这时的贾似道的身分待遇,很像晚年的文彦博,独班起居,不同的是他整起人来更"得心应手"了。

贾似道一直怀恨左丞相吴潜几年前调他镇守黄州,让他在路上虚惊一场,在确立皇太子问题上二人意见又不合,他撺掇皇帝把吴潜一贬再贬,贬到循州去后,又派武人刘宗申任循州知府,秘令他除掉吴潜。吴潜很警惕,在自己的卧床底下凿井汲水吃,使刘氏无法投毒。一天,刘宗申举行宴会,请他参加,他以当天是亲人的忌辰推掉了;第二次宴请他,他又辞了;不几天,刘宗申携带酒菜来会他,他无法再推辞。吃了这顿饭后,吴潜病倒了。他对身边人说:"我就要死了,这夜必定风雨大作。"吴潜写好遗表、诗颂,端坐而逝。当夜果然风雨大作。事后,贾似道把刘宗申贬到远方,以应付舆论的谴责。

临安府学生叶李、萧规两人,应诏上书,论劾贾似道专权、误国、害官害民的罪行,贾似道指使刘良贵给他们安上个"僭用金饰斋匾"的罪名,下到狱中。言官牟子才致信贾似道为他们求情,贾似道回信直言恨他们,这二人终于被"黥面"发配到漳州、汀州。

有一次,贾似道召集百官议事,忽然厉声说:"你们说,你们不是我提拔,怎么能到这一步!"人们沉默着不敢放声。礼部侍郎李伯玉抗声答道:"我是殿试第二名,平章不提拔,也能到这个地步!"散会后,李伯玉便整理行装,果然不久被贬出知隆兴府。

京湖制置使王立信,致信贾似道,批评他只顾个人享乐,置国事于不顾,指出面对强敌的上(抗战)、中(和谈)、下(彻底投降)三策。贾似道把信摔在地上,大骂:"瞎贼,竟敢发这等狂言!"扣上个罪名把他罢了。

贾似道倒行逆施,朝野万马齐喑,而贪贿奸佞横行无忌。

蒙古在忽必烈称帝后,根据太保刘秉忠的建议,取《易经》中"大哉乾元"之义,建国号为"大元"(1271年),国都为大都(今北京)。后方抓文治,抓都城宫庭的建设,前线大力向南推进,以灭宋"统一"为目标。其进展之大、见效之速,内因之一是用了大批汉人的文臣武将,外因则是南宋朝廷太没出息。贾似道控制着一部分有实力的将军消极观望,而打击积极抗战的将帅,给忽必烈帮了大忙。如大将刘整、吕文焕先后降元而且为之卖力灭宋,重要原因就是贾似道打击刘整而"晾"着吕文焕,寒了他们的心。

咸淳十年,元丞相巴延率大军东下直趋临安,宋大惧,诏贾似道都督诸路军马,他只得在临安府挂起了"都督府"的牌子。贾似道召吕文德的儿子吕师夔到都督府任参赞,吕师夔不听,把江州献给了元人。接着南康、德安、六安相继降元。知安庆军范文虎主动投降,摇身一变成了元的"两浙大都督"。这二人,都是贾似道包庇重用过的。

贾似道上了"出师表",从各路抽选了十三万精兵出师,加上金帛辎重,舳舻绵延江上一百多里。还没见到敌人的影子,走到吉安州,他的"都督舟"便因负载过重,陷在了堰中,上千人入水拉拽,都拖不动,只好搬下些东西加船前进。

船队驻扎芜湖,贾似道根本没打算抗战,他办的第一件事就是派人联系吕师夔谋求"议和",同时遣还了俘虏的元人,给巴延送黄柑、荔枝,派宋京到元营中要求"称臣,奉岁币"。巴延答复:"未渡江时,议和入贡尚可。现在,如果君臣相率献出国土,还可以替你们上报朝廷。不然,准备好你们的兵甲以决胜负吧!"

贾似道只好"决战":精锐七万人交孙虎臣指挥;战舰二千五百艘交夏贵指挥。结果,战斗一开始,孙虎臣便钻到了他妾的船上逃跑了。他见了贾似道拍胸膛哭道:"我的兵没有一个人肯拼命呀!"夏贵笑嘻嘻地说:"我可曾血战抵抗过。"其实他的舰队根本没动弹。他劝贾似道到扬州集中溃散的士兵到海上迎驾。贾似道和孙虎臣坐单舸回到扬州,第二天,溃兵从上游退下,贾似道派人登岸摇旗招集,没有人留下来,却有人冲他破口大骂。

在扬州,贾似道传檄各郡守迎驾,上书请求迁都。谢太后诏令大臣们讨论,结果是不迁。接着张世杰率兵入卫,文天祥起兵勤王,形势小有稳定。

贾似道被罢掉平章军国重事、都督诸路军马的要职。原来贾似道的堂吏翁应龙从军中来,送上都督府的印钤,说不知他的下落,右相陈宜中估计他死了,才要求"诛贾似道以正其误国之罪",太后尚不忍。其实现在还活着。武学、京学、宗学"三学生"、台谏官、侍从都上疏要求诛杀贾似道，太皇太后仍不允许。贾似道"审时度势"，只得上疏"自劾"，并拉上夏贵、孙虎臣垫背，要求保住残生。于是诏削贾似道三官，遣他回绍兴给母亲守丧。贾似道到了绍兴，绍兴人关闭城门不准他入内，提议杀他以谢天下；又诏令婺州居住，婺州百姓一听这个大奸臣要来，举着大标语驱逐他；又有诏改迁他建宁府居住，翁合说："建宁是朱熹讲道的地方，三尺童子也知道大义，听说'贾似道'三个字都想呕吐，何况看到他这个人呢！"贾似道成了人人喊打的过街老鼠。方向又上疏列举了贾似道"傲、讦、贪、淫、褊、骄、吝、专、忍、谬"十大罪状，最后诏贬贾似道高州团练副使、循州安置。抄家，派人押送至贬所。

理宗的弟弟、福王赵与芮，平素与贾似道有矛盾，便召募能杀贾似道的人负责遣送。会稽县尉郑虎臣，父亲曾遭受贾似道发配，他欣然应召而往。刚动身时，贾似道还有数十个侍妾随从，上路后，郑虎臣一个个都赶走了，夺了他的宝玉，撤了他的轿顶，让他在秋阳的暴晒下前行，还叫轿夫唱着杭州歌嘲弄他，侮辱他。有一天，走到一个古寺处停下休息，看到墙上有吴潜被南窜时的题字，郑虎臣问："贾团练，吴丞相为什么会到了这里？"贾似道不敢回答。

朝中言官奏告："贾似道家中的畜牲，穿戴、坐轿都有皇帝使用的东西，他有造反的迹象，该杀头。"有诏进行审讯。诏尚未到，八月走到了漳州的木绵庵，郑虎臣多次逼贾似道自杀，他不肯，说："太皇太后答应我不死，有诏叫我死我才死呢。"郑虎臣说："我为天下人除害，就是搭上命也不遗憾！"他在厕所里拉扯贾似道的胸肋，硬拉死了。活着臭透了的贾似道，有厕所里毙命，也算得其所哉！

董宋臣

"阎罗"宦官

　　董宋臣(？—1264)，南宋理宗朝大宦官。宋理宗赵昀在位的三十几年，正当蒙古灭了金国大举南下侵宋的时期，从宋高宗赵构向金称"臣"纳贡求和到这时，皇帝高、孝、光、宁、理，传了五代，将近百年没有大动刀兵。小朝廷满足于偏安一隅，不图恢复，不抓战备，只令东南的百姓白白养活着庞大的官僚队伍和骄惰的将士们。理宗"多嗜欲，怠于政事"，又不信任忠贞正直的大臣，朝中大权先后旁落在韩侂胄、史弥远、丁大全、贾似道诸人手中，自己则溺于声色游乐。宦官董宋臣就是为满足皇帝嗜欲不辞奔走的奴才。

　　董宋臣由睿思殿祗侯升任横行官，又兼任佑圣观干办。宝祐三年正月十五日的晚上，他竟把社会上的倡优妓女带到宫中供皇帝娱乐。起居郎牟子才上疏切谏，皇帝虽表示接受，却仍然宠用董宋臣。董宋臣也极力迎合皇帝的意趣，为他修建了梅堂、芙蓉阁、香兰亭等，并打着宫中的旗号豪夺民田，招权纳贿，无所不为，人们都呼之为"董阎罗"。

　　监察御史洪天锡上言说："朝廷有三大害，就是宦官、外戚、小人。"指当时的董宋臣、谢堂和厉文翁，要求皇帝黜退他们。皇帝为了保护这几个人，竟亲自写信给洪天锡,说要亲自教训他们,叫他改变奏疏的内容。洪天锡不听,上言说:"历来的奸人,虽恃宠作恶,却都怕主上知道。但主上知道了却只是训斥一顿,他们就会更加恃宠张狂了。"理宗还是置之不管。

过了两个月,浙江、福建闹大水灾,洪天锡又上言道:"朝野上下穷得空空如也,到处愁苦不满,只有身分高的外戚和大宦官享受着富贵,陛下能只和那么几十个人共有天下吗?"皇帝还是听听而已。

吴民仲大伦等纷纷上告董宋臣侵夺了他们的田地,洪天锡把这些诉状转到司法部门处理,马上就有"御前提举"送来文书,说田地属"御庄",不应该报台司处理。洪天锡进一步列举董宋臣的罪过劾奏,一连上疏六七次,皇帝扣下不作处理。洪天锡提出辞去言官职务,这一次皇帝倒很干脆,立即准奏,把他调任大理寺少卿。宗正寺丞赵宗𡎺写信给左丞相谢方叔,批评他不能保护洪天锡,谢方叔只能表示惭愧。于是奸人们又造谣说,洪天锡劾奏他们,是谢方叔的主谋,洪天锡离开言官职务,也是谢方叔排挤的结果。谢方叔上书向皇帝解释,皇帝不相信,以御史朱应元弹劾为借口,左丞相谢方叔、参政徐清叟都被罢了官。

董宋臣还不解恨,又收买人上书诋毁洪天锡和谢方叔,并"强烈要求"杀了他们。皇帝竟信了,又把谢方叔罢为观文殿大学士、提举洞霄宫。董宋臣竟能战胜丞相和御史,足见其能量之大。

过了五年,国子监主簿徐宗仁伏阙上书,其中提到应该惩罚的人,董宋臣是"首恶",说东南这个角落,有一半是坏在这几个奸人的手中,而朝廷竟没有触动他们一根毫毛。皇帝仍然保持沉默。

元兵打到临江,边报一天紧似一天,董宋臣要皇帝迁都到四明去躲避,由于宰臣和皇后的谏阻,才留了下来,以稳定人心。当时任海宁节度判官的文天祥,上言要求杀掉董宋臣,皇帝还是以沉默作答。

丁大全被贬官出京,董宋臣仍然稳坐宫中,余下的言官,有的是他的同伙,有的胆小不敢再奏劾他了。这时站出了勇敢的校书郎马廷鸾。景定元年,三月初一日日蚀,马廷鸾和秘书省的人在一起值班,研究草疏劾奏董宋臣。这时任左丞相的是头名状元吴潜,他知道这件事后,联想到他的前任谢方叔的不幸下场,很怕自己像谢一样受到董宋臣的怀疑和迫害,竟写信给马廷鸾说:"大家纷纷上书言事,上面都怀疑是我唆使的;现在听说你们又准备劾奏,千万不要再加重我的罪过了!"马廷鸾复信说:"我们是秉公论事,即使涉及任何私人嫌疑,也不敢逃避。"过了几天,董宋臣终于被贬往安吉州。

　　景定四年，宋理宗又把董宋臣召回朝中任入内内侍省押班，朝臣们没有不反对的，但没有争过皇帝。理宗还让他兼管御前马院和御前酒库。大臣们都惴惴不安地怕他报复；令懦弱的大官们庆幸的是，这个"董阎罗"不久就见了阎罗。

李 芾

全家殉国的知府

李芾（？—1276），南宋末年知府。字叔章，祖先广平（今河北永年），后移居汴京，靖康后，移居衡州。在潭州知府的任上，他抗战到最后，全家以身殉国。

李芾的高祖李升，进士，为吏廉洁，靖康中，金人攻破汴京，用刀逼迫他的父亲投降，李升向前捍卫，和父亲一同被杀害。曾祖李椿遂率家人赴衡州定居。李芾从小聪明，有大志，自己为书斋题名"无暴弃"，学者魏了翁一见便以礼相待，说他有祖宗之风，给他的书房改名为"肯斋"。以荫补南安司户，历任祁阳尉，湖南安抚司幕官，摄湘潭县，赈荒、平盗都有政绩。

入朝后，历任德清知县、主管酒库所、永州知州、浙东提刑、兼知温州、浙西提刑等。在德清任上，值浙西大饥，他置保伍赈民，存活人口数万。在永州有惠政，人民立生祠纪念他。他修建了虎丘书院以祭祀尹焞，并置上学官，亲自为之制定了学规，赴学者甚盛。

度宗咸淳元年，李芾入京任临安知府。当时贾似道把持朝政，前任知府事无巨细都要先报告贾似道再去做，李芾从来不向他请示报告。福王府中出了逼死人命案，贾似道极力庇护，李芾用书信和他辩论，最后终于把罪犯绳之以法。有一次李芾上街检查各户准备火具的情况,见有的户没有准备,一问,是贾似道的家人,立刻下令对那人用了杖刑。贾似道大怒,指使言官黄万石诬告他贪赃罪,罢了他的官。

元军攻取鄂州,李芾起复任湖南提刑。贾似道兵败芜湖,李芾派将率三千壮士入援行都,复官知潭州兼湖南安抚使。当时湖北的州郡几乎都失陷了,朋友们劝他不必再走了,说:"要不,就是你单身去也行啊!"李芾说:"我不是不会为自己着想的人。只是世受国恩,现在幸而用我,我已经以家身许国了。"

李芾到了潭州,元军巡逻部队已深入到湘阴、益阳诸县。州府城内守卒不到三千人,李芾一面派人联络溪峒蛮支援,一面抓紧筹备器械、粮草,增修防御工事。

德祐元年十月,元右丞相阿里海牙率领主力包围了潭州城,同时派出一支军队阻击赴援的蛮民,把潭州孤立起来。李芾慷慨登城,和诸将分地段把守。城中百姓不令而集,连老弱也自动地组织起来,结成保伍,帮助军队守城。李芾天天以忠义精神勉励将士们,伤亡相藉,人们仍然进行着殊死的战斗。对来招降的,一律杀掉。

坚守了三个月,元将用箭把信射到城中,说:"赶紧投降,能保住老百姓,否则要屠城。"城中不答。阿里海牙受了箭伤,给部下诸将划地段分工,泄掉护城河的水,树云梯硬攻。将领们哭着问李芾:"事情急迫,我们应该为国家死,可人民怎么办呢?"李芾骂道:"国家平时厚养你们,正是为了今日,我们只能死守,还有什么可说的!谁再说,我先杀了谁!"于是大家同心一意地死守。

第二年正月初一,元兵蚁附登城。在城中居住的衡州知府尹谷,正从容地为两个儿子行加冠礼,有人说:"现在是什么时候,还办这种迂阔事!"尹谷说:"正是要叫孩子们服冠带到地下去见先人啊!"礼毕,堆积柴草、关紧门窗,穿好朝服,冲阙下方向跪拜,然后举火自焚。邻人想解救,火大无法近前,遥见烈焰之中,尹谷正冠危坐,全家老少一起烧死了。

李芾设酒祭奠他,题字说:"尹务实(谷字),男子也,先我就义矣!"顺便留下宾客僚佐一同饮酒。夜里为部队传口令,还亲自写了"尽忠"二字。一直饮到天亮,幕宾僚属都退了下去,参议杨霆径直往花园中投池自溺。李芾独坐熊湘阁中,召来帐下的沈忠,把金钱都给了他,嘱托说:"我的努力尽到了,应该为国死难。我的家人也不能被俘受辱,你要把他们全杀了,然后再来杀我。"沈忠伏在地上叩头说他办不到。李芾坚持命令他,他才哭着应诺了。

沈忠取来酒,让李芾的亲人们都喝得醉倒,把他们全杀死。李芾本人也引颈受戮。沈忠纵火烧了李芾的住房。他回到家中,杀了自己的亲人们,又回到李芾家火场,大恸一场,自刎而死。

李芾的幕僚陈亿孙、颜应焱、钟蜚英都死节了。潭州人民听说后,多数全家自尽,一时城中没有一口井是没有尸体的,到处能见到树上吊着缢死的人。守将吴继明、刘孝忠献城投降,阿里海牙还想屠灭仅有的幸存者,经部下劝阻才作罢。

事情报到即将覆灭的朝廷,赠李芾端明殿大学士,谥"忠节"。

李芾为人刚介,不畏强暴;处事精明机敏,奸猾的人欺骗不了他。他有着超人的精力,从天亮开始处理公事,一直干到傍晚,面无倦容。一般夜里三鼓才休息,五鼓就又起来视事了。看上去,他凛然如神明,令人不敢接近,实际上,他好贤礼士,对人非常温和,人们即使有一点长处、一个优点,他也热情鼓励,并尽量使之得到发挥。李芾居官,一向廉洁清正,贾似道指使言官诬告他"贪赃"罢他的官时,他家中穷得没有多余的财产。

陆秀夫

背着小皇帝投海的丞相

陆秀夫(1236—1279),南宋末季大臣。字君实,楚州盐城人,是宋朝历史上最后一任丞相。

陆秀夫三岁时随家庭迁居镇江,渐大,就学于本乡的二孟先生。二孟先生的学生,经常在一百人以上,他独指着陆秀夫说:"这是个不平凡的孩子。"陆秀夫二十五岁登进士第,他才思清丽,当时的文人很少有能赶上他的。

李庭芝镇守淮南时,听到他的名声,把他召到幕府中,主管机宜文字。当时天下得士最多的地方,淮南数第一,所以这里有"小朝廷"的雅号。陆秀夫性格沉静,不引人注意,每次与大家到台阁中见李庭芝,宾主交谈,别人都积极应酬,只有他一句话也不说。有时府中举行大的宴会,他也终日庄重矜持,从不随便迎合人。该他干的事,都做得很好,李庭芝更加器重他,自己调动时,总把他带在身边;李庭芝任淮东制置使时,推荐他任淮东制置司参议。

德祐元年,边事紧急,属僚不少人都自顾逃命去了,只陆秀夫等几人坚守不离。李庭芝把他们的名字报到朝廷,陆秀夫被提升为宗正少卿兼权起居舍人。

这年年底,元军打到临安府北门外,文天祥和张世杰要求"朝廷"到海上避难，二人率兵与元军拼一死战。丞相陈宜中不同意，怂恿太皇太后求和。先派柳岳出使，柳岳到无锡见了元丞相伯颜，哭着说皇帝刚归天，嗣君年幼，又在居丧之中，自古礼不伐丧等等。伯颜说："你们扣留、杀死我的使臣，所以我兴师。钱氏纳土、李氏出降，都是你们的做法。你们从小孩子手中得到天下，又在小孩子手中失掉天下，天道就是这样，还有什么多说的！"把柳岳赶了回来。

陈宜中又派柳岳和陆秀夫、吕师孟同元使者再去见伯颜，要求称侄纳币——如对舍人一样，并嘱咐"再不答应，称侄孙也行"。他们很快地回来了，伯颜还是不许。这是陆秀夫干的一桩违心的差事。

后来太皇太后率幼帝上降表称臣，赴大都入觐。驸马都尉杨镇等奉益王赵昰、广王赵昺及杨淑妃等由嘉会门出奔，想渡海南下，躲着元军的追捕搜索，第一站到达了温州。陆秀夫和苏刘义等，在半道上追上他们一行，又召来陈宜中、张世杰等。温州江心寺中有当年高宗出奔时坐过的地方，大家在"御座"前痛哭一场，奉益王赵昰为天下兵马都元帅，广王赵昺为副元帅，向福建进发。这时太皇太后曾派两个宦官带八名元兵来召二王回临安，他们把这八个元兵沉到江中，辗转进入福建。

德祐二年五月，赵昰在福州即帝位，改年号为景炎。尊杨淑妃为太妃，听政，赵昺为卫王。陈宜中为左丞相兼枢密使，都督诸路军马，刘黻、陈文龙为参政，张世杰为枢密副使，陆秀夫直学士院，苏刘义主管殿前司。文天祥任右丞相兼枢密使、都督诸路军马。

陆秀夫在军旅中时间长，通晓军务。陈宜中很多事情得向他求教后才能进行。陆秀夫总是尽心尽力地帮助他。但不久，二人因议事观点不同，陈宜中便指使言官弹劾陆秀夫，罢了他的官，谪居潮州。

元军攻下真州、扬州，苗再成、李庭芝相继遇难。元军南侵，陈宜中、张世杰奉宋主一行从海路逃到潮州。文天祥一直在江西、福建、广东一带，边招兵边抗元。在这样的形势下，陆秀夫被罢一年半还不起复，张世杰责备陈宜中说："这是什么时候，动辄用台谏官劾论人！"陈宜中害怕了，才召回陆秀夫同签书枢密院事。

当时在逃难之中，各种制度礼仪都不大讲究，杨太妃垂帘和大臣们议事，还自称"奴"。每当朝会时，只有陆秀夫一人严肃地捧笏正立。

元至元十四年（1277年），在元军的追击下，张世杰等奉着宋主辗转逃难，陈宜中在逃难的路上躲入占城中，以后再召他也没出来。十五年四月，十一岁的宋主赵显夭逝，大臣们多想散去，陆秀夫说："度宗皇帝还有一子在，该怎么安置他？古人有以一旅军队成就中兴事业的，现在百官有司都在，还有好几万军队，天若不想绝宋，这不正是为国效力的时候吗！"与大家一同拥立八岁的卫王赵昺为帝。张世杰主持政务，陆秀夫辅助，外筹军旅，内调工役，什么事情都得管，还每天书写《大学章句》给小皇帝讲课。

十二月，文天祥和他的军队正在潮州五坡岭吃饭时，被巨盗陈懿引来的张弘范军突入捕获。十六年二月初六日，元元帅张弘范进围厓山，张世杰帅军士力拒，从巳时激战到申时，到日暮，他看大势已去，把精兵抽到中军，各军立即大溃，部将们解甲投降。

当时风雨昏雾四起，咫尺不相辨认，正是逃走的好时机。张世杰派小舟来到宋主船上，想接他逃出去；陆秀夫怕被人出卖或被俘受辱，不放宋主去。他估计不能逃脱了，就先让妻子和孩子们投海，然后对小皇帝说："国事到了这地步，陛下应该为国死难。德祐皇帝投降后遭受屈辱，陛下不能再受辱了！"随即背上九岁的宋主投海一同溺死。后宫人员和大臣们下海赴难的甚多。过了七天，元军士兵到尸体中去搜寻财宝，遇到一具尸首，小而白，穿着黄衣服，背着诏书和印玺。兵士把宝玺送给张弘范，张弘范急忙赶去找那个尸首，已经没有了，他便以赵昺溺死上报元帝。

文天祥

杰出的民族英雄和爱国诗人

　　文天祥（1236—1283），南宋末丞相。字宋瑞，又字履善，吉州吉水人。是南宋的状元宰相，杰出的民族英雄和爱国诗人。

　　文天祥小时候读书时，看到学宫中供奉祭祀的本地本朝先辈贤人的画像，欧阳修、杨邦义、胡铨三人都谥"忠"，文天祥就非常敬仰羡慕，说："死后不和他们在一起享受祭祀，就不是大丈夫啊！"文天祥成年后，体貌丰伟，面孔白皙如美玉，秀眉长目，顾盼间光彩照人，堪称美男子。宋理宗宝祐年间，应进士考，在集英殿对策。当时理宗在位已三十多年，政事日渐怠惰，文天祥以"法天不息"为对，共一万多字，连草稿也不打，一挥而成。考官王应麟看了奏道："这份卷子，阐发古义像一面镜子，忠肝如铁石，臣为陛下得到人才祝贺。"这次一共录取了五百六十九人，文天祥被皇帝亲自圈定为第一名。所以人们说他是"状元宰相"。

　　三年后，蒙古人南侵，大宦官董宋臣建议迁都四明以避兵火。当时任海宁军节度判官的文天祥听说后，上书要求杀了董宋臣以稳定人心。这是他第一次向权奸作斗争，虽没胜利，却表现了他的勇气。以后又任尚书左司郎，江西提刑，军器监兼权直学士院等职，当时贾似道当权，董宋臣任入内都知,文天祥多次被与他们沆瀣一气的言官弹劾,三十七岁便致仕——退休了。

一年后,文天祥又被起复任湖南提刑,在任上,他见到了受贾似道排挤致仕的丞相江万里。江万里忧心忡忡,勉励文天祥说:"我见的人物多了,救国的重担,可能要落在你的肩上了,你好好努力吧!"

恭帝元年,四十岁的文天祥任江西安抚使兼知赣州。这时元兵已打到了行都附近,太皇太后带着四岁的小皇帝和一班朝臣,乘船下海避难,并下了"勤王诏"向国人呼救。

文天祥接到诏书,捧着大哭,他动员起郡中的豪杰们,又联上黐峒山的蛮民,共集结了一万人,前去保驾。有的朋友劝阻他说:"现在元人分三路鼓噪前进,已经进逼内地,你带这万把乌合之众去,与赶着羊群去和猛虎搏斗有什么不同呢!"文天祥叹道:"我也知道是这样啊!只是觉得国家养育臣民三百多年,一旦有急,向天下征救兵,没有一人一骑入卫,太遗憾了!所以我不自量力,希望天下忠臣义士们能闻风而起啊!拥有正义谋划事情就能站住脚,人多了就功效大,这样,也许还能够保住社稷。"

文天祥平时喜爱豪华,日常生活中衣食住行条件优越,歌伎舞女不离左右。一旦起兵勤王,马上取消了以往的享受,把家中资产都献出来作了军费。他和朋友、僚佐们谈到时事,往往爱说这样的话:"乐人之乐者忧人之忧,食人之食者死人之事。"他确实这样做了。

德祐元年三月,元军向临安进逼,常州、平江守将投降,临安府戒严,宰相、三个枢密都偷偷溜走了,还逃了一大批言官、安抚使等,谢太后下诏责备,并宣布坚守岗位的升官两级,但也挡不住官吏们继续逃走。只有张世杰率领军队在外围苦苦阻击。文天祥急急率领人马奔赴国难,正是及时雨。但江西制置副使黄万石和文天祥有矛盾,又嫉妒他超过自己,就上奏说:"文天祥的部队是乌合之众,把战争视同儿戏,没用!"朝廷偏信了,便降诏令文天祥停驻在隆兴府(今江西南昌)。

七月,形势更紧张了,调大将入朝谁也不奉诏,于是起用文天祥任兵部尚书。文天祥到了行在,就抗元军事部署提出建议,并提出发挥人民游击战争的辅助作用的主张,但不被接受。只让他任都督府参赞、总督三路兵,知平江府。常州失而复得,元军又来夺,在争夺战中,文天祥派出的三千赣兵,奋力作战,部将尹玉最后指挥的五百人,在大量杀敌后,全部奋战至死,尹玉力尽被执,被元兵用棍子活活打死。

十一月，李庭芝苦守扬州，文天祥奉命由平江入卫临安，受命签书枢密院事。

德祐二年正月十八日，元元帅伯颜进驻临安城外皋亭山，巡逻骑兵到了临安城的北关。文天祥和张世杰建议把三宫人员迁到海上避难，而自己带部队背城一战。丞相陈宜中不同意，竟派御史杨应奎到伯颜帐中送传国玉玺和降表求降。伯颜一面派人把表、玺送报元帝，一面叫杨回来通知陈宜中出面研究投降的事，而陈宜中竟在这天夜里逃往温州老家。

十九日，谢太后命文天祥为右丞相兼枢密使、都督诸路军马。二十二日，命文天祥同吴坚、谢堂、贾余庆出使元军。文天祥带上从天台来勤王的义士杜浒一起动身。

见面后，文天祥问伯颜：是想把宋当作一个邻国，还是想毁掉它的社稷？伯颜说，根据元帝的诏令，社稷不动，百姓必不杀。文天祥说这样元应该退兵，伯颜说话渐渐不客气了。文天祥说："我是南朝的状元、宰相，就欠一死报国了，刀锯鼎镬，都吓不倒我！"伯颜辞屈，见文天祥的举止，怀疑他有异志，就把他留下，派其他人回去传话。文天祥多次抗议，要回去，伯颜骗他说："不要生气，你的责任不轻，今天的事，正该你我一同来解决。"却派两个将军监视着他，并不和他谈判。

二十五日，和贾余庆三人一同去临安府的元将张弘范等，带回了按伯颜的意旨改写的宋国称臣的降表。二月初，宋朝廷的府库、史馆、秘省图书、百司符印告敕等被元军查封没收，官府、侍卫军被罢废。文天祥组织起来的勤王部队，也被遣散。

二月六日，贾余庆、刘岊、吴坚、谢堂、家铉翁任祈请使赴元大都，第一站来到伯颜营中，伯颜带文天祥与他们坐在一起。文天祥明白了真相，责备伯颜失信，斥责贾余庆卖国，也斥责早已降元一同在坐的吕文焕父子弟兄全家叛国的罪行，吕、贾既羞且恼，便劝伯颜拘留文天祥，叫他随祈请使北上大都。

二月中旬，宋益王赵昰（恭帝兄）、广王赵昺（恭帝弟）在爱国大臣的掩护下，徒步逃出宫中，在山中躲藏了七日，奔向温州；伯颜知道后派兵追赶，没追上。

三月，伯颜进驻临安城，除生病的谢太后外，恭帝及全太后，被押送往大都"入觐"，随去的还有帝室宗族、后妃及大臣、三学生等，如同北宋末年徽、钦二帝被金房去的情形。在北去的路上，宋爱国将领李庭芝、姜才、苗再成都率兵劫夺过两宫人员,结果都失败了。

走到京口,文天祥逃离了元军的控制,奔投把守真州的苗再成,他动员联络上守扬州的李庭芝——东西二阃连兵大举,不幸李庭芝听到元人的反宣传,怀疑文天祥来劝降,下令苗杀了他。在苗再成的保护下,文天祥与杜浒等人从陆上到海上,辗转奔波,于四月底到达温州。他在自己的《〈指南录〉后序》中,叙述了这段九死一生的悲壮经历。

五月,陈宜中、张世杰等奉益王赵昰在福州称帝,改年号为景炎(景炎元年——元世祖至元十三年),陈宜中为左丞相兼枢密使、都督诸路军马,李庭芝为右丞相,文天祥为右丞相兼枢密使、都督诸路军马,陈文龙、刘黼参知政事,张世杰为枢密副使,陆秀夫直学士院,苏刘义主管殿前司。文天祥因与陈宜中政见不合,只接受枢密、都督二职。

文天祥立即抓兵源,他派出吕武赴江、淮招豪杰,杜浒到温州募新兵。他想亲赴温州发展武装,陈宜中不许,文天祥只好在剑南开都督府,经略江西。

十一月,元军破建宁、邵武,陈宜中、张世杰奉帝室乘船由海道奔潮州,南宋当时有十七万官军,三十万民兵,一万淮兵,却不打就跑。文天祥由汀州转战到漳州,部将吴浚率领一军人马攻取雩都,竟降元,又到漳州来向文天祥劝降,被文天祥责以大义斩首。文天祥收复了梅州,又从梅州出兵江西,吉、赣部队都来会合,攻下了会昌,雩都,衡山赵璠、抚州何时起兵响应,加上张世杰方面的力量,一时军声大震。

元至元十四年八月,文天祥在江西兴国受到元将李恒的大军攻击,部将巩信、宗族赵时赏掩护他脱了难。当时李恒打到方石岭,追上了文天祥,文的部将巩信迎上去短兵接战,李恒疑心有伏兵,便约住部队用箭射。巩信端坐在石头上,士卒侍立在左右,在乱箭攒射下,屹然不动;李恒绕到他们背后近看,每个人身上都插满了箭,死而不仆!

文天祥退到空坑,队伍全溃散了,当时赵时赏坐在轿子里,追兵问是谁,他说:"我姓文。"他们以为是文天祥,上前捉拿他;文天祥趁这机会和杜浒、邹沨等脱身奔循州(今广东龙川),溃散的兵众,又聚集起不少。赵时赏被抬到隆兴,怒骂不屈。文天祥的部属被抓来找他辨认,他明明认识,却都挥挥手说:"一个小小的幕僚,逮这样的干什么!"因此被解脱的宋官将很多。李恒弄清了他不是文天祥,把他和与他一起抓到的人全部杀害了。

文天祥的夫人、儿子、僚属、客将都被捕,李恒把他的妻、子及家属,作为重要俘虏,派人送往大都,他的两个儿子,死在了遣送的路上。

文天祥的母亲和弟弟当时住在广东惠州,他一路奔那里,又由那里出海丰县,把大本营驻扎在丽江浦。至元十五年秋,一场大瘟疫夺去了一大半士卒的生命,文天祥的老母及长子,也在这时丧生。除了被羁押在大都的妻子,文天祥没有一个亲人了。

宋端宗赵昰,因海战中船坏了,几乎淹死,惊悸成病,于这年四月夭逝。陆秀夫等又立八岁的卫王赵昺为帝。五月迁都厓山——在新会县南八十里的大海中,南北长二百多里,东南控海,西北是港湾,这里原有防御设施,又加造了宫殿、营房,尚有官军、民兵二十多万人,一般都住在船上。

文天祥加少保,封信国公,屯驻潮阳。官军进剿潮州巨盗陈懿、刘兴;刘兴战死。陈懿逃走投元将张弘范,引导张的部队从海道趋潮阳。文天祥率部下出奔海丰,正在五坡岭开饭时,元兵突然袭来,宋军来不及应战,文天祥被捕。他怀中藏有应急用的毒药"脑子",一被捕,他便把"脑子"都吞了下去,竟没有毒死。部将刘子俊在另一路被捕,诡称自己是文天祥,希望文天祥能因此脱身。不巧两支队伍碰了头,各称真假,最后证实了,刘子俊被元兵活活烹死。

在潮阳见到元军统帅张弘范,左右逼文天祥下拜,他不屈服。张弘范说他是个忠义之人,为他解掉绑缚,以客礼对待他,在船上派人严加监视,他连寻死的机会都没有。张弘范送来纸笔,逼令文天祥写信召降张世杰,文天祥写了自己的诗《过零丁洋》给他,最后两句是:"人生自古谁无死,留取丹心照汗青。"张弘范知道再强迫也没有用了。不久厓山沦陷,陆秀夫、幼帝、太后、张世杰都投海而死,张弘范置酒军中大会,又一次向文天祥劝降,文天祥只求一死,张弘范只好派人把他押送大都。

文天祥在路上,曾一连八天绝食,没有饿死,走到南安,又再进食。到了燕京,元人知道他起兵前一直过着豪华的生活,便为他布置了豪华舒适的宾馆。文天祥不在床上睡,却在地上坐到天亮。于是又把他移到兵马司关押,派专人看守。

元丞相博啰在枢密院召见他,要他下跪,文天祥只作个揖,说:"南人不跪!"博啰令左右拖拽,也不屈服,和他辩论,被几次驳得哑口无言。博啰极为恼怒,想杀他,忽必烈和其他大臣不同意。忽必烈又派宋降臣王积翁等向他劝降,文天祥心有所属,便说:"国家亡了我应该一死以殉之。如果宽容我,可以放我作为一个道士回归故里,日后再以方外人的身分充当顾问;如果马上授官——怎么能向亡国之臣谋求图存的治道呢！"王积翁、谢昌元等十人商议请求元世祖释放文天祥当道士，留梦炎反对说："文天祥出去，再号召江南起兵，把我们置于何地？"于是劝降截止。

文天祥被关入一个土牢。从至元十六年(1279年)初冬到至元十九年十二月被杀，文天祥在土牢里坐了四个年头。在土牢里，他写了不少诗和进行再创作的"集杜诗"，在流芳千古的《正气歌》诗序中，他说他以浩然正气的"一气"抵抗着牢中的"七气"——水气、土气、火气、日气、米气、人气、秽气。元世祖亲自劝降过，投降的恭帝赵显奉命劝降过，都被他用"一气"顶回去了。元朝廷给他的供应是"日给抄一钱五分为饮食"。他坐着时，总是向着南面，把种种威胁、利诱和折磨都视同草芥，从容地、勤奋地写作。

至元十九年，有个闽僧说"土星犯帝座"；又有中山狂人薛保住说自己是宋主，要救出文丞相；京城中又出现了匿名传单，说某日要采取什么行动。元朝廷上层人心惶惶，有人说文天祥影响力太大，建议杀了他。

十二月八日，元世祖召见文天祥，他进了大殿长揖不拜。左右人们强按他下跪，有人用兵器敲他的膝盖，敲碎了膝盖骨，他也不下跪。忽必烈最后一次招降说："你能以事奉宋的精神事奉我，我将任命你当丞相。"文天祥又拒绝了。元世祖问他还有什么要求，文天祥说："愿赐之一死足矣。"

在押赴柴市刑场的路上，文天祥意气扬扬自若，观者如堵。临刑时，他从容地问市人哪是南方，他向着南方拜了下去，说："臣报效国家就到这里了！"慷慨就义，年仅四十七岁。他的衣带中，有一首赞："孔曰成仁，孟曰取义，惟其义尽，所以仁至。读圣贤书，所学何事，而今而后，庶几无愧！"

文天祥的妻子为他收了尸，说："我丈夫不负国家，我怎么能负丈夫！"自杀身亡。

卢陵人张千载，是文天祥的好友，文天祥显贵时，多次邀他出来做官，他不干。临安攻破后，文天祥被元军从广东押解北上，经过吉州城下，张千载来见他，说："丞相到北方去，我要跟你一同去了。"到了燕京以后，他寓居在文天祥的牢狱附近，每天给他送饭吃，三四年如一日。他暗做了一个匣子，文天祥被杀后，他用匣子盛好他的头。又找到了夫人欧阳氏的遗体，一起运回卢陵，交给文氏本族的人安葬。恰好同一天，文天祥的家人也从惠州运回了文天祥母亲曾老夫人的灵柩。人们都赞叹这些好心人的忠肝义胆。

文天祥是我国历史上著名的民族英雄，他完美地做到了"富贵不能淫，贫贱不能移，威武不能屈"，王炎午赞他"名相烈士，合为一传，三千年间，人不两见"。

文天祥也是我国文学史上杰出的爱国诗人。他有《文山随笔》几十大册,常常带在身边,遭难后失散了。后人收集编纂的《文山先生全集》二十卷本为:诗(德祐前作品)二卷,文十卷,《指南录》《指南后录》《吟啸集》《集杜诗》《纪年录》《拾遗》各一卷,《附录》二卷。其中诗六百零八首,词六首,集杜诗五绝二百首,集杜诗胡笳曲十八首,共八百三十二首。这些作品是我国文学宝库中的一笔珍贵财富,其中的《正气歌》《过零丁洋》等被千古传诵,给了无数仁人志士和广大爱国者以有力的启迪和鼓舞。

张世杰

与宋王朝同亡的爱国名将

张世杰(? —1279),南宋末季抗元名将。范阳(今河北涿县)人,出身行伍,因战功升都统制。

南宋度宗死后,贾似道主持立度宗第二子赵显为帝。他当时才四岁,一年后便作了元人的俘虏,所以是宋史上即位时年龄最小的皇帝,去位时年龄最小的皇帝。赵显是嫡出,他还有庶出的一兄一弟,他即位后,兄赵昰(shì)封吉王,弟赵昺(bǐng)封信王。太皇太后临朝听政,宰臣有贾似道、陈宜中等。这时的南宋,天灾加人祸——咸淳十年(1274 年)八月,暴雨,天目山崩,山水汹涌流下,安吉、临安、余杭溺死了很多人;而元军原分东、西两路南下,现在又把西路攻四川的军队也东调,要集中兵力攻下临安。

张世杰屯兵郢州,阻击西路东下的元军。郢州夹汉水有两座城,老城在汉水以北,全是石头砌成的,新城在汉水以南,江中战舰之外设施有铁索、木桩、炮弩。元军攻城攻不动,派人招降,张世杰不理,他们一时被阻。后来元丞相伯颜向土人调查了解,决定放弃攻打郢城的计划,绕道由藤湖转入汉水,向临安进军。

朝中下"勤王诏",号召外路军队入卫临安,只有文天祥、张世杰积极行动,却又受到枢密陈宜中的阻挠。张世杰率领部队东进,收复了饶州(今江西鄱阳),陈宜中坐在临安,硬说张世杰有"从元人那方面来的"可能,调换了他指挥熟了的军队。

德祐元年(1275年)三月,张世杰受命指挥都督各路军队,尽管形势危急,张世杰在战略思想上却不被动防御,他派出三支军队分别向广德、平江、常州进军,结果又收复了广德军,这对守真州的苗再成、守扬州的李庭芝,也是一个间接的支援。打到五月,浙东各州郡迫于威势曾经一时投降元人的军队,这时又奔赴张世杰麾下,参加到抗元的行列中。

七月辛未日,张世杰与刘师勇、孙虎臣等,大出水师,驻在焦山的江面上,命令每十艘战舰结连成一个方阵,下碇江心,没有号令,不得启行。一共有一万多艘大小战舰,决心利用宋军水战较熟的优势与元兵拼个你死我活。元军见了,也觉怵目惊心。元帅阿珠登上石公山瞭望了一下,说:"可以用火攻!"于是指挥元军战舰从两翼用强弩夹射,继之以"火箭",宋军战舰篷、樯俱焚,烟焰遮蔽了大江,元将张弘范等又率领精锐横冲,宋军士力战而船走不脱,士卒大多死在了江中,张世杰无法指挥,率领本部战舰逃奔图山,元元帅阿珠、张弘范追击,截获了白鹞子战舰七百多艘。刘师勇逃回常州、孙虎臣逃回真州。张世杰再次要求出水军攻元,朝廷没同意。

张世杰加任沿江招讨使,宋的地盘越来越小了,勤王部队只有三四万人。文天祥与张世杰决定以临安为中心,南面闽、广尚保持全境属宋,北面淮东坚守得好,进、退都有余地,应趁这时机与元人在浙东来一次大决战。报到朝中后,陈宜中奏禀太后降诏"宜持重"。秘书监陈著上言批准他们的作战计划,被陈宜中贬知台州。

德祐二年元月中旬,元军进攻临安,巡逻骑兵到了北门外。文天祥、张世杰建议三宫转移到海上,军队与元兵背城一战,陈宜中反对,结果不战而降,太后与小皇帝作了俘虏。

张世杰等几位爱国将领,都不愿投降,朝廷既不允许战,他们只得各率军队南去。张世杰部驻扎在定海,元将石国英派部将卞彪前来说降。张世杰开始没问来意,凭愿望认为卞彪是来投奔自己的,杀牛设酒款待他。酒饮到中间,卞彪劝降,张世杰大怒,下令割了他的舌头,把他拴到巾子山上寸磔了。

德祐三年五月,陈宜中、张世杰奉赵昰在福州即帝位,改元景炎。陈宜中任左丞相兼枢密使;张世杰任枢密副使;文天祥任右丞相兼枢密使,他因与陈宜中观点不和,在外带兵,发展勤王抗元部队,寻机会与元军作战。

景炎元年十一月,元军南侵,陈宜中、张世杰奉小皇帝赵昰、卫王赵昺、杨太妃等登舟赴海避难。船行至泉州,招抚使蒲寿庚来谒见,并请皇帝跸驻泉州,张世杰不同意。蒲寿庚提举市舶(主管海关船舶出入、贸易税收)三十来年,既富又有海上实力,有人建议把他留在“行在”,便于调用他的船只,张世杰不同意,把他放了回去。后来“朝廷”船不足,又掠夺他的船用,没收了他的资金,蒲寿庚大怒,把在泉州的帝室宗族、士大夫、淮兵全都杀了,把泉州献给了元人。

流亡朝廷在潮州落脚,张世杰亲率淮兵讨伐蒲寿庚,他闭城固守不应战。

元军继续进逼,张世杰奉着小朝廷逃奔秀山,从富户家租房子住下来,护卫的军队病死了很多人。张世杰奉“朝廷”逃往井澳,而陈宜中自己却逃往占城。在井澳遇到飓风,“御舟”坏了,小皇帝差一点淹死,惊悸成疾,第二年四月,病死在碙州,年仅十一岁。

至此,群臣大多想“解散”朝廷,陆秀夫说服大家留下来,奉八岁的卫王赵昺为帝。张世杰执掌政权,陆秀夫辅助他。这年六月,“行在”定于新会县以南八十里的大海中的厓山,伐木建造了宫室、军舍,这时尚有官军、民兵二十万人,从广州诸地取粮。

祥兴元年(1278年)十二月,文天祥在五坡岭,遭到元军的突然袭击被捕。张弘范召降张世杰,遭到拒绝。元军攻来,张世杰把一千多条大船用大铁索连贯起来,张弘范又来用火攻,这次张世杰部署战舰上都涂上一层泥,烧不着了。张弘范想困死宋军,断了汲水道。宋军只能吃干粮,饮海水,呕吐腹泻,生病的很多。

祥兴二年二月初六日,张世杰的舰队在与元军的大战中溃败。傍晚风雨交加,昏雾四塞,张世杰派人用小舟划至“御舟”接皇帝到他船上去,计划逃走。陆秀夫怕小皇帝被出卖或被俘受辱,背着他一同赴海自尽,后宫人员和大臣们,随死的很多。张世杰与苏刘义断索突围而去。七天后,海上的浮尸有十多万人,八百多只战船不战便都成了元军的战利品。

张世杰原打算赴占城,结果被船上的土豪逼着回广东。船行到海陵山,陆续收了一些溃散的士兵。这时突然台风大作,将士们劝张世杰登岸避风,张世杰从容地说:“没有什么可做的了。”他登上柁楼,焚香祝告说:“我为赵氏,做的已经够了;一个国君死了,再立一个国君,现在这一个又死了!我之所以不死，是希望敌人退兵后，另立赵氏后代，以保存祭祀啊！现在竟是这样，难道是天意吗!"风更猛、浪更高了，张世杰"堕水死"。

关于宋朝这位爱国将领的死，有随宋主同死、风坏舟溺死等几个不同说法。不管是哪一种，他的话可以证明：他是决心和宋王朝共存亡的。

王小波·李顺

北宋初年农民起义首领

　　王小波（？—994），北宋初年川陕地区农民起义首领。又名王小博，王小皤，四川青城县人。

　　宋太宗淳化四年（993年），平民王小波聚众起义，他号召说："我最痛恨贫富不均了，现在就领导大家均贫富！"贫苦的人们云集响应，一举攻下了邛、蜀等县城。这年二月攻下了彭山县，处死了民愤滔天的县令齐振元，人心大快，义军的队伍迅速壮大。

　　宋太祖乾德三年（965年），大将王全斌攻破了西蜀国，国主孟昶投降，被安置在京城居住。孟氏多年割据一方所积累的大量的珍宝财富，被全部造册运到汴京，充实府库。朝中的官吏，便认为"天府之国"富庶，在其后的赋税征收上，不断地加码，搞得地狭民稠的四川，连老百姓吃粮都发生了困难。商贾富户趁机低价买，高价卖，囤积牟利，使得"贫富不均"到达了老百姓——特别是农民——难以承受的地步。再者，王传斌灭蜀的时候，从上到下大肆杀戮、抢掠、搜刮，就曾激起过民变，虽然镇压下去了，却埋下了反抗的种子。同时，朝廷派入蜀地的各级官吏，尽管有张咏那样的好官，但大多数是抱着"抢肥肉"的念头上任的，穷搜滥刮，民愤越积越大。

秘书丞张枢奉派巡视四川时，上奏朝廷的不法官吏就有一百多人，这些人后来大多数被朝廷罢黜了。张枢上报的好官只有一个，就是彭山县令齐振元。他给齐振元下的评语是"清白强干"，朝廷据此赐玺诏嘉奖了齐振元。其实齐振元非常贪虐，不过他做得狡猾，"钦差大臣"不容易发现——他把贪污受贿所得的金银绸缎都分散寄存在几处民家。受到朝廷的表彰后，齐振元更加横暴地为所欲为了。王小波察知他民愤很大，统率义军突袭攻城，逮住齐振元处死了他。义军剖开他的肚子，给他塞了满满一肚子钱，而把他贪赃得来的财物，都散发给了穷苦百姓。

王小波这支农民义军，在不到一年的时间内，由起义时的一百来人发展到好几万人，"杀官吏无数"。

淳化四年十二月，义军在江源县和川西都巡检使张玘部大战，张玘用箭射中了王小波的前额，王小波忍着伤痛英勇搏战，杀死了张玘，但他自己也因箭伤太重而牺牲。

王小波死后，义军推举他的部将李顺任首领。李顺率领义军，一鼓作气地向封建势力猛烈进攻，军队的人数和战果，同步迅速地向上升。淳化五年五月，义军攻下了四川的首府成都，控制了北到剑门、南到巫峡的大片地区，李顺定都成都，称"大蜀王"，改元"应运"。朝廷大为震惊，宋太宗派出川陕数路大军进讨，任命大宦官王继恩为"西川招安使"，统一指挥调度。皇帝指令王继恩说："告诫前线的军队，只要贼党敢于抵抗王师，就坚决剿灭，格杀勿论！"

皇帝一言九鼎，加上熟谙兵法的将领，实战经验丰富的王师，先进的武器装备，使迅速发展起来的、只有义愤而缺乏作战训练的农民义军，遭到了惨重的失败：王继恩率领官兵攻下了成都，"破贼十余万，斩首三万，擒贼帅李顺"；"斩三千人，平蓬州"；广安军之战，"奇兵出其后击之，贼惊扰，赴水火死者无算"；义军首领张余率领人马一鼓作气攻下了嘉、戎、泸、渝、涪、忠、万、开八个州，结果在进攻夔州时，受到官军的前后夹击，被"斩首二万余级"，尸骸抛入江中，几乎堵塞了江流，把江水都染红了……宋太宗淳化五年正月二十五日，"磔（zhé）李顺党八人于凤翔市"。

淳化六年二月，义军首领张余的头颅被用匣子装着送到西川行营，川陕地区的这场农民起义的燎原大火，被全部扑灭。

王小波—李顺义军的迅速崛起和迅速覆灭，为后人留下了许多值得思索的东西。

王　则

因"福"得祸的义军首领

　　王则(？—1048)，宋仁宗朝河北义军首领。涿州人，灾荒年外出逃命，和亲人作死别的时候，母亲在他的背上刺了一个"福"字，以寄托自己对儿子的美好期望和祝愿。王则流浪到贝州(今河北武城)，自卖自身给一户人家牧羊，后来投入宣毅军，当了一名小校。

　　当时社会动荡，贝州、冀州一带风行妖幻神怪之术(大概与真宗皇帝推广符瑞迷信有些渊源)，都钻研《五龙滴泪》等荒诞的经书及图谶，说释迦牟尼衰败了，弥勒佛要左右祸福了等等，有的人知道王则背上的"福"字，便传说这是自然生长出来的，越传越玄，渐渐地越来越多的人把他当神一样地事奉起来。州吏张峦和卜吉作了这股求"福"势力的主谋，他们策划联络德、齐(今山东德州、济南)两州的人，约好第二年正月初一截断澶州的黄河浮桥，在黄河以北地区举行大规模农民起义。后来因有一个传递信息的人被官府逮捕叛变了，只好于庆历七年冬至那天提前举行起义。

　　义军一举逮捕了正在天庆观礼拜的贝州知府张得一，兵马都监田斌苍战败走，提点刑狱田京、任黄裳带上官印丢下老婆孩子缒城出保南关，其余的司理判官、司理参军、节度判官、主簿等，都因抵抗丢了性命。义军打开了监狱,囚徒们立即投入了起义大军。

义军占领了贝州城,王则号称"东平郡王",张峦任宰相,卜吉任枢密使,立国号为"安阳",临时宫殿叫"中京",以十二月为正月,定年号为"得圣"。百姓十二岁以上,七十岁以下,都在脸上写着"义军破赵得胜"的黑字。各个部门都定了名称,任命了官吏,城内每一座楼定为一个"州",一时贝州城里形成了一个"麻雀虽小,五脏俱全"的独立王国。

当时宰相贾昌朝正降职担任武胜军节度使、大名府通判兼河北安抚使,他把这事上奏朝廷。宋仁宗非常重视,比对付北、西两边的军事侵略更积极果断:下诏贾昌朝用精兵对付;责令中书、枢密两府选择良将带兵前去镇压;诏令澶、孟、定、真四州府严密防御,以免义军扩大发展或失败逃走。又派出天章阁待制兼任开封府尹的明镐任何北安抚使,协调指挥。

贝州城墙高峻,不容易攻取,明镐出主意修筑一道"距闉(yīn)"(高于或相当于城墙高度的攻城建筑物),估计要用两万个工修一个月。外头修,里头也修,守城义军对着施工的"距闉"设了一个战棚,取了一个诙谐的名字,叫"喜相逢"。在距闉即将筑成时,义军用火攻把它烧了,大火着了三天还没熄灭。

明镐又采纳了军校刘遵的建议:在城南区挖掘地道,而在城北区佯攻,以牵制义军。

第二年正月,皇帝又派出参知政事文彦博为河北宣抚使,明镐作他的副手,加紧攻城。

官军在城北"攻打",吸引了义军的主力,正月底地道挖到城里,城中毫无觉察。闰正月初一夜里,文彦博挑选出二百名精壮的士兵,由曹竭等率领,口中衔枚,由地道入城。这批人进城后,登城砍死守军,垂下细绳引上官军来,双方厮杀在一起。义军放出训练好的火牛,冲得官军向后退却;官军中有人用火枪射击火牛,火牛往回跑反而冲动了义军,官军又乘势攻杀过来。王则率众开东门且战且走,杀死了截击他的阁门祗侯张纲,却被高阳关都部署王信逮住。其他义军据村舍坚守的,也都被官军杀死或围困烧死。

王则被用槛车送到京城寸磔。这支义军从起事到覆灭奋斗了六十五天!

从事镇压的官、兵,普遍地升官,受赏。

贝州被改名"恩州",记录下朝廷对这个地区的"恩典"。

方　腊

反对"花石纲"的义军首领

方腊（？—1221），原名"朕"，被童贯改为"腊"，北宋末季江南义军首领。睦州青溪县（今浙江淳安）人，祖祖辈辈在青溪县堨邨居住。

这个县境内，有梓桐洞、帮源洞等，都在山谷幽僻险绝之处，洞民们世世代代地繁衍子孙，人烟旺盛。山中多产漆、楮、杉等经济价值高的植物，富商巨贾来往采购的不少。方腊自己经营着一个漆园，县里的"制作局"多次来无偿攫取，方腊敢怒而不敢言。当时江浙一带的百姓，正被朱勔搞的"花石纲"骚扰得困苦不堪，"比屋致怨"——家家户户怨声载道。方腊看到百姓实在过不下去，便暗地联络发动破产的农民和游民们，以讨伐朱勔为口号，举行起义。

徽宗宣和二年十一月戊戌朔日，方腊树起了造反大旗，自号"圣公"，建元为"永乐"，以起义的这个月为正月。设置了官吏、将帅，用头巾的颜色作为"级别"标志，从红巾往上，一共分六个等级。义军都是揭竿而起的穷苦人，战士必备的弓矢、介胄一概没有，只能因陋就简，就地取材。尽管如此，不到十天便"聚众至数万，陷清溪县"。这月二十一日，两浙都监蔡遵和颜坦率官兵攻击方腊义军，在息坑全军覆没，二人也都丢了性命。

十二月戊辰日,方腊义军搏杀官兵上千人,攻克了睦州治所,于是寿昌、分水、桐庐、遂安等县相继为义军占领。甲申日攻下休宁县,俘虏了县知事蘝嗣复,劝他投降他不干,还骂骂咧咧地说:"何不速杀我!"一个义军首领说:"我也是休宁人,你是这个县的县官,有善政,比以前的几任县官强,我何必杀你呢!"释放了他。朝廷闻知后,给他升了两级,任命为睦州知州。后来他愈发和义军对着干,被杀伤。他还想带伤渡江去向宣抚司求援兵,但没来得及去就死了。

方腊义军节节胜利。丙戌日,义军攻陷歙州,婺源、绩溪、祁门、黟县的官吏吓得纷纷逃窜,义军连续攻下富阳、新城,直逼杭州城下。在这些积极搜罗"花石纲"的地区,义军所到之处,"得官,必断脔肢体,探其肺肠,或熬以膏油,丛镐乱射,备尽毒楚,以偿积怨"。——这些手段,也都是官、兵对百姓们施加过的,他们"积怨"太深,义军也"效颦"出口气。

地方上向朝廷告急,宰相王黼正怂恿着皇帝调集军队"北伐",怕被冲淡,便隐瞒下军情不向皇帝报告。这使义军得以迅速地扩大战果,壮大队伍,直搞得"东南大震"。淮南发运使陈遘上言:"贼众强,官军弱,乞调京畿兵及鼎、澧枪牌手兼程以来,不至滋蔓。"宋徽宗看到奏疏大吃一惊,马上罢了北伐的打算,任命谭稹为两浙制置使,童贯为江、淮、荆、浙宣抚使,统帅禁卫部队和秦晋的蕃、汉兵十五万人大举进讨方腊义军。待到官军过江,义军已经攻克了杭州,镇压了拒不投降的杭州知州赵震遁、廉访使者赵约。

童贯一面率官兵镇压,一面和义军争夺民众。他到了吴地,目睹了"花石纲"扰害百姓的累累恶果,也听到人们说这是义军难以镇压下去的根本原因,急忙根据"圣意"写了"罪己诏"公之于众,宣布罢了苏、杭的造作局和提供朝廷的木石采色等纲运;皇帝在京城,也相应地宣布罢了朱勔父子弟侄的官。于是"吴民大悦"。

二月甲戌日,宋徽宗降诏招抚方腊。方腊置之不理,又攻克了旌德县及处州。官军夺回了杭州。三月里,方腊义军第二次进攻杭州,被官军"斩首五百级",又在桐庐打了败仗,睦州也丢了。

童贯、谭稹前锋至清河堰,水路、陆路一同进逼。方腊义军烧了房屋退守青溪县的帮源洞,这时义军还有二十万人,奋力节节抗击官兵,最后败退到深邃的岩屋中,官兵难以找寻。王渊的裨将韩世忠,潜行在豁谷中,由当地居民中打听到秘径,于三月庚寅日杀进去逮住了方腊,而忠州防御使辛兴宗,却领兵堵在洞口,把方腊夺了去,抢了这个"头等功"。方腊的妻子儿女和宰相方肥等五十二人也被逮住,官军对失去抵抗力的义军大肆杀戮,据史载,仅这一次大的围歼战就"杀贼七万余人"!

方腊起义历时半年,攻下六州、五十二县。它的迅速壮大,反映了官逼民反的历史规律;它的迅速覆灭,反映了它在军事政治素质、武器装备、组织程度等方面较之官兵都处于绝对劣势。

起义军被镇压下去后,徽宗又下诏恢复了搜罗花石的应奉局,朱勔父子又供职如初:这就是宋徽宗赵佶对人民、对历史作出的答复!

宣和三年(1121年)八月"丙辰,方腊伏诛"。

杨妙真

抗金义军"红袄军"女首领

杨妙真,女,生卒不详,南宋末期北方抗金义军首领。益都人。

金泰和(相当宋宁宗朝)年间,在山东地区,宋的遗民中,崛起了几支起义军:刘二祖起兵泰安,扩展到淄、沂二州,刘二祖战死后,霍仪继续领导这支军队抗金,前来归附的有彭义斌、石珪、夏全、时青、裴渊、葛平、杨德广、王显忠等;杨安儿起兵益都,扩展到莒、密,展徽、王敏是谋士,母舅刘全是主帅,前来归附的有汲君立、王琳、闫通、董友、张正忠、孙武正等;李全与二哥李福起兵于潍州,前来归附的有刘庆福、国安用、郑衍德、田四、于洋、于潭等:从鲁中到鲁西南,义军蜂起,对于正在面向蒙古作战的金人,这是一个极大的牵掣力量和后顾之忧。这几支义军都穿红衣作战,被金人叫做"红袄贼"。

南宋嘉定七年(1214年),杨安儿在益都城东被金军打败,他奔向莱阳,金的州官徐汝贤献城投降;再向东转战,金登州刺史耿格开城门纳州印,郊迎杨安儿,并拿出府库的钱来慰劳义军。于是,杨安儿遂称王,置了官属,改元天顺。诏表、符印、仪式等都是耿格操持的。金主大怒,派出大兵征讨。交战后,三十多万义军(包括新投降的金军)死伤数万,退守莱州。金人招降,红袄军不接受。一天夜里,金方派出的假投降的奸细,赚开城门,放入金军,徐汝贤被杀,耿格投降,杨安儿逃脱。

金主下令赦山东造反的人——只不赦耿格和杨安儿。于是耿格被杀。杨安儿和部将汲政等乘舟入海,想奔岠嵎山,受到舟子曲成等的袭击,杨安儿落水而死。第二年,金军攻击红袄军刘二祖部。刘二祖受伤,被捕遇害。

杨安儿的妹妹杨妙真,号称"四娘子",勇敢剽悍,善骑射。刘福等部将奉她为首领,称为"姑姑",这时他们还有军队几万人,驻在磨旗山。李全率众来投奔,杨妙真和他结为夫妻,军队也合二为一。这便是红袄军的主力;此外,还有以往被金人击溃的义军,跌而复起,都以"红袄军"的名义进行抗金战斗,"金虽时有斩获,不能除也"——形成了一股不可阻挡的抗金铁流,此伏彼起地转战于山东淮北大地,大大牵掣了金人抗蒙侵宋的力量。

嘉定十年冬,金人进攻大散关时,李全攻下金占领的青州、莒州。十一年正月,李全率众归顺南宋朝廷,诏任京东路总管。他又率部接连攻下了密州、寿光、邹平、临朐、安丘等县。十二年,金兵南犯江淮,建康府大震,在淮东提刑兼知楚州贾涉的部署下,李全部在涡口截击金兵,杀金将数人,获其金牌。金人解滁、濠、光三州之围退去,李全又追击之,大败金兵于曹家庄,从此以后金人没敢再窥伺淮东。

李全召降了齐州、益都,与益都张林结为兄弟,二人附表奉青、莒、密、登、莱、潍、淄、滨、棣、海宁、济南十二郡版籍献南宋朝廷,表词中有云:"举七十城之全齐,归三百年之旧主。"诏授张林京东安抚使兼京东总管。

这年十二月大雪,淮河冰封了,李全征得贾涉同意,出兵偷袭泗州城,正要踏濠冰攻城,城上突然火炬齐明,高喊道:"李三(李全是一胎仨兄弟中的老三),你想偷城吗? 天太黑了,特别给你准备了火把照明!"他见金人有备,便撤走了。

红袄军和金兵在山东大地上时有战争,各有胜负。李全的哥哥李福和张林争利,张林投降了蒙古。李全回来打跑了张林,入据青州。史弥远任丞相时,认为李全战功大,要给他加官爵,贾涉不同意,史弥远还是把李全提升为保宁军节度使、京东路镇抚副使,又赐钱三十万缗犒赏战士。

宋宁宗死后,史弥远废济王赵竑而立赵昀,湖州潘氏三兄弟想拥立济王声讨史弥远。他们以这个意图联络李全,李全口头上答应着而不出兵,但他们起事却用了李全的名义,由此李全和朝廷有了隔阂。许国接贾涉的任镇守淮东,对红袄军首领很不礼貌。当时李全在青州,杨妙真驻楚州,她出郊迎接，许国竟不和她相见，还调集两淮十三万马步军在楚州城外检阅，向杨妙真部示威。杨妙真等红袄军将校都外松内紧地时时戒备着。李全由青州来参见，许国竟端坐不让，大模大样地接受李全的跪拜礼，并扬言："我折服了这小子了！"李全心中忿恚，面上忍着。不久有个小吏偷了许国两个文件箱子，献给李全的部将，李全打开一看，竟有朝廷大臣授意许国图谋李全的信件。于是在一个早上，许国受到红袄军的袭击，受箭伤丧命。

李全从青州回到楚州，假装责骂了部将刘庆福不善约束部队，斩了几个人，上表待罪，朝廷没再过问，便任命了当过楚州副职而和李全关系较好的徐晞稷为淮东制置使，并嘱咐他要尽心抚慰李全。徐晞稷到楚州后，李全参拜时他降等制止，平日称呼李全为"恩府"，称呼杨妙真为"恩堂"。

宋理宗宝庆二年，李全赴益都，攻破城，抓住投降蒙古的张林，械送楚州，蒙古兵紧攻益都，李全命哥哥李福去楚州保住基地，自己在益都抵抗蒙军。

这时楚州宋臣是刘琸，还有从红袄军投过去的夏全。当时传说李全战死，杨妙真派人向夏全求情，不要灭掉李氏，夏全答应，杨妙真盛服饰出迎，带夏全骑马巡视营垒，边走边说："人们都说三哥死了，我一个妇道人家，怎么能自立呢！正该把你当作丈夫，子女玉帛、干戈仓廪，都归你所有，希望你接受这一切，不要推辞！"夏全喜出望外，置酒欢饮，转仇为好，像新婚一般地亲密。

于是，夏全和李福谋划，半夜发起袭击，围攻刘琸的州衙，镇江军死伤大半，器甲钱粟遂为红袄军所有，刘琸缒城逃脱。赶走刘琸，夏全夜晚又到杨妙真房中睡觉，杨妙真把他拒之门外。夏全大抢一番，率领自己的队伍投金去了。杨妙真保住了楚州的基地和实力。

李全在青州受到蒙古大军的包围，不得已投降。开始他在突围战中受到阻击，大败，又退回城中，后来城中粮尽，于宝庆三年投降了蒙古。蒙古将官们都说他势穷而降不可靠，主张杀了他，主将富珠哩说李全一向得民心，杀了他失掉民心会受到更多的抵抗，请示蒙主，任命李全为山东、淮南、楚州行省（和他的原官职相当），他仍然驻在青州。

杨妙真与李福住在楚州，被李全派人押送来的张林自由了后，与几人嘀咕要杀掉李福和杨妙真，献头给朝廷。杨妙真得到消息，乔装出走海州；李福被他们杀掉，双方部下混战一场。郭统制杀了李全的妾刘氏和次子李通，假称杀了杨妙真，用匣子装了三颗头献给上司，驰送临安"报捷"。

李全闻讯痛哭,要去楚州,富珠哩不许。李全自己砍下一个手指,发誓回去必定背叛南宋,富珠哩才放他走。他穿着蒙古衣冠回到楚州,背叛他的部将国安用杀了张林、邢德向李全赔罪,李全处死了郭统制,诱杀了自己的叛将时青,把田成瑶等八人下到狱中。李全大败金兵于龟山,金主以"淮南王"的头衔招降他,他拒绝了。

李全到了海州,又与杨妙真会合在一起。他们大力地招兵买马,并买船训练水兵,好多官兵都逃到他这里入伍。有些大臣提出讨伐,但朝廷没多少兵力,便于宋理宗绍定三年提升李全为彰化保康两军节度使、开府仪同三司、京东镇抚使,李全不受。此后李全与官军由小摩擦到大战斗,绍定四年一月,在扬州城外,被官军大败,他带着几十名骑兵向北逃跑,走到新塘,李全马队陷到了泥潭里面,他被官军乱刀分尸。

李全死后,余部想散伙,国安用提出再推选一个首领,经过争论,最后决定回淮安奉杨妙真为首领。官军追杀到淮安,红袄军水上陆上伤亡都很惨重。杨妙真招集部将们说:"二十年一支梨花枪,天下无敌手。现在大势已去,难以支持下去了。你们坚持不投降,只是因有我在;现在我想回涟水养老——我走后,你们请降,怎么样?"大家表示同意。杨妙真渡淮走了。红袄军瓦解。

国安用投靠蒙古,据有徐、宿、邳三州,蒙古帅想夺取,他杀了蒙将张进及红袄军在海州的部分将士,与杨妙真绝交,投奔了金人。金主封他为兖王,赐姓名完颜用安。杨妙真愤慨于国安用的背叛,把他的家属全杀了,自己跑回益都。她的长子李瑄被蒙古任命为益都行省(行政长官)。

思想文化界

窦　仪

编制律法典章的翰林学士

　　窦仪（914—966），学者，宋朝律法的主要制订者。字可象，河北渔阳人。出身于官僚世家，父亲窦禹钧与伯父都擅长词学。

　　窦仪十五岁时，就能写出不错的文章，后晋天福年间中进士。他的四个弟弟——窦俨、窦侃、窦偶、窦僖——相继登进士科第。冯道和窦禹钧是老朋友，在赠给窦禹钧的诗中，他夸赞他的五个儿子："灵春一株老，丹桂五枝芳。"缙绅中好多人都传诵这诗句，人们称赞他们五兄弟为"窦氏五龙"。（后世《三字经》上的"窦燕山，有义方，教五子，名俱扬"，说的就是他们五兄弟的事。）

　　窦仪学识渊博，气度峻直，为人严肃、清廉、敦厚。他经历了后晋、后汉、后周和宋四个朝代，历任记室、礼部员外郎、礼部侍郎、翰林学士、端明殿学士、兵部尚书兼判大理寺等。窦仪在政治、礼仪、法学、外交诸多方面表现出丰富的学识和干练的才能。

　　窦仪办外交讲"礼"。后周恭帝时，有一次窦仪出使南唐国，将要宣读诏书的时候，天上下起雪来，国主李景派人告诉他想在廊下拜受，窦仪回答道："我受国家的委派，不敢违背贯行的礼制；如果认为沾湿了衣冠有损仪表，最好另选别的日子进行。"李景只得按老规矩到庭院中冒雪拜聆窦仪宣读诏书。

窦仪管理财物,严格按制度办事。有一次,赵匡胤作为后周的大将,攻克了滁州,周世宗派窦仪去那里登记府库中的财物。他登记完后,赵匡胤派亲吏去提取库中的丝绢赏给部下,窦仪严肃地拒绝说:"太尉刚打下城池的时候,即使把全府库里的东西都分赏给部下,也没有人敢说什么;现在已经造册登记了,就是国家的财物,没有皇帝的命令是不能拿取的。"后来赵匡胤当了皇帝,还多次向大臣们提起这件事,称赞窦仪能坚持原则。

赵匡胤以宋代周,窦仪被免翰林学士职,调任兵部尚书,兼判大理寺,并奉诏编制刑法。两年后,翰林学士王著因饮酒误了公事被贬,赵匡胤又复任窦仪为翰林学士,并说:"禁中非此人不可。"

窦仪在礼仪上,要求皇帝也很严格。乾德元年,一次皇帝召窦仪入宫起草圣旨,窦仪到了苑门,望见皇帝戴着头巾、赤着脚坐在那里,便退步站住不往前走了,宋太祖只得穿戴好衣冠再召他进去。窦仪进谏说:"陛下创建大业,应该以礼示范天下。"皇帝向他表示了歉意,以后对待大臣们再没有不讲究冠带。

赵匡胤建国后,指示宰臣们起年号不许与历史上的年号重复。乾德三年(965年)宋灭西蜀国,乾德四年,赵匡胤由收入后宫的蜀女中看到一面铜镜子,背面铸着"乾德四年制",他很惊讶,便拿出来给宰相们辨认,结果没有人能说得出所以然来。叫了窦仪来,他一看就判断说:"这一定是伪蜀的器物。前蜀国主王衍用过这年号,大概是那个时期铸造的吧!"皇帝感叹道:"宰相还是该用读书人呀!"吓得宰相赵普从此以后开始认真读书了。

宰相赵普平素对窦仪又忌又怕,他推荐薛居正、吕余庆为副手,又与陶谷等"黄袍加身派"结成一伙,排挤窦仪。赵匡胤顾虑赵普任相时间久了,权力太大,想限制他,便把窦仪召来,说了赵普的一些不法行为,并且夸奖窦仪深孚众望等等。窦仪却说赵普是开国元勋,公忠亮直。皇帝听了很感扫兴,也有些诧异,觉得窦仪这次的谈吐颇不像他平素的为人。窦仪退下后,回家对弟弟们说:"我一定当不了宰相;不过也不至于到朱崖(在广东琼山东南,是传统流放地)去了。我们的家门可以保住了。"

乾德四年(966年)十一月,窦仪去世,终年五十三岁。赠右仆射。赵匡胤难过地说:"上天为什么这么快地把我的窦仪夺走了啊!"窦仪是赵匡胤的前朝老同僚,赵普是赵匡胤的老部下、第一号嫡系亲信:这三个人心中彼此都"豁然开朗",皇帝本身没有决心废赵普而用窦仪为相,窦仪只能委婉地"自保家门",自保正直清白,不与赵普争权或合污。

窦仪编撰的《刑统》三十卷,是后来宋王朝三百多年中根本的法律依据。宋代宗庙祭祀的各种制度礼仪,也都是窦仪制定的。

邢 昺

著名的帝师、经学大家

　　邢昺(bǐng)(932—1010),宋初经学大师。字叔明,曹州济阴人,宋太宗、真宗两朝著名的经学家。

　　邢昺"出道"较晚,宋太宗即位初年,四十五岁的邢昺应《五经》试,廷试那天,皇帝召他上殿讲解《师》《比》二卦,又提问了一些各种经书中的问题,十分赞许他学问的精深渊博,擢升《九经》进士及第。他历任知泰州盐城监、国子监丞、尚书博士、仪州知州、国子博士、诸王府侍讲、水部员外郎、司勋、金部郎中。

　　邢昺以国子博士任诸王府侍讲时,献《分门礼选》二十卷。宋太宗翻阅到《文王世子》篇,看了特别喜欢。又听说王子们经常向邢昺请教经义,而邢昺对经史中的君臣父子之道阐发特别深入,太宗很高兴,赏赐了他一笔财物。

　　宋真宗即位后,邢昺历任知刑审院,右谏议大夫,国子祭酒,翰林侍讲学士,淮南、两浙巡抚使,工部侍郎,权知审官院,工部尚书兼知曹州等,但不管官名是什么,他的主要职责都是为皇帝及诸王子讲经。

　　邢昺侍讲,真宗都让他"便坐"(别人都是站着讲),叫侍读们陪听,讲完

《左氏春秋》后，皇帝特赐了邢昺袭衣、金带、器币等，还在崇政殿赐宴感谢他，近臣们都叨光陪吃。这种荣宠在宋史上是空前绝后的。

皇帝对邢昺亲近而敬重，但邢昺只利用这种特殊的关系办了一件毫无实惠可言的私事——他上言说："我死去的哥哥邢素曾经中过进士，希望能够沾到赠官的恩典。"真宗慷慨地赠邢素为"大理评事"。

有一次真宗到国子监书库看书，问邢昺："现在这里有多少书？"邢昺奏道："国朝初年不到四千册，现在有十几万册了，经史的正义也都齐全。臣年轻时作学问，看到一些初学者得不到经史的注疏，阅读起来十分困难，那是由于撰写、印刷供不应求。现在好多了，一般士庶家庭都能得到，这是读书人生逢其时的幸福呀！"宋真宗听了高兴地说："是呀，国家虽然崇尚儒术，但不是天下太平，怎么能做到这一步呢！"

邢昺处理具体事务的水平，就远远赶不上他的讲经治学了。以前印书，都是把裁下来的剩余纸料卖钱，用来补贴国子监的零用；这次皇帝来看书，听他谈经头头是道，便问他对学馆的工作有什么改进意见，他一时想不出什么高见，便说今后可以把这笔卖余纸的收入交到三司里去补贴朝中的开销，皇帝点头应允。这样一来，国子监的开支马上紧张起来，讲官们也因对此不满而消极怠工。邢昺的这一举动，未免涉讨好之嫌。

真宗皇帝经常召邢昺入对，一天闲谈，邢昺提到皇帝任王子时，府邸中的同僚们沦丧殆尽，只有他一个人还在皇帝身边，言下不胜慨叹，勾起了皇帝对这位老大臣的感情，第二天便赏赐了邢昺一千两银子，并且把他的妻子召到宫中，赏赐了冠帔。

当时宋朝没有什么明确的官吏退休制度，邢昺七十六岁了，仍坚持上朝。他感到自己年迈体弱，在皇帝面前行动步趋艰难，便申请告假一年回故乡曹州看看，第二年郊祀时回朝。皇帝答复道："就以你现在的官职权知曹州，何必请假呢！"邢昺又提到杨砺与夏侯峤都是自己在王府时的同僚，二人去世后都赠尚书。皇帝见他说得可怜，第二天对宰臣们说："从这话可以看到他的心愿啊！"当即破格升任他为工部尚书兼知曹州府。

邢昺入辞这天，真宗又赏赐了袭衣、金带，并特别开了龙图阁，召集近臣在崇和殿举行宴会。皇帝作了五言、七言诗各一首赐他，参加宴会的大臣们也都赋诗相赠。邢昺动身的时候，皇帝又令大臣们钱别，在宜春苑举行了送别宴会。

一年后，邢昺奉召还朝，进礼部尚书。这时他已经不便于讲经了，真宗比较关心气候农时，便常和他谈谈农业生产的问题。天气的阴晴，庄稼的丰凶，往往事前都有一些迹象征兆，邢昺了解这些，经常圆满回答皇帝的提问。

邢昺七十九岁那年病倒，皇帝派太医给他看病，亲自到他家中去探望，赐给他一箱名贵药材，一千两银器，一千匹彩缯。宋朝的惯例，除了宗室、外戚、大将、宰相之外，皇帝一概不探病或临表，真宗探望邢昺，表示了对故旧大臣的特别恩遇。这年的七月，邢昺病故，赠左仆射，三个儿子都进了官。皇帝还为他的去世辍朝两天，以示对先朝老臣的特别恩宠。

邢昺在朝几十年，主要活动内容是讲经和搞学术研究，不涉及官场的人事纠纷，又是两代皇帝的老师，在官运上，有升无降，青云直上，在当时的"教授"——国子监、翰林院的侍读、侍讲中，像他这样幸运的极少。真宗皇帝对邢昺，不光尊重他有学问，也有一定的感情。有一年夏天内阁晒书，真宗召邢昺同去观看，并作了《礼选赞》赐他。邢昺指着一部书，说很希望能得到它的副本。真宗答应了。后来这本书还没有抄写完，邢昺便病故了。真宗深感遗憾，诏令突击抄写出一式两本来，一本赐给邢昺家，一本放在邢昺的坟墓中。

邢昺撰写的《论语正义》，讨论心性命理，为后来的理学家所采纳。他还与杜镐、舒雅、孙奭、李慕清、催偓佺等学者一同校订了《周礼》《仪礼》《公羊谷梁春秋》和《孝经》《论语》《尔雅》的义疏。

孙 奭

不肯"死在女人手里"的经学家

孙奭(shì)(962—1033),北宋经学家。字宗古,博州博平(今山东聊城)人。少年时拜同乡人王徹为师学习。王徹死后,同学们读经书遇到问题都找孙奭讲解,他阐述得很深刻,人人惊服,自然而然地成了同学们的老师。人们慕名求师,前前后后门人有好几百名。

孙奭九经进士及第后,任莒县主簿。他上书朝廷说自己愿意讲经,调大理评事,任国子监直讲。宋太宗到国子监,叫孙奭为他讲《尚书》,讲到"事不师古,以克永世,匪说攸闻",太宗说:"这是至理名言呀,商宗竟能得到这样的贤相!"感叹了一番,赐给孙奭五品官的礼服。

真宗即位后,任命孙奭担任诸王府侍读。

宋真宗要求群臣言事。孙奭上书谈了十条意见与建议,授官太常礼院、国子监、司农寺,又逐步升迁为王部郎中,龙图阁待制。他以经学的专长进身作官;自己的为人也以经中的道理作准则;向皇帝上言,也本着"经"的精神,态度耿直,从来不阿谀讨好。大中祥符初年,宰相王钦若、丁谓等欲怂恿宋真宗东封泰山,先制造借口,制作了所谓"天书",放在左承天门上,让皇帝"梦"到,再带人去寻出来,群臣称贺。皇帝召孙奭问有关"天书"的知识。他毫不含糊地说："臣孤陋寡闻，只知道圣人说'天何言哉'，更哪里会写书呢？"

大中祥符四年，天下大旱，宋真宗刚刚"东封"泰山回来，又想"西祀"汾阴，朝臣们助兴的居多，根本不以国计民生为念。孙奭又上书谏阻，提出"十不可"理由，要求皇帝抽出时间听他面奏。皇帝派宦官皇甫继明去找他问询，他不与宦官对答，又上疏奏，说现在外敌严重，在这个形势下劳民伤财，恐怕陈胜、黄巢这种人物又会"窥伺肘腋"。真宗不听，仍去西祀汾阴、晋谒先陵了。孙奭又两次上书，要求皇帝"早自觉悟，抑损虚华，斥远邪佞，罢兴土木"，消除日积月累的隐患。皇帝自知理亏，写了《解疑论》发给群臣，希望人们能"统一"到他的观点上来。而对孙奭，虽然不能接受他的意见，却也认为他正直朴实，忠诚可嘉。

孙奭见皇帝不务正业，便以父亲年老为理由，要求放归田里。朝廷不让他辞职，派他出知密州。两年后，又调任左谏议大夫，纠察在京刑狱。这时朝廷新制定了天庆节、天祺节、天观节、先天节、降圣节，各地都要设斋醮大办，耗费财物惊人。孙奭上书要求裁减浮华的开支，朝廷置若罔闻，派他出知河阳。他又要求解官养亲，被调为给事中、知兖州。他上的奏疏中，朝廷对"轻徭、薄敛"采纳实行了一点，这是因为客观上再也难以从老百姓那里榨取到更多的东西了。

宋仁宗即位后，召孙奭任翰林学士侍讲。知审官院，判国子监，编修《真宗实录》。丁父忧起复后，孙奭兼判太常寺及礼院，兵部侍郎、龙图阁学士。他为皇帝讲书，每遇到前代乱君亡国的内容，总要反复阐发以进行谏劝。有时他看到皇帝心不在焉，便拱手默默地等待着。待皇帝觉察到自己失态，精神专注起来以后，他再往下讲。他还画了一张题名《无逸图》的画献给皇上，勉励皇上勤学勤政。仁宗命人把它挂在讲读阁里。

孙奭调回朝廷后，仍挂念着地方上的教育事业，上书说："臣知兖州的时候，建立了学校，学生达数百人。臣虽然用自己的俸禄补贴学校开支，仍然不够用的。自从臣离开那里，连这点补贴也没有了，恐怕学校会渐渐荒废的，要求拨十顷田地作学校开支。"朝廷批准了他的要求，由此开创了各州县提供"学田"作教育经费的先例。

天圣五年九月，宋仁宗召群臣到崇政殿西庑听孙奭讲书，并颁赐了丝织的御制飞白大字图。九年，孙奭七十岁，三次要求致仕，仁宗在承明殿接见了他，不舍得让他致仕，安排他以兵部尚书知兖州。临行前，皇帝赐宴，太后劝酒，大臣们作陪，即席赋诗。第二天入朝谢恩，仁宗又让他讲解了《老子》

三章,赐帛二百匹,并赐袭衣、金带、银鞍勒马。临动身,又赐宴瑞圣园,赐诗,又改兵部尚书为礼部尚书。后来以太子少傅致仕。

明道二年,孙奭病危,叫人把他抬到正屋躺好,屏退婢妾,嘱咐儿子孙瑜说:"不要让我死在女人手里!"不知道这话的内涵是什么,他就这样"寿终正寝"了,享年七十二岁。

孙奭在禁中讲经二十多年,出任州官也有政绩,宋仁宗听到他去世的消息,难过地对宰臣说:"朕还想再召他回来呢,他竟去了!"叹惋良久,并为之罢朝一日,赠左仆射,谥"宣"。

孙奭性格方正凝重,事亲笃孝。他父亲亡故以后,入殓时洗脸,他不忍用面巾蘸水擦拭,而用自己的舌头舔舐。他讲经不光口头表达好,钻研得深刻,书面成果也多。他摘录了《五经》中有关治国之道的话,编辑了《经典徽言》五十卷,撰写了《崇祀录》《乐记图》《五经节解》《五服制度》,还奉旨和邢昺、杜镐校定了诸经书的正义,《庄子》《尔雅》的释文,考正了《尚书》《论语》《孝经》《尔雅》的谬误和律音义。

丁 度

用学识影响皇帝的翰林学士

丁度(990—1053),宋仁宗朝翰林学士。字公雅,祥符人。宋仁宗初年任太常丞。仁宗即位之初,丁度就上书论事,并特别作了《王凤论》献给刘太后,希望她吸取历史教训,不让外戚擅权乱政——这时小皇帝仁宗才十三岁。后来,他陆续升任知制诰、翰林学士、翰林学士承旨、枢密副使、参知政事。

丁度学识丰富,为人正直,长年在翰林院,有时参加具体法令制度的决策——如制定茶法;有时主办红白事——如为郭后护葬;有时主持最高级考试——如权知礼部贡举……而更多的,是通过讲书、答问和上言,用他的学识和见解直接影响最高决策者皇帝。

康定元年,西北地区被李元昊侵扰得很狼狈,朝中两府、三司的官员连"旬休"日也不敢歇班,举国上下一副被动挨打的架势。丁度向皇帝进言:"东晋时期,苻坚统帅百万大军南侵,谢安依然率领人们游山玩水,以安定人心。我建议朝臣们照旧放公休假,使外敌不致摸清我们的虚实。"皇帝赞同他的见解,立即下诏:"从今天起,遇到旬休的日子,照常歇班。"

有一次,皇帝问他防御西方侵略的对策,丁度奏道:"现在我们几次受到挫折,士气沮丧,如果主动出兵反击,说起来大快人心,但千里迢迢地运粮输草,实在得不偿失。不如加强边防军事建设,抓好谍报,及时掌握敌方动态,把守好险关要塞,提高总体的实战能力,这才是御敌制胜的基本策略。"事后,他又把自己的意见一条条写出,题名《备边要览》,献给皇帝。

庆历四年,丁度与别人合撰了《答迩英圣问》一卷献给皇帝,仁宗选出其中六条重要建议,让中书府和枢密院照办。

有一次皇帝问丁度:"使用人,应该把资历还是才能放在前头考虑?"丁度回奏道:"太平时期,用人应该先讲究资历;边患没有平息的情势下,用人应该先讲究才能。"秘书阁校理孙甫听了这话,向皇帝劾奏道:"丁度说这话,是要求自己得到大用,应该交有司处理。"皇帝对大臣们说:"丁度位在侍从十五年,多次论析国家大事,从来不谈他自己,孙甫凭什么这样说呢!"

丁度因长年侍讲经筵,皇帝平常习惯称呼他"学士",而不叫他的名字。一次皇帝问他:"学士,古人用蓍草和龟甲占卜吉凶祸福,是不是很灵验呀?"丁度答道:"卜筮,是古代圣人干的事,说到底,不过是一种技巧罢了。要学古人,不如以古人的治乱作为借鉴。"

有一次皇帝到迩英阁读书,丁度为他讲《诗经》的《匪风》篇,皇帝就"谁能烹鱼,溉之釜鬵"两句发问道:"《老子》中说'治大国若烹小鲜',含义和这两句一样吗?"丁度回答说:"烹鱼太烦琐就弄碎了,治理百姓太烦琐就散乱了。不是圣上学习钻得深、想得远,怎么能够发现古人对国君治国所寄寓的希望呢?"他经常这样因势利导地影响皇帝。

庆历五年(1045年),五十六岁的丁度被任命为枢密副使,第二年改任参知政事。庆历八年,福建一带上奏的案件中,有很多是用毒蛊伤害人命的,而且把蛊神秘化了,弄得人心惶惶。福州一位名叫林士元的医生,能够用药把吸食入腹中的蛊打下来,皇帝下诏,把他的药方连同收集到的各种治蛊的良方编成一本书,题名《庆历善救方》,让丁度作了序言,颁发下去。这本医书收到了一箭双雕的效果——既治了病又破除了迷信。

可能有的人只适合于作学问,而不适于当官,丁度就是如此。他在中书府三四年,没有什么大的建树,自己也不愿意"凑付着干",多次要求免职,御史何郯也上言皇帝"退之以礼"。皇帝遂免除了他参知政事的职务,授之以紫宸殿学士和翰林侍读学士,他又干起了陪皇帝读书、为皇帝讲课和解答疑难问题的本行。

皇祐五年正月初十日,这是朝庭里"旬休"的日子,丁度逝世,享年六十四岁。皇帝亲临祭奠,赠吏部尚书,谥"文简"。

丁度性格恬澹朴质,不爱声色,身边从不用女侍。他经常对几个儿子说:"真宗皇帝朝的王旦,作了十五年的宰相,他死的时候,儿子们还穿着粗布衣裳。你们也要靠自己的努力,奋斗上进,我不会向皇帝为你们请求什么的。"他临终前,果然没为自己和儿子们提任何要求。丁度撰写了《备边要略》和《答迩英圣问》外,还与别人合作刊修《韵略》,改为《礼部韵略》;刊修《广韵》,改为《集韵》,并改《广韵》独用韵为同用的有十三处。

石 介

灵魂不得安息的方正学者

　　石介(1005—1045)，宋仁宗朝学者。奉符(今山东兖州内)人，有文采。本在徂徕山中讲学，后出任南京留守推官。

　　石介耿介如石，直言敢谏。景祐元年，石介上书原任宰相、现任枢密使的王曾，说近闻皇帝"渐有失德"，"倡优妇人，朋淫宫内，饮乐无时"，要求王曾犯颜直谏，以防酿成祸乱。但这次呼吁，没有得到回应。

　　第二年，御史台想提他做主簿，因他上疏说朝廷定赦书条例不应该参考五代及被灭"诸伪国"的作法，忤逆了上头，未被召用。欧阳修为此写信给御史中丞杜衍，说石介"脚还没有踏进御史台的门槛，就因上书言事被罢用，真可以算是正直刚明不畏不避的人了。石介的才能不仅作个主薄，简直可以当御史。如果不要像他这样贤能的人，就必然会用昏愚黯弱的人了。"杜衍没有接受。

　　石介学识功底好，当了国子监直讲。他喜爱真善美，憎恨假恶丑，好直言不讳地表达自己的爱憎。庆历三年四月，吕夷简罢了官，章得象、晏殊、贾昌朝、韩琦、范仲淹、富弼同时执政，欧阳修、蔡襄、王素、余靖同任谏官，夏竦起用后又被免掉，石介大感惬意，欢喜地说："这样盛大的事，歌颂是我的本分,哪能不作呢!"他满怀激情地写了《庆历圣德诗》,诗中赞扬了当时一大批正直的名臣,斥责了"大奸"夏竦。当时孙复预言:"石介的灾难就要从这首诗开始了。"这话不幸言中!

石介升为直集贤院兼国子监直讲。夏竦恨得咬牙,但他想扳倒的绝不只是一个没有实权的石介,他一面鼓动同伙大造大臣们"朋党"的舆论,一方面玩弄着鬼蜮伎俩。

石介曾经上书富弼,希望他行"伊、周"之事。夏竦弄到这封信,让家中一个女奴模仿石介的字体,把"伊、周"改为"伊、霍",并伪作了石介替富弼撰写的"废立诏"的草稿,把这些"传"到皇帝耳朵中。宋仁宗虽然不相信,但范仲淹和富弼已吓得睡不着觉,于是二人要求放了外任。夏竦的阴谋实现了一部分。

庆历五年,石介奉调任濮州通判,回家等待上任,不料七月病故,年仅四十一岁。夏竦仍不解恨,造谣说:"石介其实并没有死,是富弼暗地派他到契丹去借兵造反,富弼作内应。"这话又传入皇帝耳中,宋仁宗便下诏令京东路刑狱司核查石介到底死没死。石介的妻子、孩子也被逮捕看管起来。——后来见契丹方面毫无动静,谣言才消失。夏竦还不死心,又造谣说:"石介没有说得动契丹,又到登州、莱州为富弼奔走去了,想发动金矿上的几万人作乱呢!"并提出要开棺验看。御史何郯奏道:"都是夏竦制造事端,想打击迫害范仲淹等忠义之臣。他昨天刚当上枢密使,今天就捏造谣言假借朝廷名义实现个人阴谋。关于石介的死活问题,最好不再追问,以免有伤大体。"仁宗不听,下诏开棺检验。太监拿着诏书到了奉符,兖州提点刑狱吕居简说:"如果扒开坟打开棺木,证明石介确实死了,那该怎么办?况且丧葬不是一人一家能办的,一定还有亲戚、门生及其他人员,如果把他们召来问清楚石介确已死亡入棺,就让他们立军令状保证这件事,也可以完成诏书的要求啊!"中使说:"好办法!"回奏以后,皇帝同意了。于是把本来很清楚的事第二次"辨明",被拘押在别州的石介的妻子和孩子才获得回家的自由。

但没有人肯进一步为死去的石介说句公道话——追究夏竦的诽谤罪。

石介的作品有《徂徕集》。

欧阳修

优秀的史学家,刚正不阿的谏官

欧阳修(1007—1072),北宋史学家、谏官。字永叔,庐陵人。四岁丧父,母亲抚养他并教他读书识字,因家中贫穷,常用荻柴棒在地上教他写字。他敏悟超人,读过的书一般能背诵出来。成年,中进士甲科,任西京留守推官,二十八岁时入朝任馆阁校勘。

欧阳修立身正直,仗义执言。因写信批评右司谏高若讷不给遭贬的范仲淹说句公道话,而被贬为夷陵县令,又调为光化县令,乾德县令权武成军判官。四年后又调回朝廷任馆阁校勘,既而知谏院。他上言的事情有:皇帝应该重用韩琦、范仲淹;吕夷简致仕后不应再变相地参预朝政;对义军王伦的镇压不力;滕宗谅、狄青、种世衡动用公款的事被搞得变了质,又株连了很多人;应该制止献"瑞物"以取媚朝廷的行为等。这些意见皇帝或多或少地接受了。

有时皇帝也派欧阳修到地方上去处理某些问题。如河东上言粮草供应不上,要求废掉麟州,便派欧阳修赴河东与转运使研究处理。欧阳修见麟州地形险峻,城壁完好,应该保留,回来后提出解决办法:减少戍卒,而让土豪承担一部分防御任务。保州出了守卒叛乱的问题,皇帝派富弼"宣抚"河北,指挥各路派去镇压的部队,同时派右正言、知制诰欧阳修为河北都转运按察使。镇压结束,把两千多名降卒分散安排到几个州里。一天夜里,富弼找到欧阳修谋划说:"这些人以后如果再发动叛乱怎么办?不如规定个统一的时间,各州一齐动手杀掉他们!"欧阳修反对说:"不行!没有比杀掉已经投降的人后患大的了,何况他们都是胁从的呢!既然不是朝廷发出的命令,如有哪个州不听从,那后果更不堪设想啊!"富弼被他说服了,两千多降卒的命被保了下来。

庆历五年,欧阳修被自己弹劾过的赃官诬陷,出知滁州。原来欧阳修的妹夫的前妻之女张氏,由她的继母带在娘家抚养大,欧阳修把她看作自己妹妹之女,主婚把她嫁给了族兄的儿子欧阳晟,后来张氏与仆人有奸情,案子送到开封府。临时知府杨日严,知益州时贪赃横暴,欧阳修劾奏过他,他一看"报仇"的机会到了,便吩咐狱吏把欧阳修牵连进去。专门在上层拉关系的谏官钱明逸劾奏欧阳修"私于张氏,且欺其财"。最后查无实据,他们又劾奏皇帝派来参与审理此案的户部判官崔安石、内供奉官王昭明调阅案卷的手续不对——主要因二人看了案卷认为欧阳修是冤枉的——结果三人一起遭贬。

欧阳修在滁州的几年,过得很潇洒,写下"醉翁之意不在酒"的散文名篇《醉翁亭记》,反映了他的治绩,同时也反映了他政治上的落寞感。

欧阳修丁母忧,除服后入朝见皇帝,宋仁宗看他头发白了,询问任外官几年了,多少岁了,表现出不少怜恤,任命他为吏部流内铨。奸佞小人们唯恐欧阳修回来自己又要倒霉,便伪造了一份欧阳修的"奏疏",内容是要求裁汰倚仗皇帝的恩宠干坏事的宦官,于是宦官与朝中小人内外勾结,罗织欧阳修的罪名,皇帝竟轻信了他们,又下令龙图阁直学士、吏部郎中欧阳修知同州。欧阳修在吏部的凳子上坐了还不足十天!吏部的吴充、冯京为他申辩,也被罢官。后来知谏院范镇与参政刘沆极力营救,皇帝才收回成命,又派欧阳修刊修唐书。

这时欧阳修已五十六岁,其后的日子,他虽是翰林学士、参知政事,也被罢出任过州官,但主要的时间和精力,都放在了修史上。对国家大事,他仍然很关心,而且常提出一些正确意见,如:在用人方面,他向朝廷推荐了王安石,要求罢治宰相陈执中,不同意狄青当枢密使,反对贾昌朝任枢密使,不同意张方平任参政等等;对皇帝,他几次积极建议早立嗣;在财务上,他反对大兴土木,因受灾免除了灯节活动;在一些方针政策上,如茶法、牧马措施、方田均税法,他都尽力地陈述利害。

在阐述政见时,欧阳修与其他大臣之间,有时一致,有时矛盾。他像其他正直的大臣们一样,"就事论事",不计较得失。但涉及大的原则问题,总要坚持己见。如治平二年时,宰相韩琦与曾公亮商议让欧阳修任枢密使,在奏请之前未告诉他本人。欧阳修察觉到这一点,主动找到他们说:"现在天子居丧不理朝,太后垂帘听政,两三个大臣互相自定位置,怎么面对天下士大夫?"韩、曾佩服他的见解,此事遂作罢论。后来宋英宗又提任他为枢密使,欧阳修坚决谢绝。

宋仁宗时,因罢治陈执中事意见不被采纳,欧阳修要求出知蔡州;宋英宗时,因政见不同,被诬为"朋党",对方罢了官,"对立面"还汹汹不已,他三次上表要求罢官,以观文殿学士、刑部尚书出知亳州。他多次以病辞官而不获准,后来神宗时,因论青苗法不好,被罢为宣徽南院使、知蔡州。当时他已六十四岁了。在蔡州看到"青苗法"的弊病,上书要求停行,王安石很反感,他又积极求退,第二年,便以太子少师、观文殿学士致仕。下一年病故。谥"文忠",配享韩愈庙。

欧阳修秉性刚劲,见义勇为,多次罢黜,志气不少屈。英宗皇帝特别欣赏他的为人,曾夸奖他"性直,不避众怨"。御史刘庠曾劾奏欧阳修:到福宁殿祭奠仁宗时,丧服里面穿着紫衣。英宗扣下了这个奏章,派中使去告诉欧阳修,赶紧换衣服,把他保了下来。欧阳修善于识人,并积极向朝廷荐人,曾巩、王安石、三苏父子的出名、起用,都和他的推荐分不开。欧阳修任地方官,为政宽简,便民,既不繁琐,也不松弛。他任开封府尹时,完全沿用了包拯的做法,多事的人嫌他无所变革,他说:"人各有长短,为什么要抑制他的长处而宣扬他的短处呢!"

欧阳修一生好古嗜学,他奉诏与别人合修了《新唐书》,自己撰写了《五代史记》(后名《新五代史》)。苏轼评论他的文风说:"论大道似韩愈,论事似陆挚,记事似司马迁,诗赋似李白。"

刘　敞

渊博正直的翰林侍读学士

　　刘敞(1008—1069),北宋翰林学士。字原父,号"公是先生",临江新喻人。庆历年间进士,廷试第一名。编排官王尧臣,是他妻兄,因避亲属之嫌,把他排到了第二名。初通判蔡州,后相继任直集贤院、尚书考功、权度支判官、三司使、同修起居注、知制诰、同判流内铨、纠察在京刑狱、翰林侍读学士;也因政见不合于年老出知过永兴军、卫州、郓州、南京等;还出使过辽国。刘敞阅历不算丰富,但学问渊博;对学术与政治问题,都敢于直抒己见。

　　刘敞直言敢谏。至和元年,宋仁宗心爱的张贵妃死了,被追谥为"温成皇后",有佞臣请给她立忌,刘敞直谏道:"从太祖至今,后庙只有四室。陛下的生母都没有立忌,哪能因为个人昵爱就改变古礼祖制呢!"当时官吏请丧假的停发俸禄。刘敞就此上言说:"这个做法太薄情了,哪有遵守礼仪的人反不及被流放的人待遇好呢! 臣以往见到有的小官吏丁忧在家,穷得饭都吃不上,这太有伤孝子的心,不是改良民俗的办法啊!"

　　至和二年,刘敞出使辽国。他平素对山川道路形势熟悉,辽人"参赞"不了解他,故意领他从古北口至柳河,迂回曲折近千里地,以夸示他们"边防"的辽远险固。刘敞通过翻译质问他:"从松亭奔柳河,那条道很好走,不几天就可以到达中京,为什么绕这个远路呢?"译过去以后,那辽人又惊愕又难为情。刘敞以自己的才识,给了对方一个下马威。

刘敞负责纠察在京的刑事案件,坚持按律法程序办案。一次他遇到一个案子:御营卒桑达等数十个人酗酒斗喊,攻击到皇帝身上,皇城使打着"圣旨"的旗号捉了人,未到开封府审讯,就把桑达拉出去杀了。刘敞追问为什么不按手续,府里回答说:"近年惯例,凡圣旨,中书门下、枢密院所审的案子,都不用过问复审。"刘敞便上奏章,朝廷两府的案子也该交开封府依例复审,以澄清真伪,杜绝冤案。皇帝把他的奏章批转到开封府,不许破坏固有的"慎刑"制度。

郭皇后被废,勒令"出家",死在尼姑庵中,后来皇帝有些后悔,想让她进宗庙受祭祀,大臣不同意的居多,刘敞也不同意,阿附的当然也有。后来刘敞在一个官员的任命上措词不当,台谏劾奏他,扣上了"导人主废后"的"大帽子"以争取皇帝贬刘敞。其实郭后被废时刘敞才二十六岁,还没"发迹"呢!他们一连上了十几道奏章,弄得刘敞无法干下去,正好永兴军缺太守,刘敞要求去,宋仁宗同意了。

刘敞陛辞的那天,说到关中连年歉收,人民流离失所,请求开仓赈济,还谈到均田法扰民等等,皇帝指令他在所辖地区仔细地访察利害得失,报告朝廷。他到任后调查清楚上奏朝廷:孙琳在河中府搞方田均税,可能宣传不够,老百姓很怕"新政策"多收税,都突击砍伐桑柘等经济作物。建议最好召回孙琳,待丰收后,百姓生活安定了再实行新政策。

宋英宗以宗族子入继大统,和太后的关系不和谐,刘敞为皇帝读《史记》,读到"尧授舜以天下"时,分析说:"舜地位极低微,尧却越过四岳而把王位传给了他。天地接受他,百姓拥戴他,没有别的缘故,只因他的孝顺友爱的美德的光辉普照上下啊!"皇帝听了,坐直了身子,表情也严肃起来,领会了他是在用古人的大义来讽谏自己。退下来后,王珪钦佩地对刘敞说:"你竟能直言到这般程度啊!"太后听说了,也感到欣慰。

刘敞请病假,满一百天后,要求给个便郡出京养老,英宗不舍得,对宰相说:"像刘敞这样的人才哪是容易得到的啊!"又赐给了他一百天病假。刘敞养病期间,英宗见到别的翰林学士,总要打听一下刘敞的健康状况。三司请示说,按规定刘敞第二次病假,就不该发给俸禄了,皇帝批示照发。皇帝吃新橙子时,也赐刘敞几个。他身体好些,又要求放外任,便以集贤院学士判南京御史台。

四年以后,刘敞死在南京任上,终年六十二岁。

　　刘敞一生好学,寝食坐卧都离不开《六经》,他博学多闻,除一般经书之外,佛老、卜筮、天文、方药、山经、地志,他都广泛涉猎,也爱观星象推论人事。他曾得到几十个先秦的彝鼎,那上面刻的古代文字,他都能读下来,凭借这些铭文,他考知了三代的一些制度。他特别珍爱这些鼎,经常说:"我死了以后,要让儿孙们用这鼎蒸饭祭祀我。"朝中官员每逢遇有礼乐的事,拿不准该怎么办时,就去找刘敞裁决,刘敞不仅博学,文思也敏捷,一次欧阳修读书遇到疑难问题,派人带信来请教他,他一面和来人说着话,一面手下不停地写答案,欧阳修听了很为叹服。

　　刘敞不读"死"书,他爱思索,执疑,评论。宋代,庆历以前的学者读书,都接受并照搬原有的注、疏,刘敞却写出了《七经小传》,和诸儒有不同的理解,开创了宋儒批评汉儒的先声。他的著述还有《春秋权衡》《公是集》。

　　他有一个别号:"公是先生"。他的弟弟、史学家刘攽,则称"公非"。

邵　雍

"安乐窝"里的名学者

　　邵雍(1011—1077)，北宋哲学家。字尧夫，祖先范阳人，父亲邵古迁居衡漳，又迁居共城(今河南辉县)，邵雍三十岁时，到河南游学，后来在伊水安葬了他的父母，遂定居河南。

　　邵雍年轻时，自认为才分优异，很想作一番事业，建树功名。对于书，他无所不读，学习态度坚忍刻苦，冬天不生炉火，夏天不搧扇子，夜里瞌睡了伏案打个盹儿，不到床上去睡觉，这样坚持苦读了好几年。后来又慨叹道："以往人们学习，崇尚以古为友，而我还没有到各地瞻仰古迹呢！"于是他过黄河、汾河，渡淮河、汉水，周游了齐、鲁、宋、郑等春秋古国的遗地，很久才回到河南，大彻大悟地说："道，就在这里呀！"从此再没有外出游历。

　　刚到洛阳的时候，柴门土墙，不足以遮蔽风雨，邵雍亲自上山打柴做饭侍奉父母，家中穷得时常吃不上饭，而他竟能怡然自乐，这是一般人学不来的。父母亡故后，他执礼居丧，痛自哀毁。后来大臣富弼、司马光、吕公著等人，因反对王安石变法，退居洛阳，他们平素敬重邵雍，经常与他来往，便为他买了住宅田园。邵雍接受了这份纯真的友情，按农时进行耕稼，勉强能做到衣食自给自足。他高兴地为自己的新居命名为"安乐窝"，并且自号"安乐先生"。

邵雍每到天明，便在安乐窝中焚香静坐；过午有时饮上三小杯酒，微醉辄止，从来不喝到"酩酊"的程度；兴之所至，有时歌诗吟哦，自娱自乐。春秋季节，邵雍时常坐着一个一人挽行的小车。出门在城中游览。士大夫家有些能辨听他的车音，争先恐后地迎候他到自己家中作客，连小孩子和仆人们见他来到也高兴地传告："我们的先生来了!"有时他高了兴就在谁家中住上两天。有好事的人，特地模仿邵雍的"安乐窝"建造了客房，以等待他来作客时居住，美其名曰"行窝"，类似皇帝出游时居住的"行宫"。由此也看出时人对邵雍的敬爱。

司马光和邵雍并称二贤。邵雍比司马光大八岁，司马光像对待亲哥哥一样地对待邵雍。二人的道德修养，为乡里祝作典范，父子兄弟互相提醒告诫，往往说："不要做不该做的事情，否则被司马端明、邵先生知道了多不好呀!"来到洛阳的文人名士，有的不到官府中去拜谒，也一定到邵雍的"安乐窝"去造访。

邵雍高尚的德行，影响了一方教化。他的德行、气质纯真自然，他既不有意地表露自己，也不有意地掩饰自己，有时整天与众人在一起谈笑，也没有什么"特异"的表现，但人们一眼望去，就会感到他是一位贤哲。和别人谈话，邵雍总是乐于说对方的优点长处，而"隐其恶"。人们向他请教学问，他有问必答，但从来不勉强别人接受自己的观点。邵雍对人，不分贵贱长少，一律坦诚平等相待，所以贤者欣赏他的德行，平常人也心悦诚服地接受他的教育。一时洛阳人才特盛，忠厚之风传扬天下。

邵雍对实行变法有保留，但是不赞成为官的人反对或回避。

熙宁年间，宋神宗用王安石实行新法，朝中大臣司马光、富弼等积极反对，反对不成便以辞职对抗。他们这种态度，影响到官吏队伍的"中下层"，邵雍的门生、旧友在州县居官的，也有人想请求离职，写信征求邵雍的意见。邵雍回信说："这正是贤者应该效力的时候，新法固然严，但为官的执行起来，能宽缓一分，也能使百姓得到一分方便啊! 投劾对事情有什么助益呢?"

邵雍的学识见解高明英迈，智虑绝人，但他待人接物坦率、平和、浑厚，一点也不显现棱角，所以人们评论他"清而不激，和而不流"，越和他交往久了，对他越尊重信赖。程颢和邵雍整天地谈学论道，对人赞叹说："尧夫是内圣外王的学者啊!"对某些事情或事物，邵雍能够根据其目前的动态推知它的发展趋势，崇拜他的人们都宣传他先知先觉，程颐就说："其心虚明，自能知之。"这未免失实了,因邵雍不是"神仙"。

邵雍不愿意作官。宋仁宗嘉祐年间,留守王拱宸应诏举荐邵雍,朝廷授他将作监主簿;再举逸士,他被补为颍州团练推官:邵雍坚持辞谢,不获准,才接受任命,但他一直请病假,没有赴任。

邵雍病重后,司马光、张载、程氏兄弟日夜守候着他。临终前,大家在庭院中商议他的安葬问题,他在室内听得清清楚楚,把儿子邵伯温叫来说:"大家想把我葬在近城的地方,我应该跟先茔在一起啊!"熙宁十年,邵雍病故,享年六十七岁。赠秘书省著作郎。元祐中赐谥康节。程颢为他作了墓志铭,称颂他"道纯一不杂,就其所至,可谓安且成矣"。

邵雍的著述,有《皇极经世》《观物内外篇》《渔樵对问》和诗歌《伊川击壤集》。

周敦颐

宋代理学宗师

周敦颐(1017—1073),北宋著名理学家。字茂叔,道州营道（今湖南道县）人。原名敦实,因避英宗皇帝旧讳改名。他是北宋著名的道学(后世称理学)家之宗,程颢、程颐都出自他的门下。

周敦颐的舅父郑向,是龙图阁学士,因这个关系,他当上了分宁县主簿。县里有的案子长期拖着无法判决,周敦颐到任后,一次审讯,便弄清原委,作出了判决。县里的人们惊异地说:"老吏也没有他能力强啊!"

经部使者推荐,周敦颐又被调任南安军司理参军。有一个犯人,按律法不应该被判死刑,但转运使王逵是个酷吏,没有人敢和他争辩,只有周敦颐一个人敢顶他,他不接受,周敦颐便扔下手版回了家,准备弃官不作了,并且宣告说:"像这样的官还能当吗? 杀一个不该杀的人去讨好别人,这样的事我是不干的!"王逵被他"刺"通了,那个囚犯没有被问成死罪。

周敦颐升任郴州桂阳县令,当了郡守的老师。他的治绩很突出,郡守李初平很敬重他的学识和为人,曾向他求救:"我想读点书,该怎么做呢?"周敦颐说:"你已经年老了,来不及了,请让我为你讲书吧!"坚持讲了两年,李初平感到收获很大。

周敦颐调任南昌知县后,南昌的人们高兴地说:"这就是判决分宁县疑难案件的那个官呀,我们的诉讼能得到公正的判决了。"他治理了一段时间后,那些富家大姓、黠吏、恶少,都变得小心翼翼的,不仅是怕得罪县令,而且以给本县的善政抹黑为耻。这是周敦颐公正制裁与加强教化相结合的施政成果。

周敦颐担任合州判官时,事情不经过他,属吏不敢作任何决定。否则即使下达什么指令,老百姓也不信服。当时赵抃以部使者的身分派驻这里,听到属吏说周敦颐的坏话,便对他印象不好,经常威风凛凛地对待他。周敦颐知道赵抃平素的为人,一点也不介意,坦然相对。后来赵抃任虔州知州,周敦颐任虔州通判,赵抃仔细观察了周敦颐的处事为人,才真正地了解了他。一次赵抃握着他的手说:"我几乎和你失之交臂,现在才算了解了茂叔的为人啊!"

熙宁初年,周敦颐知郴州。后来由赵抃、吕公著推荐,任广东转运判官,提点刑狱,他坚持以洗清冤假错案造成的不幸和使百姓得到惠泽为己任,不辞劳苦地深入各地了解民情,即使是路途险远的瘴疠之乡,他也毫不马虎地一乡一村地视察,为各地解决一些实际困难。

周敦颐因病要求知南康军,他把家安排在庐山莲花峰下,门前有条小溪,流入溢江,他取故乡营道的濂溪为它命名,自称"濂溪先生"。赵抃再次出镇四川时,想奏请用周敦颐作搭档,没来得及,周敦颐便病故了,享年五十七岁。

周敦颐既善为官,又善治学。他由县以下小官吏干到州官,决冤狱,惠百姓,能把古代经典著作中的道理运用到为官施政中去。他的讲学,也不只是"传经布道",而且能够潜移默化地提高人的精神素质。侯师圣就学于程颐,觉得不能够大彻大悟,便去询访周敦颐。周敦颐和他对榻坐卧,夜以继日地畅谈了三天。侯师圣回来后见了程颐,一谈话,程颐很感惊讶,问道:"你莫非是从周茂叔那里来的?"周敦颐就是这样地善于启发诱导人的。

周敦颐参研陈抟的著述写作了《太极图说》《通书》,是程朱理学的理论基础。后人把他的著述编为《周子全书》。

宋宁宗嘉定年间,赐谥"元公",理宗淳祐年间,追封汝南伯,从祀孔子庙庭。

司马光

《资治通鉴》的主编

司马光(1019—1086),北宋著名史学家,字君实,陕州夏县(今山西夏县)人。宋仁宗宝元年间进士,历任奉礼郎,苏州判官,武成军判官,大理讲事,国子直讲,并州通判,直秘阁、开封府推官,修起居注,判礼部,知谏院,天章阁待制兼侍讲,龙图阁直学士,翰林学士,御史中丞,兼侍读学士,枢密副使,以端明殿学士知永兴军,知许州,加资政殿学士,知陈州,门下侍郎,尚书左仆射兼门下侍郎;以西京御史台主编《资治通鉴》。

父亲司马池任凤翔知府,授兵部员外郎,他上表辞谢了,宋仁宗夸奖他:"人们都爱升官,唯独司马池愿意退守,这也难能可贵了。"司马光要求随父任,做了几年地方官,后来丁母忧父忧,守了几年丧。四十岁以后任京官。司马光直言敢谏。入内都知麦允言死后"赠司徒、安武节度使",侍中夏竦谥"文正",皆不当,他据"礼"力争。宋仁宗病了,他两次以"自古帝王,即位则立太子",劝皇帝立嗣君。司马光任国知谏院,参加了详定均税条例,上了《论君德》《论御臣》《论拣军》三个劄子,供皇帝参考,并又一次提到立嗣君的问题,宋仁宗问道:"是不是想让我从宗室中选继位人?这是忠臣之言,但别人不敢谈到啊!"司马光回奏说:"臣原想要获死罪的,没想到陛下能开纳啊!"仁宗说:"这有什么关系呢,古今都有这样的事嘛!"这是仁宗第一次正式表示准备办这件大事。宋仁宗没有皇子,最后只能确立宗室赵宗实为皇太子,改名赵曙。两年后,仁宗驾崩,赵曙即位,即宋英宗。

英宗四月初一即位,皇太后垂帘权同听政。十二日,宫中送出"先帝遗物"赐两府官员、宗室、近臣、将军等,分成几个档次。当时富弼、文彦博各居家守丧,使臣也给他们把"分例"送到家中去。司马光谢绝说:"国家用度一向窘迫,又遭了大丧,历代的积蓄用得几乎要扫光地皮了。听说京外的府、军,官库无钱的,有的借民钱作赏赐用,一旦百姓办不到,便捶打逼迫。在这样的情势下,大臣们有什么心思领受厚赐啊!"皇太后坚持要他接受;司马光只好把珍珠留给谏院当办公费,金银送给了母族的亲属。

宋英宗身体有病,时好时坏,和太后的关系一直很紧张。司马光几次分头进谏,对双方关系的改善起了积极作用。新君上任之初,他上谏要他抓好三件大事:量材而授官;度功而加赏;审罪而刑罚。他听说,辅臣们建议皇帝开经筵读书学习,皇帝却说:"等明年春天再说吧!"他立刻上谏说学习是"帝王首务,不宜因寒暑废"。皇帝接受了,寒冬腊月便到迩英阁听侍读、侍讲们讲《论语》,读《史记》。

在司马光的提醒下,英宗即位后依惯例放遣老宫人一百三十五名。宣政使、入内都知、安静军留后任守忠,当初派他宣召英宗为皇子,他躲着不肯去;英宗初即位时身体不好,他又挑拨两宫矛盾;后来看宫内形势好了,又擅自从奉宸库支取几万两金珠献给皇后,自己因此受到赏赐。司马光与吕海上章弹劾他说:"任守忠有十大罪状,这是陛下亲见、众臣共知的。此外,欺慢为奸、恣横不法的事也无法尽言。"要求向天下公布他的罪状,把他处斩。皇帝把任守忠贬为保信节度副使,蕲州安置。

宋神宗即位后,司马光升翰林学士,权御史中丞。司马光上言很多,如对辽不该零敲碎打地妄动干戈,而应加强国防实力;罢掉药官高居简;不该派内使作心腹耳目打听朝官外官的事等,皇帝基本上都接受了。

宋神宗颇想有所作为,司马光唯恐皇帝"犯错误",在给皇帝读史时发挥说:"纵横之术,对治国无益。臣所以在写史时保留了它,是想反映当时的社会风气——人们专以论辩相竞争,而国君竟然拿整个国家听他们摆布,这就是伶牙俐齿可以毁灭国家的历史教训啊!"以史学家政治家的敏感,司马光已预见到改革的势在必行,但他是个不肯"走险棋"的人。

后来神宗皇帝任用王安石实行新法,司马光多次或正式或借"侍读"旁敲侧击地"言新法不便"，但没有动摇皇帝变法的意志。他在朝中经常和王安石顶牛，除了当面争论之外，曾三次写信给王安石，劝止推行新法，遭到反驳。当时，反对新法的富弼、吕公著、赵抃、欧阳修、曾公亮、范镇等人相继罢离朝廷，司马光积极求去，以端明殿学士出知永兴军。在向皇帝告别进对时，他又提出在永兴军不实行新法。熙宁四年，经司马光的要求，由永兴军调西京御史台，便身离政坛专编他的《资治通鉴》了。

元丰八年，宋神宗驾崩，十岁的赵煦即位，是为哲宗，由太皇太后协同听政。司马光入朝谒拜先帝灵，卫士们见了他，都以手加额说："这是司马相公啊！"老百姓遮道围观，他的马都无法前进。太后派内侍去慰问他，问他治国之策；任命他以资政殿学士知陈州；尚未赴任，又留朝拜门下侍郎。司马光一面上书辞官，一面上书言废除新法，并说实行新法"非先帝本意"。太皇太后赐手诏挽留他，并表示接受他的谏言，等他上任后一同施行，他才入朝供职。

司马光对新法及实行新法耿耿于怀，深恶痛绝。他在洛阳著书时"闭口不论事"，是感到自己无权，"说了也白说"，如今大权在手，上下都有人支持，他要大干了。他接受了吕公著的启发——"莫若任人为急"，第一批向皇太后推荐了二十五个人——自然是实行新法时被排挤贬谪的，这些人很快被相继起用。司马光是当时对罢新法最有实权的大臣，在他的推动下，罢掉了一批执行新法的官员，新法也很快被废掉一部分，只剩下免役法、青苗法，将官法和西戎之议未解决。当时司马光因病请假，一百多天不见好转，急得他叹息道："四患未除，吾死不瞑目矣！"给三省去信督促加速贯彻，并亲自写信致吕公著说："我自生病以来，把身体交给了医生，把家事交给了儿子，只是国事还无所托付，现在就交给你了。"

司马光"尽罢新法"的形而上学的做法，受到同僚中有识之士的反对。各条新法颁行的时间有早有晚，总的说，已实行了将近二十年了，它们的"社会效应"，在不同水平官员的督导下，在不同地区，绝不像反对者们所描绘的那么"黑"，结果有的罢不动，有的罢新复旧了，显露出来的弊病更严重。曾被贬下去而对新法有些实践经验的官员，对司马光的"一刀切"做法不满意，议论纷纷，有人建议废免役法可以先选一个地区试行一下，司马光不听，坚持全国各地一齐废，马上废，全部废。

司马光坐阵中书府，凡是王安石、吕惠卿建立的法度，毫不例外地一律革除。有人提醒他："熙宁、元丰的旧臣，多是佥巧小人，日后如有人以父子大义离间皇上,就来祸了。"司马光正色说道:"天若要使大宋朝的寿命延长下去,就一定不会出现这样的事!"卫尉丞毕仲游致信司马光,指出王安石变法所以行了二十年,一是符合"不足"的国情人心,二是朝廷内外没大有反对的人;而目前,罢新法救不了"不足",况且有的地方,罢而复置,而且各部门的官员"十有七八皆安石之徒"。司马光看了信"耸然动容",但对新法还是照罢不误。

元祐元年二月,司马光升任尚书左仆射兼门下侍郎。他正歇病假时,皇帝派阁门副使把任命书和官印送到他家中,他病稍好些,便到职视事了。诏令可以免朝觐、坐轿子上班。司马光说:"不见君,不可以视事。"他总是先拜谒了皇帝再到府视事。还兼任主持编修《神宗实录》。

夏国主派使臣来索要战争中被宋攻取的兰州、米脂等五砦,司马光与文彦博同意划给,其他大臣都反对。司马光上言说群臣"见小忘大……惜此无用之地",甚至想连对方没主动要的熙河也划出去。安焘坚决反对。最后礼部员外郎、前通判河州孙路带着地图给他解说是非利害,他才放弃自己的意见。司马光差一点为自己的历史画了一个耻辱的句号——宰相拿国土送敌国成什么人了?

元祐元年九月初一,司马光病逝,享年六十八岁。太皇太后与皇帝悲痛哭临,赠太师、温国公,谥"文正",御篆墓碑题为"忠清粹德"。

司马光从小好学,七岁听讲《左氏春秋》,回家便能转述给别人听。终日手不释书,特别爱读史书。为人孝友忠信,心地光明,他自己说:"我没有超人的地方,但平生做的事情,从来没有不可以对别人说的。"确是不假。由于新法推行后走了板眼,使一些地区的百姓未见其利先受其害,京洛地区因政治、经济背景特殊,反对的人更多,司马光坚决反对新法,在这些"反对派"心目中就成了"自然领袖"。京师百姓听到他去世的消息,纷纷买祭礼哭奠他;归葬陕州时,各地来吊唁的有好几万人,车辆成千上万。

从四十岁入朝到六十八岁辞世,司马光除向皇帝进谏、给皇帝讲课读书之外,主要办了两件大事:一、反对并力罢王安石变法;二、主持编写了历史巨著《资治通鉴》。他编书的目的是"鉴前世之兴衰,考当今之得失"。编成一部分上献,宋神宗读了,认为"鉴于往事,有资于治道",定名为《资治通鉴》,并亲为作序。《资治通鉴》是一部编年史,上起周威烈王二十三年,下终五代,共一千三百二十六年,分为二百九十四卷,配以《目录》三十卷,《考异》三十卷:共三百五十四卷。由司马光、刘攽、刘恕、范祖禹、司马康五人编撰。

司马光可能因为司马康是自己的儿子，书成后没署他的名字。

　　司马光任《资治通鉴》主编，全书从头至尾由他一人审阅定稿，所以虽数人分工编写，正史以外参考了杂史、野史、笔记等三百余种资料，但成书的体例、语言文字，却保持了一种统一的格调。并效仿《史记》的评点，在一些篇章后加了"臣光曰"的评论。这些评论鲜明地体现了司马光"资治"的意图。对这部书，他倾注了十九年的心血，在他去世的前一年完成，司马光堪称有强烈历史使命感的伟大史学家。

　　成书后，司马光升任资政殿学士；范祖禹升为秘书省正字；刘恕已死，未"追升"什么（后来录用了他一个儿子）；刘攽正被罢黜，未封赏；司马康没"报上去"，也未封赏。

　　太皇太后死后，章惇、蔡下用事，打着维护新法的旗号，大力贬、罢执政的"旧党"，司马光虽已去世也未能幸免，他的灵魂被"追贬"为清海军节度副使，继而被追贬到底——朱崖司户参军。三年后，宋哲宗又"追复"了他原来的官爵。

刘 攽

《资治通鉴》的编者

　　刘攽(bān)(1023—1089),北宋史学家。字贡父,临江新喻人,庆历年间进士。哥哥是给英宗当过老师的刘敞。进士及第后,刘攽干了二十年的州县官,欧阳修同赵槩推荐他参加朝廷馆阁职务的考试,刘攽的诗赋都考了"优等"。他当时已经是屯田员外郎,按例应该授予直馆职务,但由于他和御史中丞王陶有隔阂,王陶伙同侍御史苏寀排挤他,所以只授了个馆阁校勘。当时刘攽已经四十五岁了。

　　刘攽官位虽不高,但敢讲话。有一次吕公著、王安石等说:"按老例,侍讲的人都赐坐;从真宗乾兴年间以后,侍讲的人才站着,而侍从的人都坐着听。臣等认为侍从的人该站着,而讲课的人应该赐坐。"礼官韩维、刁约、胡宗愈也说:"最好按天禧年间以前的老规矩办,以显示陛下尊古重道的心意。"刘攽反对说:"侍臣在皇帝面前讲文论道,不应该安坐。避席说话,是从古到今的常礼。君主让讲课的人坐,是表示人主的尊德乐道;如果不是君命而是自己请求,性质就不同了。"龚鼎臣、苏颂、周孟阳、韩忠彦等赞同刘攽的意见,说:"乾兴以来,侍讲大臣站着讲课,又经历了仁宗、英宗两朝,实行了将近五十年,哪能轻而易举地说说就变了呢!"宋神宗又问曾公亮,曾公亮说："臣侍仁宗书筵也是站着。"这事遂作罢。

礼院廷试开始考策论，考官吕惠卿是"变法派"，评判时把赞扬新法的列在高等，而把观点相反的列在了后面；刘攽复考的时候，把吕惠卿排的全部翻了过来；又曾致信王安石批评新法。这些罪状加起来，他被贬通判泰州，又以集贤校理、判登闻检院、户部判官知曹州。

曹州是"盗贼多发区"，以往州官用重典也禁治不住。刘攽引老子的话说："民不畏死，奈何以死惧之！"他到任后，施政注重宽缓平和，社会秩序竟有了好转。刘攽注意属下官吏的德才治绩，为朝廷发现人才。曹州济阴县知县罗适，开导古浣河，引入漫流的积水，对农田、交通都有利。刘攽把他的事迹上奏朝廷，皇帝批示：记下罗适的姓名，待到府界大县有缺职，可以任命他发挥才能。于是任命罗适为陈留县知县，先在济阴干着，待陈留县官任期满了再交接。

其后刘攽又任开封府判官，京东转运使，知兖州、亳州。吴居厚继他任转运使时，奉行新法好，理财创收好，追查刘攽消极怠工的错误，罢黜他监衡州盐仓。不知道刘攽是办事能力差，还是有意识地对抗新法。

宋哲宗初年，起复刘攽知襄州，又入朝任秘书少监，和苏辙一起编写《神宗御制》，他因病要求离职，加直龙图阁、知蔡州。苏轼等上言，说刘攽博闻强记，擅长写作，从政可以和古代的循吏相伯仲，一身兼有几种特长，为人正直不阿，应该把他留在京城里任职。元祐四年，召拜中书舍人，他因病重不能应召，也就在这一年病故，享年六十七岁。

刘攽为人倜傥，不讲究仪表，谈吐诙谐爱开玩笑，这是他招致怨怒、造成自己仕途坎坷的原因之一。他有自知之明，但不放在心上。

刘攽是宋代的汉史专家，为官之余，他精心钻研汉史，著述上百卷，著作有《汉史刊误》《彭城集》。司马光撰修历史巨著《资治通鉴》，提名刘攽任"编委"，通鉴中的"汉史"部分，就是刘攽的心血。元丰八年书成进上，共同编书的司马光受了封赏，刘攽却因当时正被黜在衡州监管盐仓，不仅没受到封赏，连"将功折罪"恢复原官职的优待也没有得到。

刘攽别号"公非先生"，著有《公非先生集》。

王安国

　　王安国(生卒不详),宋神宗朝教授。字平甫,抚州临川人,王安石与王
安礼的弟弟,排行老三。安国自幼聪敏颖悟,没受过"专门教育",却文辞天
成。十二岁时,写的诗、铭、论、赋已警辟超异,于是因诗文出了名,士大夫交
口称赞他的文才。他博览群书,能融会贯通,多次举进士,举茂才异等,有司
考查他献的序言,评为第一名,母亲亡故后,他结庐守墓三年。

　　熙宁初年,韩绛举荐他才学品德好,召试后赐进士及第,任西京国子教
授。宋神宗因他是王安石的弟弟,特别召见了他,问他:"卿学问通古今,说
说看汉文帝算一个怎么样的皇帝。"王安国说:"三代以后没有过的啊!"神宗
说:"遗憾的是他的才能做不到建立新法制、更改旧法制啊!"王安国回答道:
"文帝从代入主未央宫,于俄顷呼吸之间就稳住了形势,恐怕没有才能的人
做不到吧! 至于采纳贾谊的建议,对待大臣们有礼有节,专一致力于用道德
教化民众,四海之内礼乐振兴起来,几乎达到了用不着刑罚的境界,这样文
帝的才能又增高了一等。"

　　皇帝又问他:"王猛辅佐苻坚,治理得那么点儿一个小国能够有令必行;
现在朕的天下这么大,却不能使用人,是什么原因呢?"王安国说:"王猛教苻

坚用严峻的刑法,以致秦国的寿命短促。现在可能有人拿这个来贻误陛下;如果以尧、舜、三代为榜样,那么臣下怎么会有不遵从的呢?"皇帝又问道:"你哥哥执政,外面议论些什么呢?"王安国答道:"不满他的用人不明察,聚敛太紧迫。"神宗有些不高兴了,授安国崇文院校书,后来又改任秘阁校理。

王安国也曾因舆论反对变法而向哥哥王安石进谏过,怕人们把对新法的不满集中到大哥身上,最后为家门招来灾难。王安石当然不能接受。

郑侠画《流民图》上献,导致王安石被罢相,新法被部分废止,他一时成了朝野"新闻人物"。有一次王安国骑马出城门遇见郑侠,举起马鞭致礼说:"你真可以算是独胆英雄了!"郑侠说:"没想到丞相被小人们贻误到这个地步啊!"王安国正色说:"不然。我哥哥认为做人臣者不应该逃避怨恨和诽谤,如果把四海九州的怨怅全都揽到自己身上,那么这也算是为国家尽忠了。"他理解他的大哥:既搞变法,必招怨谤,如果天下人都埋怨他一个人,就不去埋怨皇帝了。这是一种知其不可而为之的悲剧英雄的胸怀,熟谙历史的安国认识到大哥既然力行变法,这种胸怀必然与变法的魄力同在。

没料到二人途中邂逅的简短对话,竟成了吕惠卿迫害他俩的"炮弹"。

吕惠卿没得志时,事王安石如儿事父,王安国很厌恶他的奸巧,多次当面给他难看,王安国在西京国子监当教授时,颇溺于声色,有时欣赏"靡靡之音",王安石身居相位后,曾经去信开导他"宜放郑声"。有一天吕惠卿在王安石府中谈论变法的事,王安国吹笛子故意吹"流行乐曲",王安石又以"放郑声"教育他,王安国回敬说:"也希望哥哥疏远奸佞的人。"吕惠卿自然领会"佞人"指的就是他,于是恨之入骨。现在想借着整治郑侠的机会,把王安国也"捎带"上,于是由郑、王二人在途中的几句对话加以引申追溯,找上假证人,"证明"郑侠反对王安石是由王安国启发指点的,把王安国打成"反对新法的黑后台",将郑侠送英州牢城营编管,而王安国被"放归田里"——开除官籍赶回了老家。

这是熙宁八年的事。当时王安石正罢相卧病在家,使者送诏令给王安石看,王安石对着使者落下眼泪来。不久朝廷就复了王安国的官,复官令下达了,而才华横溢的王安国也永远地合上了他的眼睛,年仅四十七岁。

刘　恕

嗜学如命的史学家

　　刘恕(1032—1078),北宋渊博的史学家。字道原,筠州(今江西高安)人。父亲刘涣,和欧阳修是同年进士,任颖上令,因刚直不愿意阿事上司,弃官而去,定居于庐山之阳,在庐山一住三十多年,家徒四壁,以粥为主食充饥,超然于尘世之外,欧阳修很敬重他的操守,作了《庐山高》的诗赞美他。

　　刘恕从小聪颖灵悟,读书过目成诵。十三岁时想考科举,向别人借了《汉书》《唐书》,一个月便读完奉还了。后来他去拜访晏殊,向晏殊请教,竟问得晏殊回答不上来。刘恕在钜鹿时,晏殊把他请到官府里,待之以礼,请他讲《春秋》,晏殊亲自带领属官们听他讲课。

　　刘恕不到二十岁,就中了进士。当时有诏令,能够讲经义的人,可另行报名上奏,进行专题考试。一共有几十个人报名,刘恕也报了。他分的题目是《春秋》和《礼记》,他第一步列出注、疏,第二步援引历代学者的不同理解,第三步摆出自己的理解、判断。一共二十个问题,他都是这样回答的。主考官认为他是个特殊人才,定为第一名。别的科目文章考试也是高等。下到国子监试讲经书,又是第一,于是赐经学进士及第。任钜鹿县主簿,和川县令,他揭发坏人坏事、处理问题的水平和效率,连平时公认为能干的官吏,也自愧不如。

刘恕为人重义气，讲信用。郡守得罪了转运使，受到弹劾，属吏连坐下到监狱里，刘恕照抚他们的妻子儿女，像对待自己的亲骨肉一样，并且面对面地列举转运使的错误责备他。

刘恕深爱史学，从《史记》一直到后周显德末年，正史纪传，私记，杂说，无所不读。上下几千年，大大小小的事件，了如指掌。司马光计划编《资治通鉴》时，宋英宗叫他组织班子，当时刘恕正任翁源县令、广南西路经略安抚司勾当公事，司马光向皇帝提出要他，说"至于专精史学，臣得而知者，唯刘恕耳"。于是把他召为助手。在编写过程中，遇到史事纷杂难理的内容，往往交给刘恕核查处理，特别是魏、晋以后的事情，他考证差谬最为精确详细。

王安石和刘恕有旧交，制定新法时想引荐他主持三司条例司，刘恕以不熟悉钱、谷为托辞推掉，并劝阻王安石要"张尧、舜之道以佐明主"，不应"以利为先"，越说越格格不入，二人便分道扬镳了。

司马光出知永兴军，刘恕也因父亲年迈，要求监南康军酒税以就近奉养。并许诺司马光在官任上继续修史。司马光判西京御史台，他又奔赴洛阳相会，在一起写了几个月的书后辞归。就在南归的路上，刘恕不幸得了风挛疾，右手右腿麻木，但他还是和平时一样地苦学苦干，身体好转一点时，就抓紧修书，病得不能干了才停下。宋神宗元丰元年，这位年仅四十七岁的天才史学家便被瘟神夺去了生命！

刘恕一生以学习知识为生命第一要素。历史之外，天文、地理、数学、官职、族姓以至前代公府的案牍，他无所不读。听到谁家有什么好书，即使跑几百里也要到书主家里就读，边看边作笔记，废寝忘食。宋次道知亳州，家中藏书很多，刘恕跑远道去借读。宋次道每天以好酒食招待，以尽主人之谊，他说："我不是为这个来的，净耽误我的事！"吩咐弄走。他把自己关在书阁里，日夜口念手写，十多天竟全部阅读了这儿的藏书，累得眼睛长了一层白翳。有一次，刘恕和司马光一同游览万安山，见道旁有碑，一读，原来是五代的列将，人们连姓名也不知道的，刘恕都能说出他们的生平事迹来，回去后翻翻史书，果然不错。

刘恕家中贫困，饮食粗陋，但他却丝毫不接受别人的馈赠。他最后离开洛阳南归时，正值冬天，衣物不能御寒。司马光赠给他衣服、袜子、旧褥子，他坚辞不受。司马光硬逼他收下，分手后走到颖州，他又把这些礼物打成一个包，托人还给了司马光。

他不信佛学之说，认为那些说法都是现实生活中不存在的。正直侠气的性格，使他好攻击别人的不足，他自诉平生有"二十失，十八蔽"，写文章告诫自己，但始终改不了。

刘恕死后七年，《资治通鉴》编写成功，朝廷录用了他的长子刘羲仲为郊社斋郎，算对他"追录其劳"。他的著述还有《五代十国纪年》《通鉴外史》。

程　颢

教育、吏治兼长的理学家

程颢(1032—1085),北宋著名理学家。字伯淳,祖籍中山(今河北定县),后移居开封,河南(今河南洛阳)。父亲程珦(xiàng)任过龚州、磁州、汉州等地的州官,是一个心地慈善的人,以微薄的俸禄养活了穷困无依的族人,发嫁孤女,克己行义的精神很为时人称道。程珦活到八十五岁,比大儿子程颢晚死五年,文彦博等九人上表陈述他的高风亮节,诏赐帛二百匹,命官府为他办的丧事。

程颢中进士后,任鄠县主簿。有一个人借住他哥哥的宅子,掘地时得到一些埋在地下的钱,他侄子提起诉讼,说这钱是自己父亲埋的。程颢审理这个案子,问埋钱、借屋的时间,回答说钱埋下去四十年,叔父借屋居住二十年。程颢命人取十千钱验看,说:"这钱是你父亲埋钱以前好几十年埋的,怎么解释呢?"侄子答不上来,没得到这些钱。

他担任晋城县令时,一张姓富户,父亲死了不久,一天早晨一个老头忽然找到门上,说是他的生父。张某很惊疑,和他一同到县府去评说。那老头说:"我是个医生,离家远出为人治病,当时妻子生了这个孩子,我们养活不起,只好把他送给了姓张的。"程颢问他有没有什么证据,他从怀里掏出一张纸片送上,上面写着:"某年月日,抱儿与张三翁家。"程颢看了问他:"张某的父亲当时只有四十岁,怎么用得上'翁'的称呼呢?"吓得那老头急忙承认自己是想捏造这个身分晚年享点福。程颢没难为他。

程颢教育百姓要恪守孝悌忠信,在家敬事父兄,出外敬事长上。他根据乡村的远近,建立联保,下力的活要互相帮助,遇有不幸要互相照顾,使作奸为害的人没了立足之地。对孤独残废的人,安排乡亲们分工照抚,使他们不致流离失所。即使过往的客商,病倒在晋城县境内,也会得到治疗和照顾。

程颢特别重视普及教育。每一个乡里都设立了学校,他政务清闲的时候,常到乡村中去转转,找老人们谈谈话,到学校里去看看,他有时还亲自教孩子们订正句读。发现有的老师不称职,立即撤换。他还特地挑选了一些优秀的年轻人,集中到县里,自己亲自教诲。乡民们有自己的社团组织,建立了各种条例,惩恶扬善,使好人得到鼓励,使做坏事的产生廉耻之心,注意改恶从善。

程颢"在县三岁,民爱之如父母"。神宗熙宁二年,三十八岁的程颢由吕公著推荐,入朝任太子中允、权监察御史里行。皇帝早就听说过他,入朝后,多次召见。每次要退朝时都嘱咐他说:"你要经常要求入对,朕愿能常见到你。"有一天入对,皇帝和他从容地谈话,不知不觉正午到了,程颢才退下。中官埋怨说:"御史不知道皇上还没吃饭吗?"

程颢进谏的内容很多,其中以皇帝自身修养和求贤育才为主,劝皇帝预防可能产生的私欲,不要轻慢有学识的人,皇帝"俯躬"答应。他向皇帝推荐了好几十个人,把父亲的表弟张载和自己的弟弟程颐放在前头。宋神宗问程颢打算如何尽他的御史职责,程颢回答说:"叫臣拾遗补阙,帮助朝廷,臣能办到;叫臣掇拾官吏们的短长,来换取一个直言敢谏的好名声,臣是做不到的。"皇帝认为他很会掌握御史职责的分寸。

因贯彻青苗法,赵抃、吕公著等持反对态度的大官都要求辞朝职、出外任,程颢也上言指责新法。几个月内上了十来道章疏,但他的意见没被采纳,他遂提出辞掉言官职务。皇帝叫他到中书府找王安石谈谈,王安石正为反对派的攻击恼火,对他的态度很严厉。程颢不慌不忙地说:"天下事不是一家说了算的,希望你心平气和地听听我的看法。"王安石态度和缓下来,但是二人话不投机。不久程颢出任京西路同提点刑狱。他要求出官,又让他出任外官,他上言说:"台谏这个职务,是朝廷纲纪的凭依,如果不管说的对不对都调走,臣恐怕纲纪从此要松弛了。"皇帝锐意改革,改任他为镇宁军节度判官,而没调他回朝。

镇宁军河清的役卒,按法律只在本地治河护河,不能往别处调,都水丞程昉要把各地治河的士卒集中起来治二股河,判官程颢依据法律拒绝,程昉向朝廷请示调人,朝廷命出八百人给他。当时正值寒冬腊月,程昉不爱恤士卒,虐待他们,他们忍受不了,逃跑回来。州官怕程昉,不让他们进城,程颢说:"他们冒死罪逃回,如果不让进城,一定会作乱的。放他们进来吧!程昉如有什么说道,由我一个人承担。"程颢亲自开门向士卒们致慰问之意,并批评他们不应自己跑回来,答应让他们回来休息三天,再回去干活。老百姓的要求是很低的,士卒们欢呼雀跃地应答着进了城。程颢把这事上奏朝廷,获准不用再去二股河。后来程昉因事走过州府,向官员们扬言说:"澶卒捣乱,是程中允煽动的,我一定要到朝廷去告他的状!"官吏们把这话传告程颢,他笑笑说:"他正怕我告他呢,哪敢告我!"程昉果然没敢告他。程颢消弭了一次"官逼民反"。

朝廷建立经义局,撰修《诗》《书》《周礼》三经的义理,由王安石负责,吕惠卿及王安石的儿子王雱参加。皇帝建议叫上程颢,王安石没同意。

程颢又任监两京抽税竹木务、太子中允,熙宁十年改任太常丞,这时他已四十五岁了。

元丰八年,改任宗正寺丞,不久程颢辞世,享年五十四岁。

程颢的仕途很短。他十五六岁时,和弟弟程颐一起被父亲程珦送到周敦颐那里就学。周敦颐让他们找出书中记载孔子、颜回快乐的地方,快乐的事情和原因,程颢说:"自从见到周茂叔以后,吟风弄月而归,也感到有'吾与点也'的意味。"于是对科举厌倦了,产生了求"道"的想法,畅游于诸子百家,出入释、老之说二十多年,最后回过头来读书,在《六经》里找到了他所探求的"道",才应召出来当官。文彦博为他的坟墓作表,称他为"明道先生"。他弟弟程颐为之作序,说"孟轲死后,圣人之学不流传了,先生于一千四百年之后,在遗经中找到了久已失传的学说,自孟子之后,只有他一个人了"。

程 颐

诲人不倦的理学家

程颐(1033—1107)，北宋著名理学家。字正叔，与哥哥程颢并称"二程"，世称"伊川先生"。

程颐十八岁时，便上书仁宗皇帝，要"黜世俗之论，以王道为心"。到太学游学，遇到胡瑗向诸生提问：颜子爱好学习的内容是什么？程颐回答说，颜子最爱学的是"至圣人之道"，并从理论到颜回的德行作了阐述。胡瑗很赏识他，专门接见交谈；吕希哲以对待老师的礼节对待他。大臣们几次推荐他当官，他都没接受，到了五十五岁时，才由司马光、吕公著等推荐授汝州团练推官，任西京国子监教授。第二年又升校书郎，崇政殿说书。他上了三道剳子：建议哲宗皇帝多接近贤士大夫，少亲近宦官、宫妾；皇帝身边应该有师、傅、保这些教辅保健官员；侍讲应该坐着，不应该站着。

程颐以皇帝的老师自居，每次侍讲，表情都很庄重，话语间多包含讽刺的意思，不管皇帝是否喜欢听。他听人说，一次皇帝在宫中洗脸，看到一只蚂蚁，急忙躲开以免伤着它，侍讲时就问："有这样的事吗？"皇帝说："有的。"程颐便发挥说："把这种心肠推广到对待四海的百姓，这正是帝王的大道呀！"一次讲课休息时，皇帝凭倚着栏杆，顺手折下一条柳枝抚弄着玩，程颐看到了,严肃地说:"现在正是春季,天时和顺,万物生发,不该无故摧折它。"惹得皇帝很不高兴。一次他讲"颜子不改其乐",讲完本义后又"联系实际"说:"身居陋巷的读书人,都能通过学习达到自身仁义道德的完善。君主地位崇高,奉养优越,如果不知道学习,怎么能做到富贵不能淫呢!再说,颜子有辅佐国君的才能,却在陋巷中箪食瓢饮;季氏是鲁国的蠹虫,却比周公还富有——像鲁国的国君这样地取舍人才,难道不是后世国君的一面镜子吗?"文彦博、吕公著等宰臣有时入侍听他讲说,听后常赞叹说:"这才是真正的天子的侍讲啊!"

文彦博连事仁、英、神、哲四朝,对哲宗皇帝还是非常地恭敬,有人看不惯程颐的"老师架子",说他:"你这么倨傲地对待皇帝,比比人家潞国公怎么样呢!"程颐说:"潞公是前三朝的大臣,现在事奉幼主,不能不恭敬,以明确君臣的身分;而我是一介布衣,为皇帝当师傅,哪敢不自重呢!这就是我和潞公不同的地方啊!"

程颐在经筵侍讲,好用古礼。苏轼嫌他有悖于人情,很讨厌,便常借着开玩笑给他难堪。司马光刚去世时,天子在明堂宣布降赦令,群臣山呼称贺。事毕后,两省的大官们要去祭奠司马光,程颐反对,说:"子于是日哭,则不歌。"——孔子在这一天哭过,就不再唱歌。有人驳斥道:"书上说孔子'哭则不歌',可没说'歌则不哭'呀!"苏轼接话道:"这是枉死市叔孙通所制定的礼节啊!"引得人们哄堂大笑。由此苏、程隔阂加深。

元祐元年,程门弟子朱光庭告奏苏轼出的策论试题,含有把神宗皇帝比作汉宣帝的意思,应该治罪。苏轼上书自辩,才免予处分。吕陶说朱光庭是在为程颐报私仇,在搞朋党。于是士大夫中有了"蜀党"(苏与吕是蜀人)、"洛党"(程为河洛人)的说法。程颐学道、论道,却没有做到"君子不党"。

宋哲宗患疮疹,一连几天不能到迩英阁听讲,程颐找到宰相问:"皇帝没到殿上你们知道吗?"他们回答不知道,程颐又说:"二圣临朝听政,皇帝不登大殿,太皇太后不应该独自坐殿。况且皇上有病宰相竟不知道,这还行吗?"第二天吕公著等大臣才按程颐的话向皇帝问安。但因此也很厌恶程颐,便罢掉了他的经筵侍讲,安排他权同管勾西京国子监。于是程颐三次上奏要求交还官职回归田园,朝廷不答复他;他又要求致仕,也没得到答复。

程颐在经筵,苏轼在翰林院,各有一批门人及拥护者,常互相攻击。元祐七年,六十岁的程颐守丧服满,三省说应该起复授予馆阁职务,判检院苏辙向太皇太后说："程颐入朝，恐怕不会安静的。"于是授直秘阁、判西京国子监。

程颐又再次上表要求回归田里，说"道大难容"，"入朝见疾"，"名高毁甚"，"以往朝廷不知道自己没有才能，让我侍讲，现皇上不用我，应该到此为止了。如果再无耻地贪图禄位，就不符合孟子说的儒者对进退所应持的态度了。"于是有诏准许他辞掉直秘阁、权判西京国子监，差他管勾崇福宫。他立即办了手续，一百天病假满后，急忙找医生"开假条"，却一直没去崇福宫就职。

河内人尹焞，少年时曾师事程颐，绍圣元年应试，看到策对题目是否定元祐年间的政治实施的（元祐年间太皇太后大罢新法、大用反变法的人担任要职），他不应对便离开了考场，嘴里感叹道："这个官还能当吗？"他找到程颐说："我不想再应进士考了。"程颐说："你有母亲健在啊！"尹焞回家把想法和母亲讲了，他母亲说："我只知道你用'善'养活我，不知道你用'禄'养活我！"程颐听了赞扬道："这位母亲多么贤良啊！"

绍圣四年，宋哲宗和辅臣们谈起元祐年间的事说："程颐这个人，妄自尊大，甚至还想到延和殿讲书，让太母一起听。在经筵上为朕侍讲，有很多不礼貌的表现。虽然已经放归田里，还可以再贬为编管！"于是诏令程颐涪州编管，罪名是"与司马光同恶相济"。洛阳知府李清臣得到诏令的当天，便逼迫程颐到官府听候发遣，程颐父母都已亡故，要求回家向叔母告别一下，李清臣也不准许。第二天上路的时候，李清臣赠送他一百两银子，程颐辞而不受。除了皇帝记恨他之外，程颐这次"编管"，也是大官之间互相倾轧的牺牲品。程颐和邢恕友好，林希促使皇帝贬程颐，估计邢恕会站出来为程颐说好话，这样就可以把邢恕牵连整倒。邢恕看破了这一点，开门见山地对林希说："你就是把程颐斩成一万段，我也不会救他的！"

后来这两个家伙都被贬了官。

宋徽宗崇宁二年，给程颐复官之后，又一次贬了他："追毁程颐出身以来文字，除名，其入山所著书，令本路监司觉察。"还重复了以往贬词中的罪状，不许他收徒讲学——这在程颐，比贬到哪里都痛苦，他不得不劝止四方慕名而来的求学者："尊重自己所听到的，执行自己所理解的，不必再到我的门上来了！"他把家搬到了龙门之南。

大观元年九月，程颐病卒，享年七十五岁。程颐一生无书不读，尤其精通《四书》和《六经》，他个人活动、静止、讲话、沉默，都以圣人为师表。他常说："我没有功泽给别人，只有缀辑圣人的遗书，希望于世人有些帮助啊！"他一生诲人不倦，门下有名的学者有谢良佐、游酢、吕大临、尹焞、杨时等人。时人称他"伊川先生"，著述有《易传》《春秋传》等。宋宁宗嘉定年间，赠谥"正公"，理宗淳祐年间，追封伊阳伯，从祀孔子庙庭。

杨 时

"程门立雪"的学者

      杨时(1053—1135),著名理学家。字中立,南剑将乐(今福建南平)人。资质聪颖,少年时便能写出很好的文章,长大后,潜心研究经史,二十四岁中进士。听说程氏兄弟在河南讲学,他赴颍昌以师礼拜见程颢,二人在一起探究学术,相处十分欢洽。辞归时,程颢目送着他的背影欣慰地说:"我的道传到南方去了!"四年后,程颢去世,杨时在家中为他设位哭祭,并写信告诉各地的程门弟子。

      四十岁时,杨时又到洛阳拜程颐为师。一次程颐闭目静坐,睡着了,杨时和游酢侍立门外恭候,待到程颐睡醒时,门外的雪已积了一尺多厚,这就是流传后世的鼓舞人们虚心拜师求教的故事——"程门立雪"。

      杨时有十来年杜门不应征当官,潜心研究学问,后来历任浏阳、余杭、萧山三县的知县,都有些惠民的政绩,离任后,百姓仍念念不忘这位难得的好县官。张舜民当言官时,推荐他任荆州教授。杨时很安于州县官职,他从来不求出名或升官,但一天比一天德高望重,四方的读书人不远千里来向他求教,与他交往,人们都称呼他"龟山先生"。

      宋朝廷出使高丽的官员,受到国主的接待,谈话中,高丽国主问:"龟山先生好吧？他现在担任什么？"可见他的名声不小。当时内忧外患，形势动荡不安，有人向执政的蔡京建议应该引用几个德高望重的人在身边。这话起了作用，杨时因此被召任著作郎，又升秘书郎。皇帝召对时，杨时谈了一个中肯的意见，他说熙宁罢旧法用新法，元祐罢新法复旧法，元丰又反复旧，由"法"之争变成了新、旧两"党"之争，无休无止。目前应该不管什么年间的什么法，折中一下定几样实行着。他是反对变法的，话说得似乎"不偏不倚"，但这是在"变法派"整"复旧派"的背景下说的。

国难当头，他又谈了发展民兵、首都无险可守等意见，当权者只听听而已。杨时已主动提出由他编撰《宣和会计录》，"以周知天下财物出入之数"，皇帝点了头。

金人围困京城时，各路勤王部队陆续入京，杨时建议任命一个统一指挥的最高司令，特别指出不要任用宦官。这与李纲的见解相同。奏疏上去以后，他授官右谏议大夫兼侍讲。

宋钦宗受到投降派的挑拨，罢了李纲的官，也不重用大将种师道。太学生陈东为此率诸生百人伏阙上书，要求重用李、种保卫首都，带动了京城数十万军民请愿。宰臣怕引起动荡，建议叫杨时去劝止太学生。皇帝召杨时来谈对策，杨时说："诸生伏阙上书，是忠于朝廷，没有别的用意。只须挑选老成有德行的人领导他们，自然就平息下去了。"宋钦宗说："那没有超过卿的了。"遂任命杨时当国子监祭酒。

杨时上言说蔡京怂恿徽宗追求享乐是王安石变法理论的"流毒"。宋徽宗追封王安石为舒王，配享孔子庙庭，杨时却要求"追夺王爵，明诏中外，毁去配享之像，使邪说淫辞不为学者之祸"。谏官冯澥反对他的意见，上疏批判他，学官中也引起争论。皇帝不胜其烦，于是罢了几个学官，也罢了杨时的国子监祭酒。

杨时四次上章要求辞谏官职务，被授给事中；他仍坚辞，并要求致仕，授徽猷阁直学士、提举嵩山崇福宫。他又极力辞直学士职，于是又改授徽猷阁待制、提举崇福宫。

高宗即位后，授杨时工部侍郎、兼侍读。后因老告退，以本官致仕，优游林泉，以著书讲学为乐。八十三岁时寿终正寝，谥"文靖"。随着宋王室的南迁，周、程学说由北而南，这中间，杨时确实起到了桥梁作用。

朱 熹

爱国爱民的大儒

朱熹(1130—1200),南宋著名理学家,教育家,著作家。字元晦,一字仲晦,徽州婺源人,历高、孝、光、宁四代,是南宋著名的道学家——亦称理学家,诲人不倦的教师,成果丰硕的著作家。

父亲朱松,进士出身,历任秘书省正字、校书郎、著作郎、度支员外郎、兼史馆校勘、司勋郎、吏部郎。因与同列官员上章反对秦桧搞实为投降的"议和",被罢知饶州,病故。

朱熹自幼聪明颖悟,爱思索。刚会说话,父亲指着天空告诉他:"这是天。"他问道:"天的上面是什么呢?"父亲认为他不同于一般小儿,开始教他识字、读书。先教他读《孝经》,他学完了一遍后,在上面写道:"不若是,非人也。"有一次,朱熹和小朋友们在沙滩上玩耍,别人都玩得很热闹,只有他一个人端坐在地上用手指画沙,人们走近一看,原来他画的是八卦的图形。

朱熹十九岁中进士,任泉州同安县主簿,他不关心事务,挑选了县城中一批优秀青年,作为弟子,每天给他们讲述古圣先贤修己治人的事迹,禁止妇女出家为僧为道。官满后,同安县的人民舍不得他离去,州郡长官也很尊敬他,不敢拿他像一般属吏那样对待,上下一致,又留他干了五年。朱熹离官后，监潭州南岳庙，产生了"不作官"的想法，在武夷山中筑室居住，四方游学的士人学者，纷纷找他交流、求教。宋高宗由辅臣口中听到他的贤名，召他赴行在任官，他以有病为理由推辞了，当时他三十岁。

三年后，高宗禅位给孝宗，孝宗下诏求直言，朱熹上言谈了三方面的意见：一、皇帝不应该"风诵文辞""留意于老子、释氏之书"；帝王之学，应该先"格物致知"，研究事物的"义理"，方能处理好天下万机；二、"议和"之说贻误了战备抗敌，应采取一系列措施，富国强兵，以图恢复；三、朝廷派出的监、司官员，是地方官的"纲"，而这纲的质量太差，根子在于：现在奸赃狼藉、肆虐百姓的坏监司们，没有不是朝中宰执、台谏们的亲戚、朋友、门人幕客的，只是皇帝无从知道罢了。

他很快被召到行在。孝宗在垂拱殿召对，朱熹着重面陈了上书中的前两条意见。当时汤思退任丞相，授了朱熹个"武学博士"；过了两年洪适又任丞相，仍然主和，朱熹看政见不合，在他们手底下无法有所作为，便辞官回武夷山了。

乾道四年，福建崇安县大饥，浦城盗起，人心震恐。朱熹认为关键问题是"粮食"，他向府里申请，从官仓借了六百斛粟，按户口分发供应饥民，使缺粮的百姓存活了下来。秋后庄稼收获了，乡民们主动把借吃的官粮还给官仓——这大概和朱熹的教化有些关系吧！知府王淮让把这部分粮食留在乡里，只把数目报到府里。这样，官府和百姓之间"一账两清"。哪方面有急需，都可以动用这批粮食，还省却了运输的劳苦和浪费。这种藏粮于民的做法，被叫做"社仓"。后来，"社仓"被推广到其他地区。

朱熹四十四岁时，被召任左迪功郎，他要求岳庙差事，最后朝廷只好改任他宣教郎、主管台州崇道观。他觉得自己求的是退，反而进升了，心中不安，一再辞职，朝廷不许，过了一年多他才接受了这个任命。

五十一岁时，朱熹在南康军任上上疏，说皇帝如做不到"心术公平正大"，便只能与一二近习之臣谋划事情，那会导致小人擅权、皇帝被架空、国事无法治理的局面。孝宗看了大怒，叫赵雄批判。赵雄委婉进谏说："好名之士，陛下越讨厌他们，赞誉他们的人就越多，这岂不恰恰抬高了他们？不如使用其长处，让他多处理实际事务，能力高低自然就显现出来了。"皇帝"认"了。

朱熹处理事务，和他"论道"一样有水平。在南康军任上，他兴利除弊，遇到旱年，他调动民间的力量，领导百姓渡过了灾荒。事情过后，他把出粜救荒的人们,开出名单,写上事迹,报到朝廷,请求按规章推赏他们。他重视教育,常抽时间到郡学中讲学论道。他寻访到庐山白鹿洞书院的旧址,奏请朝廷进行了修葺,亲自制定了书院《学规》,并安排专人看守保护。

南康军任满,朱熹被调任提举江西常平茶盐公事,不久,根据救荒的功劳,提到朝中任直秘阁,他因自己奏报的南康纳粮救灾的人们没有受到赏赐,辞掉新官职不接受。

浙东大饥,右丞相王淮上奏改任朱熹提举浙东常平茶、盐,朱熹懂得救灾如救火,当日便单车上路赴任。但还是因南康纳粟救灾的人们没受到推赏,他表示到任后只"干活",仍不接受那个官名。直到他们受到了朝廷的推恩赏赐,他才接受新官职。朱熹和下层官吏、百姓同呼吸共命运,大家自然乐意与他合作。

到了浙东,朱熹马上发信给其他州郡,号召米商来作买卖,以不收税为优惠条件,四方粜米的船只辐辏而至,灾区无粮可买的困境一下子突破了。

在赈灾之余,朱熹每天深入察访民情,较远的地区,便坐着单车,不带一个随从。劣迹多的郡县官吏,怕他弹劾惩治,有的主动辞职走了,境内肃然。凡是丁钱、和买、役法、榷酤等政策对百姓不利的,他都一一改革之。有人上奏朝廷,说他的坏话,皇帝却对王淮说:"朱熹的施政很可观呀!"

朱熹劾奏不法官吏,不避权贵,不讲情面。台州知州唐仲友,与丞相王淮是同乡、姻亲,百姓检举告发他的很多;吏部尚书郑丙和侍御史张大经却推荐他,升他为江西提点刑狱。朱熹到台州视察,人们纷纷上告唐仲友。朱熹核实了他的罪状,上了三次奏章,都被王淮扣下。他继续弹奏,唐仲友上章自辩。王淮把二人的奏章一同报告皇上。皇帝不想深治,撤掉了对唐的江西提点刑狱的任命,而把这个官职改授给了朱熹。朱熹不接受,一直要求宫观闲职,吏部郑丙和王淮新提的监察御史陈贾,都以程氏理学和道学攻击朱熹,于是孝宗下诏令朱熹奉祠。自此,朱熹一连五年,主管崇道观,云台观,鸿庆观。

周必大任右丞相时,又推荐朱熹任江西提点刑狱。朱熹入奏时,有人好心地在路上截住提醒说:"你那'正心诚意'的高论,皇上听厌了,千万不要再提了!"朱熹答道:"我平生学的就是这四个字,我怎么能欺君呢!"这次入对谈的时间较长,皇上给了他极大的鼓励。第二天,皇帝拟授朱熹兵部郎官,被兵部侍郎林栗说坏话反对掉了。后来林栗被言官劾奏出知泉州,朱熹被授直宝文阁。

改任漳州知州时,朱熹已经六十岁了。到任后不久,他奏陈朝廷,这个州的下属县承担的赋税中,朝廷条文上没有的,竟达七百万缗钱之多,减了经总制钱四百万缗。当地百姓很少知"礼",朱熹便采取传统的丧葬嫁娶的仪式,教给父老,让当地父老解说给子弟。漳州崇信佛教,男男女女常聚在寺庙里作传经会,女子盖庵居住,不出嫁,朱熹把这些劣习都禁除了。

朱熹调查得知漳、泉、汀三州田地经界混乱不清,既影响朝廷税收,又增加了百姓负担,便上奏组织人力进行丈量。光宗诏令福建提刑和朱熹合力把这件事办好。农民都欢欣鼓舞地拥护;那些贵家豪右,占田瞒税,现在一看混不下去了,便大造舆论反对。于是此事被搁置。朱熹一看无法有所作为,便上章要求奉祠离开了漳州。

两年后,又授予他秘阁修撰、主管南京鸿庆宫。他辞了两次,皇帝诏答说:"论撰之职,是用来尊宠有名望的学者的。"他才受命。接着又任命他湖南安抚使、知潭州。

宁宗即位后,召朱熹入朝讲经筵。他对近臣弄权的事上奏进谏。在朝中干了一年,便请了病假。居家养病。他不忘历朝皇帝的知遇之恩,又上书言事。他写了好几万字的奏章,陈述"奸邪蔽主"的祸害,为受韩侂胄迫害的赵汝愚申冤。子弟学生们纷纷劝阻,说这会惹来大祸,他不听。蔡元定提出用蓍草占卜决定,结果得了"脪·同人"的卦,朱熹默然,取来奏稿烧掉,又上奏力辞职名,诏令仍任秘阁修撰。

当时韩侂胄提起来的台谏官员想矛头指向朱熹,但没有人敢带头。终于,朱熹的学生、监察御史胡纮跳了出来。胡纮没发迹时,曾到建安去拜访朱熹求学,而朱熹招待前来求学的人,只有粗米干饭,待胡纮当然也不例外。胡纮非常不满,对别人说:"这太不合人情了! 一只鸡,一斗酒,山中并不是买不到呀!"他当了御史以后,仍耿耿于怀。他费了一年工夫,凑出一份章疏,不巧改任太常卿,失去了发言权。

沈继祖又跳了出来,他曾经采撷朱熹讲析《论语》《孟子》的话来自我标榜,后来又因批判程颐学说得了御史职位。胡纮把自己劾奏朱熹的材料送给他,他喜出望外,自己又添加了一些诬蔑的话,凑了"六大罪状",要求皇帝像孔子诛少正卯一样杀了朱熹,把朱的门人蔡元定也编管别州。接着,选人佘嚞也上书要求"斩朱熹以绝伪学"。

于是有诏把朱熹撤了官职提举鸿庆宫,把蔡元定贬窜道州。

押送蔡元定的人督促得紧,朱熹与一百多朋友、同学为他饯行,蔡元定带着小儿子从容徒步上路。

朱熹七十岁时,被批准致仕,恢复了自由之身,七十一岁去世。

自从有了"伪学"之禁,平日向他求学、和他来往的士人,有的躲了起来,有的另投老师,有的经过他的门口也不敢进去,还有的甚至换下往日的衣冠,在市井游荡,以显示自己不是"伪党"。朱熹本人毫不在乎,每天不间断地和诸生讲论学问。有人好心地劝他遣散学生,他笑而不答。病势沉重后,一天他把儿子朱在和学生黄干等叫到身边,勉励他们努力学习,嘱托他们修正自己的著作。第二天,他坐正了,整理好衣冠,靠着枕头逝去。

陷害朱熹的言官,怕他"阴魂不散",上言朝廷说,四方的伪徒,都要为他们的伪师送葬,而现在朱熹刚死,就有人画了像祭祀他。他们如果聚在一起,一定要胡乱议论世人长短、时政得失。建议守臣下令约束,不许门人为他送葬。朝廷照这意见办了。于是好多门生故旧都不敢来送葬,只有李燔等几个人不怕迫害,把灵柩埋入墓中。

朱熹从中进士至去世五十多年,只作了九任地方官,四十天朝官。朱熹一生,从不降低他的"道"去迎合任何人;即使在山洞里"坐而论道",也想着国家,关心时政,盼着朝廷振作革新、恢复中原;当官时,则尽量为百姓办实事、办好事。人们把他的道学——或理学——传得玄而又玄,其实在朱熹本身,他的言都能证之于行,他是言行一致的。

朱熹是一位诲人不倦的好老师。他少年丧父,自己离家远出寻师求学,有时徒步跋涉几百里地,所以学有所成后,他很同情像他这样好学的年轻人,无条件地教诲他们。尽管家中贫穷,对来就学的人,他尽力做到"有福共享"——粗米饭、野菜汤,有时吃不饱,便分而食之。这是多么好的老师,他教给学生的,何止是口中讲述的知识和道理!

朱熹的著述很多。属于他著的书有:《易本义》《启蒙》《蓍卦考误》《诗集传》《大学中庸章句》《或问》《论语集注》《孟子集注》《太极图》《通书》《西铭解》《楚辞集注》《辨证》《韩文考异》。他编辑的书有:《论孟集义》《孟子指要》《中庸辑略》《孝经刊误》《小学书》《通鉴纲目》《宋名臣言行录》《家礼》《近思录》《河南程氏遗书》《伊洛渊源录》等。一个人,即使不作官,不讲学,一辈子有这么些著述,也是了不起的贡献。所以说,他又无愧为一个著作家。

韩侂胄死后,朱熹被追赠中大夫、宝模阁直学士,谥"文"。宋理宗朝又追赠太师,追封徽国公,从祀孔子庙。

陆九渊

治学、育人、为政三优的大家

陆九渊(1139—1193),南宋哲学家,教育家。字子静,自号存斋,抚州金溪(今江西抚州)人。曾经结庐讲学于象山(今江西贵溪县西南),故学者又称他象山先生。他与长兄陆九韶、次兄陆九龄都是学者,并称"三陆子之学"。

陆氏有独特的家风。世世代代聚族而居,辈高年长的一人是"家长",家事都要听他的指挥。每年由家长调整一次子弟们在家事上的分工:田畴、租税、出纳、炊事、宾客交往等,各有人负责。陆九韶把训戒的话编成顺口溜,每天凌晨起床,由家长率众子弟到宗祠去,先向祖先的神位行礼,然后击鼓诵戒辞,子弟们列队聆听。对犯有错误的子弟,家长召集众子弟会教训他;再不改,责打他;始终不改的,就报告官府,把他赶到远方去。全家百十口人在一起生活,妇女也与男子一样地承担一定的家庭义务,闺阁之中也像朝廷一般严肃。

陆九渊自小爱思考。三四岁时,他问父亲:天和地的边缘在哪里?父亲答不出。而他自己却放不下,冥思苦想,废寝忘食。举止与一般儿童截然不同。他读书也爱思考,读了程颐的文章,对别人说:"听别人诵读伊川的文章,觉得似乎在伤害我。为什么他的话与孔、孟的话不相似?最近我发现他文中有很多不对的地方。"一次读古书,看到"宇宙"二字的注解是:"四方上下曰宇,古往今来曰宙。"他大彻大悟地说:"宇宙内的事,就是自己分内的事;自己分内的事,就是宇宙内的事啊!"

陆九渊三十四岁中进士,到了临安。士大夫们都竞相与他交游,他的谈吐很令人振作。陆九渊善于教育人,他从来不立什么"学规",学生有小错误,陆九渊总耐心深入地进行分析,触人灵魂,有的竟自感惭怍流下泪来。他强调人应该不断地加强自我的修养完善,他说:"思虑不正的,能够顷刻察觉,就可以改正;思虑正的,能够顷刻失掉,就是不正。对人,有的可由他的形迹观察判断,有的就不能。单纯由形迹观察人,就不能够真正地了解一个人。完全由形迹上来束缚一个人,就不能够全面地帮助他。"陆九渊历任靖安县、崇安县主簿,国子正,敕令所删定官等。他在国子监教学,与在家乡教学采取一样的方法——多是启发引导。

陆九渊性格中也有"金刚怒目"的一面。少年时听说靖康年间北宋灭亡的故事,就义愤慷慨,立下了复仇雪耻的大志。宋孝宗年间,他随着为官、讲学,所到之处都注意寻访智勇之士,一起讨论恢复中原的谋略。入对时,他向皇帝陈述了五论:一论未报仇雪耻,建议广求天下俊杰,相与探讨论道经邦的大事;二论建议尊德乐道;三论知人之难;四论处事当循序渐进而不可冒然置措;五论人主不该抓一些具体小事。宋孝宗很以为然。不久援陆九渊任将作监丞,结果被给事中王信驳回,最后安排了个主管台州崇道观的闲职。他遂还乡讲学。

陆九渊在象山结茅庐讲学,四方来求学的人很多,每逢开讲的日子,门外都站满了人,有的老年人拄着手杖来听讲。他自称"象山翁",学者称他"象山先生"。

宋光宗绍熙元年,五十二岁的陆九渊被任命为荆门军知府,他为治以教育为先导,树立了良好的社会风气。只要有老百姓诉讼,陆九渊不分早晨晚上,都及时到大堂上接受。他不出签子派捕快捉被告,而是约定一个时间,让原告自己把被告找到官府里来,免除了差役登门呼唱捆绑的骚扰。陆九渊听取双方申述后,为他们剖析情理是非,进行调解,人们一般都能接受他的裁决。有涉及人伦的诉讼,陆九渊往往动员原告自毁诉状,以促成风俗淳厚。对教育不过来的,方绳之以法。在他的治理下,社会风气逐步好转。

陆九渊办案,"郡人以为神"。他平时注意深入基层、民间了解情况,对治下官吏的贪廉,民俗习尚的善恶,都了如指掌。一次有人告某人杀了他自己的儿子,陆九渊说:"他不至于这么做吧!"一追究,那人的儿子果然健在。有人报案失窃,陆九渊写出两个人的名字,派人捕捉到公堂,一审问,这二人便伏罪了。陆九渊判他们把盗窃的财物归还失主,没有再治他们的罪,只教育他们悔过自新。一次陆九渊告诉吏属,某地有某人施暴,第二天就有人来报告自己在某处遭到抢劫,正是陆九渊说的那个人做的案。属吏为之震惊,郡民们把他视若神明。陆九渊在治区,进一步贯彻了保甲法,哪里发生了盗警,都能将盗贼全部捕获,没有谁家肯隐匿一个人,消除了盗患。

陆九渊施政,讲究利国利民的实效。

荆门本来没有城防,陆九渊到任后上奏:"荆门地处长江汉水之间,是四集之地,南捍江陵,北援襄阳,东护随、郢之胁,西当光化、夷陵之冲,荆门固则四邻有所恃,否则背胁腹心便不安全。荆门形势固然险要,但是没有城池谁来防守呢?"经他申请,朝廷批准在荆门筑起了城防,郡民增强了安全感。

陆九渊撤销了荆门地区的关税,减轻了民间的税务负担,商贾云集,政府税利的收入反而日益增长。这地方原先交易用铜钱,后来由于版图缩小,又靠近北边,为不使铜外流,改用铁钱,而铜、铁两种钱的差额,又要求用铜钱补上。陆九渊上任后说:"既然禁铜,为什么又要它流通?"把这项"补差"给取消了,人们拍手称快。

地方上有好的传统措施,陆九渊便继承发扬它。按惯例,平时进行的军队射箭训练,百姓也可以参加,命中率高的可与军人一样地受奖赏,而且能够不受门第等级的限制被推荐任职。陆九渊很欣赏这种做法,说:"古时候没有等第流品的区别,而贤与不肖的分辨非常清楚;后世讲究起门第流品的区别,而贤与不肖的分界却模糊难辨了。"

每当天旱的时候,陆九渊一祈祷,就能下雨,郡民们认为他是个神奇的人。过了一年多,荆门地区政行令修,社会风气良好,朝廷各司都称赞他干得好,丞相周必大说荆门的好形势是陆九渊身体力行干出来的。

陆九渊与朱熹是学术观点不同的好朋友。二人在鹅湖相会,谈论起所学来多不相同。后来朱熹知南康军,陆九渊去看望他,朱熹请他到白鹿洞书院为弟子们讲学,陆九渊讲了"君子喻义、小人喻利"一章,听的人有的都落下了眼泪。朱熹也认为他的讲解切中了学习者隐微深痼的通病。但二人在"无极而太极"方面的学术之争,却是谁也不让谁,书信往来驳难不已。陆九渊与二哥陆九龄也是这样:学术观点不同,又能互相学习。

一天,陆九渊对家人说:"我就要死了。"又告诉僚属说:"我的生命快要结束了。"他率大家祈雪,第二天就下了雪。于是便沐浴更衣端坐着,两天后的正午,停止了呼吸,享年五十五岁。各地奔来为他送葬的,有好几千人。谥"文安"。

魏了翁

学者、政绩显赫的好官

魏了翁（1178—1237），南宋学者。字华夫（华父），号鹤山，邛州蒲江（今四川邛崃）人。庆元年间进士，历宋宁宗、理宗两朝，官至端明殿学士。

魏了翁几岁时就跟兄长们入学读书，俨然成人风度。略大几岁，聪颖超众，每天背诵一百多字，读过的东西不用复习便都能记住，被乡里称为"神童"。十五岁时写的文章《韩愈论》，抑扬顿挫，有大家风范。

魏了翁敢于直言不讳地摆出自己的政治观点。二十二岁登进士第，当时韩侂胄当政，打击道学，朱熹、蔡元定都受到迫害，没有人敢再提"道学"，而魏了翁在策论中仍提到。开禧元年，魏了翁应学士院考试。其时韩侂胄因打击迫害朝臣太多，感到难以混下去，便想干件深得民心的大事以巩固自己的地位。于是谋划北伐。头脑清醒的人们都认为：北伐固然是大好事，但目前军力财力都差得太远，也缺乏精神准备。可是都不敢正面提出反对。魏了翁在自己应试的策论中就公然提出反对，明确呼吁"举天下而试于一掷，宗社存亡系焉，不可忽也"。御史徐楠劾他"对策狂妄"，因韩侂胄不主张惩处他，才算平安无事。

魏了翁在朝中历任国子正，武学博士，秘书省正字，校书郎，因父母年迈,要求外任,授嘉定知府。韩侂胄被杀后,朝廷"召贤",魏了翁也在被召之列。他回到朝中,见史弥远入相专权,自己不齿于他的为人,极力辞官不受。不久丁父忧,解官回故乡,在白鹤山下筑室讲学,远近背负书箱来求学的人不少,他遂在四川普及义理之学。

魏了翁知汉州时,首先请示朝廷免除了汉州长期拖欠的税钱二十多万缗,革除了酒买卖的不合理税收,又制定出条文,晓谕民间敦厚人伦,消除诉讼。百姓努力遵守他的条教,不敢违犯,社会风气有明显好转。不幸州内有一座桥塌了,压死了行人,部使者报到朝廷,追究责任,魏了翁被降一级、撤职去主管建宁府武夷山冲佑观。几个月后,又复原官调知眉州。

魏了翁经受住了眉州的检验。眉州是"三苏"的故乡,号称文明地区,但当地有个传统,处事很讲究法令条文,而法令又不完善,有争议诉讼,当事双方和官府各自"据法力争",是出了名的难治理的地方。魏了翁一到任,吏僚们争相拿各种事情来"请示",试验他的能力。他不把自己陷到事务圈子里,他礼尊年高德劭的人,选拔年轻有为的人,每月的初一、十五,到学宫去视察,有时也亲自讲学。他修复了蟆颐堰,建筑了江乡馆。凡是利民的事,知道了便去做,使社会风气大为改观,到处一片赞扬声,政绩报到了朝廷。

从三十四岁至四十五岁,魏了翁历任潼川路提点刑狱公事,兼提举常平仓,转运判官,代理遂宁郡守,知泸州,主管潼川路安抚司公事,潼川知府。他深入了解民间疾苦,劾奏违法害民的人,不避豪右权贵,贪官污吏为之敛迹。在遂宁职时,魏了翁上奏请求修葺城郭以备不测,朝中认为耗资巨大,持保留态度。魏了翁发挥地方潜力,增高了城墙,疏漫了护城河,好像马上就要打仗一样。一年以后,溃散的兵卒攻掠州郡,看到遂宁有防备,就没敢侵犯,人们这才佩服他防患于未然的战略眼光。

魏了翁四十五岁奉召入对,留在朝中任职,三年中曾任兵部郎中,司封郎中兼国史院编修官,省试参详官,太常少卿兼侍立修注官,秘书监,起居舍人。频繁的调动,使魏了翁很难在某一方面有所作为。魏了翁勇于提意见,他一入对,便上疏两千余言,从朝政到地方吏治,从国防到民情,着重表述了用人得当的重要性。宋宁宗很赏识,把他这一次及以后的奏章,都交中书府研讨采纳推行。但是魏了翁不"识相",上奏越来越尖锐,他指出大臣们各人为自己打算、"面从而腹诽"、不与皇帝同心同德等积弊,得罪了一批人——特别是权臣们,他逐渐成为不受欢迎的人物。

嘉定十七年,宋宁宗驾崩,丞相史弥远伪称遗诏,废了皇太子赵竑,立了自己培养起来的宗室赵昀,即后来的宋理宗。魏了翁为国事忧虑成疾,三次上疏请求宫观闲职,不蒙准许,被任命为起居郎。

魏了翁不买史弥远的账。他第二次入朝,史弥远想把他引为己用,魏了翁不齿他的作为,而且提意见也从来不避讳他。魏了翁进谏新上台的理宗皇帝:自己加强学习,兴办教育培养高级执政人才,礼葬济王赵竑等等。一些意见虽然刺着史弥远,但史弥远对他尚表面宽容。史弥远的走狗言官李知孝、莫泽、梁成大被视为狂咬正直大臣的"三凶"。一次梦昱受李知孝诬劾,被贬窜岭南,魏了翁毫无顾忌地出关为他饯行,当时李知孝说魏了翁的举动是"首倡异论"——带头对着干,要弹劾他,史弥远没有同意。后来言官朱端常又诬劾魏了翁"欺世盗名",于是魏了翁被降三级、靖州(今湖南靖县)居住。

魏了翁到了靖州,湖、湘、江、浙各地的人们不远千里背着书箧来向他求学;他边讲学边进行学术研究,完成了《九经要义》百卷的著述。其间名义上也调动过职务,但都是宫观闲职,不影响他的讲学和著作。

绍定五年,五十五岁的魏了翁以宝章阁待制、潼川路安抚使知泸州。十几年前他在这里干过一任知州,这次复来,他看到这个方圆两千多里的大镇城郭不治,武备不修,便领导修治了城上的楼橹雉堞,增置了器械,定出严明的制度和纪律训练军队,免除了长年拖欠的租税,兴办学校,恢复社仓,创辟义冢,建立养济院,几个月的时间,泸州便出现了百废俱兴的大治局面。六年冬,史弥远死,宋理宗亲政,魏了翁在泸州任上升华文阁待制,赐金带。皇帝下诏求言,他上书万言论时政"十弊",理宗读了也为之感动,但实际上未采纳多少。

端平二年,五十八岁的魏了翁第三次奉诏入朝,任礼部尚书兼直学士,不久又加任签书枢密院事,督视京湖军马。他入朝六个多月,共上二十余疏,还有"面对",谈的意见、建议,都是当务之急。理宗想把他留在朝中执政以辅佐自己,但不少人忌惮他,想把他挤出朝廷,便向皇帝进言,说魏了翁很懂军事,当时边情正急,于是皇帝命他督视江淮。魏了翁上疏辞了五次,不获准,他酌定在长江上、下游的中间地带江州开设幕府,以吴潜为参谋官,赵善瀚、马光祖为参议。赴任前,皇帝慰勉备至,封临邛郡开国侯,赐便宜诏书(来不及奏请朝廷的大事,可以便宜行事)。陛辞的时候,又面赐了御书唐人严武的诗及"鹤山书院"四个大字,并赐金带、鞍马,命宰臣于关外为魏了翁饯别。

魏了翁负载着皇帝的信赖和莫大的荣誉,慷慨就职。他上任后,申戒将帅们忠于职守,调遣增援部队,褒奖死事的文臣武将,黜退怯懦无能的将官……刚干了二十天,便召为签书枢密院事,赴阙奏对。原来,排挤他的人只想把他挤出朝中了事,后来看他真大刀阔斧地在前方干了起来,那些嫉贤妒能、只求苟安自保的宰臣们又不舒服了。魏了翁心中很清楚,他的派出、召回都是那一班人捣的鬼,连皇帝也没摸透他们的动机,他以疾病为辞,未受枢密职务。

魏了翁厌倦了官场的勾心斗角,身体也确实不行了,多次上书"乞骸骨",皇帝不舍得让他致仕,任命他以浙东安抚使知绍兴府,以福建安抚使知福州。嘉熙元年三月,六十岁的魏了翁在福州任上鞠躬尽瘁而卒。

魏了翁自登第至逝世,三十九年中大部分时间忙于政事,是个为国为民的好官。更可贵的是,不论忙闲,他总抓紧另外两件大事,一是向皇帝进谏,一是做学问、办教育。他活得繁忙充实,他的成绩是多方面的。

病危时门人去看望他,魏了翁还衣冠整齐地接待。一天他与门人谈到蜀兵作乱的事,还久久地皱着眉头,然后口授了遗奏,拱手而逝。遗表上闻,皇帝震悼,辍朝,诏赠太师,谥"文靖",赐宅第,赠秦国公。

著述有:《鹤山集》《九经要义》《周易集义》《易举隅》《周礼井田图说》《古今孝》《经史杂抄》《师友雅言》。

文学艺术界

柳 永

读者歌者最多的名词人

　　柳永(约980—1053),宋真宗、仁宗两朝著名词人。原名柳三变,字耆卿,一字景庄。族中排行第七,又称柳七。官至屯田员外郎,所以也称他柳屯田。祖籍河东(今山西永济),其先人移居建州崇安(今福建崇安),柳永出身于仕宦家庭。祖父柳崇,以儒学著名,曾任县丞,不愿为官。父亲柳宜兄弟六人,先后在南唐、宋朝为官。柳宜任南唐监察御史,入宋后任县令,宋太宗雍熙年间中进士,官至工部侍郎。柳永弟兄三人——大哥柳三复是宋真宗开禧二年进士,官至比部员外郎;二哥柳三接和柳永是宋仁宗景祐年间同榜进士,官至都官员外郎。兄弟三人当时被称为"柳氏三绝"。以柳永的文学成就最大,而官运最不景气。

　　因父亲与叔父先后在京城任职,柳永在京城住了不少年。他"好为淫冶讴歌之曲",而且"传播四方",传入宫廷。柳永有一首词——《鹤冲天》,连仁宗皇帝也读过,并且对其中两句耿耿于怀——"忍把虚名,换了浅斟低唱?"他早年考中了进士,临到放榜时,宋仁宗把他的名字抹掉了,并御批"且去浅斟低唱,何要浮名!"

　　其实仁宗"颇好其词",有燕宴,"必使侍从歌之再三"。当时的文人名士,寻花问柳,听歌买笑,是很平常的事,柳永之后的欧阳修、苏轼等都不无"风流韵事";宦官梁师成曾称苏轼为"先臣"(我死去的父亲),但是从皇帝到大官,对这类事只能悄悄干,不能宣扬,尤其在公开场合。在文字中,都讳莫如深,以维护自己的"正人君子"形象。王安礼为了营救苏轼,得罪了整苏轼的言官,就被言官揪住"在湖、润以倡女共政"的问题,从尚书右丞的位子上拉了下来。所以,柳永"明目张胆"地在词中写出自己对这类生活的兴趣,皇帝及十四岁就以"神童"资格入朝的宰相晏殊,都不能容忍他。

柳永与功名无缘,毫不灰心,继续大搞词的创作,而且公然打起"奉旨填词"的旗号,"御批"是金口玉言,无法收回,竟为柳词作了"广告"。

柳永的漫游生活,拓宽了他的词路。他多次离京到各地游历,到过杭州、会稽、苏州、睦州、盱眙、湖口、泗州、扬州、长安、渭南、成都、鄂州等著名城市,水路走过钱塘江、大运河、长江、淮河、黄河,攀登过不少名山,其中有的地方不止去过一次。壮丽的河山、绵长的历史画卷,使热爱生活的柳永开阔了视野,丰富了灵感,创作出不少好词。

柳永中进士后,仕途仍不得志;他死得萧条,但身后并不寂寞。

柳永尽管不看重功名,但家庭环境的影响他却无法磨灭,还得为功名一搏。景祐元年,五十五岁的柳永终于名登进士黄榜,他被授任睦州团练推官。到任才几个月,州官吕蔚便向朝廷多次举荐他,希望能授他个高一点的职位,但都被言官反对掉了,他一直在地方上当小官,任过余杭县令、定海晓峰盐场监官、泗州判官等,职务使他有机会多接触基层,写出了许多反映人民疾苦的作品,如在定海盐监任上写出的《煮海歌》,就反映了盐民所受的劳苦和压榨,表达了他对劳动人民的同情。

在地方上任职十来年,六十多岁的柳永入京去相府求见晏殊,晏殊提到柳永词中"彩线慵拈伴伊坐"句,嫌他庸俗,柳永只好告退。后来受到仁宗召见,任过西京灵台令、太常博士、屯田员外郎,后来因在禁中宴会上作《醉蓬莱》词,触忤了仁宗,皇帝把他的词作扔到地上,从此便不再任用他。

约在皇祐六年,七十多岁的词人柳永客死润州。知府王和甫当时"求其后不得",出钱埋葬了他。柳永的儿子柳涚(shuì),是庆历年间进士,官至著作郎。

柳永的词作很多,仅收入《全宋词》的,就有二百多首。宋代诸多词人中,柳永数得上是读者、歌者最多的词人。不管各阶级、阶层的人们对柳词还是对柳永其人是褒是贬,都得正视这个事实:柳永的词风靡一时,传播四方,上至皇帝、宰相、王公、贵族、学士、文人,下至市井百姓,都关心他的新作品,争相传诵、传唱。著名的歌姬们,都以能先唱到柳永的新词为乐事。传说柳永死后,每年清明节,总有歌伎舞女到北固山下为柳永上坟,叫做"吊柳七"。在以"卖笑"为生涯的这个特殊的脂粉队伍里,能够获得这样真诚的纪念,实在难得。

柳永的词不光在大宋的土地上传播,还传到了国外。西夏一个归附大宋的官员说他们那里"凡有井水饮处,即能歌柳词"。在《高丽史·乐志》里,也载有柳永的词作。

从内容上看,柳词反映妇女生活、愿望和男女间恋情的,占全部作品的一半以上。词中的女性有贵族妇女、劳动妇女和歌女倡妓,而以后者占大多数,如《雨霖铃》《斗百花》《河传》等。还有描摹城市繁华和旅途风光的,占他全作的近五分之一,如《望海潮》等;抒写身世遭遇和对功名利禄的感慨的,如《风归云》等;咏物、咏史、游仙的,如《黄莺儿》《双声子》《二郎神》等。

柳词在艺术上的贡献,主要在于发展了慢词的形式和词的表现手法。《乐章集》收入的一百九十四阕柳词,有十七个宫调,将近一百个词牌。其中除四个调、二十一个词牌是明显采用前人的外,其他大多是柳永创作的"新声"。《全宋词》收入的二百一十二阕柳词中,长调(九十一字以上)就占一百零三阕。由此说明,柳永是宋代早期词人中大量创作慢词的作家,是使慢词发展、取得与小令(五十八字以下)双峰并峙地位的第一人。

柳词表现手法上的特色是:曲折委婉,长于铺叙;融情入景,善于点染;言语明白,不避俚俗。

柳永的作品,有《乐章集》传世,见于其他作品集的有《全宋词》《宋六十家词》《疆村丛书》《闽词抄》等。

晏 殊

著名的词人、平庸的官僚

晏殊(991—1055),北宋词人,官至宰相。字同叔,抚州临川人,官至同中出门下平章事、集贤殿大学士,兼枢密使,是北宋著名的词人。晏殊七岁就能作文章,在家乡有"神童"的名气。张知白安抚江南时,发现了他,向真宗皇帝推荐了,特召试他与另一个"神童"大名府的姜盖。晏殊考了诗、赋各一首,文思敏捷,很受宋真宗青睐。两天后,又召试他诗、赋、论三题,他说赋题自己曾经练作过,皇帝喜欢他的正直和诚实,改了题目考。赐进士出身,安排为秘书省正字,在秘阁读书深造,并叫直史馆陈彭年负责指导他的学习和交谊活动。这年他才十四岁。

大中祥符三年,陕州报奏:宝鼎县一段的黄河水流变清了,十一月、十二月各清了一段时间,任集贤校理的晏殊,欢喜地写了《河清颂》献给皇帝,这年他十九岁。

后来他担任过皇子昇王的记室参军;以翰林学士参加编修《真宗实录》;孙奭、冯元为皇帝"侍讲"《论语》,晏殊参加"侍读"。

晏殊从少年时便在朝廷的最高阶层里生活,又正处在"五鬼"乱朝的情势下,所以处事特别谨小慎微,避免"介入"矛盾,但有时又免不了被卷进去。

有一次寇准和真宗说到丁谓奸佞,不适合将来辅佐新主,真宗赞同。后来寇准喝醉了酒泄露出来,丁谓很害怕,便来了个恶人先告状,在皇帝面前极力诋毁寇准,要求罢他的参政,皇帝答应了。傍晚,真宗召知制诰晏殊入宫,把包括罢寇准的名单拿给他看,他说:"臣掌外制;这不是臣的职分。"他没敢为寇准说好话,甚至怕自己出去涉有"泄密"嫌疑,这天晚上便住在了学士院里。

宋仁宗即位后,晏殊由翰林学士、礼部侍郎升为枢密副使,并任过资政殿学士,上过把外国使者家属随从"绘人物衣冠以上史馆"的帮闲建议,对国防事业数年来毫无建树,又改任参知政事。皇太后死后,仁宗罢官一批,晏殊也在其中——太后死前一年,祭宗庙时想用皇帝服饰,晏殊就曾以《周官》中的"王后之服"为根据表示反对,这次罢官,不知为何意把他也随喜"太后党"了,冤哉!

晏殊被贬为礼部尚书、知江宁府,不久又改知亳州。晏殊知江宁时,正值范仲淹丁母忧住在那里,他请范仲淹去讲学,二人兴办了一阵教育事业。

几年后,晏殊被召回朝廷,任检校太傅、充枢密使。庆历二年,富弼出使辽国签订条约,宰相吕夷简潜改了内容,企图坑害富弼,富弼及时发现,告到皇帝面前。仁宗召来吕夷简、晏殊等查问,富弼当着皇帝斥责吕夷简,晏殊却为吕夷简辩解说:"夷简决不会别有用心,只是写错了而已。"气得富弼骂他"奸邪,党夷简以欺陛下"。这确是晏殊该挨的,按他的地位与性格,最起码可以做到缄默不语。在给辽财物的措辞上,辽方主张用"献"或"纳",富弼都反对,报回朝廷审议,最后按晏殊的意见,定了用"纳"。用"输"或"给"也比"纳"强呀。这两件事,都是晏殊的政治败笔。后来言官又告晏殊役使官兵造房子(其实是他外甥干的),为庄懿太后写墓志铭,没有写上她是皇帝的生母,于是又罢为工部尚书,知颍州。后来又升为观文殿大学士、户部尚书。

至和二年,晏殊病重,皇帝要来探望他,他急忙令人骑快马飞奏:"臣是老毛病,快要全愈了,不值得麻烦陛下操心。"不长时间便死去了。皇帝虽亲临祭奠,但始终以没有去见他最后一面为遗憾,为他罢朝两天,赠司空兼侍中,谥"元献"。所以后人也以"晏元献"称他,御笔为他的墓碑题了"旧学之碑",着重肯定了他的学识和文采。欧阳修为他写了《晏元献公神道碑铭》,其中着重颂扬了他贬官时兴办教育的政绩。

晏殊成才早,生活环境优越,一生著述颇多。个人写作的文集有二百四十卷,编选梁、陈以后的名臣著述《集选》一百卷。宋祁说他"末年见编集乃过万篇,唐人以来所未有"。现存晏殊的诗有一百多首,有名的如《春阴》《寓意》等。

晏殊的词有五代遗风,艺术造诣高,内容清逸雅致,也不乏华贵气派,这都与他的生活环境地位有密切联系。词的语言也以"工妙"见称。脍炙人口的词篇有《踏莎行》《蝶恋花》《破阵子》等,词集名为《珠玉词》,共收入一百三十余首。在北宋词坛上,晏殊是一位有影响的人物。他的儿子晏几道也工于词作,区别于乃父,人们称之为"小晏"。

梅尧臣

杜诗优秀传统的继承者

　　梅尧臣(1002—1062),北宋著名诗人。字圣俞,宣州宣城人。父亲梅让是农民,叔父梅询是翰林侍读学士。梅尧臣从十二岁开始,就跟叔父在官任上生活,他长于写诗,诗风深远古淡,有时不乏奇巧之句,但开始并不为人所知,这与他的一生没考上进士有关,他不像那些"及第"的人们一样有一大帮"同年"的士林朋友。

　　二十六岁时,叔父为他成婚,后来以门荫出身补了个太庙斋郎,调任桐城县主簿。三十岁调任河南县(今洛阳)主簿,他才与诗人们有了更多的来往和交流,名声逐渐大了起来。他的岳父谢涛,是当时的知名人士,西昆派诗人钱惟演,是他的长官;新科进士欧阳修,任西京留守推官,很快地和他成了诗友。钱惟演和他,上班是上下级,业余是忘年交的诗友,很欣赏他的诗;欧阳修也说自己的诗不及梅诗好。梅尧臣很受鼓舞,更加精思苦学,刻意磨砺,知名度越来越大。对于诗的创作,他有自己可贵的体会,他说:"关于作诗,立意新颖,语言工巧,能够写出前人所没写到的,这就算是好诗了。再能把极难名状的景物写得如同摆在读者的眼前一样,把深邃的含意在言词之外体现出来,这就该算是最好的诗了。"

他的官运,远不如他的诗运发达。三十三岁任德兴县令知建得县事,三十五岁时,他的朋友欧阳修、欧阳修的朋友范仲淹,被宰相吕夷简作为"朋党"整倒,罢为地方官,梅尧臣公开地表示自己站在他们一边,这种反趋炎附势的是非分明的态度,在当时的士大夫中是难能可贵的。这也为他的诗风转变揭开了序幕,他的《彼鴪吟》《巧妇》《猛虎行》《灵乌赋》诸诗,从不同的角度反映了这场政治斗争。

　　三十八岁时,梅尧臣调知襄城县,他看到了人民沉重的租税、徭役负担,看到了被抓拉的丁夫在进发的路上在冰天雪地中跋涉冻死一百多人的残酷现实,他身为民之"父母",却束手无力,同情与自责的感情都在燃烧,他写出了《田家语》《汝坟贫女》等反映人民苦难的诗,在这些诗里,人们看到了杜甫的《三吏》《三别》的现实主义精神的发扬。

　　其后,梅尧臣没有再任过"父母官",他任过监湖州税,忠武、镇安节度判官,监永丰仓。四十七岁时,他才被提拔到朝中任国子监直讲。皇祐三年九月十二日,他被仁宗皇帝赐以"同进士出身",改太常博士,这年他已是"知天命"之年——五十岁了!

　　嘉祐二年,欧阳修知贡举,梅尧臣参加了阅卷,当时的取士很讲究保密,从入场一直到阅卷、发榜,前后五十天,与外界隔绝,当时叫"锁院"。在这次取士中,他有幸作了苏轼的阅卷老师。

　　梅尧臣的官职,最高作到尚书都官员外郎,最后四五年,不再当官,而和欧阳修一道编辑《唐书》。他四十六岁时娶的后续夫人刁氏,是西昆体诗人刁衎的孙女,到了唐书局以后,他感到自己与升官无缘,一次对刁氏说:"到了唐书局以后,我真是猢狲入布袋,什么解数都使不上了。"刁氏诙谐地说:"我看官人的官运简直是鲇鱼上钓竿,越爬越上不去啊!""说得好,说得好!'猢狲入布袋,鲇鱼上钓竿',这不恰恰是挺好的一联吗?又新鲜又别致,正是诗里用得上的!"

　　梅尧臣的诗,上对杜甫、下对苏轼等,有一定的"承上启下"的作用,他的诗集有《梅圣俞诗稿》《宛陵先生文集》等。另有《注孙子十三篇》《唐载记》二十六卷、《毛诗小传》二十卷。他参加编修的《唐书》,刚刚写成还没上奏朝廷,他便辞世了,享年六十一岁。朝廷录用了他一个儿子。

　　梅尧臣家中贫穷,喜好饮酒,士大夫们和他交往多的,时常带着酒到他家中,边喝边论诗。他善于说笑,和人们关系融洽,诙嘲刺讥常用诗表达出来,晚年技巧更为精进。有人得到一个西南夷民的布制弓套,那上面织的文字竟是梅尧臣的诗,这件事反映了他的诗歌的普及程度之广。

蔡　襄

著名书法家、把生物学原理应用于建筑工程的知府

蔡襄（1012—1067），北宋大臣，著名书法家。字君谟，兴化仙游（今福建仙游）人，中进士，任西京留守推官、馆阁校刊。景祐三年，范仲淹因上谏被贬，为这事说公道话的余靖、尹洙、欧阳修也被贬出朝，蔡襄很愤慨，便作了一首诗，题名为《四贤一不肖诗》，"四贤"指范、余、尹、欧阳，"一不肖"指不但不肯营救范、并且促成欧阳遭贬的右司谏高若讷。这诗传开后，正直的士大夫们看了颇感到痛快淋漓。不久，有泗州通判陈恢上章，要求根究作诗者的"罪"，左司谏韩琦又劾奏陈恢"越职希恩，宜重贬"，这件事便搁了下来。

过了六七年，王素、余靖、欧阳修又被提升为谏官，士心大快。蔡襄又作了一首诗祝贺他们，激励他们尽忠尽言。他们把这诗给皇帝看了，仁宗也很赏识，便提拔蔡襄到朝中任秘书丞，知谏院。

西北的赵元昊，不肯臣服，朝廷有意苟和。在文书来往上，他的职名自称为"乌珠""兀卒"（羌语译音，"首领"的意思），后来竟译写作汉字"吾祖"，按"外交习惯"，宋方得这样称呼他。谏官蔡襄上言道："这是什么话！如果朝廷给他回书也称'吾祖'，那在汉语里不成了'我的爷爷'了吗？"欧阳修和余靖也认为这是个原则问题，这称呼遂作罢论。

仁宗赐王素三品官服，赐余靖、欧阳修、蔡襄五品官服，并勉励他们道："你们都是朕选择的人，多次论事直言不讳，所以有这个赏赐啊！"

第二年，皇帝坚持起用陈执中为参知政事，蔡襄与孙甫屡谏不纳，蔡襄便以母亲年迈为由，要求回福建任地方官。皇帝授他右正言、知福州。后来又召回他任谏官，他仍然坚持"该怎么说就怎么说"的态度。

皇祐三年殿中侍御史里行唐介上书，弹劾宰相文彦博，语言激烈，而且说到文彦博通过中使走贵妃的门子。皇帝大怒，令人把唐介送到御史台劾治，文彦博叩头说："他是台官，提意见是他的职责，请圣上不要治他的罪。"皇帝怒不可遏，大官们不敢再说什么，右正言蔡襄却说："唐介确实狂直；但是让人把想说的话都说出来，也是帝王的美德啊！"皇帝听了，消了一些气，便把唐介贬为英州别驾，并接受了他的奏折，带回宫去。

蔡襄进升为知制诰，对除授官员，他认为不称其职的，便封还中书府（或皇帝），绝不马虎地签发诰命。皇帝越来越信任他，特赐给他母亲冠帔，并亲书了蔡襄的字"君谟"，派中使送给他，以示恩宠。

后来蔡襄又以龙图阁直学士权知开封府，他精明潇洒，谈笑间就能剖决案情，处理疑难杂事，揭发奸邪勾当，属吏差役都不敢欺瞒他。因母亲年迈，蔡襄又获准再知福州。他善于发现和使用人才：把进士周希孟推荐给朝廷，当了国子监四门助教；备礼延见处士陈烈，尊以师礼；名士陈襄、郑穆，学识品德都好，他便请到学舍去，任命教诲诸生。当地风俗办丧事很奢侈，有的倾家荡产地作法事"尽孝"，蔡襄下禁令革除。还有用巫术治病，用蛊毒杀人等等，他都痛加鞭治。办学校、节丧葬、破迷信，只这三方面一抓，社会风气很快焕然一新。

从福州调知泉州。离州治二十里处，有个"万安渡"，往来须过一段海，极险，常出事故。蔡襄到任后，建起了一道石梁，伸向海中，并在梁的基础部分种上牡蛎，让它们繁殖，"挤"满空隙，使石梁越来越结实。这道石梁全长三百六十丈，到元人为宋人写历史的时候，还完好耐用。在手搬肩扛的条件下搞这么大规模的海上作业，而且成功地把生物学原理引用到规模浩大的工程建筑中去，不能不说蔡襄是一位伟大的应用科学专家。蔡襄还发动百姓种植了七百里长的松树为道路遮阴，"绿化城市"。无怪泉州人民刻碑颂扬纪念他的政绩。

从泉州被调回京城，蔡襄担任了三司使。对天下的财力，盈虚出入，能精细计会，在国库日益空虚的情势下，铲除了一些吏蠹舞弊的陋习，建立了一套合理的财会制度。

宋英宗继皇帝位后,与太后不和,太后对大臣们含沙射影地"射"到蔡襄似乎不大愿意英宗继大统,英宗便怀疑蔡襄,蔡襄多次辞职,要求去杭州,最后蒙准。治平二年,蔡襄以端明殿学士、礼部侍郎出任杭州知府。第二年丁母忧,第三年他便去世了。享年五十六岁,赠吏部侍郎。

为蔡襄最后的出官,韩琦、欧阳修、曾公亮都向宋英宗进谏过,但没管用,英宗说:"怎么告发的人不说别人偏偏说他呢!"

蔡襄多才多艺。他的书法在当时首屈一指,宋仁宗特别喜爱他写的字。宋仁宗因一出生便被刘氏夺去抚养,刘太后死后,才知道生母是已故的李宸妃,所以他对舅父李用和特别好。李用和死后,仁宗亲自撰写了《元舅陇西王碑》文,特请蔡襄写了刻在碑上。

蔡襄很重友情,听到朋友去世,就不食酒肉,并设位哭祭。他一生为人坦诚仗义,作梦也想不到竟会有人利用了他的名声并伤害了他的子孙。"六贼"之首的蔡京也是仙游人,比蔡襄小三十五岁,蔡襄死的那年,蔡京才二十一岁。"出道"以后,蔡京为了抬高自己的身分,便攀附名门说自己是蔡襄的"族弟"。宋徽宗政和年间,蔡襄的孙子蔡佃考中进士第一名,在殿上唱名时,蔡京正侍在皇帝身边,为了表示他"避嫌",便把"族孙"蔡佃降为第二名,气得蔡佃恨了他一辈子。这件事情过去几十年后,南宋孝宗才给了蔡襄一个"忠惠"的谥号。

曾 巩

"唐宋八大家"之一

曾巩(1019—1083),北宋文学家。字子固,建昌南丰(今江西南丰)人。出生于仕宦世家,十二岁能写文章,十六七岁时读书便能有所选择,具有初步的鉴赏能力。二十岁以后,他写信给欧阳修,述说自己的性格志向和所学所长。欧阳修接见了他,告别时写了《赠曾巩秀才序》送给他。后来曾巩又认识了王安石,他称道王安石文章写得好,特别欣赏王安石虽中了进士,并不汲汲于争取官爵的操守。他和欧阳修、王安石都有书信往来。到三十九岁才中进士,任太平州(今安徽当涂)司法参军,后又被召编校史馆书籍,升馆阁校勘,集贤校理,实录检讨官。

在"校勘"的岗位上,曾巩作出了一定的成绩。对历代书籍作了很多整理工作,对古代图书的聚散以及学术源流,作了不少论证。

从曾巩与王安石的往来书信中看,二人虽是"文友",但在"变法"问题上政见不太一致,不知这是否构成他离开馆阁的原因。从熙宁初年,曾巩离京出任地方官,先是通判越州,后又知齐州,徙知襄州、洪州、福州,他在这几个州的主要政绩是赈灾救荒和"平盗"。"调动频繁"使他感到疲惫厌倦,在《福州上执政书》中说"转走五郡,盖十年矣",他申述老母八十八岁,自己也六十岁了,要求回京师任职侍奉母亲,实在不行,在近京地区给个使郡也好。此后移知亳州、沧州。六十二岁时被调回朝中,直龙图阁、勾当三班院,他积极上书谈"节用为理财之要",尽管没谈出什么"新精神",皇帝却"颇嘉纳之"。

有了十几年当地方官经验的曾巩,刚调回朝廷时,皇帝很看重他,王安石罢相后,皇帝想起用贬到黄州的苏轼主修国史,宰臣王珪等"有难色",皇帝便说:"不用苏轼就用曾巩。"后来皇帝觉得曾巩也不称心,和大臣们说:"曾公亮说过,曾巩这个人,决策大事不及处理具体政务,处理政务不及写文章。现在看来,果然没有大的作为。"王安礼应道:"确实是公亮说的这样,就请圣上使用他最大的长处吧!"于是任命他为史馆修撰,并有诏说:"曾巩史学见称士类,宜典五朝史事。"这也算量才而大用之了,因当时从事这个工作,总负责的一般是正副宰相级别的大臣。曾巩十分很感激这般的知遇重用,以"此大事,非臣所敢当"向皇帝辞谢过,也上书宰相府表示逊让。他六十四岁加拜中书舍人负责修五代史,继而因丁母忧罢职,第二年便去世了。

曾巩的文章,自成一家。史家评论他的文章介于欧阳修和王安石之间,纡徐而不繁琐,简约深奥而不晦涩,确有自己的特色。曾巩的诗写得也不错。他的遗著有《元丰类稿》五十卷(明代人茅坤编选前人优秀文章,把曾巩与韩愈、柳宗元、欧阳修、苏洵、苏轼、苏辙、王安石八个人的选文结集出版,题为《唐宋八大家文集》,其后几百年以来,"曾巩"与这七人一道以"唐宋八大家"的身分蜚声文坛)。

此外,曾巩在馆阁校勘书籍,写过不少的"叙录",如《新序目录序》《烈女传目录序》《战国策目录序》等,还给《梁书》《陈书》《南齐书》等也都写了"叙录",表达了他的学术观点。

王诜

画家、蜀国公主驸马

王诜（shēn）（1037—?），北宋著名画家。字晋卿，太原（今山西太原）人，因娶宋英宗的女儿蜀国公主为妻，封驸马都尉。

王诜与苏轼、黄庭坚、米芾是好朋友，可能就因为这种"社会关系"，使他这个养尊处优的富贵闲官的命运有了大的转折。

宋神宗元丰年间，王安石罢相以后，相继执政的有韩绛、吕惠卿、陈升之、吴充、王珪、元绛、蔡确、章惇等，他们原则上都是因拥护变法被留用或提拔到宰臣位子上的。但这时的神宗皇帝，已失去变法的兴趣，特别是看了郑侠的《流民图》之后，便宣布废了一些新法，并罢了王安石的宰相。皇帝的态度一"转变"，反变法的，大快人心；行新法的，失去信心。

新法被积极倡导它的神宗"减免"了，但是，对新法有过异议而被贬的官吏们的命运却没有好转。例如苏轼，被贬任地方官以后，不仅对新法不抵触，而且认真地贯彻，在贯彻执行中收到好的效果，纠正了自己以前对新法认识的片面性。但执政的宰臣们不仅不根据"表现"起用他，反而伙同"变法派"的言官们进一步迫害他。元丰二年，苏轼被弹劾在下边不老实，以诗、文、书信"讥讽朝政""诋讪君父"，被下到御史狱，几乎要掉脑袋。王安石的弟弟王安礼冒着得罪御史们的危险,向皇帝求情,他才被"薄其罪",贬任黄州团练副使。御史舒亶又上书弹劾了二十五个收到苏轼文字的大官名人,要求治他们的罪。这二十五个人中,"宰相级"的就有五人。另外还有一个特殊身分的人物,就是"皇亲国戚"、名画家王诜。舒亶劾奏了驸马都尉王诜三条罪状:一、接受了苏轼"讥讽朝政"的文字而不上交朝廷;二、送给苏轼财物资助"逆党";三、"泄禁中语"——把有人劾奏苏轼的信息告诉了苏辙,让苏辙给苏轼通风报信。身受国恩,列在近戚,竟犯这样的大罪,"实不容诛"。

这封奏疏上去以后,王诜受到"特责"。第二年,王诜的妻子蜀国公主一死,他就彻底倒霉了。

蜀国公主下嫁王诜以后,事奉王诜的母亲极尽孝道,一点儿也不摆公主架子,人们都称道她的贤德。公主病危时,皇太后和皇后都到府中去看望她;皇帝也到了,看到自己的姊妹瘦弱不胜,他哭得伏在席上起不来,亲自端碗给公主喂粥,这时公主已什么也吃不下了,为了安慰皇帝,勉强吃了几口。第二天,长公主死了。这天神宗皇帝没吃早饭,便坐车赶往驸马府邸,一望见公主家的大门,就恸哭起来。为此辍朝五天,追封她为越国长公主,谥"贤惠"。还赐公主家钱五百万缗办丧事。

不知信息来自什么渠道,揭发驸马王诜在服侍公主疾病的时候"与婢奸",于是在公主死后四天以内,王诜便被削掉"驸马都尉"的封号,责受昭化军节度行军司马、均州安置。

五年后,宋神宗驾崩,十岁的哲宗即位,太皇太后同听政,一大批被贬的反变法派——旧党弹冠相庆,陆续恢复或提升了官职,王诜"斯人独憔悴",没被起用。但也"因祸得福",太皇太后崩了以后,哲宗独立亲政,用章惇、蔡卞、蔡京等大整"元祐党人"时,他们的铁扫帚也没扫到王诜。

后来史书上只提到他一次:徽宗建中靖国元年,宰相曾布惮忌沉毅刚正的尚书右丞范纯礼(范仲淹的儿子),便挑唆王诜说:"皇上想授你翰林学士承旨的官,范右丞不同意。"于是王诜很恨他。王诜当时正负责接待辽国使臣,而范纯礼主持招待使臣的宴会,于是王诜便诬告范纯礼在宴会中讲话几次直接提皇帝的名讳,因此,范纯礼便被罢知颍昌府去了。这一年王诜六十五岁。不知何年寿终正寝的。

王诜作诗、填词、书法、绘画兼长,尤其精于山水画。他酷爱画江上云山和幽谷寒林,流传下来的作品有《烟江叠嶂》《渔村小雪》等。时人对他的作品,有"不古不今,自成一家"的评论,苏轼评论他可以说得上是得"破墨"三昧了。

苏 轼

仕途坎坷的杰出全能的文学艺术家

　　苏轼(1037—1101),北宋著名文学家。字子瞻,四川眉山人。十岁的时候,父亲苏洵离家外出作官游学,于是苏轼的启蒙老师改为他的母亲程氏。母亲教他念书,给他讲解古今成败的故事,他听过一遍,就能大概地叙述出来。有一次母亲给他读《东汉·范滂传》,他激动地问:"我如果做一个范滂,妈妈能允许吗?"母亲说:"你能做范滂,我难道就不能做范滂的妈妈吗?"年长后,苏轼与弟弟苏辙随父亲入京师游学,嘉祐二年中乙科进士。初任福昌县主簿,又升为大理评事、签署凤翔府判官事,殿中丞。

　　治平三年,苏轼方到"而立"之年,宋英宗登位前就听说过他颇有才华,这时想破格提升他任知制诰或修起居注。宰相韩琦说,突然重用他,士大夫们不服气,反而害了他,不如先安排在馆阁中做一项与皇上接近的工作,陆续地适应,"他日自当为天下用"。皇帝以为然,最后召试了他,任命直史馆。后来欧阳修把这个过程告诉了苏轼,苏轼感动地说:"韩公真可以称得上是以德爱人了。"

　　宋神宗任用王安石实行变法,其中也谈到了考试制度的改革,王安石提出兴建学校,革除诗赋、明经各科,只考试经义、论、策三项。诏令朝中各大部门讨论,一般都认为应该有所改革,只有苏轼反对。他的观点是:主要是用人,用的人得力,现有的设施、做法就够了,考试内容,也不必改动。宋神宗很欣赏他的意见,当天召对,叫他对时政谈得失,包括皇帝本人的过失。苏轼说:"陛下求治太急,听言太广,进人太锐。"神宗听了如醍醐灌顶,说"你这三句话,朕要仔细地想想。"宋神宗想用苏轼修中书条例,王安石说:"他与我所学的东西和所持的观点都不相同,不如安排他干别的。"于是安排苏轼权开封府推官。

苏轼任推官,决断案子精明准确,政声不错。他不忘"忧其君",朝廷下旨开封府,减价买浙江彩灯四千多只。苏轼上言说,这样做百姓会认为"以耳目不急之玩,夺其口体必用之资"。皇帝接受了,下诏免掉上元节的大型灯会。

苏轼还上书七千宗言论析时政,主题是"结人心,厚风俗,存纪纲",其实质是反对变法。

三十五岁,他出任杭州通判,后升任密州、湖州知州。苏轼反对变法的观点是人所共知的,在诗赋中不免有所流露。御史中丞李定、御史舒亶、何正言,根据他的奏章和诗,寻章摘句,弹劾他"讪上","伤教乱俗","诋谤"、"愚弄朝廷"。宋神宗被他们鼓惑得竟忘了苏轼的好处,诏令知谏院张璪和李定去湖州"推治"苏轼。张、李去罢了苏轼的官,还把他下了狱,要求治苏轼的罪。神宗头脑冷静了后,又批示御史台派人骑马去湖州。只带去罢掉知州的朝旨,别的错误不再追究治罪。

苏轼这次的被"宽大",与太皇太后不无关系,当时她正在病中,听到苏轼因写诗下御史狱,便对神宗说:"记得你祖父以制科录取苏轼兄弟二人时,曾经欢喜地说:'我为子孙录取了两个宰相。'苏轼现在因写诗获罪,大概是仇人中伤他吧?从诗歌中搜录错误,那错误不会很大吧?"

上头"从宽"了,底下还在严治。御史又上言,收到苏轼文章的人,包括被罢出朝的大官司马光、曾巩、张方平等二十二人。更严重的是,王诜听到追治苏轼的消息后,叫苏辙给苏轼通风报信,而苏辙竟没向朝廷告讦。这样,问题的"性质"就严重化了。

宋神宗最忌讳臣下"背"着他干什么。他生气了,把苏轼下御史狱纠治。一时谁都不敢进谏救苏轼,幸亏好心的王安礼凭着"王安石的弟弟"这一特殊身分,个别地向皇帝求情,苏轼才没被"绳之以法",而责授检校水部员外郎、黄州团练副使、本州安置。

苏轼在黄州,一住就是五个年头。他随遇而安,万里长江陶冶了他的灵魂,在这段时间里,他写出了作为豪放派宋词代表作的千古绝唱《念奴娇·赤壁怀古》和前、后《赤壁赋》。他在这里买地建房居住,自号东坡居士,在田夫、市民、官绅中交了不少朋友。他游庐山,到筠州去看望在贬的弟弟苏辙,到江宁去看望罢相闲居的王安石,恢复并加深了二人因政见分歧而濒于破裂的友谊。

元丰七年,苏轼改任常州团练副使。宋神宗一直怜惜苏轼的才学,想起用他修国史,当时王安石早已罢相了,执政的蔡确、张璪尊重皇帝的意见,唯独宰相王珪坚决不同意,只把他调到汝州。后来苏轼上表"谢恩",并说自己在常州有田地,要求去那里,"帝从其请"。

第二年神宗驾崩,十岁的哲宗即位,"太皇太后"垂帘权同听政,起复苏轼为朝奉郎、知登州。三个月后升任礼部郎中。这时司马光虽未拜"正宰相",却已实际上是皇帝和太皇太后之下的实权派了,他整天忙着对上奏请、对下督促罢除新法。苏轼在地方上当了几年团练副使,体会到新的免役法比旧的差役法要好,有加强国防后备力量的战略效果,他向司马光进谏时,先婉转地说"各有利害",然后又说了新法的利。司马光表情"愤然"。苏轼"以其人之道还治其人之身",说:"以前韩琦要给陕西的义勇刺字,你当谏官,力争不可;韩公不高兴了,你也不在乎,我曾经听你说过这件事情。难道现在作了相,就不让我把话说完吗?"司马光才笑着向他道歉。

一天晚上,苏轼奉旨到内东门小殿应对,太皇太后问他:"卿前年当什么官?"他回奏:"臣前年任汝州团练副使。"又问:"现在任什么官职?"回答说:"臣现在待罪翰林学士。"再问:"怎么能到了这一步?"他说:"是遇到了太皇太后和陛下。"太皇太后说:"不是。"苏轼问:"难道是大臣推荐的吗?"回答说:"也不是。"苏轼说:"臣虽然没有才能,但决不敢通过别的途径进身。"太皇太后说:"这是先帝的意思。光帝每读到卿的文章,总是赞叹说:'奇才!奇才!'只是未来得及重用卿呀!"因文得福、因文得祸的苏轼,听了这话情不自禁地痛哭起来。太皇太后和皇帝也哭了,左右也感动得掉泪。接着命坐赐茶,然后派人用御座前的金莲烛照路把苏轼送回翰林院——这是极难得的殊荣。

苏轼又任起居舍人、中书舍人、翰林学士。学者程颐侍讲经筵,好用古礼。苏轼认为他不近人情,很讨厌他,常常拿他取笑,二人渐渐隔阂深起来。有一次苏轼为考生出策论题,题目中提到宋的仁、神二帝和汉的文、宣二帝。

程颐的门生朱光庭说出题人不识大体,有否定先帝的意思,要求正他的罪。苏轼急忙上书辩解,别的官员也替他说好话,才免于治罪。他年已半百,又经历过大的起落与荣辱,实在没有必要只图一时的嘴皮子痛快为自己树敌,也许这正是他特有的"诗人气质"吧。曾劝司马光不要彻底否定新法的毕仲游,就写信劝过苏轼:"官职不是谏官、御史,却好议论别人是非,这如同自己抱着大石头去救掉在水里的人。"但苏轼总是改不了。

元祐四年,苏轼侍读《祖宗宝训》时,联系现实批评时政,被罢为龙图阁学士、知杭州。杭州靠海近,泉水又咸又苦。苏轼到任后,疏浚了茆山、盐桥两条河流,让茆山河专门接受江水,让盐桥河专门接受湖水,又修治好了几近报废的六井。西湖中的水生植物"葑",和淤积的沉泥积压在一起,叫做"葑田",很影响湖上交通,苏轼设计修治,把葑田积到湖中修成了一条贯通南北的长堤,堤长十三里,栽上芙蓉、杨柳,风景美丽如画。杭州人命名为"苏公堤",以表达对这位州官的感激与纪念。"苏堤春晓"成为西湖十大景观之一。

两年后,苏轼又被调回朝中任吏部尚书。因弟弟苏辙升为尚书右丞,为避嫌,苏轼改任翰林学士承旨。不到半年,又受到排挤,以龙图阁学士、知颍州,知扬州,过了一个月,又升任兵部尚书,兼侍读。御史董敦逸、黄庆基又从苏轼出官前写的制词中寻章摘句,告他"指斥先帝"。太皇太后把董、黄二人罢了官,保了苏轼。元祐八年,太皇太后归天,苏轼出知定州,临行前,他上书皇帝,建议不要急于求成地搞什么变革。不幸的是,独立执政的十八岁的哲宗起用了章惇、吕惠卿等,这些人又把苏轼当"反变法派"整他。

到了定州的第二年,御史台上言说苏轼写的贬抑吕惠卿的制词中有"讥讪先帝"的话,于是哲宗下诏把苏轼降职知英州。范纯仁上疏说:"这事已过去八年了,现在要求贬苏轼的,大多是那时的御史,他们当时为什么不勇敢地表达对先帝的忠诚呢?"皇帝没听他的。

绍圣四年,六十一岁的苏轼又从"日啖荔枝三百颗"的惠州,被责贬为琼州别驾,移送昌化军安置。这里就是古代的儋耳,地处海南岛的西北部,在贬官的人来说是"死地"。他交待了后事,与全家人痛哭诀别。刚到时,租官房居住,当官的不愿意,他便买了块荒地自己筹盖房屋,当地人民同情他,都帮他运砖、挖土、垒墙,于是很快地有了一个简陋的"家"。他与小儿子苏过住在这里,以著书为乐,把个人不幸抛到脑后,热心地帮助当地黎民发展生产、提高文化水平,打算在这里"以终天年"。

过了三年，皇帝开恩，下诏迁内地州郡，由廉州到永州，又提举玉局观，又一年苏轼便在常州去世了。享年六十五岁。朝廷对这一代才人的死没有任何"恩宠"的表示。但是"文星落处天地泣"，他当过地方官的"吴越之民"，在街市上相聚哭泣，友人们络绎不绝地到他家中去吊唁，几百名太学生自发地会集到寺庙里为他举行了当时少有的大规模的祭奠仪式。

苏轼为人端直，政德也好，不论"居庙堂之高"还是"处江湖之远"，也不论"政见"是否一致，不管在哪里，都尽心尽力地做好自己的本职工作，尽量地多做些于民有利的事情，而且不乏实事求是的精神。如在第一次因反对新法贬到黄州时，他仍然以一个"朝廷命官"的职分认真地贯彻新法，而且在贯彻中看到了新法优于旧法的长处，修正了自己原持的对新法全盘否定的态度；在自己可以扬眉吐气而新法遭到厄运的时候，他敢于挺身出来说公道话。当时能做到这一步的，只有苏轼和范仲淹的儿子范纯仁。

超凡的才华，渊博的学识，坎坷的经历，俊逸的气质，刚直的性格，热忱的心肠，自强不息的精神，使苏轼成就为一名多产全能的杰出的文学艺术家。他几乎"无事无诗"，共写了两千七百多首诗，政治、讽喻、景物、抒情、哲理各方面的都有，而且不乏脍炙人口的千古绝唱。词在他的文库中数量远少于诗，但他开创了宋词豪放的风格，被奉为一派词宗。散文也颇为时人称道，后被明人奉为唐宋八大散文家之一。

在中国文学史寥廓的天宇中，苏轼一直是一颗垂照后世的璀璨的巨星。

苏轼的书法、绘画也很有名气，特别是书法，他比蔡襄出生晚，但人们评定四大家还是把他放在了第一位——苏、黄、米、蔡。

苏轼的作品集有：《南行集》《超然集》《黄楼集》《苏子瞻学士钱塘集》等——是苏轼在世时出版的；《东坡七集》《东坡乐府》《经进东坡文集事略》《注东坡先生诗》《苏文忠公诗注集成》等——是后人为之编集的。

苏 辙

"唐宋八大家"中的"小苏"

苏辙(1039—1112),北宋文学家。字子由,四川眉山人,十九岁时和哥哥苏轼一同登进士科,授商州军事推官,又调任大名推官,后丁父忧,神宗熙宁二年,服满复官。

当时王安石正领导三司条例司,筹备变法,苏辙被安排到这里。王安石拿青苗法的草案给他看,说:"有什么不恰当的,尽管告诉我,不必犹豫。"苏辙认真作了研究后说:"本来是为了使百姓得到好处、渡过难关;就怕有奸邪的官吏不正确贯彻,从中盘剥,又怕老百姓控制不好自己,借钱容易还钱难……"这事便搁了下来。

后来有的地方青苗法行之有效,王安石又决心在全国推广实行。苏辙写信给王安石,极力陈说不可广泛推行的理由,被罢为河南府推官。不久张方平出知陈州,调他去担任教授;三年后授齐州掌书记;又三年,改任著作佐郎;又随张方平赴任南京判官;二年后,因哥哥苏轼被言官劾奏在诗中"讪上""愚弄朝廷",他受到牵连,谪为监筠州盐酒税;五年后移知绩溪县。

宋神宗驾崩,哲宗即位,苏辙与哥哥苏轼都调回朝中,他被任命为右司谏,上言皇帝要先"正风俗"。正风俗的关键,他认为应多多发挥谏官的作用。吕惠卿官位卑微时以拥护新法谄事王安石,爬上参政位子,继而又借不满新法的气候倾陷王安石,再后又打着维护新法的旗号,迫害了很多人,最后看形势对自己不妙,主动要求一个宫观闲职,想躲起来窥伺方向,以求一逞,于是以资政殿大学士、正议大夫,提举嵩山崇福宫。苏辙极其鄙恶他的人格,说他的行径是"犬彘之所不为"。苏辙与其他言官一再弹奏,把躲在嵩山上的吕惠卿拉了下来,落职,降为中散大夫、光禄卿、分司南京,苏州居住;又责授建宁军节度副使,本州安置,不得签署公事。

司马光重新上台后,要尽罢新法,一下子改变王安石定的科举取仕方法。苏辙向他建议不能一刀切,应该看实行效果,逐步地改掉那些应该改掉的部分,但司马光听不进去。

不久,苏辙改任起居郎、中书舍人。诏令与刘攽一起编辑《神宗御制》。后来又连续改任户部侍郎、吏部侍郎、翰林学士。宋哲宗元祐四年,他与刘攽完成了《神宗御制集》九十卷上献。

第二年,苏辙改任御史中丞。这时新法与"新人"已被罢了五年,但从朝内外的气氛看,还有些人"压而不服",吕大防和刘挚认为该引用一部分执行过新法的人,以平息怨忿,叫做"调停"。太皇太后犹疑不决,苏辙入对,当面反驳,认为"小人"与"君子"同朝,会毁了"君子"。太皇太后在帘内听了说道:"苏辙怀疑我要正、邪两种人兼用,他的话正说到理上了呀!"于是她不再起用被罢黜的变法派官员。此外,对官员选任做法、治河等问题,苏辙也提过有益的意见。

元祐六年,苏辙改任尚书右丞。一年后,又判检院。朝官中闹党争,互相倾陷排挤,不干什么正经事。太皇太后特别垂青他兄弟俩,因此他能沾到些便宜。如御史郑雍和杨畏弹奏他与刘挚搞朋党,二人被"押赴都堂",但太皇太后派遣中使赐诏给苏辙,叫他赶快到府里上班——没有他的事了,而刘挚仍被罢官出知郓州。他哥哥苏轼的对立面程颐,守丧服满该复官,三省认为应该授馆阁职务,苏辙说:"程颐入了朝,恐怕不会安静的。""太皇太后从其言",程颐被安排到了洛阳国子监。

太皇太后驾崩,哲宗独立执政,苏辙上言要求皇帝继续执行"太皇太后路线",说"如果轻率地改变九年来已经做了的事情,提拔任用已经累年不用的人,以维护先帝变法为借口泄私愤,国家大事就完了。"不久他又上劄子,批评皇帝不和大臣们商议便对参加策试的进士们透露想恢复新法的意图。

在当面论证时又触怒了皇帝,导致"下殿待罪"。

宋哲宗很恼火苏辙把神宗比作汉武帝,范纯仁为他开脱说:"汉武帝雄才大略,历史上对他没有贬辞,苏辙拿他比先帝,不能算谤讪吧。陛下刚刚亲政,应该按礼进退大臣,像呵斥奴仆一样就不恰当了。"又说,"苏辙所议论的是形势和事情,并不是针对人的呀。"这番话使年仅二十的少年皇帝火气泄了不少,没治苏辙的罪。苏辙平素与范纯仁合不来,讨论事情往往观点不一致,这次范纯仁却救了他,他深受感动,打心眼里佩服范纯仁胸襟无私,从殿上退下来以后,他郑重地举起笏向范纯仁致谢说:"你真是菩萨心肠的人啊!"他知道调换一下位置的话,自己绝对做不到。

诏令苏辙以端明殿学士知汝州。中书舍人吴安诗起草的贬苏辙的"制词"中,有"风节天下所闻"、"原诚终是爱君"的语句,皇帝一看又火了,又罢掉他的端明殿学士,只以散官出知汝州。连吴安诗也因此由中书舍人罢为起居舍人。

当时章惇等人掌权,受皇帝宠信,一个月后,范纯仁罢知颍昌府,苏辙又被降授左朝议大夫,徙知袁州。三个月后又把他贬筠州居住。三年后,在一大批反变法派死人被贬灵魂、活人被贬官职的背景下,苏辙又被责授化州别驾,雷州安置(后移循州)。在雷州,他和被贬到海南岛去的哥哥苏轼见了面,哥俩共享了短暂的亲情的温暖。他们待的地方,被贬官视如"死地",当时苏辙已经五十九岁了!

就是在这样的地方,苏辙还继续受着章惇的"遥控迫害",不准他在官舍里居住,他租民房居住,章惇又诬他"强夺民房",下令州里追究,治苏辙的"强夺民房罪",幸亏主客双方都持有租用契约,上面写得明明白白,才使章惇的阴谋破产。四年以后,宋徽宗即位,苏辙内迁,而章惇却被贬到了雷州,并"享受"了不准住官房的限制,他去租民房,正巧是苏辙的"房东"。那人知他是章惇,给他碰了个大钉子,说:"前几年苏公来住,被那个章丞相逼着打官司,差一点儿破了我的家,现在我可不敢再租给你了!"

宋徽宗即位后,苏辙内迁到永州、岳州,恢复太中大夫,提举凤翔上清太平宫。崇宁年间蔡京掌权,又把他降为朝请大夫,罢祠,居许州,再恢复太中大夫致仕。他在许州筑室定居,自号"颍滨遗老",写了万余言的自传,从此不再与人交往,终日默默地静坐着。他在想些什么呢?过去?现在?未来?他就这样一直"坐"了十年,直至自己生命终结,享年七十四岁。朝廷追复了他的端明殿学士,淳熙年间追谥"文定"。

苏辙性情沉静简洁,为文汪洋澹泊,他的文章像他的为人一样,虽然不愿意别人知道自己,但始终无法掩饰那种特有的秀杰之气,那些精粹的篇章,几乎能赶上他哥哥的水平。

他的著述有《诗传》《春秋传》《古史》《老子解》《栾城文集》等。

黄庭坚

著名诗人、书法家

黄庭坚(1045—1105),北宋诗人、书法家。字鲁直,洪州分宁(今江西修水)人。父亲黄庶是庆历二年的进士,作诗学习杜甫,有《伐檀集》传世。舅父李常,是诗人兼藏书家。

黄庭坚天资聪颖,五岁时就能背诵《五经》。他爱思考发问,一天突然问塾师:"人们都说六经,为什么我只读了五部?"老师说:"《春秋》不值得读。"他不以为然:"这是什么话呀!既然是经,怎么能不读呢?"于是,他用了十天的时间,把《春秋》一字不漏地背了下来。李常有时到他家玩,随便从书架上取一本书查问他,他都能对答如流。李常十分惊异。

黄庭坚十四岁父亲去世,十五岁随舅父去淮南游学,结识了一些文人学士,诗人孙觉非常赏识黄庭坚的才华,把女儿兰溪嫁给了他。

十九岁那年,黄庭坚参加省里的科举考试,传说他考中了,一同住在旅馆的考生们设酒庆贺,正饮着酒,一个仆人高声呼喊着奔了进来,举着三个手指头,原来这里有三个人考中了,但没有黄庭坚。筵席上落第的人纷纷散走,有的哭了起来,黄庭坚仍然若无其事地饮酒,饭后又和大家一起去看榜,毫无沮丧的情绪。二十二岁时,他第二次参加省试,出的诗题是《野无遗贤》,主考官李询阅卷时,读到黄庭坚答卷中"渭水空藏月,傅岩深锁烟"两句,不禁拍手叫绝,高兴地说:"这人不仅这首诗在考场上是最好的,而且日后一定以诗扬名天下!"于是黄庭坚中了头名。第二年他又到京师参加礼部考试,中第三甲进士,被任命为汝州叶县县尉,由此他踏上了坎坷的仕途。

在叶县,他眼见到百姓受水灾、地震的苦害而无力救拔,既同情又惭愧。二十六岁时妻子孙氏病故,弟兄们又天各一方,他怀念故土,怀念童年亲人欢聚一堂的家庭幸福,隐隐约约产生了一种归隐的愿望,不过也没有马上就"挂印",仍然在宦海中游荡。神宗熙宁五年,朝廷招试四京学官,黄庭坚考了个优等,被任命为北京国子监教授,当时老宰相文彦博留守北京,很赏识他的才学,任期满后又留他连任,他在那里一直干了七年。当时有一个名诗人叫谢景初,读到黄庭坚的诗后说:"我要是有这样一个女婿,就心满意足了!"他已孤居数年,有人把这话传给他,他遂去求婚,真的作了谢景初的女婿。婚后没几年,谢氏又去世了。黄庭坚与两位岳父的亲密关系却保持了很久。

在他第一个岳父孙觉的筵席上,苏轼看到黄庭坚的诗文,大为叹赏,孙觉请苏轼提携女婿,苏轼笑道:"这个人如同精金美玉一般,他不接近人,别人也要接近他,想逃避出名都办不到的,哪里还用得着我来称扬呢!"元丰六年,黄庭坚写了两首古风,写上信,寄给当时任徐州太守的苏轼,以表达仰慕之意,苏轼高高兴兴地给他回了信,并步他的韵作了两首和诗寄去,这两位大诗人由此奠定了友谊的基石。其后在政治观点上,他一直受着苏轼的影响。

元丰四年,三十六岁的黄庭坚调任吉州太和县知县,他第一次独当一面地当上了"民之父母",兢兢业业地处理着各项政务,并常常步入穷乡僻壤山村边寨去了解民情。一个深山里的老和尚,很欣赏他关心人民疾苦的精神,对他说,自己在山沟里住了八十多年,还是第一次看到县太爷到这里来呢。太和县山明水丽,但人民食不果腹,连年交不足租税,受差役催逼,一看到"当官的"便惊呼奔走。有的逃入深山躲租,有的不得不铤而走险……这个县令怎么当?他回天无力,把自己莫可名状的痛苦和愤慨写入了一首首诗里。

任满后,他被调任德州德平镇监镇,在赴新任的途中,他顺便探望怀念已久的故乡,"江山依旧","人事全非",不由产生了莫名的惆怅,他真想抱住这块生养自己的土地而不再出去奔波了,但是不行,老母亲及一家几十口人都要吃他那份俸禄呢。有件令他欣慰之事是,谢氏去世后,他娶的妾生了一个儿子。四十得子,他不至"无后为大"了,他给儿子起名为"相",小名"小德",爱称小字为"四十"。船过泗州时,他在僧伽塔前写了一篇《发愿文》,表示要从现在到死"不复淫欲""不复饮酒""不复肉食",说如果犯了这"三戒",情愿在死后到地狱里去受万劫不复的罪。实践证明,他这些愿是"白说",只是诗人兴之所至,表达一下得了"四十"的喜悦心情罢了。

宋哲宗即位后,黄庭坚连续升任校书郎、《神宗实录》检讨官、著作佐郎,加集贤校理,起居舍人。他和范祖禹、赵彦若合编的《神宗实录》很不错,吕大防在帘外为太皇太后和哲宗皇帝披读时,"帘中恸哭"。

就在这年,他母亲病故。黄庭坚事亲至孝,母亲病了一年多,他衣不解带地服侍,昼夜侍汤问药。母亲死后,他悲痛得生了一场大病,几乎送了命。扶柩回原籍,结庐守墓。除服后授秘书丞,提点明道宫,兼国史编修。这时变法派有些崛起,他不想卷入政治斗争的漩涡,便上表辞官,在家待命。

元祐八年,太皇太后去世,宋哲宗独立掌权,大力起用变法派,蔡卞、章惇等有了权力,又大力排斥、贬谪"旧党",不光对活着的,连死去的司马光、吕公著等一大批旧党,也一再降职降级,削掉谥号,砸烂墓碑,并殃及子孙。修订《神宗实录》的黄庭坚等三人,也因福得祸,被罢了下去,他被贬为涪州别驾,黔州安置,后迁戎州。他住在一个和尚庙里,为了让对立面放心以避免进一步迫害,他声言自己对政治"身如槁木,心如死灰",把自己住的房子叫"槁木庵","死灰寮"。后来在城南租房屋住,把新居命名为"任运党",以示自己听天由命,与世无争。

一本《神宗实录》修订本,被指责了一千多条"攻击先帝、诋斥政事"的罪状;整理自己的诗稿,他发现早期讥刺时政的诗不少,同情人民疾苦的,也可以被解释为"不满现实",所以好些都在定稿时忍痛割爱了。现在身为俎上肉,他更不敢再写什么了。他只好把精力转移到书法上。与和尚们交朋友,参禅,练字,看到水手们在湍急的江中撑篙摇橹,那强壮的体魄和矫健的姿势呈现了一种自然的健康美和坚实力度,这启发他把自己的草书提高到了一个新的境界。

在这里,他还做了一件大好事。一个叫杨素翁的人出钱赞助,由他把杜甫在东西川和夔州作的诗,全部书写刻石。诗碑刻好后,盖了一座高堂存放,黄庭坚给它命名《大雅堂》,并写了《大雅堂记》,给杜诗以高度的评价。

由于诗人、书法家这两个称号的知名度都很高,所以虽处贬所,向他求教的人仍然不少，他诲人不倦，"凡经指授，下笔皆可观"。

宋徽宗即位后，旧党的命运好了一些。他先被以宣德郎监鄂州盐税，继改任奉议郎，签书宁国军节度判官，在上任途中又接到权知舒州的任命，并被召入京，走到江陵又接到吏部员外郎的任命，他厌烦新、旧党之争，上奏要求在江南当个地方官，后来接任了太平州知州。谁知只干了九天，又被罢了，派他管勾洪州玉隆观。这一次罢官，从大气候上看，是蔡京等得势，进一步打击迫害"旧党"，从具体情况说，是因游玩惹来的一场迫害。原来黄庭坚在江陵待命时，和担任府帅的老友马城游览承天寺，寺僧修了一座七级的浮屠，请他作记，他起完草后，马城请了一些官员来共饮，观看黄庭坚现场写碑。最后"作记者"写下自己的名字，"立石者"写下马城的名字。在场的转运判官陈举看了眼红，提出把他们几个人的名字也写上，被黄庭坚拒绝了。于是陈举回京城后，诬告黄庭坚作的《荆南承天院记》"旨在幸朝廷之灾"，黄庭坚因此被"除名勒停，送宜州编管"。第三年移徙永州，他自己没有听到这消息便去世了，享年六十一岁。当时还在"待罪"之中。

朝廷对这位著名的诗人和书法家的灵魂，无所慰藉。咽气时守候着他的只有前来求师访友的年青人范寥，他变卖掉了自己一部分器物，为黄庭坚办了后事。后人怀念这位著名诗人，在他逝世的地点建立了一座"山谷祠堂"。因他三十六岁那年，曾游览了舒州三祖山上的山谷寺，非常热爱那里的风景，常自称为"山谷道人"。

黄庭坚在诗、词、文章之中，擅长、多产的是诗歌，四川、江西的士大夫们，往往把苏、黄并称。书法中他最突出的是行、草两种字体，楷书也自成一家。他是四大书法家"苏、黄、米、蔡"中的"黄"。

黄庭坚和张耒、晁补之、秦观都曾游学于苏轼门下，时人称为"苏门四学士"。他们彼此平等，互相尊重，是知心的好朋友，可以互相切磋学问，取长补短，也能幽默地开开玩笑，甚至提提缺点。有一次二人在一起研讨书法技艺，苏轼说："鲁直的字，近来写得虽然清劲，但笔势有时太瘦，看上去像树梢上挂着条蛇！"黄庭坚回敬道："先生的字固然不敢妄加评论，但是有时觉得太褊浅，看了以后感到很像石头底下压着个蛤蟆！"说完后二人一同哈哈大笑起来，都认为对方形象地说中了自己的缺点。这是多么难得的师生关系！

黄庭坚的作品集有《山谷诗注》《豫章黄先生文集》。

李公麟

著名画马专家

　　李公麟(1049—1106)，北宋著名画家。字伯时，舒州舒城(今安徽舒城)人，晚年居龙眠山，号龙眠居士，世称李龙眠。宋神宗朝进士，历任南康尉、长垣尉、泗州录事参军，由陆佃举荐任中书门下后省删定官，御史检法。

　　李公麟好古博学，擅长作诗，能识奇字，自夏、商以来的钟、鼎、尊、彝，都能够考定朝代年代，辨认款式、标志，听说有什么精妙文物，即使价值千金，也得买下来。绍圣末年，朝廷得到一枚玉玺，拿给礼官和学士们看，一个人一个说法，谁也不敢说自己判断得准确。李公麟看了后，肯定地说："秦朝的传国玉玺用的是蓝田玉，这个玉颜色正青，雕饰着龙、蚓、鸟、鱼的花纹，文字是'帝王受命之符'，玉质极为坚硬，除非用昆吾刀、蟾肪无法琢治，雕琢方法已经失传了，这确实是秦朝的李斯刻的。"大家都认为他的鉴定正确。

　　李公麟酷爱绘画，孜孜不倦地从事绘画创作。他的作品，仅《宣和画谱》上记载的宫廷藏画就有一百零七件，其他赠送亲友、散落在民间的就无法以数计了。

　　李公麟作画，以生活为源泉。他画山水，便抽暇踏访名园山川林木。画马，便常到马厩里去观察，有时一看一整天，不但注意观察马的雄健姿势，连不同的马的不同生活习性也加以注意。有一次,李公麟到御马厩"骐骥院"去画马——那里可是净优良品种的名马,西域于阗的,蒙古的,非常名贵,都各有养马专家饲养着。李公麟全神贯注地画起来,每一匹都画得有神采,有力度,活生生的。饲马专家们看了,唯恐他夺走了真马的"灵魂",竟央求他不要再画下去了。

李公麟画人物和佛像,也非常出色。他不是单纯地描摩形象,而是有创作的主题思想。例如,从古诗中汲取画意,他画陶渊明,以《归去来兮》辞为立意依据,不光画了田园、松树、菊花,而且表现出了陶渊明鄙视腐败官场的高尚情操。画郭子仪,从人物"单骑见回纥"的史实中汲取主题思想,表现出了郭子仪的大无畏精神和坦荡胸怀。

李公麟从生活中汲取艺术的灵感和营养的同时,也很注重学习历代优秀名画家的长处。家中收藏的历代名画,他都一一临摹,而且还临摹了不少别人收藏的名画。在这个过程中,他一一取人之长,加上自己的创造,形成了自己独特的艺术风格。而作为一个绘画的"多面手",他每一个面都达到了高超的艺术水平,人们评论李公麟:画鞍马胜过韩干,画佛像接近吴道子,画山水似李思训,画人物似韩滉,推之为宋画第一。

在绘画手法上,李公麟进一步发展了传统的"白描"画法。所谓"白描",就是不着彩色,仅用墨线勾描物象的画法。也有略用淡墨渲染的。这种画法,吴道子运用过,即"焦墨薄彩",但是尚未把它发展成为一种具有独特风格的艺术形式。到了李公麟手中,才充分发挥了传统绘画线条的作用,创造出"扫去粉黛,淡毫轻墨"、"不施丹青而光彩动人"的"白描"画法。"白描"画法能在宋代完成,是我国古代绘画中运用线条的能力已经十分成熟而不需要色彩点缀的必然结果;同时,也要归功于李公麟对前人艺术成果的继承和发展。自李公麟之后,这种"白描"画法,得到了绘画界的广泛承认,成了我国群众喜爱的一种美术形式。

李公麟"画德"高尚。他在京师住了十来年,从来不以自己的艺术作品去结交权贵、谋求进身,只常常约几个知己朋友去游览名胜古迹,寻幽探韵。他经常交往的有苏轼、黄庭坚、米芾等,他有的作品上,就有黄庭坚的题字。李公麟晚年的作品,大都包含有"劝善"的含义,他曾对向他求画的人说:"我的画不能单看作可供玩赏的,你们还应该懂得画中劝诫的意思啊!"

李公麟五十二岁时,不幸患了风痹症,致仕住在龙眠山养老。他的右手不灵便,睡在病榻上,经常下意识地用左手在被子上画什么,有时健康状况略有好转,他就起来坚持作画。绘画,已经是李公麟的生命第一需要了。五十八岁时,疾病夺去了他的生命。

李公麟的画作,保存下来的极少,被认为是"真迹"的,只有《五马图》《临韦偃牧放图》《免胄图》(又名《郭子仪单骑见回纥图》)《维摩诘像》《九歌图》《龙眠山庄图》等。

秦　观

含笑而逝的著名词人

　　秦观(1049—1110)，北宋词人。字太虚，由于仰慕东汉马援堂弟马少游的为人，改字为"少游"，别号邗沟居士(邗音 hán，邗沟是自扬州至淮安的一段古运河的名字)，学者称为淮海先生，扬州高邮人。他与黄庭坚、张耒、陈师道同被时人称为"苏门四学士"，他是众"学士"中有些传奇色彩的一位。

　　秦观少年时豪放漫逸，志强气盛，好大见奇，慷慨激昂之情溢于文词。每读兵书，都认为非常符合自己的观点。但他走的人生道路，却和军事无缘。青年时代，他很仰慕被称为当代文宗的苏轼。二十六岁那年，他听说苏轼由杭州调任密州，将路经扬州赴任，就模仿苏轼的文笔作了几首诗，预先题在扬州一座寺院的墙壁上。苏轼读到后很感惊异，后来遇到老朋友孙觉(黄庭坚的岳父)提起这件事，孙觉取出自己手头好几百首秦观作的诗词给他看，苏轼非常欣赏，赞叹说："那次在寺院壁上留诗的，一定是这位年轻人了!"

　　熙宁十年，苏轼在徐州任上，接待了来访的秦观。苏轼很关心这位后起之秀，劝他赴科举考试以谋养家。苏轼还把他的诗作转给执政的王安石看，王安石说他的诗有鲍照、谢脁诗的那种清新风格。第二年他去应乡试，不幸落第。他已是而立之年，又回到故乡高邮作起诗来。其中有一首《黄楼赋》，歌颂了熙宁十年七月十七日黄河决口至十月五日水退这八十天中，身任徐州太守的苏轼率领士率百姓奋力防守抢险的业绩。

元丰二年春，苏轼由徐州调知湖州，秦观要去会稽探望住在叔父任上的祖父，二人正好结伴同行，边走边游览，边写诗唱和，在湖州和苏轼游遍了当地寺院以后，他才作别赴会稽。在会稽，他听到了苏轼遭言官弹劾被收捕入狱的噩耗，急忙渡过钱塘江到湖州探询究竟，希望能助上一臂之力。其时苏轼的亲友中，有些远比秦观"显赫"的人，都吓得和苏断绝了往来，把原来引以为荣的苏轼写的信件和诗文也烧掉了，以免自己受到牵连。相比之下，尽管秦观人微力薄，但友情十分可贵。

元丰五年，秦观参加了礼部的考试，不幸又名落孙山。七年，贬居在黄州的苏轼，收到了秦观寄来的咏梅诗章，其中有两句特别为人们所传诵——"江头千树春欲阑，竹外一枝斜更好。"这也正是对苏轼的赞美与安慰。这年他还把自己的诗文编定了十卷，题名《淮南闲居集》。三十六岁就有了作品集，在当时的文人中要算是"早出成果"的了。

三十七岁时，秦观的名字才写到了进士榜上，任定海县主簿，蔡州教授。哲宗即位后，他先后任宣教郎、太学博士、秘书省正字、国史编修等官职。元祐四年苏轼出知杭州以前的四年中，苏氏弟兄与"苏门四学士"齐集京师，使京都文坛上确实热闹了一阵。秦观本人还得到过特殊的荣宠，在任秘书省正字兼国史院编修官时，皇帝对他"日有砚墨器币之赐"。有时他也能参加高层次的宴饮，他的《西城宴集》就记了元祐七年三月中皇帝诏赐馆阁官员的一次高级"花酒"宴会，参加的只有二十六人，规模虽不大，景况却很盛大。两年后他遭贬，离京前特别去重游了这次聚会活动过的地方，抚今追昔，写下了那首有名的《望海潮》。

绍圣元年，宋哲宗亲政，秦观被列入"旧党"遭贬，先通判杭州，继而御史刘拯劾奏他"影附苏轼"，攒修《神宗实录》时随意加减内容，又再贬为监处州茶盐酒税。转运使仰承蔡卞、章惇的鼻息，刺探他在贬所的行事，想收集他的错误上报，结果一无所得，就把他在疾病与落寞中写的《题法海平阇黎》一首诗加上"谒告写佛书"的罪名上报，他遂被夺掉官职，贬为郴州编管，又移为横州编管、雷州编管，是被再贬官的三十二名"旧党"中贬得最狠的一个。这时他已经五十一岁了，"灌园以糊口，身自杂苍头。"他失去了自由，还得"自谋生路"。五十二岁时，他大概感觉生命之火已燃烧殆尽，像陶渊明一样地预先写下了自我追悼的《挽词》。

元符三年五月，宋哲宗驾崩，徽宗即位，苏轼内迁廉州，秦观也内迁宣德郎，并允许回北方。他七月动身，九月到了广西的藤州，到光华亭游览，他喝醉了酒躺了一会儿，醒来后对别人述说睡梦中新得的长短句，忽而又说要喝水，待水拿来后，他笑着看了看就死去了，享年五十二岁。

他的作品有《淮海集》四十卷，秦观诗、文、词、赋都擅长，而以词为最优异、有影响。他的词远承西蜀、南唐，近受柳永影响，俊逸精妙，情韵兼胜，独树一帜。他善于发议论，但论文也有"词味儿"，"文丽而思深"。苏轼听到他去世的消息，不胜叹惋，说："少游不幸死在回京的路上，可悲呀！世上哪能再有这样的人才啊！"

关于秦观的事迹、传说，见之于文学作品的有：宋代蒋仲之的《长沙义娼传》、元代鲍天佑的《王妙妙死哭秦少游》杂剧、明代《今古奇观》中的《苏小妹三难新郎》、清代李玉还的《眉山秀》传奇。不管其中有多少真实成分，都表达了人们对这位词人的喜爱与怀念。

陈师道

穷而有节的苦吟诗人

陈师道(1053—1101),字履常,又字无己,号后山居士,彭城人。家道贫寒,学习刻苦。十六岁时,他带上自己写的文章、背着书箱,跋涉千里,到襄州去拜曾巩为师。有一次,曾巩因公务忙,就口授意思叫陈师道替他写一篇文章。陈师道苦思冥想了一整天,才完成了这篇只有几百字的短文。第二天交给曾巩看,曾巩说:"大体上不错,就是冗字多一些,能稍为删改一下吗?"陈师道请他改,他删去了一二百字,师道读了,只觉得文字更简明,而意思更完备了。就在这样的训练下,陈师道的古文在"简洁"方面有了明显的提高,他的诗歌写作,也得到助益。

熙宁四年,王安石实行新法,在科举考试上也有改革——罢诗赋和明经,改用经义和策、论取士。后来神宗又规定,经义以王安石的新经学为准则,陈师道对这个变革不以为然,打消了赴试的念头。曾巩受命负责编写五朝历史,容许自己挑选助手。他推荐了陈师道,朝廷因陈没有功名,是"白衣",未批准。

元丰六年曾巩去世,他写诗敬挽。元丰七年,岳父郭概赴四川官任,一妻四子女的陈师道,毫无经济来源,只好求岳父带着妻子儿女去了四川。临别,他写了诗分赠岳父、妻、子表达了又伤感又无能为力的心情。

元祐初年,陈师道到京师游学,这时以苏轼为首的文人学士正盛集京都,陈师道和他们交往,大开眼界。他对苏轼、黄庭坚都执弟子礼,但苏、黄都把他看作朋友。陈师道一直保持着读书人的清高操守,在京师一年多,从来不涉足达官贵人的大门。文士傅尧俞听说他家贫,去看望他时怀里藏着银子想接济他。待到交谈起来听了陈师道的议论之后,他肃然起敬,就没敢把带来的银子往外拿。章惇任枢密时,想用他,叫秦观向他致意,他拒绝不登章惇的门,章惇当了宰相后,再一次致意,他仍然不上他的门。他说以往没有交情,现在贵贱相隔,将来章公"成功谢事,幅巾东归"的时候,自己可以在东门外等着为他钱行,以答谢章惇的这一番知遇之情。

元祐二年,经苏轼、傅尧俞、孙觉等人联名推荐,朝廷起用陈师道为徐州教授,这时他已经三十五岁了,方才有条件尽一个丈夫与父亲的义务,从四川接回了妻子儿女自己养活。

元祐四年,苏轼出知杭州,陈师道跑到南京(今河南商丘)去为他送行,二人同舟东下,到宿州才挥泪分手。这年七月,由梁焘推荐,陈师道升任太学博士,言官说他到南京去送苏轼,违犯了地方官不得因私事擅自离境的制度,于是这一次提升便作罢了。第二年,陈师道调任颍州教授。一年后苏轼又调知颍州,真是"有缘千里来相会",二人在一起为时虽不长,却留下了不少友谊的诗篇。

陈师道只顾读书作诗,连老婆孩子的生活都不管,更不过问新、旧党争的事,但由于他的诗友们多被看作旧党,他不免也跟着受了牵连。当不上太学博士,又有人弹奏他不是进士及第,没有资格当教授,于是教授也罢掉了。经济来源又断绝了,他只好带着一家人投靠岳父养活,跟着岳父的官职变动,辗转澶州、曹州。陈师道四十五岁那年,岳父死了,全家人由曹州回到徐州,住在一个破庙里,儿子们长大了,但也像他一样地谋生无能。一家人经常断炊,老婆孩子有时生他的气,他也不在乎,照旧吟咏不辍,钻研作诗技巧。待到强烈的饥饿感使他认识到"虚名不救饥肠厄"时,他的诗只能用于向友人求告接济或对别人的周济表示答谢了。清高到不讲究谋生自存的境地,这也是古代文人的一个通病。不过,在长期的艰难拮据之中,一直不放弃诗歌创作艺术的探求,也算难能可贵了。他极力保持自己的诗作"宁拙勿巧,宁朴勿华"的风格,"诗格"与"人格"在陈师道身上保持着高度的统一。

宋哲宗即位后,陈师道的命运也跟着旧党好转起来。元符元年七月,他被授任棣州教授,十一月走在赴任的路上,又被任命为朝廷秘书省正字,这对中了进士的人来说,是馆阁职务中的"小件",但对"白衣"陈师道,就是"政治顶峰"了,因为他的生命,已被穷困抽打得奄奄一息了。

建中靖国元年十二月,朝廷举行郊祀,陈师道第一次有幸参加这样大的礼祀活动,但天大寒,没有棉衣,妻子到姐姐家借了一件姐丈赵挺之的棉衣来给他穿。赵挺之当时任尚书左丞,陈师道看不惯他的为人,逼妻子把棉衣还回去,自己穿了原来的旧衣到郊外参加祭祀活动,回来后因受寒病倒,第三天便与世长辞了,享年四十九岁。他的好朋友兵部侍郎邹浩出钱买棺材为他办了后事。

陈师道熟谙经书,尤其精通《诗经》和《礼记》,写出的文章精深雅奥。酷爱作诗,年轻时出去游览,一产生了"诗意",就赶回家躺在床上,用被子蒙住头,苦苦用心思索。这时家人要把狗猫都赶出去,把小孩子抱远,直到他从床上跃起、把诗写下来,一家人才能恢复正常的生活方式。他自己说作诗模仿黄庭坚的,但别人认为,他的许多优秀篇章,有的能超过黄庭坚。他写出的诗,自己稍有不中意的便烧掉,所以保存下来的大约只有所作的十分之一。门生魏衍把他的诗、文遗稿编为《后山先生集》,另有杂著《后山谈丛》和《后山诗话》。

晁补之

以散文见长的文学家

晁补之(1053—1110),北宋文学家。字无咎,晚年自号"归来子",济州钜野人。出身于仕宦世家,是汉代名臣晁错的后裔。父亲晁端友工于作诗,家庭为他提供了极好的学习条件,晁补之聪敏强记,小时从能解事读书便开始写文章。十二岁起,随着父亲宦游浙江,十三岁时,王安石的弟弟王安国任常州学官,一见到他,便很赏识,对他的读书、作文都尽心地给以指教。苏轼通判杭州时,他的父亲晁端友正任杭州新城县令,补之写了《上苏公书》,求见这位文坛前辈。熙宁六年,苏轼巡视属县,会见了晁端友,补之借这机会袖文谒见,从此二人认识了,苏轼也给过他一些指点。苏轼对晁补之极口称赞杭州山川人物之盛,并赞赏枚乘、曹植的文章《七发》《七启》,补之退而深思,模仿写出了《七述》。

父亲任满回到京城,于熙宁八年病故,晁补之侍奉母亲扶灵柩回到故里守丧。元丰二年,二十七岁的晁补之赴京参加开封及礼部别院的考试,都中了第一名。主考官说"其文辞近世未有"。宋神宗看了他的文章说:"这是对经学钻研得深的、可以变革浮华薄幸的文风。"调他任澶州司户参军。五年考试学官,又授北京国子监教授。

十岁的宋哲宗上台后，太皇太后垂帘听政，起用旧党，司马光执政，苏轼兄弟被召回京师，晁补之由李清臣荐举，通过学士院考试，授秘书省正字，又迁校书郎。元祐六年，晁补之以秘阁校理通判扬州，第二年苏轼以龙图阁直学士知扬州，这时苏五十五岁，晁四十九岁，二人都成熟了，半师半友，共治一郡，非常惬意，政事之余，游览名胜，和诗论文。同年苏轼被召回朝廷任兵部尚书，晁补之被召还任著作佐郎。元祐数年中，他们都算过了几年顺利腾达的日子。

绍圣元年，宋哲宗亲政，旧党遭贬，晁补之开始踏上颠沛流离的仕途。这年六月出知齐州。二十一年前，曾巩在这里任知州，曾有惠政，在大明湖畔兴建了北渚亭。晁补之来到，询访遗迹佚闻，重修北渚亭，并写下了《北渚亭赋》。第二年二月贬应天府通判，九月改贬亳州通判。四年母亲亡故，他扶灵回故乡居丧。除服后，贬监信州盐酒税。

宋哲宗驾崩，徽宗即位，他以著作郎召回，拜吏部员外郎、礼部郎中，兼国史编修、实录检讨官。第二年，"党论"又抬头，他受言官奏劾，出知河中府。在这里，晁补之策划在河上修了一座桥，给百姓带来极大的方便，百姓画了他的像供奉着。后来又迁知湖州、密州、果州，直到闲职"主管鸿庆宫"。由此晁补之回到故乡，修葺了故宅"归来园"，自号"归来子"，过起了以著述文墨为乐的闲适生活。大观四年，他又被起用为泗州知州，到职不久，便病死在官任上，享年五十八岁。

晁补之才气飘逸，一生嗜学不倦，文章温润典缛，凌丽奇卓。他特别精通楚辞，著《变〈离骚〉》等三书，他的诗文总集题名《鸡肋集》。

刘昺

宋徽宗朝的乐官

    刘昺（生卒不详），北宋末年乐官。字子蒙，开封东明人，原名"炳"，"昺"是皇帝赐名。宋哲宗元符末年甲科进士，官太学博士，秘书省正字，校书郎。

    刘昺的哥哥刘炜，精通音律，刘炜死后，蔡京正怂恿宋徽宗大兴制作营造之事，便把刘昺提拔为大司乐，由他掌管朝廷中音乐方面的事情，并把他介绍给皇帝。刘昺又引四川方士魏汉津见皇帝，谈音乐的历史、理论，皇帝被他说入迷了，让他监督铸造九鼎，魏汉津还写了《大晟乐》。刘昺本人撰写了《鼎书》《新乐书》，大体都是根据魏汉津的意思写的。

    崇宁四年，九鼎铸造成功，推功行赏，刘昺升官一级，赐五品官服，接着又官升三级，为给事中，翰林学士，改工部尚书，他编制了新的历法《纪元历》，崇宁五年颁布使用。后来言官吴执中论奏《纪元历》中有些增减不当的错误，刘昺被贬以显谟阁直学士知陈州。

    后来刘昺因父（母？）死不守丧，被罢掉州郡的官职。蔡京被罢又起复后，又起用刘昺为户部尚书。这不是因为他监铸了九鼎，而是因蔡京和郑居中闹矛盾时，刘昺曾为蔡京出谋划策排挤了郑居中；在太宰郑居中居母丧期间，把他的儿子们提到朝中任职，这样郑居中回朝后就得"回避"，不能干实权大的官了。蔡京对刘昺因感激而重用,御史中丞俞棨揭发刘昺的问题,蔡京把俞棨调任了其他官职。

徽宗储存有夏、商、周三代的彝器,诏令刘昺审定,刘昺将所有的尊爵、俎豆、盘匜之类的器物,全都改从古名,并配以祭祀仪礼,让太学诸生演习雅乐。试演的那天,刘昺与大司成刘嗣明上奏说,有仙鹤在顶上盘旋飞翔,于是他又当上了翰林学士。皇太子立后,任太子宾客。

后来刘昺又转户部。大理寺讨论"户绝法":如果某人有儿子没有娶妻便死去了,他们不能领养一个孙子作继承人。刘昺说:"算起来,一年中各路户绝的,加起来也不过能得到一万缗钱。如果每年能失掉一万缗钱的收入而使天下没有绝户,岂不更好吗?"诏令采纳他的意见。于是刘昺又升任宣和殿学士,知河南府,积官至金紫光禄大夫。后来因交通王寀,事情败露后,开封府尹盛章议他死罪,经刑部尚书范致虚挽救,长流琼州,最后死在了那里,卒年五十七岁。

刘昺著有《鼎书》和《新乐书》。对宋代庙堂音乐的发展,刘昺作出了一定的贡献。

叶梦得

抗金能臣、文学家

　　叶梦得(1077—1148),北宋末、南宋初抗金大臣,文学家。字少蕴,苏州吴县人。曾祖叶清臣为仁宗朝翰林学士,母亲晁氏是晁补之的妹妹。叶梦得从小好学,能记诵许多历史人物的言论和行事,滔滔不绝地讲给别人听。宋哲宗绍圣四年,登进士第,历任丹徒县尉、婺州教授、议礼武选编修官。徽宗召对后,升任祠部郎官。

　　叶梦得是蔡京赏识并向皇帝推荐入朝任职的,但是他不阿附蔡京。如蔡京被罢相后,赵挺之任相,改变了蔡京的做法,蔡京复相后,又恢复了自己执政时被改掉的一些做法,叶梦得入对时,便提出,"皇帝建立的规章制度,哪能因大臣的进退就任意改变呢!"宋徽宗欣赏他识大体,任命他为起居郎。

　　大观三年他便被罢知汝州,既而又被免官提举洞霄宫。这时他才三十三岁。七年后,叶梦得被起复为龙图阁直学士、知蔡州。高宗建炎元年,杭州军校陈通变乱,军士到处纵火,杀了十二名军官,把担任杭州守臣的龙图阁直学士叶梦得逮捕并囚禁起来。这件事很快便平息下去,叶梦得被调到行在任户部尚书。他在抗金的战略防御方面,谈过不少有益的建议。高宗跸驻扬州时,叶梦得曾建议过江,高宗没听他的。后来被金人追赶着跑到镇江,军民牺牲极大,瓜洲渡口,摆渡的要一人一两金子,彼此正讨价还价时,金兵赶到。十几万百姓,来得及的,亲人们相抱着投江而死;来不及投江的,都被金兵圈起来驱赶着带走了。抛弃的金帛珠玉在江岸上堆积如山。在这个形势下,皇帝让大家"议去留",叶梦得就又不同意皇帝过江了,他与吏部尚书吕颐浩,到阶下拜伏不起,在地上磕着响头要求皇帝留在江北指挥抗战以稳定人心。皇帝接受了他们的意见,下令先安排百姓和一般官吏过江,"行在"先设在江北,并派宰臣们都到江上去经略指挥。

建炎三年二月,黄潜善与汪伯彦罢相,叶梦得与御史中丞张澂被提升为尚书左、右丞。叶梦得入谢时,高宗告诉他,很为杀了太学生陈东和进士欧阳澈的事后悔,于是追复他们为承事郎,并提拔他们各人有服亲的一人任官,令所居州县官府抚恤他们的亲人。

三月,高宗指示叶梦得:现在军队和粮食是头等大事,要选择得力的大臣分管。门下侍郎颜岐等很忌妒叶梦得,便挑拨杭州知府康允之说:"皇帝本想把这重担子给你挑,被左丞相给反对掉了。"康允之大怒,和部将曹英谋划,上言说,陈通拘囚过叶梦得,听说叶当宰相,很不放心,想要叛乱。皇帝听了不大相信,颜岐等便证着"确有其事"。原先和叶梦得有矛盾的朱胜非,三月初二日被任命为右丞相,他一上任便说叶梦得群众威信不高。恰巧,就有杭州"群众"上告叶梦得,并且涉及到他的内眷。高宗因叶梦得很善于理财,便根据各方面的"物议"(群众反映)罢掉他的宰相官职,授他资政殿学士、提举太中一宫兼侍读,提领户部财用、充车驾巡幸顿递使——这是仅处于宰相之下的掌握财政大权的职务。但是在叶梦得来说,他没有大错误,只根据一面之词便罢了他,是极不公正的,他拒绝接受这个"新任命",径自回故乡卞山去了。

叶梦得只当了十四天的副宰相。

绍兴元年十一月,五十五岁的叶梦得奉诏知建康府兼任江东安抚大使。王才拥众据横涧山,投降刘豫后,带兵入寇,后来怕官军征讨,又接受了招安。只颐浩提出给他一个淮西的郡,让他带着他的军队去上任。叶梦得认为这样难于改造王才和他的军队;朝廷按他的建议,把王才由显武郎、阁门宣赞舍人迁升武翼大夫、充建康府兵马钤辖,而把他的军队精简到只留一千人,分配到各大部队中去。

叶梦得很注意对敌我之间的动摇力量的争取转化。淮西各州郡,在宋、金两国军队的"拉锯"战的背景下,多为"剧盗"所占领,朝廷对付他们,"心有余而力不足"，于是便顺水推舟地"任命"了他们。但他们有的脚踏两只船，如濠州知州寇宏，与伪楚宿州守官胡斌暗通，光州知州许约、寿春知州陈卞都和伪楚有往来，既用"绍兴"年号，也用"阜昌"年号。绍兴二年二月，北方有商人到建康作买卖，诉说人民被刘豫的虐政害得甚苦，日夜盼着王师来。叶梦得了解了这些情况，便派人去说服寇宏和陈卞，叫他们认清形势，顺应民心，倒向朝廷，抗金抗刘。他们接受了。寇宏与胡斌断了交往；刘豫派兵攻打寿春，被陈卞打败，陈卞一举收复了固始县。不久刘豫又率大部队来攻这两个州，陈卞力不能敌，弃城退保南岸；叶梦得派王冠和张俊出兵支援他，刘豫退走了。

叶梦得有知人之明。绍兴三年六月，因兵部尚书吕祉，平时爱谈平敌大志，说："如果叫我独立地率领一支军队，便能够活捉刘豫父子，然后全部地恢复失去的土地！"张俊便认为他豪壮，派遣他往淮西抚慰各路军队。吕祉又调都督府的陈克给自己当助手。叶梦得因为和陈克是好朋友，便劝陈克说："吕安老（吕祉字）不是驾驭大将的料，你是个诗人，不是国士。淮西各路军队之间，矛盾重重，这一次你们去，太危险了！"陈克不听劝，吕、陈二人把家属留在建康，单骑赴淮西视察部队去了。

吕祉到了淮西，态度倨傲，不深入，下情无法上达，什么问题也解决不了。他听有人反映郦琼和靳赛政治上动摇，便上奏朝廷要求罢他们的兵权。书吏朱照把这消息透给了郦琼；郦琼派人在路上拦住了吕祉的邮差，截下了奏章。第二天，将领们来见吕祉，拿出奏章来质问吕祉，杀了统制官张景，逮捕了吕祉，带着四万军队去投降刘豫。走到距离淮河只有三十里路的三塔，部队停下休息，吕祉从马上下来，站在枣林下说："刘豫是叛逆，我哪能去见他！"众人逼他上马，他说："死就死在这里吧，你们过去以后，也保不住我！"

郦琼怕他动摇军心，先策马过河，到了淮河北岸，令尚世元杀吕祉，吕祉大骂不止，被打碎了头颅、打断了牙齿又割头示众，年仅四十六岁。吕祉死得固然壮烈，但叶梦得也说准了，他确实不是带兵的料，不仅没"抚慰"好部队，还把四万人"带"到刘豫那边去了。

十一年二月，金都元帅完颜宗弼侵入合肥，还在继续南侵，张俊却还按兵不动，叶梦得督促他进兵，他说："再等等谍报。"叶梦得说："不能等了！敌人已过了含山县，万一和州被金人占领，长江也就难保了！"张俊这才出兵，是他的部将王德抢先到达了和州。

建康府本来有定为南宋都城的打算，由于抗金战争缺乏统一的正确的指挥而节节失利，最后只好定都临安。但建康还是江南第一重镇。这里长期屯驻重兵，每年耗费八百万缗钱、八百万斛米，政府供应渠道达不到这个数字。而有大会战的时候，朝廷直属部队"禁旅"和各路军队都在这里集中分散。叶梦得自从绍兴元年上任以来，兼管着四个路的漕运，合理地调度分配，不论平时小战或大的会战调防，军需钱粮从来没短缺过，所以将领们都能尽力投入战争，也能听他指挥调动。

十一年二月，金人侵过淮河，叶梦得团结沿江军民数万人，把守住各个渡口，派他的儿子叶模率领一千人扼守马家渡。完颜宗弼和投降过去的郦琼率领轻骑兵到达江岸，夺不下渡口，只好拨马而回。叶梦得向朝廷报捷，宋高宗下诏嘉奖了他们。

不久，叶梦得加观文殿学士，调知福州，兼福建安抚使。当时"海盗朱明猖獗"，朝廷命令叶梦得带御前将士赴任，并且要沿途顺便"平寇"。叶梦得一路上或招安，或捕杀，或诱使"盗"们自相残杀，平了五十多个寨群。

到了福州后，他和朝廷派出的监司人员往往意见不合，便上章告老，于是拜崇信军节度使致仕。七十二岁去世，赠检校少保。

在战争决定一切的南宋初期，叶梦得是屈指可数的好"后勤部长"之一。

在文学创作方面，叶梦得的词、诗、散文，风格上很受苏轼及其门人的影响。

叶梦得十八岁，便能写出不错的词来。他早期的词作，偏于婉丽绮艳，中进士后，经常出入苏门四学士之一的舅父晁补之家，他很欣赏舅父的文风，说"雄健峻拔，笔力欲挽千钧"，他自己的词作，也渐渐疏放起来。评论家认为叶梦得"为诗文笔力雄厚，犹有苏门遗风，非南渡以下诸人可望"。

宣和年间，不到五十岁的叶梦得，曾回到故乡吴县，在郊区卞山的石林谷，买地建造了"石林别墅"，作为自己离开官场后的退居之地。尽管他六十八岁才得以致仕，在石林谷过完了四年余生，但他早已用"石林老人"作为自己的名号了，他的作品集，也有几部是以"石林"命名的。著作有：《石林诗话》三卷，约写于北宋末季；《石林燕语》，成书于南渡以后，笔记体，内容包括典故旧闻，"古今嘉言善行"，耳闻目睹的本朝故事以至野老田夫的言行与各种笑话；《避暑录话》成书于退休之后，记载前朝掌故，名流隽言，特别是有关文学家们的铁闻佚事；《石林词》一卷；《建康集》是在建康为官时所作，他的诗都收在《建康集》中。

李清照

杰出的爱国女词人、金石学家

李清照(1084—约1155),女,南宋杰出的爱国词人。自号易安居士,齐州(今山东济南)人。

李清照生活在文化素养相当高的家庭环境中,祖父及父亲,都出于宰相韩琦门下。父亲李格非,字文叔,是熙宁年间进士,官至礼部员外郎,提点京东刑狱。宋徽宗崇宁元年,蔡京大罢"元祐党人",一批罢掉一百十七人,李格非也在被罢之列。崇宁四年、五年,两次"赦"党人二百零九人,李格非不在赦内。政治上的不幸,没有消磨李格非钻研学术、著书立说的积极性。李格非博通经学、史学,著述有《礼记说》数十万言,《礼记精义》十六卷,《史传辨志》五卷;另有学术著作《洛阳名园记》一卷,《永洛城记》一卷。李格非诗、文皆好,他与廖正明略、李禧膺中、董荣武子并称为"苏门后四学士"。

李格非在文学理论上也有自己的见解。他认为文章应该崇尚自然,不仅要崇尚"气"与"诚",还该崇尚"横"。他认为孟轲论道、左丘明的辞令、韩愈的文章、李白的诗、苏轼的文,都有股"横"劲——摆脱俗套,独开新路,有创造精神。这观点,对李清照的学术研究和写作都有一定的影响。

李清照的母亲王氏,是状元王拱辰的孙女,"亦善文"。李清照是长女,她还有个弟弟李迒(háng)。"迒"是"小路"的意思,李格非用来给儿子命名,大概是抱着他能"横"起来的期望。南渡后,李迒任敕局删定官(掌管搜集皇帝诏旨分类编辑成书的官职),说明也是具有相当学识和写作能力的。

李清照十八岁时,与诸城太学生赵明诚结婚。赵明诚比李清照大三岁,自幼酷爱金石,二人结婚伊始,便志同道合地投入了金石的学术研究活动。赵明诚于每月初一、十五休假的日子,到当铺里去用衣服当上半千钱,步行到相国寺,买了碑文与果实回家,与李清照二人边吃着果子边欣赏着新买来的碑文拓片,享受着一般的夫妻难以享受到的乐趣。

李清照的公公、赵明诚的父亲,是当朝宰相赵挺之,亲友有不少任馆阁职务,家中藏书丰富,有很多亡诗逸史,李清照如饥似渴地广为阅读,并尽力作些摘录笔记,对这些平日难得一睹的新颖资料,她酷爱到欲罢不能的程度。

李清照婚后第二年、宋徽宗崇宁元年,在京东路提刑任上的父亲李格非被罢了官,她的公公赵挺之虽与蔡京有矛盾,在皇帝面前却很有脸,正官运亨通,崇宁四年由副相升到了正宰相,李清照上诗给赵挺之,要求他解救自己的父亲,赵挺之未作努力。李格非干司法,又不是变法的激烈反对者,却两次不在赦免之列。李清照很不满意赵挺之的不近人情,曾有"炙手可热心可寒"的诗句嘲讽他。

赵挺之好景不长。大观元年,宋徽宗把罢了十个月的蔡京复了相任,不久便罢了赵挺之的相任,而赵挺之在罢官后第十七天便死去了。

父辈的不幸,对他们的打击主要是精神上的,因双方家中经济上都不宽裕,从婚后当衣服买碑文来看,家中没有供他们花销,或有也甚少。赵明诚受到父亲恩荫的,是他崇宁四年被授鸿胪寺少卿(副职,掌握礼仪方面的事情)。父亲一死,赵明诚丁忧守丧。而蔡京于赵挺之死后第三天,便发动亲信诬告赵挺之"身为元祐大臣所荐,故力庇元祐奸党",并挟及亲属。

从大观二年起,李清照夫妇在故居青州一住十年,进一步搜求稀罕的碑帖文物,同时进行分类编辑整理。为了买书、贴,夫妇二人"食去重肉,衣去重彩,首无明珠翡翠之饰,室无涂金刺绣之具",大大降低了自己的生活水平。

李清照夫妇的娱乐活动,也和学术研究分不开。故居中被命名为"归来堂"的房舍,是他们的私人藏书馆和研究室、编辑室。有时饭后烹茶小憩,夫妻便坐在归来堂中搞"有奖猜谜活动"取乐,指着堆积的史书,说某一个事件在某部书的第几卷、第几页、第几行,说准了的便是胜利者,取得先饮茶的资格。有时举杯开怀畅笑,以至把茶倒在衣服上。"虽处忧患困穷,而志不屈"。

宣和三年至靖康二年的六七年间,赵明诚先后任莱州、淄州知州,李清照随丈夫住在任上,二人仍继续进行金石的研究,并时有获得新知识的乐趣。如在淄州任上,一次借到隐士邢某收藏的白居易书写的《楞严经》,赵明诚迫不及待地"上马疾驱归,与细君(妻子)共赏",当时已是二鼓以后,夫妻二人"相对展玩,狂喜不支",换了两支蜡烛,还没有睡意。

李清照夫妇治学的执著艰苦精神十分感人。在莱、淄两州的任上,他们省吃俭用,把节省的俸钱都用来买书、画、字帖以至彝(yí 古代青铜器泛称)、鼎。赵明诚每日下班后,往往要校勘二卷,写一卷的题记和跋。两千卷金石录,他作了题跋的有五百零二卷。

靖康二年,北宋灭亡,金兵的铁蹄踏碎了李清照夫妇相守献身于金石研究事业的美梦。听到亡国的凶讯,他们四顾茫然,眷恋、惆怅,看着盈箱溢箧的书籍、文物,他们敏感地意识到这些宝贵的财富"必不为己物矣"。

建炎元年三月,赵明诚赴金陵奔母丧,把他认为最精华而较易携带的图书文物带走了十五车。李清照暂留青州,因这里还有十几间屋子的图书资料,一时运不走。原计划第二年春天租船搬家,不料秋天发生兵变,李清照轻装逃离青州。在她离开青州不久,金兵攻陷了青州,他们的十几屋图书"皆为煨烬矣"。

第二年春天,李清照到达江宁,其时赵明诚已被起复任江宁知府兼江东经制副使。

建炎三年二月,宋高宗赵构亲征一度把他赶下台的苗傅,跸驻江宁府坐镇指挥,江宁成了又一"行在",改名为"建康府"。三月,赵明诚被罢建康知府,五月他走到池阳,又奉旨知湖州,他把李清照临时安置在池阳,一人骑马赴建康受命。不幸得了疟疾,一病不起。李清照获信后,坐船一日一夜行三百里,赶到建康,赵明诚已病入膏肓,八月十八日卒,只活了四十九岁。

李清照当时四十六岁,三年中遭受了一连串的打击:她与广大人民一样地失去了半壁河山;她与丈夫失去了二人半生心血积累的十几屋宝贵的民族文化遗产;她现在又失去了生活的伴侣和依靠,失去了学术上事业上志同道合的挚友!李清照以坚忍的毅力支撑着埋葬了丈夫,和着悲痛的血泪写了《祭赵湖州文》。赵明诚入土为安,李清照大病了一场!

李清照家破人亡,后半生近三十年,她一直过着颠沛流离的生活。

建康形势危急,李清照拖着生病的身子,往洪州投奔赵明诚的任兵部侍郎的妹丈。十二月金人攻陷洪州,屠城。李清照侥幸逃离洪州,去台州投靠任敕局删定官的弟弟李远。她到了台州,台州又吃紧,于是随着逃难的人流奔跑,走过了剡州、睦州、黄岩,入海,又随"御舟"从海中上岸赴温州、越州,因"放散百官",又跟弟弟到了衢州。

绍兴元年三月,李清照到了越州,住在一个民家,一夜墙壁被钻洞,丢失五箱子珍贵的图书文物。这时,她与丈夫从江北带去的文物图书,"乃十去其七八"。这对李清照又是一个沉重的打击,她又病倒了。

绍兴二年,四十九岁的李清照,在大病之中,只有弟弟和老兵照顾着,这时竟然有官府的人来为她说媒了。"似锦之言"使弟弟轻信了,李清照"优柔莫决","呻吟未定",最后勉强同意嫁给了张汝舟。

婚后不久,张汝舟便暴露了可憎的市侩面貌。他实际上对李清照毫无感情,"爱"的是李清照的财宝。当时李清照仅存的文物都是比较珍贵的;另外,御医王某则以三百两黄金买了李清照的古文物。婚后,张汝舟霸占了李清照的财物后,立即迫不及待地凌辱虐待她,"日加殴击"!李清照生平崇尚气节,豁上坐牢(宋《刑绕》规定:妻告夫,虽属实,亦应徒刑三年),向朝廷告发了张汝舟"取自宸衷,付之廷尉",皇帝有旨令司法部门受理她的控告。李清照身被桎梏与张汝舟对簿公堂,她终于胜诉了。原右承奉郎、监诸军审计司张汝舟,诏令除名,柳州编管。而豁上蹲两年监狱的李清照,由于好心的翰林学士綦崇礼的救援,只坐了九天牢便获释了。出狱后,李清照写了《上内翰綦公(崇礼)启》的信,表示"感戴鸿恩"。

绍兴四年八月,李清照完成了《金石录后序》——这不是一般的书跋,是对赵明诚的一生、李清照自己前大半生的总结,它具有"传记"的价值。此后二十来年,李清照大抵在浙江过着半流浪的生活,在临安、金华等地住过,她无儿无女,孤独多病,大约在绍兴二十五年(1155年),年过古稀的李清照离开了人间。

李清照身为大官的千金大小姐,一代才女,又嫁入相门,但她一生的物质生活,从主观上只求"温饱",而把毕生的精力执著地投入到学术研究和词的创作中去。在赵明诚的金石研究上,李清照不仅是一个热心的支持者,也是一个积极的参加者,每一道"工序"都不乏她的辛勤劳动,从这个意义上来说,李清照本人也无愧于一个"金石学家",而不只是赵明诚的"助手"。但是,就李清照本人的特长和她对我国文化的贡献来说,她的词作具有更重大的意义和影响。

李清照是杰出的爱国词人。

李清照能诗,能词,能文,能书,能画。在词的创作上,李清照有自己明确的观点,她在《词论》一文中指出:一、文雅——写高尚严肃的内容,在这方面,她批评了柳永;二、协律——要严格地讲究音律,在这方面,她批评了欧阳修、苏轼;三、故实——讲究史实的运用;四、典重——庄重;五、铺叙——写法上的讲究。在后面这三点上,她批评了晏几道、贺铸、秦观、黄庭坚。同时,李清照也肯定了这些同朝文坛先辈的作品长处。不管评论是否有失分寸,都能证明一点:李清照对他们的词作,是下过一番深钻细研的功夫的。

词较之诗,更具"阴柔之美"。李清照的词,一向被评为"婉约",代表作如《声声慢》(寻寻觅觅)、《点绛唇》、《一剪梅》等。结合她的性格和经历看,南渡以后的词作,虽也不怎么"豪放",但她抒发的忧愁、愤懑、期望、谴责、怀恋等感情,都不只是一己之私,而是和国家民族的衰颓、广大人民的苦难不幸紧密地联系在一起,同呼吸、共命运了。更难能可贵的是,李清照没有在一系列社会、家庭、个人的不幸遭遇的打击下倒下去,她坚强地挺着胸走完了她的创作之路和人生之路,晚期在文学史上留下了比早期更富有社会意义、更成熟、更完美的作品。

李清照的作品,后人编辑的版本有:《漱玉词》,《李易安集》十二卷,《易安居士文集》七卷,《易安词》六卷。

张择端

《清明上河图》的作者

张择端(1085—1145),北宋画家。字正道,东武(今山东诸城)人。千年传世名画卷《清明上河图》的作者。但是宋朝的"等于为帝王将相作家谱的所谓'正史'"(鲁迅语)上却没有他的传记,有关他的"事迹",还是由于《清明上河图》画卷的流传,被欣赏,被重视,被研究,才陆陆续续地有了关于"张择端"的传说,即少得与他的成就不成比例的零零星星的"事迹"。

张择端青年时游学汴京,赶考落第。在返乡途中,偶逢一片杏树林,见一位老人在林间劳作。择端上前施礼,要买杏吃解渴。老人慷慨地请他饱餐了一顿杏子,却坚持不收他的钱。此时此际的他,特别地感动,便即兴即景画了一幅《杏林图》奉赠老人作为纪念。老人十分珍视这个礼物,把它裱糊好挂在墙上。不幸第二年杏树"歇枝"没有收成,生活拮据,老人不得已让儿子把《杏林图》拿到集市上去变卖。可能画得太出神入化了,竟招引来一只雀儿扑向画中的杏树,逗得市人惊喜喝彩。恰巧,这时朝廷的殿前太尉宿元景经过这里,他在欣赏画的神妙的同时,心中捉摸着它的作者的才情和遭遇,毅然出一千两银子买下了这幅《杏林图》。回府后,根据画上"山东密州张择端"的落款,不几天,宿太尉派出的人就把张择端接到了京城。

张择端被安排在朝廷翰林图画院,专工界画宫室,他特别擅长绘舟车、市肆、桥梁、街道、城郭,耗费了近二十年的心血,绘出了巨幅风俗画卷《清明上河图》。画卷呈献给了皇帝赵佶,赵佶本人就是书画兼长的能手,见到此画非常喜爱,遂即亲笔用瘦金体在画上题写了《清明上河图》,他也就成了此画的"第一收藏人"。靖康元年,金兵掳走了徽、钦二帝,宫中财宝也被洗劫一空,不幸中的一幸,《清明上河图》竟神奇地躲过这一劫。张择端似乎销声匿迹了,但他的代表作《清明上河图》却流传到民间,几百年中经多人收藏留印。

《清明上河图》这幅长长的画卷(24.8厘米×528.7厘米)生动地再现了当年北宋都城汴京在清明时节的社会生活情景。图画以城门内至虹桥附近汴河两岸为背景,以上河为中心,由三段内容有机联系表现了"清明上河"的风貌。开卷画的是汴京近郊,疏林薄雾,农舍田畴,春寒料峭,小毛驴驮队往城中运送木炭。渐次柳枝成丝,嫩绿新发,往来的行人,踏青扫墓的车轿队伍。中段写汴河——由黄河受水,自西而东横贯汴京城南郊,流入淮、泗,是当时的水上交通大道,北宋王朝的"国家级"交通枢纽。画中庞大的漕船,或停泊于码头,或往来于河心,一片繁忙的景象。汴河上有一座巨型拱桥,其桥无支柱,由巨木凌虚构架而成。结构精巧,造型优美,宛如飞虹。桥两端的街市上,车马行人络绎不绝;河中,一艘巨型漕船,正在放倒桅杆,通过桥下,船夫们呼喊着号子,紧密协作,吸引来看热闹的人群——生灵动感达到了画的"高潮"。后段画市区街容,宏伟高峻的城楼,纵横的街道,鳞次栉比的房舍,有茶坊、酒肆、肉铺、寺观、公廨等,商店的绫罗绸布、沉檀香料、香烛纸马等,服务性行业有医药门诊、大车修理、看相算命、修面整容等,凡官民生活所需,无所不有。街上行人,男女老幼,市农工商,熙熙攘攘,一派繁荣景象。

《清明上河图》写实性强,它反映了社会生活和物质文明的广阔性与多面性,有着文字难以替代的史料价值,它鲜明的时代特征,是了解12世纪中国城市生活的重要文献。在表现手法上,《清明上河图》采用了传统的手卷形式,以不断移动视点的手法来摄像取景,博大细微,各尽其妙:大到广袤的原野、浩瀚的河流、高耸的城郭,质朴而豪迈;小到舟车上的铆钉、摊子上的小商品、市招上的文字,都历历可辨,全画是一个有机和谐的整体——清明时节的汴京上河。画中人物500多个,其衣着、身分、神情、姿态、气质,各具特色。传说张择端为了画好人物的微妙神情,曾经专门拜了一位捏泥人的民间艺人为师，兢兢业业地向师傅学习如何在细微处刻画人物独特的表情，所以画中这人各一态、人各一面的 500 多人物，都是张择端心血的结晶。

国之瑰宝《清明上河图》和他的作者张择端，是后人光辉的典范——不只在图画方面。

陆　游

中国历史上产量最高的爱国诗人

　　陆游(1125—1209),南宋伟大的爱国诗人。字务观,中年以后自号放翁,越州山阴(今浙江绍兴)人。

　　陆游出自于仕宦之家,祖父陆佃,宋徽宗时官至尚书右丞。他是王安石的学生,为人正直,拥护新法;却不阿附权臣蔡京,不赞同蔡京打着"恢复新法"的幌子大整不同政见者的错误做法,于是,在新、旧党争的后期,他也被蔡京等打成"元祐党人"而遭到贬斥。陆游的父亲陆宰,官至淮南计度转运副使。陆游出生那年,父亲便卸印带领全家人回到故乡山阴,定居在东阳乡间的土寨,一家人辛辛苦苦地生活着。陆游十二岁时,便能吟诗作文,成年后以祖荫补登仕郎。

　　陆游的婚姻和仕途都很坎坷。二十岁左右结婚,妻子唐婉是他舅父的女儿、母亲的侄女,婚后两人感情融洽。可是陆游的母亲却偏偏不满意自己挑选的这个儿媳妇,硬逼着陆游离婚。陆游结婚奉父母之命,离婚又违心地奉母之命,伉俪间的恩爱难以割断,传说他租了一处房子,经常和唐婉在那里幽会。后来传到他母亲耳中去,在母亲的强迫下,他只好和爱妻唐婉"彻底了断",不久陆游又奉母命娶王氏为妻,唐婉也改嫁了赵士程。

六七年以后,在一个春和景明的日子,陆游到山阴城东禹迹寺南的沈园去游览,恰巧赵士程、唐婉夫妇也去那里游玩,他们匆匆地会面,又匆匆地分离,这勾起了陆游心头无限的惆怅,他用自己执著的感情写出了那首千百年来脍炙人口的《钗头凤》。

二十九岁那年,陆游赴临安应考,省试被定为第一名,秦桧的孙子秦埙(xūn)"考"了第二名,秦桧气愤不平,报复了主考官。第二年应礼部试,主考官又把陆游的名次排在前面,秦桧却公然令他落了第。直到秦桧死后三年,三十四岁的陆游,才被任命为福州宁德县主簿。不久又入朝任敕令所删定官,枢密院编修官。

宋孝宗赵昚即位之初,颇有恢复中原之志,想整顿朝政、国防,起用人才。陆游十七八岁开始写诗,其时已相当有名了;他才华出众,诗风豪迈,时人认为和唐朝的李白颇有相似之处。有一天,宋孝宗问起周必大,当今的诗人有谁能比得上李白,周必大回答说陆游,由此陆游有了一个"小李白"的美称。宰相史浩、黄祖舜又推荐陆游"善辞章,谙典故",皇帝便召见了陆游。趁着这个机会,陆游把自己关于革新政治、巩固国防、创造条件以恢复中原的见解与设想,全面而扼要地说了出来。宋孝宗听了认为他见解辞令皆佳,于是特赐进士出身,加任太上皇圣政所检讨官。

隆兴元年,宋孝宗起用张浚为右丞相、都督江淮兵马北伐,陆游欣然受命起草了两个重要文件:一个是联络西夏争取协助抗金的与夏国主书,一个是发动沦陷区军民起义响应朝廷的秘密传单。这次北伐战争,由于大将邵宏渊按兵不动,造成大将李显忠部孤立溃败,打了败仗。张浚父子和陆游等抗战派还在继续组织力量反攻,金人适可而止地退师了。于是汤思退等"议和"派又包围了皇帝,第二年便签订了皇帝赵昚本人日后也叫做"丙午之耻"的屈辱和约。张浚被解除兵权致仕,当年死去。陆游在议和进行期间,还上书建议把建康府与临安一同宣布为"行在",以备以后抗战复国的方便。于是汤思退第一步把陆游调到隆兴(江西南昌),第二步给陆游加上"交结台谏,鼓唱是非,力说张浚用兵"的罪名,罢了他的官。原先闻名召对而十分欣赏陆游的皇帝,竟又改口骂"陆游反复小人"。

陆游赋闲四年,家境拮据,只得向朝廷求官职。乾道六年夏天,陆游拖着大病初愈的身子携家眷上溯长江赴四川夔州任通判。任期届满,正值抗战派大臣、参政王炎出任四川宣抚使,他聘陆游为干办公事,于是陆游又带家眷由四川的夔州迁到了陕西的汉中府治所南郑。

陆游年轻时就有报国之志,并为此努力锻炼身体,钻研兵书,但直到这时,他才真正地身临前线。他了解到这个"西线"前方比"东线"江淮优越:形势险要,物产丰富,民风朴实、豪健、侠义——是进取中原的理想基地和出发点。他向王炎提出不少积极的建议,并于日常公务之暇,骑马东奔西走,到各地了解情况,传达命令,指示机宜。陆游到过诸葛亮"显圣"的定军山,到过吴玠兄弟的部队浴血奋战的大散关下的鬼迷店和仙人原上的仙人关,报国的壮志激情更为奋发。陆游在这些地方参加过戍守,和士卒一样地"铁衣卧枕戈,睡觉身满霜";敌情紧张时,他们好几天吃不上一顿热饭,只能吃刮上一层沙土的黑黍、荞麦等杂面干粮。在"和平"的烟幕下,金兵的小侵略、宋军的小反攻时有发生,陆游也曾和战士们一道身披铁甲、骑着战马、迎着朔风追歼进犯的敌人。这一年是陆游一生中过得最痛快的一段时间。

　　战备一有起色,沦陷区百姓马上作出反应,他们冒着生命危险给官军递送情报,有的甚至带上洛阳的竹笋和黄河的鲂鱼来慰劳官军。人民盼望着官军打回洛阳、汴京。这种强烈的爱国热情感动着陆游,他都写入了诗歌。

　　陆游抗敌复国的美梦,很快就幻灭了。乾道八年,王炎奉召回朝,汉中幕府解体,战备松弛下来。尽管责任在朝廷,陆游却自觉地对沦陷区的人民有一种同情和负罪感。三年后范成大出任四川制置使,调陆游任参议官,他又回到了成都。二人虽是上下级,但不久就成了饮酒赋诗、互相唱和的好朋友。对于备战北伐,范成大不如陆游的态度积极,但二人友情尚和谐。范成大的部属,苟且求安的,都不喜欢陆游的诗歌,又嫌他对主帅没有一般幕僚那么恭谨,嫌他狂放。陆游索性认了,于是自己又起了一个"放翁"的别号。

　　陆游的行动,也"狂放"起来。他更多地出入歌楼酒肆,过着饮酒、赋诗、赏花、听歌、斗鸡、射雉的狂荡生活,他希望借此麻醉一下心头对国事的忧愤,但是办不到。他没有间断诗歌的创作;即使游荡市井,陆游也注意物色和结交剑击豪侠之士,希冀能得到荆轲、专诸那样的敢死之士。

　　陆游五十四岁时又调回临安,皇帝召对,授他先后提举福建、江西常平仓和茶盐公事。任满后又赋闲四年。

　　陆游在山阴故里,一接到出知严州的通知,立即动身赴行在受命。住在西湖边上的客舍里,他心情轻松,写了一首即景诗《临安春雨初霁》,其中一联是:"小楼一夜听春雨,深巷明朝卖杏花。"立即传诵开来,而且传到了皇帝耳中。孝宗极为欣赏这首诗,所以陆游陛辞的时候,他像"知音"一般地关照说:"严州是个山清水秀的地方呀,公余之暇,可以作作诗消遣消遣。"皇帝哪能理解,陆游写出此诗,只是欣幸自己又有机会为国出力、为养家挣钱而"托物言志"罢了,哪有闲情消遣!

陆游为政,勤恳辛劳,他的"吏治"能力很平常,但他工作态度很认真,勤恳,深入。严州远不是皇帝描述的那么可爱,郡小、地瘠、民贫,水旱灾连年不断,民生凋敝,市井萧条。陆游一看这局面,便先接见当地父老,嘱咐他们教育子弟勤于农事,不偷懒,不斗殴;他也向大家保证,官府不扰民,不浪费。又撤换斥逐了一贯贪残害民的吏役,使严州的面貌初步改观。他每天不等鸡叫便起床,乌鸦宿窝了还未入睡,有时卧病在床,还关心着地方治安,最后总算忙出了一个政简刑清、人民乐业的好局面。

巧合的是,一百四十年前,陆游的高祖父陆轸,于宋仁宗朝任过严州知州,政绩很好。老百姓为了感念这祖孙二人的政绩,在当地一个佛寺里为陆轸立了一个祠堂,并请陆游作了记,刻石留念。

宋光宗即位后,陆游连续上言劝谏皇帝励精图治,这个昏庸不孝的皇帝竟把陆游罢了官。于是,陆游由六十六岁到七十七岁,一直在山阴过着田园生活。他家中人口多,生活困难,虽年过古稀,还得穿着"民服"、学着农书、"身杂老农间"参加生产劳动;"因祸得福",他和农民们结下了淳朴深厚的友谊,在这十多年间,创作了大量的田园诗歌。

韩侂胄仓促北伐,拉上了知名度极大的抗战派人士陆游和辛弃疾。陆、辛二人应召,只是取韩侂胄"北伐"这一优点。陆游提的正确建议,韩侂胄都没采纳,陆游看他没有合作诚意,修了一年史便回家了。尽管不齿韩侂胄的为人,但对这次北伐的失败,陆游还是既失望又伤心。

嘉定二年(1209 年)除夕夜,八十五岁高龄的陆游与世长辞。他的遗嘱是为人们千古传诵的《示儿》诗,他临终关心的还是国家的统一大业。

陆游是伟大的爱国诗人。他的诗题材广泛,但都渗透着热爱祖国、热爱人民的深厚感情,这种爱国之情,随着他的成长,由青年到壮年到暮年,与日俱增,死而不已。

在我国古代的著名诗人中,陆游的"诗龄"该算最长的了。从十二岁开始写,十七八岁出名,一直写到八十五岁,在他的经历中,几乎无事无诗,对他个人来说,是"诗史",从历史价值上来说,是"史诗"。陆游是我国古代文学史上产量最高的伟大诗人。他的诗,思想性、艺术性都达到极高的造诣。同时,他的词与散文也相当可观。陆游是多产全能的优秀文学家。

陆游为后世留下了丰富的文学遗产,作品有:《渭南文集》五十卷(包括日记体的《入蜀记》六卷），词二卷；《剑南诗稿》八十五卷，共计古、近体诗九千一百三十八首；《放翁逸稿》二卷，续添一卷；《南唐书》十八卷；《老学庵笔记》十卷；《家世旧闻》八则；《斋居纪事》三十六则等，是我们民族文化宝库中的珍品。

范成大

名扬金国的诗人

范成大(1126—1192),南宋爱国田园诗人。字致能,号石湖居士,吴郡(今江苏苏州)人。父亲范雩,宣和年间进士,官至秘书郎。范成大十四五岁时,母亲、父亲相继亡故,十六岁时,朝廷与金国签订"绍兴和议"的屈辱条约。此后他十多年不出世,居家料理家务,作作诗,取唐人"只在此山中"的诗句,自号"此山居士"。二十九岁时考中进士,从此开始了三十多年的仕宦生涯。他历任徽州司户参军、监太平惠民和剂局、秘书省正字、著作佐郎、吏部郎官,孝宗偏信言官说范成大越级提拔得太快,罢过他的官,后来又起复了。

乾道六年,四十五岁的范成大勇敢地完成了一次出使金国的任务。这次出使的任务有两项:一是要求金国归还宋国历代皇帝的陵寝地;一是要求改写受书仪式——绍兴和约中规定,金使来宋,捧着国书登上大殿,然后跪下送上,而宋的"侄皇帝"则应起身下座接过国书,再把它递给内侍。孝宗隆兴年间,第二次议和,这一条又写入和约,皇帝觉得太失体面,想叫金国改一改。这两件事,在皇帝来说,第二件比第一件更现实而迫切,因为金使一年要来好几次。

宋孝宗问谁可以出使，丞相虞允文推荐了李焘和范成大。李焘不敢去，虞允文又找范成大来谈出使任务，他慨然接受。临行前，皇帝召见他，说："卿气宇不凡，是朕亲自挑选的。听说官员们都怕去，是吗？"范成大回答："臣已立了后代，作好了回不来的打算。"皇帝说："朕不发兵败盟，哪能害你！但啮雪吞毡毛的苦却是有可能受到的。"范成大要求把修改受国书礼仪的意见一同写到国书上（原只写了求陵寝），皇帝不敢答应，叫他自己"想办法"。他就这样"陛辞"上路了。

金国接待宋使官员，敬仰范成大是有名的诗人，以至羡慕范成大戴头巾的风度，特地派人搞来头巾，模仿范成大的样子戴上。到达燕山后，范成大暗自写好修改受书礼仪的奏章藏在怀中。到了金廷上，进读国书时，词气慷慨，金国君臣正洗耳倾听着，范成大忽然奏道："两国国君既然是叔侄关系，受书礼就有些不相称了，臣有疏上奏。"说着就把他写好的摺笏取出来上献。金主大为惊异，说："这个地方哪是你一个外国官员上奏书之处呢？"不接。官员们用笏标掀他起身，他屹然不动，一定要金主收下他的奏书。金主令他回到宾馆里，又派馆伴使宣旨取去他的奏书。后来有人告诉他，当他强跪着不起的时候，金太子要掣剑杀他，经越王劝阻，才作罢。

金国主没有扣留他，让他带上复书回来。复书指责宋帝提两项要求。范成大出使带的两项任务虽都没完成，但作为一国大使，他勇敢地维护了国家的尊严。

范成大任处州知府时，当地老百姓长年为服役的事情闹纠纷，甚至引起诉讼。他便创立了"义役制"，规定各户根据贫富情况按比例出钱，购置田地，帮助服役者的家庭解决困难，人们轮流出役。老百姓都拥护这个做法，认为公道而方便。有一次他入奏提到这件事，皇帝非常同意，下诏把他的"义役制"颁发各路施行。处州多山田，南朝梁时修过通济堰，可以灌田二十万亩。后来年久失修便报废了。范成大到任后，察访故迹，组织民力垒石筑防，设置四十九所堤闸，订立规章制度，按地势分上、中、下三段用水灌溉，老百姓广泛地享受到了水的利益。

知阁门事张说妻子是太上皇后的妹妹，张说拽住这条裙带进了枢密府。范成大任中书舍人，该他起草授官的诰文，他把皇帝的任命压了七天不起草，最后要求入对，劝谏皇帝撤销这项任命。

张说还对别人说："张左司（张栻）一向与我不和，他反对我是必然的，范致能为什么也攻击我？"他指着他坐的亭子说，"这些木材都是致能送给我的呀!"一个月后,范成大要求免官,皇帝说:"你谈的意见都很好,朕正听言纳谏,你怎么竟想离开呢?"范成大心中始终不能坦然,于是以集贤院修撰出知静江府(今广西桂林)。

范成大任地方官,能为民请命。静江资源、物产都贫乏,主要靠经营盐业得点收入,又都被漕臣垄断了,经范成大奏请朝廷,裁减了漕臣强取的数目,州县、百姓便能多得一些好处了。旧规定,朝廷来买马,以四尺三寸为最低高度。后来又下了新诏令,把最低高度增加到四尺四寸以上,范成大反对说,官民互市四十年,不应该突然提高收购标准。他用委婉的方式促使朝廷行仁政。在四川制置使任上时,他上奏说,淳熙四年,关外小麦产量是常年的一倍,这是由于朝廷免了一年的和籴,百姓喘息过来了,生产积极性提高的结果。孝宗听了高兴地说:"免和籴一年,就有这样的收效,由此可知民力不应该不停地困扰啊!"丞相王淮也说:"去年只免关外的和籴,今年连四川的也一起免了吧!"

范成大很重视人才的发现和使用,只要有些长处的,他都延揽到幕下,用人不拘小节,而着重用其所长。对于杰出的人物,能及时向朝廷推荐,其中有的官至相、枢二府。

五十三岁时,范成大以礼部尚书升任参知政事,才干了两个月,就被言官弹劾掉了。后又起任明州(今浙江宁波)知府,他看了渔民向朝廷"献"海物所承受的风险和艰辛,上奏朝廷免除了海物的进贡。在金陵府任上,遇到大旱灾,他奏请得减租米五万石并挪用军队储米二十万石赈济饥民。后来因病五次要求闲职,进资政殿学士,提举洞霄宫。六十七岁加大学士,六十八岁去世。追谥"文穆"。

范成大一向有文人名望,特别擅长写诗。他的诗兼有温润、婉丽、秀整、精严等优点,这是由于自汉、魏、六朝、唐以至北宋的所有名家巨匠,他都潜心学习,博采众长。他的诗作广泛地反映了他所处时代的社会生活,抒发了自己忧心国事、同情人民苦难的思想感情,被誉为"田园诗人"。

作品有《石湖集》《揽辔录》《桂海虞衡集》。

杨万里

家无余财、心忧天下的诗人

　　杨万里（1127—1206），南宋著名诗人。字廷秀，号诚斋野客，吉州吉水
洴塘人。与诗人陆游、范成大同时代。

　　杨万里出身寒门，为人刚直，绍兴二十四年，二十八岁中进士第，任赣州
司户，永州零陵县丞。当时张浚受秦桧迫害，正谪居永州，杜门谢客，杨万里
去拜访了三次，他都辞谢不见，后来杨万里又写信给他，恳切地求见，张浚才
接见了他，二人逐渐有了较深的交往。张浚以当时道学的"正心诚意"勉励
杨万里，杨万里终身奉张浚为老师，把自己的书房也题名为"诚斋"。

　　杨万里任隆兴府奉新县知县，约束胥吏不得下到乡村中催交拖欠的租
税；他只把欠租的户主名字张榜公布在市中，号召人们自觉地到县府补交。
百姓奔走相告，很欢迎这个不受胥吏骚扰和中间剥削的做法，高高兴兴地补
交了拖欠的租税，使这个县达到了大治的局面。

　　陈俊卿、虞允文任相后，向皇帝推荐杨万里，他被召任国子博士，历任太
常博士、太常丞兼吏部右侍郎官、将作少监、常州知州、提举广东常平茶盐、
提点刑狱、吏部员外郎、枢密院检详官兼太子侍读、尚书右司郎中、左司郎中
兼太子侍读。其间在广东任上，杨万里镇压了"盗"沈师，被宋孝宗称之为

"仁者之勇"。在提刑任上,他建议于潮、惠二州建筑外寨:用潮州外寨"扼贼之巢",用惠州外寨"扼贼之路",这反映了他具有一定的地理和军事常识。

杨万里任东宫侍讲,深得太子敬重。官僚们都祝贺太子得"端人",认为杨万里为人正直严肃。他很注意为朝廷物色人才。王淮任相后,一次问杨万里:"宰相应该先抓什么事情?"杨万里回答说:"人才。"他又问:"谁算人才呢?"杨万里一气写出朱熹、袁枢等六十个人名,并列出他们的长处、优点,王淮选用了不少。

杨万里忧国忧民,上书言事不顾个人利害。淳熙十四年大旱,孝宗下诏求直言,杨万里上言尖锐地批评说:"大旱快两个月了,才下诏求言,不是太迟了吗?上言人只限于上起侍从、下至馆阁职务的,范围不太窄了吗?"他提的几条建议都很中肯。后来因上书言事招致不幸。高宗死后,还没有下葬,翰林学士洪迈便自拟了配享高宗庙庭的已故大臣名单吕颐浩等人。杨万里上疏批评洪迈,极力主张应该列入张浚,责备洪迈的做法与赵高的"指鹿为马"没有什么不同。孝宗一看奏疏就火了,说:"杨万里把朕看成什么样的皇帝了!"于是贬他出任筠州知州。

光宗即位后,六十四岁的杨万里奉召回朝任秘书监,并作为"贺正旦使"出使金国。当时孝宗还健在,当着太上皇。孝宗的《实录》修成后,按职务,应该由杨万里作序,宰臣让别人作了,杨万里自劾"失职"要求辞官,光宗挽留住了他,不久又进孝宗《圣政》书,宰臣便以杨万里为进奉官,孝宗看到"杨万里"名列进奉官,不高兴地说:"这个杨万里怎么还在这里!"光宗没领会他的意思,再请问,孝宗激动地说:"他在策文中竟把我比作晋元帝,是什么道理!"光宗只得把杨万里放出去任江东转运副使,权总领淮西、江东军马钱粮。后来因在发行钱币上与宰相意见相左,被改知赣州,杨万里不受,要了个宫观闲职。

宁宗即位后,召六十九岁的杨万里赴阙,他辞谢了。后来韩侂胄把持朝政,他不想再出仕了,七十七岁时又召他一次,他又辞了。八十岁卒。赠光禄大夫,谥"文节"。

杨万里爱写诗,于功名利禄却很澹泊,这样,与执政大臣的关系也就不大协调。孝宗即位之初,因爱惜他是个人才,问周必大。周必大没有给杨万里说一句好话,孝宗便没有重用他。韩侂胄执政后,想网罗四方名士作羽翼,以抬高自己的身份,他筑了别墅"南园",托人请杨万里给他写一篇记,并许愿给他安排一个朝中的职务。杨万里回绝道:"官爵可以放弃,记是不能作的!"韩侂胄很生气,又不能奈何他,只好改请别人作记。杨万里不出仕的十五年,正是外戚韩侂胄窃掌国柄的那段时间。

杨万里的死,也和韩侂胄有关。他虽然不出仕,"处江湖之远",但仍"忧其君",看到韩侂胄专僭日甚一日,杨万里忧愤日积,怏怏成病。亲人们知道他的病因,嘱咐报告时事政治情况的邸吏,不要提"韩侂胄"。有一天,一个本家从外地来,说到了韩侂胄对金国用兵的事,杨万里听了恸哭失声,连忙要来纸笔写道:"韩侂胄奸臣,专权误上,动兵残民,谋危社稷。吾头颅如许,报国无路,惟有孤愤!"又写了十四字作为给妻子和子女的遗嘱,丢下笔就死去了。

杨万里不慕官爵,也不留恋京都生活。他一任京官,便估算出由杭州回故乡所需的路费,专门锁在一个箱子里,并告诫家人不许买多余的东西,以免行动累赘,他的"家",随时都可以"搬"走。分所应得的,杨万里也不一定都要,他在江东提刑任上,届满时,还有一万余缗钱的薪俸存在官库里,他没有提取就挈家离去了。

杨万里的夫人和孩子也很善良。夫人罗氏共生了四子三女,都是自己哺乳的。按经济条件,可以雇奶妈,但是她不,她说:"饿着别人的孩子,来喂我的孩子,这算什么心地呢!"罗夫人七十多岁时,仍坚持寒冬腊月早起,先熬一锅热粥,分给仆人们吃了御寒,并说:"奴婢也是人啊。"八十多岁时,跟儿子住在官任上,还亲自种麻、纺线。

杨万里的长子杨长孺,也是有名的诗人,人称"东山先生"。他任湖州知州时,压抑豪门贵族,爱抚平民百姓,政绩、政声皆佳,人们画了他的像,挂在学宫里供着。长孺任广东帅臣时,曾拿出自己的俸钱七千缗为贫困户代交租税。全家住着一处老屋,仅能遮风避雨,三代不加增饰。史良叔到他家中,见到的情况没有不是值得敬重和学习的,最后把他的家画了图画带走。一家几代人,一直过着俭朴的生活,甚至达到了穷困的边缘,杨长孺临死的时候,连入殓的衣服、被褥都没有。

杨万里树立了优良的家风,他和他的亲人们,获得了士林和百姓的尊敬。

杨万里是与陆游、范成大齐名的诗人。他的诗作,早年师承"江西派",中进士后,作了几年地方官,对国家形势、官场、民情,有了更多的了解,对诗的看法也起了变化。三十六岁那年,杨万里把自己年轻时写的诗歌烧掉了一千多首,决心抛弃从前专学江西派的创作道路,诗风有了极大的变化。他传世的诗歌有四千二百来首,诗文集一百三十余卷。

诗坛上称呼杨万里为"诚斋先生"。对于他的诗才,很多人评论之谓"活法"。所谓"活法",大体有这些含义:新、奇、活、快、风趣、幽默、层次曲折、变化无穷。杨诗的另一个特点是"透脱"。这不是只有技巧能做到的,须有诗人胸襟的坦荡洒脱。如杨万里从江东漕臣任上辞官归里后,还享受"祠禄",当时写了一首七绝《有叹》:"饱喜饥嗔笑杀侬,凤凰未必胜狙公,幸逃暮四朝三外,犹在桐花竹实中。"自嘲辞官的"清高"仍脱不了受喂养。其"透脱"不仅在这首诗本身,更在于写了这首诗后不久,杨万里便辞绝了"祠禄",彻底地"返璞归真",当老百姓去了。

关于诗的韵味,杨万里打了反正两个比方。他说诗不应该像糖一样,让人吃起来"初而甘,卒而酸";而应该像茶一样,开始让人尝到"苦"一点,但不待苦味尝够,便会觉得"不胜其甘"。就是说诗歌要有深度,有后劲。

杨万里诗作之外,"文"也写得很好。他的《海鳅赋》大赞了虞允文指挥的采石渡战役,最后指出天险不可恃,强调了人的因素。另外,他上书言事的"书""策""札子"等,篇幅不少,不仅内容有理、有力,而且感人至深,如《千虑策》等。还有一般的"论"及"传""墓志铭""神道碑""行状",多是为当时的忠义爱国之士树碑立传,这也反映了杨万里的清正人格和爱国思想。

杨万里在世时,按生活阶段把自己的诗歌及时整理成为《江湖集》《荆溪集》《西归集》《南海集》《朝天集》《江西道院集》《朝天续集》《江东集》《退休集》。后人编的有《杨诚斋集》《杨万里选集》等。

辛弃疾

能军善政的杰出爱国词人

辛弃疾（1140—1207），字幼安，号稼轩，山东历城人，历经南宋高、孝、光、宁四朝，是我国历史上杰出的爱国词人。少年时，求师于蔡伯坚，和党怀英是同学，当时"辛、党"并称。二人曾经占卜过仕途的命运，党怀英得的是"坎"卦，留下来为金国服务；辛弃疾得的是"离"卦，下决心南归大宋。他曾经两次到达燕山，察勘北方的山河形势，了解金军的虚实，为起义作准备。

绍兴三十一年，金主完颜亮主力大举南侵，河北、山东的人民便趁机起义抗金。山东农民耿京起兵，自称天平节度使，节制山东、河北地区的忠义军马，辛弃疾发动了两千名义军，投在他帐下，任掌书记，劝说耿京与宋廷取得联系。

济南有一个叫义端的和尚，平时也关心时事形势，谈论战争，和辛弃疾有交往。后来义端拉起了千把人的队伍，经辛弃疾动员，也归属于耿京麾下。一天夜里，义端偷窃了大印逃跑了，耿京大怒，要杀辛弃疾。辛弃疾说："给我三天的时间，我捉不到他，你再杀我也不晚。"他估计义端一定会跑到金营去报告耿京义军的虚实，驱马急驰，赶上义端，逮住了他。义端恳求说："我知道你的个性，你是一头犀牛，会杀人的，可千万不要杀我啊！"辛弃疾义愤难平,砍下他的脑袋,搜出印章,回报耿京。

第二年,耿京派辛弃疾到行在上表,当时宋高宗正在建康慰问部队,召见了辛弃疾,接受了他们的部队,任命他为承务郎、天平节度使掌书记,并派朝臣和他一道,带上节度使的大印和任命书、御赐金带,北上召耿京。

他们到了海州,情况的变化大出意料:在金人诱降政策的蛊惑下,义军中又出了叛徒,张安国、邵进杀了耿京,投降了金人。辛弃疾沉痛地说:"我是代表主帅投奔朝廷的,没料到主帅被害了,如何向朝廷复命呢!"于是他约上统制官王世隆、忠义人马全福等五十人,直闯金营。当时张安国和金将正在一起喝酒,辛弃疾就在众人广座之中抓走了张安国,待金将反应过来派兵追赶,已经来不及了。

一行人回到行在,献上俘虏,张安国被枭首示众。辛弃疾被任命为江阴金判,这年他二十三岁。

宋孝宗即位后,辛弃疾升任建康府通判。当时执政的,是指挥过长江防线保卫战的虞允文,孝宗也锐意恢复中原,辛弃疾被召入对,纵论南(宋)北(金)形势及三国、晋、汉的人才,退下后又作了《九议》《应问》三篇和《美芹十论》献上,对当时的形势、前途展望、战术优劣、地理要害等等,论述都很透辟,可惜当时已经又一次"议和"了,他的这一系列卓见便被束之高阁。

三十三岁那年,辛弃疾任滁州知州,颇有政绩。这里地瘠民贫,又经过战争的洗劫,市井凋蔽,人口流散。辛弃疾上任以后,宽缓赋税,人口渐渐多起来,他组织人教丁壮习武,创建了奠枕楼、繁雄馆。江东留守叶衡很器重他,升任丞相后,便极力向朝廷举荐他,皇帝又召见了辛弃疾,但只授了他个仓部郎官。

湖北的茶商赖文政起义,转战湖南、江西,屡屡挫败官军,招安、剿捕都无效。朝廷任命辛弃疾为江西提点刑狱,负责节制诸路兵马进讨赖文政。其时这支茶民义军已奋斗了五个月,转战到了广州,辛弃疾轻而易举地"诱赖文政,杀之,茶寇平"。可能这有违他的本心,所以他随即上书皇帝,指出:"田野之民,郡以聚敛害之,县以科率害之,吏以乞取害之,豪民以兼并害之,盗贼以剽夺害之,民不为盗,去将安之!"他要求皇帝"深思致盗之由,讲求弭盗之术",抓好州县官,而不要等盗起后用军队镇压。

四十岁时,辛弃疾任潭州知府兼湖南安抚使,宋孝宗赐手诏给他说:"不要怕豪强和官吏,要详细地报告朝廷。朕不再说别的了,只有惩罚或者奖赏了。"辛弃疾到了湖南后,建立了一支一千五百人的"飞虎军",这是一支由帅臣直接指挥调动的"平盗"别动队,战斗力极强,"盗连起湖湘,弃疾悉讨平之"。

辛弃疾还在一个旧军营的废墟上,克服经济困难,修建起飞虎营寨栅,招步军两千人,马军五百人,并置办了战马、盔甲等。开始枢密府有人不同意,向皇帝告他"聚敛",降御前金字牌,令他停工。他接受了金字牌藏了起来,用军法要求监工一个月建成。按期完成后,他写了详细的报告,并附上图,派人送到行在,皇帝没怪罪他"抗上"。当时正值秋季,主管施工的人说,这季节制瓦困难,辛弃疾问他共需用多少瓦,他说二十万,辛弃疾说:"不用发愁!"他令官吏、百姓每人从就近的官舍外、寺庙外、水沟旁"找"两叶瓦上交,不到两天便凑足了二十万,部属们都叹服他的组织能力。有了固定的营房和防御工事,有了像样的装备,将士们投入训练也格外认真,这支军队很快便成为长江防线上的诸军之冠。

辛弃疾担任隆兴知府兼江西安抚使时,正值江西大饥,有诏令他负责救灾。他一到职,便在大路口张贴布告:闭店不卖粮食的发配;强行籴买粮食的杀头。先把秩序稳住,然后,把公家的钱和银器全部拿出来,召集了一批官吏、儒生、商人、市民,"借"给他们银钱,不取利息,派他们集体外出籴粮,限定一个月,把买回的粮食在城区卖给灾民,这样一来,运粮的船连桨而至,粮价自然地落了下来,百姓得以渡过了饥荒。当时信州知府谢源明向他求助,幕僚们都不愿意,辛弃疾说服大家道:"都是老百姓,都是天子的臣民嘛!"连船都没卸,便把十分之三的运米船拨给了信州。孝宗皇帝知道了这件事,很赞赏他,给他升了一级。但接着竟又偏听了言官的坏话,罢了他的官。

绍熙二年,五十二岁的辛弃疾被起用为福建安抚使,这是个"盗贼"多发地区,前任官员就是因无力"制盗"丢官的。辛弃疾到任后,一看府库空空的,便努力理财,不到一年就积累了五十万缗钱。他令人把这批钱专门存放,不得随便动用,给钱库提名为"备安库"。又在丰年的时候用"备安钱"买下两万石米作为"备安粮"。他还计划制造一万副铠甲,招募足兵士,加强训练。这些事还没来得及进行,言官王蔺诬劾他"用钱如泥沙","杀人如草芥","白天黑夜地盼着当闽王",皇帝竟又偏信了,罢他任宫观闲职。

宁宗嘉泰三年,六十四岁的辛弃疾被起任绍兴知府兼浙东安抚使,不久又改知镇江府,赐金带。他怀着北伐的热望积极上任,加紧备战,却又因举荐人不当,降为朝散大夫、提举冲佑观。不久又被任命为绍兴知府、两浙东路安抚使、进宝文阁待制、龙图阁待制、江陵知府、兵部侍郎,他都一一辞免了。后来提升他任枢密都承旨,他没有接受任命就怀着中原未复的遗憾去世了。卒年六十六岁。朝廷赐对衣、金带,守龙图阁待制致仕,特赠四官。

辛弃疾性格豪爽,崇尚气节,能辨识和提拔英俊,交往的多是海内知名之士。他很重视农业生产,说"人生在勤,当以力田为先",用"稼"为自己的居处命名,以"稼轩居士"作为自己的号。

辛弃疾是个很重情义的人。他担任大理寺卿的时候,同僚吴交如死了,家中连棺木都买不起,辛弃疾叹道:"身为列卿竟贫穷到这个地步,真是个廉洁耿介的人啊!"自己赠送了丰厚的赙仪,并向朝廷反映,朝廷也赐了银绢。

辛弃疾曾经和朱熹同游武夷山,作了《九曲棹歌》,当时朱熹正罢官提举武夷山冲佑观,辛弃疾在他的两间斋室上分别题写了"克己复礼"和"夙兴夜寐",赞扬朱熹清介的操守和治学的勤奋精神。朱熹逝世的时候,正是他的道学被宰相韩侂胄打成"伪学"并牵连株治大整"伪党"的时候,门生故旧几乎没有敢去送葬的。辛弃疾却写了祭文去哭祭他,说:"不朽的人,将垂名万世。谁说你死了呢?凛凛然如同活着时一样啊!"

辛弃疾擅长填词,年轻时就有人称道他,预言他日后会以词作出名,后来确实如此。他继承了苏轼词的豪放风格,他的词被称颂为"词中之龙","气魄极雄大,意境极沉郁"。以抗金复土为题材的作品,是他的词的精华部分,一首不足百字的《水调歌头》,容下了千军万马、林立战舰,大力歌颂了虞允文指挥的采石口阻击战。但更多的作品是壮中含悲,吐出了在朝廷投降主义路线压抑下爱国志士理想难酬的悲愤之情,如晚年写的《永遇乐·京口北固亭怀古》等。辛词还有不少描写农村生活和田园风光的;也有一部分描写儿女之情的,"其浓丽绵密处,亦不在小晏、秦郎之下"。辛词中的人物,以建功立业的王公将相、怀才不遇的有志之士、性行高洁的文人墨客这三类人居多。他把豪放词的创作推向了艺术高峰,完成了词体和词风的大解放、大变革。

咸淳年间,史馆校勘谢得枋住在辛弃疾墓旁的僧舍里,听到正堂上大声疾呼,好像鸣其不平,从黄昏到三更,呼声不绝。谢得枋点起烛来写了文章,准备第二天祭奠他;祭文完成的时候,那种呼声就消逝了。后来经谢得枋的请求,朝廷加赠辛弃疾为少师,谥"忠敏"。

辛弃疾的作品,有《稼轩集》《稼轩长短句》《稼轩词编年笺注》(该书收集辛词六百二十余首)等。

姜　夔

杰出词人、音乐家

　　姜夔(kuí)(约1155—约1221),南宋杰出词人。字尧章,号白石道人,江西鄱阳人。父姜噩,绍兴年间进士,在汉阳任官。姜夔十四岁时,父亲死在汉阳任上,他去依附家住汉川的堂姐。此后他以汉川为归宿,却漂泊不定,到过维扬、楚州、武陵、长沙,回过故乡饶州。三十二岁那年,叔岳父、千岩老人萧德藻约他去湖州,姜夔才离开了汉川。在湖州,他定居于吴兴的白石洞天,于是有了"白石道人"这个雅号。后来萧德藻被在池阳为官的儿子接走,姜夔便搬离了湖州,挈家到杭州住在张鉴家。

　　姜夔有音乐才能和著作,朝廷却不用他。迁居杭州,姜夔已经四十三岁了,这年他上书论雅乐,进《大乐议》一卷、《琴瑟考古图》一卷,未被采纳。两年后又进圣宋《饶歌·鼓吹十二章》,诏试礼部,又未被录取。

　　五十二岁以后,姜夔又多次出游,历经桐庐、括苍、永嘉、金陵、扬州等地,嘉定十四年,姜夔卒于杭州,享年六十七岁。他家中穷得办不起丧事,是友人吴潜等凑钱把他安葬在钱塘西门外马塍。苏泂《到马塍哭尧章》诗中说:"除却乐书谁殉葬?一琴一砚一兰亭。"概括了姜夔的特长与爱好,也反映了他的贫寒萧条。

姜夔一生好学，好客，好藏书，品格高尚。范成大说他好像魏晋南北朝时代的江南雅士。陈郁说他："白石道人姜尧章，气质体貌好像连衣服都撑不起来，可是他下笔的力道足以扛动百斛重的鼎。家无立锥之地，可是饭桌上从来没有无客人吃饭的时候。他收藏的图书翰墨，汗牛充栋。"姜夔的诗、文、词、书法、音律，无一不工，堪称多面手。这样，又使他能在多方面获得不少志同道合、情趣相投的朋友。

　　姜夔在文坛上影响最大的，要数他的词。他熟谙韵律，这使他的词能达到更高的音乐境界。四十八岁时，姜夔把自己的词选编为《歌曲》六卷。后人选编他的词作，有精品八十四阕，其中十七阕，附有旁注的工尺谱，是宋代流传下来的唯一的词乐文献。

　　自宋至清，对姜词评价很高，如称他为南宋词的"宗匠"，"词中杜甫"，"词圣"，"词仙"，说姜词"天籁人力，两臻绝顶"，"清气盘空，如野云孤飞，去留无迹，其高远峭拔之致，前无古人，后无来者"等等，虽不无溢美之词，但姜夔用健笔写柔情，情深韵胜，不用粉泽浓妆，丰采神韵独绝，艺术成就颇高，确实堪称一代巨匠。

　　姜夔的词，从题材上看，大体有：一、记游，如《庆宫春》《探春慢》等；二、送别，如《八归》《长亭慢》等；三、怀旧，如《玲珑四犯》《霓裳中序第一》；四、伤乱，如《扬州慢》等；五、感遇，如《琵琶仙》《鹧鸪天》等；六、咏物，如《齐乐天》(咏蟋蟀)、《暗香》、《疏影》(咏梅)等。这些词表现了他洒脱不羁的作风，高尚的品格，爱国的思想情感，高度的艺术技巧。他的作品集有：《白石道人诗集》一卷，《白石道人集外诗》一卷，《白石道人集补遗》一卷，《诗说》一卷。

科学技术界

喻 皓

工匠出身的木结构建筑专家

　　喻皓(生卒不详),北宋初年的一位木结构建筑专家。因社会地位低,名不见正史,连他的生卒年代与身世都无从查考,只有他的建筑成果及其高超的技术和工艺水平,和他的名字一同不可分割地共存着。

　　在我国古代的传统文化中,建筑文化是一个重要的组成部分。宫殿、寺庙、桥梁、宝塔、亭台楼榭……这些建筑物,虽然历经人世沧桑,备受天灾的袭击、人祸的摧残,不少都化成了烟灰瓦砾,但仅就劫后余生幸存到今天的,也能令人对我国古代的建筑事业的科技工艺水平以斑窥豹了。对那些伟大的建筑师们,了解他的事迹贡献的一鳞半爪,也算后人对他们的历史贡献表示的一点敬意和谢忱。

　　喻皓在北宋初年干"都料匠"——掌管设计和施工的木匠。长期的建筑施工实践,加上勤于思索、善于向别人学习,使他在木结构建筑技术方面,积累了丰富的经验。木结构建筑,他样样拿得起,其中最擅长的,是高层建筑的宝塔和楼阁。

　　宝塔是一种宗教象征的高层建筑,是佛教文化的一个组成部分,梵语叫"浮屠""浮图"或"佛陀"("浮屠"的汉语译意,就是"塔"),人们建塔,是为了向佛祖或某佛表示敬意,或完成某种心愿,所以有成语"救人一命,胜造七级浮屠"。东汉末年,宝塔和佛教一同传入我国,从此,我国的建筑师们"洋为中用",发挥自己的创造性,建造出了多种形体、多种质料、多种规格的宝塔。从材料上讲,有木塔、石塔、砖塔、砖木结构的塔等等;在造型上,有方塔、五角塔、六角塔、八角塔、十二角塔等等,各领风骚。

工匠出身的建筑师喻皓,在这个大背景下,吸收了前人建塔技艺的精华,在建筑高层木结构宝塔方面,取得了创造性的成就。

北宋初年,五代十国中的吴越国还没有"献土天朝"——向大宋投降,国王钱俶命人在杭州梵天寺建造一座方形木塔,当这座塔建到两三层的时候,钱俶登上去,感到塔身有些摇晃,便问是什么原因。"工程师"回答说:"这是由于还没有上顶铺瓦,上面太轻;等建成以后就稳定了。"但是,待塔全部建成,也铺了瓦顶,人们登上去,还是摇摇晃晃的。这个工程师傻了眼。他听说喻皓是建塔专家,便向喻皓求教。喻皓解答说:"要在每层上都铺上木板,并且用钉子把木板钉牢固。"后来那人照喻皓指点的做了,塔身果然稳定了。

喻皓的经验符合力学原则。因为各层都钉好木板以后,就把木塔连结成一个紧密的整体;人走在木板上,各方面同时受力,又互相支持,压强分散了,塔身承受起来自然就绰绰有余。喻皓并没有亲临现场,就能够一口说出问题的症结所在,说明他在木结构建筑的应力问题上已上升到了一定的理论水平。

宋太宗想在京城汴京建造一座大型宝塔,便从全国各地抽调了一批名工巧匠和建筑美术师;喻皓也在其中,并且荣幸地受命主持这项工程。为了建好这个塔,他事先造了一个微型宝塔,八角十三层,各层截面自下而上逐一缩小。当时一位名叫郭忠恕的画家看了模型后,指出逐层收缩的比率不合适。喻皓很重视这个意见,对模型各方面的尺寸进行了认真的计算和修改,直到认为万无一失了,才破土动工。

端拱二年八月,一座宏伟壮丽的八角十三层琉璃宝塔建成了,这就是著名的开宝寺木塔。塔高三百六十尺(约合现代的三百三十二市尺),是当地几座宝塔中的"巨人"。

宝塔建成以后,人们发现塔身微微向西北方向倾斜,便去向喻皓询问究竟。喻皓解说道:"京师地处平原,周围无山,又多刮西北风,使塔身稍向西北倾斜,为的是抵抗风力;我估计不到一百年,塔身便能被西北风吹正。"人们听了,很叹服他的设计水平。他不仅考虑工程本身,连建筑物周围的环境以及气候对建筑物可能产生的影响,都纳入了自己的设计方案,而风力,恰恰是木结构建筑物的一大"天敌"。遗憾的是这座宝塔只经历了五十多年的时间考验,便被庆历年间的一场火灾烧掉了,没有来得及向人们证明更多的东西。

尽管已经有很高的水平了,喻皓仍在不停地钻研吸收新的知识、经验。当时京城里有一座唐人建的相国寺,门楼的卷檐造得特别巧妙,很令喻皓神往。为了弄清卷檐的奥妙,喻皓或坐或躺地从各个角度观察琢磨,直到有所领悟。这种学而不厌的精神,正是他取得成功的重要因素。

我国古代的建筑物,木结构的占极大比例,经过长期的经验积累,到了宋朝,木结构建筑已达到了极高的水平,并且形成了我国独特的建筑体系和建筑风格。当时建筑技术的传播推广,依靠实践中的"边干边学习",师徒之间辗转下传,十分闭塞。喻皓下决心把历代工匠和他本人的丰富经验写成书,他像投入施工一样地投入了创作,态度非常认真、专心,据说他每天深夜睡在床上,还把两手放在胸前,交叉搭成各种"结构"形状,考虑怎么写到书中去。就这样经过了几年的努力,他终于在晚年写成了《木经》三卷。

《木经》是一部解说各种"房屋"的建筑方法的著作,也是我国历史上第一部"木结构建筑学"。可惜这书以后失传了。由当时的科学家沈括在《梦溪笔谈》中的简略记载,可以看到《木经》把建筑实践概括、抽象,达到一定理论水平的高度,如对建筑物各个部分的规格和各构件之间的比例关系,都作了详细的规定,有具体的数字说明。例如,厅堂顶部的构架的尺寸,参照梁的长度而定,梁有多长,规定相应的屋顶多高,房间多大,椽子多长等;屋身部分,包括屋檐、斗拱的规格尺寸,则参照柱子的规格而定,台基的规格和尺寸大小,也与柱子的高度有一定的比例关系。屋外的台阶,根据实际需要,分成陡、平、慢三种,也都有相应的比例规格。喻皓能够探索出各个构件之间的相互比例关系,这对于简化计算、指导设计、科学施工都是头等重要的大事。

从各种各样的建筑实体中抽出本质的东西,总结上升为建筑力学、应用数学以至美学,证明了喻皓很富有科学头脑,他的《木经》,也很配称之为"经"。《木经》的问世,大大促进了建筑技术的推广和提高,从而对后世的建筑事业、建筑科学的发展,也产生了积极的影响。喻皓百十年后,由建筑专家李诫编著的,被誉为中国古代建筑宝典的《营造法式》一书,其"取正""定平""举折""定功"等部分,就是参照《木经》的有关内容编写的。

《木经》失传,正史也没有为喻皓立传,这是"历史"欠后世的一笔债。

毕　昇

活字印刷术发明家

　　毕昇（？—1051），北宋人，我国活字印刷术的伟大发明家。他的这项发明，对人类文明进步的贡献之大，远不是他本人和他那个时代的人们所能够预料的。而"正史"上却连他的名字都没有提一下，只有大科学家沈括在他的《梦溪笔谈》中，在《活板》一篇里提到这位发明家的姓名——"毕昇"，关于毕昇的家庭出身，沈括可能也不清楚，只说他是"布衣"——没有当过官的平民百姓。这位布衣所发明的活字印刷术，却使坐着牛车前进的世界文化坐上了汽车、电车。马克思就曾肯定印刷术是"科学复兴的手段"，"对精神发展创造必要前提的最强大的杠杆"。

　　我国"书籍"的出版工作，走过了一条漫长的道路。一开始有"书"，是用"刻"来出版——刻在龟甲、兽骨、竹简、木牍、石头和金属器具上，刻一次，只能"出版"一本书、一篇文章，如果要"第二本"同样的书，就得再刻一遍。那时要有一本书可真不容易，所以古人以"学富五车"来形容一个人读书多，但算起书的字数来，实在不怎么惊人。千百年来，我们的祖先就这样艰难地读书。

　　后来到了秦朝，有了笔的发明，可以把书用笔写到缣帛上，这比雕刻省力轻便多了,但一则成本太高,二则仍然写一遍只能"出版"一本书。又到了汉朝,纸发明了,比写在缣帛上成本降低了,但是"一版一本"的情形还无法改变,远远赶不上社会的需要。

大约到了东汉末季,公元二世纪,出现了摹印和拓印石碑的方法,做法尽管也很吃力,但毕竟能够用一个"版"印出许多本书来了,不能说不是一大进步。这使聪明人豁然开朗:既然现成雕刻的可以印下来,那么没有上碑的东西不也可以雕刻到器物上大量地印嘛。于是有了隋朝——公元六七世纪之间的雕版印刷术的发明,这是中华民族对人类文明的一项重大贡献。雕版印刷术的推广,大大促进了古代文化的传播和发展;在使用的过程中,"制版"的技术和工艺水平也不断地改进和提高。

但是雕版也还有明显的弱点:一、刻版费工、费时太大;二、"第一次印刷"后,书版存放不便,如宋朝初年印的《大藏经》,五千多卷,十三万页,也就是有十三万块雕版,存放起来要占用多大的空间!这还仅仅是一部书;三、版上有了错别字,很不容易更正。

人们受着这些进步中的新苦恼的困扰,穷则思变,终于在雕版印刷的全盛时期的北宋,平民出身的知识分子毕昇,发明了活字印刷,实现了印刷史上一项重大的革命。

毕昇的活版是这样的:把"胶泥"做成一个个的小方块,在方块的一面上刻字,每个胶泥方块上刻一个字,然后用火把它烧硬了,定形,这是"活字";"版"是铁的,版面上先放上一层松脂、蜡、纸灰之类的混合物;要印什么,在版上放一个铁框,在框内密布字印,这就是"排版",排满一铁框,拿到火上烤,烤到松脂等药物渐渐地熔化了,就用一块平面的版按压字面,使字面取平,冷却后,这个"版"就制成了,便可投入印刷。印完了以后,再放到火上把药烤熔化了,用手一拂,字印就落下来了。每一个字刻上几十个印,在一个版内重复出现时,也够用的。不用的时候,按音韵分格贮存,贴上标签。印刷时往往用两个版,第一个版在印着,第二个版便排着,第一版印完了,第二版也排好了,交替轮换,效率非常高。

活字印刷术,从11世纪中叶庆历年间毕昇发明了它,迄今有上千年了,地球上还在广泛地使用着。尽管随着科学的发展进步,在技术上有了极大的改进,但活字排版、制版、印刷、善后,这些基本操作结构、规程还是"毕昇式"的。不管随着科学的进步,印刷术会有多大的改进和提高,毕昇的活字印刷术对人类文明的贡献永远是举世公认的。

魏汉津

制作九鼎和大晟乐的九旬老翁

魏汉津(1016—1105),宋徽宗朝音乐、铸造专家。原是蜀地的一名黥卒,据他自己说曾师事唐代仙人"李八百"——李良,李良传授给了他鼎乐的技艺。他的听觉,特别灵敏,富有音乐灵感。有一次他走过三山龙门,听了河水流淌的声音,对人们说:"这地方水底下一定有玉石!"他边说边脱下外衣潜入水中,一会儿抱了一块石头浮出来,果然是块玉。

宋仁宗皇祐年间,魏汉津和房庶二人一同以擅长音律被推荐到朝中,当时阮逸正在制定黍律,没有用他,他就一直待在京城里。

宋徽宗崇宁年间,蔡京把他的门客刘昺提拔为大司乐,负责监制乐器等音乐方面的事务。刘昺报告皇帝,说魏汉津是一个音乐人才,皇帝便召见了他。他献上了自己有关音乐的一些理论——乐议,说:

"伏羲做的乐器一寸长,名叫'含微',奏出的音乐叫《扶桑》;女娲用二寸长的乐器,叫做'苇籥',奏出的音乐叫《光乐》;黄帝用三寸长的乐器,名叫'咸池',奏出的音乐叫《大卷》。三三得九,是黄钟的旋律,后世沿袭下去,经历了唐尧、虞舜,一直不曾改变。后来洪水泛滥,乐器漂荡而去,禹便效法黄帝的作法,用声作为旋律,把自身作为尺度。他用左手中指三节三寸,叫做君指，裁制成发出宫声的乐管；又用第四个手指三节三寸，叫做臣指，裁制成发出商声的乐管；再用第五指三节三寸，叫做物指，裁制成发出羽声的乐管。第二指是民，发角声；大指是事，发徵声。民和事，君与臣管理着他们，用物养活他们，所以不用裁管的作法。得中、四、五这三个指，合起来是九寸，就定了黄钟的韵律。黄钟的韵律基调定下来之后，其他的韵律就从这里产生了。"

商、周以来，都是用的这个作法，后来因秦代的火焚之灾，音乐的法度全被废弃了。汉朝的文人张苍、班固他们，用'累黍'的方法计算制作测定乐器，于是就产生了误差；到了东晋的永嘉之乱，累黍法又废弃了。隋朝的时候，牛弘用万宝常的水尺，到唐朝的田畸及后周的王朴，都是用水尺法测定。到了我们宋朝，嫌王朴的乐声太高，令学士窦俨等裁减，方才达到了律声的和谐，但不是古代的作法。现在，臣请求皇帝，让臣用古代的'三指法'制作音乐的法器，先铸造九鼎，其次铸造帝座大钟，然后铸造四韵清声钟，最后铸造二十四节气钟，最终均絃裁管，形成一代完整的音乐体系。"

于是，皇帝诏令魏汉津监制九鼎。

他还说："乐声有太有少。太是清声，属阳性，是天道。少是浊声，属阴性，是地道。中声在这二者之间，是人道。这三才之道合起来，就具备了阴阳奇偶，然后四季就能够协调运转，万物才能够顺利地生长发展。"当时人们都认为他的说法迂阔荒诞，只有蔡京一个人认为有深奥的玄机。

也有人说，魏汉津曾经在大官范镇部下干过活，看到范镇制作乐器，剽掠到一点儿，是蔡京故甚其说，假托唐代仙人李良神授罢了。但有一个事实：范镇在音乐的理论和实践上，没有超过魏汉津的成果见世。

崇宁四年四月，蔡京报告九鼎制作成功。宋徽宗诏令在中太一宫的南面建造九个殿以"奉安"九鼎，这个建筑群叫做"九成宫"。他还亲自规定了九鼎的名称、色彩、安置方位、礼祭的时令和方式等："中央曰帝鼎，其色黄，祭以土王日，为大祠，币用黄，乐用宫架。北方曰宝鼎，其色黑，祭以冬至，币用皂。东北曰牡鼎，其色青，祭以立春，币用皂。东方曰苍鼎，其色碧，祭以春分，币用青。东南曰风鼎，其色绿，祭以立夏，币用绯。南方曰彤鼎，其色紫，祭以夏至，币用绯。西南方曰阜鼎，其色黑，祭以立秋，币用白。西方曰晶（jiǎo）鼎，其色赤，祭以秋分，币用白。西北曰魁鼎，其色白，祭以立冬，币用皂。"九鼎从动手到完全落成，用了一年又九个月的时间。

关于九鼎的乐舞，帝鼎奏《嘉安之曲》，八鼎皆奏《明安之曲》。关于九鼎上的铭文,帝鼎是御制,八鼎由蔡京撰制。

鼎成后,魏汉津赐号冲显处士。八月大晟乐制成,乐书由朝廷颁行天下,魏汉津加封虚和冲显宝应先生。九鼎和大晟乐,伴随这位毕生研究音乐的老人走完了他的人生之路。

九月初一,因九鼎告成,奉安于九成宫,皇帝御大庆殿接受朝贺,开始用新的音乐——大晟乐。魏汉津不久逝于京师,享年九十岁。谥"嘉成侯"。在铸鼎的地点建了一座宝成宫,置殿祭祀黄帝、夏禹、周成王、周公旦、召公奭这些音乐界的古圣先贤,并置堂祭祀李良和魏汉津。诏赐魏汉津家住宅一区,田六十顷,银、绢五百匹、两。一个出身低微的人,能得到这样的"推恩",反映了魏汉津的贡献之突出和皇帝对音乐的重视。

魏汉津通晓阴阳数术,往往能预言一些事情。逝世前,他曾经对自己知心的朋友说:"不出三十年,天下就要大乱了。"不管以前灵不灵,这次可是不幸言中了:从他死的那年算起,第二十二年,徽钦二帝被金人抓到北方去当俘虏,北宋灭亡! 其实这也不是魏汉津的"未卜先知",他只是头脑清醒罢了。当时,任何一个头脑清醒的有识之士,都可能预见到宋王朝将难免有诸如此类的悲剧下场。

沈 括

世界上第一个给"石油"命名的科学家、科普作家

沈括（1031—1095），北宋大科学家、科普作家。字存中，杭州钱塘人。他是宋神宗时期在政治、外交上都作出突出成绩的政治家，同时也是一位见多识广的杰出的科普作家。

熙宁元年，沈括由王安石推荐辟官相度两浙水利，他上言指出，浙西水患多是由于长年不疏浚河道、水利设施坏了也不维修或增设所致，他建议由官府出钱召募民工兴修。朝廷批准了他的方案。在察访水患的过程中，他上书为民请命办了另一件好事：原来两浙每年要供应朝廷九十八万匹帛，民间负担相当沉重。而后来发运司又打着移用财货的旗号，每年增加预买绸绢十二万。经沈括反映求请，把增加的十二万除掉了。

沈括升为知制诰后，朝廷拟派内侍去河北西路登记民用车辆，市易司又要在这个地区禁卖蜀盐。官员们议论纷纷，说不清楚到底该怎么办。决定先派沈括为河北西路察访使，下去摸清利弊。他回来以后，陈述了三十一件事，都被皇帝认可了。如登记车辆的问题，他先问清了皇帝的意图——以车战对付北辽的骑兵，于是他讲了历史上的车战，给皇帝分析说："现在民间用的车，又大又笨重，用牛拉，一天走不了三十里路，多少下点雨雪，就寸步难

行,所以人们叫它做'太平车',军队里用恐怕不大合适吧!"宋神宗豁然开朗,高兴地说:"他们都没有说到事情的关键处,朕要好好考虑这件事。"在盐的问题上,皇帝也接受了沈括"开放"的建议。第二天,这两件事就解决了。执政大臣高兴地问沈括:"你有什么高着儿,谈了一会儿就把这两件事免了呢?"沈括答道:"圣明的君主,可以用道理改变他的想法,不能在言辞上和他硬争。如果民车可以用来作战,虏盐能禁止得住,我也不敢认为登记车和禁盐不对呀。"

熙宁八年,沈括出使辽国,成功地解决了一次"领土争端"。辽国派使臣萧禧来争要河东黄嵬的土地,韩缜奉命和他谈判,有时争论到半夜,萧禧一直坚持"以分水岭为界"的说法不变,赖在宾馆里不走,说:"我一定要达到目的才回去。"宋神宗便派沈括去答复辽国。沈括到枢密院查阅了有关两国地界的资料,找出往年签订的边界条约,那上面划定两国领土以古长城为界,而现在辽方争的黄嵬山,在长城以南三十多里。沈括上表奏明了这个情况。皇帝感慨地说:"那些大臣们根本不探究事情的来龙去脉,几乎误了国家大事。"令沈括拿有关地图给萧禧看,萧禧理屈词穷,皇帝赏赐了沈括一千两银子,并派他出使辽国去解决领土争端。

沈括找来数十种有关两国土地纠纷的资料,叫助手们都读得滚瓜烂熟。到了辽国以后,对方派出枢密副使杨遵勖来和他谈判。杨遵勖提出一个什么问题,沈括一回头示意,他的助手便能根据资料对答如流;过了几天再谈判,还是这样。杨遵勖没有理由争论下去,谩骂道:"几里大的地方都不舍得给,竟想轻率地断绝友好关系吗?"沈括说:"出师作战,理由正当,士气就旺盛,讲歪理,士气就疲软。如果北朝抛弃自己先君立下的信约,只凭权威驱使老百姓厮杀,那么得到恶果的将不是我们!"一共谈判了六次,辽方始终不能动摇他,只得不要黄嵬山的地了;又提出来要天池——这是出使任务之外的问题,沈括便"事毕告辞"。在归途中,他记录并画下了辽国山河的险夷曲直,特殊的风俗,人情的向背,题为《使契丹图》,归国后献给朝廷。升为翰林学士、权三司使。

沈括也有该说的话而不敢及时说出来的时候。如陕西转运使皮公弼上奏了官府垄断卖盐业的很多弊病(如涨价,强行摊卖,百姓被逼买了,过了一夜便是"私盐"等等),当时沈括身居三司,很有发言权,但他看王安石支持官卖,便说:"如果自由买卖,每年就要因此失掉二十万缗钱。"王安石罢相以后,他才说必须废止官府垄断卖盐的做法。后来御史蔡确又弹劾沈括,说他在免役法问题上，发表意见也看王安石在不在相位说话。沈括上疏"待罪"，皇帝仍令他就职，但蔡确揪着不放，说他的态度和做法是"依附大臣，巧为身谋"，于是沈括被罢，以集贤院学士知宣州。

沈括调知延州，兼经略安抚使。其间他"不接受教训"，又干了一件"先斩后奏"的事。朝廷颁赏戍边将士，对派出的"禁兵"已经颁赏两次了，而对地方部队"镇兵"一次也没赏过。沈括想，禁兵虽显赫气派，但终年为国家守卫边土、没有一年不投入战争的，还是镇兵。赏赉不公道，是导致变乱的根子。于是他便冒死假传圣旨赏赐给了镇兵好几万缗钱，同时把诏书封藏起来派人从驿路上奏，不几天，沈括收到了皇帝的"急递诏"，说："枢密院发颁赏赐通知书，漏掉了镇兵，幸好依赖卿及时明察实情当机处理，不然的话，几乎搅乱了边防军。"朝廷并因此受到启发，给了经略司一些自主权。

宋神宗元丰五年，朝廷派给事中徐禧和内侍押班李舜举前往鄜延与沈括、种谔计议边事。徐禧想"大有作为"，又怕边将种谔反对，便奏请皇帝召种谔入对。种谔走后，徐禧和沈括商定在永乐筑城垒。种谔参见皇帝回来，反对在永乐筑城，徐禧怒骂他"误成事"，奏请他留守延州。城筑好后，夏人来夺，徐禧说："是吾立功取富贵之秋也。"徐禧一连四次拒绝大将们的正确建议，结果永乐城陷落，连徐禧在内，牺牲军官二百三十人，士兵一万二千三百余人。沈括被夏军阻击，无法去救援。他因此贬为均州团练副使，随州安置。加上朝中新旧党争的大背景，他再也没被起用。

沈括不仅善于理政，同时又是一位伟大的科学家，他在天文学、地学、数学、物理学、医学诸多方面都达到了一定的高度。

熙宁七年(1074年)，沈括提举司天监，把这个部门的工作提到了崭新的科学高度。司天监过去用的"日官"一般是市井庸人，有关法象、图器的知识一点也不懂。沈括到任以后，亲自观测天象，绘制了许多图表，改造了观天仪器，撰写了浑仪、五壶浮漏、景表三仪，并监督制作。他推荐盲人数学天才卫朴编修了《奉元历》，诏令颁行。

在数学方面，沈括创立了"隙积术"(二阶等差级数的求和法)和"会圆术"(已知圆的直径和弓形的高，求弓形的弦和弧长的方法)。

在物理学方面，沈括发现了地磁偏角的存在，比欧洲早了四百多年；他曾阐述过凹面镜成像的原理；对共振现象，也有所研究。

在地学方面，沈括由雁荡等山的形势，认识水的侵蚀作用；由太行山岩石中的生物遗迹，推论冲积平原形成的过程。

在医药学方面,沈括精心研究过医学和药用植物学,并有著述。

晚年沈括,在润州(今江苏镇江)定居,于润州东郊筑了"梦溪园",终日在园里写他的《梦溪笔谈》。这部笔记体的文集有《梦溪笔谈》二十六卷,《补笔谈》三卷,《续笔谈》一卷:共三十卷,计有文章六百零九篇。这部书内容丰富,知识信息量大——它有自传性,记述了作者在王安石变法的大背景之下,受朝廷之命所取得的多种政绩,钻研科学技术所取得的成果和达到的高度。同时,它又是一部综合性的知识典籍,包涵政治、经济、军事、哲学、科学、技术、历史、文艺等诸多方面的新的发现、发明、创造等等。

沈括是世界上给"石油"命名的第一人。《梦溪笔谈》中的《石油》,是沈括出任延郿路经略安抚使时获得的知识,当地人叫"脂水",书面语叫"石液",是沈括在十一世纪便叫它为"石油",并预言:"此物后必大行于世。"以石油在现代地球上的"大行"来印证,沈括真是一位伟大的预言家!

其他著述有《灵苑方》《良方》《长兴集》《乙卯入国奏请》《入国别录》等。

庞安时

隔母腹诊治胎儿的良医

　　庞安时（生卒不详），宋代良医。字安常，蕲州蕲水人。聪明颖悟，儿时读书便能过目成诵。父亲是祖传良医，教授他诊脉的口诀，他说："这不能够有大的作为。"自己独立地选择黄帝、扁鹊有关诊脉的书籍学习，不久，便领会了那些书的精神，并有新的理解，别人辩驳不倒他。他父亲甚感惊异，因当时庞安时还不足二十岁。

　　不久，庞安时耳朵患病，听觉发生了障碍，他更加广泛阅读《灵枢》《太素》《甲乙》等医学秘籍，所有经、传及百家著述，只要涉及医道的，他都力求读到，并能融会贯通。他曾经说："世上的医书，我大都读了，只有扁鹊的语言最深刻。所谓《难经》，是扁鹊的医术的概括，但是说得不详细，大概他是要后人自己去探索吧。我的医术大都得自这部书，用它来视察病情深浅、判决生死、就像符节一般的吻合。"他把人体的脉诊与大自然的阴阳、覆溢、四时、九候的变化结合起来，可谓深得古代良医的回春妙术了。

　　庞安时为人治病，有效率达十分之八九。远地寻来求医的，他把自己家中的房子划出来一部分作为"医院"，安排病人住下，并且一一过问每个病人的饮食和服药，一定治疗痊愈了，才放心高兴地让人家离去。庞安时的医德，还表现在他从来不吹嘘自己，不敷衍病人，如果遇到自己无法医治的病，他一定如实告诉患者或其亲属，绝不再进行"安慰性"的治疗。他治愈的人很多，患者家中送金帛来酬谢他，他只合理地留取一部分。

有一次，庞安时去桐城，他的弟子李百全邻居有个妇女临产，羊水破了七天，孩子还没有生下来，用过好多治法了，都不见效。李百全请老师去看看，庞安时一见产妇，连声说"死不了"，吩咐她的家人用温水为产妇洗腹部，然后自己动手在她的腰腹部位自上而下的抚摸了一阵，产妇感到肠胃间微痛，呻吟间生下了一个男婴，母子平安。全家人极为惊喜，却又弄不清所以然，于是向医生道谢、请教。庞安时解说道："小儿已经出了衣胞，却有一只手抓住了母亲的肠子不放开，所以不是药剂能治得了的。我隔着母腹摸到了孩子手的所在，用针刺他的虎口，他被刺痛了，一撒手，就生出来了。"人们抱过小孩来看看，右手虎口处果然有针刺的痕迹。真是妙手回春。

庞安时五十八岁那年病倒了，门人自知水平不如老师，请他为自己诊脉医治，他笑道："我已经诊断清楚了。呼吸也体现脉象啊，现在胃气已经断了，我快要死了。"于是他断绝了一切药饵。几天以后，这位救活过无数人生命的良医，在和客人坐着闲谈时，安然长逝。

庞安时的著述有：《难经辨》数万言，《主对集》，《本草补遗》，以及对张仲景《伤寒论》的补论。

钱 乙

德艺双馨的小儿科医学奠基人

钱乙（1032—1113），字仲阳，祖籍钱塘，生长于郓州，是北宋中业著名的小儿科医生。

钱乙的曾祖父钱赟（yūn），是五代十国时期吴越国国王钱镠的后代，宋太宗朝，钱镠的孙子、吴越王钱俶"纳土归朝"，他的家族被迁移到郓州定居，钱赟一支族人也随喜到郓州安家落户。父亲钱颖通医术，善针灸，喜好饮酒、游览。钱乙三岁时，母亲去世，不久，父亲也扔下儿子，隐姓埋名东往海上求仙访道去了。姑母与姑父吕医生收养了他。他们待钱乙视如己出，钱乙自幼体弱多病，经吕医生精心调理，逐渐健壮起来。稍大些，便入学塾读书。他聪明懂事，深得姑父母欢心，关于他的不幸身世，大人们都瞒着他，所以他只知道父母早就"没"了。

钱乙二十九岁那年，姑母病重，姑父母二人商议后，把钱乙叫到跟前，将他的身世原原本本地告诉了他。钱乙听了，泣不成声。他强忍住悲痛，叩谢了姑父母的养育之恩，尽心竭力地侍奉姑母，直到为她送了终，才向姑父请求，出去寻找杳无音讯的父亲。

父亲究竟在哪里？他漫无目标地到处寻找，屡屡受挫，一次次徒劳往返。他不仅不灰心，找到父亲的愿望反而更强烈了。终于，在第九次寻访时，他打听到了父亲的下落，便立即奔去相会。爷俩见了面，悲喜交集，抱头大哭。他要求父亲还家，钱颢却因多年过惯了闲散日子，不愿意回去。钱乙一次次地去探望、迎请，父亲终于被他执著的孝心感动了，跟他一同回到了郓州的家中。

钱乙含辛茹苦寻父、迎父的事迹，很快地传扬了出去，人们都赞叹他的孝行，许多文人墨客还作诗歌颂他。

父亲回家后的第七年去世了。一年后，姑父也去世了。钱乙感戴姑父的养育之恩，像嫡亲儿子一样地披麻戴孝为姑父送葬，守丧。每逢年节扫墓，他对姑父母如对自己的亲父母一样地祭奠致敬。姑父母只生了一个女儿，钱乙像发送亲妹妹一样把她嫁了出去。钱乙的孝忱和仁义的操守，令人们深为敬佩。以他这样的执著劲头钻研医术，也使他在医学——特别是小儿科医学方面，获得了超过前人的巨大成就。

钱乙学医的启蒙老师，是姑父吕医生。从七岁开始读书，姑父便教他学习医书；钱乙也颇具学医的素质，他天资好，勤奋刻苦，并有济世活人的仁厚心肠。吕医生家藏医书很多，《黄帝内经》《神农本草经》《针灸甲乙经》《伤寒论》《诸病源候论》《外台秘要》《千金方》等，他都反复研读并熟记心中。渐渐地，吕医生坐堂应诊，钱乙便在一旁"见习"，渐渐地，他自己也能作出十中八九的诊断。吕医生十分惊讶，再拿一些较为疑难的症候考钱乙，也难不倒他；他一般都能引经据典地进行分析论证。吕医生大喜过望，便大胆放手让他多参加临床实践。

钱乙二十岁时，正式悬壶（挂牌行医）开业。这时他在乡里间已经小有名气，但随之而来的，临床中遇到的疑难问题也越来越多了，这又促使他更广泛深入地钻研医道医术。随着医疗水平的不断提高，钱乙又从另一个角度思考问题了——医学是关系人命的大事，但它太深邃浩瀚，一个人的精力和水平是有限的，不能"样样通，样样松"，应该缩小范围定准一个主攻目标，深入地钻出个水平来。他选攻了小儿科。

儿科在医学上一直是最薄弱的环节。中国人历来对儿童的健康素质极为忽略，《内经》中不记幼儿医理，直到唐代的孙思邈，才在他的《千金方》中提到，还是"始妇人而次婴孺"。小儿体质稚嫩，"望、闻、问、切"有时就"问"不通，同样的病，儿童的治愈率要比成人低。钱乙小时候体弱多病，幸运地被姑父治好了，还学会了给别人治病，他最大的同情在小儿，所以不畏艰险地要走这一条路。

经过长期的实践、探究,钱乙写出了他的心血结晶《颅囟经》一书。这是我国医学史上第一部较为系统的儿科专著,此书一问世,给他的同行们帮了大忙。钱乙因此名声大振,郓州乃至山东地区都知道了有这么一位儿科圣手,慕名前来求医的络绎不绝,渐渐连京城里也知道有这个名医了。

宋神宗的姐姐长公主,女儿患了病,经太医们治疗,没有奏效。长公主闻听钱乙的名声,便派人到郓州请他来京为女儿治病。这时钱乙年届五十,经验更丰富了,他初到时,听说病儿不食懒动,已经"不行"了;诊视后,他判断患儿得的是"泄利",前面的医生用药并不错,现在因阳气将复未复,所以少言懒动,病是能治好的,之所以拖到这个程度,一则由于孩子体质弱,再则由于公主与驸马对医生干预督责太多,弄得他们不敢放手用药。钱乙开了一帖药,吩咐了煎服方法,便回到下处休息了。

不料驸马紧跟着来到客馆,问女儿的病到底什么时候能好,这时钱乙刚好酒醉安歇,漫应道:"不久将遍身出疹,然后病就好了。"驸马信不过,心想那么多名太医都束手无策,你一个嗜酒的草野郎中,竟敢如此夸口,便把他申斥了一顿。钱乙默默地看着他发疯,什么也没说。第二天小女孩果然出疹了,又服了几天药就痊愈了。驸马欣喜至极,马上佩服起钱乙的医术来了,还写了诗歌颂他。

长公主向宋神宗奏请,授钱乙翰林医学,赐了绯色官服。这个职务可以住在皇宫中值班,能够给皇帝看病,又叫做"翰林金紫医官"。

第二年,神宗的第九个儿子仪国公赵偲患了抽搐症,手足痉挛,名医们都治不好,神宗十分焦急。长公主说钱乙能行,他虽出身下层,却有真本事,神宗立即诏令钱乙诊治。钱乙仔细地察诊了病情,定了"黄土汤"的药方,赵偲服了十几剂后,竟奇迹般地手脚灵活如初。龙心大悦,召见了钱乙加以褒扬。太医们也很惊奇,黄土汤竟能治疗抽搐,这是他们闻所未闻、见所未见的。神宗也问,为什么黄土汤能够治这种病,钱乙回答得非常巧妙:"黄土是灶心入药的土,用土战胜水,木就平和了,那么抽风也就被制止住了。况且前面经过许多医生的诊治,病已经快要好了,臣正好遇上了这个契机,自然容易见效。"

神宗对玄妙的医学理论,自然只能听听而已;但对他说的"病已经快要好了"却无法赞同,他心中明白,这位医生不光是自谦,更深的用心是为同行们开脱责任,他不愿意自己的治疗结果会导致同行们灰溜溜的甚至打了饭碗,真是个仁厚的君子啊！由此足见他的医术不凡,人品更高。皇帝对钱乙十分满意,传旨提升他为太医丞,并"赐金紫"——紫色的官服和金鱼袋。金鱼袋是天子赐给具有四十年以上"官龄"、三品级以上的官员的,要随身佩带,以作为奉诏入见时的验合凭证。钱乙能得到这种殊荣,真是"一步登天"了。

然而,钱乙本人并不看重这个。更使他感兴趣的,是太医院里丰富的历代医学典籍;在"办公"之余,他阅读了大量的医书,学识日益充实。中医作为一种经验医学,非常注重师承、门派。太医院里一些名医,明明亲眼看到钱乙轻而易举地治愈了他们治不好的皇子和公主的女儿,却仍然看不起这个没有"根"的土医生,偏执地认为他只是巧遇机缘便平步青云罢了。有了这种偏见,有时便故意地找些疑难问题"请教"钱乙。而钱乙总是不卑不亢地认真给他们"解答问题"。不长时间,他们便发现,这位太医丞不仅大度地与人为善,而且精通医理,有不少独到的卓见。坐而论道休想驳倒他,就是碰上大家棘手的疑难杂症,只要他一开口,也往往迎刃而解。钱乙还经常把自己新的临床经验公诸同行们,这也是别人难以作到的。不久,他就赢得了广泛的理解、钦佩和尊敬。

在太医院干了两年,钱乙始终不能适应那种严肃刻板得近于死沉的生活方式,他生性耿直,不喜欢在皇亲贵族中周旋,终于以身体有病为理由辞掉了这份别人垂涎三尺的美差,告别了太医院,恢复了自由的百姓之身。

辞官后,钱乙在汴京城中悬壶开业,为百姓治病。人们欢天喜地奔走相告,求诊的蜂拥而至,门庭若市。他欣慰地感到,人民是多么需要他,这比坐在窗明几净的太医院里或奔忙着伺候"上层",意义大得多了。

后世医者,都把钱乙尊为中医小儿科鼻祖,《四库全书总目提要》介绍他:"钱乙幼科,冠绝一代。"

钱乙五十五岁那年,宋哲宗即位,他久闻钱乙大名,又把他召入宫中任太医。直干到六十多岁,钱乙才力辞下来,回归郓州故居。

晚年的钱乙,因体弱、劳累和嗜酒,经常闹病。有一次病后,全身疲惫、重滞,活动不利。他知道这是得了"周痹"(周身痿痹),而周痹转入内脏,便是死症了。他不愿意就这么"了结",决心设法把疾病"移"到"一旁"去。他自己秘密地处方、配药,早晚服用,不多久,左侧手足便不会活动了。人们都知道是他"自治"的,但这个药方他却秘而不宣。

接着,钱乙又吩咐家里的人们到东山上为他寻找茯苓,他指点人们:先找菟丝草丛生的地方,用火烧它,在火灭的地方向下挖掘。人们照他指示的干,果然挖出了一个茯苓,而且有斗那么大。钱乙亲自炮制这个硕果,服食了一个多月,虽然左侧肢体偏枯,体质却越发硬朗起来了,就像没病的人一样。

从此,钱乙经常深居内室,终日坐卧在木榻上,阅读史书杂记,研究本草。人们拿一些罕见的药物来请教他,他都能说出本末来。街坊邻居遇到什么纠纷、难题,也都愿意来找这位学识渊博、德高望重的好人说说,而钱乙也十分乐意为大家排难解忧。有时,他还让家人抬着在大街小巷里转转,看看老百姓的生活情趣,让自己陶醉在人群中。

钱乙回到故里,一晃十几年过去了,由于嗜酒和吃冷食的习惯不改变,再加诊事和科研的繁忙,右侧手足的痉挛也日见加重,他自知"大限之期"就要到了。有一天,钱乙叫家人为他换好衣服,又把亲人们叫到榻前,谆谆嘱咐,依依诀别。他的话声越来越低弱,终于完全消失了。一代医坛巨匠,就这样从容地离开了人间,享年八十二岁。

刘跂在给钱乙写的传记中,这样评价他:"钱乙这人,不只是他的医疗技术很值得称道,他在事业上,认定了目标,便矢志不渝地追究到底,很像一位儒者;他有独特的情操,丢下大官不做,面向老百姓济世救人,很像一位侠客;他的医术盛行,获得朝野的广泛承认,名大官高,如日中天,他却急流勇退,又极像一位有道的隐士。"这几句话,像素描一样勾勒出钱乙性格的轮廓。

在我国古代中医医学史上,钱乙是承前启后的人物。他不仅有水平极高的光辉实践,攻克了许多疑难病症,为许多人延长或挽回了生命,而且特别重视经验的总结和传播,把自己的实践、科研成果都写成书,流传后世。钱乙的主要著作有《颅囟经》《钱乙小儿方脉》《伤寒指微论》《婴孺论》《小儿药证直诀》《钱氏小儿方》《斑疹方》等。可惜他的这些医书大都失传,保留至今的,只有一本《小儿药证直诀》了,只有它,和集医生、儒者、侠客、隐士于一身的钱乙的大名共存世上。

钱乙有一个儿子,辞世较早;两个孙子,都继承了他的治病救人的事业。

李　诫

权威的建筑工程学家

李诫(？—1110)，北宋著名建筑学家。字仲明，郑州管城县人，是北宋后期著名的建筑专家、建筑学名著《营造法式》的作者。

李诫出身于仕宦家庭，父亲李南公，官至户部尚书。神宗元丰年间，李诫荫补郊社斋郎，后来又升任曹州济阴县尉。

宋哲宗元祐七年，李诫开始在将作监(朝廷主管土木建筑工程的机构)任职，十三年中，历任将作监主簿，监丞，少监，将作监；其间他主持营建了不少著名的城门、宫殿、府邸、寺庙等。这些建筑，耗费资金极巨，而建造的规模、材料的需求量、工时定额等等，都没有一个客观的标准和科学的计算，再加上长官意志的"边建边修改"，造成了极大的浪费，同时也容易被经手的官吏钻空子舞弊贪污。王安石实行新法，为朝廷理财，自然不能忽视耗费资金首屈一指的建筑方面的问题；为了统一营造规模，推行标准设计，实行科学预算，以防止贪污浪费、保证工程质量，他责成将作监编修一部"工木建筑学"一类的书，这个任务，就落在了李诫的身上。

李诫长期搞建筑，对工程的规划设计、施工组织管理、建筑的技术以至工艺各方面，都积累了丰富的经验，对于建筑领域中的种种弊端——主管的官员外行、吏僚差役既不懂技术又舞弊贪污——他也深为不满，编书的任务，正符合他这个建筑专家的迫切愿望，是该有个章程把建筑事业引上科学的轨道了。

为了编好这部书，李诚作了两个方面的准备：一方面，他广泛地阅读了《考工记》《唐六典》《木经》等有关建筑方面的史书和专著，认真汲取前人的成功经验；一方面，在实践中找规律，除了认真总结自己在指导建筑施工中的经验之外，还经常同经验丰富的工匠们一起研究建筑学上的种种问题，分析比较各种营造方法的优点和缺点，努力找出构件尺寸之间的几何比例关系，以求制定出合理的、科学的规范制度。

经过了大约二十年（由神宗熙宁年间到哲宗元祐年间）的长期努力，这本书终于编成了，当时定名为《元祐法式》。这本书走的路，和与它同时代跋涉仕途的人们一样的坎坷。（八百年以后，列宁曾指出："难怪有人早就说过，如果数学上的定理一旦触犯了人们的利益，这些定理也会遭到强烈的反对。"）当时的《元祐法式》，虽只是一部"公用民用建筑学"，但在编写的过程，就受到了新、旧党争的极大干扰。编成后，也没有认真发挥它的作用。宋哲宗亲政以后，恢复新法，诏令李诚对《元祐法式》进行修改编订，书成后，定名为《营造法式》。

《营造法式》一书，包括"看详"（相当于序言）一卷，"目录"一卷，正文三十四卷，共三十六卷。正文部分共有三百五十七篇，分为三千五百五十五条：其中名词解释的有二百八十三条；其余三千二百七十二条，都是来自工匠的实践经验，占了全书内容的百分之九十以上。所以，这部书可以说是我国古代劳动人民在建筑方面的宝贵经验的总结。

《营造法式》，以现代观点来看，也是一部了不起的建筑百科全书。例如：它统一规定了建筑常用术语和构件的名称，有利于建筑技术的广泛传播；它规定了营建施工中的常用数据及其几何学比例；它列举了壕寨、石作、大木作、小木作、雕作、旋作、锯作、竹作、瓦作、泥作、砖作、窑作十三种一百七十六项工程的尺度标准及基本操作要领；它规定凡设计一个工程，都要以"材"为据进行预算，并为各种质料、规格的"材"制定出详细的数据；它详细记述了竹、瓦、泥、砖、玻璃瓦等多种建筑材料的加工制作、规格类型、功能用途、使用方法等，其中琉璃件的用釉配方和烧制方法等一直沿用到今天；它规定了计算工时和确定劳动定额的原则标准，并指出如何参照工匠的技术水平、时间的长短、木质的软硬、取土距离的远近等不同的情况，做到因人、因时、因地灵活地掌握,是我国最早讲究劳动定额的科学性的文献;它包括了六卷版面的附图,其中既有工程图,也有彩画画稿,既有分件图,也有总体图,反映了我国古代工程制图学和美术工艺的高水平。

《营造法式》具有高度的科学价值,它在中国的建筑史上,起着承前启后的重要作用,对于现代的建筑事业,也有重大的参考价值,所以它受到了国内外建筑界的高度重视,它的编著者李诫,也赢得了人们应有的赞扬。

李诫是个博学多能的人。他喜爱著作事业,除《营造法式》外,还著有《续山海经》十卷,《续同姓名录》二卷,《琵琶录》三卷,《马经》三卷,《六博经》三卷,《古篆说文》十卷。他还精于书法、绘画。在书法上,他篆、籀、草、隶,无所不能,据说他家里的几万卷藏书中,有几千卷是他亲手抄成的。他的绘画颇得古名画家的笔法,曾绘了《五马图》献给徽宗皇帝。可惜的是,他的这些大手笔,流传下来的只有一部《营造法式》了。

除在将作监任职外,李诫还任过虢州知州,也颇有政绩。李诫的生年不详,大约只活了四十几岁,在和土木水泥打交道的同时,还出了这么多的精神产品,他也该属于鲁迅所说的我们中华民族历史上那种"埋头苦干""拼命硬干"的人物了。

成无己

最早注解《伤寒论》的医学家

　　成无己(约 1061—约 1156),聊城(今山东茌平)人,是第一个为汉代名医张仲景的《伤寒论》作注解的医学家。

　　成无己出身于医生世家,他的祖父、父亲都以行医为业,而且信誉都很高。他从七八岁开始在自己家中读书,同时,也跟着长辈学习医书。他天资聪敏,记忆力强,又勤学好问,边学习,边见习祖、父行医,一届成年,便水到渠成地挂牌行医了。

　　成无己不满足于"看病",他还想著书解书,帮助医疗队伍的同行们提高素质。他选定的主攻目标,是汉代大医学家张仲景的《伤寒论》。他边行医、边读医学文献,经过长期的研究积累,直到八十岁出头,终于写出了令医学界瞩目的《伤寒明理论》三卷,《方论》一卷。洛阳的严器之为他的书作了序言,很遗憾当时竟没有出版。

　　在民族矛盾尖锐的时候,医学、医生也不能不受冲击。当时宋、金"和议"达成,而成无己的家乡茌平在黄河以北,成了"金土",他本人和乡亲们也不得不成了"金民"。金人的上层——从国主到宰相和侵宋的元帅们,一向很重视知识和人才,例如,金国元帅完颜宗翰,在诸多"战利品"中,就最喜欢书籍。好多侵宋的将官，家中都有抢来的丰富的藏书。就在金人"崇尚"中原文明的大背景下，八十多岁的老医生成无己，被金人看中，掳掠到临潢（今内蒙巴林左旗东南的波罗城），专管给大官和贵族们治病，他的一些文稿也被带了过去，影响了出版。

金人不让他"退休"，更不放他回老家；成无己无奈，只得一边为他们看病，一边继续研究《伤寒论》，直至九十五岁去世。历史上，能有几个人是干到九十五岁的！

成无己的书，和他本人走的路一样，历经坎坷。他的《伤寒明理论》和《方论》，由严器之作了序，不久，便随他一起被掳往北方，大约在他死后的第二年，才由"邢台好事者"——一个热心的邢台人，镂版印刷，但刊行量极少，当医生的搞到一本很不容易。这是他研究《伤寒论》的第一批公之于世的成果。

《注解伤寒论》走的路就更崎岖了。这书也是由严器之作序、没来得及出版便跟它的主人到了北方，当了别人的奴隶。大约在成无己九十三岁以后，他在临潢，在医生包子颛的家中见到了包的朋友王鼎；王鼎亲眼看到成无己治病"百无一失"，提出希望能抄一本他的《注解伤寒论》，不知当时成无己究竟出于什么考虑，以"还没有献给朝廷，不敢轻易外传"的话拒绝，后来王鼎南归了。

事隔十七年，王鼎的一个同乡，从临潢放归，他带回来成无己《注解伤寒论》的书稿，说成公已去世十多年了。王鼎伤感之余，喜出望外，打算自己刊行这书，但因经费拮据，没有办成。书稿在王鼎手中放了两三年，他很怕一旦保存不好，被人们辗转传抄给弄没了，使成无己的心愿湮没，于是便奔走"经营购募"，求亲告友地弄到了一点资金，方才刊印发行。

承议郎魏公衡感慨说："这书还没来得及刊行，成公就不幸辞世了。过了那么些年，这书辗转流离，竟又到了退翁（王鼎的道号）先生的手中，得以公之于世。这真像成君的灵魂在冥冥中把书交给退翁呀！"推算起来，《注解伤寒论》的问世，大约在成无己去世的第十七年。

又过了十八年，南宋张忠孝在临安医生王光庭家中见到了这本《注解伤寒论》，他把这书加上自己在襄阳得到的一本《伤寒明理论》，合集刊印发行，这个成无己专著的"合订本"一直流传到了现代。

成无己是古代第一位注解《伤寒论》的伤寒学专家，是具有开拓精神的医学大师。他的著述为后世医学界的伤寒病专家、大夫提供了极大的方便；

他以年迈之躯，身处逆境，仍在医学的道路上奋力跋涉，这种人老心不老的精神和不计个人荣辱的博大胸怀，也是难能可贵、令人叹赏的。

　　成无己除了注解《伤寒论》最早这一"最"之外，他还有一"最"——在宋金时代历史上，他是"工龄"最长的一个人。

陈旉

杰出的农业专家

陈旉(fū)(1076—?)，南宋初农学家。自号"西山隐居全真子"，又称"如是庵全真子"。他是从北宋末季至南宋初期江浙地区的一位隐士，是《陈旉农书》的作者。陈旉名不见经传，他的大名，是跟着他的书传世的。

陈旉出生于北宋神宗熙宁年间，他的一生，正处在北宋沦亡、南宋偏安江左的战乱时代。他似乎没有当过什么官，从他辗转奔命于淮河南北和长江两岸的匆匆足迹，可以看出他的心志：宁做大宋流民，不当金国顺民。是一名牢牢坚守"正统"操守的耿介"布衣"。

在大动荡的频繁流徙中，他能够随遇而安，一落脚，便在临时家乡"种药治圃"，过起田园生活来。这不仅解决了"生计"问题，在心理上也平衡稳定，不像一般的逃难百姓那样地"皇皇如丧家之犬"。

在务农上，陈旉可能有一定的基础，他热爱稼穑，而且能爱出水平来。他具有农学家的科学头脑，能敏感地关注各种田地和作物。宋室南渡以后，江南人口密度大了，朝廷、军队、难民、军马……对粮食的需求量大增，一切钱财也主要从田地里出，这正是提高单位面积产量、提高生产技术的紧要关头。陈旉正是在这种"大气候"之下有所作为的。

江南的庄稼,以稻为主。说到江南的稻田,可真丰富多采得令人欢喜。除一般"大田"外,农民们因地制宜地创造出"圩(wéi)田"——用土堤包围起来,防止外边的水入侵的稻田;"葑田"——将木架浮在湖荡的水面上,在木架上铺上带泥的草根草皮,然后在上面种植作物,木架可随水漂浮,所以又叫"架田";"梯田"——依丘陵和山地的形势,层层而上,逐层截取泉水灌溉。各种田的主人们,都有一些丰富的实践经验,陈旉一方面注重吸收这些经验,一方面广泛地收集和阅读了历史上流传下来的农书。晚年,他长期在扬州西山一带隐居,购置了田庄,亲自经营。他以自己的庄园为"实验田",认真尝试书本上和实践中的经验、技术,使自己成为一名高水平的农业经营家和农业技术专家。

七十四岁那年,陈旉把自己的实践、研究心得,写成了一部反映长江下游地区农业生产技术经验的农书,就是后来传世的《陈旉农书》,书一写成,他亲自从西山送到真州,呈交给知州洪兴祖,希望他能帮助推广。

《陈旉农书》约有一万二千多字,共分三卷:上卷十四篇,讲述种田技术——特别是水稻的耕作技术;中卷二篇,专谈适宜于江南地区稻田耕作的役畜——水牛的饲养管理、使用和疾病防治;下卷五篇,讲述有关蚕桑生产的技术知识。

书中体现的陈旉的"农业观"也很可取,处处反映了"人指挥地"的主观能动精神和辩证的观点。如:大田边建蓄水塘,以解决就近取水灌溉的问题,同时又可以池中养鱼,池上种桑喂蚕;早田收获后,应抓紧翻耕施肥,种大麦、蚕豆、豌豆或蔬菜,使土壤更加熟化肥沃,这样既可节省来年耕作的劳力,又多所收获;他不同意土地用几年便"累"了的传统观点,他指出如何合理地施肥和耕作,便能保持土地的"新壮";在有限的田地上实行套种间作。诸如这些已被他自己和别人的实践证明了是行之有效的科学作法,特别是他的治农思想,以现代的观点来看,也是很有积极意义和借鉴价值的。

王克明

声震金国的针灸名医

王克明（生卒不详），南宋初著名针灸医生。字彦昭，饶州乐平人，后迁居湖州乌程县。

王克明出生后，母亲缺奶，用粥喂他，于是他的脾胃落下了疾病，长大后病越来越利害，医生都认为无法治疗。王克明便自己研读《难经》《素问》等，探求治病的方法，刻意处方，终于治好了自己的病。他也因此成了一名医生，便走出家门在江、淮、苏、湖行医，特别精通针灸之术。

王克明诊病，重视抓住主要矛盾。有时诊断一个病人有数种症候，他下药只治那根本的一种病，根本的病因除掉了，其余的便不治自愈了。有的诊断后并不开药，只告诉病人大约几天后，病就会好了。有的诊断后对病人讲，不是用药的问题，是由什么事情引起的"精神障碍"，应当解决那个问题以消除病因。他说的治的都很有效验。士大夫们都屈尊与他交往。

王克明的医疗技术确实很"神"。魏安行的妻子中风瘫痪，卧床十来年，经王克明针治，下地行走如健康时一样了。胡秉的妻子便秘而腹胀，憋得喊叫了十几天，王克明来时，他家正准备会餐，王克明诊视了病情，对胡秉说："我治好了夫人的病，让她参加宴会好吗？"他用半硫圆碾生姜调和乳香使病人服了下泄,接着病人便能和大家坐在一起吃饭了。卢州郡守王安道中风,十来天不会说话,别的医生都治不了。王克明令人用炭火把地烤热,洒上药,然后把王安道放置在药地上,不长时间他的神智和语言能力便恢复了。金国使臣黑鹿谷路过苏州,得了伤寒病快要死了,王克明为他治疗,第二天便好了。后来王克明随同徐度出使金国,黑鹿谷任金国接伴使,对待王克明特别优厚,王克明颇为讶怪,黑鹿谷便说自己就是他在苏州救活的那个金国使臣,由此金人也知道他的医术高明了。几年后王克明又随同吕正己出使金国,金国接伴使忽然得了暴病,王克明立即把他救治好了,并回绝了他的谢礼。张子盖率兵救海州,军中流行起瘟疫,王克明当时正在军中,及时施治,救活了好几万人。张子盖上报朝廷为他请功,王克明极力地推辞。

王克明读书很多,好侠尚义,经常不辞数千里之远赴人之急。最初他应礼部试中选,长年担任医官。王炎任四川宣抚使时,调王克明,王克明不去,王炎恼羞成怒,便劾奏王克明逃避去前线,因此被贬降。后来又升调额内翰林医痊局,赐金紫。卒年六十七岁。

宋　慈

名扬世界的法医学家

宋慈(1186—1249),南宋理宗朝司法官,《洗冤集录》的作者。字惠父,福建建阳童游里人。父亲宋巩,曾任节度推官。宋慈少年时,就学于朱熹考亭学派吴稚门下,嘉定十年中乙科进士,历任长汀知县,剑南州通判,广东提点刑狱,知常州军事,湖南提点刑狱,进宝谟阁奉诏视察四路等职。

宋慈为官,办了些利民的大事。在长汀任上,他了解到当地百姓一向吃闽盐,运盐船须溯闽江而上,运一次往往辗转费时一年,中间还得受盐吏克扣,百姓承受不了,有时也酿成"激变"。宋慈便决定改买潮州盐吃。长汀至潮州的水路近而易行,食盐价格大降,又加实行武装押运,也杜绝了有的人去铤而走险,彻底解决了长汀人民吃盐难之苦。

宋慈在剑南州任通判时,正值浙西大饥,当地豪绅囤积居奇,一时竟斗米万钱(宋代大丰年时,斗米仅七文钱)。宋慈果断地采取了"分等济粜"的措施,把治下人户分为五等:一、出一半赈济粮、一半粜粮;二、不出赈济粮、只出粜粮;三、赈济粮、粜粮都不出;四、口粮的一半受赈济;五、口粮全部受赈济。这样,富者所出有限,而贫者就不至于有人饿死了。这办法保证了他的治区安全地渡过了饥年。

宋慈在剑南州通判任上,嘉熙二年,一天有人报案:城东一间房屋着了火,烧死一个人,留下了一堆骨骸。宋慈带衙役赶到现场,命人把骨灰炭灰扫到一边,把死者倒卧的地方打扫干净,在那里点起一堆木炭火;又令人取来芝麻和一块红油漆门板。地面烧烫了,宋慈命人移开木炭,他亲自动手把芝麻倒在热地上,用扫帚摊匀,命人将红油漆门板覆压在芝麻堆上。过了大约一刻钟,宋慈命人把门板竖起来,他用扫帚轻轻拂了几下,没粘牢的芝麻掉了下来,一看门板上粘的芝麻,竟是一个人体的形状。

宋慈量了量尺寸,问围观的人们:"这大体就是烧死的那个人的样子,中等身体,肩宽体壮,像谁呢?"有人说像外地来干活的蒋木匠,但近二十多天不见他了。有人说十几天前傍晚走过庙门口,见一个高个子挑着蒋木匠的行李往西去了。后来在集市上抓到了那个高个子,叫他看了"芝麻人",经过审讯,真相大白。原来土豪黄某修暗仓囤积粮食,发不义之财。为了"保密",暗仓修好后,把蒋木匠灌醉后送回去活活烧死。"高个子"是黄某的家丁。参与了害死蒋木匠的犯罪活动。

宋慈向人们解说:人被烧时身上的脂肪流出渗入泥土中,再加热后脂肪熔化粘住了芝麻,门板上的漆遇热变软,又把芝麻粘起来,而带人体油脂的芝麻,在油漆上粘得牢。

南剑州富豪杜贯成,是当朝宰相李宗勉的妻弟,他修暗仓后,杀工匠而后焚尸,也被宋慈破获。

宋慈调任广东提点刑狱,他看到这里也和其他重镇一样,由于官吏玩忽职守,贪赃枉法,错案、积压案件很多。他夜以继日地进行审理,不到八个月,就清理和复审了近百件错案和积案,使二百多个受到冤枉的人得到解救;同时,他也带动了一班司法人员,帮他们提高了整体素质和办案水平。

在长期办案实践中,宋慈深深体会到:"狱事莫重于大辟(杀头),大辟莫重于初情,初情莫重于检验"。他参考前人有关法医知识和技术的著述,总结自己在理刑中积累的丰富经验,于宋理宗淳祐七年(1247年),写成了系统的法医学专著——《洗冤集录》,这年宋慈六十二岁,两年后,他便去世了。

《洗冤集录》是世界上现存最早的法医学专著。公认的欧洲第一部系统的法医学专著,是意大利巴列尔摩大学教授费德罗发表的《医生的报告》,它的出版时间在公元一千六百零二年,《洗冤集录》比它早发表三百五十多年。

《洗冤集录》的内容共有五十三项,几乎包括了法医检验的所有重要内容,例如:暴力死与非暴力死,自杀与他杀,生前伤与死后伤,尸体现象(尸冷、尸斑、尸僵、腐败），机械性损伤（钝器伤、锐器伤、压伤、堕落等），高、低温致死（烧死、烫死、冻死），雷击，中毒，急死等等，宋慈都作了详尽的描述，大都符合近代法医学原理。

《洗冤集录》有重大的科学价值：它论述了从事检验的官员应有的态度和应遵循的原则；对各种尸伤的辨验，具有相当的科学水平；记载了一些有科学价值的古代验尸方法；收入了一些行之有效的简便急救方法，如救蛇咬伤法，救砒霜中毒法，救溺法，救自缢法等等。

《洗冤集录》出版后，数百年风行不衰，一直是我国古代刑法官员的工作指南。随着世界文化交流的发展，这本专著于 15 世纪译成朝鲜文，18 世纪译成日文、法文，19 世纪译成英文、荷兰文，20 世纪初译成德文。《洗冤集录》完成之初，当听到皇帝诏令把这书颁行全国时，宋慈兴奋地对亲人们说："一生的心血没有白费，我死后可以瞑目了！"

秦九韶
卓越的数学大师

秦九韶(约 1202—1261),我国历史上卓越的数学家和天文学家,《数书九章》的作者。字道古,鲁郡(今山东兖州一带)人。

父亲秦季槱(yóu)进士出身,研究史学,曾任过知府和朝中的国史院编修、实录院检讨官等职,秦九韶就是在四川普州安岳父亲的任上出生的。他自幼受到良好的家庭文化教养,他的青少年时期,是在四川家庭中度过的。

十八岁那年,四川发生了以张福为首的军事叛乱,秦九韶担任乡里义军的首领,参加了平定叛乱的战斗。这是他生命史上的第一个闪光点。三十岁以前,他一直跟父亲在一起,父亲在临安任职时,他去"侍亲",向太史学到了一些阴阳历算的知识;后来又跟随父亲回到四川,便在家中研究天文数学。

三十二岁出门作官,四十三岁因母亲亡故回家守丧。这十来年,他任过县尉,蕲州通判,和州知州。元军进攻四川时,秦九韶"于矢石间","尝险罹忧";悠闲的时候,他也"从李亭梅学骈俪诗词"。在官任上,他结交了主战派大臣吴潜(官至左丞相),对他以后的人生道路影响极大。

在家中丁母忧期间,秦九韶认真总结了自己钻研多年的天文历法和数学知识,他设想联系实际运用,编选出八十一个问题,再划分为九章,列式运算,有的还附插图说明。这个材料编写成书,应诏献给朝廷的奏稿——《数学大略》,在人们辗转传抄中,也被称为"数书九章"。直到1842年,此书收入上海郁松年所刻的《宜稼堂丛书》中,才以"数书九章"的名字正式印刷出版,此后它就冲出亚洲,走向世界,成为流传广泛的数学名著。

《数书九章》有自序,每一章,另有一个"小引",这些文字阐明了他的学术思想。他指出"数"是"六艺"之一,自然界与人类社会,万事万物都与"数"有着不可分割的联系。"数"不仅用于天文历法等的推算,工业、农业、军事也都离不开它。他假设的问题中,就有大衍、天时、田域、测望、赋役、钱谷、营建、军旅、市易等等有关天文历法、国计民生以及当时的当务之急——军事防御、侦察等方面的实际问题,秦九韶堪称应用数学巨匠。他的《数书九章》在算术、代数与几何领域内,也取得了丰硕的成果。如:一、一次同余式组解法,第一次提出并基本上解决了模数非两两互素的一次同余式组求解问题,比欧洲大数学家欧拉、高斯早了五百多年,所以西方至今仍称"大衍求一术"为"中国剩余定理";二、高次方程数值解法,这也代表了中世纪数学史上一项最高水平;三、多元一次方程组解法;四、三斜求积公式等。

秦九韶的学术思想是唯物的,治学方法是辩证的,他的《数书九章》是中世纪中国数学——也是世界数学的一个高峰。著名科学史家萨顿曾称颂秦九韶是"他那个民族,他那个时代,甚至所有时代中国最伟大的数学家之一"。

秦九韶的仕途生涯,却远不如他的数学成就那样辉煌,是坎坷而惨淡的。完成了《数书九章》以后,他获得了一次"奏对"的荣幸。四十九岁到明州在吴潜幕下任职,五十三岁任沿江制置司参议官,五十七岁时在扬州参见了投降派宰相贾似道,被任命为琼州知州,五十九岁知临江军。不久,贾似道陷害主战的吴潜,吴潜被罢相,秦九韶受株连被流放到广东梅州,就这般遭际,他在梅州还"治政不辍"——利用自己没有实权的小职务,尽量地做点事。第二年,便死在了梅州,只活了六十岁。

秦九韶心灵手巧,是一个性格豪放、多才多艺的人。星象、音律、算术以至营造等事,他没有不精通的;吟诗、填词、游戏、踢毽、骑马、射箭、击剑,他没有不会的。

封建时代,重官爵而不重知识,像秦九韶这样的大数学家,竟名不见正史;而他自己,留下来的书面成果,只有一本《数书九章》。

宗教隐逸界

张紫阳

道教南宗祖师"紫阳真人"

张紫阳(984—1082),北宋道教南派师祖(又称紫阳派师祖)。原名张伯端,字平叔,浙江天台人。

张紫阳,学识渊博,通道、禅、儒三教典籍以及刑法、书算、医卜、战阵、天文、地理、吉凶死生之术。后来因故被牵连治罪,贬窜岭南。宋英宗治平年间,八十多岁的张伯端又随陆诜由广西桂林辗转到了四川成都。据他自己说,宋神宗熙宁二年,在成都遇到一位"异人",传授了他金液还丹诀,便改名为"用成",号紫阳,道教奉之为南宗或紫阳派祖师,称"紫阳真人"。九十九岁卒。

著有《悟真篇》,宣扬内丹修炼和道教、禅宗、儒教"三教一理"思想。

慧　南

佛教临济宗黄龙派创始人

　　慧南（1002—1069），北宋僧人，佛教临济宗黄龙派创始人。俗姓章，信州玉山（今江西玉山）人，十一岁弃家出走，师事本县怀玉山定水院僧人智銮。十九岁受"具足戒"（佛教名词，别称"大戒"，是僧尼所受戒律的称谓），远游至庐山，皈依禅宗。慧南曾参学诸禅师，后来接受南昌僧人文悦的建议，三十五岁时参学并受法于潭州石霜的楚国禅师（临济宗第五代传人）。慧南住在隆兴府（今江西南昌）黄龙山传播佛法，法席很盛，其禅风以严厉痛快著称，自成一派，人们称他为"黄龙慧南"，称他的法系为"黄龙宗"。所以黄龙宗是佛教禅宗的五家七宗之一，临济宗的一个派系。

　　慧南禅师六十八岁圆寂，谥"普觉禅师"。

　　宋孝宗淳熙十四年（1187）年，日本僧人荣西到中国浙江天台山万年寺，从黄龙宗第八世虚庵怀敞禅师受法，由此黄龙宗传入日本。

志 言

游戏红尘的高僧

志言(生卒不详),宋仁宗朝僧人。俗姓许,寿春(今安徽寿县)人。

有一天,汴京景德寺七俱胝院禅师清璪正在专心诵经,许某突然来到他面前跪下,要作他的弟子。清璪一看这人相貌奇古,视人目不转瞬,觉得他不同于一般人,便慨然接纳,为他授了具足戒,取法名为志言。

志言一点儿也不遵守他接受过的清规戒律,他举止轩昂,说笑起来不讲究分寸,走在街市上,衣着邋遢,有时步履迅疾,有时伫立很久,用手指向空中画着什么;有时和杀猪卖酒的人一起玩,喝酒吃肉毫不忌讳。大家都说他是个狂人,只有清璪禅师坚持说:"这是个特异的人啊!"宋仁宗每次请他入宫,他总是径直登台就坐,吃饱了饭就走人,从来不给皇帝行礼。达官贵人们请他他就去,但是从来不和这些人说一句话。

不少事情证明志言有先知先觉的能力。如有人求他占卜休咎,志言便在纸上挥翰疾书,字体遒壮,占卜的人开始看了并不太理解,但往往为其后的遭逢所证实。宋仁宗年老了,还没立嗣君,暗派内侍去见志言,志言写了"十三郎"几个字给他,内侍拿回去,人们都猜不透,后来宋英宗以濮王第十三子入继大统,人们才恍然大悟。大宗正赵守节请他写,志言不写,强求他写，索来"润州"二字，不久赵守节死，赠"丹阳郡王"（丹阳属润州）。谁家准备在哪天施舍什么斋饭，他也能预知，不用召请便提前到达，敲着大门点着主人家准备的某某饭菜要来吃。一个叫林仲方的人从老家温州到京城来献僧衣，船刚一靠岸，志言便来把僧衣接走了。

传说志言还有些令人莫名其妙的本领。有一次俗家献的佛斋中有鲙鱼，志言把鱼全吃了下去，接着到小溪边把鱼肉都吐到水中，鱼肉竟变成了许许多多的小鱼，成群结队地游走了。有一个人在海上行船，遇到了大风浪，眼看船就要沉没了，忽然见一个和尚用大绳子拴着他的船，引渡到安全的地方。这个海客后来到了京都，在街上和志言相遇，志言突然说："不是我，你能怎么样？"海客定睛一看，正是用绳子拴船救他的那个和尚。

志言圆寂之前，自己作了"颂"，别人都看不懂。他说："我从古就有了。曾经逃往很多国家，现在要南归了。"死后，宋仁宗命人以他的真身塑像放在寺中，题名"显化禅师"。

以后作善事的常常去礼拜他，有一次一个人见他额顶上闪闪放光，就近审视，得到了一颗舍利子。

王仔昔

死于非命的御用道士

　　王仔昔(？—1117)，宋徽宗朝道士。豫章(今江西南昌)人。早年从事儒学,自己说后来遇到了许逊真君,传授给他"大洞隐书"和"豁落七元"之法。能预知人的祸福。出游到嵩山,御用道士王老志死后,他应运而至京城。宋徽宗政和五年,赐号"冲隐处士",令他接王老志的班,负责朝廷道教活动事宜。也像王老志一样,住在蔡京府中,人们为了区别于已故的王老志,称呼王仔昔为"小王先生"。

　　当时正值天大旱,宋徽宗非常焦虑。时常派内侍折一幅白纸来,求王仔昔画符,祈祷下雨。一天内侍又来了,王仔昔忽然写了一道小符箓,并在旁边注明:"焚符,汤沃而洗之。"中侍不肯接受,说:"皇上是求雨的,这不是大错而特错了吗?"王仔昔生气地说:"你只管拿回去!"宋徽宗看到后大为诧异,因为他正默默为一个患红眼病的嫔妃祈祷呢,连忙命宫人将王仔昔写的符箓焚烧了泡水为嫔妃洗目,洗了一次就痊愈了。于是赐了王仔昔一个"通妙先生"的道号,对他更加信服了。

　　王仔昔说九鼎是"神器",应该放置到禁中,并为一部分鼎改名,皇帝便责成蔡京为"定鼎礼仪使"主办这件事。

政和六年四月,和尚出身的道士林灵素到了京都,而且后来居上,很快地巴结上了皇帝身边的宦官们。王仔昔的恩宠渐渐地衰减了,他自己还没有觉察到,而且依仗皇帝平时以客礼相待,态度十分倨傲,对待宦官们像呵使僮仆一样,还想让道士们都附伏在他的麾下。林灵素感到王仔昔是自己向上爬的障碍,又见他上上下下没有"人缘",便与宦官冯浩阴谋诬告王仔昔曾说过对皇帝不满的话,把他下到狱中整治死了。

林灵素

宋徽宗宠用的道士

　　林灵素(生卒不详),北宋末道士。永嘉人。少年时学佛教,师傅常常打骂他,他受不了苦,离开佛门去当了道士。他擅长妖幻之术,在淮、泗之间游荡,到处吃住僧寺,各寺院都很讨厌他。

　　政和年间,宋徽宗崇信道教,御用道士原有观妙明真洞微先生王老志(政和四年死)、冲隐处士嵩山道人王仔昔二人。宋徽宗又向左街道录徐知常指示物色"有道"之士,徐知常把林灵素介绍给宦官们,引见给皇帝。一召对,宋徽宗便觉得如老友重逢。他什么也敢胡吹,说天有九霄,以"神霄"最高。神霄玉清王是上帝的长子,主南方,号称"长生大帝",就是徽宗皇帝本人。又看着蔡京,说他是"左元先伯",把其他幸臣、宦官们都说成是在天上有名位的,贵妃刘氏,则是天上的九华玉真安妃。宋徽宗很欣赏他这一套,赐号"通真先生"。紧靠皇城建了上清宝录宫,徽宗站在皇城上,就能俯瞰它,开了景龙门,由城上修复道直通宝录宫,便于斋醮来往。

　　原先徽宗礼遇的刘混康、虞仙姑、王老志、王仔昔等人,只是讲说一些方士们的传奇故事,而这个林灵素,却把神仙般的传奇遭遇直接加到了皇帝身上,所以上上下下没有一个人敢表示反对或怀疑。徽宗振兴道教十来年,自知劳民伤财,非议不少,正想找一个压服舆论的办法。林灵素心有灵犀一点通,于是编造了清华帝君夜降宣和殿赐给皇帝天书的故事。皇帝便在上清宝录宫举行了两千多名道士的盛大集会,让林灵素在会上宣谕这件事。左街道录傅希烈等还写了记上献称贺。

诏令把原来的天宁万寿观改名为神霄玉清万寿宫,并在殿上设供长生大帝君和青华帝君的圣像。皇帝到上清宝录宫听林灵素讲道经,每举办一次大的斋会,要花掉好几万缗钱,叫做"千道会",令士庶人等自由入殿听讲。皇帝坐在一旁的幄帐中,而林灵素高居正座,人们在下面向他叩拜求教。其实他也说不出什么神机妙语,往往是诙笑嘲讽耍耍嘴皮子而已。又令官吏、士民都到宫里去接受"神霄秘录",朝中想向上爬的官吏,都积极投入这些活动,以讨好皇帝和蔡京。蔡京的三儿子蔡絛因不去受"秘录"被他大哥蔡攸安上"轻狂"的罪名罢了官。别人谁还敢不以为然呢!

徽宗又示意道录院,上表册封他为"教主道君皇帝"。于是群臣和道录院纷纷上表,他马上成了"教主道君皇帝",但这当然是个"道号",只用于教门系统的章疏,不用于行政事务。

林灵素的故乡温州,也荣升为应道军节度。《老子道德经》也被御笔改为《太上混元上德皇帝道德真经》。

在林灵素之前的御用道士王仔昔,倨傲而憨直,见皇帝以客礼对待自己,他便拿宦官们像对待奴仆一样,又要道士们以他为宗师。林灵素自己要专宠,便和宦官冯浩计议,诬告王仔昔口出怨言,对皇上不满,要求追治他,把他下到狱里"超度"了。

道录院审阅了六千余卷佛学经书,把其中的"诋谤道、儒二教恶谈毁词",分为九卷,要求搜集焚弃,只留着这一套"永作验证";林灵素又上了《释经诋诬道教议》一卷,要求颁降宣传:皇帝都照准了。林灵素的称号也升级为"通真达灵元妙先生"。林灵素和张虚白都授以大夫的本品真官。

按蔡京的意见,把古今道教的事迹编辑成书,赐名《教史》。

当时的道士们都有俸钱,每一次斋施,又能获钱数十万。每一个观,官给的"道田"几百顷或上千顷。所以有些贫穷无靠的人,也来沾光,他们往往买上块黑布头巾,"化装"起来到宫观里去,一天能得到一顿饭和三百文"衬使钱"。这比下苦力轻松自在得多了!

林灵素扬眉吐气了,"痛定思痛",想想以前学佛经时挨的那些打骂,他要出气,要报复,而且轻而易举地办到了——经他建议,皇帝下诏:"佛"改号为"大觉金仙";僧称"德士",要改服装,称姓名;"寺"改为"宫","院"改为"观",寺院住持人改称"知宫观事"……"尼"改称"女德"。把"佛"与"僧"以至"寺"都抹杀了。

释教被废后,林灵素更神气了,又当上了冲和殿侍晨的官,出来进去前呼后拥,有时甚至和诸王争道,京城里的人都称"道家两府"。林灵素与道士王允诚一伙装神作怪,后来,怕王允诚和他竞争,又把王毒死了。京城里发大水,皇帝令林灵素厌胜——祈祷降水,林灵素率领着一干道众刚刚登上城墙,治水的役夫们争先恐后地拿起棍棒赶上来打他们,吓得他们仓皇逃回。皇帝由这件事才领悟到人们的怨愤之深,开始不太喜欢他了。林灵素骄恣惯了,还没自觉到,有一次在道上遇见皇太子,也不加收敛避让。皇帝大为恼火,把他以太虚大夫斥还故里;并命江端本通判温州,侦察他的举动。江端本查到林灵素的住宅建制"超标准",奏上去后,有诏把他徙置楚州。诏到温州时,林灵素已经死了,江端本送上他的遗表,皇帝让按侍从的礼仪安葬了他。

也有一说,林灵素被斥还后,皇帝又想他了,蔡攸怕他再被召回使用,便派人毒死了他,他是"下血死","疑攸使端本杀之"。

林灵素在京城一共住了四年,这是他的"黄金时代"。

宗杲

难逃红尘祸劫的禅宗高僧

宗杲（gǎo）（1089—1163），宋临济宗杨岐派僧人。俗姓奚，号妙喜。宣州宁国（今安徽宣城）人。十二岁出家，十七岁落发受戒（一说十七岁出家于东山慧云院）。宗杲广泛地拜访名僧探究禅法，最初参拜过曹洞宗的诸位名僧，后来到了汴京，去宁天寺参谒临济宗杨岐派僧人圆悟克勤，克勤把自己的著作《临济正宗记》交给了他，让他分座设坛说法，不久，宗杲便名震京师了。

"尊道抑僧"的做法随着宋徽宗"教主道君皇帝"统治的结束而结束。宋钦宗靖康元年，宗杲禅师受赐紫衣及"佛日"的称号。第二年北宋灭亡，宗杲南渡。绍兴七年，他居住在径山的能仁寺修行布法，听众很多，有时僧众超过两千人，连千僧阁都住满了。绍兴十一年，秦桧因了解宗杲与学者张九成是莫逆之交，很怕他的说法坛变成反"议和"的舆论阵地，便诬陷他"谤讪朝政"，褫夺了衣牒，先后贬窜到衡州（今湖南衡阳）、洋屿（福建境内）、梅州（今广东梅州）等地，一贬十五年。绍兴二十五年秦桧死，第二年宗杲才获大赦，恢复了自由，重穿上僧衣。绍兴三十二年，赐号"大慧禅师"，于云居山（在今江西修水）唱看话禅，是禅宗参话头（"话头"是佛教禅宗所参究的现成语句，往往拈取一句成语或古语加以参究)的开端。

　　绍兴三十三年,身居"世外"而难逃"红尘"劫难的佛法大师宗杲圆寂了,著述有《正法眼藏》等。谥"普觉禅师"。

　　宗杲的弟子蕴闻、道先等将他的说教汇编为《语录》三十卷、《法语》三卷、《大慧普觉禅师普说》五卷、《大慧普觉禅师宗门武库》一卷、《大慧普觉禅师书》二卷。宗杲的嗣法弟子有九十余人。著名的有思岳、弥光、悟本、守净、道迁等。

陈抟

被视为"神仙"的有道高士

　　陈抟(? —989),有道高士。字图南,亳州真源(今河南鹿邑)人,从五代到北宋时期的著名道士,从皇帝到达官贵人,都把他奉若神明,后世称他为"陈抟老祖",自号扶摇子。

　　传说陈抟四五岁的时候,有一天在涡水岸边游玩,来了一位身穿青衣的老妇人用自己的乳汁喂了他,从此以后,他的聪慧日益增长。待到成年,读经、史、百家的著作,读一遍便能全部记住,再也忘不了,作诗也很有名气。后唐长兴年间,他应进士考落第,从此不再追求功名利禄,而寄情于山水之间。据他自己说,曾经遇见孙君仿、麛皮处士两位高尚的隐者,告诉他说武当山九室岩可以隐居,他便到那个地方住了下来。因练气功,辟谷(不吃粮食)二十多年。每天只饮酒数杯。后来又迁移到华山云台观、少华石室居住,他每次睡下,能连续睡一百多天不起床。

　　后周世宗皇帝,喜好道家黄白之术,有人向他推荐陈抟,显德三年,他令华州州官把陈抟送到朝中。留陈抟在禁中住了一个多月,闲谈间问到他有什么法术,陈抟说:"陛下是四海之主,应该把达到天下大治放在心上,何必关心黄白之事呢!"周世宗没有因他说这番话怪罪他,任命他为谏议大夫,他固辞不受。后来可能也认为他没有什么奇术绝活,便放他回到原来的住所,还诏令当地州官每年按时节慰问他。过了两年,成州刺史朱宪赴任前向皇帝告辞,周世宗令他带上五十四布帛、三十斤茶叶赐给陈抟。

陈抟尽管"离尘索居",也关注着人世间的阴晴风雨。赵匡胤黄袍加身即了帝位,消息传到他耳中,他欣慰地说:"天下从此就太平了!"

宋太宗赵光义继位后,召见了陈抟,对他礼遇优厚。数年后他又主动来朝,宋太宗对他更加礼遇敬重,曾对宰相宋琪等人说:"陈抟这个人能独善其身,不追求名利地位,真是方外之士呀! 他只在华山就已经住了四十多年,估计年龄该有一百多岁了。他自己说,经历了五代的离乱动荡,很庆幸天下太平了,所以特来朝觐。和他交谈,觉得很中听。"

太宗派中使把陈抟送到中书省,让宰臣们都见见这位有道高士。在闲谈中,宋琪问他:"先生研究获得了玄默修养的道业,也可以教给我们这些凡人吗?"陈抟答道:"我是山野之人,对时世没有用处,也不知道神仙黄白之事和吐纳养生的道理,实在没有什么奇妙的法术可以传给别人。再说,即使能大白日飞升上天去了,对世人百姓又有什么用处呢! 我看当今皇上,龙颜秀奇,博古通今,真是有道的仁慈圣明之主啊! 现在正是君臣同心同德、振兴教化、实现天下大治的大好时机,如果说进行'修炼',意义再没有能超过这个的了。"宋琪等人很赞同他的见解。

宰臣把与陈抟的谈话上奏皇帝,太宗更敬重他了,下诏赐给陈抟一个"希夷先生"的雅号,并赐了一袭紫衣,留他住在阙下,一面令有关部门扩建了他居住的云台观。皇帝多次与他作诗唱和,留他在京城里住了好几个月,才送他回山。

太宗端拱初年,陈抟忽然对弟子贾德昇说:"你可以在张超谷那里凿一个石室,我将要在那里休息。"弟子照办了。第二年七月,石室完成了,陈抟亲手写了数百字的奏表给皇帝,其中有这么几句:"臣抟的大数到头了,无法再留恋圣朝,将在本月二十二日化形于莲花峰下的张超谷中。"后来他果然是在这一天无病而逝,死后七天遗体还保持着活人的体温。有五色的云彩蔽塞着石室的"门口",过了一个月还没有消散。

陈抟能够推知别人心里想的事以及不发生在身边的事。他斋室的壁上,挂着一个大瓢,道士贾休复心中羡慕他的大瓢,但没说出来,一次贾休复来看他,陈抟说:"你来不为别的,是想要我的瓢呀!"说着便唤侍者把瓢取下送给贾休复。贾休复吃了一惊,把他看作神仙。

华阴县有一个叫郭沅的年轻人,有时住在云台观中。有一次,陈抟半夜里把他喊起来,催他赶紧回家,郭沅犹豫不定;过了一阵子,陈抟又说:"你可以不用回去了。"第二天,郭沅回到家中一问,才知道他的母亲半夜里突然得了心痛病,几乎死去,过了一顿饭的时间,又好转了。

陈抟的朋友中,也有他这样的有道高士。华阴隐士李琪,自己说是唐代开元年间的郎官,好几百岁了,别人极少能见到他;关西逸人吕洞宾会剑术,一百多岁了脸面还和年轻人的一样,步履轻快,顷刻间行走数百里,世人都认为他是神仙:这两位奇人都到陈抟的斋室中来过好几次。物以类聚,人以群分,人们自然地也把陈抟看成了"神仙"。

陈抟生平爱读《易经》,经常手不释卷。著述有《无极图》(刻于华山石壁)和《先天图》。他认为万物一体,只有超绝万有的"一大理法"存在——其学说后来经由周敦颐、邵雍加以推演,成为理学的组成部分;《指玄篇》——言导养和还丹之事;著作还有《三峰寓言》《高阳集》《钓潭集》及诗歌六百多首。

戚同文

教书育人、乐善好施的隐士

戚同文（生卒不详），北宋以教学为事业的隐逸之士。字文约，楚丘（今河南商丘）人。祖上世世代代都是读书人。戚同文幼年丧父，由祖母带在亲戚家抚养大，事奉祖母至孝。祖母死后，戚同文悲痛得日夜哀号，好几天不吃饭，乡里都为之感动。

戚同文听人们说本县的杨悫（què）教了一些学生，便去拜访，杨悫给他讲了一章《礼记》，他当时就背过了，其后每天背书一卷，杨悫很赏识他的天资与勤奋，就留下他深造。不到一年的时间，戚同文把《五经》全背熟了。杨悫把自己的妹妹嫁给了他。从此他更专心地攻读，刻苦勤奋到成年累月衣不解带的地步。

杨悫曾经鼓励他应试当官，戚同文辞谢说："先生不作官，我也不作官。"杨悫本是依附赵直将军家生活，病倒后，把自己的家事托付给戚同文，后来戚同文为杨家三代人办了数起丧事。杨悫死后，赵直又对戚同文厚加礼遇，给他建造了学舍，供他招生讲学。戚同文非常感激，讲学的水平不断提高，名气越来越大，再加上赵将军的宣传，不远千里而至的求学者也有。他教出来的学生，登进士第的有五六十人，其中有十来人官至台阁，范仲淹就是他的学生之一。

戚同文为人质直，崇尚仁义，尽管自己并不宽裕，但在乡里中，人们有办不起丧事的，贫困得吃不上饭的，他都尽力地给些周济；冬天，见到乡里宗族的人衣着太单薄，不止一次地把自己的棉衣或皮袄解下来披到别人身上。他一向不积攒钱财，不营造住房，有人劝他也为自己改善一下生活条件，他说："人生以行义为贵，哪里用为这些事操心！"因此很为乡里所敬重。他知道谁违背了孝悌之道，一定要找那人谈谈，教育他向善。而与人们交谈时，他总爱听人评论某某人有什么优点或善行，自己从来不议论别人的短处。但他自己交朋友，还是有选择的，他很有知人之明，平素交往的，都是一时的名士，如宗翼、张昉、滕知白等。杨徽之曾因公到他郡里去，二人一见面便觉有缘，后来常互相以诗歌唱酬，成了知己。

戚同文家离京城不远，京中有头脸的朋友、弟子也不少，但他自己一生不进京城。他有两个儿子：长子戚维官至屯田员外郎，次子戚纶官至台阁职务。戚维任随州书记时，把父亲接到任上奉养。戚同文在儿子的任上去世，享年七十三岁。杨徽之与戚同文的门人，追赠了他一个"坚素先生"的称号，以纪念他崇尚道义、纯粹质直的为人。

戚同文生平爱写诗，有遗作《孟诸集》二十卷。

种　放

寄情尘世的红隐士

种放(955—1015),北宋隐士。字明逸,陕西(一说河南洛阳)人。七岁便会作文章,长大后,弟兄们都奔波仕途,他却和母亲隐居在终南山豹林谷中,以教书为业,奉养母亲。他的母亲也爱好道学,饮食素淡,能辟谷——不吃粮食也可活些日子。

种放在豹林谷的峰顶上盖了一间房子,终日望云危坐。每当山洪暴发,道路阻绝,断了粮,便只吃芋、栗。他嗜好饮酒,有时自种高粱酿酒喝,号"云溪醉侯",有时采山药卖了助饮。种放喜道厌佛,曾经把佛经撕裂了制成帷帐。

淳化十年,陕西转运使宋惟干上奏种放有学识德行,太宗诏令征他入朝。他母亲生气地说:"我平常劝你不要聚众讲学,你总不听;现在竟搞得无法过安闲日子了,我要抛弃你,自己到穷山深处度日去!"种放便称病不起行。母亲把他的笔墨等统统烧了,带他移居到更偏僻的地方去。太宗听说后,很赞许他母子的清高操守,赐钱三万,并诏令京兆府每年按时节慰问他们。

母亲死后,种放结庐守墓三年。兵部尚书张齐贤上言说,种放隐居三十年,不游城市十五年,举荐他为"贤良方正"。宋真宗命京兆府派官员去请他赴京,他辞谢了。第二年张齐贤又奏请表彰赏赐种放,真宗派人带诏书及钱十万、绢一百匹到终南山去请他。

种放九月赴朝,真宗召见了他,询问他治国之道,他说:"圣明的君主治理天下,爱民就可以了,至于教化,得徐徐地进行。"真宗当即授以左司谏、直昭文馆,赏赐了冠、带、袍、笏,让他住在都亭驿,吃官饭。第二天,种放上表辞官,真宗令宰臣们和他谈,又叫他的老朋友陈尧叟向他致皇帝惜才之意,种放才回答说:"主上如此虚怀若谷地对待士人,我就不敢把当官不自由受限制的事放在心上了。"几天后,皇帝又召见,赐绯衣、象笏、犀带、银鱼和御制五言诗,并赐了他昭庆坊第一区的住宅。

第二年三月,种放要求"暂还山",真宗授了他个"起居舍人"的虚职,以示荣宠。并为他钱行,皇帝赐了三首七言诗。官员们也赋诗相送。"隐士"而受到如此荣宠,在宋史上是空前绝后的。

五十一岁那年,种放被任命为右谏议大夫,他辞谢了,请求去嵩山养病。真宗准奏,又赐宴赐诗。年底他由嵩山入觐,又受到召见。第二年四月,种放因兄丧回终南山,又教书度日。八月上表索要太宗御书及经史音疏,真宗都命满足他的要求,后来还对辅臣们说:"中使回来说,种放住的是草屋,吃的是野菜、荞麦面,过这种淡泊的日子,也是人们难以做到的啊!"

五十三岁时,种放又奉召入京,自己表示被召入谏署,还没作出报答;但现今皇上圣明,朝政没有缺憾,如果再处在这个显要的位子上,就加重罪过了。真宗要委任他枢要职务,他辞谢了。住了两年,他又要回终南山,真宗召见了他,赐宴钱行,赐诗,并且要大臣们都赋诗欢送,制了序。杜镐推说自己不善于写作诗文,皇帝说讲个名臣隐居山林的故事也行,杜镐便背诵了《北山移文》,用意在讽刺种放的名隐实不隐。

第二年春天,真宗又想种放了,说:"古今形势不同了,不该违背形势学古人,出仕才近情理呀!"又召种放入京,但未授官。住了几天,种放回山,皇帝又赐诗,赏衣服财物,并令官府每个季都要派官员到山里去看望他。种放为他的弟弟种汶求官,皇帝立即授之以秘书省正字。

其后,挂着"工部侍郎"头衔的种放,多次入京朝觐,每次又都待不久便回山。有人写信嘲讽他,劝他弃官回山谷彻底隐居,种放也不作答复。

种放晚年,在车马服饰上都很讲究,他利用皇帝的赏赐,在长安地区买下很多良田,租种出去,每年获利很多。有时看到好田,倚势强行购买,竟诉讼到官府里。他的族人和门人,依仗他在皇帝面前有宠,也横行霸道。

长安知府王嗣宗,原先很敬重种放,后来种放在酒醉后渐渐傲慢起来,有时二人互相攻击诮骂。王嗣宗既生气又看不起他,便上疏说,自己的辖区内,兼并的大地主有十几家,而种放是头一户,并列举了种放的弟侄们蛮横无赖、剥夺百姓牟取高利的罪行。奏疏的措辞极严刻,建议皇帝在终南山地区赐给种放一百亩田,而把种放本人迁到嵩山居住。

真宗见疏后,不得不派人推究,后来遇上大赦,这事才不了了之。种放意识到难以照旧混下去了,便主动要求迁居嵩山。真宗特命内使在嵩山为他督造了住宅。种放定居在嵩山,但仍然常到终南山去察看田亩,而且来往交通都由驿站解决。时人对他的非议渐多。

人们讥议种放欲隐不隐,无所作为。真宗听说后,对辅臣们解释道:"种放提的建议很多,只是别人不知道罢了。"并取出种放十几年中写的十三篇奏疏给大家看。

六十一岁那年,一天,种放忽然取出以往的章疏草稿来烧掉了,又换上了道士的服饰,邀请一些读书人到他家中饮酒。他就死在了这个酒宴上。

皇帝写了祭文,派内使致祭,护表,赠工部尚书。

朝野人士为什么不乐于接受"隐士种放"?从他的同时代人中举出另两名隐士来对照一下便不难理解了。

大中祥符四年,真宗西巡,跸驻陕州。听说这里有个叫魏野的人,赵昌言、寇准在陕州当官时,都对他优礼有加。魏野作的诗,有唐人之风,辽国的使臣来时,说国内有魏野的《草堂集》上集,希望能得到下集,真宗命人给了他们。这次幸陕州,便召见魏野,他托辞有病,不去见驾。有一天皇帝游东郊,遥望山林间有亭子栏杆等建筑,不像普通民家,便派人前去打听。此时魏野正在家中弹着琴教仙鹤舞蹈,听说中使来到门上,他抱起琴就爬墙逃跑了。真宗很喜欢他的居处,特地派人去画了一张画留着,并令地方官经常慰问他。魏野本人未作出任何"请罪"或"谢恩"的表示。

雍丘人邢惇,以学识著称,隐居乡里,不愿意作官。真宗召见他,他见驾来了,问询他治国之道,他不作声。问他为什么不回答,他说:"陛下东封泰山,西祀先陵,都作完了,我还有什么可说的呢!"

宋真宗对他的回答,表示欢迎,并赐他以"许州助教"的官职,打发他回去。邢惇回乡后,衣着房舍、待人接物,一切都和原先一样,乡亲们一点也没有觉察出他有什么官职官气。他死了以后,人们才在屋梁上的废纸卷中,发现了那张许州助教的任命书。

这类的隐士，真宗本人还遇到过几个。种放与其中任何一个人相比，似乎都等而下之。"隐士"与"官吏"之间并没有鸿沟，也不排斥互相转化，人们非议的，是他扮演了一个亦隐亦官的"蝙蝠"角色。特别对他的晚年非议多，大臣王嗣宗把种放和利用公款大搞官倒的枢密直学士边肃，邠州的狐狸，并称为"三害"。

种放的著作，有《蒙书》十卷，《嗣禹说》《表孟子上下篇》《太一祠录》等，还有一部分诗歌。他向真宗上的十三篇《时议》是《议道》《议德》《议刑》《议器》《议文武》《议制度》《议教化》《议赏罚》《议官司》《议军政》《议狱讼》《议征赋》《议邪正》。

孔旼

孔丘第四十六代孙

　　孔旼(mín)(生卒不详),孔丘第四十六代孙,宋真宗朝隐士。字宁极,隐居在汝州龙兴县龙山的潓阳城。

　　孔旼性情孤僻高洁,不喜交往,爱读书。家中有田产数百亩,经常是乡里第一个向官府交纳赋税的。每逢遇到灾荒年,便把自己积累的余粮分给缺粮的人家,却从来不过问别人有没有回还报答。他自己言行举止都按礼、法的要求做,听说别人做了什么好事,便像自己做的一样地高兴。方圆百里地的居民,都非常尊敬他,人们在路上见了他,都敛衽避让。

　　孔旼事亲至孝,父亲死后,他结庐守墓三年,睡在一具破棺中,只吃米饭维生。墙壁上生出几十棵紫芝,人们都认为这是他多行善事的报偿。

　　州官把孔旼德高仗义的事迹上报朝廷,朝廷赏赐了他粟、帛,并进一步明确了他家门是孔夫子后裔的身分。由于大臣们一致推荐,朝廷授他秘书省校书郎致仕。过了几年,朝中召他任国子监直讲,他辞谢不赴,便给了他一个"光禄寺丞"的荣誉职务。不久又起任他为龙兴县知县,他也辞谢不受。

　　有一次,盗贼到孔旼家中,打开仓库盗他的粮食,孔旼便躲起来,听由他们取够了退去。还有一次在路上,孔旼遇到一个身体羸弱的人,向他诉说一个强盗刚刚夺走了他的钱。孔旼便追上那个抢钱的人,用道理责备他,并把自己身上的钱掏出来给了他,而让他把抢来的钱送还给失主。孔旼居住在山区,从来没有遇上过毒蛇、虎、豹,有人对他说:"你可不要夜晚出行,这些东西也是很可怕的。"孔旼说:"无心则无所畏。"

孔旼晚年专心钻研《周易》《老子》,他画了一张《太玄图》挂在墙上,四外列上州郡部族名称,而在中心用规画了一个大圆,圆中空白,什么也不写,解释说:"《易》上所说的寂然不动,和这个没有什么不同啊!"

卒后赠太常丞。

南安翁

官吏出身的隐士

南安翁（生卒不详），南宋隐士。

福建漳州人陈元忠，在南海居住，赴省市跨过南安，正值天晚，到农家投宿。这家有几间茅屋，竹树环绕，茂密可爱。主人翁虽然穿着麻衣、草鞋，但是举止谈吐却很像读书人。几案上散乱地放着不少书，近看都是经、子文集。陈元忠问道："老人家教孩子读书吗？"老人说："以种园子为生啊！"又问："常到城中走走吗？"老翁答道："已经十五年不出家门了。"问他保存这么多书做什么用，他说偶尔看看，就拿别的话岔开了。一会儿风雨大作，老翁的两个儿子回来了，看到有客人，便放下锄头给客人作揖招呼，举止也不像农家子弟。老翁送上豆羹招待客人吃饭，不再交谈。

第二天天亮后，陈元忠告别了主人，到城中办事，见老人急急惶惶地走在大街上，陈元忠很奇怪，追上去问道："老人家，前天你说十五年不出门了，今天怎么到城里来了？"老翁说："我有急事，不能不出来呀！"问他有什么事，他说大儿子到关外卖水果漏税，被关吏抓起来了。陈元忠便与他一同去关上，想代他求求监管征税的官员，结果他们到了关上，他的大儿子已经被押送郡府了。

老翁与小儿子一同到达了郡府庭下，听说长子该判杖刑，老翁恳求郡守说："我老钝无能，全靠这个儿子赡养。如果他经受不住杖刑，我明天就没有饭吃了。请让我代他受刑吧！"小儿子说："父亲岂可受杖刑呢，我愿意代替哥哥受刑。"而大儿子则认为罪过在自己，甘愿自己受刑。父子三人争执不下。小儿子走到父亲身边耳语，好像有所请求，老翁呵止他，而小儿子一定要向前去。郡守看了不解，把小儿子叫到面前询问，小儿子回答说："我父亲原是带职正郎，宣和年间几次被任命为州郡长官。"老翁拽住儿子让他退下，说他疯了。郡守问诰命敕令等在不在，小儿子说："捆成一束放到瓮中，埋在山下。"郡守派人随小儿去那里挖掘，一会儿取了回来。郡守看了后，立即请老翁上坐，向他道歉，并放了他的大儿子。

第二天，郡守坐车去拜访老翁，那所房子里已经空无一人了。

宗教隐逸界
南安翁

附录

宋代纪元表

北宋(960—1127)

960	庚申	太祖(赵匡胤[yìn])	建隆(4)	1041	辛巳十一		庆历(8)
963	癸亥十一		乾德(6)	1049	己丑		皇祐(6)
968	戊辰十一		开宝(9)	1054	甲午三		至和(3)
976	丙子十二	太宗(~炅[jiǒng],本名匡义,又名光义)	太平兴国(9)	1056	丙申九		嘉祐(8)
				1064	甲辰	英宗(~曙)	治平(4)
984	甲申十一		雍熙(4)	1068	戊申	神宗(~顼[xū])	熙宁(10)
988	戊子		端拱(2)	1078	戊午		元丰(8)
990	庚寅		淳化(5)	1086	丙寅	哲宗(~煦[xù])	元祐(9)
995	乙未		至道(3)	1094	甲戌四		绍圣(5)
998	戊戌	真宗(~恒)	咸平(6)	1098	戊寅六		元符(3)
1004	甲辰		景德(4)	1101	辛巳	徽宗(~佶[jí])	建中靖国(1)
1008	戊申		大中祥符(9)	1102	壬午		崇宁(5)
				1107	丁亥		大观(4)
1017	丁巳		天禧[xī](5)	1111	辛卯		政和(8)
				1118	戊戌十一		重和(2)
1022	壬戌		乾兴(1)	1119	己亥二		宣和(7)
1023	癸亥	仁宗(~祯)	天圣(10)	1126	丙午		靖康(2)
1032	壬申十一		明道(2)				
1034	甲戌		景祐(5)				
1038	戊寅十一		宝元(3)			钦宗(~桓[huán])	
1040	庚辰二		康定(2)				

南宋(1127—1279)

1127	丁未五	高宗(赵构)	建炎(4)	1237	丁酉		嘉熙(4)
1131	辛亥		绍兴(32)	1241	辛丑		淳祐(12)
1163	癸未	孝宗(~昚[shèn])	隆兴(2)	1253	癸丑		宝祐(6)
1165	乙酉		乾道(9)	1259	己未		开庆(1)
1174	甲午		淳熙(16)	1260	庚申		景定(5)
1190	庚戌	光宗(~惇[dūn])	绍熙(5)	1265	乙丑	度宗(~禥[qí])	咸淳(10)
1195	乙卯	宁宗(~扩)	庆元(6)	1275	乙亥	恭帝(~㬎[xiǎn])	德祐(2)
1201	辛酉		嘉泰(4)				
1205	乙丑		开禧(3)	1276	丙子五	端宗(~昰[shì])	景炎(3)
1208	戊辰		嘉定(17)				
1225	乙酉	理宗(~昀[yún])	宝庆(3)	1278	戊寅五	帝昺(~昺[bǐng])	祥兴(2)
1228	戊子		绍定(6)				
1234	甲午		端平(3)				

图书在版编目(CIP)数据

宋代名人传 / 岳洋著. —济南:山东教育出版社,
2012
ISBN 978-7-5328-7132-2

Ⅰ.①宋… Ⅱ.①岳… Ⅲ.①历史人物—列传—中国
—宋代 Ⅳ.①K820.44

中国版本图书馆 CIP 数据核字(2012)第 075032 号

宋代名人传

岳 洋 著

主　　管:山东出版集团

出 版 者:山东教育出版社
　　　　　(济南市纬一路 321 号　邮编:250001)

电　　话:(0531)82092663　传真:(0531)82092663

网　　址:http://www.sjs.com.cn

发 行 者:山东教育出版社

印　　刷:山东临沂新华印刷物流集团

版　　次:2012 年 5 月第 1 版第 1 次印刷

规　　格:787mm×1092mm　16 开本

印　　张:34.75 印张

字　　数:537 千字

书　　号:ISBN 978-7-5328-7132-2

定　　价:46.00 元

(如印装质量有问题,请与印刷厂联系调换)
印厂电话:0539—2925888